변호사 시험

행정법 선택형

기출문제

방동희 저

진도별 기출문제 풀이로 행정법 공부의 맥을 잡고
쟁점별 필수판례 정리로 시험을 대비하는 방법서

동영상강의
KOCW 대학공개강의(www.kocw.net)

박영사

Administrative LAW

서 문

1 출간의 계기

2020년부터 이어진 코로나 팬데믹 상황은 사회 여러 곳의 변화를 가져왔다. 교육 분야도 예외가 아니었다. 온라인 등 비대면 교수법으로의 전환은 매우 빠르게 이뤄졌으며, 학생들 역시 온라인 교육 프로그램에 맞춰 자신의 학습법을 찾아내고 적응시켜 나갔다. 이러한 상황에서 2021년도 초 부산대학교 교수학습법연구센터는 KOCW(대학열린강의)에 등재할 강의를 공모하였다. 운이 좋게도 로스쿨 3학년 학생들을 대상으로 하는 교과목인 행정법무종합이 선정되었다. 행정법무종합은 행정법총론과 각론 등 행정법 전 범위를 대상으로 하는 종합연습과목으로 변호사시험 선택형 시험의 대비를 초점으로 개설되었다. 특히 2021년도 행정법무종합 교과목의 초점은 기존의 변호사시험 선택형 기출문제를 분석하고 풀이하며, 향후 문제의 형태를 예측하고 대비하는 데 있었다.

2 변호사시험 행정법 선택형

행정법 선택형은 공법 선택형 40문항 중 절반인 20문항을 차지하고 있다. 공법 선택형에 배정된 점수가 100점이므로 20문항인 행정법은 50점을 차지하며, 한 문항당 점수는 2.5점이다. 5지선다형이므로 굳이 1선지당 점수를 계산하면 0.5점이다. 또한 공법 40문항에 배정된 시간이 70분이므로, 행정법 20문항에 배정된 시간은 35분이고, 답안 마킹시간을 제외하면 30분 안에 20문항을 풀어내야 한다. 결국 1분 30초당 1문항을 읽고 답해야 하는 것이다.

3 출간 배경

이 책은 2021년도 부산대학교 법학전문대학원의 교과목인 '행정법무종합'의 강의안을 보완하여 완성한 것이다. 행정법무종합은 행정법 총론 및 각론 등 행정법 전 범위를 대상으로 하는 종합연습과목으로 변호사시험 중 선택형 문항의 문제해결능력을 배양하기 위하여 개설된 교과목이다. 코로나 팬데믹 상황에 2021년도 행정법무종합은 온라인 동영상 강의로 진행되었으며, 2021년도 상반기 부산대학교 교수학습센터의 지원을 받아 교육부의 KOCW에 등재되었다. 온라인 동영상 강의 등재에 따라 학생들에게 필요한 체계적인 교재를 제공하고자 이 책을 발간하게 되었다. 즉 이 책은 KOCW의 부산대학교 법학전문대학원 '행정법무종합' 강의를 수강하면서 그 교재로 활용하면 효용이 매우 클 것이다.

4 출간 목적

이 책은 변호사시험 행정법 선택형 시험을 준비하는 학생들에게 행정법 선택형 문항의 맥을 잡고 효율적이며 효과적으로 선택형 시험을 대비할 수 있도록 하기 위해서 출간되었다. 2012년부터 시작된 변호사시험은 2022년 현재 총 11회의 시험이 시행되었으며, 총 230개의 행정법 기출문제를 만들어 냈다. 기출문제를 분석하고 풀이하며 쟁점을 파악하는 것은 시험을 준비하는 학생에게 가장 우선해야 할 일임은 자명하다. 그럼에도 불구하고 학생들은 다양한 공부방법을 놓고 고민하면서 제1번으로 해야 할 기출문제의 풀이와 그 쟁점의 검토를 차순위로 놓고 때로는 간과하기도 한다. 기출문제에 대한 풀이와 검토는 기본강의를 들으며 교과서의 배운 부분을 복습하면서 제일 먼저 이뤄져야 한다.

이 책은 변호사시험 1회부터 11회까지의 기출문제 총 230개를 행정법 교과서의 체계에 따라 빠짐없이 배열하고 문제 풀이의 근거를 제시하였다. 행정법 교과서의 구성과 체계에 따라 기출문제를 풀고 검토하면서 해당 목차의 중요내용과 쟁점을 선별하는 능력이 저절로 길러지고, 이어서 자연스럽게 변호사시험

선택형 출제의 맥을 잡을 수 있을 것이다. 나아가 이후 변호사시험의 출제포인트와 방향도 충분히 예측해 낼 것이다. 시험을 치는 수동적인 지위에서 벗어나 문제를 출제하는 출제자의 관점과 시각을 스스로 익혀나가게 될 것이다.

5 본서의 구성

변호사시험 행정법 선택형 문항을 행정법 서론, 행정작용론, 행정구제론, 행정법 각론 등의 행정법 교과서의 목차 및 편별로 정리하였다. 각 문항과 각 선지항의 정오답의 근거가 되는 실정법 조항 및 판례를 명시하였다. 또한 변호사시험 1회부터 11회까지의 기출문제의 쟁점과 문제유형을 일람할 수 있는 표를 만들어 본 책의 앞단에 실었다. 책 후단의 색인에는 각 회당 문항의 근거가 되는 판례를 분류하였고, 이를 반대로 하여 각 판례마다 출제된 시험의 회차를 명시한 색인도 부기하였다. 색인을 통하여 매 시험마다 어김없이 출제되는 판례를 확인할 수 있을 것이며, 이는 당연히 다음 시험의 소재가 될 수 있음은 두말할 나위가 없다.

6 본서의 활용

이 책은 행정법의 목차에 따라 변호사시험 기출문제를 한 문제도 빠짐없이 정리한 것이므로 스스로 처음부터 문제를 풀어보며, 본인의 실력을 확인하고 정리하는 용도로 활용하면 효과가 극대화될 것이다. 행정법 선택형 문제는 변호사시험 이외에도 수많은 형태의 시험이 있는 것이 사실이다. 선택형 문제의 홍수 속에 있다. 모든 선택형 시험을 다 소화하는 것이 최상이겠지만 시간 등 여러 가지 제약으로 그것은 매우 힘들고 어려운 일이다. 오히려 소화불량이 되어 중도포기하는 경우가 더 많아 기회비용을 분명히 생각해야 하는 것이 현실이다. 결국 선택과 집중을 통해 효과를 극대화해야 하며, 그 가운데 있는 핵심적인 것이 기출문제의 정리와 분석이다. 무엇보다도 첫 번째로 해당 주제의 기출문제를 명확하게 분석하고 정리하는 것이 가장 빠른 방법인 것이다. 이 책의 기출문제를 하나하나 풀어가면서 해당 쟁점을 명확히 정리하고 익혀나간다면 다시 또 출제가능한 문제, 그리고 출제가 가능한 문제의 쟁점과 유형을 스스로 충분히 익혀나갈 수 있을 것으로 본다.

끝으로 이 책의 내용으로 강의를 진행한 KOCW의 동영상(http://www.kocw.net/home/cview.do?cid=19ee5b8eaa9baa00&at=nvrv)은 변호사시험 기출문제를 한 문제 한 지문도 빠짐없이 살펴보고 분석하며 정리한 강의이다. 이를 활용하면서 학습한다면 문제의 쟁점 파악 및 정리, 향후 예상 문제 등에 내용을 익히는 데 큰 도움이 될 것이며, 행정법 선택형 문제의 맥을 짚고 공부의 방향과 초점을 명확하게 잡을 수 있을 것이다.

7 감사의 글

영원한 은사님이신 홍정선 교수님, 김해룡 교수님, 김성수 교수님, 한견우 교수님, 김중권 교수님, 최진수 교수님의 은혜에 깊이 감사드린다. 성실한 학자의 모습을 보여주시며 늘 따뜻한 격려를 아끼지 않으시는 김남철 교수님께 마음 깊이 감사드린다. 늘 학문적 영감을 북돋아 주시며, 사랑과 애정을 아끼지 않으시는 이기춘 교수님께도 감사드리고자 한다. 같은 학교에 근무하며 동고동락하는 김재선 교수님께도 심심한 감사를 드린다.

이 책이 나오기까지 여러 분들의 도움을 얻었다. 우선 본서의 기획에 대한 아이디어와 최초의 원고의 정리와 편집에 도움을 준 한국법령정보원 정주영 부장, 대한민국시도지사협의회 김희진 연구위원, 한국재난안전연구원 조영진 연구원, 한국법령정보원 박소현 연구원에게 특별한 감사를 표하고자 한다. 본서에 대한 KOCW 강의 동영상 제작과 활용을 가능하게 한 부산대학교 교수학습센터와 매번 촬영에 애를 써주신 박상영 촬영이사님, 이소영 조교님께 감사드린다. 또한 촬영영상을 일일이 확인하면서 강의의 내용과 방향을 체크해 준 조영진 연구원, 이재호 변호사에게 이 지면을 통해 감사의 마음을 깊이 표하고자 한다. 본서의 해설을 일일이 확인하며 부기하여 준 조영진 박사과정, 장호정 박사수료, 김경준 박사수료생에게도 감사의 마음을 표한다. 특히 세 분 모두 현업과 병행하며 학업을 하면서도 바쁜 시간을 쪼개어 본 작업을 해주어 이 책이 나올 수 있었다. 또한 부산대 법학전문대학원 7기 조감사 변호사는 본서의 전체를 살펴보고 귀한 의견을 주었다. 늘 따뜻하고 선한 에너지로 주변을 감동시키는 조 변호사에게 진심으로 감사를 표한다. 우리 행정법연구실에서 동고동락하는 김희진 박사, 장호정 박사수료, 김경준 박사수료, 유도영 박사수료, 김빛나 박사수료, 조영진 박사과정, 최소담 박사과정, 박소연 석사, 정현정 석사과정에게도 연구하고 공부하는 즐거움이 늘 함께 하기를 바라고, 그 어디에서나 찬란한 빛을 발하며 생활하기를 바란다.

사랑하는 아버지, 어머니께 감사의 말씀을 올린다. 늘 나를 믿고 따라주는 사랑하는 아내, 이 세상에서 가장 소중한 사랑하고 아름다우며 예쁜 큰 딸, 사랑하고 멋지며 늠름한 둘째 아들에게 감사함을 전한다.

끝으로 이 책을 출간하도록 해 주신 박영사 안상준 대표이사님, 출판기획과 전 과정을 도맡아 고생하시면서 깊게 배려해 주신 박세기 부장님과 정성혁 대리님, 긴 시간 동안임에도 배려해주시면서 편집을 스마트하게 해 주신 이승현 과장님, 표지디자인을 멋지게 해 주신 이영경 님께 진심으로 감사드린다.

2022. 2. 28.

한국의 명산 금정산 자락 따뜻한 햇볕이 머무는 법학관 연구실에서

방동희 씀

Administrative
LAW

행정법 선택형 기출문제 쟁점분포

제1회(2012)~제11회(2022) 변호사시험 행정법 선택형 기출문제 쟁점 및 문제유형 일람표

문번	중목차	소목차(문제쟁점)	변시회차	문제유형
1	행정법의 관념	통치행위	5	단순5지선다
2	행정법의 관념	법치행정	2	단순5지선다
3	행정법의 관념	법치행정	6	단순5지선다
4	행정법의 관념	법률유보의 원칙	10	단순5지선다
5	행정법의 관념	공법사법구별	4	단순5지선다
6	행정법의 관념	공법사법구별	5	사례해결(단순5지)
7	행정법의 관념	공법관계사법관계	8	박스내OX
8	행정법의 법원	일반원칙	2	단순5지선다
9	행정법의 법원	일반원칙	6	단순5지선다
10	행정법의 법원	일반원칙	3	단순5지선다
11	행정법의 법원	신뢰보호의원칙	10	박스내OX
12	행정법의 법원	신뢰보호의원칙	11	단순5지선다
13	행정법의 법원	일반원칙	7	단순5지선다
14	행정법의 법원	법원의 효력(소급입법)	7	박스내OX
15	행정법의 법원	법원의 효력(소급입법)	7	박스내선택
16	행정법의 법원	행정법의 해석과 적용(종합문제)	9	단순5지선다
1	행정법관계	개인적공권	3	단순5지선다
2	행정법관계	개인적공권	5	단순5지선다
3	행정법관계	개인적공권(원고적격, 절차참여권)	9	사례해결(박스내선택)
4	행정법관계	행정개입청구권	1	사례해결(복합답지연결)
5	행정법관계	공법상부당이득 – 종합	5	박스내선택
6	행정법관계	신고	1	단순5지선다
7	행정법관계	신고	6	박스내가부
8	행정법관계	신고	4	사례해결(복합답지연결)
9	행정법관계	신고(주민등록)	7	사례형단순5지
10	행정법관계	신고(사인의 공법행위)	9	단순5지선다
11	행정법관계	사인의 공법행위	11	단순5지선다
12	행정법관계	영업양도(신고)	9	박스내OX
1	행정행위	재량행위	9	박스내선택
2	행정행위	재량권일탈남용	9	박스내선택
3	행정행위	허가	2	박스내선택
4	행정행위	사전결정	7	사례형단순5지
5	행정행위	다단계행정행위	8	단순5지선다
6	행정행위	허가	5	박스내조문해석(단순5지)
7	행정행위	허가	4	사례해결(단순5지)
8	행정행위	허가복합(기한, 부관, 처분성등)	7	사례형단순5지
9	행정행위	허가복합(신뢰보호)	8	사례해결(박스내선택)
10	행정행위	허가복합(도로점용허가)	9	사례해결(단순5지)

문번	중목차	소목차(문제쟁점)	변시회차	문제유형
11	행정행위	인허가의제(복합)	10	사례해결(단순5지)
12	행정행위	인가	3	단순5지선다
13	행정행위	인가	5	사례해결(단순5지)
14	행정행위	인허가	6	박스내선택
15	행정행위	인허가의제	9	사례해결(단순5지)
16	행정행위	행정행위내용	2	박스내선택
17	행정행위	효력	6	단순5지선다
18	행정행위	효력	3	단순5지선다
19	행정행위	효력	4	박스내선택
20	행정행위	효력	10	박스내선택
21	행정행위	효력복합(불가쟁력)	11	단순5지선다
22	행정행위	하자	2	박스내선택
23	행정행위	하자	6	단순5지선다
24	행정행위	하자	10	박스내OX
25	행정행위	위헌법률근거행정처분	6	박스내OX
26	행정행위	위헌법률근거행정처분	4	박스내선택
27	행정행위	위헌법률근거행정처분	5	사례해결(박스내선택)
28	행정행위	위헌법률근거행정처분	8	사례해결(단순5지)
29	행정행위	위헌법률근거행정처분	11	박스내선택
30	행정행위	하자승계	3	단순5지선다
31	행정행위	하자승계	4	단순5지선다
32	행정행위	하자승계	1	단순5지선다
33	행정행위	확약	1	사례해결(단순5지)
34	행정행위	직권취소	11	박스내선택
35	행정행위	직권취소	10	사례해결(박스내선택)
36	행정행위	부관	1	단순5지선다
37	행정행위	부관	5	사례해결(단순5지)
38	행정행위	부관	6	단순5지선다
39	행정행위	부관	8	박스내OX
40	행정행위	부관－부담－독립쟁송	9	사례해결(단순5지)
41	행정행위	부관	10	박스내OX
42	행정행위	부관－사례복합	11	사례해결(단순5지)
1	행정입법	행정입법일반(법규명령)	10	단순5지선다
2	행정입법	행정입법일반	6	박스내선택
3	행정입법	위임입법	4	단순5지선다
4	행정입법	위임입법	5	단순5지선다
5	행정입법	위임입법	11	단순5지선다
6	행정입법	위임입법	11	단순5지선다
7	행정입법	행정입법부작위	5	단순5지선다
8	행정입법	사법적 통제	1	단순5지선다

문번	중목차	소목차(문제쟁점)	변시회차	문제유형
9	행정입법	사법적통제	8	단순5지선다
10	행정입법	행정규칙	1	박스내선택
11	행정입법	행정규칙	3	사례해결(조문제시복합)
12	행정입법	행정규칙(법령보충규칙)	8	박스내선택
13	행정입법	시행령처분기준	5	사례해결(단순5지)
14	행정입법	시행령처분기준	2	사례해결(단순5지)
15	행정계획	처분성	2	단순5지선다
16	행정계획	처분성	1	사례해결(단순5지)
17	행정계획	처분성	5	단순5지선다
18	행정계획	처분성	6	단순5지선다
19	행정계획	복합(처분, 계획재량, 보상)	8	사례해결(단순5지)
20	행정계획	계획변경신청권 재량 승계	9	사례해결(단순5지)
21	행정계획	계획재량 인가	10	사례해결(박스내선택_
1	공법상계약	공법상계약	3	단순5지선다
2	공법상계약	공법상계약	6	단순5지선다
3	행정지도	행정지도	2	단순5지선다
4	행정지도	행정지도	1	사례해결(단순5지)
5	행정지도	행정지도	10	단순5지선다
6	행정절차	행정절차	5	단순5지선다
7	행정절차	행정절차	3	박스내선택
8	행정절차	행정절차	2	사례해결(단순5지)
9	행정절차	행정절차	1	단순5지선다
10	행정절차	행정절차	7	박스내선택
11	행정절차	행정절차	10	박스내선택
12	행정절차	행정절차	11	박스내선택
13	행정정보	정보공개	4	사례해결(단순5지)
14	행정정보	정보공개	5	사례해결(박스내선택)
15	행정정보	정보공개	7	사례해결(단순5지)
16	행정정보	정보공개	10	사례해결(단순5지)
17	실효성확보	행정벌	7	박스내선택
18	실효성확보	대집행	3	사례해결(박스내선택)
19	실효성확보	대집행	2	사례해결(단순5지)
20	실효성확보	대집행/이행강제금	1	사례해결(박스내선택)
21	실효성확보	대집행/이행강제금	10	박스내선택
22	실효성확보	이행강제금	4	사례해결(단순5지)
23	실효성확보	이행강제금	11	단순5지선다
24	실효성확보	실효성확보	5	박스내선택
25	실효성확보	실효성확보	6	단순5지선다
26	실효성확보	강제퇴거명령	8	사례해결(박스내선택)
27	실효성확보	실효성확보 복합	8	단순5지선다

문번	중목차	소목차(문제쟁점)	변시회차	문제유형
1	국가배상	전반	7	박스내OX
2	국가배상	전반	9	단순5지선다
3	국가배상	전반	11	박스내선택
4	국가배상	제2조 직무	1	단순5지선다
5	국가배상	제2조 직무 법령위반	5	단순5지선다
6	국가배상	제2조와 구상권	6	단순5지선다
7	국가배상	제2조 제5조일반	3	박스내선택
8	국가배상	제5조 하자판단기준	2	단순5지선다
9	국가배상	제5조	7	단순5지선다
10	국가배상	이중배상 배상책임성질	1	사례해결(단순5지)
11	국가배상	이중배상금지	4	사례해결(단순5지)
12	손실보상	정당보상/이주대책	1	단순5지선다
13	손실보상	이주대책	9	박스내OX
14	손실보상	사업인정/개발이익	2	박스내선택
15	손실보상	보상전반/분리이론	4	박스내선택
16	손실보상	정당보상/특별한희생(수인한도론)	5	단순5지선다
17	손실보상	헌법제23조제3항해석	7	사례형단순5지
18	손실보상	손실보상전반	8	박스내선택
19	손실보상	손실보상전반	11	단순5지선다
20	손실보상	수분양자 관련소송	10	단순5지선다
1	행정심판	심판절차(행정심판법 규정)	1	단순5지선다
2	행정심판	심판절차(행정심판법 규정)	6	단순5지선다
3	행정심판	교원소청심사관련	7	사례형박스내선택
4	행정심판	고지의무위반	7	사례형단순5지
5	행정소송	관련청구소송이송병합	9	박스내OX
6	행정소송	무효확인소송 취소소송 관계	10	사례형단순5지
7	행정소송	처분	2	단순5지선다
8	행정소송	처분	3	박스내선택
9	행정소송	처분	1	박스내선택
10	행정소송	처분 사례복합	11	박스내선택
11	행정소송	처분복합(입주계약변경취소의 처분성)	11	사례해결(단순5지)
12	행정소송	이의신청 (항고소송대상성)	9	단순5지선다
13	행정소송	거부처분	8	단순5지선다
14	행정소송	항고소송대상	7	박스내OX
15	행정소송	항고소송대상	9	박스내선택
16	행정소송	재결	2	단순5지선다
17	행정소송	재결	5	사례해결(박스내정오)
18	행정소송	원고적격	3	박스내선택
19	행정소송	허가복합	2	박스내선택
20	행정소송	건축허가복합	6	사례해결(복합답지연결)

문번	중목차	소목차(문제쟁점)	변시회차	문제유형
21	행정소송	특허복합	4	사례해결(단순5지)
22	행정소송	피고적격	3	단순5지선다
23	행정소송	피고적격	4	단순5지선다
24	행정소송	제소기간	2	단순5지선다
25	행정소송	제소기간	4	사례해결(복합답지연결)
26	행정소송	제소기간	4	사례해결(복합답지연결)
27	행정소송	행정심판전치	7	박스내선택
28	행정소송	교원소청심사관련	11	단순5지선다
29	행정소송	소의이익	6	사례해결(복합답지연결)
30	행정소송	소의이익	6	단순5지선다
31	행정소송	소의이익	8	사례해결(복합답지연결)
32	행정소송	가구제	1	단순5지선다
33	행정소송	가구제	4	단순5지선다
34	행정소송	집행정지	7	단순5지선다
35	행정소송	집행정지	11	단순5지선다
36	행정소송	취소소송 복합	8	사례해결(복합답지연결)
37	행정소송	취소소송 복합	8	박스내선택
38	행정소송	심리	3	단순5지선다
39	행정소송	심리	3	사례해결(복합답지연결)
40	행정소송	심리(처분사유추가변경)	4	박스내선택
41	행정소송	심리(일부취소)	4	박스내선택
42	행정소송	심리	7	박스내선택
43	행정소송	심리(주장책임입증책임)	8	박스내선택
44	행정소송	심리	11	단순5지선다
45	행정소송	판결의 기속력 확보	5	사례해결(단순5지)
46	행정소송	판결의 기속력	8	박스내OX
47	행정소송	취소판결의 효력	10	단순5지선다
48	행정소송	간접강제	9	단순5지선다
49	행정소송	취소소송 사정판결	5	박스주문제시(박스내선택)
50	행정소송	과세처분취소소송복합	9	박스내OX
51	행정소송	취소소송복합	11	사례해결(단순5지)
52	행정소송	무효확인소송	1	박스내선택
53	행정소송	부작위위법확인	3	박스내선택
54	행정소송	당사자소송	2	단순5지선다
55	행정소송	당사자소송	5	박스내선택
56	행정소송	당사자소송	6	단순5지선다
57	행정소송	당사자소송	9	박스내선택
58	행정소송	당사자소송	10	박스내선택
59	행정소송	기관소송(권한쟁의)	5	박스정오표기
60	행정소송	종합	3	박스정오표기

문번	중목차	소목차(문제쟁점)	변시회차	문제유형
61	행정소송	헌법소송과의 관계	7	박스내OX
62	행정쟁송	행정심판소송복합(부작위)	8	사례해결(단순5지)
63	행정쟁송	항고소송과 헌법소원	8	박스내선택
1	행정조직법	대리와 위임	4	박스내선택
2	행정조직법	위임과 위탁	7	단순5지선다
1	지방자치법	구역	11	박스내OX
2	지방자치법	소환, 감사청구	2	사례해결(단순5지)
3	지방자치법	소환, 감사청구	4	사례해결(단순5지)
4	지방자치법	주민소송	11	사례해결(단순5지)
5	지방자치법	조례	1	사례해결(박스내선택)
6	지방자치법	조례	4	박스정오표기
7	지방자치법	조례	5	박스내선택
8	지방자치법	조례	8	단순5지선다
9	지방자치법	조례	9	사례해결(단순5지)
10	지방자치법	지방자치법	3	박스내선택
11	지방자치법	지방자치법	1	박스내선택
12	지방자치법	지방자치법	6	박스내선택
13	지방자치법	지방자치법	7	단순5지선다
14	지방자치법	직무이행명령	10	단순5지선다
15	지방자치법	시정명령	10	사례해결(단순5지)
1	공무원법	임용승진	1	단순5지선다
2	공무원법	신분	5	단순5지선다
3	공무원법	임용결격 당연퇴직	6	사례해결(단순5지)
4	공무원법	신분과 권리	8	단순5지선다
1	공물법	공물법	3	단순5지선다
2	공물법	공물법	2	박스내선택
3	공물법	공물의 성립과소멸	5	단순5지선다
4	공물법	공물사용(공유수면)	7	사례형단순5지
5	공물법	공용사용	11	단순5지선다
1	공용부담법	공용수용	6	단순5지선다
2	공용부담법	공용부담법	3	단순5지선다
1	건축행정법	재개발조합	11	사례형단순5지

Administrative LAW

목 차

PART 01

행정법총론(일반행정법)

PART 02

행정구제법

PART 03

행정법각론(특별행정법)

본 도서의 동영상 강의는 KOCW 대학공개강의에서 무료로 수강할 수 있습니다.

강좌바로가기
QR코드

PART 01

행정법총론 (일반행정법)

제 1 편

행정법 서론

제1장 행정법의 관념

<행정법의 관념: 통치행위>

문 1. (2016 변시5회, 16번)

다음 설명 중 옳은 것은? (다툼이 있는 경우 판례에 의함)

① 한미연합 군사훈련을 하기로 한 결정은 대통령의 국군통수권 행사 및 한반도를 둘러싼 국제정치관계 등 관련 제반 상황을 종합적으로 고려한 고도의 정치적 결단의 결과로서 통치행위에 해당하여 사법심사의 대상이 되지 않는다.

② 국제통화기금협정상 각 회원국의 재판권으로부터 국제통화기금 임직원의 공적인 행위를 면제하도록 하는 조항은 성질상 국내에 바로 적용될 수 있는 법규범이 아니어서 위헌법률심판의 대상이 되지 않는다.

③ 대통령은 조약을 체결·비준할 권한을 가지며, 국회는 상호원조 또는 안전보장에 관한 조약, 중요한 국제조직에 관한 조약, 우호통상항해조약, 주권의 제약에 관한 조약, 강화조약, 국가나 국민에게 중대한 재정적 부담을 지우는 조약 또는 입법사항에 관한 조약의 체결·비준에 대한 동의권을 가진다.

④ 외국에 국군을 파견하는 결정과 같이 성격상 외교 및 국방에 관련된 고도의 정치적 결단이 요구되는 사안에 대한 국민의 대의기관의 결정은, 비록 헌법과 법률이 정한 절차를 지켰음이 명백하더라도, 헌법이 침략적 전쟁을 부인하는 이상 사법심사가 자제되어야 할 대상이 되지 않는다.

⑤ 대한민국과일본국간의어업에관한협정은 국민의 권리·의무관계가 아닌 국가간의 권리·의무관계를 내용으로 하는 조약에 해당되므로 그 체결행위는 헌법소원심판의 대상이 되는 공권력 행사에 해당되지 않는다.

해설

① [×], 한미연합 군사훈련은 1978. 한미연합사령부의 창설 및 1979. 2. 15. 한미연합연습 양해각서의 체결 이후 연례적으로 실시되어 왔고, 특히 이 사건 연습은 대표적인 한미연합 군사훈련으로서, 피청구인이 2007. 3.경에 한 이 사건 연습결정이 새삼 국방에 관련되는 고도의 정치적 결단에 해당하여 사법심사를 자제하여야 하는 통치행위에 해당된다고 보기 어렵다(헌재 2009. 5. 28. 2007헌마369 전원재판부).

② [×], 이 사건 조항{국제통화기금협정 제9조(지위, 면제 및 특권) 제3항 (사법절차의 면제) 및 제8항(직원 및 피용자의 면제와 특권), 전문기구의특권과면제에관한협약 제4절, 제19절(a)}은 각 국회의 동의를 얻어 체결된 것으로서, 헌법 제6조 제1항에 따라 국내법적, 법률적 효력을 가지는 바, 가입국의 재판권 면제에 관한 것이므로 성질상 국내에 바로 적용될 수 있는 법규범으로서 위헌법률심판의 대상이 된다(헌재 2001. 9. 27. 2000헌바20 전원재판부).

③ [○], 조약은 '국가·국제기구 등 국제법 주체 사이에 권리의무관계를 창출하기 위하여 서면형식으로 체결되고 국제법에 의하여 규율되는 합의'인데, 이러한 조약의 체결·비준에 관하여 헌법은 대통령에게 전속적인 권한을 부여하면서(헌법 제73조), 조약을 체결·비준함에 앞서 국무회의의 심의를 거쳐야 하고(헌법 제89조 제3호), 특히 중요한 사항에 관한 조약의 체결·비준은 사전에 국회의 동의를 얻도록 하는 한편(헌법 제60조 제1항), 국회는 헌법 제60조 제1항에 규정된 일정한 조약에 대해서만 체결·비준에 대한 동의권을 가진다(헌재 2008. 3. 27. 2006헌라4 전원재판부).

④ [×], 이 사건 파견결정은 그 성격상 국방 및 외교에 관련된 고도의 정치적 결단을 요하는 문제로서, 헌법과 법률이 정한 절차를 지켜 이루어진 것임이 명백하므로, 대통령과 국회의 판단은 존중되어야 하고 헌법재판소가 사법적 기준만으로 이를 심판하는 것은 자제되어야 한다(헌재 2004. 4. 29. 2003헌마814 전원재판부).

⑤ [×], 이 사건 협정은 우리나라 정부가 일본 정부와의 사이에서 어업에 관해 체결·공포한 조약(조약 제1477호)으로서 헌법 제6조 제1항에 의하여 국내법과 같은 효력을 가지므로, 그 체결행위는 고권적 행위로서 '공권력의 행사'에 해당한다(헌재 2004. 4. 29. 2003헌마814 전원재판부).

정답 ③

<행정법의 관념: 법치행정>

문 2.

(2013 변시2회, 34번)

법치행정원리에 관한 다음 설명 중 옳은 것은? (다툼이 있는 경우 판례에 의함)

① 법률유보원칙에서의 '법률'에는 국회가 제정하는 형식적 의미의 법률뿐만 아니라 법률의 위임에 따라 제정된 법규명령도 포함된다.

② 지방자치행정에 있어서는 침익적 행정을 법률의 수권 없이 조례에 근거하여 행할 수 있다.

③ 법률유보원칙과 관련하여 의회유보원칙에 따르는 경우, 의회유보사항을 행정입법에 위임하는 것은 가능하나, 이때에는 보다 엄격한 구체성의 요건을 갖추어야 한다.

④ 행정상 즉시강제는 긴급성을 고려할 때 법적 근거 없이도 가능하다.

⑤ 법률이 공법적 단체 등의 정관에 자치법적 사항을 위임하는 경우 의회유보원칙은 적용되지 않는다.

해설

① [○], 국민의 기본권은 헌법 제37조 제2항에 의하여 국가안전보장, 질서유지 또는 공공복리를 위하여 필요한 경우에 한하여 이를 제한할 수 있으나 그 제한은 원칙적으로 법률로써만 가능하며, 제한하는 경우에도 기본권의 본질적 내용을 침해할 수 없고 필요한 최소한도에 그쳐야 한다. 이러한 법률유보의 원칙은 '법률에 의한' 규율만을 뜻하는 것이 아니라 '법률에 근거한' 규율을 요청하는 것이므로 기본권 제한의 형식이 반드시 법률의 형식일 필요는 없고 법률에 근거를 두면서 헌법 제75조가 요구하는 위임의 구체성과 명확성을 구비하기만 하면 위임입법에 의하여도 기본권 제한을 할 수 있다 할 것이다(헌재 2005. 5. 24. 2003헌마289 전원재판부).

② [×], 지방자치단체는 법령의 범위 안에서 그 사무에 관하여 조례를 제정할 수 있다. 다만, 주민의 권리 제한 또는 의무 부과에 관한 사항이나 벌칙을 정할 때에는 법률의 위임이 있어야 한다(지방자치법 제22조).

③ [×], 오늘날 법률유보원칙은 단순히 행정작용이 법률에 근거를 두기만 하면 충분한 것이 아니라, 국가공동체와 그 구성원에게 기본적이고도 중요한 의미를 갖는 영역, 특히 국민의 기본권실현에 관련된 영역에 있어서는 행정에 맡길 것이 아니라 국민의 대표자인 입법자 스스로 그 본질적 사항에 대하여 결정하여야 한다는 요구까지 내포하는 것으로 이해하여야 한다(이른바 의회유보원칙). 그리고 행정작용이 미치는 범위가 광범위하게 확산되고 있으며, 그 내용도 복잡·다양하게 전개되는 것이 현대행정의 양상임을 고려할 때, 형식상 법률상의 근거를 갖출 것을 요구하는 것만으로는 국가작용과 국민생활의 기본적이고도 중요한 요소마저 행정에 의하여 결정되는 결과를 초래하게 될 것인바, 이러한 결과는 국가의사의 근본적 결정권한이 국민의 대표기관인 의회에 있다고 하는 의회민주주의의 원리에 배치되는 것이라 할 것이다(헌재 1999. 5. 27. 98헌바70 전원재판부). ★★★

④ [×], 이 사건 법률조항은 앞에서 본바와 같이 급박한 상황에 대처하기 위한 것으로서 그 불가피성과 정당성이 충분히 인정되는 경우이므로, 이 사건 법률조항이 영장 없는 수거를 인정한다고 하더라도 이를 두고 헌법상 영장주의에 위배되는 것으로는 볼 수 없고, 위 구 음반·비디오물및게임물에관한법률 제24조 제4항에서 관계공무원이 당해 게임물 등을 수거한 때에는 그 소유자 또는 점유자에게 수거증을 교부하도록 하고 있고, 동조 제6항에서 수거 등 처분을 하는 관계공무원이나 협회 또는 단체의 임·직원은 그 권한을 표시하는 증표를 지니고 관계인에게 이를 제시하도록 하는 등의 절차적 요건을 규정하고 있으므로, 이 사건 법률조항이 적법절차의 원칙에 위배되는 것으로 보기도 어렵다(헌재 2002. 10. 31. 2000헌가12 전원재판부).

⑤ [×], 법률이 행정부가 아니거나 행정부에 속하지 않는 공법적 기관의 정관에 특정 사항을 정할 수 있다고 위임하는 경우에는 그러한 권력분립의 원칙을 훼손할 여지가 없다. 이는 자치입법에 해당되는 영역이므로 자치적으로 정하는 것이 바람직하다. 따라서 법률이 정관에 자치법적 사항을 위임한 경우에는 헌법 제75조, 제95조가 정하는 포괄적인 위임입법의 금지는 원칙적으로 적용되지 않는다고 봄이 상당하다.(헌재 2006. 3. 30. 2005헌바31 전원재판부). ★★★

정답 ①

<행정법의 관념: 법치행정>

문 3.

(2017 변시6회, 36번)

법치국가 내지 법치행정의 원리(원칙)에 관한 설명 중 옳지 않은 것은? (다툼이 있는 경우 판례에 의함)

① 오늘날 법률유보의 원칙은 단순히 행정작용이 법률에 근거를 두기만 하면 충분한 것이 아니라, 국가공동체와 그 구성원에게 기본적이고도 중요한 의미를 갖는 영역, 특히 국민의 기본권 실현과 관련된 영역에 있어서는 국민의 대표자인 입법자가 그 본질적 사항에 대해서 스스로 결정하여야 한다는 요구까지 내포하고 있다.

② 입법부가 법률로써 행정부에게 특정한 사항을 위임했음에도 불구하고 행정부가 정당한 이유없이 이를 이행하지 않는다면 권력분립의 원칙과 법치국가 내지 법치행정의 원칙에 위배되는 것으로서 위법함과 동시에 위헌적인 것이 된다.

③ 법률이 공법적 단체 등의 정관에 자치법적 사항을 위임하는 경우에도 헌법 제75조가 정하는 포괄적인 위임입법의 금지가 원칙적으로 적용된다.

④ 기본권 제한에 있어 법률유보의 원칙은 '법률에 의한' 규율만을 뜻하는 것이 아니라 '법률에 근거한' 규율을 요청하는 것이므로 기본권 제한의 형식이 반드시 법률의 형식일 필요는 없고 법률에 근거를 두면서 헌법 제75조가 요구하는 위임의 구체성과 명확성을 구비하기만 하면 위임입법에 의하여도 기본권 제한을 할 수 있다.

⑤ 구 「지방세법」상 고급주택, 고급오락장이 무엇인지 하는 것은 취득세 중과세 요건의 핵심적 내용을 이루는 본질적이고도 중요한 사항임에도 불구하고 그 기준과 범위를 구체적으로 확정하지도 않고 또 그 최저기준을 설정하지도 않고 단순히 "대통령령으로 정하는 고급주택" 또는 "대통령령으로 정하는 고급오락장"이라고 규정한 것은 헌법상의 조세법률주의, 포괄위임입법금지원칙에 위배된다.

해설

① [○], 오늘날 법률유보원칙은 단순히 행정작용이 법률에 근거를 두기만 하면 충분한 것이 아니라, 국가공동체와 그 구성원에게 기본적이고도 중요한 의미를 갖는 영역, 특히 국민의 기본권실현에 관련된 영역에 있어서는 행정에 맡길 것이 아니라 국민의 대표자인 입법자 스스로 그 본질적 사항에 대하여 결정하여야 한다는 요구까지 내포하는 것으로 이해하여야 한다(이른바 의회유보원칙)(헌재 1999. 5. 27. 98헌바70 전원재판부). ★★★

② [○], 입법부가 법률로써 행정부에게 특정한 사항을 위임했음에도 불구하고 행정부가 정당한 이유 없이 이를 이행하지 않는다면 권력분립의 원칙과 법치국가 내지 법치행정의 원칙에 위배되는 것으로서 위법함과 동시에 위헌적인 것이다(대법 2007. 11. 29. 2006다3561).

③ [×], 법률이 공법적 단체 등의 정관에 자치법적 사항을 위임한 경우에는 헌법 제75조가 정하는 포괄적인 위임입법의 금지는 원칙적으로 적용되지 않는다고 봄이 상당하고, 한편 법률이 자치적인 사항을 정관에 위임한 경우 원칙적으로 헌법상의 포괄위임입법금지 원칙이 적용되지 않는다 하더라도 그 사항이 국민의 권리·의무에 관련되는 것일 경우에는 적어도 국민의 권리·의무에 관한 기본적이고 본질적인 사항은 국회가 정하여야 할 것이다(헌재 2006. 3. 30. 2005헌바31 전원재판부). ★★★

④ [○], 법률유보의 원칙은 '법률에 의한' 규율만을 뜻하는 것이 아니라 '법률에 근거한' 규율을 요청하는 것이므로 기본권 제한의 형식이 반드시 법률의 형식일 필요는 없고 법률에 근거를 두면서 헌법 제75조가 요구하는 위임의 구체성과 명확성을 구비하기만 하면 위임입법에 의하여도 기본권을 제한할 수 있다(헌재 2016. 4. 28. 2012헌마549등 전원배판부).

⑤ [○], 고급주택, 고급오락장이 무엇인지 하는 것은 취득세 중과세요건의 핵심적 내용을 이루는 본질적이고도 중요한 사항임에도 불구하고 그 기준과 범위를 구체적으로 확정하지도 않고 또 그 최저기준을 설정하지도 않고 단순히 "대통령으로 정하는 고급주택" 또는 "대통령령으로 정하는 고급오락장"이라고 불명확하고 포괄적으로 규정함으로써 실질적으로는 중과세 여부를 온전히 행정부의 재량과 자의에 맡긴 것이나 다름없을 뿐만 아니라, 입법목적, 지방세법의 체계나 다른 규정, 관련법규를 살펴보더라도 고급주택과 고급오락장의 기준과 범위를 예측해 내기 어려우므로 이 조항들은 헌법상의 조세법률주의, 포괄위임입법금지원칙에 위배된다(헌재 1999. 1. 28. 98헌가17 전원재판부).

정답 ③

<행정법의 관념: 법률유보의 원칙>

문 4.

(2021 변시10회, 22번)

법률유보의 원칙에 관한 설명 중 옳지 않은 것은? (다툼이 있는 경우 판례에 의함)

① 기본권 제한에 관한 법률유보의 원칙은 '법률에 근거한 규율'뿐만 아니라 '법률에 의한 규율'을 요청하는 것이므로, 기본권의 제한에는 법률의 근거가 필요할 뿐만 아니라 기본권 제한의 형식도 법률의 형식일 것을 요한다.

② 법률유보의 원칙은 단순히 행정작용이 법률에 근거를 두기만 하면 충분한 것이 아니라, 국가공동체와 그 구성원에게 기본적이고도 중요한 의미를 갖는 영역에 있어서는 행정에 맡길 것이 아니라 국민의 대표자인 입법자 스스로 그 본질적 사항에 대하여 결정하여야 한다는 요구까지 내포한다.

③ 위임입법에 있어 급부행정 영역에서는 기본권침해 영역보다는 위임의 구체성의 요구가 다소 약화되어도 무방하며, 다양한 사실관계를 규율하거나 사실관계가 수시로 변화될 것이 예상될 때에는 위임의 명확성의 요건이 완화된다.

④ 법률이 행정부가 아니거나 행정부에 속하지 않는 공법적 기관의 정관에 자치법적 사항을 위임한 경우에는 포괄적인 위임입법의 금지는 원칙적으로 적용되지 않는다.

⑤ 시행령은 모법인 법률에 의하여 위임받은 사항이나 법률이 규정한 범위 내에서 법률을 현실적으로 집행하는 데 필요한 세부적인 사항만을 규정할 수 있을 뿐, 법률에 의한 위임이 없는 한 법률이 규정한 개인의 권리·의무에 관한 내용을 변경·보충하거나 법률에 규정되지 아니한 새로운 내용을 규정할 수는 없다.

해설

① [×], 법률유보의 원칙은 '법률에 의한' 규율만을 뜻하는 것이 아니라 '법률에 근거한' 규율을 요청하는 것이므로 기본권 제한의 형식이 반드시 법률의 형식일 필요는 없고 법률에 근거를 두면서 헌법 제75조가 요구하는 위임의 구체성과 명확성을 구비하기만 하면 위임입법에 의하여도 기본권을 제한할 수 있다(헌재 2016. 4. 28. 2012헌마549등 전원재판부).

② [○], 오늘날 법률유보원칙은 단순히 행정작용이 법률에 근거를 두기만 하면 충분한 것이 아니라, 국가공동체와 그 구성원에게 기본적이고도 중요한 의미를 갖는 영역, 특히 국민의 기본권실현에 관련된 영역에 있어서는 행정에 맡길 것이 아니라 국민의 대표자인 입법자 스스로 그 본질적 사항에 대하여 결정하여야 한다는 요구까지 내포하는 것으로 이해하여야 한다(이른바 의회유보원칙)(헌재 1999. 5. 27. 98헌바70 전원재판부). ★★★

③ [○], 급부행정 영역에서는 기본권침해 영역보다는 구체성의 요구가 다소 약화되어도 무방하다고 해석되며, 다양한 사실관계를 규율하거나 사실관계가 수시로 변화될 것이 예상될 때에는 위임의 명확성의 요건이 완화된다(헌재 1997. 12. 24. 95헌마390 전원재판부).

④ [○], 법률이 행정부가 아니거나 행정부에 속하지 않는 공법적 기관의 정관에 특정 사항을 정할 수 있다고 위임하는 경우에는 그러한 권력분립의 원칙을 훼손할 여지가 없다. 이는 자치입법에 해당되는 영역이므로 자치적으로 정하는 것이 바람직하다. 따라서 법률이 정관에 자치법적 사항을 위임한 경우에는 헌법 제75조, 제95조가 정하는 포괄적인 위임입법의 금지는 원칙적으로 적용되지 않는다고 봄이 상당하다(헌재 2006. 3. 30. 2005헌바31 전원재판부). ★★★

⑤ [○], 법률의 시행령은 모법인 법률에 의하여 위임받은 사항이나 법률이 규정한 범위 내에서 법률을 현실적으로 집행하는 데 필요한 세부적인 사항만을 규정할 수 있을 뿐, 법률에 의한 위임이 없는 한 법률이 규정한 개인의 권리·의무에 관한 내용을 변경 보충하거나 법률에 규정되지 아니한 새로운 내용을 규정할 수 없다(대법 1995. 10. 13. 95누8454).

정답 ①

<행정법의 관념: 공법과 사법의 구별>

문 5.

(2015 변시4회, 36번)

공법관계와 사법관계의 구별과 관련된 판례의 내용 중 옳지 않은 것은?

① 국가나 지방자치단체에 근무하는 청원경찰에 대한 징계처분의 시정을 구하는 소송은 행정소송에 해당한다.

② 일반재산(구 잡종재산)인 국유림을 대부하는 행위는 법률이 대부계약의 취소사유나 대부료의 산정방법 등을 정하고 있고, 대부료의 징수에 관하여 「국세징수법」 중 체납처분에 관한 규정을 준용하도록 정하고 있더라도 사법관계로 파악된다.

③ 구 「공익사업을 위한 토지 등의 취득 및 보상에 관한 법률」상 환매권의 존부에 관한 확인을 구하는 소송 및 환매금액의 증감을 구하는 소송은 민사소송이다.

④ 국세환급금결정이나 이 결정을 구하는 신청에 대한 환급거부결정은 행정청의 공행정작용으로서 항고소송의 대상이 된다.

⑤ 서울특별시지하철공사 임원 및 직원에 대한 징계처분은 위 공사 사장이 공권력 발동주체로서 행정처분을 행한 것으로 볼 수 없으므로 이에 대한 불복절차는 민사소송절차에 의하여야 할 것이지 행정소송에 의할 수는 없는 것이다.

해설

① [○], 국가나 지방자치단체에 근무하는 청원경찰은 국가공무원법이나 지방공무원법상의 공무원은 아니지만, 다른 청원경찰과는 달리 그 임용권자가 행정기관의 장이고, 국가나 지방자치단체로부터 보수를 받으며, 산업재해보상보험법이나 근로기준법이 아닌 공무원연금법에 따른 재해보상과 퇴직급여를 지급받고, 직무상의 불법행위에 대하여도 민법이 아닌 국가배상법이 적용되는 등의 특질이 있으며 그외 임용자격, 직무, 복무의무 내용 등을 종합하여 볼때, 그 근무관계를 사법상의 고용계약관계로 보기는 어려우므로 그에 대한징계처분의 시정을 구하는 소는 행정소송의 대상이지 민사소송의 대상이 아니다(대법 1993. 7. 13. 92다47564). ★★

② [○], 국유잡종재산에 관한 관리 처분의 권한을 위임받은 기관이 국유잡종재산을 대부하는 행위는 국가가 사경제 주체로서 상대방과 대등한 위치에서 행하는 사법상의 계약이고, 행정청이 공권력의 주체로서 상대방의 의사 여하에 불구하고 일방적으로 행하는 행정처분이라고 볼 수 없으며, 국유잡종재산에 관한 대부료의 납부고지 역시 사법상의 이행청구에 해당하고, 이를 행정처분이라고 할 수 없다(대법 2000. 2. 11. 99다61675).

③ [○], 구 공익사업을 위한 토지 등의 취득 및 보상에 관한 법률(2010. 4. 5. 법률 제10239호로 일부 개정되기 전의 것, 이하 '구 공익사업법'이라 한다) 제91조에 규정된 환매권은 상대방에 대한 의사표시를 요하는 형성권의 일종으로서 재판상이든 재판 외이든 위 규정에 따른 기간 내에 행사하면 매매의 효력이 생기는 바, 이러한 환매권의 존부에 관한 확인을 구하는 소송 및 구 공익사업법 제91조 제4항에 따라 환매금액의 증감을 구하는 소송 역시 민사소송에 해당한다(대법 2013. 2. 28. 2010두22368). ★★

④ [×], 국세기본법 제51조 및 제52조 국세환급금 및 국세가산금결정에 관한 규정은 이미 납세의무자의 환급청구권이 확정된 국세환급금 및 가산금에 대하여 내부적 사무처리절차로서 과세관청의 환급절차를 규정한 것에 지나지 않고 그 규정에 의한 국세환급금(가산금 포함)결정에 의하여 비로소 환급청구권이 확정되는 것은 아니므로, 국세환급금결정이나 이 결정을 구하는 신청에 대한 환급거부결정 등은 납세의무자가 갖는 환급청구권의 존부나 범위에 구체적이고 직접적인 영향을 미치는 처분이 아니어서 항고소송의 대상이 되는 처분이라고 볼 수 없다(대법 1989. 6. 15. 88누6436 전원합의체).

⑤ [○], 서울특별시지하철공사의 임원과 직원의 근무관계의 성질은 지방공기업법의 모든 규정을 살펴보아도 공법상의 특별권력관계라고는 볼 수 없고 사법관계에 속할 뿐만 아니라, 위 지하철공사의 사장이 그 이사회의 결의를 거쳐 제정된 인사규정에 의거하여 소속직원에 대한 징계처분을 한 경우 위 사장은 행정소송법 제13조 제1항 본문과 제2조 제2항 소정의 행정청에 해당되지 않으므로 공권력발동주체로서 위 징계처분을 행한 것으로 볼 수 없고, 따라서 이에 대한 불복절차는 민사소송에 의할 것이지 행정소송에 의할 수는 없다(대법 1989. 9. 12. 89누2103).

정답 ④

<행정법의 관념: 공법과 사법의 구별>

문 6.

(2016 변시5회, 30번)

국토교통부 산하 A시설공단은 「공공기관의 운영에 관한 법률」의 적용을 받는 법인격 있는 공기업이다. A시설공단은 시설물 설치를 위한 지반공사를 위해 「국가를 당사자로 하는 계약에 관한 법률」이 정하는 바에 따라 甲건설회사와 공사도급계약을 체결하였다. 그런데 甲건설회사가 공사를 하는 과정에서 규격에 미달하는 저급한 자재를 사용하여 지반이 침하하는 사고가 발생하였고, A시설공단은 계약의 부실 이행을 이유로 「공공기관의 운영에 관한 법률」 제39조 제2항에 따라 甲건설회사에 대해 3개월간 입찰참가자격을 제한한다는 통보를 하였다. 이에 관한 설명 중 옳지 않은 것은? (다툼이 있는 경우 판례에 의함)

① A시설공단과 甲건설회사 간의 공사도급계약은 사법상(私法上) 계약이며, 그 내용에 관한 분쟁의 해결은 민사소송에 의한다.

② 甲건설회사가 위 입찰참가자격 제한조치에 대해 취소소송을 제기하는 경우 피고는 국토교통부장관이 아니라 A시설공단으로 하여야 한다.

③ 입찰참가자격 제한조치에 대한 취소소송의 계속중 피고는 甲건설회사가 부실공사를 무마하기 위해 관계 공무원에게 뇌물을 공여한 사실이 있음을 처분사유로 추가할 수 없다.

④ 甲건설회사가 입찰참가자격 제한조치의 취소를 구하는 소송에서 처분의 근거조항인 「공공기관의 운영에 관한 법률」 제39조 제2항에 대하여 위헌제청신청을 하였으나 수소법원이 그 신청을 기각한 경우, 甲건설회사는 그 기각결정에 대해 항고할 수 있다.

⑤ 甲건설회사가 입찰참가자격 제한조치에 대한 취소를 구하는 소를 제기하여 기각판결을 받았다면, 그 기각판결이 예외적으로 헌법소원심판을 통해 취소되지 않는 한 입찰참가자격 제한조치의 취소를 구하는 헌법소원심판청구는 허용되지 않는다.

해설

① [○], 행정주체와 사인간의 공사도급계약은 사법상 계약에 해당하며 이에 대한 분쟁해결절차는 민사소송절차에 의한다.

② [○], 국가나 지방자치단체의 사무가 공법인에게 위임된 경우에는 공법인 그 자체가 취소소송의 피고가 된다.

③ [○], 행정처분의 취소를 구하는 항고소송에 있어서, 처분청은 당초 처분의 근거로 삼은 사유와 기본적 사실관계가 동일성이 있다고 인정되는 한도 내에서만 다른 사유를 추가하거나 변경할 수 있고, 여기서 기본적 사실관계의 동일성 유무는 처분사유를 법률적으로 평가하기 이전의 구체적인 사실에 착안하여 그 기초인 사회적 사실관계가 기본적인 점에서 동일한지 여부에 따라 결정되며 이와 같이 기본적 사실관계와 동일성이 인정되지 않는 별개의 사실을 들어 처분사유로 주장하는 것이 허용되지 않는다고 해석하는 이유는 행정처분의 상대방의 방어권을 보장함으로써 실질적 법치주의를 구현하고 행정처분의 상대방에 대한 신뢰를 보호하고자 함에 그 취지가 있고, 추가 또는 변경된 사유가 당초의 처분시 그 사유를 명기하지 않았을 뿐 처분시에 이미 존재하고 있었고 당사자도 그 사실을 알고 있었다 하여 당초의 처분사유와 동일성이 있는 것이라 할 수 없다(대법 2003. 12. 11. 2001두8827). ★★

④ [×], 위헌 여부 심판의 제청에 관한 결정에 대하여는 항고할 수 없다(헌법재판소법 제41조 제4항).

⑤ [○], 행정처분의 취소를 구하는 행정소송이 확정된 경우에 그 원행정처분의 취소를 구하는 헌법소원심판 청구를 받아들여 이를 취소하는 것은, 원행정처분을 심판의 대상으로 삼았던 법원의 재판이 예외적으로 헌법소원심판의 대상이 되어 그 재판 자체가 취소되는 경우에 한하여 국민의 기본권을 신속하고 효율적으로 구제하기 위하여 가능한 것이고, 이와는 달리 법원의 재판이 취소되지 아니하는 경우에는 확정판결의 기판력으로 인하여 원행정처분은 헌법소원심판의 대상이 되지 아니하며, 뿐만 아니라 원행정처분에 대한 헌법소원심판청구를 허용하는 것은 "명령·규칙 또는 처분이 헌법이나 법률에 위반되는 여부가 재판의 전제가 된 경우에는 대법원은 이를 최종적으로 심사할 권한을 가진다."고 규정한 헌법 제107조 제2항이나, 원칙적으로 헌법소원심판의 대상에서 법원의 재판을 제외하고 있는 헌법재판소법 제68조 제1항의 취지에도 어긋난다(헌재 2001. 2. 22. 99헌마409 전원재판부).

정답 ④

<행정법의 관념: 공법관계와 사법관계>

문 7.

(2019 변시8회, 32번)

행정상 법률관계에 관한 설명 중 옳은 것(○)과 옳지 않은 것(×)을 올바르게 조합한 것은? (다툼이 있는 경우 판례에 의함)

> ㄱ. 「국유재산법」상 국유재산의 무단점유자에 대한 변상금의 부과는 「민법」상 부당이득반환청구권의 행사로 볼 수 있으므로 사법상의 법률행위에 해당한다.
> ㄴ. 지방자치단체에 근무하는 청원경찰이 뇌물을 받아 직무상 의무를 위반하였다는 이유로 파면을 당한 경우에, 청원경찰은 청원주와 사법상 근로계약을 체결함으로써 임용되는 것이므로 위 파면의 정당성에 대해서는 민사소송으로 다투어야 한다.
> ㄷ. 공익사업을 위한 토지 등의 취득 및 보상에 관한 법령에 의한 협의취득은 사법상의 법률행위이므로 당사자 사이의 자유로운 의사에 따라 채무불이행책임이나 매매대금 과부족금에 대한 지급의무를 약정할 수 있다.
> ㄹ. 중소기업 정보화지원사업에 따른 지원금 출연을 위하여 관계 행정기관의 장이 사인과 체결하는 협약은 공법상 대등한 당사자 사이의 의사표시 합치로 성립하는 공법상 계약에 해당한다.

① ㄱ(×), ㄴ(×), ㄷ(×), ㄹ(○)
② ㄱ(×), ㄴ(○), ㄷ(×), ㄹ(○)
③ ㄱ(×), ㄴ(×), ㄷ(○), ㄹ(○)
④ ㄱ(○), ㄴ(×), ㄷ(○), ㄹ(×)
⑤ ㄱ(○), ㄴ(○), ㄷ(×), ㄹ(×)

해설

ㄱ. [×], 국유재산의 무단점유자에 대한 변상금 부과는 공권력을 가진 우월적 지위에서 행하는 행정처분이고, 그 부과처분에 의한 변상금 징수권은 공법상의 권리인 반면, 민사상 부당이득반환청구권은 국유재산의 소유자로서 가지는 사법상의 채권이다(대법 2014. 7. 16. 2011다76402 전원합의체).

ㄴ. [×], 국가나 지방자치단체에 근무하는 청원경찰은 국가공무원법이나 지방공무원법상의 공무원은 아니지만, 다른 청원경찰과는 달리 그 임용권자가 행정기관의 장이고, 국가나 지방자치단체로부터 보수를 받으며, 산업재해보상보험법이나 근로기준법이 아닌 공무원연금법에 따른 재해보상과 퇴직급여를 지급받고, 직무상의 불법행위에 대하여도 민법이 아닌 국가배상법이 적용되는 등의 특질이 있으며 그외 임용자격, 직무, 복무의무 내용 등을 종합하여 볼때, 그 근무관계를 사법상의 고용계약관계로 보기는 어려우므로 그에 대한징계처분의 시정을 구하는 소는 행정소송의 대상이지 민사소송의 대상이 아니다(대법 1993. 7. 13. 92다47564). ★★

ㄷ. [○], 공익사업을 위한 토지 등의 취득 및 보상에 관한 법령(이하 '공익사업법령'이라고 한다)에 의한 협의취득은 사법상의 법률행위이므로 당사자 사이의 자유로운 의사에 따라 채무불이행책임이나 매매대금 과부족금에 대한 지급의무를 약정할 수 있다(대법 2012. 2. 23. 2010다91206).

ㄹ. [○], 중소기업 정보화지원사업에 따른 지원금 출연을 위하여 중소기업청장이 체결하는 협약은 공법상 대등한 당사자 사이의 의사표시의 합치로 성립하는 공법상 계약에 해당한다(대법 2015. 8. 27. 2015두41449). ★★

정답 ③

<행정법의 법원: 일반원칙>

문 8.
(2013 변시2회, 22번)

행정법의 법원(法源)에 관한 다음 설명 중 옳은 것은? (다툼이 있는 경우 판례에 의함)

① 인간다운 생활을 할 권리에 관한 헌법상의 규정은 입법부와 행정부에 대하여 가능한 한 모든 국민이 인간의 존엄성에 맞는 건강하고 문화적인 생활을 누릴 수 있도록 하여야 한다는 행위규범으로 작용하지만, 입법부나 행정부의 행위의 합헌성을 심사하기 위한 통제규범으로 작용하는 것은 아니다.

② 위법한 행정처분이라도 수차례에 걸쳐 반복적으로 행해져 행정관행이 된 경우에는 행정청에 대하여 자기구속력을 갖게 된다.

③ 같은 정도의 비위를 저지른 자들임에도 불구하고 그 직무의 특성 등에 비추어 개전의 정이 있는지 여부에 따라 징계 종류의 선택과 양정에서 다르게 취급하는 것은 평등의 원칙에 위반된다.

④ 행정청의 행위에 대한 신뢰보호 원칙의 적용 요건 중 하나인 '행정청의 견해표명이 정당하다고 신뢰한 데에 대하여 그 개인에게 귀책사유가 없을 것'을 판단함에 있어, 귀책사유의 유무는 상대방과 그로부터 신청행위를 위임받은 수임인 등 관계자 모두를 기준으로 하여야 한다.

⑤ 재량권 행사의 준칙인 행정규칙이 그 정한 바에 따라 되풀이 시행되어 행정관행이 이루어지고 평등의 원칙에 따라 행정기관이 그 규칙에 따라야 할 자기구속을 받게 된 경우에는, 특별한 사정이 있는 경우에도 해당 규칙에 따라야 할 절대적 구속력이 발생한다.

해설

① [×], 모든 국민은 인간다운 생활을 할 권리를 가지며 국가는 생활능력없는 국민을 보호할 의무가 있다는 헌법의 규정은 입법부와 행정부에 대하여는 국민소득, 국가의 재정능력과 정책 등을 고려하여 가능한 범위안에서 최대한으로 모든 국민이 물질적인 최저생활을 넘어서 인간의 존엄성에 맞는 건강하고 문화적인 생활을 누릴 수 있도록 하여야 한다는 행위의 지침 즉 행위규범으로서 작용하지만, 헌법재판에 있어서는 다른 국가기관 즉 입법부나 행정부가 국민으로 하여금 인간다운 생활을 영위하도록 하기 위하여 객관적으로 필요한 최소한의 조치를 취할 의무를 다하였는지의 여부를 기준으로 국가기관의 행위의 합헌성을 심사하여야 한다는 통제규범으로 작용하는 것이다(헌재 1997. 5. 29. 94헌마33 전원재판부).

② [×], 평등의 원칙은 본질적으로 같은 것을 자의적으로 다르게 취급함을 금지하는 것이고, 위법한 행정처분이 수차례에 걸쳐 반복적으로 행하여졌다 하더라도 그러한 처분이 위법한 것인 때에는 행정청에 대하여 자기구속력을 갖게 된다고 할 수 없다(대법 2009. 6. 25. 2008두13132).

③ [×], 대략 같은 정도의 비위를 저지른 자들에 대하여 그 구체적인 직무의 특성, 금전 수수의 경우에는 그 액수와 횟수, 의도적·적극적 행위인지 여부, 개전의 정이 있는지 여부 등에 따라 징계의 종류의 선택과 양정에 있어서 차별적으로 취급하는 것은 사안의 성질에 따른 합리적 차별로서 이를 자의적 취급이라고 할 수 없어 평등의 원칙 내지 형평에 반하지 아니한다(대법 2012. 5. 24. 2011두19727).

④ [○], 귀책사유라 함은 행정청의 견해표명의 하자가 상대방 등 관계자의 사실은폐나 기타 사위의 방법에 의한 신청행위 등 부정행위에 기인한 것이거나 그러한 부정행위가 없다고 하더라도 하자가 있음을 알았거나 중대한 과실로 알지 못한 경우 등을 의미한다고 해석함이 상당하고, 귀책사유의 유무는 상대방과 그로부터 신청행위를 위임받은 수임인 등 관계자 모두를 기준으로 판단하여야 한다(대법 2002. 11. 8. 2011두1512).

⑤ [×], 재량권 행사의 준칙인 행정규칙이 그 정한 바에 따라 되풀이 시행되어 행정관행이 이루어지게 되면 평등의 원칙이나 신뢰보호의 원칙에 따라 행정기관은 그 상대방에 대한 관계에서 그 규칙에 따라야 할 자기구속을 받게 되므로, 이러한 경우에는 특별한 사정이 없는 한 그를 위반하는 처분은 평등의 원칙이나 신뢰보호의 원칙에 위배되어 재량권을 일탈·남용한 위법한 처분이 된다(대법 2009. 12. 24. 2009두7967). ★★★

정답 ④

<행정법의 법원: 일반원칙>

문 9.

(2017 변시6회, 25번)

행정법의 법원(法源)에 관한 설명 중 옳지 <u>않은</u> 것은? (다툼이 있는 경우 판례에 의함)

① 재량권 행사의 준칙인 행정규칙이 되풀이 시행되어 행정관행이 성립한 경우 그것만으로는 관습법으로서 법적 구속력을 갖지는 못하지만, 그 행정관행이 적법한 경우 행정기관은 그 준칙에 따라야 할 자기구속을 받게 된다.

② 헌법규정은 행정권을 직접 구속하지 않으며 헌법을 구체화하는 법률을 통해 행정권을 구속한다.

③ 지방자치단체가 학교급식을 위해 국내 우수농산물을 사용하는 자에게 식재료나 구입비의 일부를 지원하는 조례안이 「1994년 관세 및 무역에 관한 일반협정」에 위배되어 위법한 이상, 그 조례안에 대한 재의결은 효력이 없다.

④ WTO 협정 회원국 정부의 반덤핑부과처분이 WTO 협정위반이라는 이유만으로 사인(私人)이 직접 국내법원에 회원국 정부를 상대로 그 처분의 취소소송을 제기하거나 위 협정위반을 처분의 독립된 취소사유로 주장할 수 없다.

⑤ 신뢰보호원칙의 적용과 관련하여 행정청의 공적인 견해표명이 있었는지의 여부를 판단함에 있어서는 반드시 행정조직상의 형식적인 권한분배에 구애될 것은 아니다.

해설

① [○], 재량권 행사의 준칙인 행정규칙이 그 정한 바에 따라 되풀이 시행되어 행정관행이 이루어지게 되면 평등의 원칙이나 신뢰보호의 원칙에 따라 행정기관은 그 상대방에 대한 관계에서 그 규칙에 따라야 할 자기구속을 받게 되므로, 이러한 경우에는 특별한 사정이 없는 한 그를 위반하는 처분은 평등의 원칙이나 신뢰보호의 원칙에 위배되어 재량권을 일탈·남용한 위법한 처분이 된다(대법 2009. 12. 24. 2009두7967). ★★★

② [×], 법률이 헌법에 위반되는 여부가 재판의 전제가 된 경우에는 법원은 헌법재판소에 제청하여 그 심판에 의하여 재판하며(헌법 제107조 제1항), 명령·규칙 또는 처분이 헌법이나 법률에 위반되는 여부가 재판의 전제가 된 경우에는 대법원은 이를 최종적으로 심사할 권한을 가진다(헌법 제107조 제2항).

③ [○], 지방자치단체의 초·중·고등학교에서 실시하는 학교급식을 위해 위 지방자치단체에서 생산되는 우수 농수축산물과 이를 재료로 사용하는 가공식품(이하 '우수농산물'이라고 한다)을 우선적으로 사용하도록 하고 그러한 우수농산물을 사용하는 자를 선별하여 식재료나 식재료 구입비의 일부를 지원하며 지원을 받은 학교는 지원금을 반드시 우수농산물을 구입하는 데 사용하도록 하는 것을 내용으로 하는 위 지방자치단체의 조례안이 내국민대우원칙을 규정한 '1994년 관세 및 무역에 관한 일반협정'(General Agreement on Tariffs and Trade 1994)에 위반되어 그 효력이 없다(대법 2005. 9. 9. 2004추10).

④ [○], 협정에 따른 회원국 정부의 반덤핑부과처분이 WTO 협정위반이라는 이유만으로 사인이 직접 국내 법원에 회원국 정부를 상대로 그 처분의 취소를 구하는 소를 제기하거나 위 협정위반을 처분의 독립된 취소사유로 주장할 수는 없다(대법 2009. 1. 30. 2008두17936).

⑤ [○], 행정청의 공적 견해표명이 있었는지의 여부를 판단하는 데 있어 반드시 행정조직상의 형식적인 권한분장에 구애될 것은 아니고 담당자의 조직상의 지위와 임무, 당해 언동을 하게 된 구체적인 경위 및 그에 대한 상대방의 신뢰가능성에 비추어 실질에 의하여 판단하여야 한다(대법 1997. 9. 12. 96누18380). ★★★

정답 ②

<행정법의 법원: 일반원칙>

문 10.

(2014 변시3회, 20번)

신뢰보호원칙의 적용에 관한 설명 중 옳지 않은 것은? (다툼이 있는 경우 판례에 의함)

① 행정청의 공적 견해표명이 있었는지의 여부를 판단하는 데 있어 반드시 행정조직상의 형식적인 권한분장에 구애될 것은 아니고 담당자의 조직상의 지위와 임무, 당해 언동을 하게 된 구체적인 경위 및 그에 대한 상대방의 신뢰가능성에 비추어 실질에 의하여 판단하여야 한다.

② 수익적 행정처분의 하자가 당사자의 사실은폐나 기타 사위의 방법에 의한 신청행위에 기인한 것이라면, 당사자는 처분에 의한 이익을 위법하게 취득하였음을 알아 취소가능성도 예상하고 있었을 것이므로, 그 자신이 처분에 관한 신뢰이익을 원용할 수 없다.

③ 행정처분이 신뢰보호원칙의 요건을 충족하는 경우라고 하더라도 행정청이 앞서 표명한 공적인 견해에 반하는 행정처분을 함으로써 달성하려는 공익이 행정청의 공적 견해표명을 신뢰한 개인이 그 행정처분으로 인하여 입게 되는 이익의 침해를 정당화할 수 있을 정도로 강한 경우에는 신뢰보호의 원칙을 들어 그 행정처분이 위법하다고는 할 수 없다.

④ 관할관청이 폐기물처리업 사업계획에 대하여 적정통보를 하였다면, 이것은 당해 사업을 위해 필요한 그 사업부지 토지에 대한 국토이용계획변경신청을 승인하여 주겠다는 취지의 공적인 견해표명을 한 것으로 볼 수 있다.

⑤ 운전면허 취소사유에 해당하는 음주운전을 적발한 경찰관의 소속 경찰서장이 사무착오로 위반자에게 운전면허정지처분을 한 상태에서 위반자의 주소지 관할 지방경찰청장이 위반자에게 운전면허취소처분을 한 것은 선행처분에 대한 당사자의 신뢰 및 법적 안정성을 저해하는 것으로서 허용될 수 없다.

해설

① [○], 행정청의 공적 견해표명이 있었는지의 여부를 판단하는 데 있어 반드시 행정조직상의 형식적인 권한분장에 구애될 것은 아니고 담당자의 조직상의 지위와 임무, 당해 언동을 하게 된 구체적인 경위 및 그에 대한 상대방의 신뢰가능성에 비추어 실질에 의하여 판단하여야 한다(대법 1997. 9. 12. 96누18380). ★★★

② [○], 처분의 하자가 당사자의 사실은폐나 기타 사위의 방법에 의한 신청행위에 기인한 것이라면 당사자는 그 처분에 의한 이익이 위법하게 취득되었음을 알아 그 취소가능성도 예상하고 있었다고 할 것이므로 그 자신이 위 처분에 관한 신뢰이익을 원용할 수 없음은 물론 행정청이 이를 고려하지 아니하였다고 하여도 재량권의 남용이 되지 않는다(대법 2002. 2. 5. 2001두5286). ★★

③ [○], 행정처분이 이러한 요건을 충족하는 경우라고 하더라도 행정청이 앞서 표명한 공적인 견해에 반하는 행정처분을 함으로써 달성하려는 공익이 행정청의 공적 견해표명을 신뢰한 개인이 그 행정처분으로 인하여 입게 되는 이익의 침해를 정당화할 수 있을 정도로 강한 경우에는 신뢰보호의 원칙을 들어 그 행정처분이 위법하다고는 할 수 없다(대법 1998. 11. 13. 98두7343).

④ [×], 폐기물처리업 사업계획에 대하여 적정통보를 한 것만으로 그 사업부지 토지에 대한 국토이용계획변경신청을 승인하여 주겠다는 취지의 공적인 견해표명을 한 것으로 볼 수 없고, 그럼에도 불구하고 원고가 그 승인을 받을 것으로 신뢰하였다면 원고에게 귀책사유가 있다 할 것이므로, 이 사건 처분이 신뢰보호의 원칙에 위배된다고 할 수 없다(대법 2005. 4. 28. 2004두8828).

⑤ [○], 운전면허 취소사유에 해당하는 음주운전을 적발한 경찰관의 소속 경찰서장이 사무착오로 위반자에게 운전면허정지처분을 한 상태에서 위반자의 주소지 관할 지방경찰청장이 위반자에게 운전면허취소처분을 한 것은 선행처분에 대한 당사자의 신뢰 및 법적 안정성을 저해하는 것으로서 허용될 수 없다(대법 2000. 2. 25. 99두10520).

정답 ④

<행정법의 법원: 신뢰보호의 원칙>

문 11.

(2021 변시10회, 21번)

신뢰보호의 원칙에 관한 설명 중 옳은 것(○)과 옳지 않은 것(×)을 올바르게 조합한 것은? (다툼이 있는 경우 판례에 의함)

ㄱ. 당초 폐기물처리시설을 설치한다는 도시관리계획결정 및 지형도면 고시를 하였다가 폐기물처리시설 대신 광장을 설치한다는 도시관리계획 변경결정 및 지형도면 고시를 한 경우 당초 도시관리계획결정은 도시계획시설사업의 시행자 지정을 받게 된다는 공적인 견해를 표명한 것으로 볼 수 있으므로, 그 후의 도시관리계획 변경결정 및 지형도면 고시는 당초의 도시계획시설사업의 시행자로 지정받을 것을 예상하고 폐기물처리시설의 설계비용 등을 지출한 자의 신뢰이익을 침해한다.

ㄴ. 행정청 내부의 사무처리준칙에 해당하는 농림사업시행지침서가 공표된 것만으로는 사업자로 선정되기를 희망하는 자가 당해 지침에 명시된 요건을 충족할 경우 사업자로 선정되어 사업자금 지원 등의 혜택을 받을 수 있다는 보호가치 있는 신뢰를 가지게 되었다고 보기 어렵다.

ㄷ. 신뢰보호의 원칙은 법률이나 그 하위법규뿐만 아니라 국가관리의 입시제도와 같이 국·공립대학의 입시전형을 구속하여 국민의 권리에 직접 영향을 미치는 제도운영지침의 개폐에도 적용된다.

ㄹ. 신뢰보호의 원칙은 행정청이 공적인 견해를 표명할 당시의 사정이 그대로 유지됨을 전제로 적용되는 것이 원칙이므로, 사후에 그와 같은 사정이 변경된 경우에는 그 공적인 견해가 더 이상 개인에게 신뢰의 대상이 된다고 보기 어려운 만큼, 특별한 사정이 없는 한 행정청이 그 견해표명에 반하는 처분을 하더라도 신뢰보호의 원칙에 위반된다고 할 수 없다.

① ㄱ(○), ㄴ(○), ㄷ(○), ㄹ(○)
② ㄱ(○), ㄴ(×), ㄷ(○), ㄹ(○)
③ ㄱ(×), ㄴ(○), ㄷ(○), ㄹ(○)
④ ㄱ(×), ㄴ(○), ㄷ(×), ㄹ(×)
⑤ ㄱ(×), ㄴ(×), ㄷ(○), ㄹ(○)

해설

ㄱ. [×], 당초 정구장 시설을 설치한다는 도시계획결정을 하였다가 정구장 대신 청소년 수련시설을 설치한다는 도시계획 변경결정 및 지적승인을 한 경우, 당초의 도시계획결정만으로는 도시계획사업의 시행자 지정을 받게 된다는 공적인 견해를 표명하였다고 할 수 없다는 이유로 그 후의 도시계획 변경결정 및 지적승인이 도시계획사업의 시행자로 지정받을 것을 예상하고 정구장 설계 비용 등을 지출한 자의 신뢰이익을 침해한 것으로 볼 수 없다(대법 2000. 11. 10. 2000두727).

ㄴ. [○], 시장이 농림수산식품부에 의하여 공표된 '2008년도 농림사업시행지침서'에 명시되지 않은 '시·군별 건조저장시설 개소당 논 면적' 기준을 충족하지 못하였다는 이유로 신규 건조저장시설 사업자 인정신청을 반려한 사안에서, 위 지침이 되풀이 시행되어 행정관행이 이루어졌다거나 그 공표만으로 신청인이 보호가치 있는 신뢰를 갖게 되었다고 볼 수 없다(대법 2009. 12. 24. 2009두7967). ★★★

ㄷ. [○], 법규나 제도의 존속에 대한 개개인의 신뢰가 그 법규나 제도의 개정으로 침해되는 경우에 상실된 신뢰의 근거 및 종류와 신뢰이익의 상실로 인한 손해의 정도 등과 개정규정이 공헌하는 공공복리의 중요성을 비교교량하여 현존상태의 지속에 대한 신뢰가 우선되어야 한다고 인정될 때에는 규범정립자는 지속적 또는 과도적으로 그 신뢰보호에 필요한 조치를 취하여야 할 의무가 있다. 이 원칙은 법률이나 그 하위법규 뿐만 아니라 국가관리의 입시제도와 같이 국·공립대학의 입시전형을 구속하여 국민의 권리에 직접 영향을 미치는 제도운영지침의 개폐에도 적용되는 것이다(헌재 1997. 7. 16. 97헌마38).

ㄹ. [○], 신뢰보호의 원칙은 행정청이 공적인 견해를 표명할 당시의 사정이 그대로 유지됨을 전제로 적용되는 것이 원칙이므로, 사후에 그와 같은 사정이 변경된 경우에는 그 공적 견해가 더 이상 개인에게 신뢰의 대상이 된다고 보기 어려운 만큼, 특별한 사정이 없는 한 행정청이 그 견해표명에 반하는 처분을 하더라도 신뢰보호의 원칙에 위반된다고 할 수 없다(대법 2020. 6. 25. 2018두34732).

정답 ③

<행정법의 법원: 신뢰보호의 원칙>

문 12.

(2022 변시11회, 29번)

신뢰보호의 원칙에 관한 설명 중 옳지 않은 것은? (다툼이 있는 경우 판례에 의함)

① 행정청은 공익 또는 제3자의 이익을 현저히 해칠 우려가 있는 경우를 제외하고는 행정에 대한 국민의 정당하고 합리적인 신뢰를 보호하여야 한다.

② 정책의 주무 부처인 중앙행정기관이 그 소관 사항에 대하여 입안한 법령안은 법제처 심사 등의 절차를 거쳐 공포함으로써 확정되므로 입법예고를 통해 법령안의 내용을 국민에게 예고하였다면 국가가 이해관계자들에게 입법예고된 사항에 관하여 신뢰를 부여하였다고 볼 수 있다.

③ 건축주가 건축허가 내용대로 공사를 상당한 정도로 진행하였는데, 나중에 「건축법」에 위반되는 하자가 발견되었다는 이유로 행정청이 그 일부분의 철거를 명할 수 있기 위하여는 그 건축허가를 기초로 하여 형성된 사실관계 및 법률관계를 고려하여 건축주가 입게 될 불이익과 건축행정상의 공익, 제3자의 이익, 「건축법」 위반의 정도를 비교·교량하여 건축주의 이익을 희생시켜도 부득이하다고 인정되는 경우라야 한다.

④ 수익적 행정처분에 하자가 있다고 하더라도 이를 취소하여야 할 필요성에 관한 증명책임은 행정처분의 상대방이 아니라 처분청에 있다.

⑤ 개정 법령이 기존의 사실 또는 법률관계를 적용대상으로 하면서 국민의 재산권과 관련하여 종전보다 불리한 법률효과를 규정하고 있는 경우 그러한 사실 또는 법률관계가 개정 법령이 시행되기 이전에 이미 완성 또는 종결된 것이 아니라면 개정 법령을 적용하는 것이 헌법상 금지되는 소급입법에 의한 재산권 침해라고 할 수는 없다.

해설

① [○], 행정기본법 제12조(신뢰보호의 원칙) ① 행정청은 공익 또는 제3자의 이익을 현저히 해칠 우려가 있는 경우를 제외하고는 행정에 대한 국민의 정당하고 합리적인 신뢰를 보호하여야 한다.

② [×], 정책의 주무 부처인 중앙행정기관이 그 소관 사항에 대하여 입안한 법령안은 법제처 심사 등의 절차를 거쳐 공포함으로써 확정되므로, 법령이 확정되기 이전에는 법적 효과가 발생할 수 없다. 따라서 입법예고를 통해 법령안의 내용을 국민에게 예고한 적이 있다고 하더라도 그것이 법령으로 확정되지 아니한 이상 국가가 이해관계자들에게 위 법령안에 관련된 사항을 약속하였다고 볼 수 없으며, 이러한 사정만으로 어떠한 신뢰를 부여하였다고 볼 수도 없다(대법 2008. 5. 29. 2004다33469).

③ [○], 건축주가 건축허가 내용대로 공사를 상당한 정도로 진행하였는데, 나중에 건축법이나 도시계획법에 위반되는 하자가 발견되었다는 이유로 그 일부분의 철거를 명할 수 있기 위하여는 그 건축허가를 기초로 하여 형성된 사실관계 및 법률관계를 고려하여 건축주가 입게 될 불이익과 건축행정이나 도시계획행정상의 공익, 제3자의 이익, 건축법이나 도시계획법 위반의 정도를 비교·교량하여 건축주의 이익을 희생시켜도 부득이하다고 인정되는 경우라야 한다(대법 2002. 11. 8. 2001두1512).

④ [○], 일정한 행정처분에 의하여 국민이 일정한 이익과 권리를 취득하였을 경우에 종전의 행정처분을 취소하는 행정처분은 이미 취득한 국민의 기존 이익과 권리를 박탈하는 별개의 행정처분으로 그 취소될 행정처분에 있어서의 하자 또는 취소하여야 할 공공의 필요가 있어야 하고, 나아가 행정처분에 하자 등이 있다 하더라도 취소하여야 할 공익상 필요와 취소로 인하여 당사자가 입게 될 기득권과 신뢰보호 및 법률생활안정의 침해 등 불이익을 비교·교량한 후 공익상 필요가 당사자가 입을 불이익을 정당화할 만큼 강한 경우에 한하여 취소할 수 있는 것이며, 그 하자나 취소하여야 할 필요성에 대한 증명책임은 기존의 이익과 권리를 침해하는 처분을 한 그 행정청에 있다(대법 2012. 3. 29. 2011두23375).

⑤ [○], 행정처분은 그 근거 법령이 개정된 경우에도 경과규정에서 달리 정함이 없는 한 처분 당시 시행되는 개정 법령과 그에 정한 기준에 의하는 것이 원칙이고, 그 개정 법령이 기존의 사실 또는 법률관계를 적용대상으로 하면서 국민의 재산권과 관련하여 종전보다 불리한 법률효과를 규정하고 있는 경우에도 그러한 사실 또는 법률관계가 개정 법령이 시행되기 이전에 이미 완성 또는 종결된 것이 아니라면 이를 헌법상 금지되는 소급입법에 의한 재산권 침해라고 할 수는 없으며, 그러한 개정 법령의 적용과 관련하여서는 개정 전 법령의 존속에 대한 국민의 신뢰가 개정 법령의 적용에 관한 공익상의 요구보다 더 보호가치가 있다고 인정되는 경우에 그러한 국민의 신뢰를 보호하기 위하여 그 적용이 제한될 수 있는 여지가 있을 따름이다.

정답 ②

<행정법의 법원: 일반원칙>

문 13.

(2018 변시7회, 23번)

행정법의 법원(法源)에 관한 설명 중 옳지 않은 것은? (다툼이 있는 경우 판례에 의함)

① 대법원의 판례변경은 대법관 전원의 3분의 2 이상의 합의체에서 과반수로 결정하도록 하고 있으며, 「소액사건심판법」에서는 대법원 판례에 대한 위반을 상고이유로 규정하고 있다.

② 여러 종류의 가산세를 함께 부과하면서 그 종류와 세액의 산출근거를 구분하여 밝히지 않고 가산세의 합계세액만을 기재한 오랜 관행이 비록 적법절차의 원칙에서 문제가 있더라도, 법률에서 가산세의 납세고지에 관하여 특별히 규정하지 않은 이상 그 관행은 행정관습법으로 통용될 수 있다.

③ 국민이 가지는 모든 기대 내지 신뢰가 권리로서 보호될 것은 아니고, 신뢰보호 여부는 기존의 제도를 신뢰한 자의 신뢰를 보호할 필요성과 새로운 제도를 통해 달성하려고 하는 공익을 비교형량하여 판단하여야 한다.

④ 비위사실로 파면처분을 받은 피징계자가 징계처분에 중대하고 명백한 흠이 있음을 알면서도 퇴직시 지급되는 퇴직금 등 급여를 받은 후 5년이 지나 그 비위사실의 공소시효가 완성된 후에 징계처분의 흠을 내세워 그 징계처분의 무효확인을 구하는 것은 신의칙에 반한다.

⑤ 신뢰보호의 원칙을 성립시키는 행정청의 공적 견해나 의사는 명시적 또는 묵시적으로 표시되어야 하는데, 비과세 관행에 관한 묵시적 표시가 있다고 하기 위하여는 단순한 과세 누락과는 달리 과세관청이 상당기간 불과세 상태에 대하여 과세하지 않겠다는 의사표시를 한 것으로 볼 수 있는 사정이 있어야 한다.

해설

① [○], 법원조직법 제7조 제1항에 의하면 대법원의 심판권은 대법관 전원의 3분의 2 이상의 합의체에서 이를 행하되, 다만 같은 항 각 호의 경우에 해당하는 경우가 아니면 대법관 3인 이상으로 구성된 부에서 사건을 먼저 심리하여 의견이 일치된 경우에 한하여 그 부에서 심판할 수 있도록 하고 있다(대법 2000. 5. 18. 95재다199 전원합의체). 소액사건에 대한 지방법원 본원 합의부의 제2심판결이나 결정·명령에 대하여는 대법원의 판례에 상반되는 판단을 한 때 대법원에 상고 또는 재항고를 할 수 있다(소액사건심판법 제3조 제2호).

② [×], 같은 세목에 관하여 여러 종류의 가산세가 부과되면 그 각 가산세 부과처분도 종류별로 각각 별개의 과세처분이라고 보아야 한다. 따라서 하나의 납세고지서에 의하여 본세와 가산세를 함께 부과할 때에는 납세고지서에 본세와 가산세 각각의 세액과 산출근거 등을 구분하여 기재해야 하는 것이고, 또 여러 종류의 가산세를 함께 부과하는 경우에는 그 가산세 상호 간에도 종류별로 세액과 산출근거 등을 구분하여 기재함으로써 납세의무자가 납세고지서 자체로 각 과세처분의 내용을 알 수 있도록 하는 것이 당연한 원칙이다(대법 2012. 10. 18. 2010두12347).

③ [○], 국민이 가지는 모든 기대 내지 신뢰가 헌법상 권리로서 보호될 것은 아니고, 보호 여부는 기존의 제도를 신뢰한 자의 신뢰를 보호할 필요성과 새로운 제도를 통해 달성하려고 하는 공익을 비교형량하여 판단하여야 한다(대법 2016. 11. 9. 2014두3228).

④ [○], 피징계자가 징계처분에 중대하고 명백한 흠이 있음을 알면서도 퇴직시에 지급되는 퇴직금 등 급여를 지급받으면서 그 징계처분에 대하여 위 흠을 들어 항고하였다가 곧 취하하고 그 후 5년 이상이나 그 징계처분의 효력을 일체 다투지 아니하다가 위 비위사실에 대한 공소시효가 완성되어 더이상 형사소추를 당할 우려가 없게 되자 새삼 위 흠을 들어 그 징계처분의 무효확인을 구하는 소를 제기하기에 이르렀고 한편 징계권자로서도 그후 오랜 기간동안 피징계자의 퇴직을 전제로 승진·보직 등 인사를 단행하여 신분관계를 설정하였다면 피징계자가 이제와서 위 흠을 내세워 그 징 계처분의 무효확인을 구하는 것은 신의칙에 반한다(대법 1989. 12. 12. 88누8869).

⑤ [○], 일반적으로 조세 법률관계에서 과세관청의 행위에 대하여 신의성실의 원칙이 적용되기 위하여는 과세관청이 납세자에게 신뢰의 대상이 되는 공적인 견해표명을 하여야 하고, 또한 국세기본법 제18조 제3항에서 말하는 비과세관행이 성립하려면 상당한 기간에 걸쳐 과세를 하지 아니한 객관적 사실이 존재할 뿐만 아니라 과세관청 자신이 그 사항에 관하여 과세할 수 있음을 알면서도 어떤 특별한 사정 때문에 과세하지 않는다는 의사가 있어야 하며 위와 같은 공적 견해나 의사는 명시적 또는 묵시적으로 표시되어야 하지만, 묵시적 표시가 있다고 하기 위하여는 단순한 과세 누락과는 달리 과세관청이 상당기간 불과세 상태에 대하여 과세하지 않겠다는 의사표시를 한 것으로 볼 수 있는 사정이 있어야 하고, 이 경우 특히 과세관청의 의사표시가 일반론적인 견해표명에 불과한 경우에는 위 원칙의 적용을 부정하여야 한다(대법 2001. 4. 24. 2000두5203).

정답 ②

<행정법의 법원: 법원의 효력(소급입법)>

문 14.

(2018 변시7회, 3번)

소급입법에 관한 설명 중 옳은 것(○)과 옳지 않은 것(×)을 올바르게 조합한 것은? (다툼이 있는 경우 판례에 의함)

ㄱ. 친일재산을 그 취득·증여 등 원인행위시에 국가의 소유로 하도록 규정한 「친일반민족행위자 재산의 국가귀속에 관한 특별법」 조항은 진정소급입법에 해당하며, 친일반민족행위자의 재산권을 일률적·소급적으로 박탈하는 것을 정당화할 수 있는 특단의 사정이 존재한다고 볼 수 없으므로 소급입법금지원칙에 위배된다.

ㄴ. 위치추적 전자장치 부착의 목적과 의도는 단순히 재범의 방지뿐만 아니라 중대한 범죄를 저지른 자에 대하여 그 책임에 상응하는 강력한 처벌을 가하고 일반국민에 대하여 일반예방적 효과를 위한 강력한 경고를 하려는 것이므로, 구 「특정 범죄자에 대한 위치추적 전자장치 부착 등에 관한 법률」 시행 이전에 범죄를 저지른 자에 대해서도 소급하여 전자장치 부착을 명할 수 있도록 하는 동법 부칙조항은 헌법 제13조 제1항의 형벌불소급의 원칙에 위배된다.

ㄷ. 법 시행일 이후에 이행기가 도래하는 퇴직연금에 대하여 소득과 연계하여 그 일부의 지급을 정지할 수 있도록 한 「공무원연금법」 조항을 이미 확정적으로 연금수급권을 취득한 자에게도 적용하도록 한 것은, 이미 종료된 과거의 사실관계 또는 법률관계에 새로운 법률이 소급적으로 적용되어 과거를 법적으로 새로이 평가하는 진정소급입법에 해당한다.

ㄹ. 보안처분이라 하더라도 형벌적 성격이 강하여 신체의 자유를 박탈하거나 박탈에 준하는 정도로 신체의 자유를 제한하는 경우에는 소급입법금지원칙이 적용된다.

① ㄱ(○), ㄴ(×), ㄷ(○), ㄹ(×)
② ㄱ(×), ㄴ(×), ㄷ(○), ㄹ(○)
③ ㄱ(×), ㄴ(×), ㄷ(×), ㄹ(○)
④ ㄱ(○), ㄴ(○), ㄷ(○), ㄹ(×)
⑤ ㄱ(×), ㄴ(×), ㄷ(×), ㄹ(×)

해설

ㄱ. [×], 당초 정구장 시설을 설치한다는 도시계획결정을 하였다가 정구장 대신 청소년 수련시설을 설치한다는 도시계획 변경결정 및 지적승인을 한 경우, 당초의 도시계획결정만으로는 도시계획사업의 시행자 지정을 받게 된다는 공적인 견해를 표명하였다고 할 수 없다는 이유로 그 후의 도시계획 변경결정 및 지적승인이 도시계획사업의 시행자로 지정받을 것을 예상하고 정구장 설계 비용 등을 지출한 자의 신뢰이익을 침해한 것으로 볼 수 없다(헌재 2011. 3. 31. 2008헌바141등 전원재판부).

ㄴ. [×], 부칙조항에 따른 전자장치 부착명령은 비형벌적 보안처분으로서 소급효금지원칙이 적용되지 아니하므로 전자장치부착법 시행 당시 대상자에 포함되지 않았던 사람들까지 부착명령의 대상자로 포함시켰다고 하여 소급효금지원칙에 위배되는 것은 아니다(헌재 2012. 12. 27. 2010헌가82 전원재판부).

ㄷ. [×], 이 사건 심판대상조항은 이미 발생하여 이행기에 도달한 퇴직연금수급권의 내용을 변경함이 없이 이 사건 심판대상조항의 시행 이후의 법률관계, 다시 말해 장래 이행기가 도래하는 퇴직연금수급권의 내용을 변경함에 불과하므로, 이미 종료된 과거의 사실관계 또는 법률관계에 새로운 법률이 소급적으로 적용되어 과거를 법적으로 새로이 평가하는 진정소급입법에는 해당하지 아니한다(헌재 2009. 7. 30. 2007헌바113 전원재판부).

ㄹ. [○], 보안처분이라 하더라도 형벌적 성격이 강하여 신체의 자유를 박탈하거나 박탈에 준하는 정도로 신체의 자유를 제한하는 경우에는 소급처벌금지원칙이 적용된다(헌재 2012. 12. 27. 2010헌가82등 전원재판부).

정답 ③

<행정법의 법원: 법원의 효력(소급입법)>

문 15.

(2018 변시7회, 29번)

개정 법령의 적용에 관한 설명 중 옳은 것을 모두 고른 것은? (다툼이 있는 경우 판례에 의함)

ㄱ. 행정처분은 신청 후 그 근거 법령이 개정된 경우에도 경과규정에서 달리 정함이 없는 한 처분 당시 시행되는 개정 법령과 그에 정한 기준에 의하는 것이 원칙이다.
ㄴ. 개정 법령이 기존의 사실 또는 법률관계를 적용대상으로 하면서 국민의 재산권과 관련하여 종전보다 불리한 법률효과를 규정하고 있는 경우에도 그러한 사실 또는 법률관계가 개정 법령이 시행되기 이전에 이미 완성 또는 종결된 것이 아니라면 이를 헌법상 금지되는 소급입법에 의한 재산권 침해라고 할 수는 없다.
ㄷ. 개정 법령의 적용과 관련하여서는 개정 전 법령의 존속에 대한 국민의 신뢰가 개정 법령의 적용에 관한 공익상 요구보다 더 보호가치가 있다고 인정되는 경우에 그러한 국민의 신뢰를 보호하기 위하여 그 적용이 제한될 여지가 있다.
ㄹ. 구 「유료도로법」에 따라 통행료를 징수할 수 없게 된 도로라 하더라도 신법에 따른 유료도로의 요건을 갖추었다면 그 시행 이후 그 도로를 통행하는 차량에 대하여 통행료를 부과하여도 헌법상 소급입법에 의한 재산권 침해금지 원칙에 반한다고 볼 수 없다.

① ㄱ, ㄴ
② ㄱ, ㄷ
③ ㄱ, ㄴ, ㄷ
④ ㄴ, ㄷ, ㄹ
⑤ ㄱ, ㄴ, ㄷ, ㄹ

해설

ㄱ. [○], 행정처분은 그 근거 법령이 개정된 경우에도 경과 규정에서 달리 정함이 없는 한 처분 당시 시행되는 개정 법령과 그에서 정한 기준에 의하는 것이 원칙이고, 그 개정 법령이 기존의 사실 또는 법률관계를 적용대상으로 하면서 국민의 재산권과 관련하여 종전보다 불리한 법률효과를 규정하고 있는 경우에도 그러한 사실 또는 법률관계가 개정 법률이 시행되기 이전에 이미 완성 또는 종결된 것이 아니라면 이를 헌법상 금지되는 소급입법에 의한 재산권 침해라고 할 수는 없으며, 그러한 개정 법률의 적용과 관련하여서는 개정 전 법령의 존속에 대한 국민의 신뢰가 개정 법령의 적용에 관한 공익상의 요구보다 더 보호가치가 있다고 인정되는 경우에 그러한 국민의 신뢰보호를 보호하기 위하여 그 적용이 제한될 수 있는 여지가 있을 따름이다(대법 2000. 3. 10. 97누13818).

ㄴ. [○], 개정 법령이 기존의 사실 또는 법률관계를 적용대상으로 하면서 국민의 재산권과 관련하여 종전보다 불리한 법률효과를 규정하고 있는 경우에도 그러한 사실 또는 법률관계가 개정법령이 시행되기 이전에 이미 완성 또는 종결된 것이 아니라면 이를 헌법상 금지되는 소급입법에 의한 재산권 침해라고 할 수는 없다(대법 2009. 9. 10. 2008두9324).

ㄷ. [○], 개정 법령의 적용과 관련하여서는 개정 전 법령의 존속에 대한 국민의 신뢰가 개정 법령의 적용에 관한 공익상의 요구보다 더 보호가치가 있다고 인정되는 경우에 그러한 국민의 신뢰를 보호하기 위하여 그 적용이 제한될 수 있는 여지가 있을 따름이다(대법 2009. 9. 10. 2008두9324).

ㄹ. [○], 1977년 유료도로법에 따라 통행료를 징수할 수 없게 된 고속국도라 하더라도 1980년 유료도로법 또는 2001년 유료도로법에 따른 유료도로의 요건을 갖추었다면 그 시행 이후 도로를 통행하는 차량에 대하여 통행료를 부과할 수 있다고 해석하는 것이 타당하고, 이러한 해석이 헌법상 소급입법에 의한 재산권 침해 금지 원칙에 반한다고 볼 수 없다(대법 2015. 10. 15. 2013두2013).

정답 ⑤

<행정법의 법원: 행정법의 해석과 적용(종합문제)>

문 16.

(2020 변시9회, 34번)

행정법의 해석과 적용에 관한 설명 중 옳지 않은 것은? (다툼이 있는 경우 판례에 의함)

① 산업통상자원부장관이 「석유 및 석유대체연료 사업법」이 정한 바에 따라 석유 수급과 석유가격의 안정을 위하여 부과금을 징수하였다가 환급 사유가 발생하여 그 일부를 환급하는 경우, 석유환급금 부과·환급의 실질에 비추어 보면 환급금의 산정기준에 관한 규정을 해석할 때 조세나 부담금에 관한 법률의 해석에 관한 법리가 적용된다.

② 건축물이 건축 관계법에 따라 적법하게 축조되었다면, 이 건축물로 인해 인근 토지에 있는 건축물 소유자의 일조이익이나 조망이익이 침해되었다고 해도 사법(私法)상 불법행위를 구성하지는 않는다.

③ 손실보상액 산정의 기준이나 방법에 관하여 구체적인 법령의 규정이 없는 경우에는, 그 성질상 유사한 물건 또는 권리 등에 대한 관련법령상의 손실보상액 산정의 기준이나 방법에 관한 규정을 유추적용할 수 있으므로, 하천수 사용권에 대한 '물의 사용에 관한 권리'로서의 정당한 보상금액은 어업권이 취소되거나 어업면허의 유효기간 연장이 허가되지 않은 경우의 손실보상액 산정 방법과 기준을 유추적용하여 산정할 수 있다.

④ 행정재산에 대하여 사용허가처분을 하였을 경우에 인정되는 사용료 부과처분과 같은 침익적 행정처분의 근거가 되는 행정법규는 엄격하게 해석·적용되어야 하므로, 행정재산이 용도폐지로 일반재산이 된 경우 용도폐지되기 이전의 행정재산에 대하여 한 사용허가는 소멸되며 더 이상 사용료 부과처분을 할 수 없다.

⑤ 「광업법」에는 기간의 계산에 관하여 특별한 규정을 두고 있지 않으므로, 「광업법」상 출원제한기간을 계산할 때에는 기간 계산에 관한 「민법」의 규정이 그대로 적용된다.

해설

① [○], 석유정제업자 등으로부터 일단 부과금을 징수하였다가 구 석유사업법령이 정한 바에 따라 부과금 중 일부를 환급함으로써 석유정제업자 등이 최종적으로 부담하게 되는 부과금 액수가 정해지게 되는데, 이러한 석유환급금 부과·환급의 실질에 비추어 보면 환급의 대상·규모·방법 등 환급금의 산정기준에 관한 규정을 해석할 때 조세나 부담금에 관한 법률의 해석에 관한 법리가 적용된다고 보아야 한다. 따라서 환급금의 산정기준을 정한 구 산자부 고시 및 구 관세청 고시 규정도 원칙적으로 문언대로 해석·적용하여야 하고, 합리적 이유 없이 이를 확장해석하거나 유추해석하는 것은 허용되지 아니한다(대법 2016. 10. 27. 2014두12017).

② [×], 구체적인 경우에 있어서는 어떠한 건물 신축이 건축 당시의 공법적 규제에 형식적으로 적합하다고 하더라도 현실적인 일조방해의 정도가 현저하게 커 사회통념상 수인한도를 넘은 경우에는 위법행위로 평가될 수 있다(대법 2004. 9. 13. 2003다64602).

③ [○], 하천수 사용권에 대한 '물의 사용에 관한 권리'로서의 정당한 보상금액은 토지보상법 시행규칙 제44조(어업권의 평가 등) 제1항이 준용하는 수산업법 시행령 제69조 [별표 4](어업보상에 대한 손실액의 산출방법·산출기준 등) 중 어업권이 취소되거나 어업면허의 유효기간 연장이 허가되지 않은 경우의 손실보상액 산정 방법과 기준을 유추적용하여 산정하는 것이 타당하다(대법 2018. 12. 27. 2014두11601). ★★

④ [○], 행정재산에 대하여 사용·수익허가 처분을 하였을 경우에 인정되는 사용료 부과처분과 같은 침익적 행정처분의 근거가 되는 행정법규는 엄격하게 해석·적용되어야 하므로, … 행정재산이 용도폐지로 일반재산이 된 경우에 용도폐지 되기 이전의 행정재산에 대하여 한 사용허가는 소멸되며 그 사용허가나 공유재산법 제22조를 근거로 하여 사용료를 부과할 수 없다고 해석함이 타당하다(대법 2015. 2. 26. 2012두6612).

⑤ [○], 광업법에는 기간의 계산에 관하여 특별한 규정을 두고 있지 아니하므로, 광업법 제16조에 정한 출원제한기간을 계산할 때에도 기간계산에 관한 민법의 규정은 그대로 적용된다(대법 2009. 11. 26. 2009두12907).

정답 ②

제2장 행정법 법률관계

<행정법 법률관계: 개인적 공권>

문 1.

(2014 변시3회, 40번)

헌법과 행정법의 관계 및 적용과 관련된 설명 중 옳지 않은 것은? (다툼이 있는 경우 판례에 의함)

① 행정처분이 헌법에 위반된다는 등의 이유로 그 취소를 구하는 행정소송을 제기하였으나 그 청구가 받아들여지지 아니하는 판결이 확정되어 법원의 소송절차에 의하여서는 더 이상 이를 다툴 수 없게 된 경우에, 별도의 절차에 의하여 위 판결의 기판력이 제거되지 아니하더라도, 당해 행정처분 자체의 위헌성 또는 그 근거법규의 위헌성을 주장하면서 당해 행정처분만의 취소를 구하는 헌법소원심판을 청구하는 것은 허용된다.

② 도시계획시설결정의 집행이 지연되는 경우, 토지재산권의 강화된 사회적 의무와 도시계획의 필요성이란 공익에 비추어 일정한 기간까지는 토지소유자가 도시계획시설결정의 집행지연으로 인한 재산권의 제한을 수인해야 하지만, 일정 기간이 지난 뒤에는 입법자가 보상규정의 제정을 통하여 과도한 부담에 대한 보상을 하도록 함으로써 도시계획시설결정에 관한 집행계획은 비로소 헌법상의 재산권 보장과 조화될 수 있다.

③ '헌법의 구체화법으로서의 행정법'이라는 말은 오늘날의 행정법이 헌법형성적 가치나 기본이념과 무관하게 존재하는 것이 아니고, 이러한 가치나 기본이념은 일정한 실정법원리로 구체화되어 행정을 구속하는 행정법의 기본원리를 구성한다는 의미로 해석할 수 있다.

④ 사회적 기본권의 성격을 가지는 의료보험수급권은 국가에 대하여 적극적으로 급부를 요구하는 것이므로 헌법규정만으로는 이를 실현할 수 없고 법률에 의한 형성을 필요로 하므로 의료보험수급권의 구체적 내용 즉, 수급요건·수급권자의 범위·급여금액 등은 법률에 의하여 비로소 확정된다.

⑤ 국세청장의 납세병마개 제조자 지정행위의 근거가 되는 법령의 조항들이 단지 공익만을 추구할 뿐 개인의 이익을 보호하려는 것이 아니라는 이유로 취소소송을 제기할 법률상 이익을 부정한다고 하더라도, 위 지정행위가 병마개 제조업자들 사이에 특혜에 따른 차별을 통하여 사경제 주체간의 경쟁조건에 영향을 미치고 이로써 기업의 경쟁의 자유를 제한하는 것임이 명백한 경우에는 국세청

장의 지정행위로 말미암아 기업의 경쟁의 자유를 제한받게 된 자들에게는 일반 법규에서 경쟁자를 보호하는 규정을 별도로 두고 있지 않은 경우에도 기본권인 경쟁의 자유가 바로 행정청의 지정행위의 취소를 구할 법률상의 이익이 된다.

해설

① [×], 원행정처분에 대하여 법원에 행정소송을 제기하여 패소판결을 받고 그 판결이 확정된 경우에는 당사자는 그 판결의 기판력에 의한 기속을 받게 되므로, 별도의 절차에 의하여 위 판결의 기판력이 제거되지 아니하는 한, 행정처분의 위법성을 주장하는 것은 확정판결의 기판력에 어긋나므로 원행정처분은 헌법소원심판의 대상이 되지 아니한다고 할 것이며, 뿐만 아니라 원행정처분에 대한 헌법소원심판청구를 허용하는 것은, "명령·규칙 또는 처분이 헌법이나 법률에 위반되는 여부가 재판의 전제가 된 경우에는 대법원은 이를 최종적으로 심사할 권한을 가진다."고 규정한 헌법 제107조 제2항이나, 원칙적으로 헌법소원심판의 대상에서 법원의 재판을 제외하고 있는 헌법재판소법 제68조 제1항의 취지에도 어긋난다(헌재 1998. 5. 28. 91헌마98등 전원재판부).

② [○], 토지재산권의 강화된 사회적 의무와 도시계획의 필요성이란 공익에 비추어 일정한 기간까지는 토지소유자가 도시계획시설결정의 집행지연으로 인한 재산권의 제한을 수인해야 하지만, 일정 기간이 지난 뒤에는 입법자가 보상규정의 제정을 통하여 과도한 부담에 대한 보상을 하도록 함으로써 도시계획시설결정에 관한 집행계획은 비로소 헌법상의 재산권 보장과 조화될 수 있다(헌재 1999. 10. 21. 97헌바26 전원재판부). ★★★

③ [○], 국가의 통치질서와 가치질서의 기본원칙에 관한 최고위의 규범적 표현인 헌법이 어떠한 사항을 자신의 목적으로 하고 있다면, 헌법의 구체화법으로서의 행정법은 그러한 목적에 봉사하여야 하며, 이러한 헌법상 기본원리들은 실정법으로 구체화되어 행정을 구속하는 행정법을 구성한다.

④ [○], 전체적으로는 사회보장제도 중 사회보험법상의 권리인바, 입법자는 피보험자인 국민이 납부하는 보험료라는 기여금과 국고부담을 전제로 하여 이루어지는 의료보험제도의 한정된 재원으로 최적의 의료보험급여를 하기 위해서는 국민의 부담수준, 국가의 재정상황이라는 한계 하에서 여러 가지 정책적 측면을 고려하여 보험급여의 우선순위를 정하게 되고, 사회적·경제적 여건에 따라 적절히 대처하여 그 권리의 내용을 구체적으로 결정한다고 할 것이다. 그러므로 의료보험수급권의 수급요건, 수급권자의 범위, 급여금액 등 그 구체적인 내용은 법률에 의하여 비로소 확정된다(헌재 2003. 12. 18. 2002헌바1 전원재판부).

⑤ [○], 설사 국세청장의 지정행위의 근거규범인 이 사건 조항들이 단지 공익만을 추구할 뿐 청구인 개인의 이익을 보호하려는 것이 아니라는 이유로 청구인에게 취소소송을 제기할 법률상 이익을 부정한다고 하더라도, 국세청장의 지정행위는 행정청이 병마개 제조업자들 사이에 특혜에 따른 차별을 통하여 사경제 주체간의 경쟁조건에 영향을 미치고 이로써 기업의 경쟁의 자유를 제한하는 것임이 명백한 경우에는 국세청장의 지정행위로 말미암아 기업의 경쟁의 자유를 제한받게 된 자들은 적어도 보충적으로 기본권에 의한 보호가 필요하다. 따라서 일반 법규에서 경쟁자를 보호하는 규정을 별도로 두고 있지 않은 경우에도 기본권인 경쟁의 자유가 바로 행정청의 지정행위의 취소를 구할 법률상의 이익이 된다 할 것이다(헌재 1998. 4. 30. 97헌마141 전원재판부).

정답 ①

<행정법 법률관계: 개인적 공권>

문 2.

(2016 변시5회, 28번)

개인적 공권에 관한 설명 중 옳지 않은 것은? (다툼이 있는 경우 판례에 의함)

① 지방자치단체장이 공장시설을 신축하는 회사에 대하여 사업승인 당시 부가하였던 조건을 이행할 때까지 신축공사를 중지하라는 명령을 한 경우, 위 회사에게는 중지명령의 원인사유가 해소되었다고 하여 이를 이유로 당해 공사중지명령의 해제를 요구할 수 있는 권리가 인정되는 것은 아니다.

② 법규가 일정한 행위의 발령에 대해 행정청에게 재량권을 부여한 경우, 재량의 일탈·남용 등 재량행사에 하자가 있다는 사정만으로 사인(私人)이 바로 행정청에 대하여 하자 없는 재량행사를 청구할 수 있는 권리가 인정되는 것은 아니다.

③ 기간제로 임용되어 임용기간이 만료된 국립대학 조교수는 심사기준에 부합되면 특별한 사정이 없는 한 재임용되리라는 기대를 가지고 재임용 여부에 관하여 합리적인 기준에 의한 공정한 심사를 요구할 법규상 또는 조리상 신청권을 가진다.

④ 경찰관에게 권한을 부여한 법규의 취지와 목적에 비추어 볼 때 구체적인 사정에 따라 경찰관이 그 권한을 행사하여 필요한 조치를 취하지 아니하는 것이 현저하게 불합리하다고 인정되는 경우에는 권한의 불행사는 직무상의 의무를 위반한 것이 되어 위법하게 된다.

⑤ 한의사들이 가지는 한약조제권을 한약조제시험을 통하여 약사에게도 인정함으로써 감소하게 되는 한의사들의 영업상 이익은 법률에 의하여 보호되는 이익이라 볼 수 없다.

해설

① [×], 지방자치단체장이 공장시설을 신축하는 회사에 대하여 사업승인 내지 건축허가 당시 부가하였던 조건을 이행할 때까지 신축공사를 중지하라는 명령을 한 경우, 위 회사에게는 중지명령의 원인사유가 해소되었음을 이유로 당해 공사중지명령의 해제를 요구할 수 있는 권리가 조리상 인정된다(대법 2007. 5. 11. 2007두1811). ★★★

② [○], 무하자재량행사청구권은 공권으로서 일반적인 공권의 성립요건인 강행법규에 의한 법적 의무와 사익보호성을 갖추어야 한다.

③ [○], 기간제로 임용되어 임용기간이 만료된 국·공립대학의 조교수는 교원으로서의 능력과 자질에 관하여 합리적인 기준에 의한 공정한 심사를 받아 위 기준에 부합되면 특별한 사정이 없는 한 재임용되리라는 기대를 가지고 재임용 여부에 관하여 합리적인 기준에 의한 공정한 심사를 요구할 법규상 또는 조리상 신청권을 가진다고 할 것이니, 임용권자가 임용기간이 만료된 조교수에 대하여 재임용을 거부하는 취지로 한 임용기간만료의 통지는 위와 같은 대학교원의 법률관계에 영향을 주는 것으로서 행정소송의 대상이 되는 처분에 해당한다(대법 2004. 4. 22. 2000두7735 전원합의체). ★★★

④ [○], 경찰관직무집행법 제5조는 경찰관은 인명 또는 신체에 위해를 미치거나 재산에 중대한 손해를 끼칠 우려가 있는 위험한 사태가 있을 때에는 그 각 호의 조치를 취할 수 있다고 규정하여 형식상 경찰관에게 재량에 의한 직무수행권한을 부여한 것처럼 되어 있으나, 경찰관에게 그러한 권한을 부여한 취지와 목적에 비추어 볼 때 구체적인 사정에 따라 경찰관이 그 권한을 행사하여 필요한 조치를 취하지 아니하는 것이 현저하게 불합리하다고 인정되는 경우에는 그러한 권한의 불행사는 직무상의 의무를 위반한 것이 되어 위법하게 된다(대법 1998. 8. 25. 98다16890).

⑤ [○], 한의사 면허는 경찰금지를 해제하는 명령적 행위(강학상 허가)에 해당하고, 한약조제시험을 통하여 약사에게 한약조제권을 인정함으로써 한의사들의 영업상 이익이 감소되었다고 하더라도 이러한 이익은 사실상의 이익에 불과하고 약사법이나 의료법 등의 법률에 의하여 보호되는 이익이라고는 볼 수 없으므로, 한의사들이 한약조제시험을 통하여 한약조제권을 인정받은 약사들에 대한 합격처분의 무효확인을 구하는 당해 소는 원고적격이 없는 자들이 제기한 소로서 부적법하다(대법 1998. 3. 10. 97누4289). ★★

정답 ①

<행정법 법률관계: 개인적 공권(원고적격, 절차참여권>

문 3.

(2020 변시9회, 33번)

A국 국적의 외국인 甲은 결혼이민(F-6) 사증발급을 신청하였다가 A국 소재 한국총영사관 총영사로부터 사증발급을 거부당하였다. A국 출입국 관련법령에서는 외국인의 사증발급 거부에 대하여 불복하지 못하도록 하는 규정을 두고 있다.
한편, B국 국적의 재외동포 乙은 재외동포(F-4) 사증발급을 신청하였다. 법무부장관은 취업자격으로 체류하는 외국인 중 불법체류자의 상당수가 단순기능인력이고, 불법체류자가 많이 발생하는 국가에서 비전문취업(E-9) 또는 방문취업(H-2) 외국인의 수가 많다는 점을 고려하여 불법체류가 많이 발생하는 국가를 고시하고 있다. 법무부장관은 위 고시에서 정한 국가에 B국이 포함된다는 이유로 乙에게 단순노무행위 등 취업활동에 종사하지 않을 것임을 소명하는 서류를 제출할 것을 요구하였다. 이에 관한 설명 중 옳은 것을 모두 고른 것은? (다툼이 있는 경우 판례에 의함)

ㄱ. A국 소재 한국총영사관 총영사가 甲에 대하여 사증발급을 거부하는 처분을 함에 있어 「행정절차법」상 처분의 사전통지를 하여야 하는 것은 아니다.
ㄴ. 행정처분에 대한 취소소송에서의 원고적격과 관련된 법률상 이익이라 함은 당해 처분의 근거 법률에 의하여 보호되는 직접적이고 구체적인 이익을 말하는 것인데, 甲은 사증발급 거부처분의 직접 상대방이므로 그 취소를 구할 법률상 이익이 있다.
ㄷ. 평등권은 그 기본권의 성질상 외국인에게 인정되지 않는 기본권에 해당되지 않고, 대한민국 국민과의 관계가 아닌 외국국적 동포들 사이에서의 차별이 다투어지는 이상 상호주의가 문제되지 않으므로 乙에게는 평등권에 대한 기본권주체성이 인정된다.
ㄹ. 법무부장관이 乙에게 단순노무행위 등 취업활동에 종사하지 않을 것임을 소명하는 서류를 제출하도록 한 것을 두고 자의적인 차별이라고 하기 어려워 乙의 평등권을 침해하지는 않는다.

① ㄴ
② ㄱ, ㄷ
③ ㄱ, ㄹ
④ ㄱ, ㄷ, ㄹ
⑤ ㄴ, ㄷ, ㄹ

해설

ㄱ. [○], 외국인의 사증발급 신청에 대한 거부처분은 당사자에게 의무를 부과하거나 적극적으로 권익을 제한하는 처분이 아니므로, 행정절차법 제21조 제1항에서 정한 '처분의 사전통지'와 제22조 제3항에서 정한 '의견제출 기회 부여'의 대상은 아니다. 그러나 사증발급 신청에 대한 거부처분이 성질상 행정절차법 제24조에서 정한 '처분서 작성·교부'를 할 필요가 없거나 곤란하다고 일률적으로 단정하기 어렵다. 또한 출입국관리법령에 사증발급 거부처분서 작성에 관한 규정을 따로 두고 있지 않으므로, 외국인의 사증발급 신청에 대한 거부처분을 하면서 행정절차법 제24조에 정한 절차를 따르지 않고 '행정절차에 준하는 절차'로 대체할 수도 없다(대법 2019. 7. 11. 2017두38874). ★★★

ㄴ. [×], 사증발급 거부처분을 다투는 외국인은, 아직 대한민국에 입국하지 않은 상태에서 대한민국에 입국하게 해달라고 주장하는 것으로, 대한민국과의 실질적 관련성 내지 대한민국에서 법적으로 보호가치 있는 이해관계를 형성한 경우는 아니어서, 해당 처분의 취소를 구할 법률상 이익을 인정하여야 할 법정책적 필요성도 크지 않다. … 이와 같은 사증발급의 법적 성질, 출입국관리법의 입법 목적, 사증발급 신청인의 대한민국과의 실질적 관련성, 상호주의원칙 등을 고려하면, 우리 출입국관리법의 해석상 외국인에게는 사증발급 거부처분의 취소를 구할 법률상 이익이 인정되지 않는다고 봄이 타당하다(대법 2018. 5. 15. 2014두42506).

ㄷ. [○], 평등권은 원칙적으로 인간의 권리에 해당되지만, 참정권과 같이 관련 기본권의 성질상 외국인에게 인정되지 아니하는 기본권에 관한 평등권 주장은 허용되지 아니하고, 상호주의에 따른 제한이 있을 수 있다. 그 이외에도 이 사건에서 청구인들이 주장하는 바는 대한민국 국민과의 관계가 아닌 외국국적동포들 사이에 '재외동포의 출입국과 법적 지위에 관한 법률'(이하 '재외동포법'이라 한다)의 수혜대상에서 차별하는 것이 평등권 침해라는 것으로서, 성질상 위와 같은 제한을 받는 것이 아니고 상호주의가 문제되는 것도 아니므로, 청구인들은 이 사건에서 기본권주체성이 인정될 수 있다(헌재 2001. 11. 29. 99헌마494 전원재판부).

ㄹ. [○], 일반적으로 노동시장에서 외국인근로자의 유입은 대체관계에 있는 근로자의 임금수준을 하락시키는 것으로 알려져 있고, 단순노무행위에 종사하려는 외국국적동포의 제한 없는 입국 및 체류가 허용될 경우에는 단순노무 분야의 실업률이 상승할 우려가 있으므로, 심판대상조항들이 단순노무행위 등 취업활동 종사자와 그렇지 않은 사람을 달리 취급하는 것은 합리적 이유가 있다. 취업자격 체류외국인 중 불법체류자의 상당수가 단순기능인력이고, 불법체류자가 많이 발생하는 국가에서 비전문취업(E-9) 내지 방문취업(H-2) 외국인의 수도 많은 점을 고려하면, 심판대상조항들이 단순노무행위 등 취업활동 종사자 중 불법체류가 많이 발생하는 중국 등 이 사건 고시의 해당국가 국민에 대하여 일정한 첨부서류를 제출하도록 한 것을 자의적인 차별이라고 보기도 어렵다. 따라서 심판대상조항들은 평등권을 침해하지 않는다(헌재 2014. 4. 24. 2011헌마474등 전원재판부).

정답 ④

<행정법 법률관계: 행정개입청구권>

문 4.

(2012 변시1회, 19번)

甲은 관계 법령의 규정에 따라 공장을 적법하게 설치·운영하고 있는데, 당해 공장은 대기환경보전법상의 대기오염물질배출허용기준을 초과하여 동법에 의한 개선명령을 받고도 이를 이행하지 않고 있다. 인근주민 乙은 이 공장으로부터 날아드는 대기오염물질로 인해 급박하고 막대한 건강상·환경상 피해를 받고 있어 관할 광역시장 S에게 甲에 대한 행정권 발동을 요구하였으나 S는 어떠한 조치도 취하지 않고 있다. 아래 보기 중 옳은 것(o)과 옳지 않은 것(x)을 올바르게 조합한 것은?

【참고】
대기환경보전법 제34조 제2항: "환경부장관은 대기오염으로 주민의 건강상·환경상의 피해가 급박하다고 인정하면 … 즉시 그 배출시설에 대하여 조업시간의 제한이나 조업정지, 그 밖에 필요한 조치를 명할 수 있다."

※위 조항에 의한 환경부장관의 조업시간제한조치 등의 권한이 시·도지사에게 위임되었음을 전제로 함.

ㄱ. 대기환경보전법 제34조 제2항은 乙의 사익도 보호하려는 취지로 해석할 수 있다.
ㄴ. 공권의 인정 범위를 넓게 보는 견해에 의하면 급박하고 막대한 건강상·환경상 피해를 입고 있는 乙에게는 조업정지 등 행정권 발동을 요청할 행정개입청구권이 인정될 수 있다.
ㄷ. 위 ㄴ.에 의하면 乙은 S의 부작위에 대해서 부작위위법확인소송을 제기할 수 있다.
ㄹ. 乙은 S의 부작위에 대해서 행정심판법상의 부작위위법확인심판을 제기할 수 있다.
ㅁ. 판례에 의하면 乙은 S의 부작위에 대해서 의무이행소송을 제기할 수 있다.
ㅂ. 乙은 국가배상법에 의한 손해배상을 청구할 수 없지만, 甲에 대한 민사소송은 제기할 수 있다.

① ㄱ(o), ㄴ(o), ㄷ(o), ㄹ(x), ㅁ(x), ㅂ(x)
② ㄱ(o), ㄴ(x), ㄷ(o), ㄹ(o), ㅁ(x), ㅂ(x)
③ ㄱ(x), ㄴ(o), ㄷ(x), ㄹ(o), ㅁ(x), ㅂ(o)
④ ㄱ(o), ㄴ(o), ㄷ(o), ㄹ(o), ㅁ(x), ㅂ(x)
⑤ ㄱ(x), ㄴ(o), ㄷ(o), ㄹ(x), ㅁ(o), ㅂ(o)

해설

ㄱ. [○], 대기환경보전법은 대기오염으로 인한 국민건강이나 환경에 관한 위해(危害)를 예방하고 대기환경을 적정하고 지속가능하게 관리·보전하여 모든 국민이 건강하고 쾌적한 환경에서 생활할 수 있게 하는 것을 목적으로 하고 있다. 즉, 주민의 건강상·환경상 피해에 대한 행정청이 조치할 수 있도록 한 제34조 제2항은 구체적인 사안에서 해당 공장에서 배출하는 대기오염물질로 인해 피해를 받고 있는 인근주민의 사익보호의 목적도 함께 가지고 있다고 보아야 한다.

ㄴ. [○], 지방자치단체장이 공장시설을 신축하는 회사에 대하여 사업승인 내지 건축허가 당시 부가하였던 조건을 이행할 때까지 신축공사를 중지하라는 명령을 한 경우, 위 회사에게는 중지명령의 원인사유가 해소되었음을 이유로 당해 공사중지명령의 해제를 요구할 수 있는 권리가 조리상 인정된다(대법 2007. 5. 11. 2007두1811). ★★★

ㄷ. [○], 대기환경보전법 제34조 제2항에 따라 주민의 건강상·환경상 피해가 급박하다고 인정되면 조업시간 제한, 그 밖에 필요한 명령을 할 수 있도록 한 바, 아무런 조치를 취하지 않는 것(부작위)에 대하여 행정소송법상의 부작위위법확인소송을 제기할 수 있다.

ㄹ. [×], 행정심판법에서는 부작위위법확인심판을 두고 있지 않다. 현행법상 행정청의 부작위가 위법하다는 것을 확인하는 소송수단은 행정소송법상 부작위위법확인소송이 있을 뿐이다.

ㅁ. [×], 행정심판법 제3조에 의하면 행정청의 위법 또는 부당한 거부처분이나 부작위에 대하여 의무이행 심판청구를 할 수 있으나 행정소송법 제4조에서는 행정심판법상의 의무이행심판청구에 대응하여 부작위위법확인소송만을 규정하고 있으므로 행정청의 부작위에 대한 의무이행소송은 현행법상 허용되지 않는다(대법 1989. 9. 12. 87누868).

ㅂ. [×], 공무원의 부작위로 인한 국가배상책임을 인정하기 위하여는 공무원의 작위로 인한 국가배상책임을 인정하는 경우와 마찬가지로 '공무원이 그 직무를 집행함에 당하여 고의 또는 과실로 법령에 위반하여 타인에게 손해를 가한 때'라고 하는 국가배상법 제2조 제1항의 요건이 충족되어야 할 것인바, … 공무원의 부작위로 인한 국가배상책임을 인정할 것인지 여부가 문제되는 경우에 관련 공무원에 대하여 작위의무를 명하는 법령의 규정이 없다면 공무원의 부작위로 인하여 침해된 국민의 법익 또는 국민에게 발생한 손해가 어느 정도 심각하고 절박한 것인지, 관련 공무원이 그와 같은 결과를 예견하여 그 결과를 회피하기 위한 조치를 취할 수 있는 가능성이 있는지 등을 종합적으로 고려하여 판단하여야 한다(대법 2001. 4. 24. 2000다57856).

정답 ①

<행정법 법률관계: 공법상 부당이득 - 종합>

문 5.

(2016 변시5회, 36번)

공법상 부당이득에 관한 설명 중 옳은 것을 모두 고른 것은? (다툼이 있는 경우 판례에 의함)

ㄱ. 지방자치단체장의 변상금부과처분에 취소사유가 있는 경우 이 처분에 의하여 납부자가 납부하거나 징수당한 오납금에 대한 부당이득반환청구권은 변상금부과처분의 취소 여부에 상관없이 납부 또는 징수시에 발생하여 확정된다. ㄴ. 환급가산금의 내용에 대한 세법상의 규정은 부당이득 반환범위에 관한 「민법」 규정에 대하여 특칙으로서의 성질을 가지므로 환급가산금은 수익자인 국가의 선의·악의를 불문하고 각각의 세법 규정에서 정한대로 확정된다. ㄷ. 국세 과오납금의 환급 여부에 관한 과세관청의 결정은 항고소송의 대상이 되는 처분이 아니므로 설사 과세관청이 환급거부결정을 하더라도 거부처분취소소송으로 다툴 수 없다. ㄹ. 토지수용의 재결에 대하여 불복절차를 취하지 아니함으로써 그 재결에 대하여 더 이상 다툴 수 없게 된 경우, 사업시행자는 그 재결이 당연무효이거나 취소되지 않는 한 이미 보상금을 지급받은 자에 대하여 그 보상금을 부당이득이라 하여 반환을 구할 수 없다.

① ㄱ, ㄴ
② ㄴ, ㄷ
③ ㄷ, ㄹ
④ ㄱ, ㄴ, ㄷ
⑤ ㄴ, ㄷ, ㄹ

해설

ㄱ. [×], 변상금의 부과는 관리청이 공유재산 중 일반재산과 관련하여 사경제 주체로서 상대방과 대등한 위치에서 사법상 계약인 대부계약을 체결한 후 그 이행을 구하는 것과 달리 관리청이 공권력의 주체로서 상대방의 의사를 묻지 않고 일방적으로 행하는 행정처분에 해당한다. 그러므로 만일 무단으로 공유재산 등을 사용·수익·점유하는 자가 관리청의 변상금부과처분에 따라 그에 해당하는 돈을 납부한 경우라면 위 변상금부과처분이 당연 무효이거나 행정소송을 통해 먼저 취소되기 전에는 사법상 부당이득반환청구로써 위 납부액의 반환을 구할 수 없다(대법 2013. 1. 24. 2012다79828).

ㄴ. [○], 조세환급금은 조세채무가 처음부터 존재하지 않거나 그 후 소멸하였음에도 불구하고 국가가 법률상 원인 없이 수령하거나 보유하고 있는 부당이득에 해당하고, 환급가산금은 그 부당이득에 대한 법정이자로서의 성질을 가진다. 이 때 환급가산금의 내용에 대한 세법상의 규정은 부당이득의 반환범위에 관한 민법 제748조에 대하여 그 특칙으로서의 성질을 가진다고 할 것이므로, 환급가산금은 수익자인 국가의 선의·악의를 불문하고 그 가산금에 관한 각 규정에서 정한 기산일과 비율에 의하여 확정된다(대법 2009. 9. 10. 2009다11808).

ㄷ. [○], 당연무효의 과세처분에 의하여 오납된 세액에 대하여는 당초부터 오납세액에 대응하는 조세채무가 존재하지 아니하므로 오납액에 대한 납세자의 국세환급금청구권은 성질상 부당이득반환청구권이며 따라서 이는 세무서장의 국세환급금결정에 의하여 비로소 그 권리가 성립되거나 그 내용이 확정되는 것이 아니라 오납과 동시에 그 권리가 발생하고 그 청구범위도 구체적으로 확정되는 것이므로 세무서장이 오납세액에 대한 납세자의 환급신청을 거절하였다 하여도 이는 단순한 금전채무의 이행거절에 불과하여 이를 항고소송의 대상이 되는 행정처분으로 볼 수는 없다(대법 1987. 9. 22. 86누619).

ㄹ. [○], 재결에 대하여 불복절차를 취하지 아니함으로써 그 재결에 대하여 더 이상 다툴 수 없게 된 경우에는 기업자는 그 재결이 당연무효이거나 취소되지 않는 한, 이미 보상금을 지급받은 자에 대하여 민사소송으로 그 보상금을 부당이득이라 하여 반환을 구할 수 없다(대법 2001. 4. 27. 2000다50237).

정답 ⑤

<행정법 법률관계: 신고>

문 6.

(2012 변시1회, 36번)

신고에 관한 판례의 입장을 설명한 것 중 옳지 않은 것은?

① 구 의료법상의 의원개설신고는 수리를 요하지 않는 신고에 해당하지만, 동 법령상 신고사실의 확인행위로서 의료기관 개설 신고필증(현재의 신고증명서)을 교부하도록 규정한 이상, 신고필증의 교부가 없다면 의원개설신고의 효력은 인정되지 않는다.

② 건축신고에 대한 반려행위는 건축신고가 반려될 경우 건축주 등의 지위가 불안정해진다는 점에서 항고소송의 대상이 되는 처분에 해당한다.

③ 구 「장사 등에 관한 법률」에 의한 사설납골시설(현재의 사설봉안시설)의 설치신고가 법이 정한 요건을 모두 갖추고 있는 경우에 행정청은 수리의무가 있으나, 예외적으로 보건위생상의 위해방지나 국토의 효율적 이용 등과 같은 중대한 공익상 필요가 있는 경우에는 그 수리를 거부할 수 있다.

④ 건축법상의 건축신고가 다른 법률에서 정한 인가·허가 등의 의제효과를 수반하는 경우에는 일반적인 건축신고와는 달리 특별한 사정이 없는 한 수리를 요하는 신고에 해당한다.

⑤ 신고납부방식의 조세에 있어서 납세의무자의 신고행위가 당연무효로 되지 않는 한, 납세의무자가 납세의무가 있는 것으로 오인하고 신고 후 조세납부행위를 하였다 하더라도 그것이 곧 부당이득에 해당한다고 할 수 없다.

해설

① [×], 의료법시행규칙 제22조 제3항에 의하면 의원개설 신고서를 수리한 행정관청이 소정의 신고필증을 교부하도록 되어있다 하여도 이는 신고사실의 확인행위로서 신고필증을 교부하도록 규정한 것에 불과하고 그와 같은 신고필증의 교부가 없다 하여 개설신고의 효력을 부정할 수 없다 할 것이다(대법 1985. 4. 23. 84도2953).

② [○], 건축신고 반려행위가 이루어진 단계에서 당사자로 하여금 반려행위의 적법성을 다투어 그 법적 불안을 해소한 다음 건축행위에 나아가도록 함으로써 장차 있을지도 모르는 위험에서 미리 벗어날 수 있도록 길을 열어 주고, 위법한 건축물의 양산과 그 철거를 둘러싼 분쟁을 조기에 근본적으로 해결할 수 있게 하는 것이 법치행정의 원리에 부합한다. 그러므로 건축신고 반려행위는 항고소송의 대상이 된다고 보는 것이 옳다(대법 2010. 11. 18. 2008두167 전원합의체).

③ [○], 구 '장사 등에 관한 법률'의 관계 규정들에 비추어 보면, 같은 법 제14조 제1항에 의한 사설납골시설의 설치신고는, 같은 법 제15조 각 호에 정한 사설납골시설설치 금지지역에 해당하지 않고 같은 법 제14조 제3항 및 같은 법 시행령 제13조 제1항의 [별표 3]에 정한 설치기준에 부합하는 한, 수리하여야 하나, 보건위생상의 위해를 방지하거나 국토의 효율적 이용 및 공공복리의 증진 등 중대한 공익상 필요가 있는 경우에는 그 수리를 거부할 수 있다고 보는 것이 타당하다(대법 2010. 9. 9. 2008두22631).

④ [○], 건축법에서 인·허가의제 제도를 둔 취지는, 인·허가의제사항과 관련하여 건축허가 또는 건축신고의 관할 행정청으로 그 창구를 단일화하고 절차를 간소화하며 비용과 시간을 절감함으로써 국민의 권익을 보호하려는 것이지, 인·허가의제사항 관련 법률에 따른 각각의 인·허가 요건에 관한 일체의 심사를 배제하려는 것으로 보기는 어렵다. … 따라서 인·허가의제 효과를 수반하는 건축신고는 일반적인 건축신고와는 달리, 특별한 사정이 없는 한 행정청이 그 실체적 요건에 관한 심사를 한 후 수리하여야 하는 이른바 '수리를 요하는 신고'로 보는 것이 옳다(대법 2011. 1. 20. 2010두14954 전원합의체). ★★★

⑤ [○], 취득세와 등록세는 신고납세방식의 조세로서 이러한 유형의 조세에 있어서는 원칙적으로 납세의무자가 스스로 과세표준과 세액을 정하여 신고하는 행위에 의하여 납세의무가 구체적으로 확정되고, 그 납부행위는 신고에 의하여 확정된 구체적 납세의무의 이행으로 하는 것이며 지방자치단체는 그와 같이 확정된 조세채권에 기하여 납부된 세액을 보유하는 것이므로, 납세의무자의 신고행위가 중대하고 명백한 하자로 인하여 당연무효로 되지 아니하는 한 그것이 바로 부당이득에 해당한다고 할 수 없다(대법 2006. 1. 13. 2004다64340).

정답 ①

<행정법 법률관계: 신고>

문 7.

(2017 변시6회, 28번)

행정법상 신고에 관한 설명 중 옳지 않은 것은? (다툼이 있는 경우 판례에 의함)

「건축법」이 건축물의 건축 또는 대수선에 대하여 원칙적으로 허가제로 규율하면서도 일정 규모 이내의 건축물에 관해서는 신고제를 채택한 것은 규제를 완화하여 국민의 자유의 영역을 넓히는 한편, 최소한의 규제를 가하고자 하는 데 그 취지가 있다. 따라서 ① 일반적인 건축신고에 있어서는 원칙적으로 적법한 요건을 갖춰 신고하면 행정청의 수리 등 별도의 조치를 기다릴 필요 없이 건축행위를 할 수 있다고 보아야 한다. 그러나 한편 ② 인·허가의제 효과를 수반하는 건축신고제도를 둔 취지는 그 창구를 단일화하여 절차를 간소화하고, 비용과 시간을 절감함으로써 국민의 권익을 보호하려는 것이지 인·허가의제사항 관련 법률에 따른 각각의 요건에 관한 일체의 심사를 배제하려는 것으로 보기 어렵다. 따라서 ③ 인·허가의제 효과를 수반하는 건축신고는 일반적인 건축신고와는 달리, 특별한 사정이 없는 한 행정청이 그 실체적 요건에 관한 심사를 한 후 수리하여야 하는 '수리를 요하는 신고'로 보는 것이 옳다.

건축법령상 건축허가를 받은 건축물의 양수인이 건축주 명의를 변경하기 위하여는 건축관계자 변경신고서에 '권리관계의 변경사실을 증명할 수 있는 서류'를 첨부하여 신고하여야 한다. 양수인이 이 서류를 첨부하여 건축주명의변경신고를 한 경우, ④ 허가권자는 건축주명의변경신고의 형식적 요건에 문제가 없더라도, 양수인에게 '건축할 대지의 소유 또는 사용에 관한 권리'가 없다는 실체적인 이유를 들어 신고의 수리를 거부할 수 있다.

위법한 건축물의 양산과 그 철거를 둘러싼 분쟁을 조기에 근본적으로 해결할 수 있게 하는 것이 법치행정의 원리에 부합하므로 ⑤ 건축물 착공신고의 반려행위는 항고소송의 대상이 된다.

해설

① [○], 건축법 제14조 제1항의 건축신고 대상 건축물에 관하여는 원칙적으로 건축 또는 대수선을 하고자 하는 자가 적법한 요건을 갖춘 신고를 하면 행정청의 수리 등 별도의 조처를 기다릴 필요 없이 건축행위를 할 수 있다고 보아야 한다(대법 2011. 1. 20. 2010두14954 전원합의체). ★★★

② [○], 건축법에서 이러한 인·허가의제 제도를 둔 취지는, 인·허가의제사항과 관련하여 건축허가 또는 건축신고의 관할 행정청으로 그 창구를 단일화하고 절차를 간소화하며 비용과 시간을 절감함으로써 국민의 권익을 보호하려는 것이지, 인·허가의제사항 관련 법률에 따른 각각의 인·허가 요건에 관한 일체의 심사를 배제하려는 것으로 보기는 어렵다(대법 2011. 1. 20. 2010두14954 전원합의체). ★★★

③ [○], 인·허가의제 효과를 수반하는 건축신고는 일반적인 건축신고와는 달리, 특별한 사정이 없는 한 행정청이 그 실체적 요건에 관한 심사를 한 후 수리하여야 하는 이른바 '수리를 요하는 신고'로 보는 것이 옳다(대법 2011. 1. 20. 2010두14954 전원합의체). ★★★

④ [×], 허가권자는 양수인에 대하여 구 건축법 시행규칙 제11조 제1항 에서 정한 서류에 포함되지 아니하는 '건축할 대지의 소유 또는 사용에 관한 권리를 증명하는 서류'의 제출을 요구하거나, 양수인에게 이러한 권리가 없다는 실체적인 이유를 들어 신고의 수리를 거부하여서는 아니된다(대법 2015. 10. 29. 2013두11475).

⑤ [○], 위법한 건축물의 양산과 그 철거를 둘러싼 분쟁을 조기에 근본적으로 해결할 수 있게 하는 것이 법치행정의 원리에 부합한다는 이유를 들어, 건축신고 반려행위는 항고소송의 대상이 된다고 선언하였다(대법 2010. 11. 18. 2008두167 전원합의체).

정답 ④

<행정법 법률관계: 신고>

문 8.

(2015 변시4회, 19번)

甲은 2013. 11. 6. 乙로부터 A시 소재 B유흥주점의 영업시설 일체를 양도받아, 2013. 12. 2. A시장에게 영업자 지위를 승계하였음을 신고하고 위 주점을 운영하여 왔다. 그런데 甲이 인수하기 전인 2013. 10. 초순, 乙은 청소년인 丙, 丁(당시 각 18세)을 유흥접객원으로 고용하여 유흥행위를 하게 하였다. 이에 A시장은 2014. 2. 3. 甲에 대하여 「식품위생법」 위반을 이유로 영업허가를 취소하였다. 이에 관한 설명 중 옳지 않은 것은? (다툼이 있는 경우 판례에 의함)

① A시장이 甲의 지위승계신고를 수리하는 행위는 실질적으로 乙의 영업허가를 취소함과 아울러 甲에게 적법하게 영업을 할 수 있는 권리를 설정하여 주는 행위이다.

② A시장의 乙에 대한 영업허가는 대물적 허가이지만, 만일 乙에 대한 영업정지처분이 내려졌다면 그 효과는 甲에게 승계되지 않음이 원칙이다.

③ 만일 A시장이 2013. 11. 27. 乙에 대한 허가취소처분을 하였다면, 甲은 지위승계신고 수리 이전이라도 사실상 양수인으로서 이를 소송상 다툴 법률상 이익이 있다.

④ A시장은 지위승계신고를 수리할 경우 乙에게 사전통지하여야 한다.

⑤ 영업양도가 무효이면 지위승계신고 수리가 있었더라도 그 수리는 무효이므로 乙은 민사쟁송으로 양도·양수행위의 무효를 구함이 없이 막바로 허가관청을 상대로 신고수리처분의 무효확인을 구할 법률상 이익이 있다.

해설

① [○], 지위승계신고를 수리하는 허가관청의 행위는 단순히 양도인과 양수인 사이에 이미 발생한 사법상 사업양도의 법률효과에 의하여 양수인이 영업을 승계하였다는 사실의 신고를 접수하는 행위에 그치는 것이 아니라, 실질적으로 양도자의 사업허가 등을 취소함과 아울러 양수자에

게 적법하게 사업을 할 수 있는 권리를 설정하여 주는 행위로서 사업허가자 등의 변경이라는 법률효과를 발생시키는 행위라고 할 것이다(대법 2012. 1. 12. 2011도6561).

② [×], 석유판매업(주유소)허가는 소위 대물적 허가의 성질을 갖는 것이어서 그 사업의 양도도 가능하고 이 경우 양수인은 양도인의 지위를 승계하게 됨에 따라 양도인의 위 허가에 따른 권리의무가 양수인에게 이전되는 것이므로 만약 양도인에게 그 허가를 취소할 위법사유가 있다면 허가관청은 이를 이유로 양수인에게 응분의 제재조치를 취할 수 있다 할 것이고, 양수인이 그 양수 후 허가관청으로부터 석유판매업허가를 다시 받았다 하더라도 이는 석유판매업의 양수도를 전제로 한 것이어서 이로써 양도인의 지위승계가 부정되는 것은 아니므로 양도인의 귀책사유는 양수인에게 그 효력이 미친다(대법 1986. 7. 22. 86누203).

③ [○], 수허가자의 지위를 사실상 양수한 양수인의 이익을 보호하고자 하는 데 있는 것으로 해석되므로, 수허가자의 지위를 양수받아 명의변경신고를 할 수 있는 양수인의 지위는 단순한 반사적 이익이나 사실상의 이익이 아니라 산림법령에 의하여 보호되는 직접적이고 구체적인 이익으로서 법률상 이익이라고 할 것이고, 채석허가가 유효하게 존속하고 있다는 것이 양수인의 명의변경신고의 전제가 된다는 의미에서 관할 행정청이 양도인에 대하여 채석허가를 취소하는 처분을 하였다면 이는 양수인의 지위에 대한 직접적 침해가 된다고 할 것이므로 양수인은 채석허가를 취소하는 처분의 취소를 구할 법률상 이익을 가진다(대법 2003. 7. 11. 2001두6289). ★★

④ [○], 행정절차법 제21조 제1항, 제22조 제3항 및 제2조 제4호의 각 규정에 의하면, 행정청이 당사자에게 의무를 과하거나 권익을 제한하는 처분을 함에 있어서는 당사자 등에게 처분의 사전통지를 하고 의견제출의 기회를 주어야 하며, 여기서 당사자라 함은 행정청의 처분에 대하여 직접 그 상대가 되는 자를 의미한다 할 것이고, 한편 구 식품위생법 제25조 제2항, 제3항의 각 규정에 의하면, 지방세법에 의한 압류재산 매각절차에 따라 영업시설의 전부를 인수함으로써 그 영업자의 지위를 승계한 자가 관계 행정청에 이를 신고하여 행정청이 이를 수리하는 경우에는 종전의 영업자에 대한 영업허가 등은 그 효력을 잃는다 할 것인데, 위 규정들을 종합하면 위 행정청이 구 식품위생법 규정에 의하여 영업자지위승계신고를 수리하는 처분은 종전의 영업자의 권익을 제한하는 처분이라 할 것이고 따라서 종전의 영업자는 그 처분에 대하여 직접 그 상대가 되는 자에 해당한다고 봄이 상당하므로, 행정청으로서는 위 신고를 수리하는 처분을 함에 있어서 행정절차법 규정 소정의 당사자에 해당하는 종전의 영업자에 대하여 위 규정 소정의 행정절차를 실시하고 처분을 하여야 한다.(대법 2003. 2. 13. 2001두7015).

⑤ [○], 사업양도·양수에 따른 허가관청의 지위승계신고의 수리는 적법한 사업의 양도·양수가 있었음을 전제로 하는 것이므로 그 수리대상인 사업양도·양수가 존재하지 아니하거나 무효인 때에는 수리를 하였다 하더라도 그 수리는 유효한 대상이 없는 것으로서 당연히 무효라 할 것이고, 사업의 양도행위가 무효라고 주장하는 양도자는 민사쟁송으로 양도·양수행위의 무효를 구함이 없이 막바로 허가관청을 상대로 하여 행정소송으로 위 신고수리처분의 무효확인을 구할 법률상 이익이 있다(대법 2005. 12. 23. 2005두3554). ★★★

정답 ②

<행정법 법률관계: 신고(주민등록)>

문 9.

(2018 변시7회, 28번)

甲은 A시에 거주할 목적으로 주민등록 전입신고를 하였다. 이에 관한 설명 중 옳지 않은 것은? (다툼이 있는 경우 판례에 의함)

① 甲이 19세 이상이고 「공직선거법」에 따른 선거권이 있는 경우라면, 관할 행정청이 甲의 주민등록 전입신고를 수리한 이후에 甲은 A시의 사무에 대한 주민감사청구에 참여할 수 있는 자격을 갖는다.

② 관할 행정청은 실제 거주지와 신고서의 거주지가 일치하지 않는 경우 주민등록 전입신고수리를 거부할 수 있으나, 甲의 전입으로 인해 A시의 발전에 저해가 될 것으로 보이는 사정이 있다고 해도 수리를 거부할 수는 없다.

③ 甲이 거주 이외에 부동산 투기 등 다른 목적을 가지고 있다고 하더라도, 주민등록 전입신고의 수리 여부를 심사하는 단계에서는 고려대상이 될 수 없다.

④ 주민등록 전입신고가 수리된 후 甲의 주민등록번호가 甲의 의사와 무관하게 불법유출되어 甲이 관할 행정청에게 주민등록번호 변경을 신청한 경우, 현행법상 주민등록번호 변경 신청권이 인정되지 않으므로 관할 행정청이 이를 거부하더라도 항고소송의 대상이 되는 거부처분이라고 할 수 없다.

⑤ 관할 행정청이 전입신고수리를 거부한 경우 甲은 「민원처리에 관한 법률」에 따라 그 거부처분을 받은 날부터 소정의 기간 내에 문서로 이의신청을 할 수 있고, 이의신청 여부와 관계없이 「행정심판법」에 따른 행정심판 또는 「행정소송법」에 따른 행정소송을 제기할 수 있다.

해설

① [○], 주민등록은 단순히 주민의 거주관계를 파악하고 인구의 동태를 명확히 하는 것 외에도 주민등록에 따라 공법관계상의 여러 가지 법률상 효과가 나타나게 되는 것으로서, 주민등록의 신고는 행정청에 도달하기만 하면 신고로서의 효력이 발생하는 것이 아니라 행정청이 수리한 경우에 비로소 신고의 효력이 발생한다(대법 2009. 1. 30. 2006다17850). 또한 지방자치단체의 19세 이상의 주민은 시·도는 500명, 제175조에 따른 인구 50만 이상 대도시는 300명, 그 밖의 시·군 및 자치구는 200명을 넘지 아니하는 범위에서 그 지방자치단체의 조례로 정하는 19세 이상의 주민 수 이상의 연서(連署)로, 시·도에서는 주무부장관에게, 시·군 및 자치구에서는 시·도지사에게 그 지방자치단체와 그 장의 권한에 속하는 사무의 처리가 법령에 위반되거나 공익을 현저히 해친다고 인정되면 감사를 청구할 수 있다(지방자치법 제16조 제1항 전단).

② [○], 전입신고자가 거주의 목적 이외에 다른 이해관계에 관한 의도를 가지고 있는지 여부, 무허가건축물의 관리, 전입신고를 수리함으로써 당해 지방자치단체에 미치는 영향 등과 같은 사유는 주민등록법이 아닌 다른 법률에 의하여 규율되어야 하며, 주민등록전입신고의 수리 여부를 심사하는 단계에서는 고려 대상이 될 수 없다(대법 2009. 7. 9. 2008두19048).

③ [○], 전입신고자가 거주의 목적 이외에 다른 이해관계에 관한 의도를 가지고 있는지 여부, 무허가 건축물의 관리, 전입신고를 수리함으로써 당해 지방자치단체에 미치는 영향 등과 같은 사유는 주민등록법이 아닌 다른 법률에 의하여 규율되어야 하고, 주민등록전입신고의 수리 여부를 심사하는 단계에서는 고려 대상이 될 수 없다(대법 2009. 6. 18. 2008두10997 전원합의체).

④ [×], 만약 주민등록번호 변경이 필요한 경우가 있다면 그 변경에 관한 규정을 두어서 이를 허용해야 하는 점 등을 종합하면, 피해자의 의사와 무관하게 주민등록번호가 유출된 경우에는 조리상 주민등록번호의 변경을 요구할 신청권을 인정함이 타당하고, 구청장의 주민등록번호 변경신청 거부행위는 항고소송의 대상이 되는 행정처분에 해당한다(대법 2017. 6. 15. 2013두2945).

⑤ [○], 법정민원에 대한 행정기관의 장의 거부처분에 불복하는 민원인은 그 거부처분을 받은 날부터 60일 이내에 그 행정기관의 장에게 문서로 이의신청을 할 수 있다(민원처리에 관한 법률 제35조 제1항). 민원인은 제1항에 따른 이의신청 여부와 관계없이 「행정심판법」에 따른 행정심판 또는 「행정소송법」에 따른 행정소송을 제기할 수 있다(민원처리에 관한 법률 제35조 제3항).

정답 ④

<행정법 법률관계: 신고(사인의 공법행위)>

문 10.

(2020 변시9회, 19번)

사인의 공법행위로서 신청에 관한 설명 중 옳은 것은? (다툼이 있는 경우 판례에 의함)

① 처분청이 직권취소를 할 수 있는 경우에는 이해관계인에게 처분청에 대하여 그 취소를 요구할 신청권이 부여된 것으로 보아야 한다.

② 신청에 대한 거부행위가 항고소송의 대상인 처분이 되기 위해서는 단순히 신청권의 존재 여부를 넘어서 구체적으로 그 신청이 인용될 수 있는 정도에 이르러야 한다.

③ 처분의 신청은 신청인이 직접 해야 하는 것이므로, 행정청의 허가 등을 목적으로 하는 신청행위를 대상으로 하는 위임계약은 허용되지 않는다.

④ 민원사항의 신청서류에 실질적인 요건에 관한 흠이 있더라도 그것이 민원인의 단순한 착오나 일시적인 사정 등에 기한 경우에는 행정청은 보완을 요구할 수 있다.

⑤ 신청한 내용의 일부를 행정청이 받아들일 수 없는 경우에는 신청내용 전체를 배척하여야 하며 일부에 대해서 인용하는 처분을 할 수는 없다.

해설

① [×], 산림법령에는 채석허가처분을 한 처분청이 산림을 복구한 자에 대하여 복구설계서승인 및 복구준공통보를 한 경우 그 취소신청과 근거가 없더라도 스스로 이를 직권으로 취소할 수 있지만, 그와 같이 직권취소를 할 수 있다는 사정만으로 이해관계인에게 처분청에 대하여 그 취소를 요구할 신청권이 부여된 것으로 볼 수는 없다(대법 2006. 6. 30. 2004두701). ★★

② [×], 국민이 어떤 신청을 한 경우에 그 신청의 근거가 된 조항의 해석상 행정발동에 대한 개인의 신청권을 인정하고 있다고 보이면 그 거부행위는 항고소송의 대상이 되는 처분으로 보아야 하고, 구체적으로 그 신청이 인용될 수 있는가 하는 점은 본안에서 판단하여야 할 사항이다(대법 2009. 9. 10. 2007두20638).

③ [×], 어떠한 위임계약이 행정청의 허가 등을 목적으로 하는 신청행위를 대상으로 하는 경우에 그 신청행위 자체에는 전문성이 크게 요구되지 않고 허가에는 공무원의 재량적 판단이 필요하며, 그 신청과 관련된 절차에 필수적으로 필요한 비용은 크지 않은 데 반하여 약정보수액은 지나치게 다액으로서, 수임인이 위 허가를 얻기 위하여 공무원의 직무 관련 사항에 관하여 특별한 청탁을 하면서 뇌물공여 등 로비를 하는 자금이 그 보수액에 포함되어 있다고 볼 만한 특수한 사정이 있는 때에는 그 위임계약은 반사회질서적인 조건이 결부됨으로써 반사회질서적 성질을 띠고 있어 민법 제103조에 의하여 무효로 보아야 한다(대법 2016. 2. 18. 2015다35560).

④ [○], 소정의 보완의 대상이 되는 흠은 보완이 가능한 경우이어야 함은 물론이고, 그 내용 또한 형식적·절차적인 요건이거나, 실질적인 요건에 관한 흠이 있는 경우라도 그것이 민원인의 단순한 착오나 일시적인 사정 등에 기한 경우 등이라야 한다(대법 2004. 10. 15. 2003두6573). ★★

⑤ [×], 처분청으로서는 국가유공자 등록신청에 대하여 단지 본인의 과실이 경합되어 있다는 등의 사유만이 문제가 된다면 등록신청 전체를 단순 배척할 것이 아니라 그 신청을 일부 받아들여 지원대상자로 등록하는 처분을 하여야 한다. 그럼에도 행정청이 등록신청을 전부 배척하는 단순 거부처분을 하였다면 이는 위법한 것이니 그 처분은 전부 취소될 수밖에 없다(대법 2013. 7. 11. 2013두2402).

정답 ④

<행정법 법률관계: 사인의 공법행위>

문 11.

(2022 변시11회, 28번)

사인의 공법행위에 관한 설명 중 옳은 것은? (다툼이 있는 경우 판례에 의함)

① 「행정절차법」에 따르면 행정청은 신청을 받았을 때에는 다른 법령등에 특별한 규정이 있는 경우를 제외하고는 그 접수를 보류 또는 거부하거나 부당하게 되돌려 보내서는 아니 되며, 그 신청에 구비서류의 미비 등 흠이 있는 경우에는 보완에 필요한 상당한 기간을 정하여 지체 없이 신청인에게 보완을 요구하여야 한다.

② 신청인이 신청서의 접수에 앞서 담당 공무원에게 신청서 및 그 구비서류의 내용검토를 부탁하였고, 공무원이 그 내용을 개략적으로 검토한 후 구비서류 내용을 보완하여야 한다는 취지로 말하자 신청인이 신청서를 접수시키지 않은 경우, 신청인이 검토를 부탁한 행위는 명시적이고 확정적인 신청의 의사표시로 볼 수 있고, 구비서류의 보완을 요청한 행위를 신청거부로 보아야 한다.

③ 서울대공원 시설을 기부채납한 자가 무상사용기간 만료 후 확약 사실에 근거하여 10년의 유상사용허가를 신청하였으나 서울대공원 관리사업소장이 신청서를 반려하고 대신에 1년의 임시사용허가처분을 통보하였다면, 이는 10년의 유상사용허가신청에 대한 거부처분이 아니라 부작위로 보아야 한다.

④ 구 「유통산업발전법」상 대규모점포의 개설 등록은 변형된 허가 또는 완화된 허가에 해당하며, 이른바 '수리를 요하는 신고'로 볼 수는 없다.

⑤ 타인 명의로 숙박업 신고가 되어 있는 시설에서 새로 숙박업을 하려는 자가 정당한 사용권한을 취득하여 법령에서 정한 요건을 갖추어 신고를 한 경우, 행정청은 해당 시설에 기존의 숙박업 신고가 외관상 남아있다는 이유로 신고의 수리를 거부할 수 있다.

해설

① [○], 행정절차법 제17조(처분의 신청) ④ 행정청은 신청을 받았을 때에는 다른 법령등에 특별한 규정이 있는 경우를 제외하고는 그 접수를 보류 또는 거부하거나 부당하게 되돌려 보내서는 아니 되며, 신청을 접수한 경우에는 신청인에게 접수증을 주어야 한다. 다만, 대통령령으로 정하는 경우에는 접수증을 주지 아니할 수 있다.

⑤ 행정청은 신청에 구비서류의 미비 등 흠이 있는 경우에는 보완에 필요한 상당한 기간을 정하여 지체 없이 신청인에게 보완을 요구하여야 한다.

② [×], 구 행정절차법(2002. 12. 30. 법률 제6839호로 개정되기 전의 것) 제17조 제3항 본문은 "행정청은 신청이 있는 때에는 다른 법령 등에 특별한 규정이 있는 경우를 제외하고는 그 접수를 보류 또는 거부하거나 부당하게 되돌려 보내서는 아니 되며, 신청을 접수한 경우에는 신청인에게 접수증을 교부하여야 한다."고 규정하고 있는바, 여기에서의 신청인의 행정청에 대한 신청의 의사표시는 명시적이고 확정적인 것이어야 한다고 할 것이므로 신청인이 신청에 앞서 행정청의 허가업무 담당자에게 신청서의 내용에 대한 검토를 요청한 것만으로는 다른 특별한 사정이 없는 한 명시적이고 확정적인 신청의 의사표시가 있었다고 하기 어렵다(대법 2004. 9. 24. 2003두13236).

③ [×], 서울대공원 시설을 기부채납한 사람이 무상사용기간 만료 후 확약 사실에 근거하여 10년 유상사용 등의 허가를 구하는 확정적인 취지의 신청을 한 사안에서, 서울대공원 관리사업소장이 그 신청서를 반려하고 조건부 1년의 임시사용허가처분을 통보한 것은 사실상 거부처분에 해당한다고 한 사례(대법 2008. 10. 23. 2007두6212,6229).

④ [×], 구 유통산업발전법(2012. 6. 1. 법률 제11461호로 개정되기 전의 것, 이하 '구 유통산업발전법'이라고 한다) 제8조 제1항, 제9조, 구 유통산업발전법 시행규칙(2012. 10. 5. 지식경제부령 제271호로 개정되기 전의 것) 제5조 제1항, 구 재래시장 및 상점가 육성을 위한 특별법(2007. 12. 27. 법률 제8803호로 개정되기 전의 것, 이하 '구 재래시장법'이라고 한다) 제67조 제1항, 구 재래시장 및 상점가 육성을 위한 특별법 시행규칙(2010. 6. 30. 지식경제부령 제135호로 개정되기 전의 것) 제14조 제1항, 제2항의 내용과 체계에 비추어 보면, 구 유통산업발전법에 따른 대규모점포의 개설등록 및 구 재래시장법에 따른 시장관리자 지정은 행정청이 실체적 요건에 관한 심사를 한 후 수리하여야 하는 이른바 '수리를 요하는 신고'로서 행정처분에 해당한다(대법 2019. 9. 10. 2019다208953).

⑤ [×], 숙박업은 손님이 잠을 자고 머물 수 있도록 시설과 설비 등의 서비스를 제공하는 것이다. 공중위생관리법 제2조 제1항 제2호, 제3조 제1항, 제4조 제1항, 제7항, 공중위생관리법 시행규칙 제2조 [별표 1], 제3조의2 제1항 제3호, 제7조 [별표 4]의 문언, 체계와 목적에 비추어 보면, 숙박업을 하고자 하는 자는 위 법령에 정해진 소독이나 조명기준 등이 정해진 객실 · 접객대 · 로비시설 등을 다른 용도의 시설 등과 분리되도록 갖춤으로써 그곳에 숙박하고자 하는 손님이나 위생관리 등을 감독하는 행정청으로 하여금 해당 시설의 영업주체를 분명히 인식할 수 있도록 해야 한다. 숙박업을 하고자 하는 자가 법령이 정하는 시설과 설비를 갖추고 행정청에 신고를 하면, 행정청은 공중위생관리법령의 위 규정에 따라 원칙적으로 이를 수리하여야 한다. 행정청이 법령이 정한 요건 이외의 사유를 들어 수리를 거부하는 것은 위 법령의 목적에 비추어 이를 거부해야 할 중대한 공익상의 필요가 있다는 등 특별한 사정이 있는 경우에 한한다. 이러한 법리는 이미 다른 사람 명의로 숙박업 신고가 되어 있는 시설 등의 전부 또는 일부에서 새로 숙박업을 하고자 하는 자가 신고를 한 경우에도 마찬가지이다. 기존에 다른 사람이 숙박업 신고를 한 적이 있더라도 새로 숙박업을 하려는 자가 그 시설 등의 소유권 등 정당한 사용권한을 취득하여 법령에서 정한 요건을 갖추어 신고하였다면, 행정청으로서는 특별한 사정이 없는 한 이를 수리하여야 하고, 단지 해당 시설 등에 관한 기존의 숙박업 신고가 외관상 남아있다는 이유만으로 이를 거부할 수 없다(대법 2017. 5. 30. 2017두34087).

정답 ①

<행정법 법률관계: 영업양도(신고)>

문 12.

(2020 변시9회, 27번)

영업양도에 따른 지위승계에 관한 설명 중 옳은 것(○)과 옳지 않은 것(×)을 올바르게 조합한 것은? (다툼이 있는 경우 판례에 의함)

> ㄱ. 영업양도에 따른 지위승계신고를 수리하는 허가관청의 행위는 단순히 양수인이 그 영업을 승계하였다는 사실의 신고를 접수하는 행위에 그치는 것이 아니라, 실질에 있어서 양도인의 사업허가를 취소함과 아울러 양수인에게 적법하게 사업을 할 수 있는 권리를 설정하여 주는 행위로서 사업허가자의 변경이라는 법률효과를 발생시키는 행위이다.
> ㄴ. 영업이 양도·양수되었지만 아직 지위승계신고가 있기 이전에는 여전히 종전의 영업자인 양도인이 영업허가자이고 양수인은 영업허가자가 아니므로, 행정제재처분의 사유가 있는지 여부는 양도인을 기준으로 판단하여야 한다.
> ㄷ. 영업이 양도·양수되었지만 아직 지위승계신고 수리처분이 있기 이전에 관할 행정청이 양도인의 영업허가를 취소하는 처분을 하였다면, 양수인은 행정소송으로 그 취소처분의 취소를 구할 법률상 이익이 있다.
> ㄹ. 영업양도·양수가 무효인 때에는 지위승계신고 수리처분을 하였다 하더라도 그 처분은 당연히 무효이고, 사업의 양도행위가 무효라고 주장하는 양도인은 민사쟁송으로 양도·양수행위의 무효를 구함이 없이 곧바로 허가관청을 상대로 하여 행정소송으로 위 신고수리처분의 무효확인을 구할 법률상 이익이 있다.

① ㄱ(○), ㄴ(○), ㄷ(○), ㄹ(○)
② ㄱ(×), ㄴ(○), ㄷ(×), ㄹ(○)
③ ㄱ(○), ㄴ(×), ㄷ(×), ㄹ(○)
④ ㄱ(○), ㄴ(×), ㄷ(○), ㄹ(○)
⑤ ㄱ(×), ㄴ(○), ㄷ(○), ㄹ(×)

해설

ㄱ. [○], 구 식품위생법 제25조 제1항, 제3항에 의하여 영업양도에 따른 지위승계신고를 수리하는 허가관청의 행위는, 단순히 양도·양수인 사이에 이미 발생한 사법상의 사업양도의 법률효과에 의하여 양수인이 그 영업을 승계하였다는 사실의 신고를 접수하는 행위에 그치는 것이 아니라, 실질에 있어서 양도자의 사업허가를 취소함과 아울러 양수자에게 적법히 사업을 할 수 있는 권리를 설정하여 주는 행위로서 사업허가자의 변경이라는 법률효과를 발생시키는 행위이다(대법 1996. 10. 25. 96도2165).

ㄴ. [○], 사실상 영업이 양도·양수되었지만 아직 승계신고 및 그 수리처분이 있기 이전에는 여전히 종전의 영업자인 양도인이 영업허가자이고, 양수인은 영업허가자가 되지 못한다 할 것이어서 행정제재처분의 사유가 있는지 여부 및 그 사유가 있다고 하여 행하는 행정제재처분은 영업허가자인 양도인을 기준으로 판단하여 그 양도인에 대하여 행하여야 할 것이다(대법 1995. 2. 24. 94누9146).

ㄷ. [○], 수허가자의 지위를 사실상 양수한 양수인의 이익을 보호하고자 하는 데 있는 것으로 해석되므로, 수허가자의 지위를 양수받아 명의변경신고를 할 수 있는 양수인의 지위는 단순한 반사적 이익이나 사실상의 이익이 아니라 산림법령에 의하여 보호되는 직접적이고 구체적인 이익으로서 법률상 이익이라고 할 것이고, 채석허가가 유효하게 존속하고 있다는 것이 양수인의 명의변경신고의 전제가 된다는 의미에서 관할 행정청이 양도인에 대하여 채석허가를 취소하는 처분을 하였다면 이는 양수인의 지위에 대한 직접적 침해가 된다고 할 것이므로 양수인은 채석허가를 취소하는 처분의 취소를 구할 법률상 이익을 가진다(대법 2003. 7. 11. 2001두6289). ★★

ㄹ. [○], 사업양도·양수에 따른 허가관청의 지위승계신고의 수리는 적법한 사업의 양도·양수가 있었음을 전제로 하는 것이므로 그 수리대상인 사업양도·양수가 존재하지 아니하거나 무효인 때에는 수리를 하였다 하더라도 그 수리는 유효한 대상이 없는 것으로서 당연히 무효라 할 것이고, 사업의 양도행위가 무효라고 주장하는 양도자는 민사쟁송으로 양도·양수행위의 무효를 구함이 없이 막바로 허가관청을 상대로 하여 행정소송으로 위 신고수리처분의 무효확인을 구할 법률상 이익이 있다(대법 2005. 12. 23. 2005두3554). ★★★

정답 ①

제 2 편

행정작용법

제1장 행정행위

<행정행위: 재량행위>

문 1.

(2020 변시9회, 23번)

행정행위에 관한 설명 중 옳은 것을 모두 고른 것은? (다툼이 있는 경우 판례에 의함)

ㄱ. 처분에 관하여 재량이 인정되는 과징금 납부명령에 대하여 그 명령이 재량권을 일탈하였을 경우 법원으로서는 재량권의 범위 내에서 적정한 과징금 액수를 판단하여 그 액수를 초과한 부분만 취소할 수 있다.

ㄴ. 재량행위에 대한 사법심사를 하는 경우에, 법원은 행정청의 재량에 기한 공익판단의 여지를 감안하면서 독자적인 결론을 도출한 후 당해 행위에 재량권의 일탈·남용이 있는지 여부를 심사하여야 한다.

ㄷ. 개인택시운송사업면허는 특정인에게 권리나 이익을 부여하는 행정행위로서 법령에 특별한 규정이 없는 한 재량행위이고, 그 면허에 필요한 기준을 정하는 것 역시 행정청의 재량에 속한다.

ㄹ. 공무원 임용을 위한 면접전형에서 임용신청자의 능력이나 적격성 등에 관한 판단은 면접위원의 고도의 교양과 학식, 경험에 기초한 자율적 판단에 의존하는 것으로서 면접위원의 재량에 속한다.

① ㄱ, ㄴ
② ㄱ, ㄷ
③ ㄱ, ㄹ
④ ㄴ, ㄹ
⑤ ㄷ, ㄹ

해설

ㄱ. [×], 처분을 할 것인지 여부와 처분의 정도에 관하여 재량이 인정되는 과징금 납부명령에 대하여 그 명령이 재량권을 일탈하였을 경우, 법원으로서는 재량권의 일탈 여부만 판단할 수 있을 뿐이지 재량권의 범위 내에서 어느 정도가 적정한 것인지에 관하여는 판단할 수 없어 그 전부를 취소할 수밖에 없고, 법원이 적정하다고 인정하는 부분을 초과한 부분만 취소할 수는 없다(대법 2009. 6. 23. 2007두18062).

ㄴ. [×], 행정청의 재량에 기한 공익판단의 여지를 감안하여 법원은 독자의 결론을 도출함이 없이 당해 행위에 재량권의 일탈·남용이 있는지 여부만을 심사하게 되고, 이러한 재량권의 일탈·남용 여부에 대한 심사는 사실오인, 비례·평등의 원칙 위배, 당해 행위의 목적 위반이나 동기의 부정 유무 등을 그 판단 대상으로 한다(대법 2001. 2. 9. 98두17593).

ㄷ. [○], 자동차운수사업법에 의한 개인택시운송사업 면허는 특정인에게 권리나 이익을 부여하는 행정행위로서 법령에 특별한 규정이 없는 한 재량행위이고, 그 면허를 위하여 필요한 기준을 정하는 것도 역시 행정청의 재량에 속하는 것이므로, 그 설정된 기준이 객관적으로 보아 합리적이 아니라거나 타당하지 않다고 볼 만한 다른 특별한 사정이 없는 이상 행정청의 의사는 가능한 한 존중되어야 한다(대법 1998. 3. 13. 98두1321).

ㄹ. [○], 공무원 임용을 위한 면접전형에 있어서 임용신청자의 능력이나 적격성 등에 관한 판단은 면접위원의 고도의 교양과 학식, 경험에 기초한 자율적 판단에 의존하는 것으로서 오로지 면접위원의 자유재량에 속하고, 그와 같은 판단이 현저하게 재량권을 일탈 내지 남용한 것이 아니라면 이를 위법하다고 할 수 없다(대법 1997. 11. 28. 97누11911).

정답 ⑤

<행정행위: 재량권일탈남용>

문 2.

(2020 변시9회, 38번)

재량권의 일탈·남용에 관한 설명 중 옳은 것을 모두 고른 것은? (다툼이 있는 경우 판례에 의함)

ㄱ. 항고소송의 경우에는 처분의 적법성을 주장하는 행정청에게 그 적법사유에 대한 증명책임이 있으므로, 그 처분이 재량권의 일탈·남용이 없다는 점을 증명할 책임도 행정청이 부담한다.
ㄴ. 경찰공무원에 대한 징계위원회 심의과정에서 감경사유에 해당하는 공적(功績) 사항이 제시되지 아니한 경우에는 징계양정 결과가 적정한지 여부와 무관하게 징계처분은 위법하다.
ㄷ. 처분의 근거법령이 행정청에 처분의 요건과 효과 판단에 일정한 재량을 부여하였는데도, 행정청이 자신에게 재량권이 없다고 오인하여 처분으로 달성하려는 공익과 그로써 처분상대방이 입게 되는 불이익의 내용과 정도를 전혀 비교형량하지 않은 채 처분을 하였다면, 이는 재량권 불행사로서 그 자체로 재량권 일탈·남용에 해당된다.
ㄹ. 실권리자명의 등기의무를 위반한 명의신탁자에 대한 과징금 부과와 관련하여 임의적 감경규정이 존재하는 경우, 그 감경규정에 따른 감경사유가 존재하여 이를 고려하고도 과징금을 감경하지 않은 것을 위법하다고 단정할 수는 없으므로, 감경사유를 전혀 고려하지 않았거나 감경사유에 해당하지 않는다고 오인하여 과징금을 감경하지 않았다 해도 그 과징금 부과처분이 재량권을 일탈·남용한 위법한 처분이라고 할 수 없다.

① ㄱ, ㄴ
② ㄱ, ㄷ
③ ㄴ, ㄷ
④ ㄴ, ㄹ
⑤ ㄷ, ㄹ

해설

ㄱ. [×], 민사소송법 규정이 준용되는 행정소송에서의 증명책임은 원칙적으로 민사소송 일반원칙에 따라 당사자 간에 분배되고, 항고소송의 경우에는 그 특성에 따라 처분의 적법성을 주장하는 피고에게 그 적법사유에 대한 증명책임이 있다. 피고가 주장하는 일정한 처분의 적법성에 관하여 합리적으로 수긍할 수 있는 일응의 증명이 있는 경우에는 그 처분은 정당하다고 볼 수 있고, 이와 상반되는 예외적인 사정에 대한 주장과 증명은 그 상대방인 원고에게 그 책임이 돌아간다(대법 2017. 6. 15. 2015두2826).

ㄴ. [○], 경찰공무원에 대한 징계위원회의 심의과정에 감경사유에 해당하는 공적 사항이 제시되지 아니한 경우에는 그 징계양정이 결과적으로 적정한지와 상관없이 이는 관계 법령이 정한 징계절차를 지키지 않은 것으로서 위법하다(대법 2012. 10. 11. 2012두13245).

ㄷ. [○], 처분의 근거 법령이 행정청에 처분의 요건과 효과 판단에 일정한 재량을 부여하였는데도, 행정청이 자신에게 재량권이 없다고 오인한 나머지 처분으로 달성하려는 공익과 그로써 처분 상대방이 입게 되는 불이익의 내용과 정도를 전혀 비교형량 하지 않은 채 처분을 하였다면, 이는 재량권 불행사로서 그 자체로 재량권 일탈·남용으로 해당 처분을 취소하여야 할 위법사유가 된다(대법 2019. 7. 11. 2017두38874). ★★★

ㄹ. [×], 실권리자명의 등기의무를 위반한 명의신탁자에 대하여 부과하는 과징금의 감경에 관한 '부동산 실권리자명의 등기에 관한 법률 시행령' 제3조의2 단서는 임의적 감경규정임이 명백하므로, 그 감경사유가 존재하더라도 과징금 부과관청이 감경사유까지 고려하고도 과징금을 감경하지 않은 채 과징금 전액을 부과하는 처분을 한 경우에는 이를 위법하다고 단정할 수는 없으나, 위 감경사유가 있음에도 이를 전혀 고려하지 않았거나 감경사유에 해당하지 않는다고 오인한 나머지 과징금을 감경하지 않았다면 그 과징금 부과처분은 재량권을 일탈·남용한 위법한 처분이라고 할 수밖에 없다(대법 2010. 7. 15. 2010두7031).

정답 ③

<행정행위: 허가>

문 3.

(2013 변시2회, 26번)

허가에 관한 다음 설명 중 옳은 것을 모두 고른 것은? (다툼이 있는 경우 판례에 의함)

ㄱ. 허가된 사업의 성질상 부당하게 짧은 기한을 정한 경우 그 기한은 그 허가의 조건의 존속기간을 정한 것이다.
ㄴ. 허가의 조건의 존속기간이 종료되기 전에 연장신청이 없이 허가기간이 만료된 경우 허가의 효력이 상실되었다고 보아서는 아니 된다.
ㄷ. 종전의 허가가 기한의 도래로 실효되었다고 하여도 종전 허가의 유효기간이 지나서 기간연장을 신청하였다면 그 신청은 종전 허가의 유효기간을 연장하여 주는 행정처분을 구한 것으로 보아야 하지 종전 허가와는 별개로 새로운 허가를 내용으로 하는 행정처분을 구한 것으로 보아서는 아니 된다.
ㄹ. 행정절차법에 따르면 특정 영업의 허가 신청내용을 모두 그대로 인정하는 허가를 할 경우 그 허가처분의 근거와 이유를 제시하지 않아도 된다.

① ㄱ, ㄷ
② ㄱ, ㄹ
③ ㄴ, ㄷ
④ ㄷ, ㄹ
⑤ ㄱ, ㄴ, ㄹ

해설

ㄱ. [○], 행정행위인 허가 또는 특허에 붙인 조항으로서 종료의 기한을 정한 경우 종기인 기한에 관하여는 일률적으로 기한이 왔다고 하여 당연히 그 행정행위의 효력이 상실된다고 할 것이 아니고 그 기한이 그 허가 또는 특허된 사업의 성질상 부당하게 짧은 기한을 정한 경우에 있어서는 그 기한은 그 허가 또는 특허의 조건의 존속기간을 정한 것이며 그 기한이 도래함으로써 그 조건의 개정을 고려한다는 뜻으로 해석하여야 할 것이다(대법 1995. 11. 10. 94누11866).

ㄴ. [×], 허가기간이 연장되기 위하여는 그 종기가 도래하기 전에 그 허가기간의 연장에 관한 신청이 있어야 하며, 만일 그러한 연장신청이 없는 상태에서 허가기간이 만료하였다면 그 허가의 효력은 상실된다(대법 2007. 10. 11. 2005두12404).

ㄷ. [×], 종전의 허가가 기한의 도래로 실효한 이상 원고가 종전 허가의 유효기간이 지나서 신청한 이 사건 기간연장신청은 그에 대한 종전의 허가처분을 전제로 하여 단순히 그 유효기간을 연장하여 주는 행정처분을 구하는 것이라기 보다는 종전의 허가처분과는 별도의 새로운 허가를 내용으로 하는 행정처분을 구하는 것이라고 보아야 할 것이어서, 이러한 경우 허가권자는 이를 새로운 허가신청으로 보아 법의 관계 규정에 의하여 허가요건의 적합 여부를 새로이 판단하여 그 허가 여부를 결정하여야 할 것이다(대법 1995. 11. 10. 94누11866).

ㄹ. [○], 행정청은 처분을 할 때에는 신청 내용을 모두 그대로 인정하는 처분인 경우 등을 제외하고는 당사자에게 그 근거와 이유를 제시하여야 한다(행정절차법 제23조 제1항 제1호).

정답 ②

<행정행위: 사전결정>

문 4.

(2018 변시7회, 35번)

한국수력원자력 주식회사(이하 '한수원' 이라 함)는 A시 관내에 원자력발전소 1·2호기를 건설하려는 계획을 갖고 있다. 관할 A시장은 「주민투표법」 제8조 제1항에 기한 산업통상자원부장관의 요구에 따라 원자력발전소 건설문제를 주민투표에 부쳐, 투표권자 과반수의 찬성표가 나왔다. 한수원은 산업통상자원부장관으로부터 「전원개발촉진법」에 의한 전원개발사업계획승인을 받은 후 「원자력안전법」 제10조 제3항에 따라 원자력안전위원회로부터 원자로 및 관계시설의 건설부지에 대해 사전공사를 실시하기 위해 부지사전승인을 받았다. 한수원은 기초공사 후 우선 제1호기 원자로의 건설허가를 신청하였다. 이에 관한 설명 중 옳지 않은 것은? (다툼이 있는 경우 판례에 의함)

① 부지사전승인처분은 원자로 및 관계시설 건설허가의 사전적 부분허가의 성격을 가지고 있으므로, 원자로 및 관계시설의 건설허가기준에 관한 사항은 건설허가의 기준이 됨은 물론 부지사전승인의 기준이 된다.

② 원자로 및 관계시설의 부지사전승인처분은 그 자체로서 건설부지를 확정하고 사전공사를 허용하는 법률효과를 지닌 독립한 행정처분이다.

③ 지방자치단체의 장 및 지방의회는 주민투표의 결과 확정된 내용대로 행정·재정상의 필요한 조치를 하여야 한다.

④ 방사성물질 등에 의하여 직접적이고 중대한 피해를 입으리라고 예상되는 지역 내의 주민들에게는 방사성물질 등에 의한 생명·신체의 안전침해를 이유로 한 부지사전승인처분 취소소송의 원고적격이 인정된다.

⑤ 부지사전승인처분은 나중에 건설허가처분이 있게 되면 그 건설허가처분에 흡수되어 독립된 존재가치를 상실하므로 부지사전승인처분의 위법성은 나중에 내려진 건설허가처분의 취소를 구하는 소송에서 이를 다투면 된다.

해설

① [○], 원자로시설부지사전승인처분의 근거 법률인 구 원자력법 제11조 제3항에 근거한 원자로 및 관계 시설의 부지사전승인처분은 원자로 등의 건설허가 전에 그 원자로 등 건설예정지로

계획중인 부지가 원자력법의 관계 규정에 비추어 적법성을 구비한 것인지 여부를 심사하여 행하는 사전적 부분 건설허가처분의 성격을 가지고 있는 것이므로, 원자력법 제12조 제2호, 제3호로 규정한 원자로 및 관계 시설의 허가기준에 관한 사항은 건설허가처분의 기준이 됨은 물론 부지사전승인처분의 기준으로도 된다(대법 1998. 9. 4. 97누19588). ★★

② [○], 원자력법 제11조 제3항 소정의 부지사전승인제도는 원자로 및 관계 시설을 건설하고자 하는 자가 그 계획중인 건설부지가 원자력법에 의하여 원자로 및 관계 시설의 부지로 적법한지 여부 및 굴착공사 등 일정한 범위의 공사(이하 '사전공사'라 한다)를 할 수 있는지 여부에 대하여 건설허가 전에 미리 승인을 받는 제도로서, 원자로 및 관계 시설의 건설에는 장기간의 준비·공사가 필요하기 때문에 필요한 모든 준비를 갖추어 건설허가신청을 하였다가 부지의 부적법성을 이유로 불허가될 경우 그 불이익이 매우 크고 또한 원자로 및 관계 시설 건설의 이와 같은 특성상 미리 사전공사를 할 필요가 있을 수도 있어 건설허가 전에 미리 그 부지의 적법성 및 사전공사의 허용 여부에 대한 승인을 받을 수 있게 함으로써 그의 경제적·시간적 부담을 덜어 주고 유효·적절한 건설공사를 행할 수 있도록 배려하려는 데 그 취지가 있다고 할 것이므로, 원자로 및 관계 시설의 부지사전승인처분은 그 자체로서 건설부지를 확정하고 사전공사를 허용하는 법률효과를 지닌 독립한 행정처분이다(대법 1998. 9. 4. 97누19588). ★★

③ [×], 중앙행정기관의 장은 지방자치단체의 폐치(廢置)·분합(分合) 또는 구역변경, 주요시설의 설치 등 국가정책의 수립에 관하여 주민의 의견을 듣기 위하여 필요하다고 인정하는 때에는 주민투표의 실시구역을 정하여 관계 지방자치단체의 장에게 주민투표의 실시를 요구할 수 있다. 이 경우 중앙행정기관의 장은 미리 행정안전부장관과 협의하여야 한다. 제1항의 규정에 의한 주민투표에 관하여는 제7조, 제16조, 제24조 제1항·제5항·제6항, 제25조 및 제26조의 규정을 적용하지 아니한다(주민투표법 제8조 제1항·제4항). 지방자치단체의 장 및 지방의회는 주민투표결과 확정된 내용대로 행정·재정상의 필요한 조치를 하여야 한다(주민투표법 제24조 제5항).

④ [○], 방사성물질에 의하여 보다 직접적이고 중대한 피해를 입으리라고 예상되는 지역 내의 주민들의 위와 같은 이익을 직접적·구체적 이익으로서도 보호하려는 데에 있다 할 것이므로, 위와 같은 지역 내의 주민들에게는 방사성물질 등에 의한 생명·신체의 안전침해를 이유로 부지사전승인처분의 취소를 구할 원고적격이 있다(대법 1998. 9. 4. 97누19588). ★★

⑤ [○], 원자로 및 관계 시설의 부지사전승인처분은 그 자체로서 건설부지를 확정하고 사전공사를 허용하는 법률효과를 지닌 독립한 행정처분이기는 하지만, 건설허가 전에 신청자의 편의를 위하여 미리 그 건설허가의 일부 요건을 심사하여 행하는 사전적 부분 건설허가처분의 성격을 갖고 있는 것이어서 나중에 건설허가처분이 있게 되면 그 건설허가처분에 흡수되어 독립된 존재가치를 상실함으로써 그 건설허가처분만이 쟁송의 대상이 되는 것이므로, 부지사전승인처분의 취소를 구하는 소는 소의 이익을 잃게 된다고 할 것이다(대법 1998. 9. 4. 97누19588). ★★

정답 ③

<행정행위: 다단계 행정행위>

문 5.

(2019 변시8회, 24번)

행정청의 처분이 여러 단계의 행정결정을 통하여 이루어지는 경우에 관한 설명 중 옳은 것은? (다툼이 있는 경우 판례에 의함)

① 공정거래위원회가 부당한 공동행위를 한 사업자에게 과징금 부과처분을 한 뒤 다시 자진신고 등을 이유로 과징금 감면처분을 하였다면, 선행 과징금 부과처분은 일종의 잠정적 처분으로서 후행 과징금 감면처분에 흡수되어 소멸한다.

② A시장이 감사원으로부터 「감사원법」에 따라 A시 소속 공무원에 대한 징계 요구를 받게 된 경우, 감사원의 징계 요구는 '징계 요구, 징계절차 회부, 징계'의 단계로 이어지는 독립된 처분의 일종으로서 항고소송의 대상이 된다.

③ 어업권면허에 선행하는 우선순위결정은 강학상 확약에 해당하는 행정처분이므로, 이에 대해서 공정력이나 불가쟁력이 인정된다.

④ 원자로시설의 부지사전승인처분은 건설부지를 확정하고 사전공사를 허용하는 법률효과를 지닌 행정처분이므로 나중에 건설허가처분이 있게 되더라도 부지사전승인처분만의 취소를 구하는 항고소송을 제기할 수 있다.

⑤ 폐기물처리업의 허가를 받기 위하여 먼저 허가권자로부터 사업계획에 대한 적정통보를 받아야 하고 그 적정통보를 받은 자만이 허가신청을 할 수 있다 하더라도, 그 적정여부 통보절차는 중간단계에 지나지 아니하므로 사업계획 부적정통보는 항고소송의 대상이 될 수 없다.

해설

① [○], 구 독점규제 및 공정거래에 관한 법률 제22조의2에서 정한 자진신고자나 조사협조자에 대하여 과징금 부과처분(이하 '선행처분'이라고 한다)을 한 뒤, 공정거래법 시행령 제35조 제3항에 따라 그 자진신고자 등에 대한 사건을 분리하여 자진신고 등을 이유로 다시 과징금 감면처분(이하 '후행처분'이라고 한다)을 하였다면, 그 후행처분은 자진신고 감면까지 포함하여 자진신고자가 실제로 납부하여야 할 최종적인 과징금액을 결정한 종국적 처분이고, 선행처분은 이러한 종국적 처분을 예정한 일종의 잠정적 처분으로서 후행처분에 흡수되어 소멸한다. 따라서 위와 같은 경우에 선행처분의 취소를 구하는 소는 이미 효력을 잃은 처분의 취소를 구하는 것으로서 부적법하다(대법 2015.2.12. 2013두6169 대법 2015. 2. 12. 2013두6169).

② [×], 갑 시장이 감사원으로부터 감사원법 제32조에 따라 을에 대하여 징계의 종류를 정직으로 정한 징계 요구를 받게 되자 감사원법 제36조 제2항에 따라 감사원에 징계 요구에 대한 재심의를 청구하였고, 감사원이 재심의청구를 기각하자 을이 감사원의 징계 요구와 그에 대한 재심의 결정의 취소를 구하고 갑 시장이 감사원의 재심의결정 취소를 구하는 소를 제기한 사안에서, 징계 요구는 징계 요구를 받은 기관의 장이 요구받은 내용대로 처분하지 않더라도 불이익을 받는 규정도 없고, 징계 요구 내용대로 효과가 발생하는 것도 아니며, 징계 요구에 의하여 행정청이 일정한 행정처분을 하였을 때 비로소 이해관계인의 권리관계에 영향을 미칠 뿐, 징계 요구 자체만으로는 징계 요구 대상 공무원의 권리·의무에 직접적인 변동을 초래하지도 아니하므로, 행정청 사이의 내부적인 의사결정의 경로로서 '징계 요구, 징계 절차 회부, 징계'로 이어지는 과정에서의 중간처분에 불과하여, 감사원의 징계 요구와 재심의결정이 항고소송의 대상이 되는 행정처분이라고 할 수 없다(대법 2016. 12. 27. 2014두5637).

③ [×], 어업권면허에 선행하는 우선순위결정은 행정청이 우선권자로 결정된 자의 신청이 있으면 어업권면허처분을 하겠다는 것을 약속하는 행위로서 강학상 확약에 불과하고 행정처분은 아니므로, 우선순위결정에 공정력이나 불가쟁력과 같은 효력은 인정되지 아니한다(대법 1995. 1. 20. 94누6529). ★★

④ [×], 원자로 및 관계 시설의 부지사전승인처분은 그 자체로서 건설부지를 확정하고 사전공사를 허용하는 법률효과를 지닌 독립한 행정처분이기는 하지만, 건설허가 전에 신청자의 편의를 위하여 미리 그 건설허가의 일부 요건을 심사하여 행하는 사전적 부분 건설허가처분의 성격을 갖고 있는 것이어서 나중에 건설허가처분이 있게 되면 그 건설허가처분에 흡수되어 독립된 존재가치를 상실함으로써 그 건설허가처분만이 쟁송의 대상이 되는 것이므로, 부지사전승인처분의 취소를 구하는 소는 소의 이익을 잃게 된다고 할 것이다(대법 1998. 9. 4. 97누19588). ★★

⑤ [×], 폐기물관리법 관계 법령의 규정에 의하면 폐기물처리업의 허가를 받기 위하여는 먼저 사업계획서를 제출하여 허가권자로부터 사업계획에 대한 적정통보를 받아야 하고, 그 적정통보를 받은 자만이 일정기간 내에 시설, 장비, 기술능력, 자본금을 갖추어 허가신청을 할 수 있으므로, 결국 부적정통보는 허가신청 자체를 제한하는 등 개인의 권리 내지 법률상의 이익을 개별적이고 구체적으로 규제하고 있어 행정처분에 해당한다(대법 1998. 4. 28. 97누21086).

정답 ①

<행정행위: 허가>

문 6.

(2016 변시5회, 25번)

다음 「방송법」 규정에 따른 허가취소에 관한 설명 중 옳은 것은? (다툼이 있는 경우 판례에 의함)

> **방송법 제18조(허가·승인·등록의 취소등)** ① 방송사업자·중계유선방송사업자·음악유선방송사업자·전광판방송사업자 또는 전송망사업자가 다음 각 호의 어느 하나에 해당하는 때에는 미래창조과학부장관 또는 방송통신위원회가 소관 업무에 따라 허가·승인 또는 등록을 취소하거나 6월 이내의 기간을 정하여 그 업무의 전부 또는 일부를 정지하거나 광고의 중단 또는 제16조에 따른 허가·승인의 유효기간 단축을 명할 수 있다. <단서 생략>
> 1. 허위 기타 부정한 방법으로 허가·변경허가·재허가를 받거나 승인·변경승인·재승인을 얻거나 등록·변경등록을 한때
> 2. ~ 8. <생략>
> 9. 제99조제1항에 따른 시정명령을 이행하지 아니하거나 같은 조 제2항에 따른 시설 개선명령을 이행하지 아니한 때

① 위 제9호에 따른 허가취소의 경우 취소의 상대방에 대한 보상을 요하지 않는다.

② 위 제9호에 따른 허가취소의 경우 행정절차상 사전통지 및 의견제출절차를 거칠 필요가 없다.

③ 위 제9호에 따른 허가취소는 원칙적으로 소급효를 가진다.

④ 위 제9호에 따라 허가를 취소하는 경우 허가를 취소할 공익상 필요와 허가취소로 인하여 상대방에게 가해지는 불이익을 형량할 필요는 없다.

⑤ 위 제1호에 따른 허가취소의 경우 사업자는 허가의 존속에 관한 신뢰이익을 원용할 수 있고, 주무관청은 이러한 신뢰이익을 보호하여야 한다.

해설

① [○], 방송법 제18조 제1항 제9호에 따른 허가취소의 경우는 법령에 의하여 상대방에게 과하여진 의무에 위반된 경우로 강학상 철회에 해당한다. 상대방에게 귀책사유가 없는 경우 철회로 인한 재산상 손실은 보상되어야 하지만 제9호에 따른 허가취소의 경우에는 상대방의 의무위반에 의한 것으로 철회하더라도 상대방에 대한 보상을 요하지 아니한다.

② [×], 행정청은 당사자에게 의무를 부과하거나 권익을 제한하는 처분을 하는 경우에는 미리 다음 각 호의 사항을당사자등에게 통지하여야 한다(행정절차법 제21조 제1항). 행정청이 당사자에게 의무를 부과하거나 권익을 제한하는 처분을 할 때 제1항 또는 제2항의 경우 외에는 당사자등에게 의견제출의 기회를 주어야 한다.(행정절차법 제22조 제3항).

③ [×], 국세 감액결정 처분은 이미 부과된 과세처분에 하자가 있음을 이유로 사후에 이를 일부취소하는 처분이므로, 취소의 효력은 그 취소된 국세 부과처분이 있었을 당시에 소급하여 발생하는 것이고, 이는 판결 등에 의한 취소이거나 과세관청의 직권에 의한 취소이거나에 따라 차이가 있는 것이 아니다(대법 1995. 9. 15. 94다16045).

④ [×], 행정처분에 하자가 있음을 이유로 처분청이 이를 취소하는 경우에도 그 처분이 국민에게 권리나 이익을 부여하는 수익적 처분인 때에는 그 처분을 취소하여야 할 공익상의 필요와 그 취소로 인하여 당사자가 입게 될 불이익을 비교교량한 후 공익상의 필요가 당사자가 입을 불이익을 정당화할 만큼 강한 경우에 한하여 취소할 수 있는 것이다(대법 1996. 10. 25. 95누14190).

⑤ [×], 처분의 하자가 당사자의 사실은폐나 기타 사위의 방법에 의한 신청행위에 기인한 것이라면 당사자는 그 처분에 의한 이익이 위법하게 취득되었음을 알아 그 취소가능성도 예상하고 있었다고 할 것이므로, 그 자신이 위 처분에 관한 신뢰이익을 원용할 수 없음은 물론 행정청이 이를 고려하지 아니하였다고 하여도 재량권의 남용이 되지 아니한다(대법 1996. 10. 25. 95누14190).

정답 ①

<행정행위: 허가>

문 7.

(2015 변시4회, 20번)

甲은 한옥 여관건물을 신축하기 위하여 관할 A시장에게 건축허가를 신청하였다. 한편 「건축법」 제11조 제4항은 허가권자는 위락시설이나 숙박시설에 해당하는 건축물의 건축을 허가하는 경우 해당 대지에 건축하려는 건축물의 용도·규모 또는 형태가 주거환경이나 교육환경 등 주변 환경을 고려할 때 부적합하다고 인정되는 경우에는 건축위원회의 심의를 거쳐 건축허가를 하지 아니할 수 있다는 취지로 규정하고 있다. 그런데 A시장은 위 여관건물이 한옥이 아닌 일반 빌딩의 형태인 것으로 오인하여 위 제4항에 따라 "甲이 건축하고자 하는 여관건물이 주변 한옥마을 사이에 위치하게 되면 그 외관이 주변과 조화되지 않는다."는 이유로 건축허가를 거부하였다. 이에 관한 설명 중 옳지 않은 것은? (다툼이 있는 경우 판례에 의함)

① A시장의 건축허가거부처분은 사전통지의 대상이 아니므로, 허가거부에 앞서 미리 甲에게 그 내용을 통지하지 않았다고 하더라도 이로써 위 거부처분이 위법하게 되는 것은 아니다.

② 甲의 건축허가신청 후 건축허가기준에 관한 관계 법령의 규정이 개정된 경우, A시장은 새로이 개정된 법령의 경과규정에서 달리 정하는 경우 등을 제외하고는 처분 당시에 시행되는 개정 법령과 그에서 정한 기준에 의하여 허가 여부를 결정하는 것이 원칙이다.

③ 만일 A시장이 甲의 건축허가신청에 대한 거부에 앞서 건축위원회의 심의를 거치지 않았다면 이는 절차상 하자에 해당하므로 법원은 이를 이유로 건축허가거부처분을 취소할 수 있다.

④ 주변 환경에 대한 고려는 비대체적 결정영역 또는 예측결정으로서 판단여지가 인정되는 영역이므로, 주변 환경과 조화되지 않는다는 A시장의 판단에 대해서 법원은 사법심사를 할 수 없다.

⑤ 甲이 A시장의 건축허가거부처분에 대해 취소소송을 제기하여 인용판결을 받아 확정된 경우에도, A시장은 위 소송의 계속 중에 개정된 관계 법령에 따라 강화된 건축허가기준의 미비를 이유로 甲에게 재차 건축허가거부처분을 할 수 있다.

해설

① [○], 신청에 따른 처분이 이루어지지 아니한 경우에는 아직 당사자에게 권익이 부과되지 아니하였으므로 특별한 사정이 없는 한 신청에 대한 거부처분이라고 하더라도 직접 당사자의 권익을 제한하는 것은 아니어서 신청에 대한 거부처분을 여기에서 말하는 '당사자의 권익을 제한하는 처분'에 해당한다고 할 수 없는 것이어서 처분의 사전통지대상이 된다고 할 수 없다(대법 2003. 11. 28. 2003두674). ★★★

② [○], 채석허가기준에 관한 관계 법령의 규정이 개정된 경우, 새로이 개정된 법령의 경과규정에서 달리 정함이 없는 한 처분 당시에 시행되는 개정 법령과 그에서 정한 기준에 의하여 채석허가 여부를 결정하는 것이 원칙이다(대법 2005. 7. 29. 2003두3550).

③ [○], 금지행위 및 시설의 해제 여부에 관한 행정처분을 하면서 절차상 위와 같은 심의를 누락한 흠이 있다면 그와 같은 흠을 가리켜 위 행정처분의 효력에 아무런 영향을 주지 않는다거나 경미한 정도에 불과하다고 볼 수는 없으므로, 특별한 사정이 없는 한 이는 행정처분을 위법하게 하는 취소사유가 된다(대법 2007. 3. 15. 2006두15806).

④ [×], 판단여지는 법원의 사법심사로 대체가 불가능하나, 아예 한옥을 일반 빌딩의 형태로 오인한 것은 전제사실에 관한 착오로서 위법하며 사법심사의 대상이 된다.

⑤ [○], 행정처분의 적법 여부는 그 행정처분이 행하여 진 때의 법령과 사실을 기준으로 하여 판단하는 것이므로 거부처분 후에 법령이 개정·시행된 경우에는 개정된 법령 및 허가기준을 새로운 사유로 들어 다시 이전의 신청에 대한 거부처분을 할 수 있으며 그러한 처분도 행정소송법 제30조 제2항에 규정된 재처분에 해당된다(대법 1998. 1. 17. 97두22). ★★

정답 ④

<행정행위: 허가복합(기한, 부관, 처분성 등)>

문 8.

(2018 변시 7회, 21번)

甲은 개발제한구역 내에서 레미콘시설에 대한 설치허가를 신청하였고, 이에 대해 관할 행정청 乙은 허가를 하면서 기한의 제한에 관한 규정이 없음에도 허가기간을 5년으로 하였다. 이에 관한 설명 중 옳은 것은? (다툼이 있는 경우 판례에 의함)

① 설치허가에 부가된 5년의 기한은 법령상 근거가 없는 것으로서 당연무효인 부관이다.

② 乙이 설치허가 이전에 미리 甲과 협의하여 5년의 기한을 붙일 것을 협약의 형식으로 정하여 허가시 부가한 경우, 그 허가는 처분성을 상실하고 공법상 계약의 성질을 가진다.

③ 甲이 5년의 기한은 레미콘시설의 성질상 부당하게 짧다는 이유로 소송상 다투려면, 부관부행정행위 중 기한만의 취소를 구하여야 한다.

④ 甲이 제소기간 경과 후 허가기간이 부당하게 짧다는 이유로 부관의 변경을 신청하였으나 乙이 이를 거절한 경우, 乙의 거부행위는 특별한 사정이 없는 한 취소소송의 대상이 되는 처분이 아니다.

⑤ 甲에 대한 설치허가 이후에 근거법령이 개정되어 부관을 붙일 수 없게 된 경우에는 乙이 위 허가에 붙인 부관도 소급하여 위법한 것이 된다.

해설

① [×], 재량행위에 있어서는 법령상의 근거가 없다고 하더라도 부관을 붙일 수 있는데, 그 부관의 내용은 적법하고 이행가능하여야 하며 비례의 원칙 및 평등의 원칙에 적합하고 행정처분의 본질적 효력을 해하지 아니하는 한도의 것이어야 한다(대법 1997. 3. 14. 96누16698). ★★

② [×], 수익적 행정처분에 있어서는 법령에 특별한 근거규정이 없다고 하더라도 그 부관으로서 부담을 붙일 수 있고, 그와 같은 부담은 행정청이 행정처분을 하면서 일방적으로 부가할 수도 있지만 부담을 부가하기 이전에 상대방과 협의하여 부담의 내용을 협약의 형식으로 미리 정한 다음 행정처분을 하면서 이를 부가할 수도 있다(대법 2009. 2. 12. 2005다65500). ★★★

③ [×], 행정행위의 부관은 부담인 경우를 제외하고는 독립하여 행정소송의 대상이 될 수 없는바, 기부채납받은 행정재산에 대한 사용·수익허가에서 공유재산의 관리청이 정한 사용·수익허가의 기간은 그 허가의 효력을 제한하기 위한 행정행위의 부관으로서 이러한 사용·수익허가의 기간에 대해서는 독립하여 행정소송을 제기할 수 없다(대법 2001. 6. 15. 99두509). ★★★

④ [○], 제소기간이 이미 도과하여 불가쟁력이 생긴 행정처분에 대하여는 개별 법규에서 그 변경을 요구할 신청권을 규정하고 있거나 관계 법령의 해석상 그러한 신청권이 인정될 수 있는 등 특별한 사정이 없는 한 국민에게 그 행정처분의 변경을 구할 신청권이 있다 할 수 없다(대법 2007. 4. 26. 2005두11104). ★★

⑤ [×], 행정청이 수익적 행정처분을 하면서 부가한 부담의 위법 여부는 처분 당시 법령을 기준으로 판단하여야 하고, 부담이 처분 당시 법령을 기준으로 적법하다면 처분 후 부담의 전제가 된 주된 행정처분의 근거 법령이 개정됨으로써 행정청이 더 이상 부관을 붙일 수 없게 되었다 하더라도 곧바로 위법하게 되거나 그 효력이 소멸하게 되는 것은 아니다(대법 2009. 2. 12. 2005다65500). ★★★

정답 ④

<행정행위: 허가복합(신뢰보호)>

문 9.

(2019 변시8회, 29번)

甲종교법인(이하 '甲'이라 함)은 도시계획구역 내 생산녹지지역에 속한 농지(답)인 토지를 매수하면서 A시장에게 토지거래계약허가를 신청하여 허가를 받았다. 甲은 토지거래계약허가 신청을 하면서 농지(답)인 그 토지를 대지로 형질변경하여 종교시설인 회관을 건립하기 위한 것임을 명시하고 그러한 내용의 사업계획서를 제출하였고, A시의 담당 공무원에게 문의하여 "관계 법령을 검토한 결과 해당 토지에 대하여는 토지형질변경이 가능하며 우리 시 조례에 의하여 종교시설의 건축이 가능하다."라는 답변을 들었으며, 당시 담당 공무원으로부터 "甲은 토지거래계약 허가를 받은 날부터 1년 이내에 회관을 건립한다."라는 각서를 제출할 것을 요구받아 이를 제출하였다. 甲은 이를 신뢰하여 상당한 자금을 들여 건축준비를 하였다. 그 후 甲은 건축허가를 위한 토지형질변경허가를 신청하였으나, A시장은 해당 토지는 관련법상 생산녹지지역으로 지정된 곳으로 우량농지로서 보전이 필요하다는 이유로 불허가하였다. 이에 관한 설명 중 옳은 것을 모두 고른 것은? (다툼이 있는 경우 판례에 의함)

ㄱ. A시장의 토지거래계약 허가처분은 강학상 인가에 해당한다.
ㄴ. A시 담당 공무원의 답변은 행정청의 단순한 정보제공 내지는 일반적인 법률상담이라기보다는 토지형질변경이 가능하다는 공적 견해표명을 한 것으로 볼 수 있다.
ㄷ. A시장의 甲에 대한 토지형질변경신청 불허가결정이 우량농지로 보전하려는 공익과 甲이 입게 될 불이익을 상호 비교·교량하여 만약 전자가 후자보다 더 큰 것이 아니라면 이는 비례의 원칙에 위반되는 것으로 재량권을 남용한 위법한 처분이라고 봄이 상당하다.
ㄹ. 甲이 A시 담당 공무원의 답변에 하자가 있음을 알았거나 중대한 과실로 알지 못한 경우에는 신뢰보호원칙의 적용을 받지 못한다.

① ㄱ
② ㄱ, ㄷ
③ ㄴ, ㄹ
④ ㄴ, ㄷ, ㄹ
⑤ ㄱ, ㄴ, ㄷ, ㄹ

해설

ㄱ. [○], 국토이용관리법 제21조의3 제1항 소정의 허가가 규제지역 내의 모든 국민에게 전반적으로 토지거래의 자유를 금지하고 일정한 요건을 갖춘 경우에만 금지를 해제하여 계약체결의 자유를 회복시켜 주는 성질의 것이라고 보는 것은 위 법의 입법취지를 넘어선 지나친 해석이라고 할 것이고, 규제지역 내에서도 토지거래의 자유가 인정되나 다만 위 허가를 허가 전의 유동적 무효 상태에 있는 법률행위의 효력을 완성시켜 주는 인가적 성질을 띤 것이라고 보는 것이 타당하다(대법 1991. 12. 24. 90다12243 전원합의체). ★★

ㄴ. [○], 종교법인이 도시계획구역 내 생산녹지로 답인 토지에 대하여 종교회관 건립을 이용목적으로 하는 토지거래계약의 허가를 받으면서 담당공무원이 관련 법규상 허용된다 하여 이를 신뢰하고 건축준비를 하였으나 그 후 당해 지방자치단체장이 다른 사유를 들어 토지형질변경허가 신청을 불허가 한 것은 신뢰보호원칙에 반한다(대법 1997. 9. 12. 96누18380). ★★★

ㄷ. [○], 비록 지방자치단체장이 당해 토지형질변경허가를 하였다가 이를 취소·철회하는 것은 아니라 하더라도 지방자치단체장이 토지형질변경이 가능하다는 공적 견해표명을 함으로써 이를 신뢰하게 된 당해 종교법인에 대하여는 그 신뢰를 보호하여야 한다는 점에서 형질변경허가 후 이를 취소·철회하는 경우를 유추·준용하여 그 형질변경허가의 취소·철회에 상당하는 당해 처분으로써 지방자치단체장이 달성하려는 공익 즉, 당해 토지에 대하여 그 형질변경을 불허하고 이를 우량농지로 보전하려는 공익과 위 형질변경이 가능하리라고 믿은 종교법인이 입게 될 불이익을 상호 비교·교량하여 만약 전자가 후자보다 더 큰 것이 아니라면 당해 처분은 비례의 원칙에 위반되는 것으로 재량권을 남용한 위법한 처분이라고 봄이 상당하다(대법 1997. 9. 12. 96누18380). ★★★

ㄹ. [○], 행정청의 공적 견해표명이 있었는지의 여부를 판단함에 있어서는, 반드시 행정조직상의 형식적인 권한분장에 구애될 것은 아니고, 담당자의 조직상의 지위와 임무, 당해 언동을 하게 된 구체적인 경위 및 그에 대한 상대방의 신뢰가능성에 비추어 실질에 의하여 판단하여야 하고, 그 개인의 귀책사유라 함은 행정청의 견해표명의 하자가 상대방 등 관계자의 사실은폐나 기타 사위의 방법에 의한 신청행위 등 부정행위에 기인한 것이거나 그러한 부정행위가 없더라도 하자가 있음을 알았거나 중대한 과실로 알지 못한 경우 등을 의미한다고 해석함이 상당하고, 귀책사유의 유무는 상대방과 그로부터 신청행위를 위임받은 수임인 등 관계자 모두를 기준으로 판단하여야 한다(대법 2008. 1. 17. 2006두10931).

정답 ⑤

<행정행위: 허가복합(도로점용허가)>

문 10.

(2020 변시9회, 39번)

甲은 자신의 사옥을 A시에 신축하는 과정에서 A시 지구단위변경계획에 의하여 건물 부지에 접한 대로의 도로변이 차량출입 금지 구간으로 설정됨에 따라 그 반대편에 위치한 A시 소유의 도로에 지하주차장 진입통로를 건설하기 위하여 A시의 시장 乙에게 위 도로의 지상 및 지하 부분에 대한 도로점용허가를 신청하였고, 乙은 甲에게 도로점용허가를 하였다. 이에 관한 설명 중 옳지 <u>않은</u> 것은? (다툼이 있는 경우 판례에 의함)

① 위 도로점용허가는 甲에게 공물사용권을 설정하는 설권행위로서 재량행위이다.

② 乙의 도로점용허가가 도로의 지상 및 지하 부분의 본래 기능 및 목적과 무관하게 그 사용가치를 활용하기 위한 것으로 평가되는 경우, 그 도로점용허가는 「지방자치법」상 주민소송의 대상이 되는 '재산의 관리·처분'에 해당한다.

③ 甲이 도로점용허가를 받은 부분을 넘어 무단으로 도로를 점용하고 있는 경우, 무단으로 사용하는 부분에 대해서는 변상금 부과처분을 하여야 함에도 乙이 변상금이 아닌 사용료 부과처분을 하였다고 하여 이를 중대한 하자라고 할 수 없다.

④ 乙의 도로점용허가가 甲의 점용목적에 필요한 범위를 넘어 과도하게 이루어진 경우, 이는 위법한 점용허가로서 乙은 甲에 대한 도로점용허가 전부를 취소하여야 하며 도로점용허가 중 특별사용의 필요가 없는 부분에 대해서만 직권취소할 수 없다.

⑤ 乙은 위 도로점용허가를 하면서 甲과 인근주민들 간의 협의를 조건으로 하는 부관을 부가할 수 있다.

해설

① [○], 도로법 제40조 제1항에 의한 도로점용은 일반공중의 교통에 사용되는 도로에 대하여 이러한 일반사용과는 별도로 도로의 특정부분을 유형적·고정적으로 특정한 목적을 위하여 사용하는 이른바 특별사용을 뜻하는 것이고, 이러한 도로점용의 허가는 특정인에게 일정한 내용의 공물사용권을 설정하는 설권행위로서, 공물관리자가 신청인의 적격성, 사용목적 및 공익상의 영향 등을 참작하여 허가를 할 것인지의 여부를 결정하는 재량행위이다(대법 2002. 10. 25. 2002두5795).

② [○], 도로 등 공물이나 공공용물을 특정 사인이 배타적으로 사용하도록 하는 점용허가가 도로 등의 본래 기능 및 목적과 무관하게 그 사용가치를 실현·활용하기 위한 것으로 평가되는 경우에는 주민소송의 대상이 되는 재산의 관리·처분에 해당한다(대법 2016. 5. 27. 2014두8490). ★★

③ [○], 공유수면 점·사용 허가 등을 받아 적법하게 사용하는 경우에는 사용료 부과처분을, 허가를 받지 않고 무단으로 사용하는 경우에는 변상금 부과처분을 하는 것이 적법하다. 그러나 적법한 사용이든 무단 사용이든 그 공유수면 점·사용으로 인한 대가를 부과할 수 있다는 점은 공통된 것이고, 적법한 사용인지 무단 사용인지의 여부에 관한 판단은 사용관계에 관한 사실 인정과 법적 판단을 수반하는 것으로 반드시 명료하다고 할 수 없으므로, 그러한 판단을 그르쳐 변상금 부과처분을 할 것을 사용료 부과처분을 하거나 반대로 사용료 부과처분을 할 것을 변상금 부과처분을 하였다고 하여 그와 같은 부과처분의 하자를 중대한 하자라고 할 수는 없다(대법 2013. 4. 26. 2012두20663).

④ [×], 도로점용허가는 도로의 일부에 대한 특정사용을 허가하는 것으로서 도로의 일반사용을 저해할 가능성이 있으므로 그 범위는 점용목적 달성에 필요한 한도로 제한되어야 한다. 도로관리청이 도로점용허가를 하면서 특별사용의 필요가 없는 부분을 점용장소 및 점용면적에 포함하는 것은 그 재량권 행사의 기초가 되는 사실인정에 잘못이 있는 경우에 해당하므로 그 도로점용허가 중 특별사용의 필요가 없는 부분은 위법하다(대법 2019. 1. 17. 2016두56721·56738).

⑤ [○], 재량행위에 있어서는 법령상의 근거가 없다고 하더라도 부관을 붙일 수 있는데, 그 부관의 내용은 적법하고 이행가능하여야 하며 비례의 원칙 및 평등의 원칙에 적합하고 행정처분의 본질적 효력을 해하지 아니하는 한도의 것이어야 한다(대법 1997. 3. 14. 96누16698). ★★

정답 ④

<행정행위: 인허가의제(복합)>

문 11.

(2021 변시10회, 26번)

「공유수면 관리 및 매립에 관한 법률」(이하, '공유수면법'이라 함)에 따라 A도지사는 甲에게 택지조성을 매립목적으로 하는 공유수면매립면허를 부여하였다. 甲은 당초 매립목적과 달리 조선(造船)시설용지지역으로 매립지를 이용하고자 A도지사에게 준공인가 전에 공유수면매립목적 변경신청을 하였고, 이에 A도지사는 甲의 변경신청을 승인하였다. 그런데 이 매립지의 인근에는 가공식품을 만들어 판매하고 있는 B재단법인이 있었다. 이에 관한 설명 중 옳은 것은? (다툼이 있는 경우 판례에 의함)

① A도지사의 甲에 대한 공유수면매립면허처분 및 공유수면매립목적 변경 승인처분은 각각 강학상 허가와 강학상 특허에 해당한다.

② B는 공유수면매립목적 변경 승인처분으로 자신의 직원들이 쾌적한 환경에서 생활할 수 있는 환경상 이익을 침해받았음을 이유로 B 자신의 이름으로 그 변경 승인처분에 대하여 항고소송을 제기할 수 있다.

③ 공유수면매립면허처분과 관련하여 법령상 요구되는 환경영향평가를 실시하지 않은 경우 환경영향평가지역 밖에 거주하는 주민들에 대해서도 환경상 이익에 대한 침해 또는 침해 우려가 있는 것으로 사실상 추정된다.

④ 해당 매립지가 귀속될 지방자치단체를 결정할 때 행정안전부장관은 관계 지방의회의 의견청취절차를 거쳐야 한다.

⑤ 공유수면매립면허처분 이후에 매립실시계획이 승인되면, 공유수면법에 의해 다른 법률상의 인가·허가가 의제될 수 있는데, 이 경우 의제된 인가·허가는 통상적인 인가·허가와 동일한 효력을 가진다.

해설

① [×], 공유수면매립면허는 설권행위인 특허의 성질을 갖는 것이므로 원칙적으로 행정청의 자유

재량에 속하며, 일단 실효된 공유수면매립면허의 효력을 회복시키는 행위도 특단의 사정이 없는 한 새로운 면허부여와 같이 면허관청의 자유재량에 속한다고 할 것이므로 공유수면매립법(1986.12.31. 개정)부칙 제4항의 규정에 의하여 위 법시행전에 같은 법 제25조 제1항의 규정에 의하여 효력이 상실된 매립면허의 효력을 회복시키는 처분도 특단의 사정이 없는 한 면허관청의 자유재량에 속하는 행위라고 봄이 타당하다(대법 1989. 9. 12. 88누9206).

② [×], 재단법인 갑 수녀원이, 매립목적을 택지조성에서 조선시설용지로 변경하는 내용의 공유수면매립목적 변경 승인처분으로 인하여 법률상 보호되는 환경상 이익을 침해받았다면서 행정청을 상대로 처분의 무효 확인을 구하는 소송을 제기한 사안에서, 공유수면매립목적 변경 승인처분으로 갑 수녀원에 소속된 수녀 등이 쾌적한 환경에서 생활할 수 있는 환경상 이익을 침해받는다고 하더라도 이를 가리켜 곧바로 갑 수녀원의 법률상 이익이 침해된다고 볼 수 없고, 자연인이 아닌 갑 수녀원은 쾌적한 환경에서 생활할 수 있는 이익을 향수할 수 있는 주체가 아니므로 위 처분으로 위와 같은 생활상의 이익이 직접적으로 침해되는 관계에 있다고 볼 수도 없으며, 위 처분으로 환경에 영향을 주어 갑 수녀원이 운영하는 쨈 공장에 직접적이고 구체적인 재산적 피해가 발생한다거나 갑 수녀원이 폐쇄되고 이전해야 하는 등의 피해를 받거나 받을 우려가 있다는 점 등에 관한 증명도 부족하다는 이유로, 갑 수녀원에 처분의 무효 확인을 구할 원고적격이 없다(대법 2012. 6. 28. 2010두2005).

③ [×], 환경영향평가 대상지역 밖의 주민이라 할지라도 공유수면매립면허처분 등으로 인하여 그 처분 전과 비교하여 수인한도를 넘는 환경피해를 받거나 받을 우려가 있는 경우에는, 공유수면매립면허처분 등으로 인하여 환경상 이익에 대한 침해 또는 침해우려가 있다는 것을 입증함으로써 그 처분 등의 무효확인을 구할 원고적격을 인정받을 수 있다(대법 2006. 3. 16. 2006두330 전원합의체). ★★

④ [×], 지방자치법 제4조 제2항, 제3항, 제7항에 따르면, 안전행정부장관은 공유수면 관리 및 매립에 관한 법률에 따른 매립지가 속할 지방자치단체를 지방자치법 제4조 제4항부터 제7항까지의 규정 및 절차에 따라 결정하면 되고, 관계 지방의회의 의견청취 절차를 반드시 거칠 필요는 없다(대법 2013. 11. 14. 2010추73). 지방자치단체를 폐지하거나 설치하거나 나누거나 합칠 때 또는 그 명칭이나 구역을 변경할 때에는 관계 지방자치단체의 의회(이하 "지방의회"라 한다)의 의견을 들어야 한다. 다만, 「주민투표법」 제8조에 따라 주민투표를 한 경우에는 그러하지 아니하다. 「공유수면 관리 및 매립에 관한 법률」에 따른 매립지가 속할 지방자치단체는 제4항부터 제7항까지의 규정에 따라 행정안전부장관이 결정한다(지방자치법 제4조 제2항·제3항 제1호).

⑤ [○], 사업계획승인으로 의제된 인허가는 통상적인 인허가와 동일한 효력을 가지므로, 그 효력을 제거하기 위한 법적 수단으로 의제된 인허가의 취소나 철회가 허용될 필요가 있다. 특히 업무처리지침 제18조에서는 사업계획승인으로 의제된 인허가 사항의 변경 절차를 두고 있는데, 사업계획승인 후 의제된 인허가 사항을 변경할 수 있다면 의제된 인허가 사항과 관련하여 취소 또는 철회 사유가 발생한 경우 해당 의제된 인허가의 효력만을 소멸시키는 취소 또는 철회도 할 수 있다고 보아야 한다(대법 2018. 7. 12. 2017두48734). ★★

정답 ⑤

<행정행위: 인가>

문 12.

(2014 변시3회, 28번)

인가에 관한 설명 중 옳지 않은 것은? (다툼이 있는 경우 판례에 의함)

① 기본행위가 적법·유효하고 보충행위인 인가처분 자체에만 하자가 있다면 그 인가처분의 무효나 취소를 주장할 수 있다고 할 것이지만, 인가처분에 하자가 없다면 기본행위에 하자가 있다 하더라도 따로 그 기본행위의 하자를 다투는 것은 별론으로 하고 기본행위의 무효를 내세워 바로 그에 대한 인가처분의 취소 또는 무효확인을 구할 수 없다.

② 「도시 및 주거환경정비법」상 관리처분계획에 대한 행정청의 인가는 관리처분계획의 법률상 효력을 완성시키는 보충행위로서의 성질을 갖는다.

③ 민법상 재단법인의 정관변경 허가는 그 성질에 있어 법률행위의 효력을 보충해 주는 것이지 일반적 금지를 해제하는 것이 아니므로, 그 법적 성격은 인가라고 보아야 한다.

④ 관할관청이 개인택시운송사업의 양도·양수에 대한 인가를 하였을 경우 거기에는 양도인과 양수인 간의 양도행위를 보충하여 그 법률효과를 완성시키는 의미에서의 인가처분뿐만 아니라 양수인에 대해 양도인이 가지고 있던 면허와 동일한 내용의 면허를 부여하는 처분이 포함되어 있다.

⑤ 「도시 및 주거환경정비법」 등 관련 법령에 근거하여 행하는 주택재건축사업조합 설립인가처분은 사인들의 조합설립행위에 대한 보충행위로서의 성질을 갖는 것에 그칠 뿐, 행정주체로서의 지위를 부여하는 설권적 처분의 성격을 갖는 것은 아니다.

해설

① [○], 도시재개발법 제34조에 의한 행정청의 인가는 주택개량재개발조합의 관리처분계획에 대한 법률상의 효력을 완성시키는 보충행위로서 그 기본 되는 관리처분계획에 하자가 있을 때에는 그에 대한 인가가 있었다 하여도 기본행위인 관리처분계획이 유효한 것으로 될 수 없으며, 다만 그 기본행위가 적법·유효하고 보충행위인 인가처분 자체에만 하자가 있다면 그 인가처분의 무효나 취소를 주장할 수 있다고 할 것이지만, 인가처분에 하자가 없다면 기본행위에 하자가 있다 하더라도 따로 그 기본행위의 하자를 다투는 것은 별론으로 하고 기본행위의 무효를 내세워 바로 그에 대한 행정청의 인가처분의 취소 또는 무효확인을 소구할 법률상의 이익이 있다고 할 수 없다(대법 2001. 12. 11. 2001두7541). ★★

② [○], 관리처분계획에 대한 행정청의 인가는 관리처분계획의 법률상 효력을 완성시키는 보충행위로서의 성질을 갖는데 이에 관하여 도시정비법은 제49조 제2항과 제3항에서 사업시행자로부터 관리처분계획의 인가 신청이 있는 경우 30일 이내에 인가 여부를 결정하여 사업시행자에게 통보하고, 인가를 하는 경우 그 내용을 당해 지방자치단체의 공보에 고시하도록 규정하고 있을 뿐이다(대법 2012. 8. 30. 2010두24951).

③ [○], 민법 제45조와 제46조에서 말하는 재단법인의 정관변경 “허가”는 법률상의 표현이 허가로 되어 있기는 하나, 그 성질에 있어 법률행위의 효력을 보충해 주는 것이지 일반적 금지를 해제하는 것이 아니므로, 그 법적 성격은 인가라고 보아야 한다.(대법 1996. 5. 16. 95누4810 전원합의체).

④ [○], 관할 관청이 개인택시운송사업의 양도·양수에 대한 인가를 하였을 경우 거기에는 양도인과 양수인 간의 양도행위를 보충하여 그 법률효과를 완성시키는 의미에서의 인가처분뿐만 아니라 양수인에 대해 양도인이 가지고 있던 면허와 동일한 내용의 면허를 부여하는 처분이 포함되어 있다(대법 2010. 11. 11. 2009두14934).

⑤ [×], 행정청이 도시 및 주거환경정비법 등 관련 법령에 근거하여 행하는 조합설립인가처분은 단순히 사인들의 조합설립행위에 대한 보충행위로서의 성질을 갖는 것에 그치는 것이 아니라 법령상 요건을 갖출 경우 도시 및 주거환경정비법상 주택재건축사업을 시행할 수 있는 권한을 갖는 행정주체(공법인)로서의 지위를 부여하는 일종의 설권적 처분의 성격을 갖는다고 보아야 한다(대법 2009. 9. 24. 2008다60568).

정답 ⑤

<행정행위: 인가>

문 13.

(2016 변시5회, 22번)

甲은 사립학교법인 이사회에서 이사로 선임되어 관할청의 취임승인을 받았다. 그러나 해당 이사회의 전임 이사였던 乙은 甲에 대한 학교법인의 이사선임행위에 하자가 있음을 주장하며 이를 다투고자 한다. 이에 관한 설명 중 옳지 않은 것은? (다툼이 있는 경우 판례에 의함)

① 甲에 대한 관할청의 취임승인은 학교법인의 이사선임행위를 보충하여 그 법률상의 효력을 완성시켜 주는 행정행위이다.

② 관할청은 학교법인의 이사선임행위의 내용을 수정하여 승인할 수 없다.

③ 乙은 甲에 대한 학교법인의 이사선임행위에 하자가 있는 경우 이를 이유로 취소소송을 통해 관할청의 취임승인처분의 취소를 구할 수 있다.

④ 학교법인의 이사선임행위가 무효인 경우에는 관할청의 취임승인이 있더라도 그 선임행위가 유효한 것으로 되지 아니한다.

⑤ 만일 관할청이 甲에 대한 학교법인의 이사취임승인 신청을 거부하는 경우 甲에게는 당해 거부처분을 취소소송으로 다툴 수 있는 원고적격이 있다.

해설

① [○], 사립학교법 제20조 제2항에 의한 학교법인의 임원에 대한 감독청의 취임승인은 학교법인의 임원선임행위를 보충하여 그 법률상의 효력을 완성케하는 보충적 행정행위이다(대법 1987. 8. 18. 86누152).

② [○], 인가의 보충적 성질과 사적자치의 원칙상 수정인가는 법적 근거가 없는 한 부정된다.

③ [×], 사립학교법 제20조 제2항에 의한 학교법인의 임원에 대한 감독청의 취임승인은 학교법인의 임원선임행위를 보충하여 그 법률상의 효력을 완성케 하는 보충적 행정행위로서 그 자체만으로는 법률상 아무런 효력도 발생할 수 없는 것인바, 기본행위인 사법상의 임원선임행위에 하자가 있다는 이유로 그 선임행위의 효력에 관하여 다툼이 있는 경우에는 민사쟁송으로 그 선임행위의 무효확인을 구하는 등의 방법으로 분쟁을 해결할 것이지 보충적 행위로서 그 자체만으로는 아무런 효력이 없는 승인처분만의 취소 또는 무효확인을 구하는 것은 특단의 사정이 없는 한 분쟁해결의 유효적절한 수단이라 할 수 없어 소구할 법률상의 이익이 없다고 할 것이다(대법 2005. 12. 23. 2005두4823).

④ [○], 성질상 기본행위를 떠나 승인처분 그 자체만으로는 법률상 아무런 효력도 발생할 수 없으므로 기본행위인 학교법인의 임원선임행위가 불성립 또는 무효인 경우에는 비록 그에 대한 감독청의 취임승인이 있었다 하여도 이로써 무효인 그 선임행위가 유효한 것으로 될 수는 없다(대법 1987. 8. 18. 86누152).

⑤ [○], 구 사립학교법(2005. 12. 29. 법률 제7802호로 개정되기 전의 것) 제20조 제1항, 제2항은 학교법인의 이사장·이사·감사 등의 임원은 이사회의 선임을 거쳐 관할청의 승인을 받아 취임하도록 규정하고 있는바, 관할청의 임원취임승인행위는 학교법인의 임원선임행위의 법률상 효력을 완성케 하는 보충적 법률행위이다. 따라서 관할청이 학교법인의 임원취임승인신청에 대하여 이를 반려하거나 거부하는 경우 학교법인에 의하여 임원으로 선임된 사람은 학교법인의 임원으로 취임할 수 없게 되는 불이익을 입게 되는바, 이와 같은 불이익은 간접적이거나 사실상의 불이익이 아니라 직접적이고도 구체적인 법률상의 불이익이라 할 것이므로 학교법인에 의하여 임원으로 선임된 사람에게는 관할청의 임원취임승인신청 반려처분을 다툴 수 있는 원고적격이 있다(대법 2007. 12. 27. 2005두9651).

정답 ③

<행정행위: 인허가>

문 14.

(2017 변시6회, 38번)

인 · 허가 등에 관한 설명 중 옳은 것을 모두 고른 것은? (다툼이 있는 경우 판례에 의함)

ㄱ. 인가의 대상이 되는 기본행위는 인가를 받아야 효력이 발생하므로, 인가를 받지 않은 이상 기본행위는 법률상 효력이 발생하지 않는다.
ㄴ. 재량행위인 허가의 기간이 부당하게 짧은 경우라면 그 기한은 허가조건의 존속기간을 정한 것으로 볼 수 있으나, 그 후 당초 기한이 상당기간 연장되어 전체를 기준으로 볼 경우 부당하게 짧은 경우에 해당하지 않는다면 관계 행정청은 재량권의 행사로서 기간연장을 불허가할 수 있다.
ㄷ. 「도시 및 주거환경정비법」상 주택재건축정비사업조합에 대한 조합설립인가처분이 있은 후에는 인가에 고유한 위법이 없는 한 조합설립결의의 하자를 이유로 조합설립인가를 다투는 것은 허용되지 않고, 민사소송인 조합설립결의무효확인소송으로 다투어야 한다.
ㄹ. 「여객자동차 운수사업법」상 개인택시 운송사업의 양도·양수 당시에는 양도인에 대한 운송사업면허 취소사유(예: 양도인의 운전면허 취소)가 현실적으로 발생하지 않은 경우라도 그 원인이 되는 사실(예: 양도인의 음주운전)이 이미 존재하였다면, 관할 관청으로서는 그 후 발생한 운송사업면허 취소사유(예: 양도인의 운전면허 취소)에 기하여 양수인의 운송사업면허를 취소할 수 있다.
ㅁ. 개발제한구역 안에서의 건축허가의 법적 성질은 기속행위이므로 「건축법」 등 관계 법규에서 정한 요건을 갖춘 경우 허가를 하여야 하고, 공익상의 이유를 들어 거부할 수 없다.
ㅂ. 인가의 대상이 되는 기본행위에 하자가 있다면 인가가 있더라도 그 기본행위의 하자가 치유되는 것은 아니다.

① ㄱ, ㄴ, ㄹ, ㅂ ② ㄱ, ㄴ, ㅁ, ㅂ ③ ㄴ, ㄷ, ㄹ, ㅁ
④ ㄱ, ㄴ, ㄷ, ㄹ, ㅁ ⑤ ㄱ, ㄷ, ㄹ, ㅁ, ㅂ

해설

ㄱ. [O], 주택건설촉진법에서 규정한 바에 따른 관할시장 등의 재건축조합설립인가는 불량·노후한 주택의 소유자들이 재건축을 위하여 한 재건축조합설립행위를 보충하여 그 법률상 효력을 완성시키는 보충행위일 뿐이므로 그 기본되는 조합설립행위에 하자가 있을 때에는 그에 대한 인가가 있다 하더라도 기본행위인 조합설립이 유효한 것으로 될 수 없고, 따라서 그 기본행위는

적법유효하나 보충행위인 인가처분에만 하자가 있는 경우에는 그 인가처분의 취소나 무효확인을 구할 수 있을 것이지만 기본행위인 조합설립에 하자가 있는 경우에는 민사쟁송으로써 따로 그 기본행위의 취소 또는 무효확인 등을 구하는 것은 별론으로 하고 기본행위의 불성립 또는 무효를 내세워 바로 그에 대한 감독청의 인가처분의 취소 또는 무효확인을 소구할 법률상 이익이 있다고 할 수 없다(대법 2000. 9. 5. 99두1854).

ㄴ. [○], 일반적으로 행정처분에 효력기간이 정하여져 있는 경우에는 그 기간의 경과로 그 행정처분의 효력은 상실되며, 다만 허가에 붙은 기한이 그 허가된 사업의 성질상 부당하게 짧은 경우에는 이를 그 허가 자체의 존속기간이 아니라 그 허가조건의 존속기간으로 보아 그 기한이 도래함으로써 그 조건의 개정을 고려한다는 뜻으로 해석할 수 있지만, 이와 같이 당초에 붙은 기한을 허가 자체의 존속기간이 아니라 허가조건의 존속기간으로 보더라도 그 후 당초의 기한이 상당 기간 연장되어 연장된 기간을 포함한 존속기간 전체를 기준으로 볼 경우 더 이상 허가된 사업의 성질상 부당하게 짧은 경우에 해당하지 않게 된 때에는 관계 법령의 규정에 따라 허가 여부의 재량권을 가진 행정청으로서는 그 때에도 허가조건의 개정만을 고려하여야 하는 것은 아니고 재량권의 행사로서 더 이상의 기간연장을 불허가할 수도 있는 것이며, 이로써 허가의 효력은 상실된다.(대법 2004. 3. 25. 2003두12837).

ㄷ. [×], 관리처분계획에 대한 관할 행정청의 인가·고시까지 있게 되면 관리처분계획은 행정처분으로서 효력이 발생하게 되므로, 총회결의의 하자를 이유로 하여 행정처분의 효력을 다투는 항고소송의 방법으로 관리처분계획의 취소 또는 무효확인을 구하여야 하고, 그와 별도로 행정처분에 이르는 절차적 요건 중 하나에 불과한 총회결의 부분만을 따로 떼어내어 효력 유무를 다투는 확인의 소를 제기하는 것은 특별한 사정이 없는 한 허용되지 않는다고 보아야 한다(대법 2009. 10. 15. 2009다10638·10645).

ㄹ. [○], 구 여객자동차 운수사업법 제15조 제4항에 의하면 개인택시 운송사업을 양수한 사람은 양도인의 운송사업자로서의 지위를 승계하는 것이므로, 관할관청은 개인택시 운송사업의 양도·양수에 대한 인가를 한 후에도 그 양도·양수 이전에 있었던 양도인에 대한 운송사업면허 취소사유를 들어 양수인의 사업면허를 취소할 수 있는 것이고, 가사 양도·양수 당시에는 양도인에 대한 운송사업면허 취소사유가 현실적으로 발생하지 않은 경우라도 그 원인되는 사실이 이미 존재하였다면, 관할관청으로서는 그 후 발생한 운송사업면허 취소사유에 기하여 양수인의 사업면허를 취소할 수 있는 것이다(대법 2010. 4. 8. 2009두17018).

ㅁ. [×], 건축허가권자는 건축허가신청이 건축법, 도시계획법 등 관계법규에서 정하는 어떠한 제한에 배치되지 않는 이상 당연히 같은 법조 소정의 건축허가를 하여야 하므로 법률상의 근거 없이 그 신청이 관계법규에서 정한 제한에 배치되는지 여부에 대한 심사를 거부할 수 없고, 심사결과 그 신청이 법정요건에 합치하는 경우에는 특별한 사정이 없는 한 이를 허가하여야 하며, 공익상 필요가 없음에도 불구하고 요건을 갖춘 자에 대한 허가를 관계법령에서 정하는 제한사유 이외의 사유를 들어 거부할 수는 없다(대법 1992. 12. 11. 92누3038).

ㅂ. [○], 도시재개발법 제34조에 의한 행정청의 인가는 주택개량재개발조합의 관리처분계획에 대한 법률상의 효력을 완성시키는 보충행위로서 그 기본 되는 관리처분계획에 하자가 있을 때에는 그에 대한 인가가 있었다 하여도 기본행위인 관리처분계획이 유효한 것으로 될 수 없다(대법 2001. 12. 11. 2001두7541). ★★

정답 ①

<행정행위: 인허가의제>

문 15.

(2020 변시9회, 30번)

A군수는 甲에게 「중소기업창업 지원법」 관련규정에 따라 농지의 전용허가 등이 의제되는 사업계획을 승인하는 처분을 하였다. 이에 관한 설명 중 옳은 것은? (다툼이 있는 경우 판례에 의함)

> **【참조】**
> **「중소기업창업 지원법」**
> **제33조(사업계획의 승인)** ① 제조업을 영위하고자 하는 창업자는 대통령령으로 정하는 바에 따라 사업계획을 작성하고, 이에 대한 시장·군수 또는 구청장의 승인을 받아 사업을 할 수 있다.
> **제35조(다른 법률과의 관계)** ① 제33조제1항에 따라 사업계획을 승인할 때 다음 각 호의 허가, 승인, 신고(이하 "허가등"이라 한다)에 관하여 시장·군수 또는 구청장이 제4항에 따라 다른 행정기관의 장과 협의를 한 사항에 대하여는 그 허가등을 받은 것으로 본다.
> 1. 「산업집적활성화 및 공장설립에 관한 법률」 제13조제1항에 따른 공장설립 등의 승인
> 2. 「도로법」 제61조제1항에 따른 도로의 점용허가
> 3. 「산지관리법」 제14조 및 제15조에 따른 산지전용허가, 산지전용신고
> 4. 「농지법」 제34조 및 제35조에 따른 농지의 전용허가, 농지의 전용신고
>
> ④ 시장·군수 또는 구청장이 제33조에 따른 사업계획의 승인을 할 때 그 내용 중 제1항에 해당하는 사항이 다른 행정기관의 권한에 속하는 경우에는 그 행정기관의 장과 협의하여야 하며, 협의를 요청받은 행정기관의 장은 대통령령으로 정하는 기간에 의견을 제출하여야 한다.
> * 위 내용은 실제 법률과 다를 수 있음

① A군수가 甲에게 사업계획을 승인하려면 「중소기업창업 지원법」 제35조 제1항 제1호부터 제4호까지의 허가등 전부에 관하여 관계 행정기관의 장과 일괄하여 사전협의를 하여야 하며, 농지의 전용허가만이 의제되는 사업계획을 승인할 수는 없다.

② 사업계획의 승인을 받은 甲이 농지의 전용허가와 관련한 명령을 불이행하는 경우, 甲에 대해 사업계획에 대한 승인의 효력은 유지하면서 의제된 농지의 전용허가만을 철회할 수 있다.

③ 의제된 농지의 전용허가에 형식적 하자가 있는 경우에는 甲에 대한 사업계획 승인처분도 절차적 하자가 있는 위법한 것이 된다.

④ 甲에 대해 농지의 전용허가가 취소되었고 이를 이유로 사업계획승인처분이 취소된 경우, 甲은 사업계획승인의 취소를 다투어야 하며 따로 농지의 전용허가의 취소를 다툴 수는 없다.

⑤ 甲에 대한 사업계획승인처분 이후에 「중소기업창업 지원법」 제35조에 따른 허가등 의제가 행정권한의 과도한 침해임을 이유로 헌법불합치결정이 내려진 경우라도, 위헌결정과 달리 헌법불합치결정은 당해사건에 대해서도 소급효가 미치지 않는다.

해설

① [×], 중소기업창업법 제35조 제1항의 인허가의제 조항은 창업자가 신속하게 공장을 설립하여 사업을 개시할 수 있도록 창구를 단일화하여 의제되는 인허가를 일괄 처리하는 데 입법 취지가 있다. 위 규정에 의하면 사업계획승인권자가 관계 행정기관의 장과 미리 협의한 사항에 한하여 승인 시에 그 인허가가 의제될 뿐이고, 해당 사업과 관련된 모든 인허가의제 사항에 관하여 일괄하여 사전 협의를 거쳐야 하는 것은 아니다(대법 2018. 7. 12. 2017두48734). ★★

② [○], 사업계획승인으로 의제된 인허가는 통상적인 인허가와 동일한 효력을 가지므로, 그 효력을 제거하기 위한 법적 수단으로 의제된 인허가의 취소나 철회가 허용될 필요가 있다. 특히 업무처리지침 제18조에서는 사업계획승인으로 의제된 인허가 사항의 변경 절차를 두고 있는데, 사업계획승인 후 의제된 인허가 사항을 변경할 수 있다면 의제된 인허가 사항과 관련하여 취소 또는 철회 사유가 발생한 경우 해당 의제된 인허가의 효력만을 소멸시키는 취소 또는 철회도 할 수 있다고 보아야 한다(대법 2018. 7. 12. 2017두48734). ★★

③ [×], 구 주택법 제17조 제1항에 따르면, 주택건설사업계획 승인권자가 관계 행정청의 장과 미리 협의한 사항에 한하여 승인처분을 할 때에 인허가 등이 의제될 뿐이고, 각호에 열거된 모든 인허가 등에 관하여 일괄하여 사전협의를 거칠 것을 주택건설사업계획 승인처분의 요건으로 규정하고 있지 않다. 따라서 인허가 의제 대상이 되는 처분에 어떤 하자가 있더라도, 그로써 해당 인허가 의제의 효과가 발생하지 않을 여지가 있게 될 뿐이고, 그러한 사정이 주택건설사업계획 승인처분 자체의 위법사유가 될 수는 없다(대법 2018. 11. 29. 2016두38792).

④ [×], 산지전용허가 취소에 따라 이 사건 사업계획승인은 산지전용허가를 제외한 나머지 인허가 사항만 의제하는 것이 되므로, 이 사건 사업계획승인 취소는 산지전용허가를 제외한 나머지 인허가 사항만 의제된 사업계획승인을 취소하는 것이 된다. 이와 같이 이 사건 산지전용허가 취소와 이 사건 사업계획승인 취소가 그 대상과 범위를 달리하는 이상, 원고로서는 이 사건 사업계획승인 취소와 별도로 이 사건 산지전용허가 취소를 다툴 필요가 있다(대법 2018. 7. 12. 2017두48734). ★★

⑤ [×], 구 군인연금법 제23조 제1항에 대한 헌법불합치결정의 취지나 위헌심판의 구체적 규범통제 실효성 보장이라는 측면을 고려할 때, 적어도 헌법불합치결정을 하게 된 당해 사건 및 헌법불합치결정 당시에 구법 조항의 위헌 여부가 쟁점이 되어 법원에 계속 중인 사건에 대하여는 헌법불합치결정의 소급효가 미친다고 해야 한다(대법 2011. 9. 29. 2008두18885).

정답 ②

<행정행위: 행정행위의 내용>

문 16.

(2013년 변시2회, 38번)

행정행위의 분류에 관한 다음 설명 중 옳은 것을 모두 고른 것은? (다툼이 있는 경우 판례에 의함)

ㄱ. 행정청의 주택재개발정비사업조합 설립인가는 사인들의 조합설립행위에 대한 보충행위의 성질을 갖는 것으로 강학상 인가에 해당한다.
ㄴ. 행정청의 사립학교법인 임원취임승인행위는 학교법인의 임원선임행위의 법률상 효력을 완성하게 하는 보충적 법률행위로서 강학상 인가에 해당한다.
ㄷ. 개인택시운송사업면허는 특정인에게 권리나 의무를 부여하는 것이므로 강학상 특허에 해당한다.
ㄹ. 공유수면의 점용·사용 허가는 허가 상대방에게 제한을 해제하여 공유수면이용권을 부여하는 처분으로 강학상 허가에 해당한다.
ㅁ. 토지거래허가는 토지거래허가구역 내의 토지거래를 전면적으로 금지시키고 특정한 경우에 예외적으로 토지거래계약을 체결할 수 있는 자격을 부여하는 점에서 강학상 특허에 해`당한다.

① ㄱ, ㄴ, ㄷ
② ㄴ, ㄹ, ㅁ
③ ㄱ, ㄷ
④ ㄴ, ㄷ
⑤ ㄹ, ㅁ

해설

ㄱ. [×], 행정청이 도시정비법 등 관련 법령에 근거하여 행하는 조합설립 인가처분은 단순히 사인들의 조합설립행위에 대한 보충행위로서의 성질을 갖는 것에 그치는 것이 아니라 법령상 요건을 갖출 경우 도시정비법상 주택재건축사업을 시행할 수 있는 권한을 갖는 행정주체(공법인)로서의 지위를 부여하는 일종의 설권적 처분의 성격을 갖는다고 보아야 한다(대법 2009. 10. 15. 2009다30427).

ㄴ. [○], 학교법인의 임원에 대한 감독청의 취임승인처분은 학교법인 이사회의 사법상의 유효한 임원선임행위가 존재함을 전제로 그 선임행위의 법률상의 효력을 완성시키는 보충행위로서 성질상 기본행위를 떠나 승인처분 그 자체만으로서는 법률상 아무런 효력도 발생할 수 없는 것이다(대법 2004. 3. 25. 2003두12837).

ㄷ. [○], 개인택시운송사업면허는 특정인에게 권리나 이익을 부여하는 행정행위로서 법령에 특별한 규정이 없는 한 재량행위이고 그 면허에 필요한 기준을 정하는 것 역시 법령에 규정이 없는 한 행정청의 재량에 속하나, 이 경우에도 이는 객관적으로 타당하여야 하며 그 설정된 우선순위 결정방법이나 기준이 객관적으로 합리성을 잃은 것이라면 이에 따라 면허 여부를 결정하는 것은 재량권의 한계를 일탈한 것이 되어 위법하다(대법 2007. 2. 8. 2006다13886).

ㄹ. [×], 공유수면법에 따른 공유수면의 점용·사용허가는 특정인에게 공유수면 이용권이라는 독점적 권리를 설정하여 주는 처분으로서 그 처분의 여부 및 내용의 결정은 원칙적으로 행정청의 재량에 속한다고 할 것이고, 이와 같은 재량처분에 있어서는 그 재량권 행사의 기초가 되는 사실인정에 오류가 있거나 그에 대한 법령적용에 잘못이 없는 한 그 처분이 위법하다고 할 수 없다고 할 것이다(대법 2014. 9. 4. 2014두2164). ★★

ㅁ. [×], 국토이용관리법 제21조의3 제1항 소정의 허가가 규제지역 내의 모든 국민에게 전반적으로 토지거래의 자유를 금지하고 일정한 요건을 갖춘 경우에만 금지를 해제하여 계약체결의 자유를 회복시켜 주는 성질의 것이라고 보는 것은 위 법의 입법취지를 넘어선 지나친 해석이라고 할 것이고, 규제지역 내에서도 토지거래의 자유가 인정되나 다만 위 허가를 허가 전의 유동적 무효상태에 있는 법률행위의 효력을 완성시켜 주는 인가적 성질을 띤 것이라고 보는 것이 타당하다(대법 1991. 12. 24. 90다12243 전원합의체). ★★

정답 ④

<행정행위: 효력>

문 17.

(2017 변시6회, 21번)

행정행위의 효력에 관한 설명 중 옳지 않은 것은? (다툼이 있는 경우 판례에 의함)

① 민사소송에 있어서 어느 행정처분의 당연무효 여부가 선결문제로 되는 때에는 행정처분에 당연무효 사유가 있는지 여부를 판단하여 당연무효임을 전제로 판결할 수 있고 반드시 행정소송 등의 절차에 의하여 그 취소나 무효확인을 받아야 하는 것은 아니다.

② 행정처분이 불복기간의 경과로 확정된 경우에는 그 처분의 기초가 된 사실관계나 법률적 판단이 확정되고 당사자들이나 법원이 이에 기속되어 모순되는 주장이나 판단을 할 수 없다.

③ 과세처분에 관한 이의신청절차에서 과세관청이 이의신청 사유가 옳다고 인정하여 과세처분을 직권으로 취소한 이상 그 후 특별한 사유 없이 이를 번복하고 종전 처분을 되풀이하는 것은 허용되지 않는다.

④ 과세처분에 대한 쟁송이 진행 중에 과세관청이 그 과세처분의 납부고지 절차상의 하자를 발견한 경우에는 위 과세처분을 취소하고 절차상의 하자를 보완하여 다시 동일한 내용의 과세처분을 할 수 있고, 이와 같은 새로운 처분이 행정행위의 불가쟁력이나 불가변력에 저촉되는 것은 아니다.

⑤ 형사법원이 판결을 내리기 전에 영업허가취소처분이 행정쟁송절차에 의하여 취소되었다면, 그 영업허가취소처분 후의 영업행위는 무허가행위가 아닌 것이 되므로 형사법원은 그 영업허가취소처분 후의 영업행위에 대해 무죄를 선고하여야 한다.

해설

① [○], 민사소송에 있어서 어느 행정처분의 당연무효 여부가 선결문제로 되는 때에는 이를 판단하여 당연무효임을 전제로 판결할 수 있고 반드시 행정소송 등의 절차에 의하여 그 취소나 무효확인을 받아야 하는 것은 아니다(대법 2010. 4. 8. 2009다90092).

② [×], 행정처분이나 행정심판 재결이 불복기간의 경과로 인하여 확정될 경우 확정력은 처분으로 인하여 법률상 이익을 침해받은 자가 처분이나 재결의 효력을 더 이상 다툴 수 없다는 의미일 뿐 판결에 있어서와 같은 기판력이 인정되는 것은 아니어서 처분의 기초가 된 사실관계나 법률적 판단이 확정되고 당사자들이나 법원이 이에 기속되어 모순되는 주장이나 판단을 할 수 없게 되는 것은 아니다(대법 1993. 4. 13. 92누17181). ★★

③ [○], 과세처분에 관한 불복절차과정에서 불복사유가 옳다고 인정하고 이에 따라 필요한 처분을 하였을 경우에는 불복제도와 이에 따른 시정방법을 인정하고 있는 법 취지에 비추어 동일 사항에 관하여 특별한 사유 없이 이를 번복하고 다시 종전의 처분을 되풀이할 수는 없다(대법 2014. 7. 24. 2011두14227).

④ [○], 과세처분에 대한 쟁송이 진행 중에 과세관청이 그 과세처분의 납부고지 절차상의 하자를 발견한 경우에는 위 과세처분을 취소하고 절차상의 하자를 보완하여 다시 동일한 내용의 과세처분을 할 수 있고, 이와 같은 새로운 처분이 행정행위의 불가쟁력이나 불가변력에 저촉되는 것도 아니다(대법 2005. 11. 25. 2004두3656).

⑤ [○], 영업의 금지를 명한 영업허가취소처분 자체가 나중에 행정쟁송절차에 의하여 취소되었다면 그 영업허가취소처분은 그 처분시에 소급하여 효력을 잃게 되며, 그 영업허가취소처분에 복종할 의무가 원래부터 없었음이 확정되었다고 봄이 타당하고, 영업허가취소처분이 장래에 향하여서만 효력을 잃게 된다고 볼 것은 아니므로 그 영업허가취소처분 이후의 영업행위를 무허가영업이라고 볼 수는 없다(대법 1993. 6. 25. 93도277).

정답 ②

<행정행위: 효력>

문 18.

(2014 변시3회, 23번)

행정행위의 효력과 관련된 설명 중 옳지 않은 것은? (다툼이 있는 경우 판례에 의함)

① 연령미달의 결격자인 甲이 그의 형인 乙의 이름으로 운전면허시험에 응시·합격하여 운전면허를 취득하였다면 이는 도로교통법상 취소사유에 불과하다. 따라서 아직 그 면허가 취소되지 않고 있는 동안 운전을 하던 중 적발된 甲을 무면허운전으로 처벌할 수 없다.

② 개발제한구역 안에 건축되어 있던 비닐하우스를 매수한 자에게 구청장이 이를 철거하여 토지를 원상회복하라고 시정지시한 조치가 위법한 것으로 인정된다 하더라도 당연무효가 아니라면, 이러한 시정지시에는 일단 따라야 하므로 이에 따르지 아니한 행위는 위 조치의 근거법률에 규정된 조치명령 등 위반죄로 처벌할 수 있다.

③ 위법한 행정대집행이 완료되면 당해 계고처분의 무효확인 또는 취소를 구할 소의 이익은 없다 하더라도, 미리 그 행정처분의 취소판결이 있어야만, 그 행정처분의 위법임을 이유로 한 손해배상 청구를 할 수 있는 것은 아니다.

④ 지방공무원 甲이 그에 대한 임명권자를 달리하는 지방자치단체로의 전출명령이 동의 없이 이루어진 것으로서 위법하다고 주장하면서 전출 받은 근무지에 출근하지 아니하자 이에 대하여 감봉 3월의 징계처분이 내려진 경우, 위 전출명령은 위법한 것으로서 취소되어야 하므로, 위 전출명령이 적법함을 전제로 내려진 위 징계처분은 비록 위 전출명령이 공정력에 의하여 취소되기 전까지는 유효한 것으로 취급되어야 한다고 하더라도 징계양정에 있어서는 결과적으로 재량권을 일탈한 위법이 있다.

⑤ 조세의 과오납이 부당이득이 되기 위하여는 납세 또는 조세의 징수가 실체법적으로나 절차법적으로 전혀 법률상의 근거가 없거나 과세처분의 하자가 중대하고 명백하여 당연무효이어야 하고, 과세처분의 하자가 단지 취소할 수 있는 정도에 불과할 때에는 과세관청이 이를 스스로 취소하거나 항고소송절차에 의하여 취소되지 않는 한 그로 인한 조세의 납부가 부당이득이 된다고 할 수 없다.

해설

① [○], 연령미달의 결격자인 피고인이 소외인의 이름으로 운전면허시험에 응시, 합격하여 교부받은 운전면허는 당연무효가 아니고 도로교통법 제65조 제3호의 사유에 해당함에 불과하여 취소되지 않는 한 유효하므로 피고인의 운전행위는 무면허운전에 해당하지 아니한다(대법 1982. 6. 8. 80도2646). ★★

② [×], 개발제한구역 안에 건축되어 있던 비닐하우스를 매수한 자에게 구청장이 이를 철거하여 토지를 원상회복하라고 시정지시한 조치는 위법하므로 이러한 시정지시를 따르지 않았다고 하여 구 도시계획법 제92조 제4호에 정한 조치명령 등 위반죄로 처벌할 수는 없다(대법 2004. 5. 14. 2001도2841).

③ [○], 위법한 행정대집행이 완료되면 그 처분의 무효확인 또는 취소를 구할 소의 이익은 없다 하더라도, 미리 그 행정처분의 취소판결이 있어야만, 그 행정처분의 위법임을 이유로 한 손해배상 청구를 할 수 있는 것은 아니다(대법 1972. 4. 28. 72다337). ★★★

④ [○], 당해 공무원의 동의 없는 지방공무원법 제29조의3의 규정에 의한 전출명령은 위법하여 취소되어야 하므로, 그 전출명령이 적법함을 전제로 내린 징계처분은 그 전출명령이 공정력에 의하여 취소되기 전까지는 유효하다고 하더라도 징계양정에 있어 재량권을 일탈하여 위법하다(대법 2001. 12. 11. 99두1823). ★★

⑤ [○], 조세의 과오납이 부당이득이 되기 위하여는 납세 또는 조세의 징수가 실체법적으로나 절차법적으로 전혀 법률상의 근거가 없거나 과세처분의 하자가 중대하고 명백하여 당연무효이어야 하고, 과세처분의 하자가 단지 취소할 수 있는 정도에 불과할 때에는 과세관청이 이를 스스로 취소하거나 항고소송절차에 의하여 취소되지 않는 한 그로 인한 조세의 납부가 부당이득이 된다고 할 수 없다(대법 1994. 11. 11. 94다28000).

정답 ②

<행정행위: 효력>

문 19.

(2015 변시4회, 24번)

행정행위의 공정력과 선결문제에 관한 설명 중 옳은 것을 모두 고른 것은? (다툼이 있는 경우 판례에 의함)

ㄱ. 甲이 국세부과처분이 당연 무효임을 전제로 하여 이미 납부한 세액의 반환을 구하는 부당이득반환청구소송을 제기한 경우, 법원은 부과처분의 하자가 단순한 취소사유에 그칠 때에도 부당이득반환청구를 인용하는 판결을 할 수 있다. ㄴ. 乙이 「주택법」상 공사중지명령을 위반하였다는 이유로 乙을 주택법위반죄로 처벌하기 위해서는 「주택법」에 의한 공사중지명령이 적법한 것이어야 하므로 그 공사중지명령이 위법하다고 인정되는 한 乙의 주택법위반죄는 성립하지 않는다. ㄷ. 연령미달의 결격자인 丙이 타인의 이름으로 운전면허를 발급받아 운전을 한 경우 그러한 운전면허에 의한 丙의 운전행위는 무면허운전죄가 성립한다. ㄹ. 丁이 자신의 건물에 대한 대집행이 완료된 후 건물철거가 위법임을 이유로 손해배상청구소송을 제기한 경우, 법원은 대집행실행행위에 대한 취소판결이 없어도 손해배상청구를 인용할 수 있다.

① ㄱ, ㄴ

② ㄱ, ㄷ

③ ㄴ, ㄹ

④ ㄴ, ㄷ, ㄹ

⑤ ㄱ, ㄴ, ㄷ, ㄹ

해설

ㄱ. [×], 과세처분이 당연무효라고 볼 수 없는 한 과세처분에 취소할 수 있는 위법사유가 있다 하더라도 그 과세처분은 행정행위의 공정력 또는 집행력에 의하여 그것이 적법하게 취소되기 전까지는 유효하다 할 것이므로, 민사소송절차에서 그 과세처분의 효력을 부인할 수 없다(대법 1999. 8. 20. 99다20179).

ㄴ. [○], 행정청으로부터 구 주택법 제91조에 의한 시정명령을 받고도 이를 위반하였다는 이유로 위 법 제98조 제11호에 의한 처벌을 하기 위해서는 그 시정명령이 적법한 것이어야 하고, 그 시정명령이 위법하다고 인정되는 한 위 법 제98조 제11호 위반죄는 성립하지 않는다(대법 2009. 6. 25. 2006도824).

ㄷ. [×], 연령미달의 결격자인 피고인이 소외인의 이름으로 운전면허시험에 응시, 합격하여 교부받은 운전면허는 당연무효가 아니고 도로교통법 제65조 제3호의 사유에 해당함에 불과하여 취소되지 않는 한 유효하므로 피고인의 운전행위는 무면허운전에 해당하지 아니한다(대법 1982. 6. 8. 80도2646). ★★

ㄹ. [○], 위법한 행정대집행이 완료되면 그 처분의 무효확인 또는 취소를 구할 소의 이익은 없다 하더라도, 미리 그 행정처분의 취소판결이 있어야만, 그 행정처분의 위법임을 이유로 한 손해배상 청구를 할 수 있는 것은 아니다(대법 1972. 4. 28. 72다337). ★★★

정답 ③

<행정행위: 효력>

문 20.

(2021 변시10회, 25번)

행정행위에 관한 설명 중 옳은 것을 모두 고른 것은? (다툼이 있는 경우 판례에 의함)

ㄱ. 도시계획시설사업에 관한 실시계획의 인가처분이 그 하자가 중대·명백하여 당연무효이면, 인가처분에 기초한 수용재결도 무효이다.

ㄴ. 상대방이 있는 행정처분은 특별한 규정이 없는 한 상대방에게 고지되지 아니하더라도 상대방이 다른 경로를 통해 행정처분의 내용을 알게 되었다면 그 효력이 발생한다.

ㄷ. 5급 이상의 국가정보원 직원에 대하여 임면권자인 대통령이 아닌 국가정보원장이 행한 의원면직처분은 당연무효이다.

ㄹ. 병무청장이 재신체검사 등을 거쳐 현역병입영대상편입처분을 보충역편입처분으로 변경하는 경우, 그 후 보충역편입처분의 성립에 중대하나 명백하지 않은 하자가 있었음을 이유로 하여 이를 취소한다고 하더라도 종전의 현역병입영대상편입처분의 효력이 되살아나는 것은 아니다.

① ㄱ, ㄴ
② ㄱ, ㄷ
③ ㄱ, ㄹ
④ ㄴ, ㄹ
⑤ ㄷ, ㄹ

해설

ㄱ. [×], 사업인정처분이 당연무효이면 그것이 유효함을 전제로 이루어진 수용재결도 무효라고 보아야 한다(대법 2017. 7. 11. 2016두35144).

ㄴ. [○], 상대방 있는 행정처분은 특별한 규정이 없는 한 의사표시에 관한 일반법리에 따라 상대방에게 고지되어야 효력이 발생하고, 상대방 있는 행정처분이 상대방에게 고지되지 아니한 경우에는 상대방이 다른 경로를 통해 행정처분의 내용을 알게 되었다고 하더라도 행정처분의 효력이 발생한다고 볼 수 없다(대법 2019. 8. 9. 2019두38656).

ㄷ. [×], 5급 이상의 국가정보원직원에 대한 의원면직처분이 임면권자인 대통령이 아닌 국가정보원장에 의해 행해진 것으로 위법하고, 나아가 국가정보원직원의 명예퇴직원 내지 사직서 제출이 직위해제 후 1년여에 걸친 국가정보원장 측의 종용에 의한 것이었다는 사정을 감안한다 하더라도 그러한 하자가 중대한 것이라고 볼 수는 없으므로, 대통령의 내부결재가 있었는지에 관계없이 당연무효는 아니다(대법 2007. 7. 26. 2005두15748).

ㄹ. [○], 구 병역법 제5조, 제8조, 제12조, 제14조, 제62조, 제63조, 제65조의 규정을 종합하면, 지방병무청장이 재신체검사 등을 거쳐 현역병입영대상편입처분을 보충역편입처분이나 제2국민역편입처분으로 변경하거나 보충역편입처분을 제2국민역편입처분으로 변경하는 경우 비록 새로운 병역처분의 성립에 하자가 있다고 하더라도 그것이 당연무효가 아닌 한 일단 유효하게 성립하고 제소기간의 경과 등 형식적 존속력이 생김과 동시에 종전의 병역처분의 효력은 취소 또는 철회되어 확정적으로 상실된다고 보아야 할 것이므로 그 후 새로운 병역처분의 성립에 하자가 있었음을 이유로 하여 이를 취소한다고 하더라도 종전의 병역처분의 효력이 되살아난다고 할 수 없다(대법 2002. 5. 28. 2001두9653). ★★

정답 ③

<행정행위: 효력복합(불가쟁력)>

문 21.

(2022 변시11회, 23번)

A행정청이 甲에게 한 X행정처분에 대하여 제소기간이 도과하여 불가쟁력이 발생하였다. 이에 관한 설명 중 옳은 것은? (다툼이 있는 경우 판례에 의함)

① X행정처분이 산업재해 요양급여결정을 취소하는 처분인 경우, 甲에게 요양급여청구권이 없다는 내용의 법률관계가 확정된다.

② X행정처분이 甲의 신청을 거부하는 처분인 경우, 甲이 다시 동일한 내용의 새로운 신청을 하고 A행정청이 이를 거부한 경우에도 甲은 반복된 거부처분에 대하여 취소소송을 제기할 수 없다.

③ 甲은 X행정처분의 위법을 이유로 국가배상청구소송을 제기할 수 없다.

④ X행정처분이 부담부행정행위인 경우, 甲은 그 부담의 이행으로서 하게 된 사법상 법률행위의 효력에 대해서 별도로 소송을 제기하여 다툴 수 있다.

⑤ X행정처분에 후속하여 Y행정처분이 행해진 경우, 두 처분이 서로 결합하여 하나의 법률효과를 목적으로 하는 경우에도 甲은 X행정처분의 위법을 이유로 Y행정처분의 취소를 구할 수 없다.

해설

① [×], 일반적으로 행정처분이나 행정심판 재결이 불복기간의 경과로 확정될 경우 그 확정력은, 처분으로 법률상 이익을 침해받은 자가 당해 처분이나 재결의 효력을 더 이상 다툴 수 없다는 의미일 뿐, 더 나아가 판결과 같은 기판력이 인정되는 것은 아니어서 그 처분의 기초가 된 사실관계나 법률적 판단이 확정되고 당사자들이나 법원이 이에 기속되어 모순되는 주장이나 판단을 할 수 없게 되는 것은 아니다(대법 1993. 4. 13. 92누17181; 대법 2004. 7. 8. 2002두11288 등 참조). ★★

② [×], 거부처분은 행정청이 국민의 처분신청에 대하여 거절의 의사표시를 함으로써 성립되고, 그 이후 동일한 내용의 신청에 대하여 다시 거절의 의사표시를 명백히 한 경우에는 새로운 처분

이 있은 것으로 보아야 하며, 이 경우 행정심판 및 행정 소송의 제기기간은 각 처분을 기준으로 진행되고 종전 처분에 대한 쟁송기간이 도과했더라도 그 이후의 새로운 거부 처분에 대하여 행정쟁송을 할 수 없게 되는 것은 아니다(대법 1992. 12. 8. 92누7542; 대법 1998. 3. 13. 96누15251; 대법 2002. 3. 29. 2000두6084)

③ [×], [1] 불법행위를 이유로 배상하여야 할 손해는 현실로 입은 확실한 손해에 한하므로, 가해자가 행한 불법행위로 인하여 피해자가 채무를 부담하게 된 경우 피해자가 가해자에게 그 채무액 상당의 손해배상을 구하기 위해서는 채무의 부담이 현실적 · 확정적이어서 실제로 변제하여야 할 성질의 것이어야 하고, 현실적으로 손해가 발생하였는지 여부는 사회통념에 비추어 객관적이고 합리적으로 판단하여야 한다. [2] 가해자가 행한 불법행위로 인하여 피해자에게 어떤 행정처분이 부과되고 확정되었다면 그 행정처분에 중대하고 명백한 하자가 있어 무효로 되지 아니한 이상 행정처분의 당사자인 피해자는 이를 이행할 의무를 부담하게 된다. 따라서 행정처분의 이행에 비용이 발생하는 경우에는 특별한 사정이 없는 한 행정처분 당시에 그 비용 상당의 손해가 현실적으로 발생한 것으로 볼 수 있다.

④ [○], 행정처분에 부담인 부관을 붙인 경우 부관의 무효화에 의하여 본체인 행정처분 자체의 효력에도 영향이 있게 될 수는 있지만, 그 처분을 받은 사람이 부담의 이행으로 사법상 매매 등의 법률행위를 한 경우에는 그 부관은 특별한 사정이 없는 한 법률행위를 하게 된 동기 내지 연유로 작용하였을 뿐이므로 이는 법률행위의 취소사유가 될 수 있음은 별론으로 하고 그 법률행위 자체를 당연히 무효화하는 것은 아니다. 또한, 행정처분에 붙은 부담인 부관이 제소기간의 도과로 확정되어 이미 불가쟁력이 생겼다면 그 하자가 중대하고 명백하여 당연 무효로 보아야 할 경우 외에는 누구나 그 효력을 부인할 수 없을 것이지만, 부담의 이행으로서 하게 된 사법상 매매 등의 법률행위는 부담을 붙인 행정처분과는 어디까지나 별개의 법률행위이므로 그 부담의 불가쟁력의 문제와는 별도로 법률행위가 사회질서 위반이나 강행규정에 위반되는지 여부 등을 따져보아 그 법률행위의 유효 여부를 판단하여야 한다(대법 2009. 6. 25. 2006다18174). ★★★

⑤ [×], 두 개 이상의 행정처분이 연속적으로 행하여지는 경우 선행처분과 후행처분이 서로 결합하여 1개의 법률효과를 완성하는 때에는 선행처분에 하자가 있으면 그 하자는 후행처분에 승계되므로 선행처분에 불가쟁력이 생겨 그 효력을 다툴 수 없게 된 경우에도 선행처분의 하자를 이유로 후행처분의 효력을 다툴 수 있는 반면 선행처분과 후행처분이 서로 독립하여 별개의 법률효과를 목적으로 하는 때에는 선행처분에 불가쟁력이 생겨 그 효력을 다툴 수 없게 된 경우에는 선행처분의 하자가 중대하고 명백하여 당연무효인 경우를 제외하고는 선행처분의 하자를 이유로 후행처분의 효력을 다툴 수 없는 것이 원칙이나 선행처분과 후행처분이 서로 독립하여 별개의 효과를 목적으로 하는 경우에도 선행처분의 불가쟁력이나 구속력이 그로 인하여 불이익을 입게 되는 자에게 수인한도를 넘는 가혹함을 가져오며, 그 결과가 당사자에게 예측가능한 것이 아닌 경우에는 국민의 재판받을 권리를 보장하고 있는 헌법의 이념에 비추어 선행처분의 후행처분에 대한 구속력은 인정될 수 없다.

정답 ④

<행정행위: 하자>

문 22.

(2013 변시2회, 23번)

무효인 행정행위에 관한 다음 설명 중 옳은 것을 모두 고른 것은? (다툼이 있는 경우 판례에 의함)

ㄱ. 적법한 건축신고에 의하여 축조된 건축물에 대한 철거명령은 그 하자가 중대하고 명백하여 당연 무효라 할 것이고, 그 후행행위인 건축물철거 대집행계고처분 역시 당연 무효이다. ㄴ. 환경영향평가법령의 규정상 환경영향평가를 거쳐야 할 사업인 경우에, 환경영향평가를 거치지 아니하였음에도 불구하고 사업승인처분을 한 것은 중대하고 명백한 하자가 있어 당연 무효이다. ㄷ. 학교보건법의 규정에 의하면 학교환경위생정화구역 내에서 금지된 행위 및 시설의 해제 여부에 관한 행정처분 시 학교환경위생정화위원회의 심의를 거치도록 되어 있는바, 위 심의에 따른 의결은 행정처분에 실질적 영향을 미칠 수 있으므로 위 심의를 누락한 채 행해진 행정처분은 당연 무효이다. ㄹ. 도지사의 권한에 속하는 행위가 군수에게 내부위임된 경우에, 군수가 당해 행위를 자신의 명의로 행하였다면 이는 형식에 하자가 있는 행위로서 취소할 수 있는 행위이나 당연 무효는 아니다.

① ㄱ, ㄴ
② ㄱ, ㄷ
③ ㄷ, ㄹ
④ ㄱ, ㄴ, ㄷ
⑤ ㄱ, ㄴ, ㄹ

해설

ㄱ. [○], 적법한 건축물에 대한 철거명령은 그 하자가 중대하고 명백하여 당연무효라고 할 것이고, 그 후행행위인 건축물철거 대집행계고처분 역시 당연무효라고 할 것이다(대법 1999. 4. 27. 97누6780). ★★

ㄴ. [○], 환경영향평가를 거쳐야 할 대상사업에 대하여 환경영향평가를 거치지 아니하였음에도 불구하고 승인 등 처분이 이루어진다면, 사전에 환경영향평가를 함에 있어 평가대상지역 주민들의 의견을 수렴하고 그 결과를 토대로 하여 환경부장관과의 협의내용을 사업계획에 미리 반영시키는 것 자체가 원천적으로 봉쇄되는바, 이렇게 되면 환경파괴를 미연에 방지하고 쾌적한 환경을 유지·조성하기 위하여 환경영향평가제도를 둔 입법 취지를 달성할 수 없게 되는 결과를 초래할 뿐만 아니라 환경영향평가대상지역 안의 주민들의 직접적이고 개별적인 이익을 근본적으로 침해하게 되므로, 이러한 행정처분의 하자는 법규의 중요한 부분을 위반한 중대한 것이고 객관적으로도 명백한 것이라고 하지 않을 수 없어, 이와 같은 행정처분은 당연무효이다(대법 2006. 6. 30. 2005두14363). ★★

ㄷ. [×], 금지행위 및 시설의 해제 여부에 관한 행정처분을 하면서 절차상 위와 같은 심의를 누락한 흠이 있다면 그와 같은 흠을 가리켜 위 행정처분의 효력에 아무런 영향을 주지 않는다거나 경미한 정도에 불과하다고 볼 수는 없으므로, 특별한 사정이 없는 한 이는 행정처분을 위법하게 하는 취소사유가 된다(대법 2007. 3. 15. 2006두15806).

ㄹ. [×], 체납취득세에 대한 압류처분권한은 도지사로부터 시장에게 권한위임된 것이고 시장으로부터 압류처분권한을 내부위임받은 데 불과한 구청장으로서는 시장 명의로 압류처분을 대행처리할 수 있을 뿐이고 자신의 명의로 이를 할 수 없다 할 것이므로 구청장이 자신의 명의로 한 압류처분은 권한 없는 자에 의하여 행하여진 위법무효의 처분이다(대법 1993. 5. 27. 93누6621).

정답 ①

<행정행위: 하자>

문 23.

(2017 변시6회, 34번)

행정행위의 하자에 관한 설명 중 옳지 않은 것은? (다툼이 있는 경우 판례에 의함)

① 취소사유인 절차적 하자가 있는 당초 과세처분에 대하여 증액경정처분이 있는 경우, 당초 처분의 절차적 하자는 증액경정처분에 승계되지 아니한다.

② 내부위임을 받은 기관이 위임한 기관의 이름이 아닌 자신의 이름으로 행정처분을 한 경우, 그 행정처분은 무효이다.

③ 납세고지서에 증여세의 과세표준과 세액의 산출근거가 기재되어 있지 않더라도, 과세처분에 앞서 납세의무자에게 보낸 과세관청의 과세예고통지서에 과세표준과 세액의 산출근거 등 납세고지서의 필요적 기재사항이 이미 모두 기재되어 있어 납세의무자가 불복여부의 결정 및 불복신청에 전혀 지장을 받지 않았다는 것이 명백하다면, 납세고지의 하자는 치유될 수 있다.

④ 「화재예방, 소방시설 설치·유지 및 안전관리에 관한 법률」상의 소방시설 불량사항에 관한 시정보완명령을 문서로 하지 않고 구두로 한 것은 신속을 요하거나 사안이 경미한 경우가 아닌 한 무효이다.

⑤ 망인(亡人) 甲이 친일행적을 하였다는 이유로 국무회의 의결과 대통령 결재를 거쳐 甲의 독립유공자 서훈취소가 결정된 후, 국가보훈처장이 甲의 유족에게 행한 '독립유공자 서훈취소 결정통보'는 권한 없는 기관에 의한 행정처분으로서 주체상의 하자가 있다.

해설

① [○], 증액경정처분이 있는 경우 당초처분은 증액경정처분에 흡수되어 소멸하고, 소멸한 당초처분의 절차적 하자는 존속하는 증액경정처분에 승계되지 아니한다(대법 2010. 6. 24. 2007두16493).

② [○], 행정권한의 위임은 위임관청이 법률에 따라 특정한 권한을 위임관청에 이전하는 권한에 대한 법적 귀속의 변경임에 대하여 행정권한의 내부위임은 행정관청의 내부적인 사무처리의 편의를 도모하기 위하여 그 보조기관 또는 하급행정관청으로 하여금 그 권한을 사실상 행하게 하는데 그치는 것이므로 권한위임의 경우에는 수임자가 자기의 명의로 그 권한을 행사할 수 있다 할 것이나 내부위임의 경우에는 수임자는 위임관청의 명의로 이를 할 수 있을 뿐이지 자기의 명의로는 할 수 없다(대법 1987. 5. 26. 86누757).

③ [○], 국세징수법 제9조, 구 상속세법 제34조의7, 제25조, 제25조의2, 구 상속세법시행령 제42조 제1항, 제19조 제1항의 각 규정에 의하여 증여세의 납세고지서에 과세표준과 세액의 계산명세가 기재되어 있지 아니하거나 그 계산명세서를 첨부하지 아니하였다면 그 납세고지는 위법하다고 할 것이나, 한편 과세관청이 과세처분에 앞서 납세의무자에게 보낸 과세예고통지서 등에 납세고지서의 필요적 기재사항이 제대로 기재되어 있어 납세의무자가 그 처분에 대한 불복 여부의 결정 및 불복신청에 전혀 지장을 받지 않았음이 명백하다면, 이로써 납세고지서의 하자가 보완되거나 치유될 수 있다(대법 2001. 3. 27. 99두8039).

④ [○], 행정절차법 제24조는, 행정청이 처분을 하는 때에는 다른 법령 등에 특별한 규정이 있는 경우를 제외하고는 문서로 하여야 하고 전자문서로 하는 경우에는 당사자 등의 동의가 있어야 하며, 다만 신속을 요하거나 사안이 경미한 경우에는 구술 기타 방법으로 할 수 있다고 규정하고 있는데, 이는 행정의 공정성·투명성 및 신뢰성을 확보하고 국민의 권익을 보호하기 위한 것이므로 위 규정을 위반하여 행하여진 행정청의 처분은 하자가 중대하고 명백하여 원칙적으로 무효이다(대법 2011. 11. 10. 2011도11109). ★★

⑤ [×], 망인에 대한 서훈취소는 유족에 대한 것이 아니므로 유족에 대한 통지에 의해서만 성립하여 효력이 발생한다고 볼 수 없고, 그 결정이 처분권자의 의사에 따라 상당한 방법으로 대외적으로 표시됨으로써 행정행위로서 성립하여 효력이 발생한다고 봄이 타당하다(대법 2014. 9. 26. 2013두2518). ★★

정답 ⑤

<행정행위: 하자>

문 24.

(2021 변시10회, 33번)

행정처분의 효력에 관한 설명 중 옳은 것(○)과 옳지 않은 것(×)을 올바르게 조합한 것은? (다툼이 있는 경우 판례에 의함)

ㄱ. 집합건물 중 일부 구분건물의 소유자에 대하여 관할 소방서장이 소방시설 불량사항에 관한 시정보완명령을 구술로 고지한 것은 신속을 요하거나 경미한 경우가 아닌 한 「행정절차법」을 위반한 것으로 하자가 중대하고 명백하여 당연무효이다.

ㄴ. 법령규정의 문언만으로는 처분요건의 의미가 분명하지 아니하여 그 해석에 다툼의 여지가 있었더라도 해당 법령규정의 위헌 여부 및 그 범위, 법령이 정한 처분요건의 구체적 의미 등에 관하여 헌법재판소의 헌법불합치결정이 있고, 행정청이 그러한 판단 내용에 따라 법령규정을 해석·적용하는 데에 아무런 법률상 장애가 없는데도 합리적 근거 없이 사법적 판단과 어긋나게 행정처분을 하였다면 그 하자는 객관적으로 명백하다고 봄이 타당하다.

ㄷ. 망인(亡人)의 친일행적을 이유로 국무회의 의결과 대통령 결재를 거쳐 망인에 대한 독립유공자 서훈이 취소된 후 국가보훈처장이 망인의 유족에게 행한 독립유공자 서훈취소결정통보는 권한 없는 기관에 의한 행정처분으로서 당연무효이다.

ㄹ. 헌법불합치결정을 받은 법령에 근거하여 부담금을 부과·징수하는 침익적 처분을 하는 경우, 그 법령과 관련한 어떠한 추가적 개선입법이 없더라도 행정청이 사법적 판단에 따라 위헌이라고 판명된 내용과 동일한 취지로 부담금부과처분을 하여서는 안 된다는 점은 분명하고, 이는 법질서의 통일성과 일관성을 확보하려는 법치주의의 당연한 귀결이며, 행정청이 위 부담금부과처분을 하지 않는 데에 어떠한 법률상 장애가 있다고 볼 수도 없으므로 위 부담금부과처분은 당연무효이다.

① ㄱ(○), ㄴ(×), ㄷ(○), ㄹ(×)
② ㄱ(○), ㄴ(○), ㄷ(×), ㄹ(×)
③ ㄱ(○), ㄴ(○), ㄷ(×), ㄹ(○)
④ ㄱ(×), ㄴ(○), ㄷ(×), ㄹ(×)
⑤ ㄱ(×), ㄴ(×), ㄷ(○), ㄹ(○)

해설

ㄱ. [○], 행정절차법 제24조는, 행정청이 처분을 하는 때에는 다른 법령 등에 특별한 규정이 있는 경우를 제외하고는 문서로 하여야 하고 전자문서로 하는 경우에는 당사자 등의 동의가 있어야 하며, 다만 신속을 요하거나 사안이 경미한 경우에는 구술 기타 방법으로 할 수 있다고 규정하고 있는데, 이는 행정의 공정성·투명성 및 신뢰성을 확보하고 국민의 권익을 보호하기 위한 것이므로 위 규정을 위반하여 행하여진 행정청의 처분은 하자가 중대하고 명백하여 원칙적으로 무효이다(대법 2011. 11. 10. 2011도11109). ★★

ㄴ. [○], 법령 규정의 문언만으로는 처분 요건의 의미가 분명하지 아니하여 그 해석에 다툼의 여지가 있었더라도 해당 법령 규정의 위헌 여부 및 그 범위, 법령이 정한 처분 요건의 구체적 의미 등에 관하여 법원이나 헌법재판소의 분명한 판단이 있고, 행정청이 그러한 판단 내용에 따라 법령 규정을 해석·적용하는 데에 아무런 법률상 장애가 없는데도 합리적 근거 없이 사법적 판단과 어긋나게 행정처분을 하였다면 그 하자는 객관적으로 명백하다고 봄이 타당하다(대법 2017. 12. 28. 2017두30122).

ㄷ. [×], 망인에 대한 서훈취소는 유족에 대한 것이 아니므로 유족에 대한 통지에 의해서만 성립하여 효력이 발생한다고 볼 수 없고, 그 결정이 처분권자의 의사에 따라 상당한 방법으로 대외적으로 표시됨으로써 행정행위로서 성립하여 효력이 발생한다고 봄이 타당하다(대법 2014. 9. 26. 2013두2518). ★★

ㄹ. [○], 법률상 정해진 처분 요건에 따라 부담금을 부과·징수하는 침익적 처분을 하는 경우에는, 어떠한 추가적 개선입법이 없더라도 행정청이 사법적 판단에 따라 위헌이라고 판명된 내용과 동일한 취지로 부담금 부과처분을 하여서는 안 된다는 점은 분명하다. 나아가 이러한 결론은 법질서의 통일성과 일관성을 확보하려는 법치주의의 당연한 귀결이므로, 행정청에 위헌적 내용의 법령을 계속 적용할 의무가 있다고 볼 수 없고, 행정청이 위와 같은 부담금 처분을 하지 않는 데에 어떠한 법률상 장애가 있다고 볼 수도 없다(대법 2017. 12. 28. 2017두30122).

정답 ③

<행정행위: 위헌법률에 근거한 행정처분>

문 25.

(2017 변시6회, 20번)

다음 설명 중 옳은 것(○)과 옳지 않은 것(×)을 올바르게 조합한 것은? (다툼이 있는 경우 판례에 의함)

ㄱ. 과세처분이 확정된 이후 조세 부과의 근거가 되었던 법률조항이 위헌으로 결정된 경우에도 조세채권의 집행을 위한 체납처분의 근거규정 자체에 대하여는 따로 위헌결정이 내려진 바 없다면, 위와 같은 위헌결정 이후에 조세채권의 집행을 위한 새로운 체납처분에 착수하거나 이를 속행할 수 있고, 이러한 체납처분이 당연무효가 되는 것도 아니다.

ㄴ. 일반적으로 법률이 헌법에 위배된다는 사정은 헌법재판소의 위헌결정이 있기 전에는 객관적으로 명백한 것이라고 할 수 없어 헌법재판소의 위헌결정 전에 행정처분의 근거가 되는 해당 법률이 헌법에 위배된다는 사유는 특별한 사정이 없는 한 그 행정처분 취소소송의 전제가 될 수 있을 뿐 당연무효사유는 아니다.

ㄷ. 행정처분에 대한 소송절차에서는 행정처분의 적법성·정당성뿐만 아니라 그 근거 법률의 헌법적합성까지도 심판대상으로 되는 것이므로, 행정처분에 불복하는 당사자뿐만 아니라 행정처분의 주체인 행정청도 헌법의 최고규범력에 따른 구체적 규범통제를 위하여 근거 법률의 위헌 여부에 대한 심판의 제청을 신청할 수 있고 「헌법재판소법」 제68조 제2항의 헌법소원심판을 청구할 수 있다.

ㄹ. 법률이 헌법에 위반되는지 여부를 심사할 권한이 없는 공무원으로서는 행위 당시의 법률에 따를 수밖에 없으므로, 행위의 근거가 된 법률조항에 대하여 위헌결정이 선고되더라도 위 법률조항에 따라 행위한 당해 공무원에게는 고의 또는 과실이 있다 할 수 없어 국가배상책임은 성립되지 아니한다.

① ㄱ(×), ㄴ(×), ㄷ(○), ㄹ(×)
② ㄱ(×), ㄴ(○), ㄷ(○), ㄹ(○)
③ ㄱ(×), ㄴ(○), ㄷ(×), ㄹ(○)
④ ㄱ(○), ㄴ(○), ㄷ(×), ㄹ(○)
⑤ ㄱ(○), ㄴ(×), ㄷ(○), ㄹ(×)

해설

ㄱ. [×], 위헌결정 이후에 조세채권의 집행을 위한 새로운 체납처분에 착수하거나 이를 속행하는 것은 더 이상 허용되지 않고, 나아가 이러한 위헌결정의 효력에 위배하여 이루어진 체납처분은 그 사유만으로 하자가 중대하고 객관적으로 명백하여 당연무효라고 보아야 한다(대법 2012. 2. 16. 2010두10907 전원합의체). ★★★

ㄴ. [○], 일반적으로 법률이 헌법에 위반된다는 사정은 헌법재판소의 위헌 결정이 있기 전에는 객관적으로 명백한 것이라고 할 수는 없으므로, 특별한 사정이 없는 한 이러한 하자는 그 행정처분의 취소 사유에 해당할 뿐 당연무효 사유는 아니라 할 것이다(대법 1995. 12. 5. 95다39137).

ㄷ. [○], 헌법재판소법 제68조 제2항에 의한 헌법소원심판은 구체적 규범통제의 헌법소원으로서 기본권의 침해가 있을 것을 그 요건으로 하고 있지 않을 뿐만 아니라 행정처분에 대한 소송절차에서는 그 근거법률의 헌법적합성까지도 심판대상으로 되는 것이므로, 행정처분의 주체인 행정청도 헌법의 최고규범력에 따른 구체적 규범통제를 위하여 근거법률의 위헌 여부에 대한 심판의 제청을 신청할 수 있고, 헌법재판소법 제68조 제2항의 헌법소원을 제기할 수 있다(헌재 2008. 4. 24. 2004헌바44 전원재판부).

ㄹ. [○], 일반적으로 법률이 헌법에 위반된다는 사정은 헌법재판소의 위헌결정이 있기 전에는 객관적으로 명백한 것이라고 할 수 없어, 법률이 헌법에 위반되는지 여부를 심사할 권한이 없는 공무원으로서는 행위 당시의 법률에 따를 수밖에 없으므로, 행위의 근거가 된 법률조항에 대하여 위헌결정이 선고되더라도 위 법률조항에 따라 행위한 당해 공무원에게는 고의 또는 과실이 있다 할 수 없어 국가배상책임은 성립되지 아니한다(헌재 2014. 4. 24. 2011헌바56 전원재판부).

정답 ②

<행정행위: 위헌법률에 근거한 행정처분>

문 26.

(2015 변시4회, 39번)

행정처분 이후 근거법률이 위헌결정된 경우, 당해 처분의 효력 등에 관한 설명 중 옳은 것을 모두 고른 것은? (다툼이 있는 경우 판례에 의함)

ㄱ. 행정처분 이후 근거법률이 위헌으로 결정된 경우, 당해 행정처분은 원칙적으로 당연 무효가 되므로 이미 취소소송의 제소기간이 경과하여 확정력이 발생한 행정처분에도 위헌결정의 소급효가 미친다.

ㄴ. 과세처분에 따라 세금을 납부하였고 그 처분에 불가쟁력이 발생한 경우에는 과세처분의 근거법률이 나중에 위헌으로 결정되었다고 하더라도 이미 납부한 세금의 반환 청구는 허용되지 않는다.

ㄷ. 조세 부과의 근거가 되었던 법률규정이 위헌으로 결정된 경우, 비록 그에 기한 과세처분이 위헌결정 전에 이루어졌고, 과세처분에 대한 제소기간이 이미 경과하여 조세채권이 확정되었으며, 조세채권의 집행을 위한 체납처분의 근거규정 자체에 대하여는 따로 위헌결정이 내려진 바 없다고 하더라도, 위와 같은 위헌결정 이후에 조세채권의 집행을 위한 새로운 체납처분에 착수하거나 이를 속행하는 것은 더 이상 허용되지 않는다.

① ㄱ

② ㄴ

③ ㄷ

④ ㄱ, ㄴ

⑤ ㄴ, ㄷ

해설

ㄱ. [×], 위헌인 법률에 근거한 행정처분이 당연무효인지의 여부는 위헌결정의 소급효와는 별개의 문제로서, 위헌결정의 소급효가 인정된다고 하여 위헌인 법률에 근거한 행정처분이 당연무효가 된다고는 할 수 없고, 오히려 이미 취소소송의 제기기간을 경과하여 확정력이 발생한 행정처분에는 위헌결정의 소급효가 미치지 않는다고 보아야 한다(대법 1994. 10. 28. 92누9463). ★★

ㄴ. [○], 위헌인 법률에 근거한 행정처분이 당연무효인지의 여부는 위헌결정의 소급효와는 별개의 문제로서, 위헌결정의 소급효가 인정된다고 하여 위헌인 법률에 근거한 행정처분이 당연무효가 된다고는 할 수 없고 오히려 이미 취소소송의 제기기간을 경과하여 확정력이 발생한 행정처분에는 위헌결정의 소급효가 미치지 않는다고 보아야 할 것이다(대법 2014. 3. 27. 2011두24057). ★★

ㄷ. [○], 조세 부과의 근거가 되었던 법률규정이 위헌으로 선언된 경우, 비록 그에 기한 과세처분이 위헌결정 전에 이루어졌고, 과세처분에 대한 제소기간이 이미 경과하여 조세채권이 확정되었으며, 조세채권의 집행을 위한 체납처분의 근거규정 자체에 대하여는 따로 위헌결정이 내려진 바 없다고 하더라도, 위와 같은 위헌결정 이후에 조세채권의 집행을 위한 새로운 체납처분에 착수하거나 이를 속행하는 것은 더 이상 허용되지 않고, 나아가 이러한 위헌결정의 효력에 위배하여 이루어진 체납처분은 그 사유만으로 하자가 중대하고 객관적으로 명백하여 당연무효라고 보아야 한다(대법 2012. 2. 16. 2010두10907 전원합의체). ★★★

정답 ⑤

<행정행위: 위헌법률에 근거한 행정처분>

문 27.

(2016 변시5번, 29번)

관할 세무서장 A는 주택건설업을 하고 있는 甲회사에게 관련 법률에 근거하여 법인세를 부과하였으나, 甲회사가 이를 체납하자 甲회사 명의의 예금채권을 압류처분 하였다. 그런데 위 과세처분 후 압류처분이 있기 이전에 헌법재판소가 과세처분의 근거조항을 위헌으로 결정하였다. 이에 관한 설명 중 옳은 것을 모두 고른 것은? (다툼이 있는 경우 판례에 의함)

ㄱ. 헌법재판소의 위헌결정으로 甲회사에 대한 과세처분은 법률의 근거가 없이 행하여진 것과 마찬가지가 되어 하자있는 처분이라 할 것이며, 특별한 사정이 없는 한 이러한 하자는 과세처분의 취소사유에 해당할 뿐 당연무효사유는 아니다. ㄴ. 위 과세처분에 대한 취소소송의 제기기간이 경과되어 과세처분에 확정력이 발생한 경우에는 위헌결정의 소급효가 미치지 않는다. ㄷ. 위 사안에서 조세채권의 집행을 위해 A가 행한 압류처분은 당연무효이다.

① ㄴ
② ㄱ, ㄴ
③ ㄱ, ㄷ
④ ㄴ, ㄷ
⑤ ㄱ, ㄴ, ㄷ

해설

ㄱ. [○], 법률에 근거하여 행정청이 행정처분을 한 후에 헌법재판소가 그 법률을 위헌으로 결정하였다면 결과적으로 그 행정처분은 법률의 근거가 없이 행하여진 것과 마찬가지가 되어 하자가 있는 것이 된다고 할 것이나, 하자있는 행정처분이 당연무효가 되기 위하여는 그 하자가 중대할 뿐만 아니라 명백한 것이어야 하는데, 일반적으로 법률이 헌법에 위반된다는 사정이 헌법재판소의 위헌결정이 있기 전에도 객관적으로 명백한 것이라고 할 수는 없으므로 특별한 사정이 없는 한 이러한 하자는 위 행정처분의 취소사유에 해당할 뿐 당연무효사유는 아니라고 봄이 상당하다(대법 1994. 10. 28. 93다41860).

ㄴ. [○], 위헌인 법률에 근거한 행정처분이 당연무효인지의 여부는 위헌결정의 소급효와는 별개의 문제로서, 위헌결정의 소급효가 인정된다고 하여 위헌인 법률에 근거한 행정처분이 당연무효가 된다고는 할 수 없고 오히려 이미 취소소송의 제기기간을 경과하여 확정력이 발생한 행정처분에는 위헌결정의 소급효가 미치지 않는다고 보아야 할 것이다(대법 2014. 3. 27. 2011두24057). ★★

ㄷ. [○], 조세채권의 집행을 위한 체납처분의 근거규정 자체에 대하여는 따로 위헌결정이 내려진 바 없다고 하더라도, 위와 같은 위헌결정 이후에 조세채권의 집행을 위한 새로운 체납처분에 착수하거나 이를 속행하는 것은 더 이상 허용되지 않고, 나아가 이러한 위헌결정의 효력에 위배하여 이루어진 체납처분은 그 사유만으로 하자가 중대하고 객관적으로 명백하여 당연무효라고 보아야 한다(대법 2012. 2. 16. 2010두10907 전원합의체). ★★★

정답 ⑤

<행정행위: 위헌법률에 근거한 행정처분>

문 28.

(2019 변시8회, 14번)

甲은 건강기능식품을 판매하면서 사전심의 받은 내용과 다른 내용의 표시·광고를 하였다는 이유로 관할 구청장으로부터 「건강기능식품에 관한 법률」 조항에 따라 영업허가취소처분을 받고, 법원에서 벌금 100만 원을 선고받았다. 이에 甲은 위 영업허가취소처분의 취소를 구하는 소를 제기하고, 소송 계속 중 위 법 조항에 대하여 위헌법률심판제청신청을 하였다. 다음 설명 중 옳은 것은? (다툼이 있는 경우 판례에 의함)

① 건강기능식품에 대한 기능성 광고는 상업광고이므로 헌법상 표현의 자유의 보호대상이 될 수 없다.

② 헌법재판소가 위 영업허가취소처분의 근거조항에 대해 위헌결정을 하는 경우, 같은 조항에 근거하여 제3자인 乙에게 내려진 영업허가취소처분이 위헌결정 이전에 이미 확정력이 발생하였다 하더라도, 위헌결정의 효력이 乙에 대한 영업허가취소처분에도 미치는 것이 원칙이다.

③ 건강기능식품 기능성 광고 사전심의가 헌법이 금지하는 사전검열에 해당하려면 심사절차를 관철할 수 있는 강제수단이 존재할 것을 필요로 하는데, 영업허가취소와 같은 행정제재나 벌금형과 같은 형벌의 부과는 사전심의절차를 관철하기 위한 강제수단에 해당한다.

④ 甲이 제기한 영업허가취소처분 취소청구의 소 계속 중 법원의 위헌법률심판제청이 이루어지게 되면 위 영업허가취소처분의 효력은 헌법재판소의 위헌여부에 대한 판단이 이루어질 때까지 자동적으로 정지된다.

⑤ 甲이 영업허가취소처분에 대해 그 취소를 구하는 행정심판을 제기한 경우 관할 행정심판위원회가 헌법재판소에 위헌법률심판제청을 하는 것은 허용된다.

해설

① [×], 현행 헌법상 사전검열은 표현의 자유 보호대상이면 예외 없이 금지된다. 건강기능식품의 기능성 광고는 인체의 구조 및 기능에 대하여 보건용도에 유용한 효과를 준다는 기능성 등에 관한 정보를 널리 알려 해당 건강기능식품의 소비를 촉진시키기 위한 상업광고이지만, 헌법 제21조 제1항의 표현의 자유의 보호 대상이 됨과 동시에 같은 조 제2항의 사전검열 금지 대상도 된다(헌재 2018. 6. 28. 2016헌가8등 전원재판부).

② [×], 위헌인 법률에 근거한 행정처분이 당연무효인지의 여부는 위헌결정의 소급효와는 별개의 문제로서, 위헌결정의 소급효가 인정된다고 하여 위헌인 법률에 근거한 행정처분이 당연무효가 된다고는 할 수 없고, 오히려 이미 취소소송의 제기기간을 경과하여 확정력이 발생한 행정처분에는 위헌결정의 소급효가 미치지 않는다고 보아야 한다(대법 1994. 10. 28. 92누9463). ★★

③ [○], 사전검열금지원칙이 모든 형태의 사전적인 규제를 금지하는 것은 아니고, 의사표현의 발표 여부가 오로지 행정권의 허가에 달려있는 사전심사만을 금지한다. 헌법재판소는 헌법이 금지하는 사전검열의 요건으로 첫째, 일반적으로 허가를 받기 위한 표현물의 제출의무가 존재할 것, 둘째, 행정권이 주체가 된 사전심사절차가 존재할 것, 셋째, 허가를 받지 아니한 의사표현을 금지할 것, 넷째, 심사절차를 관철할 수 있는 강제수단이 존재할 것을 들고 있다(헌재 2018. 6. 28. 2016헌가8등 전원재판부).

④ [×], 법률이 헌법에 위반되는지 여부가 재판의 전제가 된 경우에는 당해 사건을 담당하는 법원(군사법원을 포함한다. 이하 같다)은 직권 또는 당사자의 신청에 의한 결정으로 헌법재판소에 위헌 여부 심판을 제청한다(헌법재판소법 제41조 제1항). 다만, 영업허가취소처분은 공정력으로 인해 정지되지 않고 여전히 유효하다.

⑤ [×], 법률이 헌법에 위반되는 여부가 재판의 전제가 된 경우에는 법원은 헌법재판소에 제청하여 그 심판에 의하여 재판한다(헌법 제107조 제1항). 행정심판위원회는 법원이 아니므로 위헌법률심판제청을 할 수 없다.

정답 ③

<행정행위: 위헌법률에 근거한 행정처분>

문 29.

(2022 변시11회, 30번)

위헌결정과 행정처분에 관한 설명 중 옳은 것을 모두 고른 것은? (다툼이 있는 경우 판례에 의함)

ㄱ. 어느 처분에 대하여 제소기간이 도과하고 집행이 종료된 다음 그 처분의 근거가 된 법률조항이 위헌이라는 이유로 무효확인소송이 제기된 경우, 법원은 해당 법률조항이 위헌인지 여부를 심리하여 위헌이라고 판단되는 때에는 헌법재판소에 위헌법률심판을 제청하여야 한다.

ㄴ. 위헌법률심판 제청신청 기각결정을 받은 당사자는 「헌법재판소법」 제68조 제2항에 따른 헌법소원심판을 청구할 수 있으며, 취소소송에서 청구기각 판결이 확정되었더라도 헌법재판소가 헌법소원심판청구를 인용하여 해당 처분의 근거가 된 법률조항이 위헌이라는 결정을 한 경우에는 당사자가 위 확정판결에 대한 재심을 청구할 수 있다.

ㄷ. 위헌결정의 효력은 위헌제청이 이루어진 '당해사건', 동종의 위헌제청신청이 있었던 '동종사건', 따로 위헌제청신청을 하지 않았지만 해당 법률조항이 재판의 전제가 되어 위헌결정 당시에 법원에 계속 중인 '병행사건'에도 미친다.

ㄹ. 과세처분과 체납처분은 목적과 효과를 달리하는 별개의 처분이어서 과세처분의 하자가 체납처분에 승계된다고 볼 수는 없으므로, 과세처분에 대하여 제소기간이 도과하여 과세처분의 하자를 더 이상 다툴 수 없게 된 경우에는 그 후 위헌법률심판에서 과세처분의 근거가 된 법률조항에 대하여 위헌결정이 이루어졌다고 하더라도 과세관청은 확정된 세액을 체납처분을 통해 강제징수할 수 있다.

① ㄱ, ㄷ
② ㄴ, ㄷ
③ ㄴ, ㄹ
④ ㄱ, ㄴ, ㄷ
⑤ ㄱ, ㄷ, ㄹ

해설

ㄱ. [×], 원칙적으로 행정처분의 근거가 된 법률이 헌법재판소에서 위헌으로 선고된다고 하더라도 그 전에 이미 집행이 종료된 행정처분이 당연무효가 되지는 않으므로, 행정처분에 대한 쟁송기간 내에 그 취소를 구하는 소를 제기한 경우는 별론으로 하고 쟁송기간이 경과한 후에는 행정처분의 근거법률이 위헌임을 이유로 무효확인소송 등을 제기하더라도 행정처분의 효력에는 영향이 없다. 그러므로 행정처분에 대한 쟁송기간이 경과된 후에 그 행정처분의 근거가 된 법률에 대한 위헌 여부에 대한 심판청구를 한 경우에는 당해사건을 담당하는 법원이 그 법률에 대한 위헌결정이 있는 경우 다른 내용의 재판을 할 예외적인 사정이 있는지 여부에 따라 재판의 전제성 유무가 달라지게 된다고 할 것인데, 그 법률에 대한 위헌결정이 행정처분의 효력에 영향을 미칠 여지가 없는 경우에는 그 법률의 위헌 여부에 따라 당해사건에 대한 재판의 주문이 달라지거나 재판의 내용과 효력에 관한 법률적 의미가 달라질 수 없는 것이므로 재판의 전제성을 인정할 수 없게 된다. 한편, 위와 같은 경우 행정처분이 무효인지 여부는 당해사건을 재판하는 법원이 판단할 사항이다(헌재 1999. 9. 16. 92헌바9; 헌재 2004. 1. 29. 2002헌바73; 헌재 2004. 6. 24. 2003헌바30).

ㄴ. [○], 헌법재판소법 제68조 제2항은 "제41조 제1항에 따른 법률의 위헌 여부 심판의 제청신청이 기각된 때에는 그 신청을 한 당사자는 헌법재판소에 헌법소원심판을 청구할 수 있다"고 규정하고, 제75조 제1항은 "헌법소원의 인용결정은 모든 국가기관과 지방자치단체를 기속한다"고 하면서, 그 제7항에서는 "제68조 제2항에 따른 헌법소원이 인용된 경우에 해당 헌법소원과 관련된 소송사건이 이미 확정된 때에는 당사자는 재심을 청구할 수 있다"고 규정하고 있다(대법 2013. 3. 28. 2012재두299).

ㄷ. [○], 헌법재판소의 위헌결정의 효력은, 그 위헌결정의 기초인 위헌제청이 된 이른바 '당해사건' 또는 동종의 위헌제청신청이 있었던 이른바 '동종사건'은 물론이고, 따로 위헌제청신청을 하지 아니하였지만 당해 법률 또는 법률조항이 재판의 전제가 되어 위헌결정 당시 법원에 계속중인 이른바 '병행사건'에도 미치는 것이므로, 구 개발이익환수에관한법률(1995. 12. 29. 법률 제5108호로 개정된 것) 제10조 제3항 단서에 관한 헌법재판소의 위헌결정 당시 개발부담금부과처분을 다투는 소송이 법원에 계속중인 경우, 납부의무자는 위 위헌결정에 따라 그 사실심 변론종결시까지 실제매입가액을 입증하여 이를 인정받을 수 있다 할 것이고, 위헌결정 이후에 비로소 이에 관한 주장을 시작하였다 하여 달리 볼 것은 아니다(대법 2002. 12. 24. 2001두6111).

ㄹ. [×], 과세처분 이후 조세 부과의 근거가 되었던 법률규정에 대하여 위헌결정이 내려진 경우, 그 조세채권의 집행을 위한 체납처분이 당연무효인지 여부(적극)(대법 2012. 2. 16. 2010두10907 전원합의체) ★★★

정답 ②

<행정행위: 하자승계>

문 30.

(2014 변시3회, 22번)

선행처분의 하자와 후행처분의 효력에 관련된 설명 중 옳지 않은 것은? (다툼이 있는 경우 판례에 의함)

① 표준지공시지가결정이 위법한 경우에는 그 자체를 행정소송의 대상이 되는 행정처분으로 보아 그 위법 여부를 다툴 수 있음은 물론, 수용보상금의 증액을 구하는 소송에서도 선행처분으로서 그 수용대상 토지 가격 산정의 기초가 된 비교표준지공시지가결정의 위법을 독립한 사유로 주장할 수 있다.

② 보충역편입처분을 다투지 아니하여 이미 불가쟁력이 생겨 그 효력을 다툴 수 없게 된 경우에는, 병역처분변경신청에 의하는 경우는 별론으로 하고, 보충역편입처분에 하자가 있다고 할지라도 그것이 당연무효라고 볼만한 특단의 사정이 없는 한 그 위법을 이유로 공익근무요원소집처분의 효력을 다툴 수 없다.

③ 건물철거명령이 당연무효가 아닌 이상 행정심판이나 소송을 제기하여 그 위법함을 소구하는 절차를 거치지 아니하였다면 선행행위인 건물철거명령은 적법한 것으로 확정되었다고 할 것이므로 후행행위인 대집행계고처분의 취소소송에서 그 건물이 무허가건물이 아닌 적법한 건축물이라는 주장이나 그러한 사실인정을 하지 못한다.

④ 선행처분인 대집행계고처분에 불가쟁력이 발생하였다면, 후행처분인 대집행영장발부통보처분의 취소소송에서 위 대집행계고처분이 위법하다는 것을 이유로 대집행영장발부통보처분도 위법한 것이라는 주장을 할 수 없다.

⑤ 선행처분과 후행처분이 서로 독립하여 별개의 효과를 목적으로 하는 경우에도 선행처분의 불가쟁력이나 구속력이 그로 인하여 불이익을 입게 되는 자에게 수인한도를 넘는 가혹함을 가져오며, 그 결과가 당사자에게 예측가능한 것이 아닌 경우에는 선행처분의 후행처분에 대한 구속력은 인정될 수 없다.

해설

① [○], 표준지공시지가결정이 위법한 경우에는 그 자체를 행정소송의 대상이 되는 행정처분으로 보아 그 위법 여부를 다툴 수 있음은 물론, 수용보상금의 증액을 구하는 소송에서도 선행처분으로서 그 수용대상 토지 가격 산정의 기초가 된 비교표준지공시지가결정의 위법을 독립한 사유로 주장할 수 있다(대법 2008. 8. 21. 2007두13845).

② [○], 보충역편입처분의 기초가 되는 신체등위 판정에 잘못이 있다는 이유로 이를 다투기 위하여는 신체등위 판정을 기초로 한 보충역편입처분에 대하여 쟁송을 제기하여야 할 것이며, 그 처분을 다투지 아니하여 이미 불가쟁력이 생겨 그 효력을 다툴 수 없게 된 경우에는, 병역처분변경신청에 의하는 경우는 별론으로 하고, 보충역편입처분에 하자가 있다고 할지라도 그것이 당연무효라고 볼만한 특단의 사정이 없는 한 그 위법을 이유로 공익근무요원소집처분의 효력을 다툴 수 없다(대법 2002. 12. 10. 2001두5422).

③ [○], 건물철거명령이 당연무효가 아닌 이상 행정심판이나 소송을 제기하여 그 위법함을 소구하는 절차를 거치지 아니하였다면 위 선행행위인 건물철거명령은 적법한 것으로 확정되었다고 할 것이므로 후행행위인 대집행계고처분에서는 그 건물이 무허가건물이 아닌 적법한 건축물이라는 주장이나 그러한 사실인정을 하지 못한다(대법 1998. 9. 8. 97누20502).

④ [×], 선행처분인 계고처분이 하자가 있는 위법한 처분이라면, 비록 그 하자가 중대하고도 명백한 것이 아니어서 당연무효의 처분이라고 볼 수 없고 행정소송으로 효력이 다투어지지도 아니하여 이미 불가쟁력이 생겼으며, 후행처분인 대집행영장발부통보처분 자체에는 아무런 하자가 없다고 하더라도, 후행처분인 대집행영장발부통보처분의 취소를 청구하는 소송에서 청구원인으로 선행처분인 계고처분이 위법한 것이기 때문에 그 계고처분을 전제로 행하여진 대집행영장발부통보처분도 위법한 것이라는 주장을 할 수 있다(대법 1996. 2. 9. 95누12507).

⑤ [○], 선행처분에 불가쟁력이 생겨 그 효력을 다툴 수 없게 된 경우에는 선행처분의 하자가 중대하고 명백하여 당연무효인 경우를 제외하고는 선행처분의 하자를 이유로 후행처분의 효력을 다툴 수 없는 것이 원칙이나 선행처분과 후행처분이 서로 독립하여 별개의 효과를 목적으로 하는 경우에도 선행처분의 불가쟁력이나 구속력이 그로 인하여 불이익을 입게 되는 자에게 수인한도를 넘는 가혹함을 가져오며, 그 결과가 당사자에게 예측가능한 것이 아닌 경우에는 국민의 재판받을 권리를 보장하고 있는 헌법의 이념에 비추어 선행처분의 후행처분에 대한 구속력은 인정될 수 없다(대법 1994. 1. 25. 93누8542). ★★

정답 ④

<행정행위: 하자승계>

문 31.

(2015 변시4회, 29번)

판례에 의할 때 선행처분의 위법을 이유로 적법한 후행처분의 위법을 주장할 수 있는 경우에 관한 설명 중 옳지 않은 것은?

① 연속적으로 행하여진 선행처분과 후행처분이 서로 독립하여 별개의 법률효과를 목적으로 하고 선행처분에 불가쟁력이 생겨 그 효력을 다툴 수 없게 된 경우에는 선행처분이 당연무효가 아닌 한 원칙적으로 선행처분의 하자를 이유로 후행처분의 효력을 다툴 수 없다.

② 선행처분과 후행처분이 서로 독립하여 별개의 효과를 목적으로 하는 경우에도 선행처분의 불가쟁력이나 구속력이 그로 인하여 불이익을 입게 되는 자에게 수인한도를 넘는 가혹함을 가져오며, 그 결과가 당사자에게 예측가능한 것이 아닌 경우에는 국민의 재판받을 권리를 보장하고 있는 헌법의 이념에 비추어 선행처분의 후행처분에 대한 구속력은 인정될 수 없다.

③ 구 「토지수용법」상 사업인정과 수용재결은 서로 결합하여 하나의 효과를 발생시키는 것이므로 선행처분인 사업인정의 하자가 후행처분인 수용재결에 승계되어 사업인정의 위법을 이유로 수용재결의 위법을 주장할 수 있다.

④ 甲을 「일제강점하 반민족행위 진상규명에 관한 특별법」에 의하여 친일반민족행위자로 결정한 친일반민족행위진상규명위원회의 최종발표(선행처분)에 따라 지방보훈지청장이 「독립유공자예우에 관한 법률」의 적용 대상자로 보상금 등의 예우를 받던 甲의 유가족에 대하여 위 법률의 적용 배제자 결정(후행처분)을 한 경우, 유가족이 통지를 받지 못하여 그 존재를 알지 못한 선행처분에 대하여 위 특별법에 의한 이의신청절차를 밟거나 후행처분에 대한 것과 별개로 행정심판이나 행정소송을 제기하지 않았다고 하더라도, 이 경우 선행처분의 후행처분에 대한 구속력을 인정할 수 없으므로 선행처분의 위법을 이유로 후행처분의 효력을 다툴 수 있다.

⑤ 표준지로 선정된 토지의 공시지가에 대하여 불복하기 위하여는 처분청을 상대로 그 공시지가결정의 취소를 구하는 행정소송을 제기하여야 하고, 그러한 소송절차를 밟지 아니한 채 개별토지가격결정을 다투는 소송에서 그 개별토지가격 산정의 기초가 된 표준지공시지가의 위법성을 다툴 수는 없다.

해설

① [O], 두 개 이상의 행정처분이 연속적으로 행하여진 경우 선행처분과 후행처분이 서로 독립하여 별개의 법률효과를 목적으로 하는 때에는 선행처분에 불가쟁력이 생겨 그 효력을 다툴 수 없게 되면 선행처분의 하자가 중대하고 명백하여 당연무효인 경우를 제외하고는 선행처분의 하자를 이유로 후행

처분을 다툴 수 없는 것이 원칙이나, 이 경우에도 선행처분의 불가쟁력이나 구속력이 그로 인하여 불이익을 입게 되는 자에게 수인한도를 넘는 가혹함을 가져오고 그 결과가 당사자에게 예측가능한 것이 아닌 경우에는 국민의 재판받을 권리를 보장하고 있는 헌법의 이념에 비추어 선행처분의 후행처분에 대한 구속력은 인정될 수 없다고 봄이 타당하므로, 선행처분에 위법이 있는 경우에는 그 자체를 행정소송의 대상으로 삼아 위법 여부를 다툴 수 있음은 물론 이를 기초로 한 후행처분의 취소를 구하는 행정소송에서도 선행처분의 위법을 독립된 위법사유로 주장할 수 있다(대법 1998. 3. 13. 96누6059).

② [○], 선행처분에 불가쟁력이 생겨 그 효력을 다툴 수 없게 된 경우에는 선행처분의 하자가 중대하고 명백하여 당연무효인 경우를 제외하고는 선행처분의 하자를 이유로 후행처분의 효력을 다툴 수 없는 것이 원칙이나 선행처분과 후행처분이 서로 독립하여 별개의 효과를 목적으로 하는 경우에도 선행처분의 불가쟁력이나 구속력이 그로 인하여 불이익을 입게 되는 자에게 수인한도를 넘는 가혹함을 가져오며, 그 결과가 당사자에게 예측가능한 것이 아닌 경우에는 국민의 재판받을 권리를 보장하고 있는 헌법의 이념에 비추어 선행처분의 후행처분에 대한 구속력은 인정될 수 없다(대법 1994. 1. 25. 93누8542). ★★

③ [×], 구 토지수용법 제16조 제1항에서는 건설부장관이 사업인정을 하는 때에는 지체 없이 그 뜻을 기업자·토지소유자·관계인 및 관계도지사에게 통보하고 기업자의 성명 또는 명칭, 사업의 종류, 기업지 및 수용 또는 사용할 토지의 세목을 관보에 공시하여야 한다고 규정하고 있는 바, 가령 건설부장관이 위와 같은 절차를 누락한 경우 이는 절차상의 위법으로서 수용재결 단계 전의 사업인정 단계에서 다툴 수 있는 취소사유에 해당하기는 하나, 더 나아가 그 사업인정 자체를 무효로 할 중대하고 명백한 하자라고 보기는 어렵고, 따라서 이러한 위법을 들어 수용재결처분의 취소를 구하거나 무효확인을 구할 수는 없다(대법 2000. 10. 13. 2000두5142). ★★

④ [○], 甲을 친일반민족행위자로 결정한 친일반민족행위진상규명위원회(이하 '진상규명위원회'라 한다)의 최종발표(선행처분)에 따라 지방보훈지청장이 독립유공자 예우에 관한 법률(이하 '독립유공자법'이라 한다) 적용 대상자로 보상금 등의 예우를 받던 甲의 유가족 乙 등에 대하여 독립유공자법 적용배제자 결정(후행처분)을 한 사안에서, 진상규명위원회가 甲의 친일반민족행위자 결정 사실을 통지하지 않아 乙은 후행처분이 있기 전까지 선행처분의 사실을 알지 못하였고, 후행처분인 지방보훈지청장의 독립유공자법 적용배제결정이 자신의 법률상 지위에 직접적인 영향을 미치는 행정처분이라고 생각했을 뿐, 통지를 받지도 않은 진상규명위원회의 친일반민족행위자 결정처분이 자신의 법률상 지위에 영향을 주는 독립된 행정처분이라고 생각하기는 쉽지 않았을 것으로 보여, 乙이 선행처분에 대하여 일제강점하 반민족행위 진상규명에 관한 특별법에 의한 이의신청절차를 밟거나 후행처분에 대한 것과 별개로 행정심판이나 행정소송을 제기하지 않았다고 하여 선행처분의 하자를 이유로 후행처분의 효력을 다툴 수 없게 하는 것은 乙에게 수인한도를 넘는 불이익을 주고 그 결과가 乙에게 예측가능한 것이라고 할 수 없어 선행처분의 후행처분에 대한 구속력을 인정할 수 없으므로 선행처분의 위법을 이유로 후행처분의 효력을 다툴 수 있음(대법 2013. 3. 14. 2012두6964).

⑤ [○], 표준지로 선정된 토지의 공시지가에 대하여 불복하기 위하여는 구 지가공시및토지등의평가에관한법률 제8조 제1항 소정의 이의절차를 거쳐 처분청을 상대로 그 공시지가결정의 취소를 구하는 행정소송을 제기하여야 하고, 그러한 절차를 밟지 아니한 채 개별토지가격결정의 효력을 다투는 소송에서 그 개별토지가격 산정의 기초가 된 표준지 공시지가의 위법성을 다툴 수는 없다(대법 1996. 9. 20. 95누11931).

정답 ③

<행정행위: 하자승계>

문 32.

(2012 변시1회, 22번)

행정행위의 하자에 관한 설명 중 옳지 않은 것은? (다툼이 있는 경우 판례에 의함)

① 행정처분을 한 행정청은 그 처분의 성립에 하자가 있는 경우 이를 취소할 별도의 법적 근거가 없다 하더라도 직권으로 취소할 수 있다.

② 지방병무청장이 징병 재신체검사를 거쳐 종전의 현역병입영대상편입처분을 보충역편입처분으로 변경한 후에, 보충역편입처분에 하자가 있다는 이유로 이를 다시 취소하더라도 종전의 현역병입영대상편입처분의 효력은 회복되지 않는다.

③ 조세부과처분과 압류 등의 체납처분은 별개의 행정처분으로서 독립성을 가지므로 조세부과처분에 하자가 있더라도 그 부과처분이 취소되지 아니하는 한 그에 근거한 체납처분은 위법이라고 할 수 없으나, 그 부과처분에 중대하고도 명백한 하자가 있어 무효인 경우에는 그 부과처분의 집행을 위한 체납처분도 무효이다.

④ 민사소송에 있어서 어느 행정처분의 당연무효 여부가 선결문제로 되는 때에는 당해 수소법원이 이를 판단하여 당연무효임을 전제로 판결할 수 있고, 반드시 행정소송 등의 절차에 의하여 무효확인을 받아야 하는 것은 아니다.

⑤ 적법한 건축물에 대한 철거명령의 하자가 중대하고 명백하여 당연무효라 하더라도, 그 후행행위인 건축물철거 대집행계고처분이 당연무효인 것은 아니다.

해설

① [○], 행정처분을 한 처분청은 그 처분의 성립에 하자가 있는 경우 이를 취소할 별도의 법적 근거가 없다고 하더라도 직권으로 이를 취소할 수 있는바, 병역의무가 국가수호를 위하여 전 국민에게 과하여진 헌법상의 의무로서 그를 수행하기 위한 전제로서의 신체등위판정이나 병역처분 등은 공정성과 형평성을 유지하여야 함은 물론 그 면탈을 방지하여야 할 공익적 필요성이 매우 큰 점에 비추어 볼 때, 지방병무청장은 군의관의 신체등위판정이 금품수수에 따라 위법 또는 부당하게 이루어졌다고 인정하는 경우에는 그 위법 또는 부당한 신체등위판정을 기초로 자신이 한 병역처분을 직권으로 취소할 수 있다(대법 2002. 5. 28. 2001두9653). ★★

② [○], 지방병무청장이 재신체검사 등을 거쳐 현역병입영대상편입처분을 보충역편입처분이나 제2국민역편입처분으로 변경하거나 보충역편입처분을 제2국민역편입처분으로 변경하는 경우 비록 새로운 병역처분의 성립에 하자가 있다고 하더라도 그것이 당연무효가 아닌 한 일단 유효하게 성립하고 제소기간의 경과 등 형식적 존속력이 생김과 동시에 종전의 병역처분의 효력은 취소 또는 철회되어 확정적으로 상실된다고 보아야 할 것이므로 그 후 새로운 병역처분의 성립에 하자가 있었음을 이유로 하여 이를 취소한다고 하더라도 종전의 병역처분의 효력이 되살아난다고 할 수 없다(대법 2002. 5. 28. 2001두9653). ★★

③ [○], 조세의 부과처분과 압류 등의 체납처분은 별개의 행정처분으로서 독립성을 가지므로 부과처분에 하자가 있더라도 그 부과처분이 취소되지 아니하는 한 그 부과처분에 의한 체납처분은 위법이라고 할 수는 없지만, 체납처분은 부과처분의 집행을 위한 절차에 불과하므로 그 부과처분에 중대하고도 명백한 하자가 있어 무효인 경우에는 그 부과처분의 집행을 위한 체납처분도 무효라 할 것이다(대법 1987. 9. 22. 87누383).

④ [○], 민사소송에 있어서 어느 행정처분의 당연무효 여부가 선결문제로 되는 때에는 이를 판단하여 당연무효임을 전제로 판결할 수 있고 반드시 행정소송 등의 절차에 의하여 그 취소나 무효확인을 받아야 하는 것은 아니다(대법 2010. 4. 8. 2009다90092).

⑤ [×], 적법한 건축물에 대한 철거명령은 그 하자가 중대하고 명백하여 당연무효라고 할 것이고, 그 후행행위인 건축물철거 대집행계고처분 역시 당연무효라고 할 것이다(대법 1999. 4. 27. 97누6780). ★★

정답 ⑤

<행정행위: 확약>

문 33.

(2012 변시1회, 27번)

甲은 허위서류를 작성하여 행정청 乙로부터 어업권면허를 받고 어업에 종사하고 있다. 그런데 甲이 어업에 계속 종사하던 중 乙은 甲의 면허취득이 허위에 의한 것임을 인지하고, 어업권면허에 선행하는 우선순위결정이 잘못되었다는 이유로 甲의 어업권면허처분을 취소하였다. 그리고 종전의 어업권면허 우선순위결정을 무시하고 다시 우선순위결정을 하였다. 이 사안에 관한 설명 중 옳지 않은 것은? (다툼이 있는 경우 판례에 의함)

① 乙의 어업권면허에 선행하는 우선순위결정은 행정청이 우선권자로 결정된 자의 신청이 있으면 어업권면허처분을 하겠다는 것을 약속하는 행위로서 강학상 확약에 불과하고 행정처분은 아니다.

② 수익적 처분이 있으면 상대방은 그것을 기초로 하여 새로운 법률관계 등을 형성하게 되므로, 본건에서 어업권면허가 甲의 허위 기타 부정한 방법으로 인해 발급되었더라도 乙은 甲의 어업권면허를 취소할 수 없다.

③ 우선순위결정이 잘못되었다는 이유로 종전의 어업권면허처분이 취소되었으므로 乙은 다시 우선순위를 결정한 다음 새로운 우선순위결정에 기하여 새로운 어업권면허를 발급할 수 있다.

④ 만일 제3자 丙이 최초의 우선순위결정 과정에서 탈락하였고 甲의 어업권면허가 존속하고 있다면, 丙은 동 면허처분에 대한 취소소송을 제기할 수 있다.

⑤ 만약 위 사안의 우선순위결정이 있은 후 사실적·법률적 상태가 변경된 경우 그 우선순위결정은 사후적으로 행정청의 별다른 의사표시 없이 실효된다.

해설

① [○], 어업권면허에 선행하는 우선순위결정은 행정청이 우선권자로 결정된 자의 신청이 있으면 어업권면허처분을 하겠다는 것을 약속하는 행위로서 강학상 확약에 불과하고 행정처분은 아니다(대법 1995. 1. 20. 94누6529). ★★

② [○], 수익적 처분이 있으면 상대방은 그것을 기초로 하여 새로운 법률관계 등을 형성하게 되는 것이므로, 이러한 상대방의 신뢰를 보호하기 위하여 수익적 처분의 취소에는 일정한 제한이 따르는 것이나, 수익적 처분이 상대방의 허위 기타 부정한 방법으로 인하여 행하여졌다면 상대방은 그 처분이 그와 같은 사유로 인하여 취소될 것임을 예상할 수 없었다고 할 수 없으므로, 이러한 경우에까지 상대방의 신뢰를 보호하여야 하는 것은 아니라고 할 것이다(대법 1995. 1. 20. 94누6529). ★★

③ [○], 어업권면허에 선행하는 우선순위결정은 행정청이 우선권자로 결정된 자의 신청이 있으면 어업권면허처분을 하겠다는 것을 약속하는 행위로서 강학상 확약에 불과하고 행정처분은 아니므로, 우선순위결정에 공정력이나 불가쟁력과 같은 효력은 인정되지 아니하며, 따라서 우선순위결정이 잘못되었다는 이유로 종전의 어업권면허처분이 취소되면 행정청은 종전의 우선순위결정을 무시하고 다시 우선순위를 결정한 다음 새로운 우선순위결정에 기하여 새로운 어업권면허를 할 수 있다(대법 1995. 1. 20. 94누6529). ★★

④ [○], 우선순위결정이 잘못되었다는 이유로 종전의 어업권면허처분이 취소되면 행정청은 종전의 우선순위결정을 무시하고 다시 우선순위를 결정한 다음 새로운 우선순위결정에 기하여 새로운 어업권면허를 할 수 있다(대법 1995. 1. 20. 94누6529). ★★

⑤ [×], 행정청이 상대방에게 장차 어떤 처분을 하겠다고 확약 또는 공적인 의사표명을 하였다고 하더라도 그 자체에서 상대방으로 하여금 언제까지 처분의 발령을 신청을 하도록 유효기간을 두었는데도 그 기간 내에 상대방의 신청이 없었다거나 확약 또는 공적인 의사표명이 있은 후에 사실적·법률적 상태가 변경되었다면 그와 같은 확약 또는 공적인 의사표명은 행정청의 별다른 의사표시를 기다리지 않고 실효된다(대법 1996. 8. 20. 95누10877).

정답 ②

<행정행위: 직권취소>

문 34.

(2022 변시11회, 22번)

수익적 행정처분의 취소에 관한 설명 중 옳은 것을 모두 고른 것은? (다툼이 있는 경우 판례에 의함)

ㄱ. 행정행위를 한 처분청이 그 행위의 하자를 이유로 수익적 행정처분을 취소하려는 경우에는 별도의 법적 근거가 있어야 한다.
ㄴ. 당사자의 부정한 방법에 의한 신청행위를 이유로 수익적 행정처분을 직권취소하는 경우, 당사자는 처분에 관한 신뢰이익을 원용할 수 없음은 물론 행정청이 이를 고려하지 아니하였다고 하여도 재량권의 일탈·남용이 아니다.
ㄷ. 수익적 행정처분을 직권으로 취소하는 경우에는 비록 취소의 사유가 있다고 하더라도 그 취소권의 행사가 기득권의 침해를 정당화할 만한 중대한 공익상의 필요 또는 제3자의 이익보호의 필요가 있고, 이를 상대방이 받는 불이익과 비교·교량하여 볼 때 공익상의 필요 등이 상대방이 입을 불이익을 정당화할 만큼 강한 경우에 허용된다.
ㄹ. 수익적 행정처분을 직권으로 취소하는 경우, 행정청이 종전 처분과 양립할 수 없는 처분을 함으로써 묵시적으로 종전의 수익적 행정처분을 취소할 수는 없다.
ㅁ. 수익적 행정처분의 쟁송취소는 취소를 통한 기득권의 침해를 정당화할 만한 중대한 공익상의 필요 또는 제3자 이익보호의 필요가 있는 때에 한하여 허용된다.

① ㄴ, ㄷ
② ㄷ, ㅁ
③ ㄱ, ㄴ, ㄹ
④ ㄱ, ㄹ, ㅁ
⑤ ㄴ, ㄷ, ㄹ, ㅁ

해설

ㄱ. [×], 산림법령에는 채석허가처분을 한 처분청이 산림을 복구한 자에 대하여 복구설계서승인

및 복구준공통보를 한 경우 그 취소신청과 관련하여 아무런 규정을 두고 있지 않고, 원래 행정처분을 한 처분청은 그 처분에 하자가 있는 경우에는 원칙적으로 별도의 법적 근거가 없더라도 스스로 이를 직권으로 취소할 수 있지만, 그와 같이 직권취소를 할 수 있다는 사정만으로 이해관계인에게 처분청에 대하여 그 취소를 요구할 신청권이 부여된 것으로 볼 수는 없으므로, 처분청이 위와 같이 법규상 또는 조리상의 신청권이 없이 한 이해관계인의 복구준공통보 등의 취소신청을 거부하더라도, 그 거부행위는 항고소송의 대상이 되는 처분에 해당하지 않는다고 한 사례(대법 2006. 6. 30. 2004두701). ★★

ㄴ. [○], 강행규정을 위반하여 이 사건 건물의 관리단집회 결의나 4~6층 구분소유자들의 승낙 없이 발급하여 준 사용승낙서를 제출하였는데, 이는 사실은폐나 기타 사위의 방법에 의한 신청행위라 할 것이므로, 피고가 이 사건 처분으로써 위 허가를 취소한 것은 재량권의 일탈 · 남용에 해당하지 아니한다(대법 2014. 11. 27. 2014두9226). ★★

ㄷ. [○], 처분청은 비록 처분 당시에 별다른 하자가 없었고, 또 처분 후에 이를 철회할 별도의 법적 근거가 없더라도 원래의 처분을 존속시킬 필요가 없게 된 사정변경이 생겼거나 또는 중대한 공익상의 필요가 발생한 경우에는 그 효력을 상실케 하는 별개의 처분으로 이를 철회할 수 있다. 다만 수익적 처분을 취소 또는 철회하는 경우에는 이미 부여된 국민의 기득권을 침해하는 것이 되므로, 비록 취소 등의 사유가 있더라도 취소권 등의 행사는 기득권의 침해를 정당화할 만한 중대한 공익상의 필요 또는 제3자의 이익보호의 필요가 있는 때에 한하여 상대방이 받는 불이익과 비교 · 형량하여 결정하여야 하고, 그 처분으로 인하여 공익상의 필요보다 상대방이 받게 되는 불이익 등이 막대한 경우에는 재량권의 한계를 일탈한 것으로서 허용되지 않는다(대법 2020. 4. 29. 2017두31064).

ㄹ. [×], 행정행위의 취소라 함은 일단 유효하게 성립한 행정처분이 위법 또는 부당함을 이유로 소급하여 그 효력을 소멸시키는 별도의 행정처분을 말하고, 행정청은 종전 처분과 양립할 수 없는 처분을 함으로써 묵시적으로 종전 처분을 취소할 수도 있으나, 행정행위 중 당사자의 신청에 의하여 인 · 허가 또는 면허 등 이익을 주거나 그 신청을 거부하는 처분을 하는 것을 내용으로 하는 이른바 신청에 의한 처분의 경우에는 신청에 대하여 일단 거부처분이 행해지면 그 거부처분이 적법한 절차에 의하여 취소되지 않는 한, 사유를 추가하여 거부처분을 반복하는 것은 존재하지도 않는 신청에 대한 거부처분으로서 당연무효이다(대법 1999. 12. 28. 98두1895).

ㅁ. [×], 수익적 행정처분에 대한 취소권 등의 행사는 기득권의 침해를 정당화할 만한 중대한 공익상의 필요 또는 제3자의 이익보호의 필요가 있는 때에 한하여 허용될 수 있다는 법리는, 처분청이 수익적 행정처분을 직권으로 취소 · 철회하는 경우에 적용되는 법리일 뿐 쟁송취소의 경우에는 적용되지 않는다(대법 2019. 10. 17. 2018두104). ★★

정답 ①

<행정행위: 직권취소>

문 35.

(2021 변시10회, 27번)

甲은 「산업집적활성화 및 공장설립에 관한 법률」에 따른 공장설립승인을 받고자 관련 행정절차 일체를 행정사 乙에게 위임하였다. 乙은 관련 서류를 위조하여 공장설립승인을 신청하였고, 甲은 그러한 상황을 알지 못한 관할 A군수로부터 공장설립승인을 받았다. 공장이 설립된 이후 A군수는 관련 서류가 위조된 것을 발견하고 이를 이유로 공장설립승인을 취소하였다. 이에 관한 설명 중 옳은 것을 모두 고른 것은? (다툼이 있는 경우 판례에 의함)

ㄱ. A군수의 공장설립승인 취소처분에 대한 취소소송에서 공장설립승인의 하자나 취소하여야 할 필요성에 관한 증명책임은 A군수에게 있다.
ㄴ. 처분청은 행정처분에 하자가 있는 경우에 별도의 법적 근거가 없더라도 스스로 이를 취소할 수 있는데, 다만 수익적 행정처분의 경우에는 해당 법률에 취소에 관한 별도의 법적 근거가 요구된다.
ㄷ. A군수의 공장설립승인 취소처분에 대하여 불가쟁력이 발생한 이후에는 A군수가 공장설립승인 취소처분을 다시 직권취소할 수 없다.

① ㄱ
② ㄱ, ㄴ
③ ㄱ, ㄴ, ㄷ
④ ㄱ, ㄷ
⑤ ㄴ, ㄷ

해설

ㄱ. [○], 행정처분에 하자가 있다고 하더라도 취소해야 할 공익상 필요와 취소로 당사자가 입게 될 기득권과 신뢰보호 및 법률생활안정의 침해 등 불이익을 비교·교량한 후 공익상 필요가 당사자가 입을 불이익을 정당화할 만큼 강한 경우에 한하여 취소할 수 있는 것이며, 하자나 취소해야 할 필요성에 관한 증명책임은 기존 이익과 권리를 침해하는 처분을 한 행정청에 있다(대법 2014. 11. 27. 2014두9226). ★★

ㄴ. [×], 행정행위를 한 처분청은 그 행위에 하자가 있는 경우에는 별도의 법적 근거가 없더라도 스스로 이를 취소할 수 있고, 다만 수익적 행정처분을 취소할 때에는 이를 취소하여야 할 공익상의 필요와 취소로 인하여 당사자가 입게 될 기득권과 신뢰보호 및 법률생활 안정의 침해 등 불이익을 비교·교량한 후 공익상의 필요가 당사자가 입을 불이익을 정당화할 만큼 강한 경우에 한하여 취소할 수 있다(대법 2014. 11. 27. 2013두16111).

ㄷ. [×], 이미 제소기간이 지남으로써 불가쟁력이 발생하여 불복청구를 할 수 없었던 경우라면 그 이후에 행정청이 행정심판청구를 할 수 있다고 잘못 알렸다고 하더라도 그 때문에 처분 상대방이 적법한 제소기간 내에 취소소송을 제기할 수 있는 기회를 상실하게 된 것은 아니므로 이러한 경우에 잘못된 안내에 따라 청구된 행정심판 재결서 정본을 송달받은 날부터 다시 취소소송의 제소기간이 기산되는 것은 아니다(대법 2012. 9. 27. 2011두27247).

정답 ①

<행정행위: 부관>

문 36.

(2012 변시1회, 29번)

행정행위의 부관에 관한 대법원 판례의 내용 중 옳지 않은 것은?

① 수익적 행정처분에 있어서는 법령에 특별한 근거규정이 없다고 하더라도 부담을 붙일 수 있는데, 그와 같은 부담은 행정청이 행정처분을 하면서 일방적으로 부가하여야 하는 것이지 부담을 부가하기 이전에 상대방과 협의하여 부담의 내용을 협약의 형식으로 미리 정한 다음 행정처분을 하면서 이를 부가할 수는 없다.

② 행정처분에 부담인 부관을 붙인 경우 부관의 무효화에 의하여 본체인 행정처분 자체의 효력에도 영향이 있게 될 수는 있지만, 그 처분을 받은 사람이 부담의 이행으로 사법상 매매 등의 법률행위를 한 경우에는 그 부관은 특별한 사정이 없는 한 법률행위를 하게 된 동기 내지 연유로 작용하였을 뿐이므로 이는 법률행위의 취소사유가 될 수 있음은 별론으로 하고 그 법률행위 자체를 당연히 무효화하는 것은 아니다.

③ 어업면허처분을 함에 있어 그 면허의 유효기간을 정한 경우, 위 면허의 유효기간은 행정청이 위 어업면허처분의 효력을 제한하기 위한 행정행위의 부관이라 할 것이고 이러한 행정행위의 부관은 독립하여 행정소송의 대상이 될 수 없는 것이므로 위 어업면허처분 중 그 면허유효기간만의 취소를 구하는 청구는 허용될 수 없다.

④ 행정처분에 이미 부담이 부가되어 있는 상태에서 그 의무의 범위 또는 내용 등을 변경하는 부관의 사후변경은 법률에 명문의 규정이 있거나 그 변경이 미리 유보되어 있는 경우 또는 상대방의 동의가 있는 경우에 한하여 허용되는 것이 원칙이지만, 사정변경으로 인하여 당초에 부담을 부가한 목적을 달성할 수 없게 된 경우에도 그 목적달성에 필요한 범위 내에서 예외적으로 허용된다.

⑤ 행정청이 사전에 교통영향평가를 거치지 아니한 채 '건축허가 전까지 교통영향평가 심의필증을 교부받을 것'을 내용으로 하는 부관을 붙여서 한 실시계획변경 및 공사시행변경 인가처분은 중대하고 명백한 흠이 있다고 할 수 없으므로 이를 무효로 보기는 어렵다.

해설

① [×], 수익적 행정처분에 있어서는 법령에 특별한 근거규정이 없다고 하더라도 그 부관으로서 부담을 붙일 수 있고, 그와 같은 부담은 행정청이 행정처분을 하면서 일방적으로 부가할 수도 있지만 부담을 부가하기 이전에 상대방과 협의하여 부담의 내용을 협약의 형식으로 미리 정한 다음 행정처분을 하면서 이를 부가할 수도 있다(대법 2009. 2. 12. 2005다65500). ★★★

② [○], 행정처분에 부담인 부관을 붙인 경우 부관의 무효화에 의하여 본체인 행정처분 자체의 효력에도 영향이 있게 될 수는 있지만, 그 처분을 받은 사람이 부담의 이행으로 사법상 매매 등의 법률행위를 한 경우에는 그 부관은 특별한 사정이 없는 한 법률행위를 하게 된 동기 내지 연유로 작용하였을 뿐이므로 이는 법률행위의 취소사유가 될 수 있음은 별론으로 하고 그 법률행위 자체를 당연히 무효화하는 것은 아니다(대법 2009. 6. 25. 2006다18174). ★★★

③ [○], 어업면허처분을 함에 있어 그 면허의 유효기간을 1년으로 정한 경우, 위 면허의 유효기간은 행정청이 위 어업면허처분의 효력을 제한하기 위한 행정행위의 부관이라 할 것이고 이러한 행정행위의 부관은 독립하여 행정소송의 대상이 될 수 없는 것이므로 위 어업면허처분중 그 면허유효기간만의 취소를 구하는 청구는 허용될 수 없다(대법 1986. 8. 19. 86누202).

④ [○], 행정처분에 이미 부담이 부가되어 있는 상태에서 그 의무의 범위 또는 내용 등을 변경하는 부관의 사후변경은, 법률에 명문의 규정이 있거나 그 변경이 미리 유보되어 있는 경우 또는 상대방의 동의가 있는 경우에 한하여 허용되는 것이 원칙이지만, 사정변경으로 인하여 당초에 부담을 부가한 목적을 달성할 수 없게 된 경우에도 그 목적달성에 필요한 범위 내에서 예외적으로 허용된다(대법 1997. 5. 30. 97누2627). ★★★

⑤ [○], 교통영향평가는 환경영향평가와 그 취지 및 내용, 대상사업의 범위, 사전 주민의견수렴절차 생략 여부 등에 차이가 있고 그 후 교통영향평가가 교통영향분석·개선대책으로 대체된 점, 행정청은 교통영향평가를 배제한 것이 아니라 '건축허가 전까지 교통영향평가 심의필증을 교부받을 것'을 부관으로 하여 실시계획변경 및 공사시행변경 인가 처분을 한 점 등에 비추어, 행정청이 사전에 교통영향평가를 거치지 아니한 채 위와 같은 부관을 붙여서 한 위 처분에 중대하고 명백한 흠이 있다고 할 수 없으므로 이를 무효로 보기는 어렵다(대법 2010. 2. 25. 2009두102).

정답 ①

<행정행위: 부관>

문 37.

(2016 변시5회, 24번)

甲은 아파트를 건설하고자 乙시장에게 「주택법」상 사업계획승인신청을 하였는데, 乙시장은 아파트단지 인근에 개설되는 자동차전용도로의 부지로 사용할 목적으로 甲 소유 토지의 일부를 아파트 사용검사 시까지 기부채납할 것을 조건으로 하여 사업계획을 승인하였다. 이에 관한 설명 중 옳지 않은 것은? (다툼이 있는 경우 판례에 의함)

① 위 부관이 위법한 경우 甲은 부관만을 대상으로 하여 취소소송을 제기할 수 있다.

② 甲이 위 부관을 불이행하였다면 乙시장은 이를 이유로 사업계획승인을 철회하거나, 위 부관 상의 의무 불이행에 대해 행정대집행을 할 수 있다.

③ 甲이 위 부관을 이행하지 아니하더라도 乙시장의 사업계획승인이 당연히 효력을 상실하는 것은 아니다.

④ 乙시장은 기부채납의 내용을 甲과 사전에 협의하여 협약의 형식으로 미리 정한 다음, 사업계획승인을 하면서 위 부관을 부가할 수도 있다.

⑤ 만일 甲이 「건축법」상 기속행위에 해당하는 건축허가를 신청하였고, 乙시장이 건축허가를 하면서 기부채납 부관을 붙였다면 그 부관은 무효이다.

해설

① [○], 행정행위의 부관은 행정행위의 일반적인 효력이나 효과를 제한하기 위하여 의사표시의 주된 내용에 부가되는 종된 의사표시이지 그 자체로서 직접 법적 효과를 발생하는 독립된 처분이 아니므로 현행 행정쟁송제도 아래서는 부관 그 자체만을 독립된 쟁송의 대상으로 할 수 없는 것이 원칙이나 행정행위의 부관 중에서도 행정행위에 부수하여 그 행정행위의 상대방에게 일정한 의무를 부과하는 행정청의 의사표시인 부담의 경우에는 다른 부관과는 달리 행정행위의 불가분적인 요소가 아니고 그 존속이 본체인 행정행위의 존재를 전제로 하는 것일 뿐이므로 부담 그 자체로서 행정쟁송의 대상이 될 수 있다(대법 1992. 1. 21. 91누1264). ★★★

② [×], 부담에 의해 부과된 의무의 불이행시 주된 행정행위를 철회할 수 있다. 그리고 부관은 그 자체로서 독립된 행정행위에 해당하므로 부담에 의해 부과된 의무의 불이행이 있는 경우에 독립하여 강제집행의 대상이 된다. 다만, 기부채납과 같은 비대체적 작위의무의 경우는 행정대집행의 대상이 되지 않는다.

③ [○], 부담부 행정행위는 부담을 불이행하더라도 별도로 철회를 하지 않는 한 당연히 효력이 소멸하는 것은 아니다.

④ [○], 수익적 행정처분에 있어서는 법령에 특별한 근거규정이 없다고 하더라도 그 부관으로서 부담을 붙일 수 있고, 그와 같은 부담은 행정청이 행정처분을 하면서 일방적으로 부가할 수도 있지만 부담을 부가하기 이전에 상대방과 협의하여 부담의 내용을 협약의 형식으로 미리 정한 다음 행정처분을 하면서 이를 부가할 수도 있다(대법 2009. 2. 12. 2005다65500). ★★★

⑤ [○], 건축허가를 하면서 일정 토지를 기부채납하도록 하는 내용의 허가조건은 부관을 붙일 수 없는 기속행위 내지 기속적 재량행위인 건축허가에 붙인 부담이거나 또는 법령상 아무런 근거가 없는 부관이어서 무효이다(대법 1995. 6. 13. 94다56883). ★★★

정답 ②

<행정행위: 부관>

문 38.

(2017 변시6회, 35번)

행정행위의 부관에 관한 설명 중 옳지 않은 것은? (다툼이 있는 경우 판례에 의함)

① 일반적으로 기속행위나 기속재량행위에는 부관을 붙일 수 없고, 가사 부관을 붙였다 하더라도 무효이다.

② 행정청이 행정처분을 하면서 부담을 부가하는 경우 행정청은 부담을 일방적으로 부가할 수도 있지만, 부담을 부가하기 이전에 상대방과 협약의 형식으로 미리 정한 다음 행정처분을 하면서 이를 부가할 수도 있다.

③ 행정청이 처분을 하며 부가한 부담의 위법 여부는 처분 당시 법령뿐 아니라 처분 전·후의 법령상태를 모두 살펴 판단하여야 하므로, 부담의 전제가 된 근거법령이 개정되어 부관을 붙일 수 없게 된 경우라면 부담의 효력은 소멸한다.

④ 부담의 사후변경은 법률에 명문의 규정이 있거나 그 변경이 미리 유보되어 있는 경우 또는 상대방의 동의가 있는 경우에 한하여 허용되는 것이 원칙이지만, 사정변경으로 인하여 당초에 부담을 부가한 목적을 달성할 수 없게 된 경우에도 그 목적달성에 필요한 범위 내에서 예외적으로 부담을 변경할 수 있다.

⑤ 「사도법」상 사도개설허가에서 정해진 공사기간이 공사기간을 준수하여 공사를 마치도록 하는 의무를 부과하는 부담의 성질을 갖는 경우, 그 공사기간 내에 사도로 준공검사를 받지 못하였다 하더라도 사도개설허가가 당연히 실효되는 것은 아니다.

해설

① [○], 일반적으로 기속행위나 기속적 재량행위에는 부관을 붙일 수 없고 가사 부관을 붙였다 하더라도 무효이다(대법 1995. 6. 13. 94다56883). ★★★

② [○], 수익적 행정처분에 있어서는 법령에 특별한 근거규정이 없다고 하더라도 그 부관으로서 부담을 붙일 수 있고, 그와 같은 부담은 행정청이 행정처분을 하면서 일방적으로 부가할 수도 있지만 부담을 부가하기 이전에 상대방과 협의하여 부담의 내용을 협약의 형식으로 미리 정한 다음 행정처분을 하면서 이를 부가할 수도 있다(대법 2009. 2. 12. 2005다65500). ★★★

③ [×], 행정처분의 상대방이 수익적 행정처분을 얻기 위하여 행정청과 사이에 행정처분에 부가할 부담에 관한 협약을 체결하고 행정청이 수익적 행정처분을 하면서 협약상의 의무를 부담으로 부가하였으나 부담의 전제가 된 주된 행정처분의 근거 법령이 개정됨으로써 행정청이 더 이상 부관을 붙일 수 없게 된 경우에도 곧바로 협약의 효력이 소멸하는 것은 아니다(대법 2009. 2. 12. 2005다65500). ★★★

④ [○], 행정처분이 발하여진 후 새로운 부담을 부가하거나 이미 부가되어 있는 부담의 범위 또는 내용 등을 변경하는 이른바 사후부담은, 법률에 명문의 규정이 있거나 그것이 미리 유보되어 있는 경우 또는 상대방의 동의가 있는 경우에 허용되는 것이 원칙이다(대법 2009. 11. 12. 2008다98006).

⑤ [○], 사도개설허가에서 정해진 공사기간 내에 사도로 준공검사를 받지 못한 경우, 이 공사기간을 사도개설허가 자체의 존속기간(유효기간)으로 볼 수 없다는 이유로 사도개설허가가 당연히 실효되는 것은 아니다(대법 2004. 11. 25. 2004두7023).

정답 ③

<행정행위: 부관>

문 39.

(2019 변시8회, 26번)

행정행위의 부관에 관한 설명 중 옳은 것(○)과 옳지 않은 것(×)을 올바르게 조합한 것은? (다툼이 있는 경우 판례에 의함)

ㄱ. 기속행위 내지 기속적 재량행위인 건축허가를 하면서 법령상 아무런 근거 없이 일정 토지를 기부채납하도록 하는 내용의 허가조건을 붙인 경우, 이는 부관을 붙일 수 없는 건축허가에 붙인 부담이어서 무효이다.

ㄴ. 부담부 행정처분에 있어서 처분의 상대방이 부담의무를 이행하지 아니한 경우에 처분행정청은 이를 이유로 해당 처분을 철회할 수 있다.

ㄷ. 행정행위의 부관은 부담인 경우를 제외하고는 독립하여 행정소송의 대상이 될 수 없는바, 기부채납 받은 행정재산에 대한 사용·수익허가에서 공유재산의 관리청이 정한 사용·수익허가의 기간에 대하여 독립하여 행정소송을 제기할 수 없다.

ㄹ. 부담은 행정청이 행정처분을 하면서 일방적으로 부가할 수 있을 뿐 상대방과 협의하여 부담의 내용을 협약의 형식으로 미리 정한 다음 행정처분을 하면서 이를 부가할 수는 없다.

① ㄱ(○), ㄴ(×), ㄷ(○), ㄹ(○)
② ㄱ(○), ㄴ(○), ㄷ(○), ㄹ(×)
③ ㄱ(×), ㄴ(○), ㄷ(×), ㄹ(○)
④ ㄱ(○), ㄴ(×), ㄷ(○), ㄹ(×)
⑤ ㄱ(×), ㄴ(○), ㄷ(×), ㄹ(×)

해설

ㄱ. [○], 건축허가를 하면서 일정 토지를 기부채납하도록 하는 내용의 허가조건은 부관을 붙일 수 없는 기속행위 내지 기속적 재량행위인 건축허가에 붙인부담이거나 또는 법령상 아무런 근거가 없는 부관이어서 무효이다(대법 1995. 6. 13. 94다56883). ★★★

ㄴ. [○], 부담부 행정처분에 있어서 처분의 상대방이 부담(의무)을 이행하지 아니한 경우에 처분행정청으로서는 이를 들어 당해 처분을 취소(철회)할 수 있는 것이다(대법 1989. 10. 24. 89누2431). ★★

ㄷ. [○], 행정행위의 부관은 부담인 경우를 제외하고는 독립하여 행정소송의 대상이 될 수 없는바, 기부채납받은 행정재산에 대한 사용·수익허가에서 공유재산의 관리청이 정한 사용·수익허가의 기간은 그 허가의 효력을 제한하기 위한 행정행위의 부관으로서 이러한 사용·수익허가의 기간에 대해서는 독립하여 행정소송을 제기할 수 없다(대법 2001. 6. 15. 99두509). ★★★

ㄹ. [×], 수익적 행정처분에 있어서는 법령에 특별한 근거규정이 없다고 하더라도 그 부관으로서 부담을 붙일 수 있고, 그와 같은 부담은 행정청이 행정처분을 하면서 일방적으로 부가할 수도 있지만 부담을 부가하기 이전에 상대방과 협의하여 부담의 내용을 협약의 형식으로 미리 정한 다음 행정처분을 하면서 이를 부가할 수도 있다(대법 2009. 2. 12. 2005다65500). ★★★

정답 ②

<행정행위: 부관-부담-독립쟁송>

문 40.

(2020 변시9회, 35번)

甲은 통신사업을 주목적으로 하는 회사로서, X지역에 사업상 필요한 통신선을 매설하고자 관계법령에 따라 관할 행정청인 A에 공작물 설치허가를 신청하였다. 관계법령은 공작물 설치허가를 재량행위로 규정하고 있다. A는 제반사정을 고려하여 甲에게 위 신청에 따른 허가(이하 '이 사건 허가'라고 함)를 하면서 그 허가 조건으로 "X지역의 개발 등 매설한 통신선 이설이 불가피한 경우 A는 甲에게 통신선의 이설을 요구할 수 있고 그로 인하여 발생되는 이설비용은 甲이 부담한다"는 조항(이하 '이 사건 부가조항'이라고 함)을 부가하였다. 甲은 위 허가에 따라 통신선의 매설을 완료하였는데, 이후 X지역의 개발로 통신선의 이설이 불가피하게 되자, A는 甲에게 이 사건 부가조항에 따라 甲의 비용으로 일정한 구간에 매설된 통신선의 이설을 요구하였다. 이에 관한 설명 중 옳지 않은 것은? (다툼이 있는 경우 판례에 의함)

① 이 사건 부가조항은 행정행위의 부관으로서, 그 부관의 내용을 미리 협약으로 정한 이후에 행정처분을 하면서 이를 부가할 수도 있다.

② A는 이 사건 허가 이후 사정변경으로 인하여 이 사건 부가조항을 부가한 목적을 달성할 수 없게 된 경우에는 그 목적달성에 필요한 범위 내에서 부가조항을 사후변경할 수 있다.

③ 甲이 A의 통신선 이설요구에 대하여 A의 비용 부담을 주장하면서 이를 거부하는 경우, A는 이 사건 부가조항상의 의무불이행을 이유로 이 사건 허가를 철회할 수 있다.

④ 이 사건 허가가 있은 이후에 관계법령이 개정되어 X지역에서는 A의 허가 없이 통신선을 매설할 수 있게 되었다고 하더라도 이 사건 부가조항이 위법하게 되는 것은 아니다.

⑤ 甲이 이 사건 부가조항을 다투려고 하는 경우 위 부가조항만을 독립하여 취소소송의 대상으로 삼을 수는 없다.

해설

① [○], 수익적 행정처분에 있어서는 법령에 특별한 근거규정이 없다고 하더라도 그 부관으로서 부담을 붙일 수 있고, 그와 같은 부담은 행정청이 행정처분을 하면서 일방적으로 부가할 수도 있지만 부담을 부가하기 이전에 상대방과 협의하여 부담의 내용을 협약의 형식으로 미리 정한 다음 행정처분을 하면서 이를 부가할 수도 있다(대법 2009. 2. 12. 2005다65500). ★★★

② [○], 행정처분에 이미 부담이 부가되어 있는 상태에서 그 의무의 범위 또는 내용 등을 변경하는 부관의 사후변경은, 법률에 명문의 규정이 있거나 그 변경이 미리 유보되어 있는 경우 또는 상대방의 동의가 있는 경우에 한하여 허용되는 것이 원칙이지만, 사정변경으로 인하여 당초에 부담을 부가한 목적을 달성할 수 없게 된 경우에도 그 목적달성에 필요한 범위 내에서 예외적으로 허용된다(대법 1997. 5. 30. 97누2627). ★★★

③ [○], 부담부 행정처분에 있어서 처분의 상대방이 부담(의무)을 이행하지 아니한 경우에 처분행정청으로서는 이를 들어 당해 처분을 취소(철회)할 수 있는 것이다(대법 1989. 10. 24. 89누2431). ★★

④ [○], 행정처분의 상대방이 수익적 행정처분을 얻기 위하여 행정청과 사이에 행정처분에 부가할 부담에 관한 협약을 체결하고 행정청이 수익적 행정처분을 하면서 협약상의 의무를 부담으로 부가하였으나 부담의 전제가 된 주된 행정처분의 근거 법령이 개정됨으로써 행정청이 더 이상 부관을 붙일 수 없게 된 경우에도 곧바로 협약의 효력이 소멸하는 것은 아니다(대법 2009. 2. 12. 2005다65500). ★★★

⑤ [×], 행정행위의 부관 중에서도 행정행위에 부수하여 그 행정행위의 상대방에게 일정한 의무를 부과하는 행정청의 의사표시인 부담의 경우에는 다른 부관과는 달리 행정행위의 불가분적인 요소가 아니고 그 존속이 본체인 행정행위의 존재를 전제로 하는 것일 뿐이므로 부담 그 자체로서 행정쟁송의 대상이 될 수 있다(대법 1992. 1. 21. 91누1264). ★★★

정답 ⑤

<행정행위: 부관>

문 41.

(2021 변시10회, 28번)

아래 사례의 밑줄 친 부분 중 위법하여 허용되지 않거나 옳지 않은 것을 모두 고른 것은? (다툼이 있는 경우 판례에 의함)

> A구청장은 ㉠ 미리 B재건축조합과 협의하여 '사업부지에 포함되어 있고 무상양도되지 않는 국·공유지에 대하여 관리처분계획의 수립 전까지 매매계약을 체결할 것'을 조건으로 하여 사업시행계획을 인가하기로 협약을 맺은 다음 위 내용을 부관으로 붙여 재건축사업 시행계획을 인가하였다. 위 협약에 따른 부관의 성질이 정지조건인지 부담인지에 대한 ㉡ A구청장의 의사가 명확하지 않아 B재건축조합은 이를 부담으로 판단하였다. 사업의 진행과정에서 사업부지 내 국·공유지의 소유관계가 문제되자 A구청장은 ㉢ B재건축조합의 동의를 얻어 부관의 내용을 '착공신고 전까지 매매계약을 체결할 것'으로 변경하였고, 부관의 내용에 따라 B재건축조합은 사업부지 내 국·공유지에 대하여 매매계약을 체결하였다. 이후 재건축사업부지 내의 국·공유지는 전부 무상양도하도록 근거법령이 개정되어 행정청이 더 이상 위와 같은 부관을 붙일 수 없게 되자, B재건축조합은 ㉣ 근거법령의 개정으로 위 협약에 따른 부관의 효력이 소멸하게 되었고, 위 ㉤ 부관이 무효라면 이에 근거하여 행하여진 위 매매계약 또한 당연히 무효가 된다고 주장하면서, ㉥ 위 부관만의 취소를 구하는 소를 제기하였다.
>
> * 위 사례는 가상으로 구성한 것임

① ㉠, ㉡, ㉣
② ㉠, ㉢, ㉥
③ ㉠, ㉣, ㉤
④ ㉡, ㉥
⑤ ㉣, ㉤

해설

㉠. [○], 수익적 행정처분에 있어서는 법령에 특별한 근거규정이 없다고 하더라도 그 부관으로서 부담을 붙일 수 있고, 그와 같은 부담은 행정청이 행정처분을 하면서 일방적으로 부가할 수도 있지만 부담을 부가하기 이전에 상대방과 협의하여 부담의 내용을 협약의 형식으로 미리 정한 다음 행정처분을 하면서 이를 부가할 수도 있다(대법 2009. 2. 12. 2005다65500). ★★★

㉡. [○], 부담과 조건의 구별이 모호한 경우 상대방에게 유리한 부담으로 추정한다.

㉢. [○], 행정처분에 이미 부담이 부가되어 있는 상태에서 그 의무의 범위 또는 내용 등을 변경하는 부관의 사후변경은, 법률에 명문의 규정이 있거나 그 변경이 미리 유보되어 있는 경우 또는 상대방의 동의가 있는 경우에 한하여 허용되는 것이 원칙이지만, 사정변경으로 인하여 당초에 부담을 부가한 목적을 달성할 수 없게 된 경우에도 그 목적달성에 필요한 범위 내에서 예외적으로 허용된다(대법 1997. 5. 30. 97누2627). ★★★

㉣. [×], 행정처분의 상대방이 수익적 행정처분을 얻기 위하여 행정청과 사이에 행정처분에 부가할 부담에 관한 협약을 체결하고 행정청이 수익적 행정처분을 하면서 협약상의 의무를 부담으로 부가하였으나 부담의 전제가 된 주된 행정처분의 근거 법령이 개정됨으로써 행정청이 더 이상 부관을 붙일 수 없게 된 경우에도 곧바로 협약의 효력이 소멸하는 것은 아니다(대법 2009. 2. 12. 2005다65500). ★★★

㉤. [×], 행정처분에 부담인 부관을 붙인 경우 부관의 무효화에 의하여 본체인 행정처분 자체의 효력에도 영향이 있게 될 수는 있지만, 그 처분을 받은 사람이 부담의 이행으로 사법상 매매 등의 법률행위를 한 경우에는 그 부관은 특별한 사정이 없는 한 법률행위를 하게 된 동기 내지 연유로 작용하였을 뿐이므로 이는 법률행위의 취소사유가 될 수 있음은 별론으로 하고 그 법률행위 자체를 당연히 무효화하는 것은 아니다(대법 2009. 6. 25. 2006다18174). ★★★

㉥. [○], 행정행위의 부관 중에서도 행정행위에 부수하여 그 행정행위의 상대방에게 일정한 의무를 부과하는 행정청의 의사표시인 부담의 경우에는 다른 부관과는 달리 행정행위의 불가분적인 요소가 아니고 그 존속이 본체인 행정행위의 존재를 전제로 하는 것일 뿐이므로 부담 그 자체로서 행정쟁송의 대상이 될 수 있다(대법 1992. 1. 21. 91누1264). ★★★

정답 ⑤

<행정행위: 부관 - 사례복합>

문 42.

(2022 변시11회, 32번)

甲은 A시가 주민의 복리를 위하여 설치한 시립종합문화회관 내에 일반음식점을 운영하고자 「공유재산 및 물품 관리법」에 따라 행정재산에 대한 사용허가를 신청하였다. A시의 시장 乙은 甲에게 사용허가를 하면서 일반음식점 이용고객으로 인한 주차문제를 우려하여 인근에 소재한 甲의 소유 토지에 차량 10대 규모의 주차장을 설치할 것을 내용으로 하는 부담을 부관으로 붙였다. 이에 관한 설명 중 옳은 것은? (다툼이 있는 경우 판례에 의함)

① 乙이 甲에게 한 사용허가의 법적 성질은 강학상 특허에 해당한다.

② 甲이 자신의 토지에 주차장을 설치하게 하는 부관이 재산권을 과도하게 침해하는 위법한 것임을 이유로 소송상 다투려는 경우, 부관부행정행위 전체에 대하여 취소를 구하여야 한다.

③ 사정변경으로 인하여 甲에게 부담을 부가한 목적을 달성할 수 없게 된 경우에도 법률에 명문의 규정이 있거나 그 변경이 미리 유보되어 있는 경우 또는 甲의 동의가 있는 경우가 아니라면 乙은 甲에게 부가된 부담을 사후적으로 변경할 수 없다.

④ 甲에 대한 사용허가 이후에 「공유재산 및 물품 관리법」이 개정되어 행정청이 더 이상 부관을 붙일 수 없게 되었다면, 甲에 대한 부관도 당연히 효력이 소멸한다.

⑤ 甲에 대한 부담이 재산권을 과도하게 침해하는 것이어서 부관으로 붙일 수 없는 경우라고 하더라도 乙이 甲과 사법상 계약의 형식을 통해 동일한 의무를 부과하는 것은 가능하다.

해설

① [○], 공유재산의 관리청이 행정재산의 사용 · 수익에 대한 허가는 순전히 사경제주체로서 행하는 사법상의 행위가 아니라 관리청이 공권력을 가진 우월적 지위에서 행하는 행정처분으로서 특정인에게 행정재산을 사용할 수 있는 권리를 설정하여 주는 강학상 특허에 해당한다(대법 1998. 2. 27. 97누1105). ★★★

② [×], 행정행위의 부관은 부담의 경우를 제외하고는 독립하여 행정소송의 대상이 될 수 없다 할 것인바(대법 1991. 12. 13. 90누8503; 대법 1993. 10. 8. 93누2032 등 참조)

③ [×], 행정처분에 이미 부담이 부가되어 있는 상태에서 그 의무의 범위 또는 내용 등을 변경하는 부관의 사후변경은, 법률에 명문의 규정이 있거나 그 변경이 미리 유보되어 있는 경우 또는 상대방의 동의가 있는 경우에 한하여 허용되는 것이 원칙이지만, 사정변경으로 인하여 당초에 부담을 부가한 목적을 달성할 수 없게 된 경우에도 그 목적달성에 필요한 범위 내에서 예외적으로 허용된다(대법 1997. 5. 30. 97누2627). ★★★

④ [×], 행정청이 재량행위인 수익적 행정처분을 하면서 처분의 상대방에게 일정한 의무를 부과하는 부담을 부가하였다면 이때 부담은 독립하여 행정소송의 대상이 되는 행정처분이 된다. 그런데 행정처분의 위법 여부는 행정처분이 있을 때의 법령과 사실상태를 기준으로 하여 판단하여야 하고, 처분 후 법령의 개폐나 사실상태의 변동에 의하여 영향을 받지 않는다(대법 2007. 5. 11. 2007두1811 등 참조). ★★★ 그러므로 행정청이 재량행위인 수익적 행정처분을 하면서 부가한 부담 역시 처분 당시 법령을 기준으로 위법 여부를 판단하여야 하고, 부담이 처분 당시 법령을 기준으로 적법하다면 처분 후 부담의 전제가 된 주된 행정처분의 근거 법령이 개정됨으로써 행정청이 더 이상 부관을 붙일 수 없게 되었다 하더라도 곧바로 위법하게 되거나 그 효력이 소멸하게 되는 것은 아니라고 할 것이다. 따라서 행정처분의 상대방이 수익적 행정처분을 얻기 위하여 행정청과 사이에 행정처분에 부가할 부담에 관한 협약을 체결하고 행정청이 수익적 행정처분을 하면서 협약상의 의무를 부담으로 부가하였으나 부담의 전제가 된 주된 행정처분의 근거 법령이 개정됨으로써 행정청이 더 이상 부관을 붙일 수 없게 된 경우에도 곧바로 그 전에 행하여진 협약의 효력이 소멸하게 되는 것은 아니다(대법 2009. 2. 12. 2008다56262).

⑤ [×], 공무원이 인 · 허가 등 수익적 행정처분을 하면서 상대방에게 그 처분과 관련하여 이른바 부관으로서 부담을 붙일 수 있다 하더라도, 그러한 부담은 법치주의와 사유재산 존중, 조세법률주의 등 헌법의 기본원리에 비추어 비례의 원칙이나 부당결부의 원칙에 위반되지 않아야만 적법한 것인바, 행정처분과 부관 사이에 실제적 관련성이 있다고 볼 수 없는 경우 공무원이 위와 같은 공법상의 제한을 회피할 목적으로 행정처분의 상대방과 사이에 사법상 계약을 체결하는 형식을 취하였다면 이는 법치행정의 원리에 반하는 것으로서 위법하다(대법 2009. 12. 10. 2007다63966).

정답 ①

제2장 행정입법

<행정입법: 행정입법일반(법규명령)>

문 1.

(2021 변시10회, 23번)

행정입법에 관한 설명 중 옳지 않은 것은? (다툼이 있는 경우 판례에 의함)

① 위임명령이 법률에서 위임받은 사항에 관하여 대강을 정하고 그중 특정사항을 범위를 정하여 하위법령에 다시 위임하는 것은 허용된다.

② 명령·규칙 그 자체에 의하여 직접 기본권이 침해되었을 경우 그 명령·규칙은 「헌법재판소법」 제68조 제1항의 헌법소원심판의 대상이 된다는 것이 헌법재판소의 입장이다.

③ 법령의 위임이 없음에도 법령에 규정된 처분요건에 해당하는 사항을 부령에서 변경하여 규정하였다면 그 부령의 규정은 행정청 내부의 사무처리기준 등을 정한 행정명령(행정규칙)의 성격을 지닐 뿐이다.

④ 「검찰보존사무규칙」은 「검찰청법」 제11조에 기하여 제정된 법무부령이므로, 불기소사건기록의 열람·등사의 제한을 정하고 있는 「검찰보존사무규칙」 제22조는 법규명령으로서 효력을 가진다.

⑤ 비상계엄지역 내에서 계엄사령관이 군사상 필요할 때 행한 언론, 출판, 집회 또는 단체행동 등 기본권 제한과 관련한 특별한 조치는 법규명령으로서 효력을 가진다.

해설

① [○], 법률에서 위임받은 사항을 전혀 규정하지 않고 재위임하는 것은 복위임금지 원칙에 반할 뿐 아니라 위임명령의 제정 형식에 관한 수권법의 내용을 변경하는 것이 되므로 허용되지 않으나 위임받은 사항에 관하여 대강을 정하고 그 중의 특정사항을 범위를 정하여 하위법령에 다시 위임하는 경우에는 재위임이 허용된다(대법 2015. 1. 15. 2013두14238).

② [○], 명령·규칙 그 자체에 의하여 직접 기본권이 침해되었을 경우에는 그것을 대상으로 하여 헌법소원심판을 청구할 수 있고, 그 경우 제소요건으로서 당해 법령이 구체적 집행행위를 매개로 하지 아니하고 직접적으로 그리고 현재적으로 국민의 기본권을 침해하고 있어야 한다(헌재 1993. 5. 13. 92헌마80 전원재판부).

③ [○], 법령에서 행정처분의 요건 중 일부 사항을 부령으로 정할 것을 위임한 데 따라 시행규칙 등 부령에서 이를 정한 경우에 그 부령의 규정은 국민에 대해서도 구속력이 있는 법규명령에 해당한다고 할 것이지만, 법령의 위임이 없음에도 법령에 규정된 처분 요건에 해당하는 사항을 부령에서 변경하여 규정한 경우에는 그 부령의 규정은 행정청 내부의 사무처리 기준 등을 정한 것으로서 행정조직 내에서 적용되는 행정명령의 성격을 지닐 뿐 국민에 대한 대외적 구속력은 없다고 보아야 한다(대법 2013. 9. 12. 2011두10584). ★★

④ [×], 검찰보존사무규칙이 검찰청법 제11조에 기하여 제정된 법무부령이기는 하지만, 그 사실만으로 같은 규칙 내의 모든 규정이 법규적 효력을 가지는 것은 아니다. 기록의 열람·등사의 제한을 정하고 있는 같은 규칙 제22조는 법률상의 위임근거가 없어 행정기관 내부의 사무처리 준칙으로서 행정규칙에 불과하므로, 위 규칙상의 열람·등사의 제한을 공공기관의 정보공개에 관한 법률 제9조 제1항 제1호의 '다른 법률 또는 법률에 의한 명령에 의하여 비공개사항으로 규정된 경우'에 해당한다고 볼 수 없다(대법 2006. 5. 25. 2006두3049).

⑤ [○], 구 계엄법 제15조에서 정하고 있는 '제13조의 규정에 의하여 취한 계엄사령관의 조치'는 유신헌법 제54조 제3항, 구 계엄법 제13조에서 계엄사령관에게 국민의 기본권 제한과 관련한 특별한 조치를 할 수 있는 권한을 부여한 데 따른 것으로서 구 계엄법 제13조, 제15조의 내용을 보충하는 기능을 하고 그와 결합하여 대외적으로 구속력이 있는 법규명령으로서 효력을 가진다(대법 2018. 11. 29. 2016도14781).

정답 ④

<행정입법: 행정입법일반>

문 2.

(2017 변시6회, 19번)

행정입법에 관한 설명 중 옳지 않은 것을 모두 고른 것은? (다툼이 있는 경우 판례에 의함)

ㄱ. 삼권분립의 원칙, 법치행정의 원칙을 당연한 전제로 하고 있는 우리 헌법 하에서 행정권의 행정입법 등 법집행의무는 헌법적 의무라고 보아야 할 것이므로, 하위 행정입법의 제정 없이 상위 법령의 규정만으로 집행이 이루어질 수 있는 경우라도 하위 행정입법을 하여야 할 헌법적 작위의무는 인정된다.
ㄴ. 법령의 직접적인 위임에 따라 수임행정기관이 그 법령을 시행하는데 필요한 구체적 사항을 정한 것이면, 그 제정형식이 고시, 훈령, 예규 등과 같은 행정규칙이더라도 그것이 상위법령의 위임한계를 벗어나지 아니하는 한, 상위법령과 결합하여 대외적인 구속력을 갖는 법규명령으로서 기능하고 있는 것으로 볼 수 있으므로 「헌법재판소법」 제68조 제1항에 의한 헌법소원의 대상이 되는 공권력 행사에 해당한다.
ㄷ. 헌법이 인정하고 있는 위임입법의 형식은 예시적인 것으로 보아야 하고, 법률이 일정한 사항을 행정규칙에 위임하더라도 그 행정규칙은 위임된 사항만을 규율할 수 있으므로 국회입법의 원칙과 상치된다고 할 수 없다.
ㄹ. 법령에서 행정처분의 요건 중 일부 사항을 부령으로 정할 것을 위임한 데 따라 시행규칙 등 부령에서 이를 정한 경우에 그 부령의 규정은 국민에 대해서도 구속력이 있는 법규명령에 해당한다고 할 것이지만, 법령의 위임이 없음에도 법령에 규정된 처분 요건에 해당하는 사항을 부령에서 변경하여 규정한 경우에는 그 부령의 규정은 행정청 내부의 사무처리 기준 등을 정한 것으로서 행정조직 내에서 적용되는 행정명령의 성격을 지닐 뿐 국민에 대한 대외적 구속력은 없다.

① ㄱ
② ㄱ, ㄴ
③ ㄴ, ㄹ
④ ㄷ, ㄹ
⑤ ㄱ, ㄷ, ㄹ

해설

ㄱ. [×], 삼권분립의 원칙, 법치행정의 원칙을 당연한 전제로 하고 있는 우리 헌법 하에서 행정권의 행정입법 등 법집행의무는 헌법적 의무라고 보아야 할 것이다. 그런데 이는 행정입법의 제정이 법률의 집행에 필수불가결한 경우로서 행정입법을 제정하지 아니하는 것이 곧 행정권에 의한 입법권 침해의 결과를 초래하는 경우를 말하는 것이므로, 만일 하위 행정입법의 제정 없이 상위 법령의 규정만으로도 집행이 이루어질 수 있는 경우라면 하위 행정입법을 하여야 할 헌법적 작위의무는 인정되지 아니한다(헌재 2005. 12. 22. 2004헌마66 전원재판부). ★★★

ㄴ. [○], 행정규칙이 법령의 직접적 위임에 따라 수임행정기관이 그 법령을 시행하는데 필요한 구체적 사항을 정한 것이면, 그 제정형식은 비록 법규명령이 아닌 고시·훈령·예규 등과 같은 행정규칙이더라도 그것이 상위법령의 위임한계를 벗어나지 않는 한 상위법령과 결합하여 대외적인 구속력을 갖는 법규명령으로서 기능하게 된다고 보아야 할 것인바, 헌법소원의 청구인이 법령과 예규의 관계규정으로 말미암아 직접 기본권을 침해받았다면 이에 대하여 헌법소원을 청구할 수 있다(헌재 2013. 5. 28. 2013헌마334 지정재판부).

ㄷ. [○], 헌법이 인정하고 있는 위임입법의 형식은 예시적인 것으로 보아야 할 것이고, 그것은 법률이 행정규칙에 위임하더라도 그 행정규칙은 위임된 사항만을 규율할 수 있으므로, 국회입법의 원칙과 상치되지도 않는다(헌재 2006. 12. 28. 2005헌바59 전원재판부).

ㄹ. [○], 법령에서 행정처분의 요건 중 일부 사항을 부령으로 정할 것을 위임한 데 따라 시행규칙 등 부령에서 이를 정한 경우에 그 부령의 규정은 국민에 대해서도 구속력이 있는 법규명령에 해당한다고 할 것이지만, 법령의 위임이 없음에도 법령에 규정된 처분 요건에 해당하는 사항을 부령에서 변경하여 규정한 경우에는 그 부령의 규정은 행정청 내부의 사무처리 기준 등을 정한 것으로서 행정조직 내에서 적용되는 행정명령의 성격을 지닐 뿐 국민에 대한 대외적 구속력은 없다고 보아야 한다(대법 2013. 9. 12. 2011두10584). ★★

정답 ①

<행정입법: 위임입법>

문 3.

(2015 변시4회, 18번)

위임입법에 관한 설명 중 옳지 않은 것은? (다툼이 있는 경우 판례에 의함)

① 법률조항의 위임에 따라 대통령령으로 규정한 내용이 헌법에 위반되는 경우에는 그로 인하여 모법인 해당 수권(授權) 법률조항도 위헌으로 된다.

② 조례에 대한 법률의 위임은 법규명령에 대한 법률의 위임과 같이 반드시 구체적으로 범위를 정하여 할 필요가 없으며 포괄적인 것으로 족하다.

③ 헌법이 인정하고 있는 위임입법의 형식은 예시적인 것으로 보아야 할 것인바, 입법자에게 상세한 규율이 불가능한 것으로 보이는 영역이라면 행정부에 필요한 보충을 할 책임이 인정되고 극히 전문적인 식견에 좌우되는 영역에서는 행정규칙에 대한 위임입법이 제한적으로 인정될 수 있다.

④ 위임조항에서 위임의 구체적 범위를 명확히 규정하고 있지 않다고 하더라도 당해 법률의 전반적 체계와 관련규정에 비추어 위임조항의 내재적인 위임의 범위나 한계를 객관적으로 분명히 확정할 수 있다면 이를 포괄적인 백지위임에 해당하는 것으로 볼 수 없다.

⑤ 법률에서 위임받은 사항을 전혀 규정하지 아니하고 그대로 재위임하는 것은 허용되지 않으며, 위임받은 사항에 관하여 대강을 정하고 그 중의 특정사항을 범위를 정하여 하위법령에 다시 위임하는 경우에만 재위임이 허용된다.

해설

① [×], 위임입법의 법리는 헌법의 근본원리인 권력분립주의와 의회주의 내지 법치주의에 바탕을 두는 것이기 때문에 행정부에서 제정된 대통령령에서 규정한 내용이 정당한 것인지 여부와 위임의 적법성은 직접적인 관계가 없다. 따라서 대통령령으로 규정한 내용이 헌법에 위반될 경우라도 그 대통령령의 규정이 위헌으로 되는 것은 별론으로 하고 그로 인하여 정당하고 적법하게 입법권을 위임한 수권법률조항까지 위헌으로 되는 것은 아니다(헌재 1997. 9. 25. 96헌바18, 97헌바46·47 전원재판부).

② [○], 조례의 제정권자인 지방의회는 선거를 통해서 그 지역적인 민주적 정당성을 지니고 있는 주민의 대표기관이고 헌법이 지방자치단체에 포괄적인 자치권은 보장하고 있는 취지로 볼 때, 조례에 대한 법률의 위임은 법규명령에 대한 법률의 위임과 같이 반드시 구체적으로 범위를 정하여 할 필요가 없으며 포괄적인 것으로 족하다(헌재 2004. 9. 23. 2002헌바76 전원재판부).

③ [○], 입법자에게 상세한 규율이 불가능한 것으로 보이는 영역이라면 행정부에게 필요한 보충을 할 책임이 인정되고 극히 전문적인 식견에 좌우되는 영역에서는 행정기관에 의한 구체화의 우위가 불가피하게 있을 수 있다. 그러한 영역에서 행정규칙에 대한 위임입법이 제한적으로 인정될 수 있는 것이다(헌재 2004. 10. 28. 99헌바91 전원재판부).

④ [○], 법률의 위임은 반드시 구체적이고 개별적으로 한정된 사항에 대하여 행해져야 한다. 그렇지 아니하고 일반적이고 포괄적인 위임을 한다면 이는 사실상 입법권을 백지위임하는 것이나 다름없어 의회입법의 원칙이나 법치주의를 부인하는 것이 되고 행정권의 부당한 자의와 기본권 행사에 대한 무제한적 침해를 초래할 위험이 있기 때문이다(헌재 1994. 7. 29. 93헌가12 전원재판부).

⑤ [○], 법률에서 위임받은 사항을 전혀 규정하지 않고 모두 재위임하는 것은 '위임받은 권한을 그대로 다시 위임할 수 없다'는 복위임금지의 법리에 반할 뿐 아니라 수권법의 내용변경을 초래하는 것이 되고, 대통령령 이외의 법규명령의 제정·개정절차가 대통령령에 비하여 보다 용이한 점을 고려할 때 하위의 법규명령에 대한 재위임의 경우에도 대통령령에의 위임에 가하여지는 헌법상의 제한이 마땅히 적용되어야 할 것이다.(헌재 2002. 10. 31. 2001헌라1 전원재판부). ★★

정답 ①

<행정입법: 위임입법>

문 4.

(2016 변시5회, 6번)

위임입법에 관한 설명 중 옳지 않은 것은? (다툼이 있는 경우 판례에 의함)

① 법률에서 명시적으로 규정된 제재보다 더 가벼운 것을 하위 규칙에서 규정한 경우라 하더라도 만일 그것이 기본권 제한적 효과를 지니게 된다면, 이는 행정법적 법률유보원칙의 위배여부에도 불구하고 헌법 제37조 제2항에 따라 엄격한 법률적 근거를 지녀야 한다.

② 헌법 제75조에 근거한 포괄위임금지원칙은 법률에서 위임하는 하위규범의 형식이 대통령령이 아니라 대법원규칙인 경우에도 준수되어야 한다.

③ 제1종 특수면허 없이 자동차를 운전한 경우 무면허운전죄로 처벌하면서 제1종 특수면허로 운전할 수 있는 차의 종류를 부령에 위임한 법률조항은 포괄위임금지원칙에 위배된다.

④ 일정한 권리에 관하여 법률이 규정한 존속기간을 뜻하는 제척기간은 권리관계를 조속히 확정시키기 위하여 권리의 행사에 중대한 제한을 가하는 것이므로 모법인 법률에 의한 위임이 없는 한 시행령이 함부로 제척기간을 규정할 수는 없다.

⑤ 구 「공직선거법」이 관련 조항에서 허용하는 수당·실비 기타 이익을 제공하는 행위 이외의 금품 제공행위를 처벌하면서, 선거사무관계자에게 지급이 허용되는 수당과 실비의 종류와 금액을 중앙선거관리위원회가 정하도록 규정하는 것은 그 내용이 예측가능하여 포괄위임금지원칙에 위배되지 아니한다.

해설

① [○], 구 방송법 제100조 제1항에서 명시적으로 규정된 제재보다 더 가벼운 것을 하위 규칙에서 규정한 경우이므로, 그러한 제재가 행정법에서 요구되는 법률유보원칙에 어긋났다고 단정하기 어려운 측면이 있다. 그러나 만일 그것이 기본권 제한적 효과를 지니게 된다면, 이는 행정법적 법률유보원칙의 위배 여부에도 불구하고 헌법 제37조 제2항에 따라 엄격한 법률적 근거를 지녀야 한다(헌재 2007. 11. 29. 2004헌마290 전원재판부).

② [○], 헌법 제75조에서 근거한 포괄위임금지원칙은 법률에 이미 대통령령 등 하위법규에 규정될 내용 및 범위의 기본사항이 구체적으로 규정되어 있어서 누구라도 당해 법률로부터 하위법규에 규정될 내용의 대강을 예측할 수 있어야 함을 의미하는데, 위임입법이 대법원규칙인 경우에도 수권법률에서 이 원칙을 준수하여야 하는 것은 마찬가지이다(헌재 2014. 10. 30. 2013헌바368 전원재판부).

③ [×], 도로교통법상 운전면허를 취득하여야 하는 자동차 및 건설기계의 종류는 매우 다양하고 어떤 운전면허로 어떤 자동차 또는 건설기계를 운전할 수 있도록 할지를 정하는 작업에는 전문적이고 기술적인 지식이 요구되므로, 제1종 특수면허로 운전할 수 있는 차의 종류를 하위법령에 위임할 필요성이 인정된다. 또한, 자동차 운전자로서는 자동차관리법상 특수자동차의 일종인 트레일러와 레커의 용도와 조작방법 등의 특성을 감안할 때 이를 운전하기 위해서는 제1종 특수면허를 취득하여야 한다는 점도 충분히 예측할 수 있으므로, 심판대상조항이 포괄위임금지원칙에 위배된다고 할 수 없다(헌재 2015. 1. 29. 2013헌바173 전원재판부).

④ [○], 일정한 권리에 관하여 법률이 규정한 존속기간을 뜻하는 제척기간은 권리관계를 조속히 확정시키기 위하여 권리의 행사에 중대한 제한을 가하는 것이어서 모법인 법률에 의한 위임이 없는 한 시행령이 함부로 제척기간을 규정할 수는 없다고 할 것이다(대법 1990. 9. 28. 89누2493).

⑤ [○], 금지되는 기부행위의 예외사유로서 구 공직선거법 제112조 제2항 제6호가 '그 밖에 위 각 호의 어느 하나에 준하는 행위로서 중앙선거관리위원회규칙으로 정하는 행위'를 규정하고 있으나, 같은 항 제1호 내지 제4호에서 금지되지 않는 기부행위의 예를 구체적으로 예시하고 있으므로, 법률 그 자체에 이미 중앙선거관리위원회규칙으로 규정될 내용 및 범위의 기본적 사항이 구체적이고도 명확하게 나와 있다. 또한 같은 조 제3항은 '통상적인 범위에서 제공하는 음식물 또는 음료'의 금액범위를 중앙선거관리위원회규칙으로 정하도록 하고 있는데, 같은 조항은 '통상적인 범위에서 제공하는 음식물 또는 음료'를 "일상적인 예를 갖추는 데 필요한 정도로 현장에서 소비될 것으로 제공하는 것을 말하며, 기념품 또는 선물로 제공하는 것은 제외한다."라고 정의하고 있다. 따라서 위 조항들 자체에서 중앙선거관리위원회규칙으로 규정될 내용의 대강을 예측할 수 있을 것이므로, 이 사건 법률조항은 포괄위임입법금지원칙에 위배되지 아니한다(헌재 2014. 2. 27. 2013헌바106 전원재판부).

정답 ③

<행정입법: 위임입법>

문 5.

(2022 변시11회, 18번)

헌법 제75조와 제95조에 따른 위임입법과 「헌법재판소법」 제68조 제1항에 의한 헌법소원심판에 관한 설명 중 옳지 않은 것은? (다툼이 있는 경우 판례에 의함)

① 법률이 행정청에 일정한 사항을 위임하였는데, 행정청이 그 위임에 따른 행정입법을 하지 아니하는 경우 그 부작위도 헌법소원의 대상이 된다.

② 상위법령에서 하위 행정입법의 제정을 예정하고 있더라도 하위 행정입법의 제정 없이 상위법령의 규정만으로도 집행이 이루어질 수 있는 경우에는 하위 행정입법을 하여야 할 헌법적 작위의무는 인정되지 아니한다.

③ 행정부에서 제정한 명령·규칙도 그것이 별도의 집행을 기다리지 않고 직접 기본권을 침해하는 것일 때에는 헌법소원의 대상이 된다.

④ 행정규칙이 아닌 시행령은 법률에 의한 위임이 없더라도 법률이 규정한 개인의 권리·의무에 관한 내용을 보충하거나 법률에 규정되지 아니한 새로운 추가적 내용을 규정할 수 있다.

⑤ '고시'는 행정규칙으로서 일반적으로 대외적 구속력을 갖는 것이 아니어서 원칙적으로 헌법소원의 대상이 아니나, 다만 법령의 규정에 의하여 행정관청에 법령의 구체적 내용을 보충할 권한을 부여한 경우, 그것이 상위법령의 위임한계를 벗어나지 않는 한, 상위법령과 결합하여 대외적으로 구속력을 갖는 법규명령으로 기능하여 헌법소원의 대상이 된다.

해설

① [○], 행정입법의 부작위에 대한 헌법소원은 공권력의 주체에게 헌법에서 유래하는 작위의무가 특별히 구체적으로 규정되어 이에 의거하여 기본권 주체가 행정행위를 청구할 수 있음에도 공권력의 주체가 그 의무를 해태하는 경우에 허용되고, 특히 행정명령의 제정 또는 개정의 지체가 위법으로 되어 그에 대한 법적 통제가 가능하기 위하여는 첫째, 행정청에게 시행명령을 제정(개정)할 법적 의무가 있어야 하고 둘째, 상당한 기간이 지났음에도 불구하고 셋째, 명령제정(개정)권이 행사되지 않아야 한다(헌재 2010. 5. 4. 2010헌마249).

② [○], 삼권분립의 원칙, 법치행정의 원칙을 당연한 전제로 하고 있는 우리 헌법 하에서 행정권의 행정입법 등 법집행의무는 헌법적 의무라고 보아야 할 것이다. 그런데 이는 행정입법의 제정이 법률의 집행에 필수불가결한 경우로서 행정입법을 제정하지 아니하는 것이 곧 행정권에 의한 입법권 침해의 결과를 초래하는 경우를 말하 는 것이므로, 만일 하위 행정입법의 제정 없이 상위 법령의 규정만으로도 집행이 이루어질 수 있는 경우라면 하위 행정입법을 하여야 할 헌법적 작위의무는 인정되지 아니한다(헌재 2005. 12. 22. 2004헌마66). ★★★

③ [○], 헌법재판소법 제68조 제1항은 공권력의 행사 또는 불행사로 인하여 헌법상 보장된 기본권을 침해받은 자는 법원의 재판을 제외하고는 헌법소원심판을 청구할 수 있다고 규정하고 있는 바, 이 조항에서 말하는 공권력이란 입법권, 행정권 등 모든 공권력을 말하는 것으로서 행정부에서 제정한 명령 · 규칙도 그것이 별도의 집행행위를 기다리지 않고 직접 기본권을 침해하는 것일 때에는 모두 헌법소원심판의 대상이 될 수 있는 것이다(헌재 1990. 10. 15. 89헌마178; 헌재 1997. 6. 26. 94헌마52).

④ [×], 헌법 제75조는 "대통령은 법률에서 구체적으로 범위를 정하여 위임받은 사항과 법률을 집행하기 위하여 필요한 사항에 관하여 대통령령을 발할 수 있다."고 규정하여 위임입법의 근거를 마련함과 아울러 위임입법의 범위와 한계를 명시하고 있다. 그리고 헌법 제75조는 대통령에 대한 입법권한의 위임에 관한 규정이지만, 국무총리나 행정각부의 장으로 하여금 법률의 위임에 따라 총리령 또는 부령을 발할 수 있도록 하고 있는 헌법 제95조의 취지에 비추어 볼 때, 입법자는 법률에서 구체적으로 범위를 정하기만 한다면 대통령령뿐만 아니라 부령에 입법사항을 위임할 수도 있음은 당연하다고 할 것이다. 위 헌법 규정에서 "법률에서 구체적으로 범위를 정하여 위임받은 사항"이라 함은 법률에 이미 대통령령으로 규정될 내용 및 범위의 기본사항이 구체적으로 규정되어 있어서 누구라도 당해 법률로부터 대통령령에 규정될 내용의 대강을 예측할 수 있어야 한다는 것을 의미한다. 위임입법의 위와 같은 구체성 내지 예측가능성의 요구정도는 규제대상의 종류와 성질에 따라 달라질 것인데 특히 국민의 기본권을 직접적으로 제한하거나 침해할 소지가 있는 처벌법규 등에서는 그 위임의 요건과 범위가 보다 엄격하게 제한적으로 규정되어야 할 것이나 그 예측가능성의 유무를 판단함에 있어서는 당해 특정조항 하나만을 가지고 판단할 것이 아니고 관련 법조항 전체를 유기적 · 체계적으로 종합판단하여야 하며, 각 대상법률의 성질에 따라 구체적 · 개별적으로 검토하여야 한다(헌재 1998. 2. 27. 97헌마64).

⑤ [○], 이 사건 중소기업청 고시는 행정규칙에 해당한다고 할 것인데, 행정규칙은 일반적으로 행정조직 내부에서만 효력을 가지는 것이고 대외적인 구속력을 갖는 것이 아니어서 원칙적으로 헌법소원의 대상이 아니나, 다만 법령의 규정에 의하여 행정관청에 법령의 구체적 내용을 보충할 권한을 부여한 경우에는 그것이 상위법령의 위임한계를 벗어나지 아니하는 한, 상위법령과 결합하여 대외적인 구속력을 갖는 법규명령으로서 기능하여 헌법소원의 대상이 될 수 있다(헌재 1992. 6. 26. 91헌마25).

정답 ④

<행정입법: 위임입법>

문 6.

(2022 변시11회, 21번)

행정입법에 관한 설명 중 옳지 않은 것은? (다툼이 있는 경우 판례에 의함)

① 법률이 입법기관이 아닌 행정기관에게 구체적인 범위를 정하여 위임한 사항에 관하여는 당해 행정기관이 법정립의 권한을 갖게 되고, 입법자가 규율의 형식도 선택할 수 있으므로, 헌법이 인정하고 있는 위임입법의 형식은 예시적인 것으로 보아야 한다.

② 지방자치단체가 고유사무인 자치사무에 관하여 자치조례를 제정하는 경우에도 주민의 권리제한 또는 의무부과에 관한 사항에 해당하는 조례를 제정할 경우에는 법률의 위임이 있어야 하고 그러한 위임 없이 제정된 조례는 효력이 없다.

③ 법규명령의 위임근거가 되는 법률에 대하여 위헌결정이 선고되면 그 위임에 근거하여 제정된 법규명령도 특별한 규정이 없는 한 원칙적으로 효력을 상실한다.

④ 일반적으로 법률의 위임에 의하여 효력을 갖는 법규명령의 경우, 구법에 위임의 근거가 없어 무효였더라도 사후에 법개정으로 위임의 근거가 부여되면 그 때부터는 유효한 법규명령이 된다.

⑤ 상위법령에서 세부사항 등을 시행규칙으로 정하도록 위임하였으나 이를 고시의 형식으로 정하였더라도 규정 내용이 위임의 범위를 벗어나지 않았다면 그 고시는 대외적 구속력을 가지는 법규명령으로서 효력이 인정된다.

해설

① [O], 헌법은 제40조에서 국회 입법의 원칙을 정하면서, 다만 헌법 제75조, 제95조 등은 법률의 위임을 받아 발할 수 있는 법규명령으로 대통령령, 총리령과 부령 등을 열거하고 있다. 헌법이 인정하고 있는 위임입법의 형식은 예시적인 것으로 보아야 한다. 법률이 일정한 사항을 행정규칙에 위임하더라도 그 행정규칙은 위임된 사항만을 규율할 수 있으므로 국회 입법의 원칙에 반하지 않는다. 다만 고시와 같은 행정규칙에 위임하는 것은 전문적 · 기술적 사항이나 경미한 사항으로서 업무의 성질상 위임이 불가피한 사항에 한정된다(위 헌재 2014헌바382 전원재판부 참조)(대법 2017. 5. 30. 2014다61340).

② [O], 지방자치법 제22조, 제9조 제1항, 구 지방자치법(2007. 5. 11. 법률 제8423호로 전문 개정되기 전의 것) 제9조 제1항, 제15조, 행정규제기본법 제4조 제3항에 의하면 지방자치단체는 그 고유사무인 자치사무와 개별법령에 의하여 지방자치단체에 위임된 단체위임사무에 관하여 자치조

례를 제정할 수 있지만 그 경우라도 주민의 권리제한 또는 의무부과에 관한 사항이나 벌칙은 법률의 위임이 있어야 하며, 기관위임사무에 관하여 제정되는 이른바 위임조례는 개별법령에서 일정한 사항을 조례로 정하도록 위임하고 있는 경우에 한하여 제정할 수 있으므로, 주민의 권리제한 또는 의무부과에 관한 사항이나 벌칙에 해당하는 조례를 제정할 경우에는 그 조례의 성질을 묻지 아니하고 법률의 위임이 있어야 하고 그러한 위임 없이 제정된 조례는 효력이 없다(대법 2007. 12. 13. 2006추52).

③ [○], 법규명령의 위임의 근거가 되는 법률에 대하여 위헌결정이 선고되면 그 위임규정에 근거하여 제정된 법규명령도 원칙적으로 효력을 상실한다고 할 것이나, 구 국가보위에관한특별조치법(1981. 12. 17. 법률 제3470호로 폐지) 제5조 제4항에 대하여 위헌결정이 선고되어 그 법률조항에 근거한 국가보위에관한특별조치법제5조제4항에의한동원대상지역내의토지의수용·사용에관한특별조치령이 그 효력을 상실하였음에도 그에 기한 수용처분 자체를 당연무효라고 볼 수 없어 결국 그 수용처분을 유효로 보는 경우에는, 이에 수반되어 일어나는 그 수용 법률관계에 내포된 후속 구제절차인 환매권에 관한 위 특별조치령의 규정 역시 그대로 적용하는 것이 마땅할 것인바, 이는 만약 위헌무효인 법률조항에 근거하여 토지를 수용당한 피수용자에게 그 토지에 대한 수용목적이 소멸한 경우에 인정되어야 할 환매권이 위헌을 이유로 부정된다면 피수용자의 재산권 보호에 흠결이 생기게 되고, 수용목적이 소멸하여 이미 위 특별조치령 제39조에 의하여 토지의 소유권을 회복한 피수용자들과 사이에 크게 형평에 어긋나는 결과가 초래된 나머지 위 특별조치령의 규정이 적용되던 종전의 상태보다 더 헌법질서에 반하는 결과가 빚어지기 때문이다(대법 1998. 4. 10. 96다52359).

④ [○], 일반적으로 법률의 위임에 의하여 효력을 갖는 법규명령의 경우, 구법에 위임의 근거가 없어 무효였더라도 사후에 법개정으로 위임의 근거가 부여되면 그 때부터는 유효한 법규명령이 되나, 반대로 구법의 위임에 의한 유효한 법규명령이 법개정으로 위임의 근거가 없어지게 되면 그 때부터 무효인 법규명령이 되므로, 어떤 법령의 위임 근거 유무에 따른 유효 여부를 심사하려면 법개정의 전·후에 걸쳐 모두 심사하여야만 그 법규명령의 시기에 따른 유효·무효를 판단할 수 있다(대법 1995. 6. 30. 93추83).

⑤ [×], 법령의 규정이 특정 행정기관에게 법령 내용의 구체적 사항을 정할 수 있는 권한을 부여하면서 권한행사의 절차나 방법을 특정하지 아니한 경우에는 수임 행정기관은 행정규칙이나 규정 형식으로 법령 내용이 될 사항을 구체적으로 정할 수 있다. 이 경우 행정규칙 등은 당해 법령의 위임한계를 벗어나지 않는 한 대외적 구속력이 있는 법규명령으로서 효력을 가지게 되지만, 이는 행정규칙이 갖는 일반적 효력이 아니라 행정기관에 법령의 구체적 내용을 보충할 권한을 부여한 법령 규정의 효력에 근거하여 예외적으로 인정되는 것이다. 따라서 그 행정규칙이나 규정이 상위법령의 위임범위를 벗어난 경우에는 법규명령으로서 대외적 구속력을 인정할 여지는 없다. 이는 행정규칙이나 규정 '내용'이 위임범위를 벗어난 경우뿐 아니라 상위법령의 위임규정에서 특정하여 정한 권한행사의 '절차'나 '방식'에 위배되는 경우도 마찬가지이므로, 상위법령에서 세부사항 등을 시행규칙으로 정하도록 위임하였음에도 이를 고시 등 행정규칙으로 정하였다면 그 역시 대외적 구속력을 가지는 법규명령으로서 효력이 인정될 수 없다(대법 2012. 7. 5. 2010다72076). ★★

정답 ⑤

<행정입법: 행정입법부작위>

문 7.

(2016 변시5회, 5번)

행정입법부작위에 관한 설명 중 옳지 않은 것은? (다툼이 있는 경우 판례에 의함)

① 법률이 세부적인 사항을 대통령령으로 정하도록 위임하였으나 대통령령이 아직 제정되지 않은 경우 이러한 행정입법부작위는 행정소송의 대상이 되지 않으므로 헌법소원심판의 대상이 된다.

② 하위 행정입법의 제정 없이 상위법령의 규정만으로 집행이 이루어질 수 있는 경우라 하더라도 상위법령에서 세부적인 사항을 하위 행정입법에 위임하고 있다면 하위 행정입법을 제정할 헌법적 작위의무가 인정된다.

③ 행정입법의 제정이 법률의 집행에 필수불가결한 경우로서 행정입법을 제정하지 아니하는 것이 곧 행정권에 의한 입법권 침해의 결과를 초래하는 경우, 행정권의 행정입법 등 법집행의무는 헌법적 의무라고 할 수 있다.

④ 행정입법의 진정입법부작위에 대한 헌법소원은, 행정청에게 헌법에서 유래하는 행정입법의 작위의무가 있고 상당한 기간이 경과하였음에도 불구하고 행정입법의 제정권이 행사되지 않은 경우에 인정된다.

⑤ 입법부가 법률로써 행정부에게 특정한 사항을 위임했음에도 불구하고, 행정부가 정당한 이유 없이 법률에서 위임한 시행령을 제정하지 않은 것은 그 법률에서 인정된 권리를 침해하는 불법행위가 될 수 있다.

해설

① [○], 법률이 군법무관의 보수를 판사, 검사의 예에 의하도록 규정하면서 그 구체적 내용을 시행령에 위임하고 있다면, 이는 군법무관의 보수의 내용을 법률로써 일차적으로 형성한 것이고, 따라서 상당한 수준의 보수청구권이 인정되는 것이라 해석함이 상당하다. 그러므로 이 사건에서 대통령이 법률의 명시적 위임에도 불구하고 지금까지 해당 시행령을 제정하지 않아 그러한 보수청구권이 보장되지 않고 있다면 그러한 입법부작위는 정당한 이유 없이 청구인들의 재산권을 침해하는 것으로써 헌법에 위반된다(헌재 2004. 2. 26. 2001헌마718 전원재판부).

② [×], 삼권분립의 원칙, 법치행정의 원칙을 당연한 전제로 하고 있는 우리 헌법 하에서 행정권의 행정입법 등 법집행의무는 헌법적 의무라고 보아야 할 것이다. 그런데 이는 행정입법의 제정이 법률의 집행에 필수불가결한 경우로서 행정입법을 제정하지 아니하는 것이 곧 행정권에 의한 입법권 침해의 결과를 초래하는 경우를 말하는 것이므로, 만일 하위 행정입법의 제정 없이 상위 법령의 규정만으로도 집행이 이루어질 수 있는 경우라면 하위 행정입법을 하여야 할 헌법적 작위의무는 인정되지 아니한다(헌재 2005. 12. 22. 2004헌마66 전원재판부). ★★★

③ [○], 행정입법의 제정이 법률의 집행에 필수불가결한 경우로서 행정입법을 제정하지 아니하는 것이 곧 행정권에 의한 입법권 침해의 결과를 초래하는 경우를 말하는 것이므로, 만일 하위 행정입법의 제정 없이 상위 법령의 규정만으로도 집행이 이루어질 수 있는 경우라면 하위 행정입법을 하여야 할 헌법적 작위의무는 인정되지 아니한다고 할 것이다(헌재 2005. 12. 22. 2004헌마66 전원재판부). ★★★

④ [○], 노동부장관의 그러한 작위의무는 직접 헌법에 의하여 부여된 것은 아니나, 법률이 행정입법을 당연한 전제로 규정하고 있음에도 불구하고 행정권이 그 취지에 따라 행정입법을 하지 아니함으로써 법령의 공백상태를 방치하고 있는 경우에는 행정권에 의하여 입법권이 침해되는 결과가 되는 것이므로, 노동부장관의 그러한 행정입법 작위의무는 헌법적 의무라고 보아야 한다(헌재 2002. 7. 18. 2000헌마707 전원재판부).

⑤ [○], 입법부가 법률로써 행정부에게 특정한 사항을 위임했음에도 불구하고 행정부가 정당한 이유 없이 이를 이행하지 않는다면 권력분립의 원칙과 법치국가 내지 법치행정의 원칙에 위배되는 것으로서 위법함과 동시에 위헌적인 것이 되는바, 구 군법무관임용법 제5조 제3항과 군법무관임용 등에 관한 법률 제6조가 군법무관의 보수를 법관 및 검사의 예에 준하도록 규정하면서 그 구체적 내용을 시행령에 위임하고 있는 이상, 위 법률의 규정들은 군법무관의 보수의 내용을 법률로써 일차적으로 형성한 것이고, 위 법률들에 의해 상당한 수준의 보수청구권이 인정되는 것이므로, 위 보수청구권은 단순한 기대이익을 넘어서는 것으로서 법률의 규정에 의해 인정된 재산권의 한 내용이 되는 것으로 봄이 상당하고, 따라서 행정부가 정당한 이유 없이 시행령을 제정하지 않은 것은 위 보수청구권을 침해하는 불법행위에 해당한다(대법 2007. 11. 29. 2006다3561).

정답 ②

<행정입법: 사법적 통제>

문 8.

(2012 변시1회, 38번)

행정입법에 대한 사법적 통제에 관한 설명 중 옳지 <u>않은</u> 것은? (다툼이 있는 경우 판례에 의함)

① 명령·규칙이 헌법이나 법률에 위반되는지 여부가 법원의 재판의 전제가 되는 경우에는 본안심리에 부수하는 구체적 규범통제의 형식으로 심사하며, 이때의 심사기준에는 형식적 의미의 헌법과 법률뿐만 아니라 국회의 동의를 받은 조약이나 대통령의 긴급명령도 포함된다.

② 행정소송에서 대법원이 명령·규칙이 위헌 또는 위법이라는 이유로 무효로 선언하고 이 판결이 관보에 게재되었다 하더라도 그 명령·규칙이 일반적으로 무효로 되는 것은 아니다.

③ 법령보충적 행정규칙뿐만 아니라 재량권 행사의 준칙인 행정규칙이 행정의 자기구속원리에 따라 대외적 구속력을 가지는 경우에는 헌법소원의 대상이 될 수 있다.

④ 대법원은, 조례가 집행행위의 개입 없이도 그 자체로서 직접 국민의 구체적인 권리의무나 법적 이익에 영향을 미치는 등의 법률상 효과를 발생하는 경우 그 조례는 항고소송의 대상이 되는 행정처분에 해당한다고 본다.

⑤ 행정기관에 행정입법 제정의 법적 의무가 있는 경우에 그 제정의 부작위는 공권력의 불행사에 해당하므로 행정소송법상 부작위위법확인소송의 대상이 된다.

해설

① [○], 일정한 규범이 위헌법률심판 또는 헌법재판소법 제68조 제2항에 의한 헌법소원심판의 대상이 되는 '법률'인지 여부는 그 제정 형식이나 명칭이 아니라 그 규범의 효력을 기준으로 판단하여야 한다. 따라서 헌법이 법률과 동일한 효력을 가진다고 규정한 긴급재정경제명령(제76조 제1항) 및 긴급명령(제76조 제2항)은 물론, 헌법상 형식적 의미의 법률은 아니지만 국내법과 동일한 효력이 인정되는 '헌법에 의하여 체결·공포된 조약과 일반적으로 승인된 국제법규'(제6조)의 위헌 여부의 심사권한도 헌법재판소에 전속된다고 보아야 한다(헌재 2013. 3. 21. 2010헌바70 전원재판부). ★★★

② [○], 명령·규칙에 근거한 집행행위가 존재하지 아니한 경우에는 그에 대한 헌법위반여부를 구체적인 재판절차에서 심사할 수 없기 때문에 직접 국민의 기본권을 침해하는 명령·규칙에 대하여는 주관적 권리구제절차로서 헌법소원의 가능성이 열려 있으므로, 헌법재판소에 의하여 명령·규칙이 위헌으로 결정되어 그 효력을 상실한 경우에도 법률의 경우와 그 법리가 다를 바 없다(헌재 1997. 12. 24. 96헌마172 전원재판부).

③ [○], 행정규칙이 법령의 규정에 의하여 행정관청에 법령의 구체적인 내용을 보충할 권한을 부여한 경우 또는 재량권행사의 준칙인 행정규칙이 그 정한 바에 따라 되풀이 시행되어 행정관행이 성립되어 평등원칙이나 신뢰보호의 원칙에 따라 행정기관이 그 상대방에 대한 관계에서 그 규칙에 따라야 할 자기구속을 당하게 되는 경우에는 대외적인 구속력을 갖게 되어 헌법소원의 대상이 될 수도 있다(헌재 2013. 5. 30. 2012헌마255 전원재판부).

④ [○], 어떠한 고시가 일반적·추상적 성격을 가질 때에는 법규명령 또는 행정규칙에 해당할 것이지만, 다른 집행행위의 매개 없이 그 자체로서 직접 국민의 구체적인 권리의무나 법률관계를 규율하는 성격을 가질 때에는 항고소송의 대상이 되는 행정처분에 해당한다(대법 2003. 10. 9. 2003무23).

⑤ [×], 행정소송은 구체적 사건에 대한 법률상 분쟁을 법에 의하여 해결함으로써 법적 안정을 기하자는 것이므로 부작위위법확인소송의 대상이 될 수 있는 것은 구체적 권리의무에 관한 분쟁이어야 하고 추상적인 법령에 관하여 제정의 여부 등은 그 자체로서 국민의 구체적인 권리의무에 직접적 변동을 초래하는 것이 아니어서 그 소송의 대상이 될 수 없다(대법 1992. 5. 8. 91누11261). ★★

정답 ⑤

<행정입법: 사법적 통제>

문 9.

(2019 변시8회, 22번)

행정입법에 대한 사법적 통제에 관한 설명 중 옳지 않은 것은? (다툼이 있는 경우 판례에 의함)

① 헌법 제107조 제2항에 규정된 '명령·규칙'은 지방자치단체의 조례와 규칙을 모두 포함한다.

② 조례가 집행행위의 개입 없이도 그 자체로서 직접 국민의 구체적인 권리의무나 법적 이익에 영향을 미치는 등의 법률상 효과를 발생하는 경우 그 조례는 항고소송의 대상이 된다.

③ 행정규칙이 법령의 규정에 의하여 행정관청에 법령의 구체적 내용을 보충할 권한을 부여한 경우나, 재량권행사의 준칙인 규칙이 그 정한 바에 따라 되풀이 시행되어 행정관행이 형성되어 행정기관이 그 상대방에 대한 관계에서 그 규칙에 따라야 할 자기구속을 당하게 되는 경우에는 헌법소원의 대상이 될 수도 있다.

④ 행정청이 법률의 시행에 필요한 행정입법을 하지 아니하여 법률이 시행되지 못하게 하는 것은 행정입법을 통해 구체화되는 권리를 개별적·구체적으로 향유할 개인의 권리를 침해하므로 항고소송의 대상이 된다.

⑤ 행정소송에 대한 대법원판결에 의하여 명령·규칙이 헌법 또는 법률에 위반된다는 것이 확정된 경우에는 대법원은 지체없이 그 사유를 행정안전부장관에게 통보하여야 한다.

해설

① [○], 지방자치단체의 사무에 관한 조례와 규칙은 조례가 보다 상위규범이라고 할 수 있고, 또한 헌법 제107조 제2항의 "규칙"에는 지방자치단체의 조례와 규칙이 모두 포함되는 등 이른바 규칙의 개념이 경우에 따라 상이하게 해석되는 점 등에 비추어 보면, 위 처분의 위임과정의 하자가 객관적으로 명백한 것이라고 할 수 없으므로 결국 당연무효 사유는 아니라고 봄이 상당하다(대법 1995. 8. 22. 94누5694 전원합의체).

② [○], 조례가 집행행위의 개입 없이도 그 자체로서 직접 국민의 구체적인 권리의무나 법적 이익에 영향을 미치는 등의 법률상 효과를 발생하는 경우 그 조례는 항고소송의 대상이 되는 행정처분에 해당한다(대법 1996. 9. 20. 95누8003). ★★

③ [○], 행정규칙은 일반적으로 행정조직 내부에서만 효력을 가지는 것이나, 행정규칙이 법령의 규정에 의하여 행정관청에 법령의 구체적 내용을 보충할 권한을 부여한 경우나 재량권행사의 준칙인 규칙이 그 정한 바에 따라 되풀이 시행되어 행정관행이 이룩되게 되면, 평등의 원칙이나 신뢰보호의 원칙에 따라 행정기관은 그 상대방에 대한 관계에서 그 규칙에 따라야 할 자기구속을 당하게 되는 경우에는 대외적인 구속력을 가지게 되는바, 이러한 경우에는 헌법소원의 대상이 될 수도 있다(헌재 2001. 5. 31. 99헌마413 전원재판부).

④ [×], 행정소송은 구체적 사건에 대한 법률상 분쟁을 법에 의하여 해결함으로써 법적 안정을 기하자는 것이므로 부작위위법확인소송의 대상이 될 수 있는 것은 구체적 권리의무에 관한 분쟁이어야 하고 추상적인 법령에 관하여 제정의 여부 등은 그 자체로서 국민의 구체적인 권리의무에 직접적 변동을 초래하는 것이 아니어서 그 소송의 대상이 될 수 없다(대법 1992. 5. 8. 91누11261). ★★

⑤ [○], 행정소송에 대한 대법원판결에 의하여 명령·규칙이 헌법 또는 법률에 위반된다는 것이 확정된 경우에는 대법원은 지체없이 그 사유를 행정안전부장관에게 통보하여야 한다(행정소송법 제6조 제1항).

정답 ④

<행정입법: 행정규칙>

문 10.

(2012 변시1회, 33번)

행정규제기본법 제4조 제2항 단서는 "법령에서 전문적 · 기술적 사항이나 경미한 사항으로서 업무의 성질상 위임이 불가피한 사항에 관하여 구체적으로 범위를 정하여 위임한 경우에는 고시 등으로 정할 수 있다."고 규정하고 있다. 이에 따라 제정된 '고시 등'에 관한 설명 중 옳은 것을 모두 고른 것은?

> ㄱ. '고시 등'에는 훈령, 예규, 고시 및 공고가 포함된다.
> ㄴ. 대법원과는 달리 헌법재판소는 훈령으로 법규사항을 규정하는 것은 설사 상위법의 위임이 있더라도 합헌적인 것으로 인정받기 어렵다고 판시하였다.
> ㄷ. 법률유보의 범위에 속하는 사항을 상위법의 위임없이 고시등에 규정하는 것은 위헌이므로 그러한 규정은 국민에 대하여 구속력을 가질 수 없다.
> ㄹ. '고시 등'에 대하여 판례는 이를 규범구체화행정규칙이라고 본다.
> ㅁ. '고시 등'이 비록 법령에 근거를 둔 것이라고 하더라도 그 규정 내용이 법령의 위임범위를 벗어난 경우에는 대외적 구속력이 없다.

① ㄱ, ㄴ, ㄷ
② ㄱ, ㄷ, ㅁ
③ ㄴ, ㄷ, ㄹ
④ ㄴ, ㄹ, ㅁ
⑤ ㄷ, ㄹ, ㅁ

해설

ㄱ. [○], 행정규제기본법 제4조 제2항에서의 '고시 등'은 행정규칙의 형태로서 훈령, 예규, 고시, 공고를 포함한다.

ㄴ. [×], 이 사건 공고는 관광진흥법 제20조, 법시행령 제28조 제2항·제4항의 위임에 따라 전년도 외래관광객 유치실적과 카지노업의 건전한 육성을 위한 기준 등의 허가 요건의 일부와 허가 신청기간 및 요령을 포함한 것으로서 상위의 관광진흥법 및 법시행령과 결합하여 대외적인 구속력을 지니므로 형식에 불구하고 법규명령의 기능을 한다.(헌재 2006. 7. 27. 2004헌마924 전원재판부). 즉, 위 결정에 비추어 볼 때, 훈령으로 법규사항을 규정한다고 하더라도 상위법의 위임을 받아 그 한계를 벗어나지 않는다면, 이는 해당 상위법과 결합하여 법규명령으로서 기능하게 되므로 위헌이라고 볼 수 없다.

ㄷ. [○], 수신료금액의 결정은 납부의무자의 범위 등과 함께 수신료에 관한 본질적인 중요한 사항이므로 국회가 스스로 행하여야 하는 사항에 속하는 것임에도 불구하고 한국방송공사법 제36조 제1항에서 국회의 결정이나 관여를 배제한 채 한국방송공사로 하여금 수신료금액을 결정해서 문화관광부장관의 승인을 얻도록 한 것은 법률유보원칙에 위반된다(헌재 1999. 5. 27. 98헌바70). 또한 위헌으로 결정된 법률 또는 법률의 조항은 그 결정이 있는 날부터 효력을 상실한다(헌법재판소법 제47조 제2항). ★★★

ㄹ. [×], 행정규칙이라 하더라도, 법령의 규정이 특정 행정기관에게 법령 내용의 구체적 사항을 정할 수 있는 권한을 부여함으로써 그 법령 내용을 보충하는 기능을 가지고, 그 내용이 해당 법령의 위임한계를 벗어나지 않아 그 법령과 결합하여 대외적 구속력이 있는 법규명령으로서의 효력을 가지는 등의 특별한 사정이 인정된다면, 달리 볼 수 있다(대법 2019. 5. 30. 2016다276177). 다시 말해, 판례는 '고시 등'을 규범구체화행정규칙이 아닌 법령보충규칙으로 보고 있다.

ㅁ. [○], 일반적으로 행정 각부의 장이 정하는 고시라도 그것이 특히 법령의 규정에서 특정 행정기관에 법령 내용의 구체적 사항을 정할 수 있는 권한을 부여함으로써 법령 내용을 보충하는 기능을 가질 경우에는 형식과 상관없이 근거 법령 규정과 결합하여 대외적으로 구속력이 있는 법규명령으로서의 효력을 가지나 이는 어디까지나 법령의 위임에 따라 법령 규정을 보충하는 기능을 가지는 점에 근거하여 예외적으로 인정되는 효력이므로 특정 고시가 비록 법령에 근거를 둔 것이더라도 규정 내용이 법령의 위임 범위를 벗어난 것일 경우에는 법규명령으로서의 대외적 구속력을 인정할 여지는 없다(대법 2016. 8. 17. 2015두51132).

정답 ②

<행정입법: 행정규칙>

문 11.

(2014 변시 3번, 39번)

식품접객업자인 甲은 전문 호객꾼을 고용하여 손님을 유치하였고, 업소 안에서 음란 비디오를 상영하였다는 이유로 식품위생법 관련 규정에 따라 영업정지 1개월의 행정처분을 받았다. 甲이 법원이나 헌법재판소에 재판을 청구하여 영업정지 처분의 위법성이나 관련 규정의 위헌성을 다툰다고 할 때, 다음 설명 중 옳은 것은? (다툼이 있는 경우 판례에 의함)

【관련 규정】

식품위생법 제44조(영업자 등의 준수사항) ① 식품접객영업자 등 대통령령으로 정하는 영업자와 그 종업원은 영업의 위생관리와 질서유지, 국민의 보건위생 증진을 위하여 총리령으로 정하는 사항을 지켜야 한다.

식품위생법 시행규칙 제57조(식품접객영업자 등의 준수사항 등) 법 제44조 제1항에 따라 식품접객영업자 등이 지켜야 할 준수사항은 별표 17과 같다.

[**별표** 17] **식품접객업영업자 등의 준수사항**(**제**57**조 관련**)

1.−5. <생략>

6. 식품접객업자(위탁급식 영업자는 제외한다)의 준수사항

가.−파. <생략>

하. 손님을 꾀어서 끌어들이는 행위를 하여서는 아니된다.

거. 업소 안에서 선량한 미풍양속을 해치는 공연, 영화, 비디오 또는 음반을 상영하거나 사용하여서는 아니된다.

식품위생법 제75조(허가취소 등) ① 식품의약품안전처장 또는 특별자치도지사·시장·군수·구청장은 영업자가 다음 각 호의 어느 하나에 해당하는 경우에는 대통령령으로 정하는 바에 따라 영업허가 또는 등록을 취소하거나 6개월 이내의 기간을 정하여 그 영업의 전부 또는 일부를 정지하거나 영업소 폐쇄(제37조 제4항에 따라 신고한 영업만 해당한다. 이하 이 조에서 같다)를 명할 수 있다.

1.−12. <생략>

13. 제44조 제1항·제2항 및 제4항을 위반한 경우

14.－18. <생략>

②, ③ <생략>

④ 제1항 및 제2항에 따른 행정처분의 세부기준은 그 위반 행위의 유형과 위반 정도 등을 고려하여 총리령으로 정한다.

식품위생법 시행규칙 제89조(행정처분의 기준) 법 제71조, 법 제72조, 법 제74조부터 법 제76조까지 및 법 제80조에 따른 행정처분의 기준은 별표 23과 같다.

[별표 23] 행정처분 기준(제89조 관련)

Ⅰ. <생략>

Ⅱ. 개별기준

1.－2. <생략>

3. 식품접객업

영 제21조 제8호의 식품접객업을 말한다.

1.－9. <생략>

10. 법 제44조 제1항을 위반한 경우

가. 식품접객업자의 준수사항(별표 17 제6호 자목·파목·머목 및 별도의 개별처분기준이 있는 경우는 제외한다)의 위반으로서

1)－2) <생략>

3) 별표 17 제6호 타목 2)·거목 또는 서목을 1차 위반한 경우 영업정지 1개월

4) 별표 17 제6호 나목, 카목, 타목 3)·4), 하목 또는 어목을 1차 위반한 경우 영업정지 15일

① 대법원은 시행규칙에 의해 행정처분의 기준이 마련된 경우라 하더라도 총리령의 형식을 갖춘 경우에는 법규성을 갖는 것이 당연하므로 국민과 법원을 직접적으로 구속하는 대외적 효력이 있다고 보아, 「식품위생법 시행규칙」 제89조 [별표 23]에 규정된 행정처분의 기준은 당연히 대외적 구속력을 갖는다고 판시하였다.

② 식품위생법 제44조 제1항에서 규정하고 있는 '영업의 위생관리와 질서유지', '국민의 보건위생 증진'이라는 기준은 지나치게 추상적이어서 당해 법률로부터 하위법령에 규정될 내용의 대강을 예측할 수 있는 것이 아니므로 포괄위임입법금지원칙에 위배된다.

③ 「식품위생법 시행규칙」 제57조 [별표 17] 제6호 하목 및 거목은 식품접객업자의 정당한 광고 및 홍보활동을 '손님을 꾀어서 끌어들이는 행위'로 보아 금지하고, 성(性)·혼인·가족제도에 관한 민감한 표현이 담긴 비디오 등도 '선량한 미풍양속'을 해친다는 이유로 규제할 가능성이 있어, 식품접객업자의 영업의 자유와 표현의 자유를 지나치게 침해한다. 따라서 그 수권법률인 식품위생법 제44조 제1항은, 정당하고 적법하게 입법권을 위임하였다 하더라도 헌법에 위배된다.

④ 헌법재판소 판례에 따르면, 식품위생법은 다른 법률에 비해 전문적이고 기술적일 뿐 아니라, 영업형태와 고객의 이용형태 등 현실의 변화에 따른 신속하고 탄력적인 입법적 대응이 필요한 분야의 법률이므로, 그 세부적이고 기술적인 규율을 국회에 맡기기 보다는 전체적인 기준 및 개요를 법률에 대강만 정한 뒤 구체적이고 세부적인 사항은 전문적·기술적 능력을 갖춘 행정부에서 상황의 변동에 따라 탄력적으로 대응할 수 있도록 하위 법령에 위임할 필요가 있다.

⑤ 甲은 영업정지처분의 취소를 구하는 행정소송 계속 중에 처분의 근거 법령인 「식품위생법 시행규칙」 제57조 [별표 17] 제6호 하목과 거목의 위헌성 또는 위법성을 들어 처분의 위법성을 주장할 수 있을 뿐만 아니라, 그러한 행정소송을 제기함이 없이 곧바로 위 시행규칙 조항에 대한 위헌확인을 목적으로 하는 독립된 소송을 법원에 제소하는 것도 허용된다.

해설

① [×], 제재적 행정처분이 그 처분에서 정한 제재기간의 경과로 인하여 그 효과가 소멸되었으나, 부령인 시행규칙 또는 지방자치단체의 규칙의 형식으로 정한 처분기준에서 제재적 행정처분을 받은 것을 가중사유나 전제요건으로 삼아 장래의 제재적 행정처분을 하도록 정하고 있는 경우, 제재적 행정처분의 가중사유나 전제요건에 관한 규정이 법령이 아니라 규칙의 형식으로 되어 있다고 하더라도, 그러한 규칙이 법령에 근거를 두고 있는 이상 그 법적 성질이 대외적·일반적 구속력을 갖는 법규명령인지 여부와는 상관없이, 관할 행정청이나 담당공무원은 이를 준수할 의무가 있으므로 이들이 그 규칙에 정해진 바에 따라 행정작용을 할 것이 당연히 예견되고, 그 결과 행정작용의 상대방인 국민으로서는 그 규칙의 영향을 받을 수밖에 없다(대법 2006. 6. 22. 2003두1684). ★★★

② [○], 문제 출제 이후 헌재 새로운 결정례에 따라 판단의 변화가 있었으며, 이로 인해 현재는 옳은 지문이 되었다. '영업의 위생관리와 국민의 보건위생 증진'은 식품위생법 전체의 입법목적과 크게 다를 바 없고, '질서유지'는 식품위생법의 입법목적에도 포함되어 있지 않은 일반적이고 추상적인 공익의 전체를 의미함에 불과하므로, 이러한 목적의 나열만으로는 식품 관련 영업자에게 행위기준을 제공해주지 못한다. 결국 심판대상조항은 수범자와 준수사항을 모두 하위법령에 위임하면서도 위임될 내용에 대해 구체화하고 있지 아니하여 그 내용들을 전혀 예측할 수 없게 하고 있으므로, 포괄위임금지원칙에 위반된다(헌재 2016. 11. 24. 2014헌가6, 2015헌가26(병합)).

③ [×], 식품 관련 영업의 기술적 특수성과 수범자의 특성을 고려할 때 이 사건 법률조항이 수범자들로 하여금 처벌대상 행위의 실질을 예측하게 할 수 없을 정도로 포괄적이라고는 할 수 없다(헌재 2010. 3. 25. 2008헌가5 전원재판부).

④ [○], 끊임없이 변화하고 다양한 식품 관련 영업 영역을 규율대상으로 하는 식품위생법은 다른 법률에 비해 전문적이고 기술적일 뿐 아니라, 영업형태와 고객의 이용형태 등 현실의 변화에 따른 신속하고 탄력적인 입법적 대응이 필요한 분야의 법률이라고 할 것이어서, 그 세부적이고 기술적인 규율을 국회에 맡기기 보다는 전체적인 기준 및 개요를 법률에 대강만 정한 뒤 구체적이고 세부적인 사항은 변동상황에 따른 탄력적 혹은 기술적 대응을 위하여 전문적·기술적 능력을 갖춘 행정부에서 상황의 변동에 따라 시의적절하게 탄력적으로 대응할 수 있도록 하위법령에 위임할 필요성이 인정된다(헌재 2010. 3. 25. 2008헌가5 전원재판부).

⑤ [×], 행정소송을 제기함이 없이 곧바로 위 시행규칙 조항에 대한 위헌확인을 목적으로 하는 독립된 소송은 헌법재판소에 헌법소원을 제기하여야 한다. 이와 관련하여 행정심판을 제기함이 없이 취소소송을 제기할 수 있는 경우는 동종사건에 관하여 이미 행정심판의 기각재결이 있은 때, 서로 내용상 관련되는 처분 또는 같은 목적을 위하여 단계적으로 진행되는 처분중 어느 하나가 이미 행정심판의 재결을 거친 때, 행정청이 사실심의 변론종결후 소송의 대상인 처분을 변경하여 당해 변경된 처분에 관하여 소를 제기하는 때, 처분을 행한 행정청이 행정심판을 거칠 필요가 없다고 잘못 알린 때로 한정된다(행정소송법 제18조 제3항).

정답 ④

<행정입법: 행정규칙(법령보충규칙)>

문 12.

(2019 변시8회, 23번)

A법률을 시행하기 위하여 B행정청의 C고시가 제정되었다. 이에 관한 설명 중 옳은 것을 모두 고른 것은? (다툼이 있는 경우 판례에 의함)

ㄱ. A법률이 B행정청에 A법률의 내용을 구체화할 수 있는 권한을 부여하면서 그 권한행사의 절차나 방법을 특정하지 않아 고시의 형식으로 정한 경우, C고시의 규정내용이 A법률의 위임범위를 벗어난 때에는 대외적 구속력을 인정할 수 없다.

ㄴ. A법률이 입법사항에 대하여 고시의 형식으로 위임하여 C고시가 제정된 경우라면, C고시는 그 자체로 국회입법원칙에 위반된 것으로 무효이다.

ㄷ. A법률이 시행규칙의 형식으로 세부사항을 정하도록 위임하였으나 고시의 형식으로 제정된 경우라 하더라도, C고시는 위임의 범위 내에서 상위법과 결합하여 대외적 구속력이 있는 법규명령의 효력을 가진다.

ㄹ. A법률의 위임에 따라 일반·추상적 성질을 가지는 C고시가 제정된 경우, A법률에 대하여 헌법재판소의 위헌결정이 선고되면 C고시도 원칙적으로 효력을 상실한다.

① ㄱ, ㄴ
② ㄱ, ㄷ
③ ㄱ, ㄹ
④ ㄴ, ㄷ
⑤ ㄴ, ㄹ

해설

ㄱ. [○], 법령의 규정이 특정 행정기관에게 법령 내용의 구체적 사항을 정할 수 있는 권한을 부여하면서 권한행사의 절차나 방법을 특정하지 아니한 경우에는 수임 행정기관은 행정규칙이나 규정 형식으로 법령 내용이 될 사항을 구체적으로 정할 수 있다. … 행정규칙이나 규정 '내용'이 위임범위를 벗어난 경우뿐 아니라 상위법령의 위임규정에서 특정하여 정한 권한행사의 '절차'나 '방식'에 위배되는 경우도 마찬가지이므로, 상위법령에서 세부사항 등을 시행규칙으로 정하도록 위임하였음에도 이를 고시 등 행정규칙으로 정하였다면 그 역시 대외적 구속력을 가지는 법규명령으로서 효력이 인정될 수 없다(대법 2012. 7. 5. 2010다72076). ★★

ㄴ. [×], 사회적 변화에 대응한 입법수요의 급증과 종래의 형식적 권력분립주의로는 현대사회에 대응할 수 없다는 기능적 권력분립론 등을 감안하여 헌법 제40조와 헌법 제75조, 제95조의 의미를 살펴보면, 의회가 구체적으로 범위를 정하여 위임한 사항에 관하여는 당해 행정기관이 법정립의 권한을 갖게 되고, 이 경우 입법자는 규율의 형식도 선택할 수 있다 할 것이므로, 헌법이 명시하고 있는 법규명령의 형식이 아닌 행정규칙에 위임하더라도 이는 국회입법의 원칙과 상치되지 않는다(헌재 2016. 2. 25. 2015헌바191 전원재판부).

ㄷ. [×], 행정규칙이나 규정 '내용'이 위임범위를 벗어난 경우뿐 아니라 상위법령의 위임규정에서 특정하여 정한 권한행사의 '절차'나 '방식'에 위배되는 경우도 마찬가지이므로, 상위법령에서 세부사항 등을 시행규칙으로 정하도록 위임하였음에도 이를 고시 등 행정규칙으로 정하였다면 그 역시 대외적 구속력을 가지는 법규명령으로서 효력이 인정될 수 없다(대법 2012. 7. 5. 2010다72076). ★★

ㄹ. [○], 행정규칙·규정은 행정조직 내부에서만 효력을 가질 뿐 대외적인 구속력을 갖지 않는 행정규칙의 일반적 효력으로서가 아니라 행정기관에 법령의 구체적 내용을 보충할 권한을 부여한 법령 규정의 효력에 의하여 그 내용을 보충하는 기능을 갖게 되고, 따라서 당해 법령의 위임한계를 벗어나지 아니하는 한 그것들과 결합하여 대외적인 구속력이 있는 법규명령으로서의 효력을 갖게 된다(대법 1995. 5. 23. 94도2502). 즉, A법률의 위임에 따른 C고시는 법률에 대한 위헌결정이 있으면 효력을 상실한다.

정답 ③

<행정입법: 시행령 처분기준>

문 13.

(2016 변시5회, 23번)

乙구청장은 휴게음식점 영업자인 甲에 대해 「청소년보호법」 및 같은 법 시행령 [별표]의 위반행위의 종별에 따른 과징금 부과처분기준에 따라 1, 000만 원의 과징금 부과처분을 하였고, 甲은 과징금 부과처분을 소송상 다투려고 한다. 이에 관한 설명 중 옳지 <u>않은</u> 것은? (다툼이 있는 경우 판례에 의함)

① 규정형식상 부령인 시행규칙으로 정한 과징금 부과처분의 기준은 행정청 내부의 사무처리준칙을 규정한 행정규칙에 지나지 않지만, 대통령령으로 정한 위 과징금 부과처분기준은 대외적 구속력이 있는 법규명령에 해당한다.

② 甲이 제기한 과징금 부과처분에 대한 취소소송에서 수소법원이 1, 000만 원의 과징금 부과금액이 과도하다고 판단하는 경우, 수소법원은 적정하다고 인정하는 금액을 초과하는 부분만 취소할 수 있다.

③ 甲이 과징금 부과처분이 위법함을 이유로 국가배상청구소송을 제기하였다면, 수소법원은 과징금 부과처분의 취소판결이 없더라도 동 처분의 위법 여부를 판단할 수 있다.

④ 일정액으로 규정되어 있는 위 과징금 부과처분기준을 적용함에 있어서 모법의 위임규정의 내용과 취지, 헌법상 과잉금지의 원칙과 평등의 원칙 등에 비추어 여러 요소를 종합적으로 고려하여 사안에 따라 적정한 과징금의 액수를 정하여야 할 것이므로 과징금 부과처분기준 상의 금액은 정액이 아니라 최고한도액이라고 보아야 한다.

⑤ 행정소송에 대한 대법원판결에 의하여 과징금 부과처분기준이 위헌 또는 위법이라고 확정된 경우에는 대법원은 지체없이 그 사유를 행정자치부장관에게 통보하여야 한다.

해설

① [○], 제재적 행정처분의 기준이 부령의 형식으로 규정되어 있더라도 그것은 행정청 내부의 사무처리준칙을 정한 것에 지나지 아니하여 대외적으로 국민이나 법원을 기속하는 효력이 없고, 당해 처분의 적법 여부는 위 처분기준만이 아니라 관계 법령의 규정 내용과 취지에 따라 판단되어야 하므로, 위 처분기준에 적합하다 하여 곧바로 당해 처분이 적법한 것이라고 할 수는 없지만, 위 처분기준이 그 자체로 헌법 또는 법률에 합치되지 아니하거나 위 처분기준에 따른 제재적 행정처분이 그 처분사유가 된 위반행위의 내용 및 관계 법령의 규정 내용과 취지에 비추어 현저히 부당하다고 인정할 만한 합리적인 이유가 없는 한 섣불리 그 처분이 재량권의 범위를 일탈하였거나 재량권을 남용한 것이라고 판단해서는 안 된다(대법 2007. 9. 20. 2007두6946).

② [×], 과징금 부과처분이 법이 정한 한도액을 초과하여 위법할 경우 법원으로서는 그 전부를 취소할 수밖에 없고, 그 한도액을 초과한 부분이나 법원이 적정하다고 인정되는 부분을 초과한 부분만을 취소할 수는 없다(대법 1993. 7. 27. 93누1077).

③ [○], 행정처분을 한 처분청은 처분에 하자가 있는 경우에는 별도의 법적 근거가 없더라도 스스로 이를 취소하거나 변경할 수 있다(대법 2017. 1. 12. 2015두2352).

④ [○], 과징금처분기준은 법규명령이기는 하나 모법의 위임규정의 내용과 취지 및 헌법상의 과잉금지의 원칙과 평등의 원칙 등에 비추어 같은 유형의 위반행위라 하더라도 그 규모나 기간·사회적 비난 정도·위반행위로 인하여 다른 법률에 의하여 처벌받은 다른 사정·행위자의 개인적 사정 및 위반행위로 얻은 불법이익의 규모 등 여러 요소를 종합적으로 고려하여 사안에 따라 적정한 과징금의 액수를 정하여야 할 것이므로 그 수액은 정액이 아니라 최고한도액이다(대법 2001. 3. 9. 99두5207). ★★

⑤ [○], 행정소송에 대한 대법원판결에 의하여 명령·규칙이 헌법 또는 법률에 위반된다는 것이 확정된 경우에는 대법원은 지체없이 그 사유를 행정안전부장관에게 통보하여야 한다(행정소송법 제6조 제1항).

정답 ②

<행정입법: 시행령 처분기준>

문 14.

(2013 변시2회, 39번)

甲은 청소년보호법 시행령 [별표]의 과징금 처분기준 및 과태료 처분기준에 따라 과징금부과처분 및 과태료부과처분을 받았다. 甲은 위 각 부과처분이 과중하다고 생각하여 이를 다투고자 한다. 이에 관한 다음 설명 중 옳지 않은 것은? (다툼이 있는 경우 판례에 의함)

① 과징금부과처분 취소소송에서 과징금 처분기준의 위헌·위법 여부가 재판의 전제가 된 경우 법원은 이에 대한 위헌·위법 심사를 할 수 있다.

② 과징금 처분기준을 정한 청소년보호법 시행령 규정은 대외적으로 국민이나 법원을 구속할 힘이 있는 법규명령에 해당한다.

③ 甲이 과태료부과처분에 불복하여 해당 행정청에 이의제기를 한 경우 행정청은 관할 법원에 통보하여야 하고, 관할 법원은 행정소송절차에 따라 재판한다.

④ 과징금 처분기준이 만약 일정액으로 정해진 것이라면 그 수액은 정액이 아니라 과징금의 최고한도액이라는 것이 판례의 태도이다.

⑤ 과징금과 함께 과태료를 부과하더라도 이중처벌 금지의 원칙에 위반되는 것은 아니다.

해설

① [○], 명령·규칙 또는 처분이 헌법이나 법률에 위반되는 여부가 재판의 전제가 된 경우에는 대법원은 이를 최종적으로 심사할 권한을 가진다(헌법 제107조 제2항).

② [○], 과징금처분기준은 법규명령이기는 하나 모법의 위임규정의 내용과 취지 및 헌법상의 과잉금지의 원칙과 평등의 원칙 등에 비추어 같은 유형의 위반행위라 하더라도 그 규모나 기간·사회적 비난 정도·위반행위로 인하여 다른 법률에 의하여 처벌받은 다른 사정·행위자의 개인적 사정 및 위반행위로 얻은 불법이익의 규모 등 여러 요소를 종합적으로 고려하여 사안에 따라 적정한 과징금의 액수를 정하여야 할 것이므로 그 수액은 정액이 아니라 최고한도액이다(대법 2001. 3. 9. 99두5207). ★★

③ [×], 행정청의 과태료 부과에 불복하는 당사자는 제17조 제1항에 따른 과태료 부과 통지를 받은 날부터 60일 이내에 해당 행정청에 서면으로 이의제기를 할 수 있다. 제20조 제1항에 따른 이의제기를 받은 행정청은 이의제기를 받은 날부터 14일 이내에 이에 대한 의견 및 증빙서류를 첨부하여 관할 법원에 통보하여야 한다(질서위반행위규제법 제20조 제1항·제21조 제1항 전단).

④ [○], 과징금처분기준은 법규명령이기는 하나 모법의 위임규정의 내용과 취지 및 헌법상의 과잉금지의 원칙과 평등의 원칙 등에 비추어 같은 유형의 위반행위라 하더라도 그 규모나 기간·사회적 비난 정도·위반행위로 인하여 다른 법률에 의하여 처벌받은 다른 사정·행위자의 개인적 사정 및 위반행위로 얻은 불법이익의 규모 등 여러 요소를 종합적으로 고려하여 사안에 따라 적정한 과징금의 액수를 정하여야 할 것이므로 그 수액은 정액이 아니라 최고한도액이다(대법 2001. 3. 9. 99두5207). ★★

⑤ [○], 구 독점규제및공정거래에관한법률 제24조의2에 의한 부당내부거래에 대한 과징금은 그 취지와 기능, 부과의 주체와 절차 등을 종합할 때 부당내부거래 억지라는 행정목적을 실현하기 위하여 그 위반행위에 대하여 제재를 가하는 행정상의 제재금으로서의 기본적 성격에 부당이득 환수적 요소도 부가되어 있는 것이라 할 것이고, 이를 두고 헌법 제13조 제1항에서 금지하는 국가형벌권 행사로서의 '처벌'에 해당한다고는 할 수 없으므로, 공정거래법에서 형사처벌과 아울러 과징금의 병과를 예정하고 있더라도 이중처벌금지원칙에 위반된다고 볼 수 없으며, 이 과징금 부과처분에 대하여 공정력과 집행력을 인정한다고 하여 이를 확정판결 전의 형벌집행과 같은 것으로 보아 무죄추정의 원칙에 위반된다고도 할 수 없다(헌재 2003. 7. 24. 2001 헌가25 전원재판부).

정답 ③

제3장 | 행정계획

<행정계획: 처분성>

문 15.

(2013 변시2회, 24번)

행정계획에 관한 다음 설명 중 옳지 않은 것은? (다툼이 있는 경우 판례에 의함)

① 도시관리계획구역 내 토지 등을 소유하고 있는 주민으로서는 입안권자에게 도시관리계획 입안을 요구할 수 있는 법규상 또는 조리상의 신청권이 있다고 할 것이고, 이러한 신청에 대한 거부행위는 항고소송의 대상이 되는 행정처분에 해당한다.

② 정부가 발표한 '4대강 살리기 마스터플랜'은 행정기관 내부에서 사업의 기본 방향을 제시하는 것일 뿐 국민의 권리의무에 직접 영향을 미치는 것이 아니어서 행정처분에 해당하지 않는다.

③ 주택재건축정비사업조합이 법에 기초하여 수립한 사업시행계획이 인가·고시를 통해 확정되면 그 사업시행계획은 이해관계인에 대한 구속적 행정계획으로서 독립된 행정처분에 해당한다.

④ 도시계획시설의 지정으로 말미암아 당해 토지의 이용가능성이 배제되거나 또는 토지소유자가 토지를 종래 허용된 용도대로도 사용할 수 없기 때문에 이로 인하여 현저한 재산적 손실이 발생하는 경우에는, 원칙적으로 국가 등은 이에 대한 보상을 해야 한다.

⑤ 문화재보호구역 내에 있는 토지소유자는 문화재보호구역의 지정해제를 요구할 수 있는 법규상 또는 조리상 신청권이 있다고 할 수 없다.

해설

① [○], 도시계획구역 내 토지 등을 소유하고 있는 주민으로서는 입안권자에게 도시계획입안을 요구할 수 있는 법규상 또는 조리상의 신청권이 있다고 할 것이고, 이러한 신청에 대한 거부행위는 항고소송의 대상이 되는 행정처분에 해당한다(대법 2004. 4. 28. 2003두1806). ★★

② [○], '4대강 살리기 마스터플랜' 등은 4대강 정비사업과 주변 지역의 관련 사업을 체계적으로 추진하기 위하여 수립한 종합계획이자 '4대강 살리기 사업'의 기본방향을 제시하는 계획으로서, 행정기관 내부에서 사업의 기본방향을 제시하는 것일 뿐, 국민의 권리·의무에 직접 영향을 미치는 것이 아니어서 행정처분에 해당하지 않는다(대법 2011. 4. 21. 2010무111 전원합의체). ★★

③ [○], 재건축정비사업조합이 이러한 행정주체의 지위에서 위 법에 기초하여 수립한 사업시행계획은 인가·고시를 통해 확정되면 이해관계인에 대한 구속적 행정계획으로서 독립된 행정처분에 해당한다(대법 2009. 11. 2. 2009마596).

④ [○], 도시계획시설의 지정으로 말미암아 당해 토지의 이용가능성이 배제되거나 또는 토지소유자가 토지를 종래 허용된 용도대로도 사용할 수 없기 때문에 이로 말미암아 현저한 재산적 손실이 발생하는 경우에는, 원칙적으로 사회적 제약의 범위를 넘는 수용적 효과를 인정하여 국가나 지방자치단체는 이에 대한 보상을 해야 한다(헌재 1999. 10. 21. 97헌바26 전원재판부). ★★★

⑤ [×], 문화재보호구역 내에 있는 토지소유자 등으로서는 위 보호구역의 지정해제를 요구할 수 있는 법규상 또는 조리상의 신청권이 있다고 할 것이고, 이러한 신청에 대한 거부행위는 항고소송의 대상이 되는 행정처분에 해당한다(대법 2004. 4. 27. 2003두8821). ★★

정답 ⑤

<행정계획: 처분성>

문 16.

(2012 변시1회, 34번)

甲은 관할 행정청 乙의 도시관리계획결정으로 인하여 자신의 토지가 개발제한구역 안으로 편입됨에 따라 그 토지를 개발하여 건축물을 건축하려던 자신의 계획을 이룰 수 없게 되었다. 평소 甲은 자신이 소유한 토지의 위치를 고려해 보면 이 지역은 공업지역이나 상업지역으로 적합하다고 생각하여 공개적으로 자신의 개발계획을 피력하고 있었다. 그러나 乙은 충분한 검토와 주민들의 의견수렴절차 없이 일방적으로 甲의 토지와 인근지역을 개발제한구역으로 편입하였다. 이에 甲은 乙의 도시관리계획결정을 취소 또는 무효화하기 위한 법적 조치에 착수하였다. 甲이 취할 수 있는 법적 조치에 관한 설명 중 옳은 것은?

① 개발제한구역으로 편입한 도시관리계획결정은 처분에 해당하므로 이익형량을 하지 않거나 적절히 이익형량하지 못하였다는 이유로 당해 도시관리계획결정에 대한 취소소송을 제기할 수 있다.

② 개발제한구역으로의 편입조치는 처분성을 인정받기 어려우므로 헌법소원을 제기하여 절차 위반의 위법을 주장할 수 있다.

③ 주민들의 의견수렴절차 없이 행한 개발제한구역지정은 행정절차법상의 계획확정절차를 위반하여 당연무효이므로 무효확인소송의 대상이다.

④ 개발제한구역지정으로 인한 권익침해는 추후 건축허가신청이 받아들여지지 않을 때 다툴 수 있고 개발제한구역지정 자체가 구체적으로 권리를 침해하는 행위라고 보기 어려우므로, 이에 대해 항고소송으로 다투는 것은 불가능하다.

⑤ 일반적으로 도시관리계획결정은 구체적으로 국민의 권익을 침해하지 않아 처분성이 인정되지 않지만, 개발제한구역지정은 그것만으로 지가하락 등의 결과를 초래하므로 구체적 권익침해가 있다고 보아야 한다.

해설

① [○], 행정청이 행정계획을 입안·결정할 때 이익형량을 전혀 행하지 아니하거나 이익형량의 고려 대상에 마땅히 포함시켜야 할 사항을 누락한 경우 또는 이익형량을 하였으나 정당성과 객관성이 결여된 경우에는 그 행정계획 결정은 이익형량에 하자가 있어 위법하게 될 수 있다. 이러한 법리는 행정청이 「국토의 계획 및 이용에 관한 법률」에 따라 주민 등의 도시관리계획 입안 제안을 받아들여 도시관리계획결정을 할 것인지를 결정하는 경우에도 마찬가지로 적용된다(대법 2020. 6. 25. 2019두56135).

② [×], 도시재개발법에 의한 도시재개발구역의 지정 및 변경은 관계 행정청이 법령의 범위 내에서 도시의 건전한 발전과 공공복리의 증진을 위한 도시정책상의 전문적, 기술적 판단을 기초로 하여 그 재량에 의하여 이루어지는 것이므로 재량권 일탈 또는 남용이 없는 한 그 처분을 위법하다고 할 수 없다(대법 1993. 10. 8. 93누10569).

③ [×], 행정청이 침해적 행정처분을 하면서 당사자에게 위와 같은 사전통지를 하지 아니하거나 의견제출 기회를 주지 아니하였다면, 사전통지를 하지 않거나 의견제출 기회를 주지 아니하여도 되는 예외적인 경우에 해당하지 아니하는 한 그 처분은 위법하여 취소를 면할 수 없다(대법 2017. 9. 21. 2017도7321).

④ [×], 구체적인 사안에서 권리보호의 필요성 유무를 판단할 때에는 국민의 재판청구권을 보장한 헌법 제27조 제1항의 취지와 행정처분으로 인한 권익침해를 효과적으로 구제하려는 행정소송법의 목적 등에 비추어 행정처분의 존재로 인하여 국민의 권익이 실제로 침해되고 있는 경우는 물론이고 권익침해의 구체적·현실적 위험이 있는 경우에도 이를 구제하는 소송이 허용되어야 한다는 요청을 고려하여야 한다. 따라서 처분이 유효하게 존속하는 경우에는 특별한 사정이 없는 한 그 처분의 존재로 인하여 실제로 침해되고 있거나 침해될 수 있는 현실적인 위험을 제거하기 위해 취소소송을 제기할 권리보호의 필요성이 인정된다고 보아야 한다(대법 2018. 7. 12. 2015두3485).

⑤ [×], 개발제한구역의 지정으로 인한 개발가능성의 소멸과 그에 따른 지가의 하락이나 지가상승률의 상대적 감소는 토지소유자가 감수해야 하는 사회적 제약의 범주에 속하는 것으로 보아야 한다. 자신의 토지를 장래에 건축이나 개발목적으로 사용할 수 있으리라는 기대가능성이나 신뢰 및 이에 따른 지가상승의 기회는 원칙적으로 재산권의 보호범위에 속하지 않는다. 구역지정 당시의 상태대로 토지를 사용·수익·처분할 수 있는 이상, 구역지정에 따른 단순한 토지이용의 제한은 원칙적으로 재산권에 내재하는 사회적 제약의 범주를 넘지 않는다(헌재 1998. 12. 24. 89헌마214 전원재판부). ★★

정답 ①

<행정계획: 처분성>

문 17.

(2016 변시5회, 27번)

행정계획에 관한 설명 중 옳지 않은 것은? (다툼이 있는 경우 판례에 의함)

① 도시·군관리계획 구역 내에 토지 등을 소유하고 있는 주민의 봉안시설(구 납골시설)에 대한 도시·군관리계획 입안제안을 입안권자인 군수가 반려한 행위는 사실의 통지에 불과하여 항고소송의 대상이 될 수 없다.

② 광범위한 형성의 자유가 인정되는 계획재량에 대한 통제법리는 도시·군관리계획 구역 내 토지소유자의 도시·군계획시설 변경신청에 대해 행정청이 해당 도시·군계획시설의 변경 여부를 결정하는 경우에도 적용된다.

③ 장기성·종합성이 요구되는 행정계획에 있어서는 원칙적으로 그 계획이 확정된 후에 어떤 사정의 변동이 있다고 하여 지역주민에게 일일이 그 계획의 변경을 청구할 권리를 인정해 줄 수 없다.

④ 문화재보호구역 내에 있는 토지의 소유자에게는 해당 보호구역의 지정해제를 요구할 수 있는 법규상 또는 조리상의 신청권이 있으며, 그 신청에 대한 거부행위는 항고소송의 대상이 되는 행정처분에 해당된다.

⑤ 일정한 행정처분을 구하는 신청을 할 수 있는 법률상 지위에 있는 자의 (구) 국토이용계획 변경신청을 거부하는 것이 실질적으로 당해 행정처분 자체를 거부하는 결과가 되는 경우에는 예외적으로 그 신청인에게 당해 계획의 변경을 신청할 권리가 인정된다.

해설

① [○], 구 국토의 계획 및 이용에 관한 법률 제139조 제2항 및 이에 근거하여 제정된 지방자치단체 조례에 따라 광역시장으로부터 납골시설 등에 대한 도시관리계획 입안권을 위임받은 군수는 관할구역 도시관리계획의 입안권자이므로, 도시관리계획 구역 내 토지 등을 소유하고 있는 주민의 납골시설에 관한 도시관리계획의 입안제안을 반려한 군수의 처분은 항고소송의 대상이 되는 행정처분에 해당한다(대법 2010. 7. 22. 2010두5745).

② [×], 행정주체는 구체적인 행정계획을 입안·결정함에 있어서 비교적 광범위한 형성의 자유를 가진다고 할 것이지만, 행정주체가 가지는 이와 같은 형성의 자유는 무제한적인 것이 아니라 그 행정계획에 관련되는 자들의 이익을 공익과 사익 사이에서는 물론이고 공익 상호간과 사익 상호간에도 정당하게 비교교량하여야 한다는 제한이 있는 것이고, 따라서 행정주체가 행정계획을 입안·결정함에 있어서 이익형량을 전혀 행하지 아니하거나 이익형량의 고려 대상에 마땅히 포함시켜야 할 사항을 누락한 경우 또는 이익형량을 하였으나 정당성·객관성이 결여된 경우에는 그 행정계획결정은 재량권을 일탈·남용한 것으로서 위법하다(대법 1996. 11. 29. 96누8567). ★★★

③ [×], 도시계획과 같이 장기성·종합성이 요구되는 행정계획에 있어서 그 계획이 일단 확정된 후에 어떤 사정의 변동이 있다고 하여 지역주민에게 일일이 그 계획의 변경 또는 폐지를 청구할 권리를 인정해 줄 수도 없는 것이므로 지역주민에게 도시계획시설(여객자동차정류장)의 변경·폐지를 신청할 조리상의 권리가 있다고도 볼 수 없다(대법 1994. 12. 9. 94누8433).

④ [×], 문화재보호구역 내에 있는 토지소유자 등으로서는 위 보호구역의 지정해제를 요구할 수 있는 법규상 또는 조리상의 신청권이 있다고 할 것이고, 이러한 신청에 대한 거부행위는 항고소송의 대상이 되는 행정처분에 해당한다(대법 2004. 4. 27. 2003두8821). ★★

⑤ [×], 장래 일정한 기간 내에 관계 법령이 규정하는 시설 등을 갖추어 일정한 행정처분을 구하는 신청을 할 수 있는 법률상 지위에 있는 자의 국토이용계획변경신청을 거부하는 것이 실질적으로 당해 행정처분 자체를 거부하는 결과가 되는 경우에는 예외적으로 그 신청인에게 국토이용계획변경을 신청할 권리가 인정된다고 봄이 상당하므로, 이러한 신청에 대한 거부행위는 항고소송의 대상이 되는 행정처분에 해당한다(대법 2013. 9. 23. 2001두10936).

정답 ①

<행정계획: 처분성>

문 18.

(2017 변시6회, 39번)

행정계획에 관한 설명 중 옳지 않은 것은? (다툼이 있는 경우 판례에 의함)

① 행정계획에 있어서 관계법령에 추상적인 행정목표와 절차만 규정되어 있을 뿐 행정계획의 내용에 관하여는 별다른 규정을 두지 아니한 경우, 행정주체는 행정계획을 입안·결정함에 있어서 비교적 광범위한 형성의 자유를 가진다.

② 도시계획구역 내 토지 등을 소유하고 있는 주민으로서는 입안권자에게 도시관리계획입안을 요구할 수 있는 법규상 또는 조리상 신청권이 인정되나, 문화재보호구역 내의 토지소유자의 경우에는 위 보호구역의 해제를 요구할 수 있는 법규상 또는 조리상 신청권이 인정되지 않는다.

③ 「도시 및 주거환경정비법」에 따라 인가·고시된 관리처분계획은 구속적 행정계획으로서 처분성이 인정된다.

④ 행정주체가 행정계획을 입안·결정함에 있어서 이익형량을 전혀 행하지 아니하거나 이익형량의 고려대상에 마땅히 포함시켜야 할 사항을 누락한 경우 또는 이익형량을 하였으나 정당성과 객관성이 결여된 경우에는 그 행정계획결정은 형량에 하자가 있어 위법하게 된다.

⑤ 비구속적 행정계획안이나 행정지침이라도 국민의 기본권에 직접적으로 영향을 끼치고, 앞으로 법령의 뒷받침에 의하여 그대로 실시될 것이 틀림없을 것으로 예상될 수 있을 때에는, 공권력행위로서 예외적으로 헌법소원의 대상이 된다.

해설

① [○], 행정계획이라 함은 행정에 관한 전문적·기술적 판단을 기초로 하여 도시의 건설·정비·개량 등과 같은 특정한 행정목표를 달성하기 위하여 서로 관련되는 행정수단을 종합·조정함으로써 장래의 일정한 시점에 있어서 일정한 질서를 실현하기 위한 활동기준으로 설정된 것으로서, 도시계획법 등 관계 법령에는 추상적인 행정목표와 절차만이 규정되어 있을 뿐 행정계획의 내용에 대하여는 별다른 규정을 두고 있지 아니하므로 행정주체는 구체적인 행정계획을 입안·결정함에 있어서 비교적 광범위한 형성의 자유를 가진다고 할 것이다(대법 1996. 11. 29. 96누8567). ★★★

② [×], 입안제안을 받은 입안권자는 그 처리결과를 제안자에게 통보하도록 규정하고 있는 점 등과 헌법상 개인의 재산권 보장의 취지에 비추어 보면, 도시계획구역 내 토지 등을 소유하고 있는 주민으로서는 입안권자에게 도시계획입안을 요구할 수 있는 법규상 또는 조리상의 신청권이 있다고 할 것이고, 이러한 신청에 대한 거부행위는 항고소송의 대상이 되는 행정처분에 해당한다(대법 2004. 4. 28. 2003두1806). ★★

③ [○], 「도시 및 주거환경정비법」(이하 '도시정비법'이라 한다)에 기초하여 주택재개발정비사업조합(이하 '조합'이라 한다)이 수립한 관리처분계획은 그것이 인가·고시를 통해 확정되면 이해관계인에 대한 구속적 행정계획으로서 독립적인 행정처분에 해당한다(대법 2016. 12. 15. 2015두51347).

④ [○], 행정주체가 행정계획을 입안·결정함에 있어서 이익형량을 전혀 행하지 아니하거나 이익형량의 고려 대상에 마땅히 포함시켜야 할 사항을 누락한 경우 또는 이익형량을 하였으나 정당성·객관성이 결여된 경우에는 그 행정계획결정은 재량권을 일탈·남용한 것으로서 위법하다(대법 1996. 11. 29. 96누8567). ★★★

⑤ [○], 비구속적 행정계획안이나 행정지침이라도 국민의 기본권에 직접적으로 영향을 끼치고, 앞으로 법령의 뒷받침에 의하여 그대로 실시될 것이 틀림없을 것으로 예상될 수 있을 때에는, 공권력행위로서 예외적으로 헌법소원의 대상이 될 수 있다(헌재 2000. 6. 1. 99헌마538·543·544·545·546·549(병합) 전원재판부).

정답 ②

<행정계획: 복합(처분, 계획재량, 보상)>

문 19.

(2019 변시8회, 25번)

甲이 소유하고 있는 A대지는 관할 행정청인 乙에 의해 도시·군관리계획에 의거 도시계획시설인 학교를 신축하기 위한 부지로 결정·고시되었다. 乙은 A대지에 위 도시계획시설결정을 한 채 장기간 그 사업을 시행하고 있지 않은 상황이다. 이에 관한 설명 중 옳지 않은 것은? (다툼이 있는 경우 판례에 의함)

① 甲은 도시계획시설결정의 장기미집행으로 인해 재산권이 침해되었음을 이유로 위 도시계획시설결정의 실효를 주장할 수 있고, 이는 법률의 규정과 관계없이 헌법상 재산권으로부터 당연히 도출되는 권리이다.

② 乙이 고시한 도시계획시설결정은 특정 개인의 권리 내지 법률상의 이익을 개별적이고 구체적으로 규제하는 효과를 가져 오게 하는 행정청의 처분이라 할 것이고, 이는 행정소송의 대상이 된다.

③ 행정주체는 행정계획을 입안·결정함에 있어서 비교적 광범위한 형성의 자유를 가지지만, 이익형량에 있어서 정당성과 객관성이 결여된 경우에는 그 행정계획결정은 이익형량에 하자가 있어 위법하게 될 수 있다.

④ 甲은 도시계획시설결정에 이해관계가 있는 주민으로서 乙에게 도시시설계획의 입안 내지 변경을 요구할 수 있는 법규상 또는 조리상의 신청권이 있다.

⑤ 甲이 乙에게 국토의 계획 및 이용에 관한 법령에 따라 자신의 대지에 대한 매수를 청구하더라도 매매의 효과가 바로 발생하는 것은 아니다.

해설

① [×], 장기미집행 도시계획시설결정의 실효제도는 도시계획시설부지로 하여금 도시계획시설결정으로 인한 사회적 제약으로부터 벗어나게 하는 것으로서 결과적으로 개인의 재산권이 보다 보호되는 측면이 있는 것은 사실이나, 이와 같은 보호는 입법자가 새로운 제도를 마련함에 따라 얻게 되는 법률에 기한 권리일 뿐 헌법상 재산권으로부터 당연히 도출되는 권리는 아니다(헌재 2005. 9. 29. 2002헌바84등 전원재판부).

② [○], 도로 등 도시계획시설의 도시계획결정고시 및 지적고시도면의 승인고시는 도시계획시설이 설치될 토지의 위치, 면적과 그 행사가 제한되는 권리내용 등을 구체적, 개별적으로 확정하는 처분이다(대법 2000. 12. 8. 99두9957).

③ [○], 행정주체가 행정계획을 입안·결정함에 있어서 이익형량을 전혀 행하지 아니하거나 이익형량의 고려 대상에 마땅히 포함시켜야 할 사항을 누락한 경우 또는 이익형량을 하였으나 정당성·객관성이 결여된 경우에는 그 행정계획결정은 재량권을 일탈·남용한 것으로서 위법하다(대법 1996. 11. 29. 96누8567). ★★★

④ [○], 당해 도시계획시설결정에 이해관계가 있는 주민으로서는 도시시설계획의 입안권자 내지 결정권자에게 도시시설계획의 입안 내지 변경을 요구할 수 있는 법규상 또는 조리상의 신청권이 있고, 이러한 신청에 대한 거부행위는 항고소송의 대상이 되는 행정처분에 해당한다(대법 2005. 3. 26. 2014두42742).

⑤ [○], 도시·군계획시설에 대한 도시·군관리계획의 결정(이하 "도시·군계획시설결정"이라 한다)의 고시일부터 10년 이내에 그 도시·군계획시설의 설치에 관한 도시·군계획시설사업이 시행되지 아니하는 경우(제88조에 따른 실시계획의 인가나 그에 상당하는 절차가 진행된 경우는 제외한다. 이하 같다) 그 도시·군계획시설의 부지로 되어 있는 토지 중 지목(地目)이 대(垈)인 토지(그 토지에 있는 건축물 및 정착물을 포함한다. 이하 이 조에서 같다)의 소유자는 대통령령으로 정하는 바에 따라 특별시장·광역시장·특별자치시장·특별자치도지사·시장 또는 군수에게 그 토지의 매수를 청구할 수 있다. 다만, 다음 각 호의 어느 하나에 해당하는 경우에는 그에 해당하는 자(특별시장·광역시장·특별자치시장·특별자치도지사·시장 또는 군수를 포함한다. 이하 이 조에서 "매수의무자"라 한다)에게 그 토지의 매수를 청구할 수 있다(국토계획법 제47조 제1항). 즉, 장기미집행의 도시계획시설 부지에 관한 매수청구권의 성질은 형성권이 아닌 청구권에 불과하다.

정답 ①

<행정계획: 계획변경신청권 재량 승계>

문 20.

(2020 변시9회, 28번)

乙 도지사는 「국토의 계획 및 이용에 관한 법률」에 따라 甲 소유의 토지가 포함된 일대 토지에 청소년수련원을 도시계획시설로 신설하는 내용의 도시관리계획을 결정(이하 '도시계획시설결정'이라고 함)하고 이를 고시하였다. 이어 乙 도지사는 위 도시계획시설결정에 따른 도시계획시설사업의 사업시행자로 A회사를 지정하여, 위 사업에 관한 실시계획인가를 하고 이를 고시하였다. 같은 법 시행령에 의하면 A회사가 사업시행자로 지정을 받으려면 도시계획시설사업의 대상인 토지 면적의 3분의 2 이상에 해당하는 토지를 소유하고, 토지소유자 총수의 2분의 1 이상에 해당하는 자의 동의를 얻어야 한다. 이에 관한 설명 중 옳지 않은 것은? (다툼이 있는 경우 판례에 의함)

① 甲은 입안권자에게 도시관리계획의 입안 내지 변경을 요구할 수 있는 법규상 또는 조리상의 신청권이 있고, 입안권자가 甲의 신청을 거부한 경우 이는 항고소송의 대상이 된다.

② 乙 도지사는 도시관리계획을 결정할 때 비교적 폭넓은 형성의 재량을 가지지만, 청소년수련원 설치에 따른 공익이나 인근주민들의 환경권, 甲의 재산권 등을 전혀 이익형량하지 않거나 이익형량의 고려 대상에 마땅히 포함시켜야 할 사항을 누락한 경우에는 재량권을 일탈·남용한 것으로 위법하다.

③ A회사가 도시계획시설사업 대상 토지의 소유와 동의 요건을 갖추지 못하였는데도 사업시행자로 지정되었다면 특별한 사정이 없는 한 그 사업시행자 지정처분의 하자는 중대하다고 보아야 한다.

④ 도시계획시설결정 단계에서 설치사업에 따른 공익과 사익 사이의 이익형량이 이루어졌다면, 乙 도지사는 실시계획인가를 할 때 특별한 사정이 없는 한 이익형량을 다시 할 필요는 없다.

⑤ 도시계획시설결정과 실시계획인가는 도시계획시설사업을 위하여 이루어지는 단계적 행정절차로 도시계획시설결정에 취소사유에 해당하는 하자가 있는 경우 그 하자는 실시계획인가에 승계된다.

해설

① [○], 도시계획구역 내 토지 등을 소유하고 있는 사람과 같이 당해 도시계획시설결정에 이해관계가 있는 주민으로서는 도시시설계획의 입안권자 내지 결정권자에게 도시시설계획의 입안 내지 변경을 요구할 수 있는 법규상 또는 조리상의 신청권이 있고, 이러한 신청에 대한 거부행위는 항고소송의 대상이 되는 행정처분에 해당한다(대법 2015. 3. 26. 2014두42742).

② [○], 행정주체가 도시계획을 입안·결정함에 있어서 이익형량을 전혀 하지 아니하거나 이익형량의 고려대상에 마땅히 포함시켜야 할 사항을 누락한 경우 또는 이익형량을 하였으나 정당성·객관성이 결여된 경우에는 그 행정계획결정은 재량권을 일탈·남용한 위법한 처분이라 할 수 있다(대법 1998. 4. 24. 97누1501).

③ [○], 국토계획법령이 정한 도시계획시설사업의 대상 토지의 소유와 동의 요건을 갖추지 못하였는데도 사업시행자로 지정하였다면, 이는 국토계획법령이 정한 법규의 중요한 부분을 위반한 것으로서 특별한 사정이 없는 한 그 하자가 중대하다고 보아야 한다(대법 2007. 7. 11. 2016두35120).

④ [○], 군계획시설사업의 실시계획인가 여부를 결정하는 행정청은 특별한 사정이 없는 한 실시계획이 군계획시설의 결정·구조 및 설치의 기준 등에 부합하는지 여부를 판단하는 것으로 충분하고, 나아가 그 사업의 공익성 여부나 사업 수행에 따른 이익형량을 다시 할 필요는 없다(대법 2017. 7. 18. 2016두49938).

⑤ [×], 도시·군계획시설결정과 실시계획인가는 도시·군계획시설사업을 위하여 이루어지는 단계적 행정절차에서 별도의 요건과 절차에 따라 별개의 법률효과를 발생시키는 독립적인 행정처분이다. 그러므로 선행처분인 도시·군계획시설결정에 하자가 있더라도 그것이 당연무효가 아닌 한 원칙적으로 후행처분인 실시계획인가에 승계되지 않는다(대법 2017. 7. 18. 2016두49938).

정답 ⑤

<행정계획: 계획재량 인가>

문 21.

(2021 변시10회, 24번)

A시는 노외주차장 건물을 신축하기 위해 도시계획시설결정을 하였고, 이어 사업시행자를 지정하고 도시계획시설사업에 관한 실시계획인가를 하였다. 이에 관한 설명 중 옳은 것을 모두 고른 것은? (다툼이 있는 경우 판례에 의함)

> ㄱ. 도시계획시설사업에 관한 실시계획인가처분은 해당 사업을 구체화하여 현실적으로 실현하기 위한 형성행위에 해당한다.
> ㄴ. 「행정절차법」은 행정계획의 수립·확정절차에 관한 법적 근거를 두고 있다.
> ㄷ. 노외주차장을 도시계획시설로 결정함에 있어 A시의 형성의 재량은 무제한적인 것이 아니고, A시는 관련되는 제반 공익과 사익을 비교·형량하여야 한다.
> ㄹ. 도시계획시설결정의 하자가 중대하나 명백하지 않은 경우 그 하자는 실시계획인가에 승계된다.

① ㄱ, ㄴ
② ㄱ, ㄷ
③ ㄴ, ㄷ
④ ㄴ, ㄹ
⑤ ㄷ, ㄹ

해설

ㄱ. [○], 도시·군계획시설사업에 관한 실시계획인가처분은 해당 사업을 구체화하여 현실적으로 실현하기 위한 형성행위로서 이에 따라 토지수용권 등이 구체적으로 발생하게 된다(대법 2018. 7. 24. 2016두48416).

ㄴ. [×], 행정청은 정책, 제도 및 계획을 수립·시행하거나 변경하려는 경우에는 이를 예고하여야 한다(행정절차법 제46조 제1항 전단). 다시 말해, 행정계획의 수립·확정절차에 대한 법적 근거는 없고 예고를 하도록 규정하고 있을 뿐이다.

ㄷ. [○], 설치하려는 주차장 자체의 경제성·효율성과 주차장을 설치한 후 운영하는 과정에서 발생하게 될 인근 주민의 불편이나 해당 지역의 교통에 미칠 영향 등을 함께 비교·형량하여야 한다(대법 2018. 6. 28. 2018두35490, 2018두35506(병합)).

ㄹ. [×], 도시·군계획시설결정과 실시계획인가는 도시·군계획시설사업을 위하여 이루어지는 단계적 행정절차에서 별도의 요건과 절차에 따라 별개의 법률효과를 발생시키는 독립적인 행정처분이다. 그러므로 선행처분인 도시·군계획시설결정에 하자가 있더라도 그것이 당연무효가 아닌 한 원칙적으로 후행처분인 실시계획인가에 승계되지 않는다(대법 2017. 7. 18. 216두49938).

정답 ②

제4장 공법상 계약

<공법상 계약>

문 1.

(2014 변시3회, 26번)

공법상 계약에 관한 설명 중 옳지 않은 것은? (다툼이 있는 경우 판례에 의함)

① 계약직공무원에 대한 계속적 계약은 당사자 상호간의 신뢰관계를 그 기초로 하는 것이므로, 당해 계약의 존속 중에 당사자의 일방이 그 계약상의 의무를 위반함으로써 그로 인하여 계약의 기초가 되는 신뢰관계가 파괴되어 계약관계를 그대로 유지하기 어려운 정도에 이르게 된 경우에는 상대방은 그 계약관계를 막바로 해지함으로써 그 효력을 장래에 향하여 소멸시킬 수 있다.

② 지방재정법에 따라 지방자치단체가 당사자가 되어 체결하는 계약은 사법상의 계약일 뿐, 공권력을 행사하는 것이거나 공권력 작용과 일체성을 가진 것은 아니라고 할 것이므로 이에 관한 분쟁은 행정소송의 대상이 될 수 없다.

③ 광주광역시문화예술회관장의 단원 위촉은 광주광역시문화예술회관장이 행정청으로서 공권력을 행사하여 행하는 행정처분이 아니라 공법상의 근무관계의 설정을 목적으로 하여 광주광역시와 단원이 되고자 하는 자 사이에 대등한 지위에서 의사가 합치되어 성립하는 공법상 근로계약에 해당한다.

④ 전문직공무원인 공중보건의사 채용계약 해지의 의사표시에 대하여는 대등한 당사자 간의 소송형식인 공법상의 당사자소송으로 그 의사표시의 무효확인을 청구할 수 있는 것이지, 이를 항고소송의 대상이 되는 행정처분이라는 전제하에서 그 취소를 구하는 항고소송을 제기할 수는 없다.

⑤ 공법상 계약에 의한 의무의 불이행에 대해서는 개별법에서 행정강제를 규정하는 명문의 규정이 없더라도 공익의 실현을 보장하기 위하여 행정대집행법에 의한 대집행이 허용된다.

해설

① [○], 계속적 계약은 당사자 상호간의 신뢰관계를 그 기초로 하는 것이므로, 당해 계약의 존속 중에 당사자의 일방이 그 계약상의 의무를 위반함으로써 그로 인하여 계약의 기초가 되는 신뢰관계가 파괴되어 계약관계를 그대로 유지하기 어려운 정도에 이르게 된 경우에는 상대방은 그 계약관계를 막바로 해지함으로써 그 효력을 장래에 향하여 소멸시킬 수 있다고 봄이 타당하다(대법 2002. 11. 26. 2002두5948).

② [○], 예산회계법 또는 지방재정법에 따라 지방자치단체가 당사자가 되어 체결하는 계약은 사법상의 계약일 뿐, 공권력을 행사하는 것이거나 공권력 작용과 일체성을 가진 것은 아니라고 할 것이므로 이에 관한 분쟁은 행정소송의 대상이 될 수 없다고 할 것이다(대법 1996. 12. 20. 96누14708).

③ [○], 광주광역시문화예술회관장의 단원 위촉은 광주광역시문화예술회관장이 행정청으로서 공권력을 행사하여 행하는 행정처분이 아니라 공법상의 근무관계의 설정을 목적으로 하여 광주광역시와 단원이 되고자 하는 자 사이에 대등한 지위에서 의사가 합치되어 성립하는 공법상 근로계약에 해당한다고 보아야 할 것이다(대법 2001. 12. 11. 2001두7794).

④ [○], 공중보건의사 채용계약 해지의 의사표시에 대하여는 대등한 당사자간의 소송형식인 공법상의 당사자소송으로 그 의사표시의 무효확인을 청구할 수 있는 것이지, 이를 항고소송의 대상이 되는 행정처분이라는 전제하에서 그 취소를 구하는 항고소송을 제기할 수는 없다고 할 것이다(대법 1996. 5. 31. 95누10617). ★★

⑤ [×], 행정소송에 관하여 이 법에 특별한 규정이 없는 사항에 대하여는 법원조직법과 민사소송법 및 민사집행법의 규정을 준용한다(행정소송법 제8조 제2항). 공법상 계약에 관한 의무불이행에 대해서는 당사자소송에 의한다.

정답 ⑤

<공법상 계약>

문 2.

(2017 변시6회, 40번)

공법상 계약에 관한 설명 중 옳지 않은 것은? (다툼이 있는 경우 판례에 의함)

① 행정청이 자신과 상대방 사이의 법률관계를 일방적인 의사표시로 종료시킨 경우 그 의사표시가 행정처분이라고 단정할 수 없고, 관계 법령이 상대방의 법률관계에 관하여 구체적으로 어떻게 규정하고 있는지에 따라 의사표시가 행정처분에 해당하는지 아니면 공법상 계약관계의 일방 당사자로서 대등한 지위에서 행하는 의사표시인지를 개별적으로 판단하여야 한다.

② 「공익사업을 위한 토지 등의 취득 및 보상에 관한 법률」에 따른 토지 등의 협의취득은 공법상 계약에 해당하지 않고, 사법상의 법률행위이다.

③ 재단법인 한국연구재단이 과학기술기본법령에 따라 연구개발비의 회수 및 관련자에 대한 국가연구개발사업 참여제한을 내용으로 하여 '2단계 두뇌한국(BK) 21 사업협약'을 해지하는 통보를 하였다면, 그 통보는 행정처분에 해당한다.

④ '서울특별시 시민감사옴부즈만 운영 및 주민감사청구에 관한 조례'에 따라 계약직으로 구성하는 옴부즈만 공개채용과정에서 최종합격자로 공고된 자에 대해 서울특별시장이 인사위원회의 심의결과에 따라 채용하지 아니하겠다고 통보한 경우, 그 불채용통보는 항고소송을 통해 다툴 수 없다.

⑤ 중소기업기술정보진흥원장이 甲 주식회사와 체결한 중소기업 정보화지원사업 지원대상인 사업의 지원에 관한 협약을 그 협약에서 정한 해지사항에 따라 해지한 경우, 그 해지의 효과는 전적으로 협약이 정한 바에 따라 정해질 뿐, 달리 협약 해지의 효과 또는 이에 수반되는 행정상 제재 등에 관하여 관련 법령에 아무런 규정을 두고 있지 아니하더라도, 국민의 권리구제를 위해 그 협약해지는 행정청이 우월한 지위에서 행하는 공권력의 행사로서 행정처분에 해당한다고 보아야 한다.

해설

① [○], 행정청이 자신과 상대방 사이의 법률관계를 일방적인 의사표시로 종료시켰다고 하더라도 곧바로 의사표시가 행정청으로서 공권력을 행사하여 행하는 행정처분이라고 단정할 수는 없고, 관계 법령이 상대방의 법률관계에 관하여 구체적으로 어떻게 규정하고 있는지에 따라 의사표시가 항고소송의 대상이 되는 행정처분에 해당하는지 아니면 공법상 계약관계의 일방 당사자로서 대등한 지위에서 행하는 의사표시인지를 개별적으로 판단하여야 한다(대법 2015. 8. 27. 2015두41449). ★★

② [○], 토지 등의 협의취득은 공공사업에 필요한 토지 등을 그 소유자와의 협의에 의하여 취득하는 것으로서 공공기관이 사경제주체로서 행하는 사법상 매매 내지 사법상 계약의 실질을 가지는 것이므로, 그 협의취득시 건물소유자가 매매대상 건물에 대한 철거의무를 부담하겠다는 취지의 약정을 하였다고 하더라도 이러한 철거의무는 공법상의 의무가 될 수 없고, 이 경우에도 행정대집행법을 준용하여 대집행을 허용하는 별도의 규정이 없는 한 위와 같은 철거의무는 행정대집행법에 의한 대집행의 대상이 되지 않는다(대법 2006. 10. 13. 2006두7096). ★★

③ [○], 옴부즈만 채용행위가 공법상 계약에 해당하는 이상 원고의 채용계약 청약에 대응한 피고의 '승낙의 의사표시'가 대등한 당사자로서의 의사표시인 것과 마찬가지로 그 청약에 대하여 '승낙을 거절하는 의사표시' 역시 행정청이 대등한 당사자의 지위에서 하는 의사표시라고 보는 것이 타당하고, 그 채용계약에 따라 담당할 직무의 내용에 고도의 공공성이 있다거나 원고가 그 채용과정에서 최종합격자로 공고되어 채용계약 성립에 관한 강한 기대나 신뢰를 가지게 되었다는 사정만으로 이를 행정청이 우월한 지위에서 행하는 공권력의 행사로서 행정처분에 해당한다고 볼 수는 없다(대법 2014. 4. 24. 2013두6244).

④ [○], 공중보건의사 채용계약 해지의 의사표시에 대하여는 대등한 당사자간의 소송형식인 공법상의 당사자소송으로 그 의사표시의 무효확인을 청구할 수 있는 것이지, 이를 항고소송의 대상이 되는 행정처분이라는 전제하에서 그 취소를 구하는 항고소송을 제기할 수는 없다고 할 것이다(대법 1996. 5. 31. 95누10617). ★★

⑤ [×], 협약의 해지 및 그에 따른 환수통보는 공법상 계약에 따라 행정청이 대등한 당사자의 지위에서 하는 의사표시로 보아야 하고, 이를 행정청이 우월한 지위에서 행하는 공권력의 행사로서 행정처분에 해당한다고 볼 수는 없다(대법 2015. 8. 27. 2015두41449). ★★

정답 ⑤

제5장 | 공법상 사실행위

<행정지도>

문 3.

(2013 변시2회, 25번)

행정지도에 관한 다음 설명 중 옳지 않은 것은? (다툼이 있는 경우 판례에 의함)

① 사인의 행위가 행정지도에 따라 행해진 경우 그 행정지도가 위법하다고 할지라도 원칙적으로 그 사인의 행위의 위법성이 조각된다.

② 행정지도가 말로 이루어지는 경우에 상대방이 행정지도의 취지 및 내용, 행정지도를 하는 자의 신분을 적은 서면의 교부를 요구하면 그 행정지도를 하는 자는 직무 수행에 특별한 지장이 없으면 이를 교부하여야 한다.

③ 행정기관이 동일한 행정목적을 실현하기 위하여 다수인에게 행정지도를 하려는 경우 특별한 사정이 없으면 행정지도에 공통되는 내용을 공표하여야 한다.

④ 국가배상법이 정하는 배상청구의 요건인 '공무원의 직무'에는 행정지도와 같은 비권력적 행정작용이 포함된다.

⑤ 행정지도가 강제성을 띠지 않은 비권력적 작용으로서 행정지도의 한계를 일탈하지 아니하였다면, 그로 인하여 상대방에게 어떤 손해가 발생하였다고 하더라도 행정기관은 그에 대한 손해배상책임이 없다.

해설

① [×], 행정관청이 국토이용관리법 소정의 토지거래계약신고에 관하여 공시된 기준시가를 기준으로 매매가격을 신고하도록 행정지도를 하고 피고인이 그에 따라 허위신고를 한 것이라 하더라도 이와 같은 행정지도는 법에 어긋나는 것으로서 피고인이 그와 같은 행정지도나 관행에 따라 허위신고행위에 이르렀다고 하여도 이것만 가지고서는 그 범법행위가 정당화 될 수 없다고 할 것이다(대법 1994. 6. 14. 93도3247). ★★

② [○], 행정지도가 말로 이루어지는 경우에 상대방이 제1항의 사항을 적은 서면의 교부를 요구하면 그 행정지도를 하는 자는 직무 수행에 특별한 지장이 없으면 이를 교부하여야 한다(행정절차법 제49조 제2항).

③ [○], 행정기관이 같은 행정목적을 실현하기 위하여 많은 상대방에게 행정지도를 하려는 경우에는 특별한 사정이 없으면 행정지도에 공통적인 내용이 되는 사항을 공표하여야 한다(행정절차법 제51조).

④ [○], 국가배상법이 정한 배상청구의 요건인 '공무원의 직무'에는 권력적 작용만이 아니라 행정지도와 같은 비권력적 작용도 포함되며 단지 행정주체가 사경제주체로서 하는 활동만 제외된다(대법 1998. 7. 10. 96다38971).

⑤ [○], 행정지도가 강제성을 띠지 않은 비권력적 작용으로서 행정지도의 한계를 일탈하지 아니하였다면, 그로 인하여 상대방에게 어떤 손해가 발생하였다 하더라도 행정기관은 그에 대한 손해배상책임이 없다(대법 2008. 9. 25. 2006다18228). ★★★

정답 ①

<행정지도>

문 4.

(2012 변시1회, 23번)

甲은 토지매매에 의한 양도소득세 확정신고를 하면서, 행정청의 행정지도에 따라 실제 거래가격이 아닌 개별공시지가에 의하여 매매가격을 신고하였다. 추후에 이것이 허위신고로 문제되자 甲은 자신의 행위가 행정청의 행정지도에 따른 것이라고 하면서 반발하고 있다. 甲과 행정청의 법적 책임 등에 관한 설명 중 옳은 것은? (다툼이 있는 경우 판례에 의함)

① 甲의 행위는 행정청의 행정지도에 따른 것으로서 범법행위가 아니지만, 관할 관청은 이에 대한 법적 책임을 피할 수 없다.

② 甲이 행정지도에 따른 허위의 매매가격신고로 인하여 불이익을 입었다면 행정청이 사실상 강제력을 행사하였는지에 관계없이 공무원의 직무상 불법행위가 성립한다.

③ 행정청이 허위의 매매가격신고를 사실상 강제하지 않았더라도 현행법상 甲의 피해에 대한 손실보상이 이루어질 수 있다.

④ 만약 행정청의 행정지도를 따르지 않을 경우 일정한 불이익조치가 예정되어 있었다면 그 행정지도는 헌법소원의 대상이 되는 공권력행사가 될 수 있다.

⑤ 행정지도는 법적 효과를 발생시키는 것이 아니므로 항고소송 등 행정쟁송의 대상이 되지 아니하며, 행정지도를 따르지 않았다는 이유로 발령된 행정행위에 대해서도 항고소송을 제기할 수 없다.

해설

① [×], 행정관청이 국토이용관리법 소정의 토지거래계약신고에 관하여 공시된 기준시가를 기준으로 매매가격을 신고하도록 행정지도를 하고 피고인이 그에 따라 허위신고를 한 것이라 하더라도 이와 같은 행정지도는 법에 어긋나는 것으로서 피고인이 그와 같은 행정지도나 관행에 따라 허위신고행위에 이르렀다고 하여도 이것만 가지고서는 그 범법행위가 정당화 될 수 없다(대법 1994. 6. 14. 93도3247). ★★

② [×], 일반적 직무권한은 반드시 법률상의 강제력을 수반하는 것임을 요하지 아니하며, 그것이 남용될 경우 직권행사의 상대방으로 하여금 법률상 의무 없는 일을 하게 하거나 정당한 권리행사를 방해하기에 충분한 것이면 된다(헌재 2006. 7. 27. 2004헌바46 전원재판부).

③ [×], 행정지도가 강제성을 띠지 않은 비권력적 작용으로서 행정지도의 한계를 일탈하지 아니하였다면, 그로 인하여 상대방에게 어떤 손해가 발생하였다 하더라도 행정기관은 그에 대한 손해배상책임이 없다(대법 2008. 9. 25. 2006다18228). ★★★

④ [○], 교육인적자원부장관의 대학총장들에 대한 이 사건 학칙시정요구는 고등교육법 제6조 제2항, 동법시행령 제4조 제3항에 따른 것으로서 그 법적 성격은 대학총장의 임의적인 협력을 통하여 사실상의 효과를 발생시키는 행정지도의 일종이지만, 그에 따르지 않을 경우 일정한 불이익조치를 예정하고 있어 사실상 상대방에게 그에 따를 의무를 부과하는 것과 다를 바 없으므로 단순한 행정지도로서의 한계를 넘어 규제적·구속적 성격을 상당히 강하게 갖는 것으로서 헌법소원의 대상이 되는 공권력의 행사라고 볼 수 있다(헌재 2003. 6. 26. 2002헌마337등 전원재판부).

⑤ [×], 행정기관은 행정지도의 상대방이 행정지도에 따르지 아니하였다는 것을 이유로 불이익한 조치를 하여서는 아니 된다(행정절차법 제48조 제2항).

정답 ④

<행정지도>

문 5.

(2021 변시10회, 38번)

행정지도에 관한 설명 중 옳지 않은 것은? (다툼이 있는 경우 판례에 의함)

① 행정지도가 말로 이루어지는 경우에 상대방이 그 행정지도의 취지 및 내용과 행정지도를 하는 자의 신분을 적은 서면의 교부를 요구하면 행정지도를 하는 자는 직무 수행에 특별한 지장이 없으면 이를 교부하여야 한다.

② 국가의 공권력이 헌법과 법률에 근거하지 아니하고 통상의 행정지도의 한계를 넘어 부실기업의 정리라는 명목하에 사기업의 매각을 지시하거나 그 해체에 개입하는 것은 허용되지 아니한다.

③ 성희롱 행위를 이유로 한 국가인권위원회의 인사조치권고에 대하여 성희롱 행위자로 결정된 자는 항고소송을 통해 다툴 수 있다.

④ 행정기관의 조언이 강제성을 띠지 않고 행정지도의 한계를 일탈하지 아니하였다면, 그 조언으로 인하여 상대방에게 어떤 손해가 발생하였다 하더라도 행정기관은 그에 대한 손해배상책임이 없다.

⑤ 행정기관의 조언에 따르지 않을 경우 일정한 불이익조치가 예정되어 있어 사실상 상대방에게 그에 따를 의무를 부과하는 것과 다를 바 없더라도 그 조언이 행정지도에 불과한 이상 이는 「헌법재판소법」 제68조 제1항의 헌법소원 심판의 대상이 되는 공권력의 행사라 할 수 없다.

해설

① [○], 행정지도가 말로 이루어지는 경우에 상대방이 제1항의 사항을 적은 서면의 교부를 요구하면 그 행정지도를 하는 자는 직무 수행에 특별한 지장이 없으면 이를 교부하여야 한다(행정절차법 제49조 제2항).

② [○], 적법한 행정지도로 인정되기 위하여는 우선 그 목적이 적법한 것으로 인정될 수 있어야 할 것이므로, 주식매각의 종용이 정당한 법률적 근거 없이 자의적으로 주주에게 제재를 가하는 것이라면 이 점에서 벌써 행정지도의 영역을 벗어난 것이라고 보아야 할 것이다(대법 1994. 12. 13. 93다49482).

③ [○], 국가인권위원회의 성희롱결정과 이에 따른 시정조치의 권고는 불가분의 일체로 행하여지는 것인데 국가인권위원회의 이러한 결정과 시정조치의 권고는 성희롱 행위자로 결정된 자의 인격권에 영향을 미침과 동시에 공공기관의 장 또는 사용자에게 일정한 법률상의 의무를 부담시키는 것이므로 국가인권위원회의 성희롱결정 및 시정조치권고는 행정소송의 대상이 되는 행정처분에 해당한다고 보지 않을 수 없다(대법 2005. 7. 8. 2005두487). ★★

④ [○], 행정지도가 강제성을 띠지 않은 비권력적 작용으로서 행정지도의 한계를 일탈하지 아니하였다면, 그로 인하여 상대방에게 어떤 손해가 발생하였다 하더라도 행정기관은 그에 대한 손해배상책임이 없다(대법 2008. 9. 25. 2006다18228). ★★★

⑤ [×], 교육인적자원부장관의 대학총장들에 대한 이 사건 학칙시정요구는 고등교육법 제6조 제2항, 동법시행령 제4조 제3항에 따른 것으로서 그 법적 성격은 대학총장의 임의적인 협력을 통하여 사실상의 효과를 발생시키는 행정지도의 일종이지만, 그에 따르지 않을 경우 일정한 불이익조치를 예정하고 있어 사실상 상대방에게 그에 따를 의무를 부과하는 것과 다를 바 없으므로 단순한 행정지도로서의 한계를 넘어 규제적·구속적 성격을 상당히 강하게 갖는 것으로서 헌법소원의 대상이 되는 공권력의 행사라고 볼 수 있다(헌재 2003. 6. 26. 2002헌마337 전원재판부).

정답 ⑤

제6장 | 확약

제7장 | 행정절차법 · 행정정보

<행정절차>

문 6.

(2016 변시5회, 26번)

행정절차에 관한 설명 중 판례의 입장과 부합하지 않는 것은?

① 신청에 대한 거부처분은 특별한 사정이 없는 한 「행정절차법」 제21조 제1항의 '당사자에게 의무를 부과하거나 권익을 제한하는 처분'에 해당하지 않으므로 사전통지의 대상이 아니다.

② 청문을 실시하지 않아도 되는 예외적인 경우에 해당하지 않는 한 행정청은 침익적 행정처분을 할 때 반드시 청문을 실시하여야 하고 그 절차를 결여한 처분은 위법한 처분으로서 당연무효에 해당한다.

③ 행정청과 당사자가 청문절차를 배제하는 협약을 체결하였다 하더라도, 협약의 체결로 청문 실시 관련 규정의 적용을 배제할 수 있다고 볼 만한 법령상의 규정이 없는 한 청문의 실시에 관한 규정의 적용이 배제되지 않는다.

④ 행정처분의 상대방에 대한 청문통지서가 반송되었다거나 행정처분의 상대방이 청문일시에 불출석하였다는 이유로 청문을 실시하지 아니하고 한 침익적 행정처분은 위법하다.

⑤ 환경영향평가를 실시하여야 할 사업에 대하여 환경영향평가를 거치지 아니하였음에도 사업승인 등 처분을 한 경우 그 하자는 중대하고 명백하여 무효사유에 해당한다.

해설

① [○], 행정절차법 제21조 제1항은 행정청은 당사자에게 의무를 과하거나 권익을 제한하는 처분을 하는 경우에는 미리 처분의 제목, 당사자의 성명 또는 명칭과 주소, 처분하고자 하는 원인이 되는 사실과 처분의 내용 및 법적 근거, 그에 대하여 의견을 제출할 수 있다는 뜻과 의견을 제출하지 아니하는 경우의 처리방법, 의견제출기관의 명칭과 주소, 의견제출기한 등을 당사자 등에게 통지하도록 하고 있는바, 신청에 따른 처분이 이루어지지 아니한 경우에는 아직 당사자에게 권익이 부과되지 아니하였으므로 특별한 사정이 없는 한 신청에 대한 거부처분이라고 하더라도 직접 당사자의 권익을 제한하는 것은 아니어서 신청에 대한 거부처분을 여기에서 말하는 '당사자의 권익을 제한하는 처분'에 해당한다고 할 수 없는 것이어서 처분의 사전통지대상이 된다고 할 수 없다(대법 2003. 11. 28. 2003두674). ★★★

② [×], 행정절차법 제22조 제4항, 제21조 제4항에서 정한 예외사유에 해당하는 경우에 한하여 청문을 실시하지 아니할 수 있으며, 이러한 청문제도는 행정처분의 사유에 대하여 당사자에게 변명과 유리한 자료를 제출할 기회를 부여함으로써 위법사유의 시정가능성을 고려하고 처분의 신중과 적정을 기하려는 데 그 취지가 있음에 비추어 볼 때, 행정청이 침해적 행정처분을 함에 즈음하여 청문을 실시하지 않아도 되는 예외적인 경우에 해당하지 않는 한 반드시 청문을 실시하여야 하고, 그 절차를 결여한 처분은 위법한 처분으로서 취소사유에 해당한다(대법 2004. 7. 8. 2002두8350). ★★★

③ [○], 행정절차법에 규정된 청문의 실시 등 의견청취절차를 배제하는 조항을 두었다고 하더라도, 국민의 행정참여를 도모함으로써 행정의 공정성·투명성 및 신뢰성을 확보하고 국민의 권익을 보호한다는 행정절차법의 목적 및 청문제도의 취지 등에 비추어 볼 때, 위와 같은 협약의 체결로 청문의 실시에 관한 규정의 적용을 배제할 수 있다고 볼 만한 법령상의 규정이 없는 한, 이러한 협약이 체결되었다고 하여 청문의 실시에 관한 규정의 적용이 배제된다거나 청문을 실시하지 않아도 되는 예외적인 경우에 해당한다고 할 수 없다(대법 2004. 7. 8. 2002두8350). ★★★

④ [○], 행정처분의 상대방이 통지된 청문일시에 불출석하였다는 이유만으로 행정청이 관계 법령상 그 실시가 요구되는 청문을 실시하지 아니한 채 침해적 행정처분을 할 수는 없을 것이므로, 행정처분의 상대방에 대한 청문통지서가 반송되었다거나, 행정처분의 상대방이 청문일시에 불출석하였다는 이유로 청문을 실시하지 아니하고 한 침해적 행정처분은 위법하다(대법 2001. 4. 13. 2000두3337).

⑤ [○], 환경영향평가를 거쳐야 할 대상사업에 대하여 환경영향평가를 거치지 아니하였음에도 불구하고 승인 등 처분이 이루어진다면, 사전에 환경영향평가를 함에 있어 평가대상지역 주민들의 의견을 수렴하고 그 결과를 토대로 하여 환경부장관과의 협의내용을 사업계획에 미리 반영시키는 것 자체가 원천적으로 봉쇄되는바, 이렇게 되면 환경파괴를 미연에 방지하고 쾌적한 환경을 유지·조성하기 위하여 환경영향평가제도를 둔 입법 취지를 달성할 수 없게 되는 결과를 초래할 뿐만 아니라 환경영향평가대상지역 안의 주민들의 직접적이고 개별적인 이익을 근본적으로 침해하게 되므로, 이러한 행정처분의 하자는 법규의 중요한 부분을 위반한 중대한 것이고 객관적으로도 명백한 것이라고 하지 않을 수 없어, 이와 같은 행정처분은 당연무효이다(대법 2006. 6. 3. 2005두14363). ★★

정답 ②

<행정절차>

문 7.

(2014 변시3회, 24번)

행정절차에 관한 설명 중 옳은 것을 모두 고른 것은? (다툼이 있는 경우 판례에 의함)

ㄱ. 신청에 따른 처분이 이루어지지 아니한 경우에는 아직 당사자에게 권익이 부과되지 아니하였으므로 특별한 사정이 없는 한 신청에 대한 거부처분이라고 하더라도 직접 당사자의 권익을 제한하는 것은 아니어서 신청에 대한 거부처분은 행정절차법상의 사전통지대상이 된다고 할 수 없다. ㄴ. 당사자에게 의무를 과하거나 당사자의 권익을 제한하는 처분을 함에 있어서, 행정청은 법령등에서 요구된 자격이 없어지게 되면 반드시 일정한 처분을 하여야 하는 경우에 그 자격이 없어지게 된 사실이 법원의 재판 등에 의하여 객관적으로 증명된 경우에도 행정절차법상의 사전통지를 하여야 한다. ㄷ. 행정청은 처분을 하는 경우 원칙적으로 당사자에게 그 근거와 이유를 제시할 의무가 있으므로, 당사자가 근거규정 등을 명시하여 신청하는 인·허가 등을 거부하는 처분을 함에 있어 당사자가 그 근거를 알 수 있을 정도로 상당한 이유를 제시한 경우라 할지라도 당해 처분의 근거 및 이유로서 구체적 조항 및 내용까지 명시해야 하고 그러지 아니하면 그 처분은 위법하다. ㄹ. 행정청이 당사자와 도시계획사업의 시행과 관련한 협약을 체결하면서 관계 법령 및 행정절차법에 규정된 청문의 실시 등 의견청취절차를 배제하는 조항을 두었다고 하더라도, 위와 같은 협약의 체결로 청문의 실시에 관한 규정의 적용을 배제할 수 있다고 볼 만한 법령상의 규정이 없는 한, 청문의 실시에 관한 규정의 적용이 배제된다거나 청문을 실시하지 않아도 되는 예외적인 경우에 해당한다고 할 수 없다.

① ㄱ, ㄴ
② ㄱ, ㄹ
③ ㄴ, ㄷ
④ ㄴ, ㄹ
⑤ ㄷ, ㄹ

해설

ㄱ. [○], 행정절차법 제21조 제1항은 행정청은 당사자에게 의무를 과하거나 권익을 제한하는 처분을 하는 경우에는 미리 처분의 제목, 당사자의 성명 또는 명칭과 주소, 처분하고자 하는 원인이 되는 사실과 처분의 내용 및 법적 근거, 그에 대하여 의견을 제출할 수 있다는 뜻과 의견을 제출하지 아니하는 경우의 처리방법, 의견제출기관의 명칭과 주소, 의견제출기한 등을 당사자 등에게 통지하도록 하고 있는바, 신청에 따른 처분이 이루어지지 아니한 경우에는 아직 당사자에게 권익이 부과되지 아니하였으므로 특별한 사정이 없는 한 신청에 대한 거부처분이라고 하더라도 직접 당사자의 권익을 제한하는 것은 아니어서 신청에 대한 거부처분을 여기에서 말하는 '당사자의 권익을 제한하는 처분'에 해당한다고 할 수 없는 것이어서 처분의 사전통지대상이 된다고 할 수 없다(대법 2003. 11. 28. 2003두674). ★★★

ㄴ. [×], 「행정절차법」 제21조(처분의 사전 통지) ④ 다음 각 호의 어느 하나에 해당하는 경우에는 제1항에 따른 통지를 하지 아니할 수 있다.

1. 공공의 안전 또는 복리를 위하여 긴급히 처분을 할 필요가 있는 경우
2. 법령등에서 요구된 자격이 없거나 없어지게 되면 반드시 일정한 처분을 하여야 하는 경우에 그 자격이 없거나 없어지게 된 사실이 법원의 재판 등에 의하여 객관적으로 증명된 경우
3. 해당 처분의 성질상 의견청취가 현저히 곤란하거나 명백히 불필요하다고 인정될 만한 상당한 이유가 있는 경우

ㄷ. [×], 행정절차법 제23조 제1항은 행정청은 처분을 하는 때에는 당사자에게 그 근거와 이유를 제시하여야 한다고 규정하고 있는바, 일반적으로 당사자가 근거규정 등을 명시하여 신청하는 인·허가 등을 거부하는 처분을 함에 있어 당사자가 그 근거를 알 수 있을 정도로 상당한 이유를 제시한 경우에는 당해 처분의 근거 및 이유를 구체적 조항 및 내용까지 명시하지 않았더라도 그로 말미암아 그 처분이 위법한 것이 된다고 할 수 없다(대법 2002. 5. 17. 2000두8912). ★★

ㄹ. [○], 행정청이 당사자와 사이에 도시계획사업의 시행과 관련한 협약을 체결하면서 관계 법령 및 행정절차법에 규정된 청문의 실시 등 의견청취절차를 배제하는 조항을 두었다고 하더라도, 국민의 행정참여를 도모함으로써 행정의 공정성·투명성 및 신뢰성을 확보하고 국민의 권익을 보호한다는 행정절차법의 목적 및 청문제도의 취지 등에 비추어 볼 때, 위와 같은 협약의 체결로 청문의 실시에 관한 규정의 적용을 배제할 수 있다고 볼 만한 법령상의 규정이 없는 한, 이러한 협약이 체결되었다고 하여 청문의 실시에 관한 규정의 적용이 배제된다거나 청문을 실시하지 않아도 되는 예외적인 경우에 해당한다고 할 수 없다(대법 2004. 7. 8. 2002두8350). ★★★

정답 ②

<행정절차>

문 8.
(2013 변시2회, 27번)

甲은 대령진급예정자로 선발·공표(이하 '대령진급선발'이라 한다)되었으나, 육군참모총장은 국방부장관에게 甲이 대령진급선발 이전에 군납업자로부터의 금품수수 등으로 기소유예처분 및 감봉 3월의 징계처분을 받았다는 이유로 진급낙천을 건의하였다. 이에 국방부장관은 군인사법 제31조 등에 따라 대령진급선발을 취소하는 처분을 하였다. 그러자 甲은 대령진급선발을 취소하는 처분을 하는 과정에서 행정절차법에 따른 의견제출의 기회 등을 부여받지 못하였다는 점을 들어 취소소송을 제기하였다. 이에 관한 다음 설명 중 옳지 않은 것은? (다툼이 있는 경우 판례에 의함)

① 甲에 대한 국방부장관의 대령진급선발 취소처분은 권익을 제한하는 침익적 행정처분이다.

② 甲이 수사과정 및 징계과정에서 자신의 비위행위에 대한 해명기회를 가졌다면 행정절차법에 따른 의견제출의 기회 등을 부여받은 것으로 보아야 한다.

③ 공무원 인사관계 법령에 따른 처분에 관한 사항이라도 그 전부에 대하여 행정절차법의 적용이 배제되는 것이 아니라 성질상 행정절차를 거치기 곤란하거나 불필요하다고 인정되는 처분이나 행정절차에 준하는 절차를 거치도록 하고 있는 처분의 경우에만 행정절차법의 적용이 배제된다.

④ 만약 위 취소소송에서 의견제출의 기회를 부여하지 않았음을 이유로 원고승소판결이 내려진 경우라도 甲을 대령으로 진급시켜야 하는 것은 아니다.

⑤ 행정청이 침익적 행정처분을 함에 있어 의견제출의 기회를 부여하지 않아도 되는 예외적인 경우에 해당하지 않는 한, 의견제출 기회를 부여하지 않은 것은 취소사유에 해당한다.

해설

① [○], 군인사법 및 그 시행령의 관계 규정에 따르면, 원고와 같이 진급예정자 명단에 포함된 자는 진급예정자명단에서 삭제되거나 진급선발이 취소되지 않는 한 진급예정자 명단 순위에 따라 진급하게 되므로, 이 사건 처분과 같이 진급선발을 취소하는 처분은 진급예정자로서 가지는 원고의 이익을 침해하는 처분이라 할 것이고(대법 2007. 9. 21. 2006두20631). ★★

② [×], 원고가 수사과정 및 징계과정에서 자신의 비위행위에 대한 해명기회를 가졌다는 사정만으로 이 사건 처분이 행정절차법 제21조 제4항 제3호, 제22조 제4항에 따라 원고에게 사전통지를 하지 않거나 의견제출의 기회를 주지 아니하여도 되는 예외적인 경우에 해당한다고 할 수 없으므로(대법 2007. 9. 21. 2006두20631). ★★

③ [○], 행정과정에 대한 국민의 참여와 행정의 공정성, 투명성 및 신뢰성을 확보하고 국민의 권익을 보호함을 목적으로 하는 행정절차법의 입법목적과 행정절차법 제3조 제2항 제9호의 규정 내용 등에 비추어 보면, 공무원 인사관계 법령에 의한 처분에 관한 사항 전부에 대하여 행정절차법의 적용이 배제되는 것이 아니라 성질상 행정절차를 거치기 곤란하거나 불필요하다고 인정되는 처분이나 행정절차에 준하는 절차를 거치도록 하고 있는 처분의 경우에만 행정절차법의 적용이 배제되는 것으로 보아야 할 것이다(대법 2007. 9. 21. 2006두20631). ★★

④ [○], 원고가 수사과정 및 징계과정에서 자신의 비위행위에 대한 해명기회를 가졌다는 사정만으로 이 사건 처분이 행정절차법 제21조 제4항 제3호, 제22조 제4항에 따라 원고에게 사전통지를 하지 않거나 의견제출의 기회를 주지 아니하여도 되는 예외적인 경우에 해당한다고 할 수 없으므로(대법 2007. 9. 21. 2006두20631). ★★

⑤ [○], 원고가 수사과정 및 징계과정에서 자신의 비위행위에 대한 해명기회를 가졌다는 사정만으로 이 사건 처분이 행정절차법 제21조 제4항 제3호, 제22조 제4항에 따라 원고에게 사전통지를 하지 않거나 의견제출의 기회를 주지 아니하여도 되는 예외적인 경우에 해당한다고 할 수 없으므로, 피고가 이 사건 처분을 함에 있어 원고에게 의견제출의 기회를 부여하지 아니한 이상, 이 사건 처분은 절차상 하자가 있어 위법하다고 할 것이다(대법 2007. 9. 21. 2006두20631). ★★

정답 ②

<행정절차>

문 9.

(2018 변시7회, 24번)

행정행위의 절차상 하자에 관한 설명 중 옳지 않은 것은? (다툼이 있는 경우 판례에 의함)

① 행정절차의 하자는 행정쟁송 제기 이전까지 치유할 수 있다.

② 국가공무원법상 소청심사위원회가 소청사건을 심사하면서 소청인 또는 그 대리인에게 진술의 기회를 부여하지 아니하고 한 결정은 무효이다.

③ 과세처분의 절차에 위법이 있어 과세처분을 취소하는 판결이 확정된 경우 과세관청은 그 위법사유를 보완하여 다시 새로운 과세처분을 할 수 있다.

④ 명문의 규정이 없는 한 취소사유인 절차상 하자가 실체적 결정에 영향을 미치지 않았음이 명백한 경우에는 절차상 하자만으로 당해 행정행위를 취소할 수 없다.

⑤ 행정청이 청문의 사전통지기간을 다소 어겼다 하더라도 당사자가 이에 대하여 이의를 제기하지 않고 청문일에 출석하여 그 의견을 진술하고 변명하는 등 방어의 기회를 충분히 가졌다면 청문의 사전통지기간을 준수하지 아니한 하자는 치유된다.

해설

① [○], 과세처분에 과세표준과 세액의 계산명세서 등을 첨부하여 고지하도록 한 것은 납세의무자에게 부과처분의 내용을 상세히 알려서 불복여부의 결정 및 그 불복신청에 편의를 주려는데에도 그 취지가 있으므로 이 치유를 허용하려면 늦어도 과세처분에 대한 불복여부의 결정 및 불복신청에 편의를 줄 수 있는 상당한 기간내에 하여야 한다고 할 것인바(대법 1983. 7. 26. 82누420).

② [○], 「국가공무원법」 제13조(소청인의 진술권) ① 소청심사위원회가 소청 사건을 심사할 때에는 대통령령등으로 정하는 바에 따라 소청인 또는 제76조 제1항 후단에 따른 대리인에게 진술 기회를 주어야 한다.
② 제1항에 따른 진술 기회를 주지 아니한 결정은 무효로 한다.

③ [○], 과세의 절차 내지 형식에 위법이 있어 과세처분을 취소하는 판결이 확정되었을 때는 그 확정판결의 기판력은 거기에 적시된 절차내지 형식의 위법사유에 한하여 미치는 것이므로 과세관청은 그 위법사유를 보완하여 다시 새로운 과세처분을 할 수 있고 그 새로운 과세처분은 확정판결에 의하여 취소된 종전의 과세처분과는 별개의 처분이라 할 것이어서 확정판결의 기판력에 저촉되는 것이 아니다(대법 1987. 2. 10. 86누91).

④ [×], 식품위생법 제64조, 같은법시행령 제37조 제1항 소정의 청문절차를 전혀 거치지 아니하거나 거쳤다고 하여도 그 절차적 요건을 제대로 준수하지 아니한 경우에는 가사 영업정지사유 등 위 법 제58조 등 소정 사유가 인정된다고 하더라도 그 처분은 위법하여 취소를 면할 수 없다(대법 1991. 7. 9. 91누971).

⑤ [○], 행정청이 식품위생법상의 청문절차를 이행함에 있어 소정의 청문서 도달기간을 지키지 아니하였다면 이는 청문의 절차적 요건을 준수하지 아니한 것이므로 이를 바탕으로 한 행정처분은 일단 위법하다고 보아야 할 것이지만 이러한 청문제도의 취지는 처분으로 말미암아 받게 될 영업자에게 미리 변명과 유리한 자료를 제출할 기회를 부여함으로써 부당한 권리침해를 예방하려는 데에 있는 것임을 고려하여 볼 때, 가령 행정청이 청문서 도달기간을 다소 어겼다하더라도 영업자가 이에 대하여 이의하지 아니한 채 스스로 청문일에 출석하여 그 의견을 진술하고 변명하는 등 방어의 기회를 충분히 가졌다면 청문서 도달기간을 준수하지 아니한 하자는 치유되었다고 봄이 상당하다(대법 1992. 10. 23. 92누2844). ★★

정답 ④

<행정절차>

문 10.

(2018 변시7회, 24번)

행정상의 절차에 관한 설명 중 옳은 것을 모두 고른 것은? (다툼이 있는 경우 판례에 의함)

ㄱ. 행정청이 침해적 행정처분을 하면서 당사자에게 「행정절차법」상의 사전통지를 하지 않았고 의견제출의 기회도 부여하지 않았다면 사전통지를 하지 아니하거나 의견제출의 기회를 주지 아니하여도 되는 예외적인 경우에 해당하지 아니하는 한 그 처분은 위법하다.

ㄴ. 「건축법」에서 인·허가의제 제도를 둔 취지는 인·허가의제사항 관련 법률에 따른 각각의 인·허가 요건에 관한 일체의 심사를 배제하여 건축허가의 관할 행정청으로 그 창구를 단일화하고 절차를 간소화하며 비용과 시간을 절감함으로써 국민의 권익을 보호하려는 것이다.

ㄷ. 일반적으로 당사자가 근거규정 등을 명시하여 신청하는 인·허가 등을 거부하는 처분을 함에 있어 당사자가 그 근거를 알 수 있을 정도로 상당한 이유를 제시한 경우에는 당해 처분의 근거 및 이유를 구체적 조항 및 내용까지 명시하지 않았더라도 그로 말미암아 처분이 위법한 것이 된다고 할 수 없다.

ㄹ. 「행정절차법」상 청문은 청문 주재자가 필요하다고 인정하는 경우 공개할 수 있으며, 당사자 또는 이해관계인은 청문의 공개를 신청할 수 없다.

ㅁ. 「행정절차법」상 공무원 인사관계 법령에 의한 처분에 관한 사항 전부에 대하여 「행정절차법」의 적용이 배제되는 것이 아니라 성질상 행정절차를 거치기 곤란하거나 불필요하다고 인정되는 처분이나 행정절차에 준하는 절차를 거치도록 하고 있는 처분의 경우에만 「행정절차법」의 적용이 배제된다.

① ㄱ, ㄴ, ㄷ
② ㄱ, ㄴ, ㅁ
③ ㄱ, ㄷ, ㄹ
④ ㄱ, ㄷ, ㅁ
⑤ ㄴ, ㄷ, ㄹ

해설

ㄱ. [○], 다른 법령 등에서 필요적으로 청문을 실시하거나 공청회를 개최하도록 규정하고 있지 아니한 경우에도 당사자 등에게 의견제출의 기회를 주어야 하되, 당해 처분의 성질상 의견청취가 현저히 곤란하거나 명백히 불필요하다고 인정될 만한 상당한 이유가 있는 경우 등에는 처분의 사전통지나 의견청취를 하지 아니할 수 있도록 규정하고 있으므로, 행정청이 침해적 행정처분을 함에 있어서 당사자에게 위와 같은 사전통지를 하거나 의견제출의 기회를 주지 아니하였다면 사전통지를 하지 않거나 의견제출의 기회를 주지 아니하여도 되는 예외적인 경우에 해당하지 아니하는 한 그 처분은 위법하여 취소를 면할 수 없다(대법 2000. 11. 14. 99두5870).

ㄴ. [×], 건축법에서 인·허가의제 제도를 둔 취지는, 인·허가의제사항과 관련하여 건축허가 또는 건축신고의 관할 행정청으로 그 창구를 단일화하고 절차를 간소화하며 비용과 시간을 절감함으로써 국민의 권익을 보호하려는 것이지, 인·허가의제사항 관련 법률에 따른 각각의 인·허가 요건에 관한 일체의 심사를 배제하려는 것으로 보기는 어렵다. 왜냐하면, 건축법과 인·허가의제사항 관련 법률은 각기 고유한 목적이 있고, 건축신고와 인·허가의제사항도 각각 별개의 제도적 취지가 있으며 그 요건 또한 달리하기 때문이다(대법 2010. 1. 20. 2010두14954 전원합의체). ★★★

ㄷ. [○], 행정절차법 제23조 제1항은 행정청은 처분을 하는 때에는 당사자에게 그 근거와 이유를 제시하여야 한다고 규정하고 있는바, 일반적으로 당사자가 근거규정 등을 명시하여 신청하는 인·허가 등을 거부하는 처분을 함에 있어 당사자가 그 근거를 알 수 있을 정도로 상당한 이유를 제시한 경우에는 당해 처분의 근거 및 이유를 구체적 조항 및 내용까지 명시하지 않았더라도 그로 말미암아 그 처분이 위법한 것이 된다고 할 수 없다(대법 2002. 5. 17. 2000두8912). ★★

ㄹ. [×], 「행정절차법」 제30조(청문의 공개) 청문은 당사자가 공개를 신청하거나 청문 주재자가 필요하다고 인정하는 경우 공개할 수 있다. 다만, 공익 또는 제3자의 정당한 이익을 현저히 해칠 우려가 있는 경우에는 공개하여서는 아니 된다.

ㅁ. [○], 정규임용처분을 취소하는 처분은 원고의 이익을 침해하는 처분이라 할 것이고, 한편 지방공무원법 및 그 시행령에는 이 사건 처분과 같이 정규임용처분을 취소하는 처분을 함에 있어 행정절차에 준하는 절차를 거치도록 하는 규정이 없을 뿐만 아니라 위 처분이 성질상 행정절차를 거치기 곤란하거나 불필요하다고 인정되는 처분이라고 보기도 어렵다고 할 것이어서 이 사건 처분이 행정절차법의 적용이 제외되는 경우에 해당한다고 할 수 없으며(대법 2009. 1. 30. 2008두16155).

정답 ④

<행정절차>

문 11.

(2021 변시10회, 32번)

행정절차에 관한 설명 중 옳지 않은 것을 모두 고른 것은? (다툼이 있는 경우 판례에 의함)

ㄱ. 징계와 같은 불이익처분절차에서 징계심의대상자에게 변호사를 통한 방어권의 행사를 보장하는 것이 필요하고, 징계심의대상자가 선임한 변호사가 징계위원회에 출석하여 징계심의대상자를 위하여 필요한 의견을 진술하는 것은 방어권 행사의 본질적 내용에 해당하므로, 행정청은 특별한 사정이 없는 한 이를 거부할 수 없다.

ㄴ. 행정청이 허가를 거부하는 처분을 하면서 처분의 근거와 이유를 구체적으로 명시하지 않은 이상, 당사자가 그 근거를 알 수 있을 정도로 이유를 제시하였다 하더라도 그 처분은 위법하다.

ㄷ. 교육부장관이 관련 법령에 따른 부적격사유가 없는 A와 B 총장후보자 가운데 A후보자가 상대적으로 더욱 적합하다고 판단하여 대통령에게 총장으로 A후보자를 임용제청한 경우, 교육부장관은 B후보자에게 개별 심사항목이나 총장 임용 적격성에 대한 정성적 평가결과를 구체적으로 밝힐 의무가 있다.

ㄹ. 법령에서 사업의 승인 이전에 관계행정청과의 협의를 거치도록 규정한 취지가 미리 자문을 구하라는 의미인 경우에는 비록 승인 전에 이러한 협의를 거치지 아니하였더라도 그 승인처분이 당연무효가 되는 것은 아니다.

① ㄱ, ㄴ, ㄹ
② ㄱ, ㄷ
③ ㄱ, ㄷ, ㄹ
④ ㄴ, ㄷ
⑤ ㄴ, ㄹ

해설

ㄱ. [○], 행정절차법 제12조 제1항 제3호, 제2항, 제11조 제4항 본문에 따르면, 당사자 등은 변호사를 대리인으로 선임할 수 있고, 대리인으로 선임된 변호사는 당사자 등을 위하여 행정절차에 관한 모든 행위를 할 수 있다고 규정되어 있다. 위와 같은 행정절차법령의 규정과 취지, 헌법상 법치국가원리와 적법절차원칙에 비추어 징계와 같은 불이익처분절차에서 징계심의대상자에게 변호사를 통한 방어권의 행사를 보장하는 것이 필요하고, 징계심의대상자가 선임한 변호사가 징계위원회에 출석하여 징계심의대상자를 위하여 필요한 의견을 진술하는 것은 방어권 행사의 본질적 내용에 해당하므로, 행정청은 특별한 사정이 없는 한 이를 거부할 수 없다고 할 것이다(대법 2018. 3. 13. 2016두33339).

ㄴ. [×], 처분서에 기재된 내용과 관계 법령 및 당해 처분에 이르기까지 전체적인 과정 등을 종합적으로 고려하여, 처분 당시 당사자가 어떠한 근거와 이유로 처분이 이루어진 것인지를 충분히 알 수 있어서 그에 불복하여 행정구제절차로 나아가는 데에 별다른 지장이 없었던 것으로 인정되는 경우에는 처분서에 처분의 근거와 이유가 구체적으로 명시되어 있지 않았다고 하더라도 그로 말미암아 그 처분이 위법한 것으로 된다고 할 수는 없다(대법 2013. 11. 14. 2011두18571).

ㄷ. [×], 교육부장관이 어떤 후보자를 총장 임용에 부적격하다고 판단하여 배제하고 다른 후보자를 임용제청하는 경우라면 배제한 후보자에게 연구윤리 위반, 선거부정, 그 밖의 비위행위 등과 같은 부적격사유가 있다는 점을 구체적으로 제시할 의무가 있다. 그러나 부적격사유가 없는 후보자들 사이에서 어떤 후보자를 상대적으로 더욱 적합하다고 판단하여 임용제청하는 경우라면, 이는 후보자의 경력, 인격, 능력, 대학운영계획 등 여러 요소를 종합적으로 고려하여 총장 임용의 적격성을 정성적으로 평가하는 것으로 그 판단 결과를 수치화하거나 이유제시를 하기 어려울 수 있다. 이 경우에는 교육부장관이 어떤 후보자를 총장으로 임용제청하는 행위 자체에 그가 총장으로 더욱 적합하다는 정성적 평가 결과가 당연히 포함되어 있는 것으로, 이로써 행정절차법상 이유제시의무를 다한 것이라고 보아야 한다. 여기에서 나아가 교육부장관에게 개별 심사항목이나 고려요소에 대한 평가 결과를 더 자세히 밝힐 의무까지는 없다(대법 2018. 6. 15. 2016두57564).

ㄹ. [○], 국방·군사시설 사업에 관한 법률 및 구 산림법(2002. 12. 30. 법률 제6841호로 개정되기 전의 것)에서 보전임지를 다른 용도로 이용하기 위한 사업에 대하여 승인 등 처분을 하기 전에 미리 산림청장과 협의를 하라고 규정한 의미는 그의 자문을 구하라는 것이지 그 의견을 따라 처분을 하라는 의미는 아니라 할 것이므로, 이러한 협의를 거치지 아니하였다고 하더라도 이는 당해 승인처분을 취소할 수 있는 원인이 되는 하자 정도에 불과하고 그 승인처분이 당연무효가 되는 하자에 해당하는 것은 아니라고 봄이 상당하다(대법 2006. 6. 30. 2005두14363). ★★

정답 ④

<행정절차>

문 12.

(2022 변시11회, 24번)

행정절차에 관한 설명 중 옳지 않은 것을 모두 고른 것은? (다툼이 있는 경우 판례에 의함)

ㄱ. 퇴직연금의 환수결정은 당사자의 권익을 침해하는 처분이므로 관련 법령에 따라 당연히 환수금액이 정해지는 것이라 하더라도 행정청은 환수결정에 앞서 당사자에게 의견진술의 기회를 부여하여야 한다.

ㄴ. 행정청이 당사자와 협약을 체결하면서 관계 법령 및 「행정절차법」에 규정된 청문의 실시 등 의견청취절차를 배제하는 조항을 두었다면, 이를 금지하는 특별한 규정이 없는 한 법령상의 청문을 실시하지 않아도 되는 예외적인 경우에 해당한다.

ㄷ. 「행정절차법」이 처분의 처리기간을 정하는 것은 신청에 따른 사무를 가능한 한 조속히 처리하도록 하기 위한 것으로, 처리기간에 관한 규정은 훈시규정에 불과할 뿐 강행규정이라고 볼 수 없으므로, 행정청이 처리기간이 지나 처분을 하였더라도 이를 처분을 취소할 절차상 하자로 볼 수 없다.

ㄹ. 기속행위의 경우에는 실체적 내용에 하자가 없는 이상 절차적 하자만으로 독립된 위법사유가 되지 않는다.

ㅁ. 처분에 이유제시의 하자가 있는 경우 행정쟁송 계속 중에 이유제시를 보완하였다면 그 하자는 치유된다.

① ㄱ, ㄷ ② ㄴ, ㄹ
③ ㄱ, ㄴ, ㄷ ④ ㄷ, ㄹ, ㅁ
⑤ ㄱ, ㄴ, ㄹ, ㅁ

해설

ㄱ. [×], 퇴직연금의 환수결정은 당사자에게 의무를 과하는 처분이기는 하나, 관련 법령에 따라 당연히 환수금액이 정하여지는 것이므로, 퇴직연금의 환수결정에 앞서 당사자에게 의견진술의 기회를 주지 아니하여도 행정절차법 제22조 제3항이나 신의칙에 어긋나지 아니한다 (대법 2000. 11. 28. 99두5443).

ㄴ. [×], 행정청이 당사자와 사이에 도시계획사업의 시행과 관련한 협약을 체결하면서 관계 법령 및 행정절차법에 규정된 청문의 실시 등 의견청취절차를 배제하는 조항을 두었다고 하더라도, 국민의 행정참여를 도모함으로써 행정의 공정성·투명성 및 신뢰성을 확보하고 국민의 권익을

보호한다는 행정절차법의 목적 및 청문제도의 취지 등에 비추어 볼 때, 위와 같은 협약의 체결로 청문의 실시에 관한 규정의 적용을 배제할 수 있다고 볼 만한 법령상의 규정이 없는 한, 이러한 협약이 체결되었다고 하여 청문의 실시에 관한 규정의 적용이 배제된다거나 청문을 실시하지 않아도 되는 예외적인 경우에 해당한다고 할 수 없다(대법 2004. 7. 8. 2002두8350). ★★★

ㄷ. [○], 행정절차법 제19조 제1항은 "행정청은 신청인의 편의를 위하여 처분의 처리기간을 종류별로 미리 정하여 공표하여야 한다."라고 정하고 있다. 민원 처리에 관한 법률 제17조 제1항은 "행정기관의 장은 법정민원을 신속히 처리하기 위하여 행정기관에 법정민원의 신청이 접수된 때부터 처리가 완료될 때까지 소요되는 처리기간을 법정민원의 종류별로 미리 정하여 공표하여야 한다."라고 정하고 있고, 민원 처리에 관한 법률 시행령(이하 '민원처리법 시행령'이라 한다) 제23조 제1항은 "행정기관의 장은 민원이 접수된 날부터 30일이 지났으나 처리가 완료되지 아니한 경우 또는 민원인의 명시적인 요청이 있는 경우에는 그 처리진행상황과 처리완료 예정일 등을 적은 문서를 민원인에게 교부하거나 정보통신망 또는 우편 등의 방법으로 통지하여야 한다."라고 정하고 있다.

처분이나 민원의 처리기간을 정하는 것은 신청에 따른 사무를 가능한 한 조속히 처리하도록 하기 위한 것이다. 처리기간에 관한 규정은 훈시규정에 불과할 뿐 강행규정이라고 볼 수 없다. 행정청이 처리기간이 지나 처분을 하였더라도 이를 처분을 취소할 절차상 하자로 볼 수 없다. 민원처리법 시행령 제23조에 따른 민원처리진행상황 통지도 민원인의 편의를 위한 부가적인 제도일 뿐, 그 통지를 하지 않았더라도 이를 처분을 취소할 절차상 하자로 볼 수 없다(대법 2019. 12. 13. 2018두41907).

ㄹ. [×], 사전구제절차로서 과세예고 통지와 통지 내용의 적법성에 관한 심사(이하 '과세전적부심사'라 한다) 제도가 가지는 기능과 이를 통해 권리구제가 가능한 범위, 제도가 도입된 경위와 취지, 납세자의 절차적 권리 침해를 효율적으로 방지하기 위한 통제방법 등을 종합적으로 고려하면, 국세기본법 및 구 국세기본법 시행령(2015. 2. 3. 대통령령 제26066호로 개정되기 전의 것)이 과세예고 통지의 대상으로 삼고 있지 않다거나 과세전적부심사를 거치지 않고 곧바로 과세처분을 할 수 있는 예외사유로 정하고 있는 등의 특별한 사정이 없는 한, 과세관청이 과세처분에 앞서 필수적으로 행하여야 할 과세예고 통지를 하지 아니함으로써 납세자에게 과세전적부심사의 기회를 부여하지 아니한 채 과세처분을 하였다면, 이는 납세자의 절차적 권리를 침해한 것으로서 과세처분의 효력을 부정하는 방법으로 통제할 수밖에 없는 중대한 절차적 하자가 존재하는 경우에 해당하므로, 과세처분은 위법하다(대법 2016. 4. 15. 2015두52326).

ㅁ. [×], 세액산출근거가 누락된 납세고지서에 의한 과세처분의 하자의 치유를 허용하려면 늦어도 과세처분에 대한 불복여부의 결정 및 불복신청에 편의를 줄 수 있는 상당한 기간내에 하여야 한다고 할 것이므로 위 과세처분에 대한 전심절차가 모두 끝나고 상고심의 계류중에 세액산출근거의 통지가 있었다고 하여 이로써 위 과세처분의 하자가 치유되었다고는 볼 수 없다(대법 1984. 4. 10. 83누393).

정답 ⑤

<행정정보: 정보공개>

문 13.

(2015 변시4회, 30번)

환경부는 전국에 유통 중인 생수 7개 제품에서 기준치를 초과하는 발암우려물질이 검출됐다고 발표했다. 그러나 환경부는 신용훼손 등을 이유로 제조사 丙 등의 명단은 발표하지 않았다. 이에 대하여 甲은 환경부장관 乙에게 제조사 명단에 대한 정보공개를 청구하였다. 甲의 정보공개청구에 대하여 乙은 명단의 공개가 「공공기관의 정보공개에 관한 법률」 제9조 제1항 제7호의 '법인·단체 또는 개인의 경영상·영업상 비밀에 관한 사항으로서 공개될 경우 법인등의 정당한 이익을 현저히 해칠 우려가 있다고 인정되는 정보'에 해당된다는 이유로 공개를 거부하였다. 이에 관한 설명 중 옳지 않은 것은?

① 甲은 乙의 거부처분에 대하여 「공공기관의 정보공개에 관한 법률」상의 이의신청절차를 거치지 아니하고 행정심판을 청구할 수 있다.

② 정보공개청구권은 법률상 보호되는 구체적인 권리이므로 甲이 乙에게 정보공개를 청구하였다가 거부처분을 받은 것 자체가 법률상 이익의 침해에 해당한다.

③ 乙은 甲이 공개 청구한 대상정보와 관련이 있는 제3자인 丙에게 그 사실을 지체 없이 통지하여야 한다.

④ 「공공기관의 정보공개에 관한 법률」은 제3자의 권리구제수단에 대해서는 별도의 규정을 두고 있지 않으나, 만일 丙의 비공개 요청에도 불구하고 乙이 공개결정을 하였다면 丙은 그 공개결정에 대한 행정소송을 제기할 수 있다.

⑤ 甲이 공개 청구한 정보가 비공개 대상정보에 해당하는 부분과 공개 가능한 부분이 혼합되어 있는 경우로서 공개 청구의 취지에 어긋나지 않는 범위에서 두 부분을 분리할 수 있는 경우에는 乙은 비공개정보에 해당하는 부분을 제외하고 공개하여야 한다.

해설

① [○], 「공공기관의 정보공개에 관한 법률」 제19조(행정심판) ② 청구인은 제18조에 따른 이의신청 절차를 거치지 아니하고 행정심판을 청구할 수 있다.

② [○], 정보공개청구권은 법률상 보호되는 구체적인 권리이므로 청구인이 공공기관에 대하여 정보공개를 청구하였다가 거부처분을 받은 것 자체가 법률상 이익의 침해에 해당한다(대법 2003. 12. 12. 2003두8050). ★★★

③ [○], 「공공기관의 정보공개에 관한 법률」 제11조(정보공개 여부의 결정) ③ 공공기관은 공개 청구된 공개 대상 정보의 전부 또는 일부가 제3자와 관련이 있다고 인정할 때에는 그 사실을 제3자에게 지체 없이 통지하여야 하며, 필요한 경우에는 그의 의견을 들을 수 있다.

④ [×], 「공공기관의 정보공개에 관한 법률」 제21조(처분의 사전 통지) ① 행정청은 당사자에게 의무를 부과하거나 권익을 제한하는 처분을 하는 경우에는 미리 다음 각 호의 사항을 당사자등에게 통지하여야 한다.

② 행정청은 청문을 하려면 청문이 시작되는 날부터 10일 전까지 제1항 각 호의 사항을 당사자등에게 통지하여야 한다. 이 경우 제1항 제4호부터 제6호까지의 사항은 청문 주재자의 소속·직위 및 성명, 청문의 일시 및 장소, 청문에 응하지 아니하는 경우의 처리방법 등 청문에 필요한 사항으로 갈음한다.

⑤ [○], 「공공기관의 정보공개에 관한 법률」 제14조(부분 공개) 공개 청구한 정보가 제9조 제1항 각 호의 어느 하나에 해당하는 부분과 공개 가능한 부분이 혼합되어 있는 경우로서 공개 청구의 취지에 어긋나지 아니하는 범위에서 두 부분을 분리할 수 있는 경우에는 제9조 제1항 각 호의 어느 하나에 해당하는 부분을 제외하고 공개하여야 한다.

정답 ④

<행정정보: 정보공개>

문 14.

(2016 변시5회, 31번)

甲은 A를 강간죄로 고소하였고, 관할 검찰청 검사는 사건을 수사한 후 「성폭력범죄의 처벌 등에 관한 특례법」 위반으로 A를 기소하였다. 그 후 甲은 관할 검찰청 검사장 乙에게 이 사건 공소장의 공개를 요구하는 정보공개청구서를 제출하였다. 이에 관한 설명 중 옳은 것을 모두 고른 것은? (다툼이 있는 경우 판례에 의함)

ㄱ. 甲이 청구한 공개대상정보가 공소장 원본일 필요는 없다. ㄴ. 위 공소장의 내용을 인터넷 검색 등을 통하여 쉽게 알 수 있다면, 乙은 그 이유를 들어 甲의 정보공개청구를 거부할 수 있다. ㄷ. 위 공소장이 폐기되어 존재하지 않게 되었다면, 공소장을 더 이상 보유·관리하고 있지 아니하다는 점에 대한 입증책임은 乙에게 있다. ㄹ. 乙이 甲의 정보공개청구를 거부한 경우 甲은 「공공기관의 정보공개에 관한 법률」에 따른 이의신청 절차를 거치지 아니하고 행정심판을 청구할 수 있다.

① ㄱ
② ㄴ, ㄹ
③ ㄱ, ㄷ, ㄹ
④ ㄴ, ㄷ, ㄹ
⑤ ㄱ, ㄴ, ㄷ, ㄹ

해설

ㄱ. [○], 「공공기관의 정보공개에 관한 법률」 제13조(정보공개 여부 결정의 통지) ④ 공공기관은 제1항에 따라 정보를 공개하는 경우에 그 정보의 원본이 더럽혀지거나 파손될 우려가 있거나 그 밖에 상당한 이유가 있다고 인정할 때에는 그 정보의 사본·복제물을 공개할 수 있다.

ㄴ. [×], 공개청구의 대상이 되는 정보가 이미 다른 사람에게 공개되어 널리 알려져 있다거나 인터넷 등을 통하여 공개되어 인터넷검색 등을 통하여 쉽게 알 수 있다는 사정만으로는 소의 이익이 없다거나 비공개결정이 정당화될 수 없다(대법 2010. 12. 23. 2008두13101).

ㄷ. [○], 정보공개제도는 공공기관이 보유·관리하는 정보를 그 상태대로 공개하는 제도로서 공개를 구하는 정보를 공공기관이 보유·관리하고 있을 상당한 개연성이 있다는 점에 대하여 원칙적으로 공개청구자에게 증명책임이 있다고 할 것이지만, 공개를 구하는 정보를 공공기관이 한때 보유·관리하였으나 후에 그 정보가 담긴 문서등이 폐기되어 존재하지 않게 된 것이라면 그 정보를 더 이상 보유·관리하고 있지 아니하다는 점에 대한 증명책임은 공공기관에게 있다(대법 2004. 12. 9. 2003두12707). ★★★

ㄹ. [○], 「공공기관의 정보공개에 관한 법률」 제19조(행정심판) ② 청구인은 제18조에 따른 이의신청 절차를 거치지 아니하고 행정심판을 청구할 수 있다.

정답 ③

<행정정보: 정보공개>

문 15.

(2018 변시7회, 32번)

甲은 행정청 乙이 지출한 업무추진비의 예산집행내역과 지출증빙서 등에 관하여 乙에게 정보공개청구를 하였다. 이에 관한 설명 중 옳지 않은 것은? (다툼이 있는 경우 판례에 의함)

① 甲이 사본 또는 복제물의 교부를 원하는 경우에 공개대상 정보의 양이 너무 많아 정상적인 업무수행에 현저한 지장을 초래할 우려가 있는 경우가 아니라면, 乙은 열람의 방식으로 공개할 수 없다.

② 공개청구된 지출증빙서에 간담회 등 행사참석자를 식별할 수 있는 개인정보가 일부 기재되어 있는 경우 乙은 공개청구된 정보에 대해 정보비공개결정을 하여야 한다.

③ 甲이 공개청구한 정보가 담긴 문서 등이 폐기되어 존재하지 않게 된 경우라면 그 정보를 더 이상 보유·관리하고 있지 않다는 점에 대한 증명책임은 乙에게 있다.

④ 乙의 정보비공개결정에 대한 甲의 이의신청이 각하 또는 기각되었을 경우에 甲은 행정심판 또는 행정소송을 제기할 수 있고, 또한 정보비공개결정에 대해 이의신청을 거치지 않고 바로 행정심판 또는 행정소송을 제기할 수 있다.

⑤ 甲이 정보공개거부처분취소심판을 청구하여 인용재결을 받았음에도 乙이 정보공개를 하지 않는 경우, 甲은 「행정심판법」상 간접강제신청을 할 수 있다.

해설

① [○], 구 공공기관의 정보공개에 관한 법률(2013. 8. 6. 법률 제11991호로 개정되기 전의 것, 이하 '구 정보공개법'이라고 한다)은, 정보의 공개를 청구하는 이(이하 '청구인'이라고 한다)가 정보공개방법도 아울러 지정하여 정보공개를 청구할 수 있도록 하고 있고, 전자적 형태의 정보를 전자적으로 공개하여 줄 것을 요청한 경우에는 공공기관은 원칙적으로 요청에 응할 의무가 있고, 나아가 비전자적 형태의 정보에 관해서도 전자적 형태로 공개하여 줄 것을 요청하면 재량판단에 따라 전자적 형태로 변환하여 공개할 수 있도록 하고 있다. 이는 정보의 효율적 활용을 도모하고 청구인의 편의를 제고함으로써 구 정보공개법의 목적인 국민의 알 권리를 충실하게 보장하려는 것이므로, 청구인에게는 특정한 공개방법을 지정하여 정보공개를 청구할 수 있는 법령상 신청권이 있다(대법 2016. 11. 10. 2016두44674). ★★

② [×], 금품수령자정보 중 그 공무원이 직무와 관련하여 금품을 수령한 정보는 '공개하는 것이 공익을 위하여 필요하다고 인정되는 정보'에 해당한다고 인정된다 하더라도, 그 공무원이 직무와 관련 없이 개인적인 자격 등으로 금품을 수령한 경우의 정보는 그 공무원의 사생활 보호라는 관점에서 보더라도 그 정보가 공개되는 것은 바람직하지 않으며 위 정보의 비공개에 의하여 보호되는 이익보다 공개에 의하여 보호되는 이익이 우월하다고 할 수도 없으므로 이는 '공개하는 것이 공익을 위하여 필요하다고 인정되는 정보'에 해당하지 않는다고 봄이 상당하다(대법 2003. 12. 12. 2003두8050). ★★★

③ [○], 정보공개제도는 공공기관이 보유·관리하는 정보를 그 상태대로 공개하는 제도로서 공개를 구하는 정보를 공공기관이 보유·관리하고 있을 상당한 개연성이 있다는 점에 대하여 원칙적으로 공개청구자에게 증명책임이 있다고 할 것이지만, 공개를 구하는 정보를 공공기관이 한 때 보유·관리하였으나 후에 그 정보가 담긴 문서등이 폐기되어 존재하지 않게 된 것이라면 그 정보를 더 이상 보유·관리하고 있지 아니하다는 점에 대한 증명책임은 공공기관에게 있다(대법 2004. 12. 9. 2003두12707). ★★★

④ [○], 「공공기관의 정보공개에 관한 법률」 제18조(이의신청) ① 청구인이 정보공개와 관련한 공공기관의 비공개 결정 또는 부분 공개 결정에 대하여 불복이 있거나 정보공개 청구 후 20일이 경과하도록 정보공개 결정이 없는 때에는 공공기관으로부터 정보공개 여부의 결정 통지를 받은 날 또는 정보공개 청구 후 20일이 경과한 날부터 30일 이내에 해당 공공기관에 문서로 이의신청을 할 수 있다.
제19조(행정심판) ② 청구인은 제18조에 따른 이의신청 절차를 거치지 아니하고 행정심판을 청구할 수 있다.

⑤ [○], 「행정심판법」 제49조(재결의 기속력 등) ② 재결에 의하여 취소되거나 무효 또는 부존재로 확인되는 처분이 당사자의 신청을 거부하는 것을 내용으로 하는 경우에는 그 처분을 한 행정청은 재결의 취지에 따라 다시 이전의 신청에 대한 처분을 하여야 한다
제50조의2(위원회의 간접강제) ① 위원회는 피청구인이 제49조 제2항(제49조 제4항에서 준용하는 경우를 포함한다) 또는 제3항에 따른 처분을 하지 아니하면 청구인의 신청에 의하여 결정으로 상당한 기간을 정하고 피청구인이 그 기간 내에 이행하지 아니하는 경우에는 그 지연기간에 따라 일정한 배상을 하도록 명하거나 즉시 배상을 할 것을 명할 수 있다.

정답 ②

<행정정보: 정보공개>

문 16.

(2021 변시10회, 35번)

아래 사례에 관한 설명 중 옳지 않은 것은? (다툼이 있는 경우 판례에 의함)

> A대학교에 재학 중인 乙은 2015학년도 2학기에 수강한 B과목에서 F학점을 받았다. 그러나 乙은 해당 과목 시험에서 답안을 성실히 작성하였고 담당 시간강사가 요구하는 과제를 제출하였으며 해당 학기에 결석이 1회에 그쳐 자신이 받은 F학점이 부당하다고 생각하였다. 이에 乙은 해당 과목의 채점기준표와 채점이 완료된 자신의 답안지 그리고 자신과 비슷한 내용으로 답안을 작성하였다고 생각되는 丙의 답안지의 공개(복제물의 교부)를 「공공기관의 정보공개에 관한 법률」(이하, '정보공개법'이라 함)에 따라 A대학교 총장인 甲에게 청구하였다. 그러나 甲은 乙이 요청한 자료는 정보공개법상 비공개 대상 정보이고 시간강사가 채점기준표와 답안지를 보관하고 있어 대학이 보유하고 있지 않다는 이유로 자료의 공개를 거부하였다.

① 甲의 비공개결정은 거부처분에 해당하여 「행정절차법」상 특별한 사정이 없는 한 사전통지의 대상이 되지 아니한다.

② A대학교가 사립대학교라면 乙이 요청한 자료는 정보공개법의 적용대상이 아니다.

③ B과목에 대한 성적통지가 성적통지서(문서) 교부가 아닌 인터넷으로 확인(전자문서)하는 방식으로 이루어진다고 하더라도 이 전자문서는 정보공개법상 '정보'에 해당한다.

④ 만약 사안과는 달리 乙의 공개청구가 받아들여진 경우, 복제물의 교부가 아닌 열람만을 허용하는 방식으로 공개방법을 선택할 재량권이 甲에게 인정되지 아니한다.

⑤ 만약 사안과는 달리 공개청구대상 답안지 및 채점기준표가 A대학교에 의해 일정기간 동안 관리되었지만 문서보존연한이 지나 폐기되었다면, 이들 답안지 및 채점기준표를 더 이상 보유·관리하고 있지 아니하다는 점에 대한 증명책임은 A대학교에 있다.

해설

① [○], 행정절차법 제21조 제1항은 행정청은 당사자에게 의무를 과하거나 권익을 제한하는 처분을 하는 경우에는 미리 처분의 제목, 당사자의 성명 또는 명칭과 주소, 처분하고자 하는 원인이 되는 사실과 처분의 내용 및 법적 근거, 그에 대하여 의견을 제출할 수 있다는 뜻과 의견을 제출하지 아니하는 경우의 처리방법, 의견제출기관의 명칭과 주소, 의견제출기한 등을 당사자 등에게 통지하도록 하고 있는바, 신청에 따른 처분이 이루어지지 아니한 경우에는 아직 당사자에게 권익이 부과되지 아니하였으므로 특별한 사정이 없는 한 신청에 대한 거부처분이라고 하더라도 직접 당사자의 권익을 제한하는 것은 아니어서 신청에 대한 거부처분을 여기에서 말하는 '당사자의 권익을 제한하는 처분'에 해당한다고 할 수 없는 것이어서 처분의 사전통지대상이 된다고 할 수 없다고 할 것이다(대법 2003. 11. 28. 2003두674). ★★★

② [×], 구 공공기관의 정보공개에 관한 법률(2004. 1. 29. 법률 제7127호로 전문 개정되기 전의 것, 이하 '정보공개법'이라 한다) 제2조 제3호는 '공공기관'이라 함은 국가, 지방자치단체, 정부투자기관관리기본법 제2조의 규정에 의한 정부투자기관 기타 대통령령이 정하는 기관을 말한다고 규정하고 있고, 같은 법 시행령(2004. 3. 17. 대통령령 제18312호로 개정되기 전의 것, 이하 같다) 제2조 제1호는 대통령령이 정하는 기관에 초·중등교육법 및 고등교육법 기타 다른 법률에 의하여 설치된 각급 학교를 포함시키고 있어, 사립대학교는 정보공개 의무기관인 공공기관에 해당하게 되었다(대법 2006. 8. 24. 2004두2783).

③ [○], 「공공기관의 정보공개에 관한 법률」 제2조(정의) 이 법에서 사용하는 용어의 뜻은 다음과 같다.

1. "정보"란 공공기관이 직무상 작성 또는 취득하여 관리하고 있는 문서(전자문서를 포함한다. 이하 같다) 및 전자매체를 비롯한 모든 형태의 매체 등에 기록된 사항을 말한다

④ [○], 정보공개를 청구하는 자가 공공기관에 대해 정보의 사본 또는 출력물의 교부의 방법으로 공개방법을 선택하여 정보공개청구를 한 경우에 공개청구를 받은 공공기관으로서는 같은 법 제8조 제2항에서 규정한 정보의 사본 또는 복제물의 교부를 제한할 수 있는 사유에 해당하지 않는 한 정보공개청구자가 선택한 공개방법에 따라 정보를 공개하여야 하므로 그 공개방법을 선택할 재량권이 없다고 해석함이 상당하다(대법 2003. 12. 12. 2003두8050). ★★★

⑤ [○], 정보공개제도는 공공기관이 보유·관리하는 정보를 그 상태대로 공개하는 제도로서 공개를 구하는 정보를 공공기관이 보유·관리하고 있을 상당한 개연성이 있다는 점에 대하여 원칙적으로 공개청구자에게 증명책임이 있다고 할 것이지만, 공개를 구하는 정보를 공공기관이 한 때 보유·관리하였으나 후에 그 정보가 담긴 문서등이 폐기되어 존재하지 않게 된 것이라면 그 정보를 더 이상 보유·관리하고 있지 아니하다는 점에 대한 증명책임은 공공기관에게 있다(대법 2004. 12. 9. 2003두12707). ★★★

정답 ②

제8장 | 행정의 실효성확보

<행정의 실효성확보: 행정벌>

문 17.

(2018 변시7회, 36번)

행정벌에 관한 설명 중 옳은 것을 모두 고른 것은? (다툼이 있는 경우 판례에 의함)

ㄱ. 과태료는 행정형벌이 아닌 행정질서벌이므로 「질서위반행위규제법」은 행위자의 고의 또는 과실이 없더라도 과태료를 부과하도록 하고 있다.

ㄴ. 법인의 대표자, 법인 또는 개인의 대리인·사용인 및 그 밖의 종업원이 업무에 관하여 법인 또는 그 개인에게 부과된 법률상의 의무를 위반한 때에는 법인 또는 그 개인에게 과태료를 부과한다.

ㄷ. 양벌규정에 의한 영업주의 처벌은 금지위반행위자인 종업원의 처벌에 종속하는 것이 아니라 독립하여 그 자신의 종업원에 대한 선임감독상의 과실로 인하여 처벌되는 것이므로 종업원의 범죄성립이나 처벌이 영업주 처벌의 전제조건이 될 필요는 없다.

ㄹ. 지방자치단체 소속 공무원이 지방자치단체 고유의 자치사무를 수행하던 중 「도로법」 규정을 위반한 경우 지방자치단체는 「도로법」 상의 양벌규정에 따라 처벌대상이 되는 법인에 해당한다.

ㅁ. 과태료처분을 받고 이를 납부한 일이 있는데도 그 후에 형사처벌을 하면 일사부재리의 원칙에 위반된다.

ㅂ. 「여객자동차 운수사업법」 에서 정하는 과태료처분이나 감차처분 등은 형벌이 아니므로 같은 법이 정하고 있는 처분대상인 위반행위를 유추해석하거나 확대해석하는 것이 가능하다.

① ㄱ, ㄴ
② ㄴ, ㄷ, ㄹ
③ ㄷ, ㄹ, ㅂ
④ ㄱ, ㄴ, ㄷ, ㄹ
⑤ ㄴ, ㄷ, ㄹ, ㅁ

해설

ㄱ. [×], 「질서위반행위규제법」 제7조(고의 또는 과실) 고의 또는 과실이 없는 질서위반행위는 과태료를 부과하지 아니한다.

ㄴ. [○], 「질서위반행위규제법」 제11조(법인의 처리 등) ① 법인의 대표자, 법인 또는 개인의 대리인·사용인 및 그 밖의 종업원이 업무에 관하여 법인 또는 그 개인에게 부과된 법률상의 의무를 위반한 때에는 법인 또는 그 개인에게 과태료를 부과한다.

ㄷ. [○], 양벌규정에 의한 영업주의 처벌은 금지위반행위자인 종업원의 처벌에 종속하는 것이 아니라 독립하여 그 자신의 종업원에 대한 선임감독상의 과실로 인하여 처벌되는 것이므로 종업원의 범죄성립이나 처벌이 영업주 처벌의 전제조건이 될 필요는 없다(대법 2006. 2. 24. 2005도7673).

ㄹ. [○], 지방자치단체 소속 공무원이 지방자치단체 고유의 자치사무를 수행하던 중 도로법 제81조 내지 제85조의 규정에 의한 위반행위를 한 경우에는 지방자치단체는 도로법 제86조의 양벌규정에 따라 처벌대상이 되는 법인에 해당한다(대법 2005. 11. 10. 2004도2657). ★★

ㅁ. [×], 행정법상의 질서벌인 과태료의 부과처분과 형사처벌은 그 성질이나 목적을 달리하는 별개의 것이므로 행정법상의 질서벌인 과태료를 납부한 후에 형사처벌을 한다고 하여 이를 일사부재리의 원칙에 반하는 것이라고 할 수는 없으며(대법 1996. 4. 12. 96도158).

ㅂ. [×], 여객자동차 운수사업법(이하 '법'이라 한다) 제85조 제1항에 의하면, …, 위 과태료처분이나 감차처분 등은 규정 위반자에 대하여 처벌 또는 제재를 가하는 것이므로 법이 정하고 있는 처분대상인 위반행위를 함부로 유추해석하거나 확대해석하여서는 아니 된다고 할 것이다(대법 2007. 3. 30. 2004도7665).

정답 ②

<행정의 실효성확보: 대집행>

문 18.

(2014 변시3회, 30번)

甲은 자신의 소유 건물의 3층 부분에 대한 외벽보강공사 및 지붕보수공사를 하면서 허가를 받지 아니하고 위 3층 부분에 무허가증축공사를 시행하였다. 이에 관할 구청장 乙은 무허가증축공사를 중단함과 아울러 무허가 증축된 부분을 철거할 것을 명령하였으나, 甲이 이에 응하지 아니하고 무허가증축공사를 계속하여 이를 완공하고 주택으로 사용하고 있다. 다음 설명 중 옳은 것을 모두 고른 것은? (다툼이 있는 경우 판례에 의함)

ㄱ. 乙이 계고서라는 명칭의 1장의 문서로써 일정기간 내에 위법건축물의 자진철거를 명함과 동시에 그 소정기한 내에 자진철거를 하지 아니할 때에는 대집행할 뜻을 미리 계고한 경우라도 건축법에 의한 철거명령과 행정대집행법에 의한 계고처분은 독립하여 있는 것으로서 각 그 요건이 충족되었다고 볼 수 있다.
ㄴ. 건축법위반 건축물에 대한 철거명령과 그 대집행의 계고에 있어서 의무자가 이행하여야 할 행위와 그 의무 불이행시 대집행할 행위의 내용 및 범위는 반드시 대집행계고서에 의하여 특정되어야 한다.
ㄷ. 甲이 대집행 실행에 저항하는 경우와 관련해서 행정대집행법에서는 이러한 저항을 실력으로 배제할 수 있다는 명문의 규정을 두고 있다.
ㄹ. 乙은 현행 건축법상 위법건축물에 대한 이행강제수단으로 대집행과 이행강제금을 선택적으로 활용할 수 있다.

① ㄱ, ㄴ
② ㄱ, ㄷ
③ ㄱ, ㄹ
④ ㄴ, ㄷ
⑤ ㄷ, ㄹ

해설

ㄱ. [○], 계고서라는 명칭의 1장의 문서로서 일정기간 내에 위법건축물의 자진철거를 명함과 동시에 그 소정기한 내에 자진철거를 하지 아니할 때에는 대집행할 뜻을 미리 계고한 경우라도 건축법에 의한 철거명령과 행정대집행법에 의한 계고처분은 독립하여 있는 것으로서 각 그 요건이 충족되었다고 볼 것이다(대법 1992. 4. 12. 91누13564). ★★

ㄴ. [×], 행정청이 행정대집행법 제3조 제1항에 의한 대집행계고를 함에 있어서는 의무자가 스스로 이행하지 아니하는 경우에 대집행할 행위의 내용 및 범위가 구체적으로 특정되어야 하나, 그 행위의 내용 및 범위는 반드시 대집행계고서에 의하여서만 특정되어야 하는 것이 아니고 계고처분 전후에 송달된 문서나 기타 사정을 종합하여 행위의 내용이 특정되면 족하다(대법 1994. 10. 28. 94누5144). ★★★

ㄷ. [×], 우리나라 행정대집행법에는 실력으로 배제할 수 있다는 명문의 규정이 없다.

ㄹ. [○], 현행 건축법상 위법건축물에 대한 이행강제수단으로 대집행과 이행강제금(제83조 제1항)이 인정되고 있는데, 양 제도는 각각의 장·단점이 있으므로 행정청은 개별사건에 있어서 위반내용, 위반자의 시정의지 등을 감안하여 대집행과 이행강제금을 선택적으로 활용할 수 있으며, 이처럼 그 합리적인 재량에 의해 선택하여 활용하는 이상 중첩적인 제재에 해당한다고 볼 수 없다(헌재 2004. 2. 26. 2001헌바80, 84, 102, 103, 2002헌바26(병합) 전원재판부). ★★★

정답 ③

<행정의 실효성확보: 대집행>

문 19.

(2013 변시2회, 32번)

공원관리청 A는 불법으로 국립공원 내에 시설물을 설치한 甲에대하여 자연공원법 제31조 제1항에 따라 철거명령을 하였으나, 甲이 이를 이행하지 않자 행정대집행법에 따라 대집행을 하고자 한다. 이에 관한 다음 설명 중 옳지 않은 것은? (다툼이 있는 경우 판례에 의함)

① 급박한 위험이 있어 위 시설물을 급속히 철거하여야 하는데 계고절차를 거칠 여유가 없을 경우 계고 없이 대집행을 할 수 있다.

② 대집행계고를 함에 있어 대집행할 행위의 내용 및 범위는 대집행계고서에 의하여 특정되어야 하고, 계고처분 전후의 다른 문서의 송달로써는 불특정의 하자를 치유할 수 없다.

③ 공원관리청 A가 제1차 철거대집행 계고처분 후 다시 제2차 계고처분을 행한 경우 제2차 계고처분은 새로운 철거의무를 부과하는 것이 아니라 대집행을 하겠다는 기한의 연기 통지에 불과한 것이므로 甲은 제2차 계고처분을 항고소송으로 다툴 수 없다.

④ 계고처분을 거쳐 대집행 실행이 완료된 경우, 甲은 원칙적으로 계고처분의 취소를 구할 법률상 이익을 가지지 않는다.

⑤ 대집행비용은 국세징수법의 예에 따라 징수할 수 있다.

해설

① [○], 「행정대집행법」 제3조(대집행의 절차) ③ 비상시 또는 위험이 절박한 경우에 있어서 당해 행위의 급속한 실시를 요하여 전2항에 규정한 수속을 취할 여유가 없을 때에는 그 수속을 거치지 아니하고 대집행을 할 수 있다.

② [×], 행정청이 행정대집행법 제3조 제1항에 의한 대집행계고를 함에 있어서는 의무자가 스스로 이행하지 아니하는 경우에 대집행할 행위의 내용 및 범위가 구체적으로 특정되어야 하나, 그 행위의 내용 및 범위는 반드시 대집행계고서에 의하여서만 특정되어야 하는 것이 아니고 계고처분 전후에 송달된 문서나 기타 사정을 종합하여 행위의 내용이 특정되면 족하다(대법 1994. 10. 28. 94누5144). ★★★

③ [○], 건물의 소유자에게 위법건축물을 일정기간까지 철거할 것을 명함과 아울러 불이행할 때에는 대집행한다는 내용의 철거대집행 계고처분을 고지한 후 이에 불응하자 다시 제2차, 제3차 계고서를 발송하여 일정기간까지의 자진철거를 촉구하고 불이행하면 대집행을 한다는 뜻을 고지하였다면 행정대집행법상의 건물철거의무는 제1차 철거명령 및 계고처분으로서 발생하였고 제2차, 제3차의 계고처분은 새로운 철거의무를 부과한 것이 아니고 다만 대집행기한의 연기통지에 불과하므로 행정처분이 아니다(대법 1994. 10. 28. 94누5144). ★★★

④ [○], 대집행계고처분 취소소송의 변론종결 전에 대집행영장에 의한 통지절차를 거쳐 사실행위로서 대집행의 실행이 완료된 경우에는 행위가 위법한 것이라는 이유로 손해배상이나 원상회복 등을 청구하는 것은 별론으로 하고 처분의 취소를 구할 법률상 이익은 없다(대법 1993. 6. 8. 93누6164).

⑤ [○], 「행정대집행법」 제6조(비용징수) ① 대집행에 요한 비용은 국세징수법의 예에 의하여 징수할 수 있다.

정답 ②

<행정의 실효성확보: 대집행/이행강제금>

문 20.

(2012 변시1회, 35번)

행정의 실효성확보수단에 관한 설명 중 옳은 것을 모두 고른 것은? (다툼이 있는 경우 판례에 의함)

> ㄱ. 제1차로 창고건물의 철거 및 하천부지에 대한 원상복구명령을 하였음에도 이에 불응하므로 대집행계고를 하면서 다시 자진철거 및 하천부지의 원상복구를 명한 경우, 대집행계고서에 기재된 철거 및 원상복구명령도 취소소송의 대상이 되는 독립한 행정처분이다.
> ㄴ. 건물에 대한 2011. 5. 9.자 건축허가를 받은 甲이 건축 중이던 건물을 乙에게 양도하였는데, 乙이 명의를 변경하지 아니한 채 사용승인 없이 건물을 사용하였다는 사유로 관할 행정청이 甲에게 이행강제금을 부과한 경우, 甲은 이의 제기 후 비송사건절차법에 따른 재판에서 이행강제금 부과의 위법을 주장하여야 한다.
> ㄷ. 아무런 권원 없이 국유재산에 설치한 시설물에 대하여 행정청이 행정대집행을 할 수 있고 따로 민사소송의 방법으로 그 시설물의 철거를 구하는 것이 허용되지는 않지만, 아무런 권원 없이 국유재산에 설치한 시설물에 대하여 행정청이 행정대집행을 실시하지 않는 경우, 그 국유재산에 대한 사용청구권을 가지고 있는 자가 국가를 대위하여 민사소송으로 그 시설물의 철거를 구할 수 있다.

① ㄱ
② ㄷ
③ ㄱ, ㄴ
④ ㄴ, ㄷ
⑤ ㄱ, ㄴ, ㄷ

해설

ㄱ. [×], 제1차로 창고건물의 철거 및 하천부지에 대한 원상복구명령을 하였음에도 이에 불응하므로 대집행계고를 하면서 다시 자진철거 및 토사를 반출하여 하천부지를 원상복구할 것을 명한 경우, 행정대집행법상의 철거 및 원상복구의무는 제1차 철거 및 원상복구명령에 의하여 이미 발생하였다 할 것이어서, 대집행계고서에 기재된 자진철거 및 원상복구명령은 새로운 의무를 부과하는 것이라고 볼 수 없으며, 단지 종전의 철거 및 원상복구를 독촉하는 통지에 불과하므로 취소소송의 대상이 되는 독립한 행정처분이라고 할 수 없고, 대집행계고서에 기재된 철거 및 원상복구의무의 이행기한은 행정대집행법 제3조 제1항 에 따른 이행기한을 정한 것에 불과하다고 할 것이다(대법 2004. 6. 10. 2002두12618).

ㄴ. [×], 건축법 제83조 제1항, 제6항, 제82조 제3항, 제4항의 규정에 의하면, 관할관청의 이행강제금부과처분에 대하여 이의제기가 있는 경우 부과권자는 지체 없이 관할법원에 그 사실을 통보하여야 하며, 그 통보를 받은 관할법원은 비송사건절차법에 의하여 과태료재판에 준하여 이행강제금 재판을 하도록 되어 있는바, 위와 같은 이행강제금처분의 재판은 과태료처분의 재판과 마찬가지로 법원이 비송사건절차법에 의하여 직권으로 개시하는 것이고 관할관청의 통고 또는 통지는 법원의 직권발동을 촉구하는데 지나지 아니하므로 그 후 관할관청으로부터 위 통고 또는 통지의 취하·철회가 있더라도 그 취하·철회는 비송사건절차법에 의한 법원의 이행강제금 재판을 개시 진행하는데 장애가 될 수 없다 할 것이고(대법 1995. 7. 21. 94마1415).

ㄷ. [○], 관리권자인 보령시장이 행정대집행을 실시하지 아니하는 경우 국가에 대하여 이 사건 토지 사용청구권을 가지는 원고로서는 위 청구권을 보전하기 위하여 국가를 대위하여 피고들을 상대로 민사소송의 방법으로 이 사건 시설물의 철거를 구하는 이외에는 이를 실현할 수 있는 다른 절차와 방법이 없어 그 보전의 필요성이 인정되므로, 원고는 국가를 대위하여 피고들을 상대로 민사소송의 방법으로 이 사건 시설물의 철거를 구할 수 있다고 보아야 할 것이고(대법 2009. 6. 11. 2009다1122).

정답 ②

<행정의 실효성확보: 대집행/이행강제금>

문 21. (2021 변시10회, 29번)

행정상 대집행과 이행강제금에 관한 설명 중 옳은 것을 모두 고른 것은? (다툼이 있는 경우 판례에 의함)

ㄱ. 「건축법」상 위법건축물에 대한 이행강제수단으로 대집행과 이행강제금이 인정되고 있는데, 행정청은 개별사건에 있어서 위반내용, 위반자의 시정의지 등을 감안하여 대집행과 이행강제금을 선택적으로 활용할 수 있고, 합리적인 재량에 의해 선택하여 활용하는 이상 대집행과 이행강제금은 중첩적인 제재에 해당한다고 볼 수 없다.

ㄴ. 행정청이 건물의 소유자에게 위법건축물을 일정 기간까지 철거할 것을 명함과 아울러 불이행할 때에는 대집행한다는 내용의 철거대집행 계고처분을 고지한 후 건물의 소유자가 이에 불응하자, 다시 제2차 계고서를 발송하여 일정 기간까지 자진철거를 촉구하고 불이행하면 대집행을 한다는 뜻을 고지하였다면, 제2차 계고처분은 대집행기한의 연기통지에 불과하므로 행정처분이 아니다.

ㄷ. 사용자가 이행하여야 할 행정법상 의무의 내용을 초과하는 것을 '불이행 내용'으로 기재한 이행강제금 부과 예고서에 의하여 「근로기준법」상 이행강제금 부과 예고를 한 다음 이를 이행하지 않았다는 이유로 행정청이 사용자에게 이행강제금을 부과하였다면, 초과한 정도가 근소하다는 등의 특별한 사정이 없는 한 이행강제금 부과 예고는 이행강제금 제도의 취지에 반하는 것으로서 위법하고, 이에 터 잡은 이행강제금 부과처분 역시 위법하다.

ㄹ. 「건축법」에 의하여 시정명령을 받은 의무자가 이행강제금이 부과되기 전에 그 의무를 이행하였다 하더라도 시정명령에서 정한 기간을 지나서 이행한 이상 행정청은 이행강제금을 부과할 수 있다.

① ㄱ, ㄴ
② ㄱ, ㄴ, ㄷ
③ ㄱ, ㄴ, ㄷ, ㄹ
④ ㄴ, ㄷ, ㄹ
⑤ ㄷ, ㄹ

해설

ㄱ. [○], 현행 건축법상 위법건축물에 대한 이행강제수단으로 대집행과 이행강제금(제83조 제1항)이 인정되고 있는데, 양 제도는 각각의 장·단점이 있으므로 행정청은 개별사건에 있어서 위반 내용, 위반자의 시정의지 등을 감안하여 대집행과 이행강제금을 선택적으로 활용할 수 있으며, 이처럼 그 합리적인 재량에 의해 선택하여 활용하는 이상 중첩적인 제재에 해당한다고 볼 수 없다(헌재 2004. 2. 26. 2001헌바80, 84, 102, 103, 2002헌바26(병합) 전원재판부). ★★★

ㄴ. [○], 건물의 소유자에게 위법건축물을 일정기간까지 철거할 것을 명함과 아울러 불이행할 때에는 대집행한다는 내용의 철거대집행 계고처분을 고지한 후 이에 불응하자 다시 제2차, 제3차 계고서를 발송하여 일정기간까지의 자진철거를 촉구하고 불이행하면 대집행을 한다는 뜻을 고지하였다면 행정대집행법상의 건물철거의무는 제1차 철거명령 및 계고처분으로서 발생하였고 제2차, 제3차의 계고처분은 새로운 철거의무를 부과한 것이 아니고 다만 대집행기한의 연기통지에 불과하므로 행정처분이 아니다(대법 1994. 10. 28. 94누5144). ★★★

ㄷ. [○], 사용자가 이행하여야 할 행정법상 의무의 내용을 초과하는 것을 '불이행 내용'으로 기재한 이행강제금 부과 예고서에 의하여 이행강제금 부과 예고를 한 다음 이를 이행하지 않았다는 이유로 이행강제금을 부과하였다면, 그 초과한 정도가 근소하다는 등의 특별한 사정이 없는 한 위 이행강제금 부과 예고는 이행강제금 제도의 취지에 반하는 것으로서 위법하고, 이에 터잡은 이행강제금 부과처분 역시 위법하다(대법 2015. 6. 24. 2011두2170).

ㄹ. [×], 이행강제금의 본질상 시정명령을 받은 의무자가 이행강제금이 부과되기 전에 그 의무를 이행한 경우에는 비록 시정명령에서 정한 기간을 지나서 이행한 경우라도 이행강제금을 부과할 수 없다(대법 2018. 1. 25. 2015두35116). ★★

정답 ②

<행정의 실효성확보: 이행강제금>

문 22.

(2015 변시4회, 34번)

구청장 A는 허가 없이 건축물을 불법으로 축조한 甲에게 시정명령을 내렸으나, 甲이 이에 응하지 않자 「건축법」 제80조 제1항 본문에 근거하여 이행강제금을 부과하였다. 이에 관한 설명 중 옳지 않은 것은? (다툼이 있는 경우 판례에 의함)

① 甲의 무허가 건축행위에 대하여 1천만원의 벌금 부과와 별개로 시정명령의 불이행을 이유로 이행강제금을 부과하더라도 이중처벌에 해당하지 않는다.

② 甲이 이행강제금을 부과받은 후 사망한 경우 이행강제금의 납부의무는 甲의 상속인에게 승계되지 않는다.

③ A는 이행강제금 대신 행정대집행을 선택적으로 활용하여 행정목적을 달성할 수 있다.

④ A는 이행강제금을 징수한 후에도 甲이 시정명령을 이행하지 않는 경우 이행할 때까지 법정 한도에서 반복하여 부과할 수 있다.

⑤ A의 이행강제금 부과 후 甲이 시정명령을 이행하면 A는 이행강제금의 부과를 즉시 중지해야 하며, 이미 부과된 이행강제금을 징수할 수 없다.

해설

① [○], 현행 건축법상 위법건축물에 대한 이행강제수단으로 대집행과 이행강제금(제83조 제1항)이 인정되고 있는데, 양 제도는 각각의 장·단점이 있으므로 행정청은 개별사건에 있어서 위반내용, 위반자의 시정의지 등을 감안하여 대집행과 이행강제금을 선택적으로 활용할 수 있으며, 이처럼 그 합리적인 재량에 의해 선택하여 활용하는 이상 중첩적인 제재에 해당한다고 볼 수 없다(헌재 2004. 2. 26. 2001헌바80, 84, 102, 103, 2002헌바26(병합) 전원재판부). ★★★

② [○], 구 건축법(2005. 11. 8. 법률 제7696호로 개정되기 전의 것)상의 이행강제금은 구 건축법의 위반행위에 대하여 시정명령을 받은 후 시정기간 내에 당해 시정명령을 이행하지 아니한 건축주 등에 대하여 부과되는 간접강제의 일종으로서 그 이행강제금 납부의무는 상속인 기타의 사람에게 승계될 수 없는 일신전속적인 성질의 것이므로 이미 사망한 사람에게 이행강제금을 부과하는 내용의 처분이나 결정은 당연무효이고(대법 2006. 12. 8. 2006마470).

③ [○], 현행 건축법상 위법건축물에 대한 이행강제수단으로 대집행과 이행강제금(제83조 제1항)이 인정되고 있는데, 양 제도는 각각의 장·단점이 있으므로 행정청은 개별사건에 있어서 위반내용, 위반자의 시정의지 등을 감안하여 대집행과 이행강제금을 선택적으로 활용할 수 있으며, 이처럼 그 합리적인 재량에 의해 선택하여 활용하는 이상 중첩적인 제재에 해당한다고 볼 수 없다(헌재 2004. 2. 26. 2001헌바80, 84, 102, 103, 2002헌바26(병합) 전원재판부). ★★★

④ [○], 건축법 제83조 제4항이 "허가권자는 최초의 시정명령이 있은 날을 기준으로 하여 1년에 2회의 범위 안에서 당해 시정명령이 이행될 때까지 반복하여 이행강제금을 부과·징수할 수 있다."고 규정하였다고 하여 과잉금지원칙에 반한다고 할 수도 없다(대법 2005. 8. 19. 2005마30).

⑤ [×], 「건축법」 제80조(이행강제금) ⑥ 허가권자는 제79조 제1항에 따라 시정명령을 받은 자가 이를 이행하면 새로운 이행강제금의 부과를 즉시 중지하되, 이미 부과된 이행강제금은 징수하여야 한다.

정답 ⑤

<행정의 실효성확보: 이행강제금>

문 23.

(2022 변시11회 33번)

「건축법」상 이행강제금에 관한 설명 중 옳은 것은? (다툼이 있는 경우 판례에 의함)

① 이행강제금은 일정한 기한까지 의무를 이행하지 않을 때에 일정한 금전적 부담을 과할 뜻을 미리 계고함으로써 의무자에게 심리적 압박을 주어 장래에 그 의무를 이행하게 하려는 행정상 간접적인 강제집행 수단의 하나이자 과거의 일정한 법률위반 행위에 대한 제재로서 형벌의 성격을 갖는다.

② 대체적 작위의무의 위반에 대하여 대집행이 가능한 경우에 대집행을 하지 않고 이행강제금을 부과하는 것은 위법하다.

③ 의무자가 이행기간을 도과하여 의무를 이행한 이상 행정청이 이행강제금을 부과하기 전에 그 의무를 이행한 것이라도 해당 이행강제금 부과처분은 위법하다고 볼 수 없다.

④ 건축주가 장기간 시정명령을 이행하지 아니하였더라도, 그 기간 중에는 시정명령의 이행 기회가 제공되지 아니하였다가 뒤늦게 시정명령의 이행 기회가 제공된 경우라면, 시정명령의 이행 기회 제공을 전제로 한 1회분의 이행강제금만을 부과할 수 있고, 시정명령의 이행 기회가 제공되지 아니한 과거의 기간에 대한 이행강제금까지 한꺼번에 부과할 수는 없다.

⑤ 시정명령을 받은 의무자가 그 시정명령의 취지에 부합하는 의무를 이행하기 위한 정당한 방법으로 신고를 하였으나 행정청이 위법하게 이를 반려함으로써 결국 반려처분이 취소되었더라도, 행정청은 이행강제금 제도의 취지상 이행강제금을 부과할 수 있다.

해설

① [×], 이행강제금은 일정한 기한까지 의무를 이행하지 않을 때에는 일정한 금전적 부담을 과할 뜻을 미리 계고함으로써 의무자에게 심리적 압박을 주어 장래에 그 의무를 이행하게 하려는 행정상 간접적인 강제집행 수단의 하나로서 과거의 일정한 법률위반 행위에 대한 제재로서의 형벌이 아니라 장래의 의무이행의 확보를 위한 강제수단일 뿐이어서 범죄에 대하여 국가가 형벌권을 실행한다고 하는 과벌에 해당하지 아니하므로 헌법 제13조 제1항이 금지하는 이중처벌금지의 원칙이 적용될 여지가 없을 뿐 아니라, 건축법 제108조, 제110조에 의한 형사처벌의 대상이 되는 행위와 이 사건 법률조항에 따라 이행강제금이 부과되는 행위는 기초적 사실관계

가 동일한 행위가 아니라 할 것이므로 이런 점에서도 이 사건 법률조항이 헌법 제13조 제1항의 이중처벌금지의 원칙에 위반되지 아니한다(헌재 2011. 10. 25. 2009헌바140 전원재판부). ★★

② [×], 전통적으로 행정대집행은 대체적 작위의무에 대한 강제집행수단으로, 이행강제금은 부작위의무나 비대체적 작위의무에 대한 강제집행수단으로 이해되어 왔으나, 이는 이행강제금제도의 본질에서 오는 제약은 아니며, 이행강제금은 대체적 작위의무의 위반에 대하여도 부과될 수 있다. 현행 건축법상 위법건축물에 대한 이행강제수단으로 대집행과 이행강제금(제83조 제1항)이 인정되고 있는데, 양 제도는 각각의 장·단점이 있으므로 행정청은 개별사건에 있어서 위반내용, 위반자의 시정의지 등을 감안하여 대집행과 이행강제금을 선택적으로 활용할 수 있으며, 이처럼 그 합리적인 재량에 의해 선택하여 활용하는 이상 중첩적인 제재에 해당한다고 볼 수 없다(헌재 2004. 2. 26. 2001헌바80,84,102,103,2002헌바26(병합) 전원재판부). ★★★

③ [×], 건축법상의 이행강제금은 시정명령의 불이행이라는 과거의 위반행위에 대한 제재가 아니라, 의무자에게 시정명령을 받은 의무의 이행을 명하고 그 이행기간 안에 의무를 이행하지 않으면 이행강제금이 부과된다는 사실을 고지함으로써 의무자에게 심리적 압박을 주어 의무의 이행을 간접적으로 강제하는 행정상의 간접강제 수단에 해당한다. 이러한 이행강제금의 본질상 시정명령을 받은 의무자가 이행강제금이 부과되기 전에 그 의무를 이행한 경우에는 비록 시정명령에서 정한 기간을 지나서 이행한 경우라도 이행강제금을 부과할 수 없다.
나아가 시정명령을 받은 의무자가 그 시정명령의 취지에 부합하는 의무를 이행하기 위한 정당한 방법으로 행정청에 신청 또는 신고를 하였으나 행정청이 위법하게 이를 거부 또는 반려함으로써 결국 그 처분이 취소되기에 이르렀다면, 특별한 사정이 없는 한 그 시정명령의 불이행을 이유로 이행강제금을 부과할 수는 없다고 보는 것이 위와 같은 이행강제금 제도의 취지에 부합한다(대법 2018. 1. 25. 2015두35116). ★★

④ [○], 건축주 등이 장기간 시정명령을 이행하지 아니하였더라도, 그 기간 중에는 시정명령의 이행 기회가 제공되지 아니하였다가 뒤늦게 시정명령의 이행 기회가 제공된 경우라면, 시정명령의 이행 기회 제공을 전제로 한 1회분의 이행강제금만을 부과할 수 있고, 시정명령의 이행 기회가 제공되지 아니한 과거의 기간에 대한 이행강제금까지 한꺼번에 부과할 수는 없다. 그리고 이를 위반하여 이루어진 이행강제금 부과처분은 과거의 위반행위에 대한 제재가 아니라 행정상의 간접강제 수단이라는 이행강제금의 본질에 반하여 구 건축법 제80조 제1항, 제4항 등 법규의 중요한 부분을 위반한 것으로서, 그러한 하자는 중대할 뿐만 아니라 객관적으로도 명백하다(대법 2016. 7. 14. 2015두46598).

⑤ [×], 시정명령을 받은 의무자가 그 시정명령의 취지에 부합하는 의무를 이행하기 위한 정당한 방법으로 행정청에 신청 또는 신고를 하였으나 행정청이 위법하게 이를 거부 또는 반려함으로써 결국 그 처분이 취소되기에 이르렀다면, 특별한 사정이 없는 한 그 시정명령의 불이행을 이유로 이행강제금을 부과할 수는 없다고 보는 것이 위와 같은 이행강제금 제도의 취지에 부합한다(대법 2018. 1. 25. 2015두35116). ★★

정답 ④

<행정의 실효성확보: 실효성확보>

문 24.

(2016 변시5회, 37번)

행정의 실효성확보수단에 관한 설명 중 옳은 것을 모두 고른 것은? (다툼이 있는 경우 판례에 의함)

ㄱ. 지방자치단체가 자치사무를 처리하는 경우 당해 지방자치단체는 국가기관과는 별도의 독립한 공법인이지만, 양벌규정에 의한 처벌대상이 되는 법인에 해당하지는 않는다.

ㄴ. 통고처분은 통고이행을 강제하거나 상대방에게 권리의무를 형성하지 않으므로 행정소송의 대상으로서의 처분에 해당하지 아니한다.

ㄷ. 건물철거 대집행 계고처분을 제1차로 고지한 후 이에 불응하자 다시 제2차, 제3차 계고서를 발송한 경우 「행정대집행법」상의 건물철거의무는 각 회차마다 발생하고, 각 회차의 계고처분이 모두 행정처분에 해당한다.

ㄹ. 행정법규 위반에 대한 제재로서 가하는 영업정지처분은 반드시 현실적인 행위자가 아니라도 법령상 책임자로 규정된 자에게 부과되고, 특별한 사정이 없는 한 위반자에게 고의나 과실이 없더라도 부과할 수 있다.

ㅁ. 행정대집행의 대상이 되는 대체적 작위의무는 공법상 의무이어야 하고, 이때의 작위의무는 행정처분뿐만 아니라 법령에 의해 직접 부과될 수도 있다.

① ㄱ, ㄴ
② ㄴ, ㄷ
③ ㄱ, ㄴ, ㅁ
④ ㄱ, ㄷ, ㄹ
⑤ ㄴ, ㄹ, ㅁ

해설

ㄱ. [×], 지방자치단체 소속 공무원이 지방자치단체 고유의 자치사무를 수행하던 중 도로법 제81조 내지 제85조의 규정에 의한 위반행위를 한 경우에는 지방자치단체는 도로법 제86조의 양벌규정에 따라 처벌대상이 되는 법인에 해당한다(대법 2005. 11. 10. 2004도2657). ★★

ㄴ. [○], 통고처분을 받은 자는 사실상 통고이행을 거부하기를 주저하게 되고 본의아니게 그 처분에 따를 가능성이 적지 않기 때문에 통고처분은 사실상 강제력을 가지고 있다. 그러나 통고처분은 법적으로는 어디까지나 임의이행을 원칙으로 하는 이상 심리적 차원에서 임의성이 약하다는 이유를 들어 법적인 의무 내지 강제와 동일시하여 통고처분에 대하여 행정쟁송의 대상으로서의 처분성을 부여할 수는 없는 것이다(헌재 1998. 5. 28. 96헌바4 전원재판부).

ㄷ. [×], 건물의 소유자에게 위법건축물을 일정기간까지 철거할 것을 명함과 아울러 불이행할 때에는 대집행한다는 내용의 철거대집행 계고처분을 고지한 후 이에 불응하자 다시 제2차, 제3차 계고서를 발송하여 일정기간까지의 자진철거를 촉구하고 불이행하면 대집행을 한다는 뜻을 고지하였다면 행정대집행법상의 건물철거의무는 제1차 철거명령 및 계고처분으로서 발생하였고 제2차, 제3차의 계고처분은 새로운 철거의무를 부과한 것이 아니고 다만 대집행기한의 연기통지에 불과하므로 행정처분이 아니다(대법 1994. 10. 28. 94누5144). ★★★

ㄹ. [○], 행정법규 위반에 대하여 가하는 제재조치는 행정목적의 달성을 위하여 행정법규 위반이라는 객관적 사실에 착안하여 가하는 제재이므로 반드시 현실적인 행위자가 아니라도 법령상 책임자로 규정된 자에게 부과되고 특별한 사정이 없는 한 위반자에게 고의나 과실이 없더라도 부과할 수 있다(대법 2012. 5. 10. 2012두1297).

ㅁ. [○], 행정대집행법상 대집행의 대상이 되는 대체적 작위의무는 공법상 의무이어야 할 것인데, 구 공특법에 따른 토지 등의 협의취득은 공공사업에 필요한 토지 등을 그 소유자와의 협의에 의하여 취득하는 것으로서 공공기관이 사경제주체로서 행하는 사법상 매매 내지 사법상 계약의 실질을 가지는 것이므로, 그 협의취득시 건물소유자가 매매대상 건물에 대한 철거의무를 부담하겠다는 취지의 약정을 하였다고 하더라도 이러한 철거의무는 공법상의 의무가 될 수 없고, 이 경우에도 행정대집행법을 준용하여 대집행을 허용하는 별도의 규정이 없는 한 위와 같은 철거의무는 행정대집행법에 의한 대집행의 대상이 되지 않는다고 할 것이다(대법 2006. 10. 13. 2006두7096). ★★

정답 ⑤

<행정의 실효성확보: 실효성확보>

문 25.

(2019 변시8회, 31번)

행정의 실효성 확보수단에 관한 설명 중 옳지 않은 것은? (다툼이 있는 경우 판례에 의함)

① 「질서위반행위규제법」상의 행정청의 과태료부과처분에 대해 불복하는 당사자는 이의제기 절차를 거치지 않고 항고소송을 통해 다툴 수 있다.
② 「경찰관직무집행법」상의 범죄예방을 위한 경찰관의 제지행위는 행정상 즉시강제이자 권력적 사실행위에 해당한다.
③ 가산세 부과처분에 관해서 「국세기본법」 등에 그 납세고지의 방식 등에 관하여 따로 정한 규정이 없더라도, 하나의 납세고지서에 의하여 본세와 가산세를 함께 부과할 때에는 납세고지서에 본세와 가산세 각각의 세액과 산출근거 등을 구분하여 기재해야 한다.
④ 「여객자동차 운수사업법」상 사업정지처분에 갈음하여 부과하는 과징금은 행정법규위반이라는 객관적 사실에 착안하여 가하는 제재이므로 반드시 현실적인 행위자가 아니라도 법령상 책임자로 규정된 자에게 부과될 수 있다.
⑤ 과세관청이 체납처분으로 행한 공매는 항고소송의 대상이 된다.

해설

① [×], 옥외광고물등관리법 제20조 제1, 3, 4항 등의 규정에 의하면 옥외광고물등관리법에 의하여 부과된 과태료처분의 당부는 최종적으로 비송사건절차법에 의한 절차에 의하여만 판단되어야 한다고 보아야 할 것이므로 위와 같은 과태료처분은 행정소송의 대상이 되는 행정처분이라고 볼 수 없다(대법 1993. 11. 23. 93누16833).

② [○], 경찰관직무집행법 제6조 제1항은 "경찰관은 범죄행위가 목전에 행하여지려고 하고 있다고 인정될 때에는 이를 예방하기 위하여 관계인에게 필요한 경고를 발하고, 그 행위로 인하여 인명·신체에 위해를 미치거나 재산에 중대한 손해를 끼칠 우려가 있어 긴급을 요하는 경우에는 그 행위를 제지할 수 있다."고 규정하고 있는데, 위 조항 중 경찰관의 제지에 관한 부분은 범죄의 예방을 위한 경찰 행정상 즉시강제 즉, 눈앞의 급박한 경찰상 장해를 제거하여야 할 필요가 있고 의무를 명할 시간적 여유가 없거나 의무를 명하는 방법으로는 그 목적을 달성하기 어려운 상황에서 의무불이행을 전제로 하지 아니하고 경찰이 직접 실력을 행사하여 경찰상 필요한 상태를 실현하는 권력적 사실행위에 관한 근거조항이다(대법 2008. 11. 13. 2007도9794).

③ [○], 국세징수법 제9조 제1항이 규정한 것과 같은 세액의 산출근거 등이 기재되어 있지 않다면 그 과세처분은 적법하지 않다고 한다. 말하자면 개별 세법에 납세고지에 관한 별도의 규정이 없더라도 국세징수법이 정한 것과 같은 납세고지의 요건을 갖추지 않으면 안 된다는 것이고, 이는 적법절차의 원칙이 과세처분에도 적용됨에 따른 당연한 귀결이다. 같은 맥락에서, 하나의 납세고지서에 의하여 복수의 과세처분을 함께 하는 경우에는 과세처분별로 그 세액과 산출근거 등을 구분하여 기재함으로써 납세의무자가 각 과세처분의 내용을 알 수 있도록 해야 하는 것 역시 당연하다고 할 것이다(대법 2012. 10. 18. 2010두12347 전원합의체).

④ [○], 구 여객자동차 운수사업법(2012. 2. 1. 법률 제11295호로 개정되기 전의 것) 제88조 제1항의 과징금부과처분은 제재적 행정처분으로서 여객자동차 운수사업에 관한 질서를 확립하고 여객의 원활한 운송과 여객자동차 운수사업의 종합적인 발달을 도모하여 공공복리를 증진한다는 행정목적의 달성을 위하여 행정법규 위반이라는 객관적 사실에 착안하여 가하는 제재이므로 반드시 현실적인 행위자가 아니라도 법령상 책임자로 규정된 자에게 부과되고 원칙적으로 위반자의 고의·과실을 요하지 아니하나, 위반자의 의무 해태를 탓할 수 없는 정당한 사유가 있는 등의 특별한 사정이 있는 경우에는 이를 부과할 수 없다(대법 2014. 10. 15. 2013두2005).

⑤ [○], 과세관청이 체납처분으로서 행하는 공매는 우월한 공권력의 행사로서 행정소송의 대상이 되는 공법상의 행정처분이며 공매에 의하여 재산을 매수한 자는 그 공매처분이 취소된 경우에 그 취소처분의 위법을 주장하여 행정소송을 제기할 법률상 이익이 있다(대법 1984. 9. 25. 84누201).

정답 ①

<행정의 실효성확보: 강제퇴거명령>

문 26.

(2019 변시8회, 31번)

외국인 甲은 방문취업 체류자격(H-2)으로 대한민국에 입국한 후, 재외동포 체류자격(F-4)으로 체류자격을 변경하여 체류하던 중 직업안정법위반죄로 징역 1년에 집행유예 2년을 선고받아 그 판결이 확정되었다. 이에 관할 지방출입국·외국인관서의 장은 甲에 대하여 강제퇴거명령 및 「출입국관리법」 제63조 제1항에 정한 보호명령을 하였다. 이에 관한 설명 중 옳은 것을 모두 고른 것은?(다툼이 있는 경우 판례에 의함)

【참고】
「**출입국관리법**」 **제63조(강제퇴거명령을 받은 사람의 보호 및 보호해제)** ① 지방출입국·외국인관서의 장은 강제퇴거명령을 받은 사람을 여권 미소지 또는 교통편 미확보 등의 사유로 즉시 대한민국 밖으로 송환할 수 없으면 송환할 수 있을 때까지 그를 보호시설에 보호할 수 있다.

ㄱ. 甲이 즉시 국외로 강제퇴거되지 않기 위해서 강제퇴거명령에 대하여 항고소송과 함께 집행정지신청을 한 경우, 그 본안소송인 항고소송이 부적법 각하되어 그 판결이 확정되면 집행정지신청도 부적법하게 된다.

ㄴ. 甲에 대한 위 보호명령은 강제퇴거명령을 받은 자를 즉시 대한민국 밖으로 송환할 수 없는 경우에 송환할 수 있을 때까지 일시적으로 보호하는 것을 목적으로 하는 처분으로서 강제퇴거명령을 전제로 하는 것이므로, 법원으로부터 강제퇴거명령에 대하여 집행정지결정을 받으면 그 성질상 당연히 보호명령의 집행도 정지된다.

ㄷ. 헌법 제12조 제1항은 처벌·보안처분 또는 강제노역에 관하여 적법절차원칙을 규정하고 있는데, 이 적법절차원칙은 형사소송절차에 국한하지 않고 위와 같은 강제퇴거명령 및 보호명령에 대하여도 적용된다. 그러나 「출입국관리법」상 보호명령에 의한 보호의 개시나 연장 단계에서 제3의 독립된 중립적 기관이나 사법부의 판단을 받도록 하는 절차가 규정되어 있지 않다고 하여 곧바로 적법절차원칙에 위반된다고 볼 수는 없다.

ㄹ. 「출입국관리법」상 보호명령제도는 외국인의 출입국과 체류를 적절하게 통제하고 조정하기 위한 목적에서 강제퇴거명령의 신속하고 효율적인 집행을 위한 효과적인 방법으로 인정되는 것으로 목적의 정당성과 수단의 적정성이 인정되고, 강제퇴거명령을 집행할 수 있을 때까지 일시적·잠정적으로 신체의 자유를 제한하고, 또한 보호의 일시해제, 이의신청, 행정소송 및 집행정지 등 강제퇴거대상자가 보호에서 해제될 수 있는 다양한 제도가 마련되어 있어 침해의 최소성 및 법익의 균형성 요건도 충족하므로, 과잉금지의 원칙을 위반하여 신체의 자유를 침해한다고는 볼 수 없다.

① ㄱ, ㄴ, ㄷ
② ㄱ, ㄴ, ㄹ
③ ㄱ, ㄷ, ㄹ
④ ㄴ, ㄷ, ㄹ
⑤ ㄱ, ㄴ, ㄷ, ㄹ

해설

ㄱ. [○], 집행정지는 행정처분의 집행부정지원칙의 예외로서 인정되는 것이고 또 본안에서 원고가 승소할 수 있는 가능성을 전제로 한 권리보호수단이라는 점에 비추어 보면 집행정지사건 자체에 의하여도 신청인의 본안청구가 적법한 것이어야 한다는 것을 집행정지의 요건에 포함시켜야 할 것이다(대법 1999. 11. 26. 99부3).

ㄴ. [×], 출입국관리법 제63조 제1항, 동법시행령 제78조 제1항에 기한 보호명령은 강제퇴거명령을 받은 자를 즉시 대한민국 밖으로 송환할 수 없는 경우에 송환할 수 있을 때까지 일시적으로 보호하는 것을 목적으로 하는 처분이므로, 강제퇴거명령을 전제로 하는 것임은 소론과 같으나 그렇다고 하여 강제퇴거명령의 집행이 정지되면 그 성질상 당연히 보호명령의 집행도 정지되어야 한다고 볼 수는 없으므로(대법 1997. 1. 20. 96두31).

ㄷ. [○], 건강제퇴거대상자는 보호의 원인이 되는 강제퇴거명령에 대하여 행정소송을 제기함으로써 그 원인관계를 다툴 수 있고, 보호 자체를 다투는 소송을 제기하거나 그 집행의 정지를 구하는 집행정지신청을 할 수 있다. 이와 같이 행정소송 등을 통해 사법부로부터 보호의 적법 여부를 판단받을 수 있는 이상, 객관적·중립적 기관에 의한 통제절차가 없다고 볼 수 없다. 따라서 출입국관리법상 심판대상조항에 의한 보호의 개시나 연장 단계에서 제3의 독립된 중립적 기관이나 사법부의 판단을 받도록 하는 절차가 규정되어 있지 않다고 하여 곧바로 적법절차원칙에 위반된다고 볼 수는 없다(헌재 2018. 2. 22. 2017헌가29 전원재판부).

ㄹ. [○], 심판대상조항은 외국인의 출입국과 체류를 적절하게 통제하고 조정하여 국가의 안전보장·질서유지 및 공공복리를 도모하기 위한 것으로 입법목적이 정당하다. 강제퇴거대상자를 출국 요건이 구비될 때까지 보호시설에 보호하는 것은 강제퇴거명령의 신속하고 효율적인 집행과 외국인의 출입국·체류관리를 위한 효과적인 방법이므로 수단의 적정성도 인정된다. …. 강제퇴거대상자는 강제퇴거명령을 집행할 수 있을 때까지 일시적·잠정적으로 신체의 자유를 제한받는 것이며, 보호의 일시해제, 이의신청, 행정소송 및 집행정지 등 강제퇴거대상자가 보호에서 해제될 수 있는 다양한 제도가 마련되어 있다. 따라서 심판대상조항은 침해의 최소성 및 법익의 균형성 요건도 충족한다. 그러므로 심판대상조항은 과잉금지원칙에 위배되어 신체의 자유를 침해하지 아니한다(헌재 2018. 2. 22. 2017헌가29 전원재판부).

정답 ③

<행정의 실효성확보: 실효성확보 복합>

문 27.

(2019 변시8회, 34번)

행정의 실효성 확보수단에 관한 설명 중 옳지 않은 것은? (다툼이 있는 경우 판례에 의함)

① 수용목적물인 토지나 가옥의 인도의무는 대체적 작위의무라 할 수 없으므로 그 인도의무 불이행에 대해서는 행정대집행을 할 수 없다.

② 계고서라는 명칭의 1장의 문서로 일정기간 내에 위법건축물의 자진철거를 명함과 동시에 그 소정기한 내에 자진철거를 하지 아니할 때에는 대집행할 뜻을 미리 계고한 경우 「건축법」에 의한 철거명령과 「행정대집행법」에 의한 계고처분은 독립하여 있는 것으로서 각각 그 요건이 충족된 것으로 본다.

③ 「건축법」상 이행강제금은 과거의 일정한 법률위반 행위에 대한 제재로서의 형벌이 아니라 장래의 의무이행의 확보를 위한 강제수단일 뿐이어서 범죄에 대하여 국가가 형벌권을 실행하는 과벌에 해당하지 않으므로 헌법 제13조 제1항이 금지하는 동일한 범죄에 대한 거듭된 '처벌'에 해당되지 않는다.

④ 세무조사결정은 납세의무자의 권리·의무에 직접 영향을 미치는 공권력의 행사에 따른 행정작용으로서 항고소송의 대상이 된다.

⑤ 하나의 행위가 2 이상의 질서위반행위에 해당하는 경우에는 각 질서위반행위에 대하여 정한 과태료 중 가장 중한 과태료를 부과한다. 이 경우를 제외하고 2 이상의 질서위반행위가 경합하는 경우에는 가장 중한 과태료에 그 1/2을 가산한다. 다만, 다른 법령(지방자치단체의 조례를 포함한다.)에 특별한 규정이 있는 경우에는 그 법령으로 정하는 바에 따른다.

해설

① [○], 명도의무는 그것을 강제적으로 실현하면서 직접적인 실력행사가 필요한 것이지 대체적 작위의무라고 볼 수 없으므로 특별한 사정이 없는 한 행정대집행법에 의한 대집행의 대상이 될 수 있는 것이 아니다(대법 2005. 8. 19. 2004다2809).

② [○], 계고서라는 명칭의 1장의 문서로서 일정기간 내에 위법건축물의 자진철거를 명함과 동시에 그 소정기한 내에 자진철거를 하지 아니할 때에는 대집행할 뜻을 미리 계고한 경우라도 건축법에 의한 철거명령과 행정대집행법에 의한 계고처분은 독립하여 있는 것으로서 각 그 요건이 충족되었다고 볼 것이다(대법 1992. 4. 12. 91누13564). ★★

③ [○], 무허가 건축행위에 대한 형사처벌 시에 위법건축물에 대한 시정명령의 위반행위까지 함께 평가된다고 할 수 없어 시정명령 위반행위를 무허가 건축행위의 불가벌적 사후행위라고 할 수도 없다. 따라서 건축법 제108조, 제110조에 의한 형사처벌의 대상이 되는 행위와 이 사건 법률조항에 따라 이행강제금이 부과되는 행위는 기초적 사실관계가 동일한 행위가 아니라 할 것이므로 이런 점에서도 이 사건 법률조항은 헌법 제13조 제1항의 이중처벌금지의 원칙에 위반되지 아니한다(헌재 2011. 10. 25. 2009헌바140 전원재판부). ★★

④ [○], 부과처분을 위한 과세관청의 질문조사권이 행해지는 세무조사결정이 있는 경우 납세의무자는 세무공무원의 과세자료 수집을 위한 질문에 대답하고 검사를 수인하여야 할 법적 의무를 부담하게 되는 점, 세무조사는 기본적으로 적정하고 공평한 과세의 실현을 위하여 필요한 최소한의 범위 안에서 행하여져야 하고, 더욱이 동일한 세목 및 과세기간에 대한 재조사는 납세자의 영업의 자유 등 권익을 심각하게 침해할 뿐만 아니라 과세관청에 의한 자의적인 세무조사의 위험마저 있으므로 조세공평의 원칙에 현저히 반하는 예외적인 경우를 제외하고는 금지될 필요가 있는 점, 납세의무자로 하여금 개개의 과태료 처분에 대하여 불복하거나 조사 종료 후의 과세처분에 대하여만 다툴 수 있도록 하는 것보다는 그에 앞서 세무조사결정에 대하여 다툼으로써 분쟁을 조기에 근본적으로 해결할 수 있는 점 등을 종합하면, 세무조사결정은 납세의무자의 권리·의무에 직접 영향을 미치는 공권력의 행사에 따른 행정작용으로서 항고소송의 대상이 된다(대법 2011. 3. 11. 2009두23617, 23624(병합)).

⑤ [×], 「질서위반행위규제법」 제13조(수개의 질서위반행위의 처리) ① 하나의 행위가 2 이상의 질서위반행위에 해당하는 경우에는 각 질서위반행위에 대하여 정한 과태료 중 가장 중한 과태료를 부과한다.

② 제1항의 경우를 제외하고 2 이상의 질서위반행위가 경합하는 경우에는 각 질서위반행위에 대하여 정한 과태료를 각각 부과한다. 다만, 다른 법령(지방자치단체의 조례를 포함한다. 이하 같다)에 특별한 규정이 있는 경우에는 그 법령으로 정하는 바에 따른다.

정답 ⑤

PART 02

행정구제법

제 1 편

행정상 손해전보

제1장 행정상 국가배상

<행정상 국가배상: 전반>

문 1. (2018 변시7회, 37번)

국가배상제도에 관한 설명 중 옳은 것(○)과 옳지 않은 것(×)을 올바르게 조합한 것은? (다툼이 있는 경우 판례에 의함)

ㄱ. 공무원증 및 재직증명서 발급 업무를 담당하는 공무원이 다른 공무원의 공무원증을 위조한 행위는 그 실질이 직무행위에 속하지 아니하므로 「국가배상법」 제2조 제1항 소정의 직무집행에 해당하지 아니한다.

ㄴ. 어떠한 행정처분이 항고소송에서 위법한 것으로서 취소되었다면 이로써 당해 행정처분은 공무원의 고의 또는 과실에 의한 불법행위를 구성한다.

ㄷ. 헌법재판소는 「국가배상법」 제2조 제1항 단서를, 일반국민이 직무집행 중인 군인과의 공동불법행위로 직무집행 중인 다른 군인에게 공상을 입혀 그 피해자에게 공동의 불법행위로 인한 손해를 배상한 다음 공동불법행위자인 군인의 부담부분에 관하여 국가에 대하여 구상권을 행사하는 것을 허용하지 아니한다고 해석하는 한 헌법에 위반된다고 판단하였다.

ㄹ. 대법원은 공무원의 직무상 불법행위로 인하여 직무집행과 관련하여 피해를 입은 군인 등에 대하여 그 불법행위와 관련하여 공동불법행위책임을 지는 일반국민은 자신의 귀책부분을 초과하는 부분까지도 손해배상의무를 부담하며, 이를 전부 배상한 경우 다른 공동불법행위자인 군인의 부담부분에 관하여 국가를 상대로 구상권을 행사할 수 있다고 판단하였다.

① ㄱ(○), ㄴ(×), ㄷ(○), ㄹ(○)
② ㄱ(○), ㄴ(○), ㄷ(○), ㄹ(×)
③ ㄱ(×), ㄴ(×), ㄷ(○), ㄹ(×)
④ ㄱ(×), ㄴ(○), ㄷ(×), ㄹ(○)
⑤ ㄱ(×), ㄴ(×), ㄷ(○), ㄹ(○)

해설

ㄱ. [×], 울산세관의 통관지원과에서 인사업무를 담당하면서 울산세관 공무원들의 공무원증 및 재직증명서 발급업무를 하는 공무원인 소외인이 울산세관의 다른 공무원의 공무원증 등을 위조하는 행위는 비록 그것이 실질적으로는 직무행위에 속하지 아니한다 할지라도 적어도 외관상으로는 공무원증과 재직증명서를 발급하는 행위로서 직무집행으로 보여지므로 결국 소외인의 공무원증 등 위조행위는 국가배상법 제2조 제1항 소정의 공무원이 직무를 집행함에 당하여 한 행위로 인정되고(대법 2005. 1. 14. 2004다26805). ★★

ㄴ. [×], 어떠한 행정처분이 후에 항고소송에서 취소되었다고 할지라도 그 기판력에 의하여 당해 행정처분이 곧바로 공무원의 고의 또는 과실로 인한 것으로서 불법행위를 구성한다고 단정할 수는 없는 것이고(대법 2000. 5. 12. 99다70600).

ㄷ. [○], 일반국민이 공동불법행위자인 군인의 부담부분에 관하여 국가에 대하여 구상권을 행사할 수 없다고 해석한다면, 이는 이 사건 심판대상 부분의 헌법상 근거규정인 헌법 제29조가 구상권의 행사를 배제하지 아니하는데도 이를 배제하는 것으로 해석하는 것으로서 합리적인 이유 없이 일반국민을 국가에 대하여 지나치게 차별하는 경우에 해당하므로 헌법 제11조, 제29조에 위반된다. 또한 국가에 대한 구상권은 헌법 제23조 제1항에 의하여 보장되는 재산권이고 위와 같은 해석은 그러한 재산권의 제한에 해당하며 재산권의 제한은 헌법 제37조 제2항에 의한 기본권 제한의 한계 내에서만 가능한데, 위와 같은 해석은 헌법 제37조 제2항에 의하여 기본권을 제한할 때 요구되는 비례의 원칙 에 위배하여 일반국민의 재산권을 과잉 제한하는 경우에 해당하여 헌법 제23조 제1항 및 제37조 제2항에도 위반된다고 할 것이다(헌재 1994. 12. 29. 93헌바21 전원재판부). ★★

ㄹ. [×], 공동불법행위자 등이 부진정연대채무자로서 각자 피해자의 손해 전부를 배상할 의무를 부담하는 공동불법행위의 일반적인 경우와 달리 예외적으로 민간인은 피해 군인 등에 대하여 그 손해 중 국가 등이 민간인에 대한 구상의무를 부담한다면 그 내부적인 관계에서 부담하여야 할 부분을 제외한 나머지 자신의 부담부분에 한하여 손해배상의무를 부담하고, 한편 국가 등에 대하여는 그 귀책부분의 구상을 청구할 수 없다고 해석함이 상당하다 할 것이고, 이러한 해석이 손해의 공평·타당한 부담을 그 지도원리로 하는 손해배상제도의 이상에도 맞는다 할 것이다(대법 2001. 2. 15. 96다42420 전원합의체). ★★★

정답 ③

<행정상 국가배상: 전반>

문 2.

(2020 변시9회, 40번)

국가배상에 관한 설명 중 옳지 않은 것은? (다툼이 있는 경우 판례에 의함)

① 생명·신체의 침해로 인한 국가배상을 받을 권리는 양도하거나 압류하지 못한다.

② 「국가배상법」 제7조가 정하는 상호보증은 반드시 당사국과의 조약이 체결되어 있을 필요는 없지만, 당해 외국에서 구체적으로 우리나라 국민에게 국가배상청구를 인정한 사례가 있어 실제로 국가배상이 상호 인정될 수 있는 상태가 인정되어야 한다.

③ 행정입법에 관여한 공무원이 입법 당시의 상황에서 다양한 요소를 고려하여 나름대로 합리적인 근거를 찾아 어느 하나의 견해에 따라 경과규정을 두는 등의 조치 없이 새 법령을 그대로 시행하거나 적용한 경우, 그와 같은 공무원의 판단이 나중에 대법원이 내린 판단과 같지 않다고 하더라도 국가배상책임의 성립요건인 공무원의 과실이 있다고 할 수는 없다.

④ 「국가배상법」 제2조 제1항의 '법령에 위반하여'라고 함은 엄격하게 형식적 의미의 법령에 명시적으로 공무원의 행위의무가 정하여져 있음에도 이를 위반하는 경우만을 의미하는 것이 아니고, 널리 그 행위가 객관적인 정당성을 결여하고 있는 경우도 포함한다.

⑤ 국민의 생명·신체·재산 등에 대하여 절박하고 중대한 위험상태가 발생하였거나 발생할 상당한 우려가 있는 경우가 아닌 한, 원칙적으로 공무원이 관련 법령에서 정하여진 대로 직무를 수행하였다면 손해방지조치를 제대로 이행하지 않은 부작위를 가지고 '고의 또는 과실로 법령에 위반'하였다고 할 수는 없다.

해설

① [○], 「국가배상법」 제4조(양도 등 금지) 생명·신체의 침해로 인한 국가배상을 받을 권리는 양도하거나 압류하지 못한다.

② [×], 우리나라와 외국 사이에 국가배상청구권의 발생요건이 현저히 균형을 상실하지 아니하고 외국에서 정한 요건이 우리나라에서 정한 그것보다 전체로서 과중하지 아니하여 중요한 점에서 실질적으로 거의 차이가 없는 정도라면 국가배상법 제7조가 정하는 상호보증의 요건을 구비하였다고 봄이 타당하다. 그리고 이와 같은 상호보증은 외국의 법령, 판례 및 관례 등에 의하여 발생요건을 비교하여 인정되면 충분하고 반드시 당사국과의 조약이 체결되어 있을 필요는 없으며, 당해 외국에서 구체적으로 우리나라 국민에게 국가배상청구를 인정한 사례가 없더라도 실제로 인정될 것이라고 기대할 수 있는 상태이면 충분하다(대법 2015. 6. 11. 2013다208388).

③ [○], 행정입법에 관여한 공무원이 입법 당시의 상황에서 다양한 요소를 고려하여 나름대로 합리적인 근거를 찾아 어느 하나의 견해에 따라 경과규정을 두는 등의 조치 없이 새 법령을 그대로 시행하거나 적용하였다면, 그와 같은 공무원의 판단이 나중에 대법원이 내린 판단과 같지 아니하여 결과적으로 시행령 등이 신뢰보호의 원칙 등에 위배되는 결과가 되었다고 하더라도, 이러한 경우에까지 국가배상법 제2조 제1항에서 정한 국가배상책임의 성립요건인 공무원의 과실이 있다고 할 수는 없다(대법 2013. 4. 26. 2011다14428).

④ [○], "공무원이 그 직무를 집행함에 당하여 고의 또는 과실로 법령에 위반하여 타인에게 손해를 가한 때"라고 하는 국가배상법 제2조 제1항의 요건이 충족되어야 할 것이다. 여기서 '법령에 위반하여'라고 함은 엄격하게 형식적 의미의 법령에 명시적으로 공무원의 작위의무가 정하여져 있음에도 이를 위반하는 경우만을 의미하는 것은 아니고, 인권존중·권력남용금지·신의성실과 같이 공무원으로서 마땅히 지켜야 할 준칙이나 규범을 지키지 아니하고 위반한 경우를 포함하여 널리 그 행위가 객관적인 정당성을 결여하고 있는 경우도 포함한다(대법 2012. 7. 26. 2010다95666). ★★★

⑤ [○], 국민의 생명·신체·재산 등에 대하여 절박하고 중대한 위험상태가 발생하였거나 발생할 상당한 우려가 있어서 국민의 생명 등을 보호하는 것을 본래적 사명으로 하는 국가가 초법규적·일차적으로 그 위험의 배제에 나서지 아니하면 국민의 생명 등을 보호할 수 없는 경우에는 형식적 의미의 법령에 근거가 없더라도 국가나 관련 공무원에 대하여 그러한 위험을 배제할 작위의무를 인정할 수 있을 것이다. 그러나 그와 같은 절박하고 중대한 위험상태가 발생하였거나 발생할 상당한 우려가 있는 경우가 아닌 한, 원칙적으로 공무원이 관련 법령에서 정하여진 대로 직무를 수행하였다면 그와 같은 공무원의 부작위를 가지고 '고의 또는 과실로 법령에 위반'하였다고 할 수는 없다(대법 2012. 7. 26. 2010다95666). ★★★

정답 ②

<행정상 국가배상: 전반>

문 3.

(2022 변시11회 35번)

국가배상에 관한 판례의 입장으로 옳은 것을 모두 고른 것은?

ㄱ. 「국가배상법」 제2조 소정의 '공무원'이라 함은 「국가공무원법」이나 「지방공무원법」에 의하여 공무원으로서의 신분을 가진 자에 국한하지 않고 널리 공무를 위탁받아 실질적으로 공무에 종사하고 있는 일체의 자를 가리키나, 공무의 위탁이 일시적이고 한정적인 사항에 관한 활동을 위한 것인 경우는 이에 포함되지 않는다.

ㄴ. 「국가배상법」 제2조 소정의 '법령을 위반하여'라고 함은 인권존중·권력남용금지·신의성실과 같이 공무원으로서 마땅히 지켜야 할 준칙이나 규범을 지키지 아니하고 위반한 경우를 비롯하여 널리 그 행위가 객관적인 정당성을 결여하고 있는 경우를 포함한다.

ㄷ. 공무원에 대한 전보인사가 법령이 정한 기준과 원칙에 위배되거나 인사권을 부적절하게 행사한 것이라면 그 전보인사는 당연히 당해 공무원에 대한 관계에서 손해배상책임이 인정되는 불법행위를 구성한다.

ㄹ. 공무원이 직무를 수행하면서 근거되는 법령의 규정에 따라 구체적으로 의무를 부여받았어도 그것이 직접 국민 개개인의 이익을 위한 것이 아니라 전체적으로 공공 일반의 이익을 도모하기 위한 것이라면 그 의무를 위반하여 국민에게 손해를 가하여도 국가 또는 지방자치단체는 배상책임을 부담하지 아니한다.

① ㄱ, ㄷ　② ㄱ, ㄹ

③ ㄴ, ㄹ　④ ㄱ, ㄴ, ㄹ

⑤ ㄴ, ㄷ, ㄹ

해설

ㄱ. [×], 국가배상법 제2조 소정의 '공무원'이라 함은 국가공무원법이나 지방공무원법에 의하여 공무원으로서의 신분을 가진 자에 국한하지 않고, 널리 공무를 위탁받아 실질적으로 공무에 종사하고 있는 일체의 자를 가리키는 것으로서, 공무의 위탁이 일시적이고 한정적인 사항에 관한 활동을 위한 것이어도 달리 볼 것은 아니다(대법 2001. 1. 5. 98다39060). ★★★

ㄴ. [○], 공무원의 부작위로 인한 국가배상책임을 인정하기 위하여는 공무원의 작위로 인한 국가배상책임을 인정하는 경우와 마찬가지로 "공무원이 그 직무를 집행함에 당하여 고의 또는 과실로 법령에 위반하여 타인에게 손해를 가한 때"라고 하는 국가배상법 제2조 제1항의 요건이 충족되어야 할 것이다. 여기서 '법령에 위반하여'라고 함은 엄격하게 형식적 의미의 법령에 명시적으로 공무원의 작위의무가 정하여져 있음에도 이를 위반하는 경우만을 의미하는 것은 아니고, 인권존중 · 권력남용금지 · 신의성실과 같이 공무원으로서 마땅히 지켜야 할 준칙이나 규범을 지키지 아니하고 위반한 경우를 포함하여 널리 그 행위가 객관적인 정당성을 결여하고 있는 경우도 포함한다(대법 2012. 7. 26. 2010다95666). ★★★

ㄷ. [×], 공무원에 대한 전보인사가 법령이 정한 기준과 원칙에 위배되거나 인사권을 다소 부적절하게 행사한 것으로 볼 여지가 있다 하더라도 그러한 사유만으로 그 전보인사가 당연히 불법행위를 구성한다고 볼 수는 없고, 인사권자가 당해 공무원에 대한 보복감정 등 다른 의도를 가지고 인사재량권을 일탈 · 남용하여 객관적 정당성을 상실하였음이 명백한 경우 등 전보인사가 우리의 건전한 사회통념이나 사회상규상 도저히 용인될 수 없음이 분명한 경우에, 그 전보인사는 위법하게 상대방에게 정신적 고통을 가하는 것이 되어 당해 공무원에 대한 관계에서 불법행위를 구성한다. 그리고 이러한 법리는 구 부패방지법(2001. 7. 24. 법률 제6494호)에 따라 다른 공직자의 부패행위를 부패방지위원회에 신고한 공무원에 대하여 위 신고행위를 이유로 불이익한 전보인사가 행하여진 경우에도 마찬가지이다(대법 2009. 5. 28. 2006다16215).

ㄹ. [○], 일반적으로 국가 또는 지방자치단체가 권한을 행사할 때에는 국민에 대한 손해를 방지하여야 하고, 국민의 안전을 배려하여야 하며, 소속 공무원이 전적으로 또는 부수적으로라도 국민 개개인의 안전과 이익을 보호하기 위하여 법령에서 정한 직무상 의무를 위반하여 국민에게 손해를 가하면 상당인과관계가 인정되는 범위 안에서 국가 또는 지방자치단체가 배상책임을 부담하는 것이지만, 공무원이 직무를 수행하면서 근거되는 법령의 규정에 따라 구체적으로 의무를 부여받았어도 그것이 국민의 이익과는 관계없이 순전히 행정기관 내부의 질서를 유지하기 위한 것이거나, 또는 국민의 이익과 관련된 것이라도 직접 국민 개개인의 이익을 위한 것이 아니라 전체적으로 공공 일반의 이익을 도모하기 위한 것이라면 그 의무를 위반하여 국민에게 손해를 가하여도 국가 또는 지방자치단체는 배상책임을 부담하지 아니한다(대법 2015. 5. 28. 2013다41431). ★★

정답 ③

<행정상 국가배상: 제2조 직무>

문 4.

(2012 변시1회, 31번)

판례에 의할 때 국가배상법 제2조에 의하여 피해자가 국가나 지방자치단체에 대하여 배상책임을 물을 수 없는 것은?

① 지방자치단체가 교통자원봉사자에게 공무를 위탁하여 그가 교통안내 등의 업무를 하던 중 위탁받은 범위를 넘어서 교차로 중앙에서 교통정리를 하다가 교통사고를 발생시킨 경우

② 헌법재판소 재판관이 청구기간을 준수한 헌법소원심판청구에 대하여 청구기간을 도과한 것으로 오인하여 심판청구를 각하하였고, 이에 대한 불복절차 내지 시정절차가 없는 경우

③ 행정청이 구 공중위생법 시행규칙상의 행정처분기준에 따라 영업허가취소처분을 하였으나, 그 취소처분이 행정심판에서 재량하자를 이유로 취소된 경우

④ 담당공무원이 내부전산망을 통해 후보자에 대한 범죄경력자료를 조회하여 구 「공직선거 및 선거부정방지법」 위반죄로 실형을 선고받는 등 실효된 4건의 금고형 전과가 있음을 확인하고도 후보자의 공직선거 후보자용 범죄경력조회 회보서에 이를 기재하지 않은 경우

⑤ 경매담당공무원이 매각물건명세서를 작성하면서 매각으로 소멸되지 않는 최선순위 전세권이 매수인에게 인수된다는 취지의 기재를 하지 아니한 경우

해설

① [○], 피고에 의해 '교통할아버지' 봉사원으로 선정된 소외인이 지정된 시간 중에 피고로부터 위탁받은 업무 범위를 넘어 교차로 중앙에서 교통정리를 하다가 이 사건 사고를 발생시켰다고 하더라도 이는 외형상 객관적으로 소외인이 피고로부터 위탁받은 업무와 밀접한 관계에 있는 행위로서 공무원이 그 직무를 집행함에 당하여 한 행위라고 판단한 것은 정당하고 거기에 국가배상법 제2조에 관한 법리오해의 위법은 없다(대법 2001. 1. 5. 98다39060). ★★

② [○], 헌법재판소 재판관 이 청구기간 내에 제기된 헌법소원심판청구 사건에서 청구기간을 오인하여 각하결정을 한 경우, 이에 대한 불복절차 내지 시정절차가 없는 때에는 국가배상책임(위법성)을 인정할 수 있다고 한 사례(대법 2003. 7. 11. 99다24218). ★★★

③ [×], 처분을 할 것인지 여부와 처분의 정도에 관하여 재량이 인정되는 과징금 납부명령에 대하여 그 명령이 재량권을 일탈하였을 경우 법원으로서는 재량권의 일탈 여부만 판단할 수 있을 뿐이지 재량권의 범위 내에서 어느 정도가 적정한 것인지에 관하여 판단할 수 없으므로 그 전부를 취소할 수밖에 없고, 법원이 적정하다고 인정되는 부분을 초과한 부분만 취소할 수는 없는 것이며(대법 2007. 10. 26. 2005두3172).

④ [○], 공무원 갑이 내부전산망을 통해 을에 대한 범죄경력자료를 조회하여 공직선거 및 선거부정방지법 위반죄로 실형을 선고받는 등 실효된 4건의 금고형 이상의 전과가 있음을 확인하고도 을의 공직선거 후보자용 범죄경력조회 회보서에 이를 기재하지 않은 사안에서, 갑의 중과실을 인정하여 국가배상책임 외에 공무원 개인의 배상책임까지 인정한 원심판단을 수긍한 사례(대법 2001. 9. 8. 2011다34521).

⑤ [○], 최선순위 전세권은 경매절차에서의 매각으로 소멸되지 않고 매수인에게 인수되는 것이므로 매각물건명세서를 작성함에 있어서 위 전세권이 인수된다는 취지의 기재를 하였어야 할 것임에도 위와 같은 매각물건명세서의 잘못된 기재로 인하여 위 전세권이 매수인에게 인수되지 않은 것으로 오인한 상태에서 매수신고가격을 결정하고 매각대상 부동산을 매수하였다가 위 전세권을 인수하여 그 전세금을 반환하여야 하는 손해를 입은 매수인에 대하여 경매담당 공무원 등의 직무집행상의 과실로 인한 국가배상책임을 인정한 사례(대법 2010. 6. 24. 2009다40790).

정답 ③

<행정상 국가배상: 제2조 직무, 법령위반>

문 5.

(2016 변시5회, 34번)

국가배상책임에 관한 설명 중 옳지 않은 것은? (다툼이 있는 경우 판례에 의함)

① 국가가 초법규적·일차적으로 위험배제에 나서지 아니하면 국민의 생명·신체·재산 등을 보호할 수 없는 경우 그 위험을 배제할 공무원의 작위의무가 인정되며, 그러한 작위의무 위반도 「국가배상법」 제2조 제1항의 법령위반에 해당한다.

② 공무원에게 부과된 직무상 의무의 내용이 단순히 공공일반의 이익을 위한 것이거나 행정청 내부의 질서를 규율하기 위한 것이라면, 공무원의 그와 같은 직무상 의무위반에 대해서는 국가배상책임이 성립하지 않는다.

③ 법관의 재판에 법령의 규정을 따르지 아니한 잘못이 있다하더라도 이로써 바로 「국가배상법」 제2조 제1항의 법령위반이 되는 것은 아니며, 국가배상책임이 성립하기 위해서는 당해 법관이 위법 또는 부당한 목적을 가지고 재판을 하는 등 법관이 그에게 부여된 권한의 취지에 명백히 어긋나게 이를 행사하였다고 인정할 만한 특별한 사정이 있어야 한다.

④ 헌법재판소 재판관이 헌법소원심판의 청구기간을 잘못 산정하여 각하결정을 한 경우, 본안판단을 하였더라도 어차피 청구가 기각되었을 것이라는 사정이 있는 경우에는 국가배상책임이 인정될 수 없다.

⑤ 국회의원의 입법행위는 그 입법 내용이 헌법의 문언에 명백히 위배됨에도 불구하고 국회가 굳이 당해 입법을 한 것과 같은 특수한 경우가 아닌 한 「국가배상법」 제2조 제1항의 법령위반에 해당하지 않는다.

해설

① [○], 국민의 생명·신체·재산 등에 대하여 절박하고 중대한 위험상태가 발생하였거나 발생할 상당한 우려가 있어서 국민의 생명 등을 보호하는 것을 본래적 사명으로 하는 국가가 초법규적·일차적으로 그 위험의 배제에 나서지 아니하면 국민의 생명 등을 보호할 수 없는 경우에는 형식적 의미의 법령에 근거가 없더라도 국가나 관련 공무원에 대하여 그러한 위험을 배제할 작위의무를 인정할 수 있을 것이다(대법 2012. 7. 26. 2010다95666). ★★★

② [○], 공무원에게 직무상 의무를 부과한 법령의 목적이 사회 구성원 개인의 이익과 안전을 보호하기 위한 것이 아니고 단순히 공공일반의 이익이나 행정기관 내부의 질서를 규율하기 위한 것이라면, 설령 공무원이 그 직무상 의무를 위반한 것을 계기로 하여 제3자가 손해를 입었다고 하더라도 공무원이 직무상 의무를 위반한 행위와 제3자가 입은 손해 사이에 상당인과관계가 있다고 할 수 없다(대법 2015. 12. 23. 2015다210194).

③ [○], 법관의 재판에 법령의 규정을 따르지 아니한 잘못이 있다 하더라도 이로써 바로 그 재판상 직무행위가 국가배상법 제2조 제1항에서 말하는 위법한 행위로 되어 국가의 손해배상책임이 발생하는 것은 아니고, 그 국가배상책임이 인정되려면 당해 법관이 위법 또는 부당한 목적을 가지고 재판을 하였다거나 법이 법관의 직무수행상 준수할 것을 요구하고 있는 기준을 현저하게 위반하는 등 법관이 그에게 부여된 권한의 취지에 명백히 어긋나게 이를 행사하였다고 인정할 만한 특별한 사정이 있어야 한다(대법 2003. 7. 11. 99다24218). ★★★

④ [×], 헌법재판소 재판관의 위법한 직무집행의 결과 잘못된 각하결정을 함으로써 청구인으로 하여금 본안판단을 받을 기회를 상실하게 한 이상, 설령 본안판단을 하였더라도 어차피 청구가 기각되었을 것이라는 사정이 있다고 하더라도 잘못된 판단으로 인하여 헌법소원심판 청구인의 위와 같은 합리적인 기대를 침해한 것이고 이러한 기대는 인격적 이익으로서 보호할 가치가 있다고 할 것이므로 그 침해로 인한 정신상 고통에 대하여는 위자료를 지급할 의무가 있다(대법 2003. 7. 11. 99다24218). ★★★

⑤ [○], 국회의원의 입법행위는 그 입법 내용이 헌법의 문언에 명백히 위반됨에도 불구하고 국회가 굳이 당해 입법을 한 것과 같은 특수한 경우가 아닌 한 국가배상법 제2조 제1항 소정의 위법행위에 해당된다고 볼 수 없다(대법 1997. 6. 13. 96다56115).

정답 ④

<행정상 국가배상: 제2조와 구상권>

문 6.

(2017 변시6회, 37번)

행정상 손해배상에 관한 설명 중 옳지 않은 것은? (다툼이 있는 경우 판례에 의함)

① 산업기술혁신 촉진법령에 따른 중앙행정기관과 지방자치단체 등의 인증신제품 구매의무는 공공 일반의 전체적인 이익을 도모하기 위한 것으로 봄이 타당하고, 신제품 인증을 받은 자의 재산상 이익은 법령이 보호하고자 하는 이익으로 보기는 어려우므로, 지방자치단체가 위 법령에서 정한 인증신제품 구매의무를 위반하였다고 하더라도, 이를 이유로 신제품 인증을 받은 자에 대하여 국가배상책임을 지는 것은 아니다.

② 국가배상청구의 요건인 '공무원의 직무'에는 국가나 지방자치단체의 권력적 작용뿐만 아니라 비권력적 작용도 포함되지만, 단순한 사경제주체로서 하는 작용은 포함되지 않는다.

③ 행위 자체의 외관을 객관적으로 관찰하여 공무원의 직무행위로 보여진다 하더라도 그것이 실질적으로 직무행위에 해당하지 않는다면 그 행위는 '직무를 집행하면서' 행한 것으로 볼 수 없다.

④ 국가배상청구권의 소멸시효기간이 지났으나, 국가가 소멸시효완성을 주장하는 것이 신의성실의 원칙에 반하는 권리남용으로 허용될 수 없어 배상책임을 이행한 경우에는, 그 소멸시효 완성 주장이 권리남용에 해당하게 된 원인행위와 관련하여 해당 공무원이 그 원인이 되는 행위를 적극적으로 주도하였다는 등의 특별한 사정이 없는 한, 국가의 해당 공무원에 대한 구상권 행사는 신의칙상 허용되지 않는다.

⑤ 국가에게 국가배상책임이 있는 경우에, 경과실이 있는 공무원이 피해자에 대하여 손해배상책임을 부담하지 아니함에도 피해자에게 손해를 배상하였다면 경과실이 있는 그 공무원은 특별한 사정이 없는 한 국가에 대하여 자신이 변제한 금액에 관하여 구상권을 취득한다.

해설

① [○], 구 산업기술혁신 촉진법 및 그 시행령의 목적과 내용 등을 종합하여 보면, 위 법령이 공공기관에 부과한 인증신제품 구매의무는 기업에 신기술개발제품의 판로를 확보하여 줌으로써 산업기술개발을 촉진하기 위한 국가적 지원책의 하나로 국민경제의 지속적인 발전과 국민의 삶의 질 향상이라는 공공 일반의 이익을 도모하기 위한 것으로 봄이 타당하고, 공공기관이 구매의무를 이행한 결과 신제품 인증을 받은 자가 재산상 이익을 얻게 되더라도 이는 반사적 이익에 불과할 뿐 위 법령이 보호하고자 하는 이익으로 보기는 어렵다. 따라서 피고들이 위 법령에서 정한 인증신제품 구매의무를 위반하였다고 하더라도, 이를 이유로 원고에 대하여 국가배상법 제2조가 정한 배상책임이나 불법행위를 이유로 한 손해배상책임을 지는 것은 아니라고 할 것이다(대법 2015. 5. 28. 2013다41431). ★★

② [○], 국가배상법 제2조 제1항의 '직무를 집행함에 당하여'라 함은 직접 공무원의 직무집행행위이거나 그와 밀접한 관련이 있는 행위를 포함하고, 이를 판단함에 있어서는 행위 자체의 외관을 객관적으로 관찰하여 공무원의 직무행위로 보여질 때에는 비록 그것이 실질적으로 직무행위가 아니거나 또는 행위자로서는 주관적으로 공무집행의 의사가 없었다고 하더라도 그 행위는 공무원이 '직무를 집행함에 당하여' 한 것으로 보아야 한다(대법 2005. 1. 14. 2004다26805). ★★

③ [×], 법관의 재판에 법령의 규정을 따르지 아니한 잘못이 있다 하더라도 이로써 바로 그 재판상 직무행위가 국가배상법 제2조 제1항에서 말하는 위법한 행위로 되어 국가의 손해배상책임이 발생하는 것은 아니고, 그 국가배상책임이 인정되려면 당해 법관이 위법 또는 부당한 목적을 가지고 재판을 하였다거나 법이 법관의 직무수행상 준수할 것을 요구하고 있는 기준을 현저하게 위반하는 등 법관이 그에게 부여된 권한의 취지에 명백히 어긋나게 이를 행사하였다고 인정할 만한 특별한 사정이 있어야 한다(대법 2003. 7. 11. 99다24218). ★★★

④ [○], 공무원의 직무상 불법행위로 손해를 입은 피해자가 국가배상청구를 하였을 때, 비록 그 소멸시효 기간이 경과하였다고 하더라도 국가가 소멸시효의 완성 전에 피해자의 권리행사나 시효중단을 불가능 또는 현저히 곤란하게 하였거나 객관적으로 피해자가 권리를 행사할 수 없는 장애사유가 있었다는 등의 사정이 있어 국가에게 채무이행의 거절을 인정하는 것이 현저히 부당하거나 불공평하게 되는 등 특별한 사정이 있는 경우에는, 국가가 소멸시효 완성을 주장하는 것은 신의성실 원칙에 반하여 권리남용으로서 허용될 수 없다(대법 2016. 6. 9. 2015다200258).

⑤ [○], 피해자에게 손해를 직접 배상한 경과실이 있는 공무원은 특별한 사정이 없는 한 국가에 대하여 국가의 피해자에 대한 손해배상책임의 범위 내에서 공무원이 변제한 금액에 관하여 구상권을 취득한다고 봄이 타당하다(대법 2014. 8. 20. 2012다544778).

정답 ③

<행정상 국가배상: 제2조, 제5조 일반>

문 7.

(2014 변시3회, 31번)

국가배상책임과 관련된 설명 중 옳은 것을 모두 고른 것은? (다툼이 있는 경우 판례에 의함)

ㄱ. 국가배상법 제5조 제1항 소정의 '공공의 영조물'이라 함은 국가 또는 지방자치단체에 의하여 특정 공공의 목적에 공여된 유체물 내지 물적 설비를 말하며, 국가 또는 지방자치단체가 소유권, 임차권 그 밖의 권한에 기하여 관리하고 있는 경우로 한정되고, 사실상의 관리를 하고 있는 경우는 포함되지 않는다.

ㄴ. 관리청이 하천법 등 관련 규정에 의해 책정한 하천정비기본계획 등에 따라 개수를 완료한 하천 또는 아직 개수 중이라 하더라도 개수를 완료한 부분에 있어서는 하천정비기본계획 등에서 정한 계획홍수량 및 계획홍수위를 충족하여 하천이 관리되고 있다면 당초부터 계획홍수량 및 계획홍수위를 잘못 책정하였다거나 그 후 이를 시급히 변경해야 할 사정이 생겼음에도 불구하고 이를 해태하였다는 등의 특별한 사정이 없는 한 그 하천은 용도에 따라 통상 갖추어야 할 안전성을 갖추고 있다고 볼 수 있다.

ㄷ. 공무원이 고의 또는 과실로 그에게 부과된 직무상 의무를 위반하였을 경우라고 하더라도 국가는 그러한 직무상의 의무 위반과 피해자가 입은 손해 사이에 상당인과관계가 인정되는 범위 내에서만 배상책임을 지는 것이고, 이 경우 상당인과관계가 인정되기 위하여는 공무원에게 부과된 직무상 의무의 내용이 단순히 공공 일반의 이익을 위한 것이거나 행정기관 내부의 질서를 규율하기 위한 것이 아니고 전적으로 또는 부수적으로 사회구성원 개인의 안전과 이익을 보호하기 위하여 설정된 것이어야 한다.

ㄹ. 공무원의 부작위로 인한 국가배상책임을 인정하기 위한 조건인 '법령에 위반하여'라고 함은 엄격하게 형식적 의미의 법령에 명시적으로 공무원의 작위의무가 정하여져 있음에도 이를 위반하는 경우만을 의미하는 것은 아니고, 인권존중·권력남용금지·신의성실과 같이 공무원으로서 마땅히 지켜야 할 준칙이나 규범을 지키지 아니하고 위반한 경우를 포함하여 널리 그 행위가 객관적인 정당성을 결여하고 있는 경우도 포함한다.

① ㄱ, ㄷ
② ㄴ, ㄹ
③ ㄱ, ㄴ, ㄷ
④ ㄱ, ㄷ, ㄹ
⑤ ㄴ, ㄷ, ㄹ

해설

ㄱ. [×], 국가배상법 제5조 제1항 소정의 '공공의 영조물'이라 함은 국가 또는 지방자치단체에 의하여 특정 공공의 목적에 공여된 유체물 내지 물적 설비를 말하며, 국가 또는 지방자치단체가 소유권, 임차권 그 밖의 권한에 기하여 관리하고 있는 경우뿐만 아니라 사실상의 관리를 하고 있는 경우도 포함된다(대법 1998. 10. 23. 98다17381). ★★★

ㄴ. [○], 관리청이 하천법 등 관련 규정과 하천시설기준에 의해 책정한 하천정비기본계획 등에 따라 개수를 완료한 하천 또는 아직 개수 중이라 하더라도 개수를 완료한 부분의 경우에는, 위 하천정비기본계획 등에서 정한 계획홍수량 및 계획홍수위를 충족하여 하천이 관리되고 있다면 당초부터 계획홍수량 및 계획홍수위를 잘못 책정하였다거나 그 후 이를 시급히 변경해야 할 사정이 생겼음에도 불구하고 이를 게을리하였다는 등의 특별한 사정이 없는 한, 그 하천은 용도에 따라 통상 갖추어야 할 안전성을 갖추고 있다고 봄이 타당하다(대법 2016. 7. 27. 2014다205829, 205836).

ㄷ. [○], 공무원이 고의 또는 과실로 그에게 부과된 직무상 의무를 위반하였을 경우라고 하더라도 국가는 그러한 직무상의 의무 위반과 피해자가 입은 손해 사이에 상당인과 관계가 인정되는 범위 내에서만 배상책임을 지는 것이고, 이 경우 상당인과관계가 인정되기 위하여는 공무원에게 부과된 직무상 의무의 내용이 단순히 공공 일반의 이익을 위한 것이거나 행정기관 내부의 질서를 규율하기 위한 것이 아니고 전적으로 또는 부수적으로 사회구성원 개인의 안전과 이익을 보호하기 위하여 설정된 것이어야 한다(대법 2010. 9. 9. 2008다77795).

ㄹ. [○], '법령에 위반하여'라고 함은 엄격하게 형식적 의미의 법령에 명시적으로 공무원의 작위의무가 정하여져 있음에도 이를 위반하는 경우만을 의미하는 것은 아니고, 인권존중·권력남용금지·신의성실과 같이 공무원으로서 마땅히 지켜야 할 준칙이나 규범을 지키지 아니하고 위반한 경우를 포함하여 널리 그 행위가 객관적인 정당성을 결여하고 있는 경우도 포함한다(대법 2012. 7. 26. 2010다95666). ★★★

정답 ⑤

<행정상 국가배상: 제5조 하자판단기준>

문 8.

(2013 변시2회, 30번)

국가배상법 제5조 제1항은 공공의 영조물의 설치 또는 관리에 관한 하자로 인한 배상책임을 규정하고 있는데, 이에 관한 다음 설명 중 옳지 않은 것은? (다툼이 있는 경우 판례에 의함)

① 국가 또는 지방자치단체가 공공의 영조물을 소유권, 임차권 그 밖의 권한에 기하여 관리하고 있는 경우뿐만 아니라 사실상 관리하고 있는 경우에도 본조의 규정이 적용된다.

② 본조에서의 하자란 영조물이 통상 갖추어야 할 안전성을 결여한 것을 말한다.

③ 영조물이 완전무결한 상태에 있지 않고 기능상 어떠한 결함이 있었다면 객관적으로 보아 시간적, 장소적으로 그 기능상 결함으로 인한 손해발생의 예견가능성, 회피가능성이 없어도 본조의 책임이 발생한다.

④ 영조물 설치의 하자 유무는 객관적 견지에서 본 안전성의 문제이고 그 설치자의 재정사정이나 영조물의 사용목적에 의한 사정은 안전성을 결정지을 절대적 요건에는 해당하지 않는다.

⑤ 공공의 영조물의 설치·관리를 맡은 자뿐만 아니라 그 비용부담자도 본조의 배상책임을 진다.

해설

① [○], 국가배상법 제5조 제1항 소정의 '공공의 영조물'이라 함은 국가 또는 지방자치단체에 의하여 특정 공공의 목적에 공여된 유체물 내지 물적 설비를 말하며, 국가 또는 지방자치단체가 소유권, 임차권 그 밖의 권한에 기하여 관리하고 있는 경우뿐만 아니라 사실상의 관리를 하고 있는 경우도 포함된다(대법 1998. 10. 23. 98다17381). ★★★

② [○], 국가배상법 제5조에서 말하는 영조물의 설치·관리의 하자란 영조물이 그 용도에 따라 통상 갖추어야 할 안전성을 갖추지 못한 상태에 있음을 말하는 것으로서, 이와 같은 안전성의 구비 여부는 당해 영조물의 구조, 본래의 용법, 장소적 환경 및 이용 상황 등의 여러 사정을 종합적으로 고려하여 구체적·개별적으로 판단하여야 한다(대법 2000. 1. 14. 99다24201).

③ [×], 국가배상법 제5조 제1항에 정해진 영조물의 설치 또는 관리의 하자라 함은 영조물이 그 용도에 따라 통상 갖추어야 할 안전성을 갖추지 못한 상태에 있음을 말하는 것이며, 다만 영조물이 완전무결한 상태에 있지 아니하고 그 기능상 어떠한 결함이 있다는 것만으로 영조물의 설치 또는 관리에 하자가 있다고 할 수 없는 것이고, 위와 같은 안전성의 구비 여부를 판단함에 있어서는 당해 영조물의 용도, 그 설치장소의 현황 및 이용 상황 등 제반 사정을 종합적으로 고려하여 설치·관리자가 그 영조물의 위험성에 비례하여 사회통념상 일반적으로 요구되는 정도의 방호조치의무를 다하였는지 여부를 그 기준으로 삼아야 할 것이며, 만일 객관적으로 보아 시간적·장소적으로 영조물의 기능상 결함으로 인한 손해발생의 예견가능성과 회피가능성이 없는 경우 즉 그 영조물의 결함이 영조물의 설치·관리자의 관리행위가 미칠 수 없는 상황 아래에 있는 경우임이 입증되는 경우라면 영조물의 설치·관리상의 하자를 인정할 수 없다고 할 것이다(대법 2001. 7. 27. 2000다56822).

④ [○], 영조물 설치의 하자유무는 객관적 견지에서 본 안전성의 문제이고, 재정사정이나 사용목적에 의한 사정은, 안전성을 요구하는데 대한 정도문제로서의 참작사유에는 해당할지언정, 안전성을 결정지을 절대적 요건에는 해당하지 아니한다고 할것이며(대법 1967. 2. 21. 66다1723).

⑤ [○], 국가배상법 제6조 제1항은 국가배상법 제5조에 따라 국가나 지방자치단체가 영조물의 설치·관리의 하자를 이유로 손해배상책임을 부담하는 경우 영조물의 설치·관리를 맡은 자와 그 비용부담자가 동일하지 아니하면 비용부담자도 손해배상책임이 있다는 취지로 규정하고 있으므로, 국가배상법 제5조 제1항은 영조물의 설치·관리를 맡은 자, 즉 영조물의 설치·관리사무의 귀속주체를 그 배상책임자로 규정하고 있다고 볼 수 있다(대법 2015. 9. 10. 2012다200622).

정답 ③

<행정상 국가배상: 제5조>

문 9.

(2018 변시7회, 33번)

「국가배상법」 제5조의 배상책임에 관한 설명 중 옳은 것은? (다툼이 있는 경우 판례에 의함)

① '공공의 영조물' 이란 국가 또는 지방자치단체에 의하여 특정 공공의 목적에 공여된 유체물 및 물적 설비 등을 말하며, 국가 또는 지방자치단체가 소유권, 임차권 그 밖의 권한에 기하여 관리하고 있는 경우뿐만 아니라 사실상의 관리를 하고 있는 경우도 포함한다.

② 고등학교 3학년 학생이 교사의 단속을 피해 담배를 피우기 위하여 3층 건물 화장실 밖의 학생들이 출입할 수 없는 난간을 지나다가 실족하여 사망한 경우 학교시설의 설치·관리상의 하자가 있다.

③ 공항에서 발생하는 소음 등으로 인근주민들이 피해를 입었다면 수인한도를 넘는지 여부를 불문하고 도로의 경우와 같이 '공공의 영조물'에 관한 일반적인 설치·관리상의 하자에 대한 판단방법에 따라 국가책임이 인정된다.

④ 편도 2차로 도로의 1차로 상에 교통사고의 원인이 될 수 있는 크기의 돌멩이가 방치되어 있었고 이로 인하여 사고가 발생하였다면, 도로의 점유·관리자의 관리 가능성과 무관하게 이는 도로 관리·보존상의 하자에 해당한다.

⑤ 국·공유나 사유 여부를 불문하고 사실상 도로로 사용되고 있었다면 도로의 노선인정의 공고 기타 공용개시가 없었다고 하여도 「국가배상법」 제5조의 배상책임이 인정된다.

해설

① [○], 국가배상법 제5조 제1항 소정의 '공공의 영조물'이라 함은 국가 또는 지방자치단체에 의하여 특정 공공의 목적에 공여된 유체물 내지 물적 설비를 말하며, 국가 또는 지방자치단체가 소유권, 임차권 그 밖의 권한에 기하여 관리하고 있는 경우뿐만 아니라 사실상의 관리를 하고 있는 경우도 포함된다(대법 1998. 10. 23. 98다17381). ★★★

② [×], 피고에게는 학생들이 원칙적으로 출입할 수 없는 위 난간에 넘어 들어가 흡연을 하다가 실족하는 이례적인 사고가 있을 것을 예상하여 위 복도나 화장실 창문에 위 난간에의 출입을 막기 위하여 출입금지장치나 추락위험을 알리는 경고표지판을 설치할 의무가 있다고 할 수 없고, 따라서 피고가 출입금지장치 등을 설치하지 아니하였다고 하더라도 그로써 사회통념상 일반적으로 요구되는 방호조치의무를 위반하여 위 학교시설에 설치 또는 관리에 하자가 있다고 볼 수는 없을 것이다(대법 1997. 5. 16. 96다54102).

③ [×], 여기서 안전성을 갖추지 못한 상태, 즉 타인에게 위해를 끼칠 위험성이 있는 상태라 함은 당해 영조물을 구성하는 물적 시설 그 자체에 있는 물리적·외형적 흠결이나 불비로 인하여 그 이용자에게 위해를 끼칠 위험성이 있는 경우 뿐만 아니라, 그 영조물이 공공의 목적에 이용됨에 있어 그 이용상태 및 정도가 일정한 한도를 초과하여 제3자에게 사회통념상 수인할 것이 기대되는 한도를 넘는 피해를 입히는 경우까지 포함된다고 보아야 한다(대법 2010. 11. 25. 2007다74560).

④ [×], 편도 2차선 도로의 1차선 상에 교통사고의 원인이 될 수 있는 크기의 돌멩이가 방치되어 있었고, 도로의 점유·관리자인 피고가 그것에 대한 관리 가능성이 없다는 입증을 하지 못하고 있는 이 사건에서 이는 도로 관리·보존상의 하자에 해당한다(대법 1998. 2. 10. 97다32536).

⑤ [×], 국가배상법 제5조에서 말하는 공공의 영조물이란 공유나 사유임을 불문하고 행정주체에 의하여 특정 공공의 목적에 공여된 유체물 또는 물적 설비를 의미하므로 원심 판시와 같이 이건 사고지점 도로가 군민의 통행에 제공되었다 하여도 피고 군에 의하여 노선인정 기타 공용개시가 없었으면 이를 영조물이라 할 수 없고, 뿐 아니라 그 영조물의 관리라 함은 국가 기타 행정주체가 영조물을 사실상 직접 지배하는 상태에 있음을 의미하므로, 군이나 기타 지방자치단체가 주민들이 왕래하는 사실상의 도로에다 하수도나 포장공사를 위하여 세멘트나 기타 공사비의 일부를 보조한 사실만으로 당해 지방자치단체가 그 도로를 점유 관리하고 있다고 할 수 없다(대법 1981. 7. 7. 80다2478).

정답 ①

<행정상 국가배상: 이중배상, 배상책임의 성질>

문 10.

(2012 변시1회, 40번)

운전병인 군인 甲은 전투훈련 중 같은 부대 소속 군인 丙을 태우고 군용차량을 운전하여 훈련지로 이동하다가 민간인 乙이 운전하던 차량과 쌍방과실로 충돌하였고, 이로 인해 군인 丙이 사망하였다. 이 경우 손해배상책임 및 구상권에 관한 설명 중 옳지 않은 것은? (단, 자동차손해보험과 관련된 법적 책임은 고려하지 않음)

① 현행법상 丙의 유족이 다른 법령에 따라 유족연금 등 보상을 받은 경우에는 국가배상청구를 할 수 없다.

② 대법원은 甲이 고의·중과실이 있는 경우에만 丙의 유족에 대한 손해배상책임을 부담하고, 甲에게 경과실만 인정되는 경우에는 丙의 유족에 대한 손해배상책임을 부담하지 않는다고 보았다.

③ 대법원은 공동불법행위의 일반적인 경우와 달리 乙은 자신의 부담부분만을 丙의 유족에게 배상하면 된다고 하였다.

④ 대법원은 만일 乙이 손해배상액 전부를 丙의 유족에게 배상한 경우에는 자신의 귀책부분을 넘는 금액에 대해 국가에 구상청구를 할 수 있다고 하였다.

⑤ 헌법재판소는 乙이 공동불법행위자로서 丙의 유족에게 전액 손해배상한 후에 甲의 부담부분에 대해 국가에 구상청구하는 것을 부인하는 것은 헌법상 국가배상청구권 규정과 평등의 원칙을 위반하는 것이며, 비례의 원칙에 위배하여 재산권을 침해하는 것이라고 판시하였다.

해설

① [○], 「국가배상법」 제2조(배상책임) ① 국가나 지방자치단체는 공무원 또는 공무를 위탁받은 사인(이하 "공무원"이라 한다)이 직무를 집행하면서 고의 또는 과실로 법령을 위반하여 타인에게 손해를 입히거나, 「자동차손해배상 보장법」에 따라 손해배상의 책임이 있을 때에는 이 법에 따라 그 손해를 배상하여야 한다. 다만, 군인·군무원·경찰공무원 또는 예비군대원이 전투·훈련 등 직무 집행과 관련하여 전사(戰死)·순직(殉職)하거나 공상(公傷)을 입은 경우에 본인이나 그 유족이 다른 법령에 따라 재해보상금·유족연금·상이연금 등의 보상을 지급받을 수 있을 때에는 이 법 및 「민법」에 따른 손해배상을 청구할 수 없다.

② [○], 공무원이 직무수행 중 불법행위로 타인에게 손해를 입힌 경우에 국가 등이 국가배상책임을 부담하는 외에 공무원 개인도 고의 또는 중과실이 있는 경우에는 불법행위로 인한 손해배상책임을 진다고 할 것이지만, 공무원에게 경과실뿐인 경우에는 공무원 개인은 손해배상책임을 부담하지 아니한다고 해석하는 것이 헌법 제29조 제1항 본문과 단서 및 국가배상법 제2조의 입법취지에 조화되는 올바른 해석이다(대법 1996. 2. 15. 95다38677 전원합의체).

③ [○], 공동불법행위자 등이 부진정연대채무자로서 각자 피해자의 손해 전부를 배상할 의무를 부담하는 공동불법행위의 일반적인 경우와 달리 예외적으로 민간인은 피해 군인 등에 대하여 그 손해 중 국가 등이 민간인에 대한 구상의무를 부담한다면 그 내부적인 관계에서 부담하여야 할 부분을 제외한 나머지 자신의 부담부분에 한하여 손해배상의무를 부담하고(대법 2001. 2. 15. 96다42420 전원합의체). ★★★

④ [×], 헌법 제29조 제2항, 국가배상법 제2조 제1항 단서의 입법 취지를 관철하기 위하여는, 국가배상법 제2조 제1항 단서가 적용되는 공무원의 직무상 불법행위로 인하여 직무집행과 관련하여 피해를 입은 군인 등에 대하여 위 불법행위에 관련된 일반국민(법인을 포함한다. 이하 '민간인'이라 한다)이 공동불법행위책임, 사용자책임, 자동차운행자책임 등에 의하여 그 손해를 자신의 귀책부분을 넘어서 배상한 경우에도, 국가 등은 피해 군인 등에 대한 국가배상책임을 면할 뿐만 아니라, 나아가 민간인에 대한 국가의 귀책비율에 따른 구상의무도 부담하지 않는다고 하여야 할 것이다(대법 2001. 2. 15. 96다42420 전원합의체). ★★★

⑤ [○], 공동불법행위자인 군인의 부담부분에 관하여 국가에 대하여 구상권을 행사하는 것을 허용하지 않는다고 해석한다면, 이는 위 단서 규정의 헌법상 근거규정인 헌법 제29조가 구상권의 행사를 배제하지 아니하는데도 이를 배제하는 것으로 해석하는 것으로서 합리적인 이유 없이 일반국민을 국가에 대하여 지나치게 차별하는 경우에 해당하므로 헌법 제11조, 제29조에 위반되며, 또한 국가에 대한 구상권은 헌법 제23조 제1항에 의하여 보장되는 재산권이고 위와 같은 해석은 그러한 재산권의 제한에 해당하며 재산권의 제한은 헌법 제37조 제2항에 의한 기본권 제한의 한계 내에서만 가능한데, 위와 같은 해석은 헌법 제37조 제2항에 의하여 기본권을 제한할 때 요구되는 비례의 원칙에 위배하여 일반국민의 재산권을 과잉제한하는 경우에 해당하여 헌법 제23조 제1항 및 제37조 제2항에도 위반된다(헌재 1994. 12. 29. 93헌바21 전원재판부). ★★

정답 ④

<행정상 국가배상: 이중배상금지>

문 11.

(2015 변시4회, 35번)

다음 사례에서 甲, 乙, 丙의 권리구제에 관한 설명 중 옳지 않은 것은? (다툼이 있는 경우 판례에 의함)

> ○ 군인 甲은 영외작업 후 부대복귀 중 작업병의 차출을 둘러싸고 언쟁을 하다가 소속부대 선임하사 A로부터 구타당하여 부상을 입었다.
> ○ 乙은 경찰청 소속의 의무경찰대원으로서 순찰업무를 수행하기 위하여 동료 의무경찰대원 B가 운전하던 오토바이 뒷좌석에 타고 가던 중 B의 오토바이와 민간인 C가 운전하던 트럭이 쌍방의 과실로 충돌하는 사고가 발생하여 상해를 입었다. 한편, C가 운전하던 트럭의 보험자인 D보험회사가 상해를 입은 의무경찰대원 乙의 손해를 전부 배상하였다.
> ○ 주민자치센터에 근무하는 사회복무요원(구 공익근무요원) 丙은 공무수행 중 차량전복사고로 상해를 입었다.

① 甲은 「군인연금법」 또는 「국가유공자 등 예우 및 지원에 관한 법률」에 의하여 별도의 보상을 받을 수 없는 경우에도 「국가배상법」에 따른 배상을 청구할 수 없다.

② 乙은 「국가배상법」상 직무집행 중인 경찰공무원에 해당한다.

③ 헌법재판소는 D가 C의 귀책부분을 넘는 B의 부담부분에 관하여 국가를 상대로 구상권을 행사하는 것이 부인되는 경우, 이는 헌법상 평등원칙, 재산권 보장규정 및 헌법 제37조 제2항 등의 헌법규정에 반한다고 보았다.

④ 대법원 판례에 의하면 D는 국가를 상대로 C의 귀책부분을 넘는 B의 부담부분에 대한 구상을 청구할 수 없다.

⑤ 丙은 「국가배상법」상 손해배상청구가 제한되는 군인 등에 해당하지 않는다.

해설

① [×], 국가배상법 제2조 제1항 단서는 헌법 제29조 제2항에 근거를 둔 규정으로서, 군인, 군무원 등 위 법률규정에 열거된 자가 전투, 훈련 기타 직무집행과 관련하는 등으로 공상을 입은 데 대하여 재해보상금·유족연금·상이연금 등 별도의 보상제도가 마련되어 있는 경우에는 이중배상의 금지를 위하여 이들의 국가에 대한 국가배상법 또는 민법상의 손해배상청구권 자체를

절대적으로 배제하고 있는 규정이므로 이들이 직접 국가에 대하여 손해배상청구권을 행사할 수 없는 것이나, 군인·군무원 등 위 법률규정에 열거된 자가 전투, 훈련 기타 직무집행과 관련하는 등으로 공상을 입은 경우라고 하더라도 군인연금법 또는 국가유공자예우등에관한법률에 의하여 재해보상금·유족연금·상이연금 등 별도의 보상을 받을 수 없는 경우에는 국가배상법 제2조 제1항 단서의 적용 대상에서 제외하여야 할 것이다(대법 1997. 2. 14. 96다28066).

② [○], 국가배상법 제2조 제1항 단서 중의 '경찰공무원'은 '경찰공무원법상의 경찰공무원'만을 의미한다고 단정하기 어렵고, 널리 경찰업무에 내재된 고도의 위험성을 고려하여 '경찰조직의 구성원을 이루는 공무원'을 특별취급하려는 취지로 파악함이 상당하고, 따라서 전투경찰순경은 헌법 제29조 제2항 및 국가배상법 제2조 제1항 단서 중의 '경찰공무원'에 해당한다고 보아야 할 것이다(헌재 1996. 6. 13. 94헌마118 전원재판부).

③ [○], 일반국민이 공동불법행위자인 군인의 부담부분에 관하여 국가에 대하여 구상권을 행사할 수 없다고 해석한다면, 이는 이 사건 심판대상 부분의 헌법상 근거규정인 헌법 제29조가 구상권의 행사를 배제하지 아니하는데도 이를 배제하는 것으로 해석하는 것으로서 합리적인 이유 없이 일반국민을 국가에 대하여 지나치게 차별하는 경우에 해당하므로 헌법 제11조, 제29조에 위반된다. 또한 국가에 대한 구상권은 헌법 제23조 제1항에 의하여 보장되는 재산권이고 위와 같은 해석은 그러한 재산권의 제한에 해당하며 재산권의 제한은 헌법 제37조 제2항에 의한 기본권 제한의 한계 내에서만 가능한데, 위와 같은 해석은 헌법 제37조 제2항에 의하여 기본권을 제한할 때 요구되는 비례의 원칙 에 위배하여 일반국민의 재산권을 과잉 제한하는 경우에 해당하여 헌법 제23조 제1항 및 제37조 제2항에도 위반된다고 할 것이다(헌재 1994. 12. 29. 93헌바21 전원재판부). ★★

④ [○], 헌법 제29조 제2항, 국가배상법 제2조 제1항 단서의 입법 취지를 관철하기 위하여는, 국가배상법 제2조 제1항 단서가 적용되는 공무원의 직무상 불법행위로 인하여 직무집행과 관련하여 피해를 입은 군인 등에 대하여 위 불법행위에 관련된 일반국민(법인을 포함한다. 이하 '민간인'이라 한다)이 공동불법행위책임, 사용자책임, 자동차운행자책임 등에 의하여 그 손해를 자신의 귀책부분을 넘어서 배상한 경우에도, 국가 등은 피해 군인 등에 대한 국가배상책임을 면할 뿐만 아니라, 나아가 민간인에 대한 국가의 귀책비율에 따른 구상의무도 부담하지 않는다고 하여야 할 것이다(대법 2001. 2. 15. 96다42420 전원합의체). ★★★

⑤ [○], 공익근무요원은 병역법 제2조 제1항 제9호, 제5조 제1항의 규정에 의하면 국가기관 또는 지방자치단체의 공익목적수행에 필요한 경비·감시·보호 또는 행정업무 등의 지원과 국제협력 또는 예술·체육의 육성을 위하여 소집되어 공익분야에 종사하는 사람으로서 보충역에 편입되어 있는 자이기 때문에, 소집되어 군에 복무하지 않는 한 군인이라고 말할 수 없다 (군인사법 제2조 참조). 따라서 병역법 제75조 제2항이 공익근무요원으로 복무 중 순직한 사람의 유족에 대하여 국가유공자등예우및지원에관한법률에 따른 보상을 하도록 규정하고 있다고 하여도, 공익근무요원이 국가배상법 제2조 제1항 단서의 규정에 의하여 국가배상법상 손해배상청구가 제한되는 군인·군무원·경찰공무원 또는 향토예비군대원에 해당한다고 할 수 없다(대법 1997. 3. 28. 97다4036).

정답 ①

제2장 | 행정상 손실보상

<행정상 손실보상: 정당보상/이주대책>

문 12.

(2012 변시1회, 39번)

손실보상에 관한 설명 중 옳지 않은 것은? (다툼이 있는 경우 판례에 의함)

① 헌법 제23조 제3항에서 규정한 "정당한 보상"이란 원칙적으로 피수용재산의 객관적인 재산가치를 완전하게 보상하여야 한다는 완전보상을 뜻하는 것이지만, 공익사업의 시행으로 인한 개발이익은 완전보상의 범위에 포함되는 피수용토지의 객관적 가치 내지 피수용자의 손실이라고 볼 수 없다.

② 토지수용으로 인한 손실보상액을 공시지가를 기준으로 산정하되 개별공시지가가 아닌 표준지공시지가를 기준으로 하는 것은 헌법 제23조 제3항이 규정한 정당보상의 원칙에 위배되지 않는다.

③ 대법원은, 이주대책은 이른바 생활보상에 해당하는 것으로서 헌법 제23조 제3항이 규정하는 손실보상의 한 형태로 보아야 하므로, 법률이 사업시행자에게 이주대책의 수립·실시의무를 부과하였다면 이로부터 사업시행자가 수립한 이주대책상의 택지분양권 등의 구체적 권리가 이주자에게 직접 발생한다고 본다.

④ 토지수용 보상금의 증감에 관한 행정소송에 있어서, 그 소송을 제기하는 자가 토지소유자 또는 관계인일 때에는 사업시행자를 피고로 한다.

⑤ 대법원은, 공익사업을 위한 토지 등의 취득 및 보상에 관한 법령상 공익사업의 시행에 따라 이주하는 주거용 건축물의 세입자에게 지급하는 주거이전비와 이사비는 사회보장적 차원에서 지급하는 금원의 성격을 갖는다고 본다.

해설

① [○], 공익사업법 제67조 제2항은 보상액을 산정함에 있어 당해 공익사업으로 인한 개발이익을 배제하는 조항인데, 공익사업의 시행으로 지가가 상승하여 발생하는 개발이익은 사업시행자의 투자에 의한 것으로서 피수용자인 토지소유자의 노력이나 자본에 의하여 발생하는 것이 아니므로, 이러한 개발이익은 형평의 관념에 비추어 볼 때 토지소유자에게 당연히 귀속되어야 할 성질의 것이 아니고, 또한 개발이익은 공공사업의 시행에 의하여 비로소 발생하는 것이므로, 그것이 피수용 토지가 수용 당시 갖는 객관적 가치에 포함된다고 볼 수도 없다. 따라서 개발이익은 그 성질상 완전보상의 범위에 포함되는 피수용자의 손실이라고 볼 수 없으므로, 이러한

개발이익을 배제하고 손실보상액을 산정한다 하여 헌법이 규정한 정당보상의 원리에 어긋나는 것이라고 할 수 없다(헌재 2009. 9. 24. 2008헌바112 전원재판부).

② [○], '부동산 가격공시 및 감정평가에 관한 법률'(2007. 4. 27. 법률 제8409호로 개정된 것) 제9조 제1항 제1호가 개별공시지가가 아닌 표준지공시지가를 기준으로 보상액을 산정하도록 한 것은 개발이익이 배제된 수용 당시 피수용 재산의 객관적인 재산가치를 가장 정당하게 보상하는 것이라고 할 것이므로, 헌법 제23조 제3항에 위반된다고 할 수 없다(헌재 2011. 8. 30. 2009헌바245 전원재판부).

③ [×], 특례법에 의한 이주대책은 학설상 이른바 생활보상으로서 실체적 권리인 손실보상의 한 형태로 파악되고 있으며 대법원 판례도 이를 실체법상의 권리로 인정하여 … 사업시행자가 실제로 이주대책을 수립하기 이전에는 이주자의 수분양권은 아직 추상적인 권리나 법률상의 지위 내지 이익에 불과한 것이어서 이 단계에 있어서는 확인의 이익이 인정되지 아니하여 그 권리나 지위의 확인을 구할 수 없다고 할 것이나, 사업시행자가 이주대책을 수립 실시하지 아니하는 경우에는 사업시행자에게 이를 청구하여 거부되거나 방치되면 부작위위법확인을 소구할 수는 있다고 볼 것이다(물론 그러한 일은 없을 것이지만, 이론상 그렇다는 것이다). 그러나 이주대책을 수립한 이후에는 이주자의 추상적인 수분양권이 그 이주대책이 정하는 바에 따라 구체적 권리로 바뀌게 되므로(대법 1994. 5. 24. 92다35783 전원합의체). ★★★

④ [○], 토지수용법 제75조의2 제2항이 그 제1항의 규정에 의하여 제기하고자 하는 행정소송이 보상금의 증감에 관한 소송인 때에는 당해 소송을 제기하는 자가 토지소유자 또는 관계인인 경우에는 재결청 외에 기업자를 피고로 한다고 규정한 것은, 위와 같은 소송을 제기하는 경우에는 재결청 외에 기업자를 공동피고로 하여야 한다는 뜻이고 이 소송은 필요적 공동소송이라고 볼 것이며, 위 제75조의2 제2항의 규정은 신법시행 당시 사실심법원에 계속중인 그 제1항의 소송에 대하여도 적용이 있고, 이에 따라 기업자를 필요적 공동소송인인 피고로 추가하는 경우에는 출소기간에 관한 위 제75조의2 제1항의 규정이 적용될 수 없음은 당연한 것이다. 이와 같이 개정된 토지수용법이 시행된 후에 있어서는 신법시행 당시 원심법원에 계속중이었던 이 사건 소는 기업자인 피고 대한주택공사(이하 피고공사라고 한다)를 공동피고로 추가함으로써 적법하게 되는 것이며, 위 제75조의2 제2항의 규정은 그 제1항에 의하여 이의재결에 대하여 불복하는 행정소송을 제기하는 경우 이것이 보상금의 증감에 관한 소송인 때에는 이의재결에서 정한 보상금이 증액 변경될 것을 전제로 하여 기업자를 상대로 보상금의 지급을 구하는 공법상의 당사자소송을 규정한 것으로 볼 것이다(대법 1991. 11. 26. 91누285).

⑤ [○], 공익사업의 시행에 따라 이주하는 주거용 건축물의 세입자에게 지급하는 주거이전비와 이사비는, 당해 공익사업 시행지구 안에 거주하는 세입자들의 조기이주를 장려하여 사업추진을 원활하게 하려는 정책적인 목적과 주거이전으로 인하여 특별한 어려움을 겪게 될 세입자들을 대상으로 하는 사회보장적인 차원에서 지급하는 금원의 성격을 갖는다 할 것이므로(대법 2006. 4. 27. 2006두2435).

정답 ③

<행정상 손실보상: 이주대책>

문 13.

(2020 변시9회, 29번)

「공익사업을 위한 토지 등의 취득 및 보상에 관한 법률」(이하 '토지보상법'이라 고 함)상 이주대책에 관한 설명 중 옳은 것(○)과 옳지 않은 것(×)을 올바르게 조합한 것은? (다툼이 있는 경우 판례에 의함)

ㄱ. 이주대책은 헌법 제23조 제3항의 정당한 보상에 포함되는 것이라기보다는 정당한 보상에 부가하여, 이주자들에게 종전의 생활상태를 회복시키기 위한 생활보상의 하나로서, 이주대책의 실시 여부는 입법자의 입법정책적 재량의 영역에 속한다고 볼 것이므로, 세입자를 이주대책대상자에서 제외하는 토지보상법 시행령 규정은 세입자의 재산권을 침해하는 것이라 볼 수 없다.

ㄴ. 사업시행자의 이주대책 수립·실시의무뿐만 아니라 이주대책의 내용에 관하여 규정하고 있는 토지보상법상의 관련규정은 당사자의 합의 또는 사업시행자의 재량에 의하여 적용을 배제할 수 없는 강행법규이다.

ㄷ. 사업시행자 스스로 공익사업의 원활한 시행을 위하여 생활대책을 수립·실시할 수 있도록 하는 내부규정을 두고 이에 따라 생활대책대상자 선정기준을 마련하여 생활대책을 수립·실시하는 경우, 생활대책대상자 선정기준에 해당하는 자는 자신을 생활대책대상자에서 제외하거나 선정을 거부한 행위에 대해 사업시행자를 상대로 항고소송을 제기할 수는 없다.

ㄹ. 이주자의 수분양권은 이주자가 이주대책에서 정한 절차에 따라 사업시행자에게 이주대책대상자 선정신청을 하고 사업시행자가 이를 받아들여 이주대책대상자로 확인·결정하여야만 비로소 구체적으로 발생하게 된다.

① ㄱ(○), ㄴ(○), ㄷ(×), ㄹ(○)
② ㄱ(×), ㄴ(○), ㄷ(×), ㄹ(○)
③ ㄱ(×), ㄴ(×), ㄷ(○), ㄹ(○)
④ ㄱ(○), ㄴ(○), ㄷ(○), ㄹ(×)
⑤ ㄱ(○), ㄴ(×), ㄷ(○), ㄹ(×)

해설

ㄱ. [○], 이 사건 조항은 공공수용에 따른 보상에 관련되므로 헌법 제23조 제1항에 따른 재산권의 내용과 한계를 정한 것이 아니라, 헌법 제23조 제3항의 수용·사용·제한 및 이에 대한 정당한 보상에 관련된 것으로 볼 것이다. 그런데 이주대책은 정당한 보상에 포함되는 것이라기보다는 정당한 보상에 부가하여, 이주자들에게 종전의 생활상태를 회복시키기 위한 생활보상의 일환으로서 국가의 정책적인 배려에 의하여 마련된 제도이다. 그러므로 이주대책의 실시 여부는 입법자의 입법정책적 재량의 영역에 속한다고 볼 것이다. 그렇다면 이 사건 조항이 세입자에게 이주대책을 제공하지 않았다고 해서 세입자의 재산권을 침해하는 것이라 볼 수 없다(헌재 2006. 2. 23. 2004헌마19 전원재판부). ★★★

ㄴ. [○], 구 공익사업법은 공익사업에 필요한 토지 등을 협의 또는 수용에 의하여 취득하거나 사용함에 따른 손실의 보상에 관한 사항을 규정함으로써 공익사업의 효율적인 수행을 통하여 공공복리의 증진과 재산권의 적정한 보호를 도모함을 목적으로 하고 있고, 위 법에 의한 이주대책은 공익사업의 시행에 필요한 토지 등을 제공함으로 인하여 생활의 근거를 상실하게 되는 이주대책대상자들에게 종전의 생활상태를 원상으로 회복시키면서 동시에 인간다운 생활을 보장하여 주기 위하여 마련된 제도이므로, 사업시행자의 이주대책 수립·실시의무를 정하고 있는 구 공익사업법 제78조 제1항은 물론 그 이주대책의 내용에 관하여 규정하고 있는 같은 법 제78조 제4항 본문 역시 당사자의 합의 또는 사업시행자의 재량에 의하여 그 적용을 배제할 수 없는 강행법규이다(대법 2001. 6. 23. 2007다63089, 63096 전원합의체).

ㄷ. [×], 생활대책대상자 선정기준에 해당하는 자는 사업시행자에게 생활대책대상자 선정 여부의 확인·결정을 신청할 수 있는 권리를 가지는 것이어서, 만일 사업시행자가 그러한 자를 생활대책대상자에서 제외하거나 선정을 거부하면, 이러한 생활대책대상자 선정기준에 해당하는 자는 사업시행자를 상대로 항고소송을 제기할 수 있다고 보는 것이 타당하다(대법 2011. 10. 13. 2008두17905).

ㄹ. [○], 사업시행자가 이주대책에 관한 구체적인 계획을 수립하여 이를 해당자에게 통지 내지 공고한 후, 이주자가 수분양권을 취득하기를 희망하여 이주대책에 정한 절차에 따라 사업시행자에게 이주대책대상자 선정신청을 하고 사업시행자가 이를 받아들여 이주대책대상자로 확인·결정하여야만 비로소 구체적인 수분양권이 발생하게 된다(대법 1994. 5. 24. 92다35783 전원합의체). ★★★

정답 ①

<행정상 손실보상: 사업인정/개발이익>

문 14.

(2013 변시2회, 40번)

수용 또는 행정상 손실보상에 관한 다음 설명 중 대법원과 헌법재판소의 입장에 부합하는 것을 모두 고른 것은?

ㄱ. 사업인정을 함에 있어서는 사업 자체에 공익성이 있는지 여부 외에도 당해 사업과 관련된 자들의 이익을 공익과 사익 사이에서는 물론, 공익 상호간 및 사익 상호간에도 정당하게 비교·교량하여야 한다.

ㄴ. 사업인정을 함에 있어서 이해관계자의 의견을 듣지 않은 하자가 있을 경우, 이러한 하자는 수용재결의 선행처분인 사업인정단계에서 다투어야 하므로, 선행처분인 사업인정에 대한 쟁송기간이 도과한 후 위 하자를 이유로 수용재결의 취소를 구할 수 없다.

ㄷ. 토지수용 시 지급되어야 할 '정당한 보상'에는 당해 공익사업으로 인한 지가 상승분 등 개발이익은 포함되지 않으나, 당해 공익사업으로 수용당하지 않은 채 사실상 개발이익을 향유하는 인근 토지소유자와의 관계에서 평등권의 침해는 인정된다.

ㄹ. 토지수용재결에 대한 소송이 보상금 증감에 관한 것일 경우에는 토지수용위원회를 피고로 하는 항고소송이나 사업시행자 또는 토지소유자를 피고로 하는 형식적 당사자소송 중 하나를 선택적으로 제기할 수 있다.

ㅁ. 이주대책 실시 여부는 입법자의 입법정책적 재량의 영역에 속하므로 법률상 이주대책의 대상자에서 세입자를 제외하고 있는 것이 세입자의 재산권을 침해하여 위헌이라고는 할 수 없다.

① ㄱ, ㄴ, ㄷ
② ㄱ, ㄴ, ㅁ
③ ㄱ, ㄹ, ㅁ
④ ㄴ, ㄷ, ㅁ
⑤ ㄷ, ㄹ

해설

ㄱ. [○], 행정주체가 가지는 이와 같은 형성의 자유는 무제한적인 것이 아니라 그 행정계획에 관련되는 자들의 이익을 공익과 사익 사이에서는 물론이고 공익 상호간과 사익 상호간에도 정당하게 비교교량하여야 한다는 제한이 있는 것이고, 따라서 행정주체가 행정계획을 입안·결정함에 있어서 이익형량을 전혀 행하지 아니하거나 이익형량의 고려 대상에 마땅히 포함시켜야 할 사항을 누락한 경우 또는 이익형량을 하였으나 정당성·객관성이 결여된 경우에는 그 행정계획결정은 재량권을 일탈·남용한 것으로서 위법하게 된다(대법 2000. 3. 23. 98두2768).

ㄴ. [○], 구건설부장관이 택지개발계획을 승인함에 있어서 토지수용법 제15조에 의한 이해관계자의 의견을 듣지 아니하였거나, 같은 법 제16조 제1항 소정의 토지소유자에 대한 통지를 하지 아니한 하자는 중대하고 명백한 것이 아니므로 사업인정 자체가 당연무효라고 할 수 없고, 이러한 하자는 수용재결의 선행처분인 사업인정단계에서 다투어야 할 것이므로 쟁송기간이 도과한 이후에 위와 같은 하자를 이유로 수용재결의 취소를 구할 수 없다(대법 1993. 6. 29. 91누2342).

ㄷ. [×], 공익사업에 의하여 발생한 개발이익은 성질상 그 비용의 부담자인 기업자를 통하여 궁극적으로는 공익에 귀속되어야 할 것으로서 특정의 토지소유자에게 귀속될 성질의 것이 아니라는 점은 이미 앞서 실시한 바와 같다. 그렇다면, 우리의 법제가 모든 경우에 있어 개발이익을 특정의 토지소유자에게 귀속하게 하는 것을 배제하는 방향으로 제도를 개선하여 나가는 것이 바람직한 일이므로 이에 관한 제도의 개선은 개발이익의 합리적인 평가와 공익으로의 완전한 환수를 목표로 하여야 할 것임은 명백하다. 그러나 이러한 제도의 개선을 실현하기 위해서는 전국토의 지가가 정기적으로 평가되어 있어야 하고, 지가변동이 발생한 모든 사례에서 개발이익의 발생여부와 그 범위를 확정할 수 있는 합리적 기준을 설정하여야 하는 등 기술적으로 어려운 제도적 전제조건들이 일시에 강구되어야 하는 것이기 때문에 동시에 모든 개발이익을 대상으로 한 제도의 개선을 도모하는 것은 사실상 불가능한 일이다. 그렇다면, 개발이익환수제도의 개선을 위해서는 지가의 공시지역을 확대하는 등 점진적인 개선 방안을 모색하는 수 밖에 없고, 그 점진적 개선에 평등의 원칙이 어떤 장애가 될 수는 없는 것이다(헌재 1990. 6. 25. 89헌마107 전원재판부).

ㄹ. [×], 청구인은 보상금증감청구소송과 일반 민사소송인 매매대금청구소송의 제소기간을 달리 취급하고 있으므로 평등원칙에 위배된다고도 주장하나, 보상금증감청구소송은 토지수용위원회의 재결에 대하여 보상금의 증액을 구하는 형식적 당사자소송(행정소송법 제3조, 제4조)으로, 일반 민사소송인 매매대금청구소송과는 그 성격이 다르다(헌재 2016. 7. 28. 2014헌바206 전원재판부).

ㅁ. [○], 이주대책은 정당한 보상에 포함되는 것이라기보다는 정당한 보상에 부가하여, 이주자들에게 종전의 생활상태를 회복시키기 위한 생활보상의 일환으로서 국가의 정책적인 배려에 의하여 마련된 제도이다. 그러므로 이주대책의 실시 여부는 입법자의 입법정책적 재량의 영역에 속한다고 볼 것이다(헌재 2006. 2. 23. 2004헌마19 전원재판부). ★★★

정답 ②

<행정상 손실보상: 보상전반/분리이론>

문 15.

(2015 변시4회, 40번)

손실보상에 관한 설명 중 옳은 것을 모두 고른 것은?

ㄱ. 이른바 '분리이론'은 재산권의 가치보장보다는 존속보장을 강화하려는 입장에서 접근하는 견해이다.

ㄴ. 대법원은 「하천법」 부칙(1984. 12. 31.) 제2조 제1항과 「법률 제3782호 하천법 중 개정법률 부칙 제2조의 규정에 의한 보상청구권의 소멸시효가 만료된 하천구역 편입토지 보상에 관한 특별조치법」 제2조 제1항의 규정에 의한 손실보상청구권의 확인을 구하는 소송을 당사자소송으로 보았다.

ㄷ. 대법원 판례에 의하면 공공사업의 시행으로 사업시행지 밖에서 발생한 간접손실은 손실 발생을 쉽게 예견할 수 있고 손실 범위도 구체적으로 특정할 수 있더라도, 사업시행자와 협의가 이루어지지 아니하고 그 보상에 관한 명문의 근거 법령이 없는 경우에는 보상의 대상이 아니다.

ㄹ. 토지소유자가 손실보상금의 증액을 쟁송상 구하는 경우에는 전심절차로서 이의신청에 대한 재결을 거친 후 관할 토지수용위원회를 피고로 하여 보상금증액청구소송을 제기하여야 한다.

ㅁ. 생활보상의 일종인 이주대책은 입법자의 입법정책적 재량영역이 아니라 헌법 제23조 제3항의 정당한 보상에 포함된다고 함이 헌법재판소의 입장이다.

① ㄱ, ㄴ
② ㄴ, ㄷ
③ ㄹ, ㅁ
④ ㄱ, ㄴ, ㅁ
⑤ ㄱ, ㄷ, ㄹ

해설

ㄱ. [○], 분리이론은 재산권의 사회적제약(내용규정)과 공용침해를 헌법상 독립된 제도로 보고 재산권 제한의 효과(경미한 제약에 불과한지 특별한 희생이 발생하는 효과인지를 말함)가 아닌 입법의 형식과 목적에 따라 사회적 제약과 공용침해를 구분한다. 분리이론은 독일 연방헌법재판소의 자갈채취판결에서 대두된 이론이며 재산권의 가치보장보다 존속보장을 중요시한다.

ㄴ. [○], 위 규정들에 의한 손실보상청구권은 1984. 12. 31. 전에 토지가 하천구역으로 된 경우에는 당연히 발생되는 것이지, 관리청의 보상금지급결정에 의하여 비로소 발생하는 것은 아니므로, 위 규정들에 의한 손실보상금의 지급을 구하거나 손실보상청구권의 확인을 구하는 소송은 행정소송법 제3조 제2호 소정의 당사자소송에 의하여야 한다(대법 2006. 5. 18. 2004다6207 전원합의체). ★★

ㄷ. [×], 국민의 재산권을 침해하는 행위 그 자체는 반드시 형식적 법률에 근거하여야 하며, 토지수용법 등의 개별 법률에서 공익사업에 필요한 재산권 침해의 근거와 아울러 그로 인한 손실보상 규정을 두고 있는 점, 공공용지의취득및손실보상에관한특례법 제3조 제1항은 "공공사업을 위한 토지 등의 취득 또는 사용으로 인하여 토지 등의 소유자가 입은 손실은 사업시행자가 이를 보상하여야 한다."고 규정하고, 같은법시행규칙 제23조의2 내지 7에서 공공사업시행지구 밖에 있는 영업과 공작물 등에 대한 간접손실에 대하여도 일정한 조건하에서 이를 보상하도록 규정하고 있는 점 등에 비추어, 공공사업의 시행으로 인하여 그러한 손실이 발생하리라는 것을 쉽게 예견할 수 있고 그 손실의 범위도 구체적으로 이를 특정할 수 있는 경우라면, 그 손실의 보상에 관하여 공공용지의취득및손실보상에관한특례법시행규칙의 관련 규정 등을 유추적용할 수 있다고 해석함이 상당하다(대법 2002. 11. 26. 2001다44352).

ㄹ. [×], 「공익사업을 위한 토지 등의 취득 및 보상에 관한 법률」 제85조(행정소송의 제기) ① 사업시행자, 토지소유자 또는 관계인은 제34조에 따른 재결에 불복할 때에는 재결서를 받은 날부터 90일 이내에, 이의신청을 거쳤을 때에는 이의신청에 대한 재결서를 받은 날부터 60일 이내에 각각 행정소송을 제기할 수 있다. 이 경우 사업시행자는 행정소송을 제기하기 전에 제84조에 따라 늘어난 보상금을 공탁하여야 하며, 보상금을 받을 자는 공탁된 보상금을 소송이 종결될 때까지 수령할 수 없다.

② 제1항에 따라 제기하려는 행정소송이 보상금의 증감(增減)에 관한 소송인 경우 그 소송을 제기하는 자가 토지소유자 또는 관계인일 때에는 사업시행자를, 사업시행자일 때에는 토지소유자 또는 관계인을 각각 피고로 한다

ㅁ. [×], 이 사건 법률조항은 수용대상 재산 자체 및 이에 부수하는 손실에 대한 보상과 폐업·휴업에 따른 영업손실 보상에 더하여 공익사업으로 인하여 생업의 기반을 상실하는 자에게 최소한도 이상의 보상금이 지급되도록 배려하고 있는바, 청구인들이 주장하는 생활대책과 같은 특정한 생활보상적인 내용의 보상을 규정하고 있지 않다는 것만으로는 헌법 제23조 제3항의 정당한 보상의 원칙에 위반하여 청구인들의 재산권을 침해한다고 볼 수 없다(헌재 2013. 7. 25. 2012헌바71 전원재판부).

정답 ①

<행정상 손실보상: 정당보상/특별한 희생(수인한도론)>

문 16.

(2016 변시5회, 17번)

재산권에 관한 설명 중 옳지 않은 것은? (다툼이 있는 경우 판례에 의함)

① 헌법 제23조 제3항이 규정하는 '정당한 보상'이란 원칙적으로 피수용 재산의 객관적인 재산 가치를 완전하게 보상하는 완전보상을 의미한다.

② 중학교 학교환경위생 정화구역 안에서 여관영업을 금지하는 법률조항은, 구체적·개별적으로 형성된 재산권인 여관영업권을 사회적 수인한도를 넘어 박탈하거나 제한하면서 아무런 보상규정을 두지 아니하여 국민의 재산권을 침해한다.

③ 행정기관이 개발촉진지구 지역개발사업으로 실시계획을 승인하고 이를 고시하기만 하면 고급골프장 사업과 같이 공익성이 낮은 사업에 대해서까지도 시행자인 민간개발자에게 수용권한을 부여하는 법률조항은 헌법 제23조 제3항에 위반된다.

④ 공익사업을 수행하는 자는 동일한 토지소유자에 속하는 일단의 토지의 일부가 취득되거나 사용됨으로 인하여 잔여지의 가격이 감소하거나 그 밖의 손실이 있는 때에는 원칙적으로 국토교통부령으로 정하는 바에 따라 그 손실을 보상하여야 한다.

⑤ 개발제한구역 지정 당시의 상태대로 토지를 사용·수익·처분할 수 있는 이상, 구역지정에 따른 단순한 토지이용의 제한은 원칙적으로 재산권에 내재하는 사회적 제약의 범주를 넘지 않는다.

해설

① [○], 토지수용에 따른 손실보상액의 산정방법에 관하여 우리 헌법재판소는 헌법 제23조 제2항이 규정하는 '정당한 보상'이란 원칙적으로 피수용재판의 객관적인 재산가치를 완전하게 보상하는 것이어야 한다는 완전보상을 의미하며(헌재 1995. 4. 20. 93헌바20 전원재판부).

② [×], 여관영업권의 관점에서 재산권 침해의 소지가 있을 수 있으나, 중학교 교육의 능률화라는 공익을 위하여 정화구역 안에서의 여관업을 금지하면서 5년간 여관업을 계속할 수 있도록 경과규정을 두고 있는 점에 비추어 볼 때, 별도의 보상적 조치를 두지 않았다고 하더라도 이를 들어 재산권에 내재하는 사회적 제약의 범주를 넘었다고 할 수 없다(헌재 2011. 10. 25. 2010헌바384 전원재판부).

③ [○], 결국 이 사건 법률조항은 공익적 필요성이 인정되기 어려운 민간개발자의 지구개발사업을 위해서까지 공용수용이 허용될 수 있는 가능성을 열어두고 있어 헌법 제23조 제3항에 위반된다 할 것이다(헌재 2014. 10. 30. 2011헌바172 전원재판부). ★★

④ [○], 「공익사업을 위한 토지 등의 취득 및 보상에 관한 법률」 제73조(잔여지의 손실과 공사비 보상) ① 사업시행자는 동일한 소유자에게 속하는 일단의 토지의 일부가 취득되거나 사용됨으로 인하여 잔여지의 가격이 감소하거나 그 밖의 손실이 있을 때 또는 잔여지에 통로·도랑·담장 등의 신설이나 그 밖의 공사가 필요할 때에는 국토교통부령으로 정하는 바에 따라 그 손실이나 공사의 비용을 보상하여야 한다. 다만, 잔여지의 가격 감소분과 잔여지에 대한 공사의 비용을 합한 금액이 잔여지의 가격보다 큰 경우에는 사업시행자는 그 잔여지를 매수할 수 있다.

⑤ [○], 자신의 토지를 장래에 건축이나 개발목적으로 사용할 수 있으리라는 기대가능성이나 신뢰 및 이에 따른 지가상승의 기회는 원칙적으로 재산권의 보호범위에 속하지 않는다. 구역지정 당시의 상태대로 토지를 사용·수익·처분할 수 있는 이상, 구역지정에 따른 단순한 토지이용의 제한은 원칙적으로 재산권에 내재하는 사회적 제약의 범주를 넘지 않는다(헌재 1998. 12. 24. 89헌마214 전원재판부). ★★

정답 ②

<행정상 손실보상: 헌법 제23조 제3항의 해석>

문 17.

(2018 변시7회, 15번)

A도 甲군수는 「지역균형개발 및 지방중소기업 육성에 관한 법률」에 따라 지역개발사업을 실시하기로 결정하였다. 甲군수는 같은 법률에 따라 골프장 및 리조트 건설사업의 시행자로 주식회사 乙을 지정·고시하였다. 乙은 위 사업시행에 필요한 토지의 취득을 위하여 A도 지방토지수용위원회에 수용재결을 신청하였고, 동 위원회는 수용재결을 하였다. 이에 관한 설명 중 옳은 것은? (다툼이 있는 경우 판례에 의함)

① 乙에 의한 공용수용은 헌법 제23조 제3항에 명시되어 있는 대로 국민의 재산권을 그 의사에 반하여 강제적으로라도 취득해야 할 공익적 필요성이 있을 것, 법률에 의거할 것, 정당한 보상을 지급할 것의 요건을 모두 갖추어야 한다.

② 헌법 제23조 제3항에서 규정된 '공공필요'요건 중 '공익성'은 기본권 일반의 제한사유인 '공공복리'보다 넓은 개념이다.

③ 공용수용에서 공공성의 확보는 입법자가 입법을 할 때 공공성을 갖는가를 판단하면 족하고, 甲이 개별적·구체적으로 당해 사업에 대한 사업인정을 행할 때 별도로 판단할 필요가 없다.

④ 乙의 고급골프장, 고급리조트 건설을 위한 토지수용은 국토균형발전, 지역경제활성화 등의 공공 이익이 인정되는 것으로서 법익의 형량에 있어서 사인의 재산권 보호의 이익보다 월등하게 우월한 공익으로 판단되므로 공공필요에 의한 수용에 해당한다.

⑤ 헌법 제23조 제3항이 규정하는 정당한 보상이란 원칙적으로 피수용재산의 객관적인 재산가치를 완전하게 보상하는 완전보상을 의미하는바, 공시지가를 기준으로 수용된 토지에 대한 보상액을 산정하는 것은 정당보상원칙에 위배된다.

해설

① [○], 우리 헌법의 재산권 보장에 관한 규정의 근본취지에 비추어 볼 때, 공공필요에 의한 재산권의 공권력적, 강제적 박탈을 의미하는 공용수용은 헌법상의 재산권 보장의 요청상 불가피한 최소한에 그쳐야 한다. 즉 공용수용은 헌법 제23조 제3항에 명시되어 있는 대로 국민의 재산권을 그 의사에 반하여 강제적으로라도 취득해야 할 공익적 필요성이 있을 것, 법률에 의거할 것, 정당한 보상을 지급할 것의 요건을 모두 갖추어야 한다(헌재 2014. 10. 30. 2011헌바172 전원재판부). ★★

② [×], 오늘날 공익사업의 범위가 확대되는 경향에 대응하여 재산권의 존속보장과의 조화를 위해서는, '공공필요'의 요건에 관하여, 공익성은 추상적인 공익 일반 또는 국가의 이익 이상의 중대한 공익을 요구하므로 기본권 일반의 제한사유인 '공공복리'보다 좁게 보는 것이 타당하며, 공익성의 정도를 판단함에 있어서는 공용수용을 허용하고 있는 개별법의 입법목적, 사업내용, 사업이 입법목적에 이바지 하는 정도는 물론, 특히 그 사업이 대중을 상대로 하는 영업인 경우에는 그 사업 시설에 대한 대중의 이용·접근가능성도 아울러 고려하여야 한다(헌재 2014. 10. 30. 2011헌바172 전원재판부). ★★

③ [×], 공공성의 확보는 1차적으로 입법자가 입법을 행할 때 일반적으로 당해 사업이 수용이 가능할 만큼 공공성을 갖는가를 판단하고, 2차적으로는 사업인정권자가 개별적·구체적으로 당해 사업에 대한 사업인정을 행할 때 공공성을 판단하는 것이다(헌재 2014. 10. 30. 2011헌바172 전원재판부). ★★

④ [×], 정부는 한정된 국토의 합리적 관리의 필요성과 사회복지국가의 이념을 실현하기 위하여서는 국유잡종재산의 공법적 규제가 불가피하며, 국유재산의 손실로 인하여 국민 전체의 부담이 가중되고 또한 잡종재산의 매각대금이 국고수입에 충당된다는 점에서 볼 때 국유잡종재산 역시 공익성이 있고 간접적으로 행정목적에 이용되는 것이다 라는 점을 주장하고 있으나, 이러한 이유는 공익성과 공공의 이익의 개념을 지나치게 확대하여 해석 적용하는 것으로서 시효제도를 배제할 수 있는 본질적인 주장이 될 수 없다고 할 것이다. 따라서 우리 헌법의 기본질서인 자유민주주의 원리에서 볼 때 정부가 주장하는 이러한 공익상의 이유는 헌법상의 국민의 기본권을 제한할 수 있는 사유와 균형적인 조화를 이룰 수 없는 것이므로 근대법치국가의 근간을 이루는 사법질서와 사적 재산권 보장에 대한 예외로서 법률로 제한할 수 있는 헌법상 필요한 경우에 해당하는 사유가 된다고 할 수 없다(헌재 1991. 5. 13. 89헌바98 전원재판부).

⑤ [×], 감정평가업자는 토지를 감정평가함에 있어 부동산평가법 제21조 제1항 본문에 따라 공부상의 지목과는 관계없이 당해 토지와 토지이용상황이나 주변환경 기타 자연적·사회적 조건이 일반적으로 유사하다고 인정되는 표준지의 공시지가를 기준으로 하여 당해 토지의 현실적인 이용상황에 따라 위치·지형·환경 등 토지의 객관적 가치에 영향을 미치는 제요인을 표준지와 비교하여 평가하여야 하는 등 감정평가에 있어 나름의 공정성과 합리성이 보장되므로 위 조항이 헌법상 정당보상원칙에 반한다고 볼 수 없다(헌재 2012. 3. 29. 2010헌바370 전원재판부).

정답 ①

<행정상 손실보상: 손실보상전반>

문 18.

(2019 변시8회, 36번)

행정상 손실보상에 관한 설명 중 옳은 것을 모두 고른 것은? (다툼이 있는 경우 판례에 의함)

ㄱ. 헌법 제23조 제3항은 정당한 보상을 전제로 하여 재산권의 수용 등에 관한 가능성을 규정하고 있지만 재산권 수용의 주체를 정하고 있지 않으므로 민간기업을 수용의 주체로 규정한 자체를 두고 위헌이라고 할 수 없다.

ㄴ. 공유수면 매립면허의 고시가 있다고 하여 반드시 그 사업이 시행되고 그로 인하여 손실이 발생한다고 할 수 없고, 매립면허 고시 이후 매립공사가 실행되어 어업권자에게 실질적이고 현실적인 피해가 발생한 경우에만 「공유수면 관리 및 매립에 관한 법률」에서 정하는 손실보상청구권이 발생한다.

ㄷ. 공공사업의 시행으로 인하여 사업지 밖에 미치는 간접손실에 관하여 그 피해자와 사업시행자 사이에 협의가 이루어지지 아니하고 그 보상에 관한 명문의 근거 법령이 없는 경우에 손실의 예견 및 특정이 가능하여도 「공익사업을 위한 토지 등의 취득 및 보상에 관한 법률 시행규칙」의 관련 규정을 유추하여 적용할 수는 없다.

ㄹ. 이주대책은 이주자들에게 종전의 생활상태를 회복시켜 주려는 생활보상의 일환으로서 헌법 제23조 제3항에 규정된 정당한 보상에 당연히 포함되는 것이므로 이주대책의 실시 여부는 입법자의 입법재량의 영역에 속한다고 할 수 없다.

① ㄱ

② ㄱ, ㄴ

③ ㄷ, ㄹ

④ ㄱ, ㄴ, ㄷ

⑤ ㄴ, ㄷ, ㄹ

해설

ㄱ. [○], 헌법 제23조 제3항은 정당한 보상을 전제로 하여 재산권의 수용 등에 관한 가능성을 규정하고 있지만, 재산권 수용의 주체를 한정하지 않고 있다. 위 헌법조항의 핵심은 당해 수용이 공공필요에 부합하는가, 정당한 보상이 지급되고 있는가 여부 등에 있는 것이지, 그 수용의 주체가 국가인지 민간기업인지 여부에 달려 있다고 볼 수 없다. 또한 국가 등의 공적 기관이 직접 수용의 주체가 되는 것이든 그러한 공적 기관의 최종적인 허부판단과 승인결정하에 민간기업이 수용의 주체가 되는 것이든, 양자 사이에 공공필요에 대한 판단과 수용의 범위에 있어서 본질적인 차이를 가져올 것으로 보이지 않는다. 따라서 위 수용 등의 주체를 국가 등의 공적 기관에 한정하여 해석할 이유가 없다(헌재 2009. 9. 24. 2007헌바114 전원재판부). ★★

ㄴ. [○], 구 공유수면매립법 제17조가 "매립의 면허를 받은 자는 제16조 제1항의 규정에 의한 보상이나 시설을 한 후가 아니면 그 보상을 받을 권리를 가진 자에게 손실을 미칠 공사에 착수할 수 없다. 다만, 그 권리를 가진 자의 동의를 받았을 때에는 예외로 한다."고 규정하고 있으나, 손실보상은 공공필요에 의한 행정작용에 의하여 사인에게 발생한 특별한 희생에 대한 전보라는 점에서 그 사인에게 특별한 희생이 발생하여야 하는 것은 당연히 요구되는 것이고, 공유수면 매립면허의 고시가 있다고 하여 반드시 그 사업이 시행되고 그로 인하여 손실이 발생한다고 할 수 없으므로, 매립면허 고시 이후 매립공사가 실행되어 관행어업권자에게 실질적이고 현실적인 피해가 발생한 경우에만 공유수면매립법에서 정하는 손실보상청구권이 발생하였다고 할 것이다(대법 2010. 12. 9. 2007두6571).

ㄷ. [×], 공공용지의취득및손실보상에관한특례법 제3조 제1항이 "공공사업을 위한 토지 등의 취득 또는 사용으로 인하여 토지 등의 소유자가 입은 손실은 사업시행자가 이를 보상하여야 한다."고 규정하고 같은법시행규칙 제23조의5에서 공공사업시행지구 밖에 위치한 영업에 대한 간접손실에 대하여도 일정한 요건을 갖춘 경우 이를 보상하도록 규정하고 있는 점에 비추어, 공공사업의 시행으로 인하여 사업지구 밖에서 수산제조업에 대한 간접손실이 발생하리라는 것을 쉽게 예견할 수 있고 그 손실의 범위도 구체적으로 특정할 수 있는 경우라면, 그 손실의 보상에 관하여 같은법시행규칙의 간접보상 규정을 유추적용할 수 있다(대법 1999. 12. 24. 98다57419).

ㄹ. [×], 이주대책은 헌법 제23조 제3항에 규정된 정당한 보상에 포함되는 것이라기보다는 이에 부가하여 이주자들에게 종전의 생활상태를 회복시키기 위한 생활보상의 일환으로서 국가의 정책적인 배려에 의하여 마련된 제도라고 볼 것이다. 따라서 이주대책의 실시 여부는 입법자의 입법정책적 재량의 영역에 속하므로 공익사업을위한토지등의취득및보상에관한법률시행령 제40조 제3항 제3호(이하 '이 사건 조항'이라 한다)가 이주대책의 대상자에서 세입자를 제외하고 있는 것이 세입자의 재산권을 침해하는 것이라 볼 수 없다(헌재 2006. 2. 23. 2004헌마19 전원재판부). ★★★

정답 ②

<행정상 손실보상: 손실보상전반>

문 19.

(2022 변시11회, 34번)

「공익사업을 위한 토지 등의 취득 및 보상에 관한 법률」상 수용 및 보상에 관한 설명 중 옳은 것은? (다툼이 있는 경우 판례에 의함)

① 재산권의 수용·사용·제한은 공공필요가 인정되는 경우에만 예외적으로 허용될 수 있는 것이므로 사업시행자가 사인인 경우에는 수용재결의 전제가 되는 사업인정을 받을 수 없다.

② 사업인정과 수용재결은 하나의 법률효과를 위하여 이루어지는 일련의 행정처분이므로, 사업인정이 당연무효가 아니더라도 그 위법을 수용재결 취소소송에서 수용재결의 위법사유로 주장할 수 있다.

③ 공익사업 시행으로 영업손실이 발생하였음에도 사업시행자가 재결을 신청하지 않는 경우에는 피해자는 '정당한 보상'을 받기 위하여 사업시행자를 상대로 공법상 당사자소송으로 손실보상금의 지급을 청구할 수 있다.

④ 헌법 제23조 제3항에서 정한 '정당한 보상'이란 피수용재산의 객관적인 재산가치를 완전하게 보상하여야 한다는 완전보상을 뜻하는 것이므로, 해당 공익사업의 시행으로 인한 개발이익도 완전보상의 범위에 포함된다.

⑤ 피수용자가 수용재결에서 정한 보상금의 액수가 과소하여 헌법상 '정당한 보상' 원칙에 위배된다는 이유로 보상금증감소송을 제기하는 경우 관할 토지수용위원회가 아니라 사업시행자를 피고로 하여야 한다.

해설

① [×], 도시계획시설사업은 그 자체로 공공필요성의 요건이 충족된다. 또한 이 사건 수용조항은 도시계획시설사업의 원활한 진행을 위한 것이므로 정당한 입법목적을 가진다. 민간기업도 일정한 조건하에서는 헌법상 공용수용권을 행사할 수 있고, 위 수용조항을 통하여 사업시행자는 사업을 원활하게 진행할 수 있으므로, 위 조항은 위 입법목적을 위한 효과적인 수단이 된다. 만약 사업시행자에게 수용권한이 부여되지 않는다면 협의에 응하지 않는 사람들의 일방적인 의사에 의해 도시계획시설사업을 통한 공익의 실현이 저지되거나 연기될 수 있고, 수용에 이르기까지의 과정이 국토계획법상 적법한 절차에 의해 진행되며, 사업시행자는 피수용권자에게 정당한 보상을 지급해야 하고, 우리 법제는 구체적인 수용처분에 하자가 있을 경우 행정소송 등을 통한 실효적인 권리구제의 방안들을 마련하고 있는 점 등에 비추어 이 사건 수용조항이 피해의 최소성 원칙에 반한다고 볼 수 없고, 우리 국가공동체에서 도시계획시설이 수행하는 역할 등을 감안한다면 위 수용조항이 공익과 사익 간의 균형성을 도외시한 것이라고 보기도 어렵다. 따라서 이 사건 수용조항은 헌법 제23조 제3항 소정의 공공필요성 요건을 결여하거나 과잉금지원칙을 위반하여 재산권을 침해한다고 볼 수 없다(헌재 2011. 6. 30. 2008헌바166,2011헌바35(병합) 전원재판부).

② [×], 관계 법령에 의하면 환경영향평가는 일정한 규모의 도시계획시설사업에 관한 사업인정 전에 이루어져야 하므로 원고는 결국 이 사건 사업인정의 하자를 다투는 것으로 보아야 하는데, 사업인정처분의 위법은 사업인정단계에서 다투어야 하고 이미 그 쟁송기간이 도과한 수용재결 단계에서는 사업인정처분이 당연무효라고 볼 만한 특단의 사정이 없는 한 그 위법을 이유로 재결의 취소를 구할 수 없으며(대법 2008. 4. 11. 2007두9907 등 참조)

③ [×], 공익사업을 위한 토지 등의 취득 및 보상에 관한 법률(이하 '토지보상법'이라 한다) 제26조, 제28조, 제30조, 제34조, 제50조, 제61조, 제79조, 제80조, 제83조 내지 제85조의 규정 내용과 입법 취지 등을 종합하면, 공익사업으로 인하여 공익사업시행지구 밖에서 영업을 휴업하는 자가 사업시행자로부터 공익사업을 위한 토지 등의 취득 및 보상에 관한 법률 시행규칙 제47조 제1항에 따라 영업손실에 대한 보상을 받기 위해서는, 토지보상법 제34조, 제50조 등에 규정된 재결절차를 거친 다음 그 재결에 대하여 불복이 있는 때에 비로소 토지보상법 제83조 내지 제85조에 따라 권리구제를 받을 수 있을 뿐이다. 이러한 재결절차를 거치지 않은 채 곧바로 사업시행자를 상대로 손실보상을 청구하는 것은 허용되지 않는다(대법 2019. 11. 28. 2018두227). ★★

재결절차를 거쳤는지는 보상항목별로 판단하여야 한다. 피보상자별로 어떤 토지, 물건, 권리 또는 영업이 손실보상대상에 해당하는지, 나아가 그 보상금액이 얼마인지를 심리·판단하는 기초 단위를 보상항목이라고 한다(대법 2018. 5. 15. 2017두41221 참조). ★★

편입토지·물건 보상, 지장물 보상, 잔여 토지·건축물 손실보상 또는 수용청구의 경우에는 원칙적으로 개별 물건에 따라 하나의 보상항목이 되지만, 잔여 영업시설 손실보상을 포함하는 영업손실보상의 경우에는 '전체적으로 단일한 시설 일체로서의 영업' 자체가 보상항목이 되고, 세부 영업시설이나 공사비용, 휴업기간 등은 영업손실보상금 산정에서 고려하는 요소에 불과하다. 그렇다면 영업의 단일성·동일성이 인정되는 범위에서 보상금 산정의 세부요소를 추가로 주장하는 것은 하나의 보상항목 내에서 허용되는 공격방법일 뿐이므로, 별도로 재결절차를 밟을 필요가 없다(대법 2018. 7. 20. 2015두4044 참조).

④ [×], 공익사업법 제67조 제2항은 보상액을 산정함에 있어 당해 공익사업으로 인한 개발이익을 배제하는 조항인데, 공익사업의 시행으로 지가가 상승하여 발생하는 개발이익은 사업시행자의 투자에 의한 것으로서 피수용자인 토지소유자의 노력이나 자본에 의하여 발생하는 것이 아니므로, 이러한 개발이익은 형평의 관념에 비추어 볼 때 토지소유자에게 당연히 귀속되어야 할 성질의 것이 아니고, 또한 개발이익은 공공사업의 시행에 의하여 비로소 발생하는 것이므로, 그것이 피수용 토지가 수용 당시 갖는 객관적 가치에 포함된다고 볼 수도 없다. 따라서 개발이익은 그 성질상 완전보상의 범위에 포함되는 피수용자의 손실이라고 볼 수 없으므로, 이러한 개발이익을 배제하고 손실보상액을 산정한다 하여 헌법이 규정한 정당한 보상의 원칙에 위반되지 않는다.

⑤ [○], 어떤 보상항목이 공익사업을 위한 토지 등의 취득 및 보상에 관한 법령상 손실보상대상에 해당함에도 관할 토지수용위원회가 사실을 오인하거나 법리를 오해함으로써 손실보상대상에 해당하지 않는다고 잘못된 내용의 재결을 한 경우에는, 피보상자는 관할 토지수용위원회를 상대로 그 재결에 대한 취소소송을 제기할 것이 아니라, 사업시행자를 상대로 공익사업을 위한 토지 등의 취득 및 보상에 관한 법률 제85조 제2항에 따른 보상금증감소송을 제기하여야 한다(대법 2019. 11. 28. 2018두227). ★★

정답 ⑤

<행정상 손실보상: 수분양자 관련 소송>

문 20.

(2021 변시10회, 34번)

「공익사업을 위한 토지 등의 취득 및 보상에 관한 법률」(이하, '토지보상법'이라 함)에 따른 손실보상에 관한 설명 중 옳지 않은 것은? (다툼이 있는 경우 판례에 의함)

① 건축물의 일부가 공익사업에 편입됨으로 인하여 잔여 건축물의 가격감소 손실이 발생한 경우에 토지보상법에 규정된 재결절차를 거치지 않은 채 곧바로 사업시행자를 상대로 손실보상을 청구하는 것은 허용되지 않는다.

② 편입토지·물건 보상, 지장물 보상, 잔여 토지·건축물 손실보상 또는 수용청구의 경우에는 원칙적으로 개별 물건에 따라 하나의 보상항목이 되지만, 잔여 영업시설 손실보상을 포함하는 영업손실보상의 경우에는 '전체적으로 단일한 시설 일체로서의 영업' 자체가 보상항목이 되고, 세부 영업시설이나 공사비용, 휴업기간 등은 영업손실보상금 산정에서 고려하는 요소에 불과하다.

③ 하나의 재결에서 피보상자별로 여러 가지의 토지, 물건, 권리 또는 영업의 손실에 관하여 심리·판단이 이루어졌을 때, 피보상자 또는 사업시행자가 반드시 재결 전부에 관하여 불복하여야 하는 것은 아니다.

④ 이주대책대상자 선정에서 배제된 이주자는 사업시행자를 상대로 그 선정거부처분의 취소를 구하는 항고소송을 제기할 필요 없이 공법상 당사자소송으로 이주대책상의 수분양권 확인을 구하는 소송을 제기할 수 있다.

⑤ 공익사업시행지구 밖 영업손실보상의 요건인 '공익사업의 시행으로 인한 그 밖의 부득이한 사유로 일정 기간 동안 휴업이 불가피한 경우'란 공익사업의 시행 또는 시행 당시 발생한 사유로 휴업이 불가피한 경우만을 의미하는 것이 아니라 공익사업의 시행 결과, 즉 그 공익사업의 시행으로 설치되는 시설의 형태·구조·사용 등에 기인하여 휴업이 불가피한 경우도 포함된다.

해설

① [O]. 공익사업으로 인하여 공익사업시행지구 밖에서 영업을 휴업하는 자가 사업시행자로부터 공익사업을 위한 토지 등의 취득 및 보상에 관한 법률 시행규칙 제47조 제1항에 따라 영업손실

에 대한 보상을 받기 위해서는, 토지보상법 제34조, 제50조 등에 규정된 재결절차를 거친 다음 그 재결에 대하여 불복이 있는 때에 비로소 토지보상법 제83조 내지 제85조에 따라 권리구제를 받을 수 있을 뿐이다. 이러한 재결절차를 거치지 않은 채 곧바로 사업시행자를 상대로 손실보상을 청구하는 것은 허용되지 않는다(대법 2019. 11. 28. 2018두227). ★★

② [○], 재결절차를 거쳤는지는 보상항목별로 판단하여야 한다. 피보상자별로 어떤 토지, 물건, 권리 또는 영업이 손실보상대상에 해당하는지, 나아가 그 보상금액이 얼마인지를 심리·판단하는 기초 단위를 보상항목이라고 한다. 편입토지·물건 보상, 지장물 보상, 잔여 토지·건축물 손실보상 또는 수용청구의 경우에는 원칙적으로 개별 물건에 따라 하나의 보상항목이 되지만, 잔여 영업시설 손실보상을 포함하는 영업손실보상의 경우에는 '전체적으로 단일한 시설 일체로서의 영업' 자체가 보상항목이 되고, 세부 영업시설이나 공사비용, 휴업기간 등은 영업손실보상금 산정에서 고려하는 요소에 불과하다. 그렇다면 영업의 단일성·동일성이 인정되는 범위에서 보상금 산정의 세부요소를 추가로 주장하는 것은 하나의 보상항목 내에서 허용되는 공격방법일 뿐이므로, 별도로 재결절차를 밟을 필요가 없다(대법 2020. 4. 9. 2017두275).

③ [○], 하나의 재결에서 피보상자별로 여러 가지의 토지, 물건, 권리 또는 영업(이처럼 손실보상대상에 해당하는지, 나아가 그 보상금액이 얼마인지를 심리·판단하는 기초 단위를 이하 '보상항목'이라고 한다)의 손실에 관하여 심리·판단이 이루어졌을 때, 피보상자 또는 사업시행자가 반드시 재결 전부에 관하여 불복하여야 하는 것은 아니며, 여러 보상항목들 중 일부에 관해서만 불복하는 경우에는 그 부분에 관해서만 개별적으로 불복의 사유를 주장하여 행정소송을 제기할 수 있다. 이러한 보상금 증감 소송에서 법원의 심판범위는 하나의 재결 내에서 소송당사자가 구체적으로 불복신청을 한 보상항목들로 제한된다(대법 2018. 5. 15. 2017두41221). ★★

④ [×], 이러한 수분양권은 위와 같이 이주자가 이주대책을 수립.실시하는 사업시행자로부터 이주대책대상자로 확인·결정을 받음으로써 취득하게 되는 택지나 아파트 등을 분양받을 수 있는 공법상의 권리라고 할 것이므로, 이주자가 사업시행자에 대한 이주대책대상자 선정신청 및 이에 따른 확인·결정 등 절차를 밟지 아니하여 구체적인 수분양권을 아직 취득하지도 못한 상태에서 곧바로 분양의무의 주체를 상대방으로 하여 민사소송이나 공법상 당사자소송으로 이주대책상의 수분양권의 확인 등을 구하는 것은 허용될 수 없고, 나아가 그 공급대상인 택지나 아파트 등의 특정부분에 관하여 그 수분양권의 확인을 소구하는 것은 더더욱 불가능하다고 보아야 한다(대법 1994. 5. 24. 92다35783 전원합의체). ★★★

⑤ [○], 공익사업시행지구 밖 영업손실보상의 특성과 헌법이 정한 '정당한 보상의 원칙'에 비추어 보면, 공익사업시행지구 밖 영업손실보상의 요건인 '공익사업의 시행으로 인한 그 밖의 부득이한 사유로 일정 기간 동안 휴업이 불가피한 경우'란 공익사업의 시행 또는 시행 당시 발생한 사유로 휴업이 불가피한 경우만을 의미하는 것이 아니라 공익사업의 시행 결과, 즉 그 공익사업의 시행으로 설치되는 시설의 형태·구조·사용 등에 기인하여 휴업이 불가피한 경우도 포함된다고 해석함이 타당하다(대법 2019. 11. 28. 2018두227).

정답 ④

제 2 편

행정쟁송

제1장 | 행정심판

<행정심판: 심판절차(행정심판법 규정)>

문 1.

(2012 변시1회, 32번)

행정심판에 관한 설명 중 옳지 않은 것은?

① 무효등확인심판은 심판청구기간의 제한이 없고, 사정재결도 인정되지 아니한다.

② 행정심판위원회는 처분 또는 부작위가 위법·부당하다고 상당히 의심되는 경우로서 그로 인하여 당사자가 받을 우려가 있는 중대한 불이익을 막기 위하여 임시지위를 정하여야 할 필요가 있을 때에는 임시처분을 결정할 수 있다.

③ 행정심판위원회는 당사자의 신청을 거부하거나 부작위로 방치한 처분의 이행을 명하는 재결이 있었음에도 당해 행정청이 재결의 취지에 따른 처분을 하지 아니하는 때에는 당사자의 신청에 의하여 시정을 명하고 불이행시 직접 당해 처분을 행할 수도 있다.

④ 행정심판법의 개정으로 시·도행정심판위원회의 재결에 불복하는 경우 청구인은 그 재결 및 같은 처분 또는 부작위에 대하여 중앙행정심판위원회에 재심사를 청구할 수 있다.

⑤ 심판청구의 대상과 관계되는 권리나 이익을 양수한 자는 행정심판위원회의 허가를 받아 청구인의 지위를 승계할 수 있고, 위 위원회가 이를 허가하지 않으면 이의신청을 할 수 있다.

해설

① [○], 행정심판법 제27조(심판청구의 기간) ① 행정심판은 처분이 있음을 알게 된 날부터 90일 이내에 청구하여야 한다. ⑦ 제1항의 규정은 무효등확인심판청구에는 적용하지 아니한다. 행정심판법 제44조(사정재결) ① 위원회는 심판청구가 이유가 있다고 인정하는 경우에도 이를 인용(認容)하는 것이 공공복리에 크게 위배된다고 인정하면 그 심판청구를 기각하는 재결을 할 수 있다. 이 경우 위원회는 재결의 주문(主文)에서 그 처분 또는 부작위가 위법하거나 부당하다는 것을 구체적으로 밝혀야 한다. ③ 제1항은 무효등확인심판에는 적용하지 아니한다.

② [○], 행정심판법 제31조(임시처분) ① 위원회는 처분 또는 부작위가 위법·부당하다고 상당히 의심되는 경우로서 처분 또는 부작위 때문에 당사자가 받을 우려가 있는 중대한 불이익이나 당사자에게 생길 급박한 위험을 막기 위하여 임시지위를 정하여야 할 필요가 있는 경우에는 직권으로 또는 당사자의 신청에 의하여 임시처분을 결정할 수 있다.

③ [○], 행정심판법 제49조(재결의 기속력 등) ③ 당사자의 신청을 거부하거나 부작위로 방치한 처분의 이행을 명하는 재결이 있으면 행정청은 지체 없이 이전의 신청에 대하여 재결의 취지에 따라 처분을 하여야 한다. 제50조(위원회의 직접 처분) ① 위원회는 피청구인이 제49조 제3항에도 불구하고 처분을 하지 아니하는 경우에는 당사자가 신청하면 기간을 정하여 서면으로 시정을 명하고 그 기간에 이행하지 아니하면 직접 처분을 할 수 있다. 다만, 그 처분의 성질이나 그 밖의 불가피한 사유로 위원회가 직접 처분을 할 수 없는 경우에는 그러하지 아니하다.

④ [×], 행정심판법 제51조(행정심판 재청구의 금지) 심판청구에 대한 재결이 있으면 그 재결 및 같은 처분 또는 부작위에 대하여 다시 행정심판을 청구할 수 없다.

⑤ [○], 행정심판법 제16조(청구인의 지위 승계) ⑤ 심판청구의 대상과 관계되는 권리나 이익을 양수한 자는 위원회의 허가를 받아 청구인의 지위를 승계할 수 있다. ⑧ 신청인은 위원회가 제5항의 지위 승계를 허가하지 아니하면 결정서 정본을 받은 날부터 7일 이내에 위원회에 이의신청을 할 수 있다.

정답 ④

<행정심판: 심판절차(행정심판법 규정)>

문 2.

(2017 변시6번, 30번)

「행정심판법」상 행정심판에 관한 설명 중 옳은 것은?

① 시·도행정심판위원회의 재결에 불복하는 경우 청구인은 그 재결 및 같은 처분 또는 부작위에 대하여 중앙행정심판위원회에 재심을 청구할 수 있다.

② 행정심판위원회는 처분 또는 부작위가 위법·부당하다고 상당히 의심되는 경우로서 처분 또는 부작위 때문에 당사자가 받을 우려가 있는 중대한 불이익이나 당사자에게 생길 급박한 위험을 막기 위하여 임시지위를 정하여야 할 필요가 있는 경우에는 당사자의 신청이 있는 경우에 한하여 임시처분을 결정할 수 있다.

③ 피청구인을 경정하는 결정이 있으면 그 경정결정 시에 새로운 피청구인에 대한 행정심판이 청구된 것으로 본다.

④ 심판청구의 대상과 관계되는 권한이 다른 행정청에 승계된 경우에는 권한을 승계한 행정청을 피청구인으로 하여야 한다.

⑤ 집행정지 신청은 행정심판을 청구한 후에는 할 수 없다.

해설

① [×], 행정심판법 제51조(행정심판 재청구의 금지) 심판청구에 대한 재결이 있으면 그 재결 및 같은 처분 또는 부작위에 대하여 다시 행정심판을 청구할 수 없다.

② [×], 행정심판법 제31조(임시처분) ① 위원회는 처분 또는 부작위가 위법·부당하다고 상당히 의심되는 경우로서 처분 또는 부작위 때문에 당사자가 받을 우려가 있는 중대한 불이익이나 당사자에게 생길 급박한 위험을 막기 위하여 임시지위를 정하여야 할 필요가 있는 경우에는 직권으로 또는 당사자의 신청에 의하여 임시처분을 결정할 수 있다.

③ [×], 제17조(피청구인의 적격 및 경정) ② 청구인이 피청구인을 잘못 지정한 경우에는 위원회는 직권으로 또는 당사자의 신청에 의하여 결정으로써 피청구인을 경정(更正)할 수 있다. ④ 제2항에 따른 결정이 있으면 종전의 피청구인에 대한 심판청구는 취하되고 종전의 피청구인에 대한 행정심판이 청구된 때에 새로운 피청구인에 대한 행정심판이 청구된 것으로 본다.

④ [○], 행정심판법 제17조(피청구인의 적격 및 경정) ① 행정심판은 처분을 한 행정청(의무이행심판의 경우에는 청구인의 신청을 받은 행정청)을 피청구인으로 하여 청구하여야 한다. 다만, 심판청구의 대상과 관계되는 권한이 다른 행정청에 승계된 경우에는 권한을 승계한 행정청을 피청구인으로 하여야 한다.

⑤ [×], 행정심판법 제30조(집행정지) ⑤ 집행정지 신청은 심판청구와 동시에 또는 심판청구에 대한 제7조 제6항 또는 제8조 제7항에 따른 위원회나 소위원회의 의결이 있기 전까지, 집행정지 결정의 취소신청은 심판청구에 대한 제7조 제6항 또는 제8조 제7항에 따른 위원회나 소위원회의 의결이 있기 전까지 신청의 취지와 원인을 적은 서면을 위원회에 제출하여야 한다. 다만, 심판청구서를 피청구인에게 제출한 경우로서 심판청구와 동시에 집행정지 신청을 할 때에는 심판청구서 사본과 접수증명서를 함께 제출하여야 한다.

정답 ④

<행정심판: 교원소청심사관련>

문 3.

(2018 변시7회, 16번)

甲은 국립대학교 교수로 재직하던 중 같은 대학 총장 乙로부터 감봉 3개월의 징계처분을 받았다. 甲은 A지방법원에 징계처분취소의 소를 제기하였으나, 위 법원은 교원소청심사위원회의 전심절차를 거치지 아니하였다는 이유로 이를 각하하였다. 이에 관한 설명 중 옳은 것을 모두 고른 것은? (다툼이 있는 경우 판례에 의함)

ㄱ. 「국가공무원법」 및 「교육공무원법」에 따르면, 甲은 징계처분에 관하여 취소소송을 제기하기에 앞서 교원소청심사를 필요적으로 거쳐야 하므로, 그 심사절차에 사법절차가 준용되지 않는다면 이는 헌법에 위반된다.
ㄴ. 교원에 대한 징계처분의 적법성을 판단함에 있어서는 교육의 자주성·전문성이 요구되므로 법원의 재판에 앞서 교육전문가들의 심사를 먼저 받아볼 필요가 있다.
ㄷ. 만약 甲이 징계처분의 취소를 구하는 소를 제기하기 전에 소청심사를 먼저 청구하여 교원소청심사위원회에서 감봉 2개월로 변경하는 결정을 하였다면, 甲은 감경되고 남은 원처분을 대상으로 취소소송을 제기하여야 한다.
ㄹ. 甲이 취소소송 제기 당시 교원소청심사위원회의 필요적 전심절차를 거치지 못하였다 하여도 사실심 변론종결시까지 그 전심절차를 거쳤다면 그 흠결의 하자는 치유된다.
ㅁ. 「행정소송법」상 인정되는 행정심판전치주의의 다양한 예외는 필요적 전심절차인 교원소청심사에는 적용되지 아니한다.

① ㄱ, ㄹ
② ㄴ, ㄷ, ㅁ
③ ㄱ, ㄴ, ㄷ, ㄹ
④ ㄱ, ㄴ, ㄷ, ㅁ
⑤ ㄱ, ㄴ, ㄹ, ㅁ

해설

ㄱ. [○], 헌법 제107조 제3항은 “재판의 전심절차로서 행정심판을 할 수 있다. 행정심판의 절차

는 법률로 정하되, 사법절차가 준용되어야 한다"고 규정하고 있으므로, 입법자가 행정심판을 전심절차가 아니라 종심절차로 규정함으로써 정식재판의 기회를 배제하거나, 어떤 행정심판을 필요적 전심절차로 규정하면서도 그 절차에 사법절차가 준용되지 않는다면 이는 헌법 제107조 제3항, 나아가 재판청구권을 보장하고 있는 헌법 제27조에도 위반된다. 여기서 말하는 "사법절차"를 특징지우는 요소로는 판단기관의 독립성·공정성, 대심적(對審的) 심리구조, 당사자의 절차적 권리보장 등을 들 수 있으나, 위 헌법조항은 행정심판에 사법절차가 "준용"될 것만을 요구하고 있으므로 위와 같은 사법절차적 요소를 엄격히 갖춰야 할 필요는 없다고 할지라도, 적어도 사법절차의 본질적 요소를 전혀 구비하지 아니하고 있다면 "준용"의 요구에마저 위반된다(헌재 2000.6.1. 98헌바8 헌재 2000. 6. 1. 98헌바8 전원재판부).

ㄴ. [○], 입법자는 행정심판을 통한 권리구제의 실효성, 행정청에 의한 자기시정의 개연성, 문제되는 행정처분의 특수성 등을 고려하여 행정심판을 임의적 전치절차로 할 것인지, 아니면 필요적 전치절차로 할 것인지를 결정하는 입법형성권을 가지고 있는데, 교원에 대한 징계처분은 그 적법성을 판단함에 있어서 전문성과 자주성에 기한 사전심사가 필요하고, 판단기관인 재심위원회의 독립성 및 공정성이 확보되어 있고 심리절차에 있어서도 상당한 정도로 사법절차가 준용되어 권리구제절차로서의 실효성을 가지고 있으며, 재판청구권의 제약은 경미한 데 비하여 그로 인하여 달성되는 공익은 크므로, 재심제도가 입법형성권의 한계를 벗어나 국민의 재판청구권을 침해하는 제도라고 할 수 없다(헌재 2007. 1. 17. 2005헌바86 전원재판부).

ㄷ. [○], 행정청이 식품위생법령에 따라 영업자에게 행정제재처분을 한 후 그 처분을 영업자에게 유리하게 변경하는 처분을 한 경우, 변경처분에 의하여 당초 처분은 소멸하는 것이 아니고 당초부터 유리하게 변경된 내용의 처분으로 존재하는 것이므로, 변경처분에 의하여 유리하게 변경된 내용의 행정제재가 위법하다 하여 그 취소를 구하는 경우 그 취소소송의 대상은 변경된 내용의 당초 처분이지 변경처분은 아니고, 제소기간의 준수 여부도 변경처분이 아닌 변경된 내용의 당초 처분을 기준으로 판단하여야 한다(대법 2007. 4. 27. 2004두9302).

ㄹ. [○], 행정심판의 전치요건은 행정소송 제기 이전에 반드시 갖추어야 하는 것은 아니며 사실심 변론종결 시까지 갖추면 된다(대법 1987. 9. 22. 87누176).

ㅁ. [×], 행정소송법 제18조 제2항과 제3항은 행정심판전치주의에 대한 다양한 예외를 인정하고 있는바, 이는 이 사건 필요적 전심절차조항에도 적용된다. 따라서 일정한 경우에는(예컨대 동종사건에 관하여 이미 행정심판의 기각재결이 있은 때 또는 처분을 행한 행정청이 행정심판을 거칠 필요가 없다고 잘못 알린 때 등) 행정심판을 제기함이 없이 행정소송을 바로 제기할 수 있고(제18조 제3항), 어떤 경우에는(예컨대 행정심판청구가 있은 날로부터 60일이 지나도 재결이 없는 때 또는 중대한 손해를 예방해야 할 긴급한 필요가 있는 때 등) 행정심판의 재결없이 행정소송을 제기할 수도 있다(제18조 제2항). 그러므로 위 필요적 전심절차조항에 의하여 무의미하거나 불필요한 행정심판을 거쳐야 하는 것은 아니다(헌재 2007. 1. 17. 2005헌바86 전원재판부).

정답 ③

<행정심판: 고지의무위반>

문 4.

(2018 변시7회, 30번)

甲은 2016. 3. 8. 「학교보건법」(현행 「교육환경보호에 관한 법률」)에 따라 지정된 학교환경위생정화구역(현행 '교육환경보호구역') 내에서 위 법이 금지하는 당구장업을 하기 위해 금지행위 및 금지시설의 해제를 신청하였다. 관할 행정청은 「학교보건법」상 학교환경위생정화위원회(현행 '지역교육환경보호위원회')의 심의를 거치지 아니하고, 2016. 3. 15. '학생의 안전보호'를 이유로 해제신청을 거부하는 결정을 하였고 이 결정이 2016. 3. 16. 甲에게 도달하였다. 관할 행정청은 처분을 하면서 甲에게 행정심판 청구기간을 고지하지 아니하였다. 甲은 거부처분에 대해 행정심판을 제기하고자 한다. 이에 관한 설명 중 옳지 않은 것은? (다툼이 있는 경우 판례에 의함)

① 학교환경위생정화구역 내에서의 금지행위 및 금지시설의 해제신청에 대하여 신청을 인용하거나 거부하는 처분은 재량행위에 속한다.

② 학교환경위생정화위원회의 심의를 거치지 아니하고 내려진 거부처분의 흠은 행정처분의 효력에 아무런 영향을 주지 않는다거나 경미한 정도에 불과하다고 볼 수 없으므로 특별한 사정이 없는 한 거부처분을 위법하게 하는 취소사유에 해당한다.

③ 甲이 2016. 7. 20. 취소심판을 제기하는 경우 청구기간이 도과하지 않은 것이므로 적법하다.

④ 관할 행정청이 행정심판단계에서 '학생의 안전보호'라는 처분사유를 '학생의 보건·위생보호'로 변경하고자 할 경우 기본적 사실관계의 동일성이 있으면 처분사유의 변경이 허용된다.

⑤ 「체육시설의 설치·이용에 관한 법률」에 따른 당구장업의 신고요건을 갖춘 甲은 학교환경위생정화구역 내에서 「학교보건법」에 따른 별도 요건을 충족하지 아니하고도 적법한 신고를 할 수가 있다.

해설

① [O], 학교보건법 제6조 제1항 단서의 규정에 의하여 시·도교육위원회교육감 또는 교육감이 지정하는 자가 학교환경위생정화구역 안에서의 금지행위 및 시설의 해제신청에 대하여 그 행위

및 시설이 학습과 학교보건에 나쁜 영향을 주지 않는 것인지의 여부를 결정하여 그 금지행위 및 시설을 해제하거나 계속하여 금지(해제거부)하는 조치는 시·도교육위원회교육감 또는 교육감이 지정하는 자의 재량행위에 속하는 것으로서 … (대법 1996. 10. 29. 96누8253).

② [○], 행정청이 구 학교보건법(2005. 12. 7. 법률 제7700호로 개정되기 전의 것) 소정의 학교환경위생정화구역 내에서 금지행위 및 시설의 해제 여부에 관한 행정처분을 함에 있어 학교환경위생정화위원회의 심의를 거치도록 한 취지는 그에 관한 전문가 내지 이해관계인의 의견과 주민의 의사를 행정청의 의사결정에 반영함으로써 공익에 가장 부합하는 민주적 의사를 도출하고 행정처분의 공정성과 투명성을 확보하려는 데 있고, 나아가 그 심의의 요구가 법률에 근거하고 있을 뿐 아니라 심의에 따른 의결내용도 단순히 절차의 형식에 관련된 사항에 그치지 않고 금지행위 및 시설의 해제 여부에 관한 행정처분에 영향을 미칠 수 있는 사항에 관한 것임을 종합해 보면, 금지행위 및 시설의 해제 여부에 관한 행정처분을 하면서 절차상 위와 같은 심의를 누락한 흠이 있다면 그와 같은 흠을 가리켜 위 행정처분의 효력에 아무런 영향을 주지 않는다거나 경미한 정도에 불과하다고 볼 수는 없으므로, 특별한 사정이 없는 한 이는 행정처분을 위법하게 하는 취소사유가 된다(대법 2007. 3. 15. 2006누15806).

③ [○], 행정심판법 제27조(심판청구의 기간) ① 행정심판은 처분이 있음을 알게 된 날부터 90일 이내에 청구하여야 한다. ③ 행정심판은 처분이 있었던 날부터 180일이 지나면 청구하지 못한다. 다만, 정당한 사유가 있는 경우에는 그러하지 아니하다. ⑥ 행정청이 심판청구 기간을 알리지 아니한 경우에는 제3항에 규정된 기간에 심판청구를 할 수 있다.

④ [○], 행정처분의 취소를 구하는 항고소송에 있어서, 처분청은 당초 처분의 근거로 삼은 사유와 기본적 사실관계가 동일성이 있다고 인정되는 한도 내에서만 다른 사유를 추가하거나 변경할 수 있고, 여기서 기본적 사실관계의 동일성 유무는 처분사유를 법률적으로 평가하기 이전의 구체적인 사실에 착안하여 그 기초인 사회적 사실관계가 기본적인 점에서 동일한지 여부에 따라 결정되며 이와 같이 기본적 사실관계와 동일성이 인정되지 않는 별개의 사실을 들어 처분사유로 주장하는 것이 허용되지 않는다고 해석하는 이유는 행정처분의 상대방의 방어권을 보장함으로써 실질적 법치주의를 구현하고 행정처분의 상대방에 대한 신뢰를 보호하고자 함에 그 취지가 있고, 추가 또는 변경된 사유가 당초의 처분시 그 사유를 명기하지 않았을 뿐 처분시에 이미 존재하고 있었고 당사자도 그 사실을 알고 있었다 하여 당초의 처분사유와 동일성이 있는 것이라 할 수 없다(대법 2003. 12. 11. 2001두8827). ★★

⑤ [×], 학교보건법과 체육시설의설치이용에관한법률은 그 입법목적, 규정사항, 적용범위 등을 서로 달리 하고 있어서 당구장의 설치에 관하여 체육시설의설치·이용에관한법률이 학교보건법에 우선하여 배타적으로 적용되는 관계에 있다고는 해석되지 아니하므로 체육시설의설치·이용에 관한법률에 따른 당구장업의 신고요건을 갖춘 자라 할지라도 학교보건법 제5조 소정의 학교환경 위생정화구역 내에서는 같은 법 제6조에 의한 별도 요건을 충족하지 아니하는 한 적법한 신고를 할 수 없다고 보아야 한다(대법 1991. 7. 12. 90누8350).

정답 ⑤

제2장 행정소송

<행정소송: 관련청구소송, 이송병합>

문 5.

(2020 변시9회, 36번)

「행정소송법」상 관련청구소송의 이송 및 병합에 관한 설명 중 옳은 것(○)과 옳지 않은 것(×)을 올바르게 조합한 것은? (다툼이 있는 경우 판례에 의함)

ㄱ. 취소소송과 그와 관련되는 손해배상·부당이득반환·원상회복 등 청구소송(이하 '관련청구소송'이라고 함)이 각각 다른 법원에 계속되고 있는 경우에 관련청구소송이 계속된 법원이 상당하다고 인정하는 때에는 당사자의 신청 또는 직권에 의하여 이를 취소소송이 계속된 법원으로 이송할 수 있다.
ㄴ. 관련청구소송이 취소소송과 병합되기 위해서는 그 청구의 내용 또는 발생원인이 취소소송의 대상인 처분등과 법률상 또는 사실상 공통되거나, 그 처분의 효력이나 존부가 선결문제로 되는 등의 관계에 있어야 하는 것이 원칙이다.
ㄷ. 관련청구소송의 병합은 본래의 취소소송이 적법할 것을 요건으로 하는 것이어서 본래의 취소소송이 부적법하여 각하되면 그에 병합된 관련청구도 소송요건을 흠결한 부적법한 것으로 각하되어야 한다.
ㄹ. 관련청구소송의 이송 및 병합은 항고소송과 민사소송의 관할법원이 다르다는 전제에서 공통되거나 관련되는 쟁점에 관한 심리의 효율을 위하여 인정되는 것으로 관련청구소송의 이송 및 병합에 관한 「행정소송법」 제10조의 규정은 항고소송 이외에 당사자소송에는 준용되지 않는다.

① ㄱ(○), ㄴ(○), ㄷ(○), ㄹ(×)
② ㄱ(○), ㄴ(○), ㄷ(×), ㄹ(×)
③ ㄱ(○), ㄴ(×), ㄷ(×), ㄹ(○)
④ ㄱ(×), ㄴ(×), ㄷ(○), ㄹ(○)
⑤ ㄱ(○), ㄴ(○), ㄷ(○), ㄹ(○)

해설

ㄱ. [○], 행정소송법 제10조(관련청구소송의 이송 및 병합) ① 취소소송과 다음 각호의 1에 해당하는 소송(이하 "관련청구소송"이라 한다)이 각각 다른 법원에 계속되고 있는 경우에 관련청구소송이 계속된 법원이 상당하다고 인정하는 때에는 당사자의 신청 또는 직권에 의하여 이를 취소소송이 계속된 법원으로 이송할 수 있다. 1. 당해 처분등과 관련되는 손해배상·부당이득반환·원상회복등 청구소송 2. 당해 처분등과 관련되는 취소소송

ㄴ. [○], 행정소송법 제10조 제1항 제1호는 행정소송에 병합될 수 있는 관련청구에 관하여 '당해 처분 등과 관련되는 손해배상·부당이득반환·원상회복 등의 청구'라고 규정함으로써 그 병합요건으로 본래의 행정소송과의 관련성을 요구하고 있는바, 이는 행정소송에서 계쟁 처분의 효력을 장기간 불확정한 상태에 두는 것은 바람직하지 않다는 관점에서 병합될 수 있는 청구의 범위를 한정함으로써 사건의 심리범위가 확대·복잡화되는 것을 방지하여 그 심판의 신속을 도모하려는 취지라 할 것이므로, 손해배상청구 등의 민사소송이 행정소송에 관련청구로 병합되기 위해서는 그 청구의 내용 또는 발생원인이 행정소송의 대상인 처분 등과 법률상 또는 사실상 공통되거나, 그 처분의 효력이나 존부 유무가 선결문제로 되는 등의 관계에 있어야 함이 원칙이다(대법 2000. 10. 27. 99두561).

ㄷ. [○], 행정소송법 제38조, 제10조에 의한 관련청구소송의 병합은 본래의 항고소송이 적법할 것을 요건으로 하는 것이어서 본래의 항고소송이 부적법하여 각하되면 그에 병합된 관련청구도 소송요건을 흠결한 부적합한 것으로 각하되어야 한다(대법 2001. 11. 27. 2000두697).

ㄹ. [×], 행정소송법 제44조(준용규정) ② 제10조의 규정은 당사자소송과 관련청구소송이 각각 다른 법원에 계속되고 있는 경우의 이송과 이들 소송의 병합의 경우에 준용한다.

정답 ①

<행정소송: 무효확인소송, 취소소송 관계>

문 6.

(2021 변시10회, 37번)

A행정청은 미성년자에게 주류를 판매하였다는 이유로 甲에게 영업정지처분에 갈음하는 과징금부과처분을 하였다. 甲은 이에 대하여 행정소송을 제기할 것을 고려하고 있다. 이에 관한 설명 중 옳지 <u>않은</u> 것은? (다툼이 있는 경우 판례에 의함)

① 甲이 제기하는 무효확인과 취소청구의 소는 주위적·예비적 청구로서만 병합이 가능하고 선택적 청구로서의 병합이나 단순병합은 허용되지 아니한다.

② 甲이 과징금부과처분에 대하여 무효확인의 소를 제기하였다가 그 후 취소청구의 소를 추가적으로 병합한 경우, 무효확인의 소가 적법한 제소기간 내에 제기되었다면 추가로 병합된 취소청구의 소도 적법하게 제기된 것이다.

③ 甲이 과징금부과처분에 대하여 무효확인의 소를 제기하면서 위 처분의 취소를 구하지 아니한다고 밝히지 아니하였다면, 무효확인의 소에는 그 처분이 당연무효가 아니라면 그 취소를 구하는 취지도 포함되어 있는 것으로 보아야 한다.

④ 甲이 과징금부과처분의 하자가 취소사유임에도 A행정청을 상대로 무효확인의 소를 제기하였는데 만약 취소소송의 제기요건을 구비하지 못하였다면 무효확인청구는 기각된다.

⑤ 甲이 만일 부과된 과징금을 납부한 후 과징금부과처분에 대하여 무효확인의 소를 제기하였다면, 甲은 부당이득반환청구의 소로써 직접 위법상태를 제거할 수 있으므로 甲이 제기한 무효확인의 소는 법률상 이익이 없다.

해설

① [○], 행정처분에 대한 무효확인과 취소청구는 서로 양립할 수 없는 청구로서 주위적·예비적 청구로서만 병합이 가능하고 선택적 청구로서의 병합이나 단순 병합은 허용되지 아니한다(대법 1999. 8. 20. 97누6889).

②, ③ [○], 하자 있는 행정처분을 놓고 이를 무효로 볼 것인지 아니면 단순히 취소할 수 있는 처분으로 볼 것인지는 동일한 사실관계를 토대로 한 법률적 평가의 문제에 불과하고, 행정처분의 무효확인을 구하는 소에는 특단의 사정이 없는 한 그 취소를 구하는 취지도 포함되어 있다고 보아야 하는 점 등에 비추어 볼 때, 동일한 행정처분에 대하여 무효확인의 소를 제기하였다가 그 후 그 처분의 취소를 구하는 소를 추가적으로 병합한 경우, 주된 청구인 무효확인의 소가 적법한 제소기간 내에 제기되었다면 추가로 병합된 취소청구의 소도 적법하게 제기된 것으로 봄이 상당하다(대법 2005. 12. 23. 2005두3554). ★★★

④ [○], 행정처분의 무효확인을 구하는 청구에는 특별한 사정이 없는 한 그 처분의 취소를 구하는 취지까지도 포함되어 있다고 볼 수는 있으나 위와 같은 경우에 취소청구를 인용하려면 먼저 취소를 구하는 항고소송으로서의 제소요건을 구비한 경우에 한한다(대법 1986. 9. 23. 85누838).

⑤ [×], 행정소송은 행정청의 위법한 처분 등을 취소·변경하거나 그 효력 유무 또는 존재 여부를 확인함으로써 국민의 권리 또는 이익의 침해를 구제하고 공법상의 권리관계 또는 법 적용에 관한 다툼을 적정하게 해결함을 목적으로 하므로, 대등한 주체 사이의 사법상 생활관계에 관한 분쟁을 심판대상으로 하는 민사소송과는 목적, 취지 및 기능 등을 달리한다. 또한 행정소송법 제4조에서는 무효확인소송을 항고소송의 일종으로 규정하고 있고, 행정소송법 제38조 제1항에서는 처분 등을 취소하는 확정판결의 기속력 및 행정청의 재처분 의무에 관한 행정소송법 제30조를 무효확인소송에도 준용하고 있으므로 무효확인판결 자체만으로도 실효성을 확보할 수 있다. 그리고 무효확인소송의 보충성을 규정하고 있는 외국의 일부 입법례와는 달리 우리나라 행정소송법에는 명문의 규정이 없어 이로 인한 명시적 제한이 존재하지 않는다. 이와 같은 사정을 비롯하여 행정에 대한 사법통제, 권익구제의 확대와 같은 행정소송의 기능 등을 종합하여 보면, 행정처분의 근거 법률에 의하여 보호되는 직접적이고 구체적인 이익이 있는 경우에는 행정소송법 제35조에 규정된 '무효확인을 구할 법률상 이익'이 있다고 보아야 하고, 이와 별도로 무효확인소송의 보충성이 요구되는 것은 아니므로 행정처분의 무효를 전제로 한 이행소송 등과 같은 직접적인 구제수단이 있는지 여부를 따질 필요가 없다고 해석함이 상당하다(대법 2008. 3. 20. 2007두6342 전원합의체). ★★★

정답 ⑤

<행정소송: 처분>

문 7.

(2013 변시2회, 37번)

항고소송의 대상이 되는 행정처분에 관한 다음 설명 중 옳지 않은 것은? (다툼이 있는 경우 판례에 의함)

① 군의관은 행정청이라고 볼 수 없고, 신체등위판정 자체만으로는 권리의무가 정하여지는 것이 아니고 병역처분에 의하여 비로소 병역의무의 종류가 정하여지므로 군의관이 하는 신체등위판정은 행정처분이 아니다.

② 「도시 및 주거환경정비법」에 의한 주택재개발정비사업조합은 조합원에 대한 법률관계에서 적어도 특수한 존립목적을 부여받은 특수한 행정주체로서 국가의 감독하에 그 존립목적인 특정한 공공사무를 행하고 있다고 볼 수 있는 범위 내에서는 공법상의 권리의무관계에 서 있는 것이므로 분양신청 후에 정하여진 관리처분계획은 행정처분이다.

③ 지방의회 의장에 대한 불신임 의결은 지방의회의 내부적 결정에 불과하므로 행정처분이 아니다.

④ 한국자산관리공사의 공매통지는 공매의 요건이 아니라 공매사실 자체를 체납자에게 알려주는 데 불과한 것으로서, 통지받은 상대방의 법적 지위나 권리의무에 직접 영향을 주는 것이 아니라고 할 것이므로 행정처분이 아니다.

⑤ 금융감독원장으로부터 문책경고를 받은 금융기관의 임원이 일정기간 금융업종 임원선임의 자격제한을 받도록 관계법령에 규정되어 있는 경우, 그 문책경고는 그 상대방의 권리의무에 직접 영향을 미치는 행위이므로 행정처분에 해당한다.

해설

① [○], 병역법상 신체등위판정은 행정청이라고 볼 수 없는 군의관이 하도록 되어 있으며, 그 자체만으로 바로 병역법상의 권리의무가 정하여지는 것이 아니라 그에 따라 지방병무청장이 병역처분을 함으로써 비로소 병역의무의 종류가 정하여지는 것이므로 항고소송의 대상이 되는 행정처분이라 보기 어렵다(대법 1993. 8. 27. 93누3356).

② [○], 도시재개발법에 의한 재개발조합은 조합원에 대한 법률관계에서 적어도 특수한 존립목적을 부여받은 특수한 행정주체로서 국가의 감독하에 그 존립 목적인 특정한 공공사무를 행하고 있다고 볼 수 있는 범위 내에서는 공법상의 권리의무 관계에 서 있는 것이므로 분양신청 후에 정하여진 관리처분계획의 내용에 관하여 다툼이 있는 경우에는 그 관리처분계획은 토지 등의 소유자에게 구체적이고 결정적인 영향을 미치는 것으로서 조합이 행한 처분에 해당하므로 항고소송의 방법으로 그 무효확인이나 취소를 구할 수 있다(대법 2002. 12. 10. 2001두6333).

③ [×], 지방의회를 대표하고 의사를 정리하며 회의장 내의 질서를 유지하고 의회의 사무를 감독하며 위원회에 출석하여 발언할 수 있는 등의 직무권한을 가지는 지방의회 의장에 대한 불신임 의결은 의장으로서의 권한을 박탈하는 행정처분의 일종으로서 항고소송의 대상이 된다(대법 1994. 10. 11. 94누23).

④ [○], 한국자산공사가 당해 부동산을 인터넷을 통하여 재공매(입찰)하기로 한 결정 자체는 내부적인 의사결정에 불과하여 항고소송의 대상이 되는 행정처분이라고 볼 수 없고, 또한 한국자산공사가 공매통지는 공매의 요건이 아니라 공매사실 자체를 체납자에게 알려주는 데 불과한 것으로서, 통지의 상대방의 법적 지위나 권리·의무에 직접 영향을 주는 것이 아니라고 할 것이므로 이것 역시 행정처분에 해당한다고 할 수 없다(대법 2007. 7. 27. 2006두8464).

⑤ [○], 금융기관의 임원에 대한 금융감독원장의 문책경고는 그 상대방에 대한 직업선택의 자유를 직접 제한하는 효과를 발생하게 하는 등 상대방의 권리의무에 직접 영향을 미치는 행위로서 항고소송의 대상이 되는 행정처분에 해당한다고 한 사례(대법 2005. 2. 17. 2003두14765). ★★★

정답 ③

<행정소송: 처분>

문 8.

(2014 변시3회, 38번)

판례에 의할 때, 항고소송 또는 헌법소원의 대상으로 인정된 경우를 각각 바르게 고른 것은?

ㄱ. 여신전문금융회사의 임원에 대한 금융감독원장의 문책경고

ㄴ. 서울특별시 선거관리위원회위원장이 발송한 '선거법위반행위에 대한 중지촉구' 공문이 그 형식에 있어서 '안내' 또는 '협조요청'이라는 표현을 사용하고, 甲이 계획하는 행위가 「공직선거 및 선거부정방지법」에 위반된다는 현재의 법적 상황에 대한 행정청의 의견을 표명하면서, 甲이 위 법에 위반되는 행위를 하는 경우 취할 수 있는 조치를 취할 것을 통고하는 내용을 담고 있는 경우, 위 선거법위반행위에 대한 중지촉구 공문

ㄷ. 구치소장이 미결수용자로 하여금 수용시는 물론 수사 및 재판을 받을 때에도 재소자용 의류를 입게 한 행위

ㄹ. 「민주화운동관련자 명예회복 및 보상 등에 관한 법률」의 관련자 등으로서 보상금 등을 지급받고자 하는 신청에 대하여 '민주화운동관련자 명예회복 및 보상심의위원회'가 관련자 해당요건의 전부 또는 일부를 인정하지 아니하여 보상금 등의 지급을 기각하는 결정

ㅁ. 원처분인 의약품제조품목허가처분에 대하여 제3자가 행정심판을 청구하여 재결청이 원처분을 취소하는 형성재결을 하여 확정된 후, 처분청이 다시 원처분을 취소하는 행위

	항고소송	헌법소원
①	ㄱ, ㄹ	ㄴ, ㄷ
②	ㄱ, ㄹ	ㄷ
③	ㅁ	ㄴ
④	ㄱ	ㄴ, ㄷ
⑤	ㄹ, ㅁ	ㄷ

해설

ㄱ. (항고소송의 대상) 금융기관의 임원에 대한 금융감독원장의 문책경고는 그 상대방에 대한 직업선택의 자유를 직접 제한하는 효과를 발생하게 하는 등 상대방의 권리의무에 직접 영향을 미치는 행위로서 항고소송의 대상이 되는 행정처분에 해당한다고 한 사례(대법 2005. 2. 17. 2003두14765). ★★★

ㄴ. (헌법소원의 대상 아님) 피청구인이 2002. 2. 1. 발송한 '선거법위반행위에 대한 중지촉구' 공문은 그 형식에 있어서 '안내' 또는 '협조요청'이라는 표현을 사용하고 있으며, 또한 그 내용에 있어서도 청구인이 계획하는 행위가 공선법에 위반된다는, 현재의 법적 상황에 대한 행정청의 의견을 단지 표명하면서, 청구인이 공선법에 위반되는 행위를 하는 경우 피청구인이 취할 수 있는 조치를 통고하고 있을 뿐이다. 따라서 피청구인의 2002. 2. 1.자 '중지촉구' 공문은 국민에 대하여 직접적인 법률효과를 발생시키지 않는 단순한 권고적, 비권력적 행위로서, 헌법소원의 심판대상이 될 수 있는 '공권력의 행사'에 해당하지 않으므로, '선거법위반행위에 대한 중지촉구'에 대한 이 사건 심판청구는 부적법하다(헌재 2003. 2. 27. 2002헌마106 전원재판부).

ㄷ. (헌법소원의 대상) 행형법 제6조의 청원제도는 그 처리기관이나 절차 및 효력면에서 권리구제절차로서는 불충분하고 우회적인 제도이므로 헌법소원에 앞서 반드시 거쳐야 하는 사전구제절차라고 보기는 어렵고, 미결수용자에 대하여 재소자용 의류를 입게 한 행위는 이미 종료된 권력적 사실행위로서 행정심판이나 행정소송의 대상으로 인정되기 어려울 분만 아니라 소의 이익이 부정될 가능성이 많아 헌법소원심판을 청구하는 외에 달리 효과적인 구제방법이 없으므로 보충성의 원칙에 대한 예외에 해당한다.(헌재 1999. 5. 27. 97헌마137).

ㄹ. (항고소송의 대상) '민주화운동관련자 명예회복 및 보상 등에 관한 법률' 제2조 제1호, 제2호 본문, 제4조, 제10조, 제11조, 제13조 규정들의 취지와 내용에 비추어 보면, 같은 법 제2조 제2호 각 목은 민주화운동과 관련한 피해 유형을 추상적으로 규정한 것에 불과하여 제2조 제1호에서 정의하고 있는 민주화운동의 내용을 함께 고려하더라도 그 규정들만으로는 바로 법상의 보상금 등의 지급 대상자가 확정된다고 볼 수 없고, '민주화운동관련자 명예회복 및 보상 심의위원회'에서 심의·결정을 받아야만 비로소 보상금 등의 지급 대상자로 확정될 수 있다. 따라서 그와 같은 심의위원회의 결정은 국민의 권리의무에 직접 영향을 미치는 행정처분에 해당하므로, 관련자 등으로서 보상금 등을 지급받고자 하는 신청에 대하여 심의위원회가 관련자 해당요건의 전부 또는 일부를 인정하지 아니하여 보상금 등의 지급을 기각하는 결정을 한 경우에는 신청인은 심의위원회를 상대로 그 결정의 취소를 구하는 소송을 제기하여 보상금 등의 지급대상자가 될 수 있다(대법 2008. 4. 17. 2005두16185 전원합의체). ★★

ㅁ. (항고소송의 대상 아님) 행정심판법 제32조 제3항에 의하면 재결청은 취소심판의 청구가 이유있다고 인정할 때에는 처분을 취소·변경하거나 처분청에게 취소·변경할 것을 명한다고 규정하고 있으므로, 행정심판 재결의 내용이 처분청에게 처분의 취소를 명하는 것이 아니라 재결청이 스스로 처분을 취소하는 것일 때에는 그 재결의 형성력에 의하여 당해 처분은 별도의 행정처분을 기다릴 것 없이 당연히 취소되어 소멸되는 것이다(대법 1998. 4. 24. 97누17131). ★★★

정답 ②

<행정소송: 처분>

문 9.

(2012 변시1회, 25번)

항고소송의 대상이 되는 것을 모두 고른 것은? (다툼이 있는 경우 판례에 의함)

ㄱ. 관리청이 국유재산법에 따라 행정재산의 무단점유자에 대하여 변상금을 부과하는 행위
ㄴ. 건축물대장 소관 행정청이 건축물대장의 용도변경신청을 거부하는 행위
ㄷ. 건축물대장 소관 행정청이 건축물에 관한 건축물대장을 직권말소한 행위
ㄹ. 과세관청이 행한 국세환급금결정 또는 이 결정을 구하는 신청에 대한 환급거부결정
ㅁ. 국가인권위원회가 성희롱 행위자로 결정된 자에 대하여 한 성희롱결정과 이에 따른 시정조치의 권고

① ㄱ, ㄷ
② ㄱ, ㄴ, ㅁ
③ ㄴ, ㄷ, ㄹ
④ ㄱ, ㄴ, ㄷ, ㅁ
⑤ ㄱ, ㄴ, ㄷ, ㄹ, ㅁ

해설

ㄱ. [○], 국유재산법 제51조 제1항은 국유재산의 무단점유자에 대하여는 대부 또는 사용, 수익허가 등을 받은 경우에 납부하여야 할 대부료 또는 사용료 상당액 외에도 그 징벌적 의미에서

국가측이 일방적으로 그 2할 상당액을 추가하여 변상금을 징수토록 하고 있으며 동조 제2항은 변상금의 체납시 국세징수법에 의하여 강제징수토록 하고 있는 점 등에 비추어 보면 국유재산의 관리청이 그 무단점유자에 대하여 하는 변상금부과처분은 순전히 사경제 주체로서 행하는 사법상의 법률행위라 할 수 없고 이는 관리청이 공권력을 가진 우월적 지위에서 행한 것으로서 행정소송의 대상이 되는 행정처분이라고 보아야 한다(대법 1998. 2. 23. 87누1046).

ㄴ. [○], 구 건축법(2005. 11. 8. 법률 제7696호로 개정되기 전의 것) 제14조 제4항의 규정은 건축물의 소유자에게 건축물대장의 용도변경신청권을 부여한 것이고, 한편 건축물의 용도는 토지의 지목에 대응하는 것으로서 건물의 이용에 대한 공법상의 규제, 건축법상의 시정명령, 지방세 등의 과세대상 등 공법상 법률관계에 영향을 미치고, 건물소유자는 용도를 토대로 건물의 사용·수익·처분에 일정한 영향을 받게 된다. 이러한 점 등을 고려해 보면, 건축물대장의 용도는 건축물의 소유권을 제대로 행사하기 위한 전제요건으로서 건축물 소유자의 실체적 권리관계에 밀접하게 관련되어 있으므로, 건축물대장 소관청의 용도변경신청 거부행위는 국민의 권리관계에 영향을 미치는 것으로서 항고소송의 대상이 되는 행정처분에 해당한다(대법 2009. 1. 30. 2007두7277). ★★

ㄷ. [○], 건축물대장은 건축물에 대한 공법상의 규제, 지방세의 과세대상, 손실보상가액의 산정 등 건축행정의 기초자료로서 공법상의 법률관계에 영향을 미칠 분만 아니라, 건축물에 관한 소유권보존등기 또는 소유권이전등기를 신청하려면 이를 등기소에 제출하여야 하는 점 등을 종합해 보면, 건축물대장은 건축물의 소유권을 제대로 행사하기 위한 전제요건으로서 건축물 소유자의 실체적 권리관계에 밀접하게 관련되어 있으므로, 이러한 건축물대장을 직권말소한 행위는 국민의 권리관계에 영향을 미치는 것으로서 항고소송의 대상이 되는 행정처분에 해당한다(대법 2010. 5. 27. 2008두22655).

ㄹ. [×], 구 국세기본법(2006.12.30.법률 제8139호로 개정되기 전의 것)제51조의 오납액과 초과납부액은 조세채무가 처음부터 존재하지 않거나 그 후 소멸되었음에도 불구하고 국가가 법률상 원인 없이 수령하거나 보유하고 있는 부당이득에 해당하고, 그 국세환급금결정에 관한 규정은 이미 납세의무자의 환급청구권이 확정된 국세환급금에 대하여 내부적 사무처리절차로서 과세관청의 환급절차를 규정한 것에 지나지 않고 위 규정에 의한 국세환급금결정에 의하여 비로소 환급청구권이 확정되는 것은 아니므로, 위 국세환급금결정이나 이 결정을 구하는 신청에 대한 환급거부결정은 납세의무자가 갖는 환급청구권의 존부나 범위에 구체적이고 직접적인 영향을 미치는 처분이 아니어서 항고소송의 대상이 되는 처분이라고 볼 수 없다(대법 2009. 11. 26. 2007두4018).

ㅁ. [○], 구 남녀차별금지및구제에관한법률(2003. 5. 29. 법률 제6915호로 개정되기 전의 것) 제28조에 의하면, 국가인권위원회의 성희롱결정과 이에 따른 시정조치의 권고는 불가분의 일체로 행하여지는 것인데 국가인권위원회의 이러한 결정과 시정조치의 권고는 성희롱 행위자로 결정된 자의 인격권에 영향을 미침과 동시에 공공기관의 장 또는 사용자에게 일정한 법률상의 의무를 부담시키는 것이므로 국가인권위원회의 성희롱결정 및 시정조치권고는 행정소송의 대상이 되는 행정처분에 해당한다고 보지 않을 수 없다(대법 2005. 7. 8. 2005두487). ★★

정답 ④

<행정소송: 처분 사례복합>

문 10.

(2022 변시11회 39번)

甲은 乙을 명예훼손 등 혐의로 고소하였다. 검사 丙은 乙에 대하여 불기소결정을 하였으나, 甲에게 그 결과를 통지하지 않았다. 甲은 대검찰청에 丙이 자신의 고소사건 처리를 태만히 하고 있으니 징계하여 달라는 진정서를 제출하였다. 이에 검찰총장은 丙이 직무를 태만히 하여 甲에게 「형사소송법」에 의한 처분결과를 통지하지 아니한 잘못이 있으나 그 정도가 중하지 않으므로 「검사징계법」상 징계사유에는 해당하지 않는다고 판단하였다. 그러나 장래에 동일한 잘못을 되풀이 하지 않도록 엄중히 경고할 필요가 있다고 판단하여, 丙에 대하여 대검찰청 내부규정에 근거하여 경고조치를 하였다. 이에 관한 설명 중 옳지 <u>않은</u> 것을 모두 고른 것은? (다툼이 있는 경우 판례에 의함)

ㄱ. 丙의 불기소결정은 고소사건에 관하여 공권력의 행사인 공소제기를 거부하는 거부처분에 해당하므로, 甲은 취소소송을 제기하는 방식으로 불복할 수 있다.
ㄴ. 丙이 불기소결정을 하면서 甲에게 「형사소송법」에 의한 처분결과 통지를 하지 않음으로써 행정청의 의사가 외부에 표시되지 아니하여 아직 거부처분이 성립하였다고 볼 수 없으므로, 甲은 부작위위법확인소송을 제기하는 방식으로 불복할 수 있다.
ㄷ. 대검찰청 내부규정에서 검찰총장의 경고조치를 받은 검사에 대하여 직무성과급 지급이나 승진·전보인사에서 불이익을 주도록 규정하고 있다면, 丙은 검찰총장의 경고조치에 대하여 취소소송을 제기하는 방식으로 불복할 수 있다.
ㄹ. 丙의 직무상 의무 위반의 정도가 중하지 않아 「검사징계법」상 징계사유에 해당하지 않는데도 검찰총장이 대검찰청 내부규정에 근거하여 경고조치를 한 것은 법률유보원칙에 반하므로 허용될 수 없다.

① ㄱ, ㄴ　② ㄱ, ㄹ
③ ㄴ, ㄷ　④ ㄷ, ㄹ
⑤ ㄱ, ㄴ, ㄹ

해설

ㄱ. [×], 행정소송법상 거부처분 취소소송의 대상인 '거부처분'이란 '행정청이 행하는 구체적 사실에 관한 법집행으로서의 공권력의 행사 또는 이에 준하는 행정작용', 즉 적극적 처분의 발급을 구하는 신청에 대하여 그에 따른 행위를 하지 않았다고 거부하는 행위를 말하고, 부작위위법확인소송의 대상인 '부작위'란 '행정청이 당사자의 신청에 대하여 상당한 기간 내에 일정한 처분

을 하여야 할 법률상 의무가 있음에도 불구하고 이를 하지 아니하는 것'을 말한다(제2조 제1항 제1호, 제2호). 여기에서 '처분'이란 행정소송법상 항고소송의 대상이 되는 처분을 의미하는 것으로서, 행정소송법 제2조의 처분의 개념 정의에는 해당한다고 하더라도 그 처분의 근거 법률에서 행정소송 이외의 다른 절차에 의하여 불복할 것을 예정하고 있는 처분은 항고소송의 대상이 될 수 없다. 검사의 불기소결정에 대해서는 검찰청법에 의한 항고와 재항고, 형사소송법에 의한 재정신청에 의해서만 불복할 수 있는 것이므로, 이에 대해서는 행정소송법상 항고소송을 제기할 수 없다(대법 2018. 9. 28. 2017두47465).

ㄴ. [×], 행정소송법상 거부처분 취소소송의 대상인 '거부처분'이란 '행정청이 행하는 구체적 사실에 관한 법집행으로서의 공권력의 행사 또는 이에 준하는 행정작용', 즉 적극적 처분의 발급을 구하는 신청에 대하여 그에 따른 행위를 하지 않았다고 거부하는 행위를 말하고, 부작위위법확인소송의 대상인 '부작위'란 '행정청이 당사자의 신청에 대하여 상당한 기간 내에 일정한 처분을 하여야 할 법률상 의무가 있음에도 불구하고 이를 하지 아니하는 것'을 말한다(제2조 제1항 제1호, 제2호). 여기에서 '처분'이란 행정소송법상 항고소송의 대상이 되는 처분을 의미하는 것으로서, 행정소송법 제2조의 처분의 개념 정의에는 해당한다고 하더라도 그 처분의 근거 법률에서 행정소송 이외의 다른 절차에 의하여 불복할 것을 예정하고 있는 처분은 항고소송의 대상이 될 수 없다. 검사의 불기소결정에 대해서는 검찰청법에 의한 항고와 재항고, 형사소송법에 의한 재정신청에 의해서만 불복할 수 있는 것이므로, 이에 대해서는 행정소송법상 항고소송을 제기할 수 없다(대법 2018. 9. 28. 2017두47465).

ㄷ. [○], 검사에 대한 경고조치 관련 규정을 위 법리에 비추어 살펴보면, 검찰총장이 사무검사 및 사건평정을 기초로 대검찰청 자체감사규정 제23조 제3항, 검찰공무원의 범죄 및 비위 처리지침 제4조 제2항 제2호 등에 근거하여 검사에 대하여 하는 '경고조치'는 일정한 서식에 따라 검사에게 개별 통지를 하고 이의신청을 할 수 있으며, 검사가 검찰총장의 경고를 받으면 1년 이상 감찰관리 대상자로 선정되어 특별관리를 받을 수 있고, 경고를 받은 사실이 인사자료로 활용되어 복무평정, 직무성과금 지급, 승진 · 전보인사에서도 불이익을 받게 될 가능성이 높아지며, 향후 다른 징계사유로 징계처분을 받게 될 경우에 징계양정에서 불이익을 받게 될 가능성이 높아지므로, 검사의 권리 의무에 영향을 미치는 행위로서 항고소송의 대상이 되는 처분이라고 보아야 한다(대법 2021. 2. 10. 2020두47564).

ㄹ. [×], 검찰청법 제7조 제1항, 제12조 제2항, 검사징계법 제2조, 제3조 제1항, 제7조 제1항, 대검찰청 자체감사규정 제23조 제2항, 제3항, 사건평정기준 제2조 제1항 제2호, 제5조, 검찰공무원의 범죄 및 비위 처리지침 제4조 제2항 제2호, 제3항 [별표 1] 징계양정기준, 제4항, 제5항 등 관련 규정들의 내용과 체계 등을 종합하여 보면, 검찰총장의 경고처분은 검사징계법에 따른 징계처분이 아니라 검찰청법 제7조 제1항, 제12조 제2항에 근거하여 검사에 대한 직무감독권을 행사하는 작용에 해당하므로, 검사의 직무상 의무 위반의 정도가 중하지 않아 검사징계법에 따른 '징계사유'에는 해당하지 않더라도 징계처분보다 낮은 수준의 감독조치로서 '경고처분'을 할 수 있고, 법원은 그것이 직무감독권자에게 주어진 재량권을 일탈 · 남용한 것이라는 특별한 사정이 없는 한 이를 존중하는 것이 바람직하다(대법 2021. 2. 10. 2020두47564).

정답 ⑤

<행정소송: 처분복합(입주계약변경취소의 처분성)>

문 11.

(2022 변시11회, 25번)

甲은 「산업집적활성화 및 공장설립에 관한 법률」(이하 '법'이라 함)에 따라 산업단지관리공단과 A시 소재 산업단지 입주계약을 체결하였으나, 이후 산업단지관리공단은 甲의 계약위반을 이유로 입주계약을 해지하였다. 이에 관한 설명 중 옳은 것은? (다툼이 있는 경우 판례에 의함)

> **【참고】 법**(현행법을 사례에 맞게 단순화하였음)
> **제42조(입주계약의 해지 등)** ① 산업단지관리공단은 입주기업체가 입주계약을 위반한 경우에는 그 입주계약을 해지할 수 있다.
> **제43조(입주계약 해지 후의 재산처분 등)** ① 제42조제1항에 따라 입주계약이 해지된 자는 그가 소유하는 산업용지 및 공장등을 산업통상자원부령으로 정하는 기간에 처분하여야 한다.
> **제55조(과태료)** ① 시장·군수·구청장은 제43조제1항에 따른 기간에 산업용지 또는 공장등을 양도하지 아니한 자에게는 500만원 이하의 과태료를 부과한다.

① 甲이 산업단지관리공단을 상대로 입주계약의 해지를 다투려면 당사자소송에 의하여야 한다.

② 산업단지관리공단이 甲에 대하여 입주계약을 해지하는 경우, 법에 특별한 규정이 없다면 「행정절차법」의 적용을 받지 않는다.

③ 산업단지관리공단이 甲에 대하여 입주계약을 해지하는 경우, 해지하여야 할 공익상의 필요와 해지로 인한 甲의 기득권, 신뢰보호 및 법률생활 안정의 침해 등 불이익에 대한 이익형량이 요구된다.

④ 甲이 입주계약의 해지에 대하여 행정소송으로 다투고 있는 중에는 산업단지관리공단은 입주계약의 해지를 직권으로 취소할 수 없다.

⑤ 甲이 일정기간 산업용지를 양도하지 않자 관할 A시장이 甲에게 과태료를 부과한 경우, 甲은 과태료부과처분 취소소송을 통해 다툴 수 있다.

해설

① [×], 구 산업집적활성화 및 공장설립에 관한 법률(2013. 3. 23. 법률 제11690호로 개정되기 전의 것) 제13조 제1항, 제2항 제2호, 제30조 제1항 제2호, 제2항 제3호, 제38조 제1항, 제2항, 제40조, 제40조의2, 제42조 제1항 제4호, 제5호, 제2항, 제5항, 제43조, 제43조의3, 제52조 제2항 제5호, 제6호, 제53조 제4호, 제55조 제1항 제4호, 제2항 제9호 규정들에서 알 수 있는 산업단지관리공단의 지위, 입주계약 및 변경계약의 효과, 입주계약 및 변경계약 체결 의무와 그 의무를 불이행한 경우의 형사적 내지 행정적 제재, 입주계약해지의 절차, 해지통보에 수반되는 법적 의무 및 그 의무를 불이행한 경우의 형사적 내지 행정적 제재 등을 종합적으로 고려하면, 입주변경계약 취소는 행정청인 관리권자로부터 관리업무를 위탁받은 산업단지관리공단이 우월적 지위에서 입주기업체들에게 일정한 법률상 효과를 발생하게 하는 것으로서 항고소송의 대상이 되는 행정처분에 해당한다(대법 2017. 6. 15. 2014두46843).

② [×], 입주변경계약 취소는 행정청인 관리권자로부터 관리업무를 위탁받은 산업단지관리공단이 우월적 지위에서 입주기업체들에게 일정한 법률상 효과를 발생하게 하는 것으로서 항고소송의 대상이 되는 행정처분에 해당한다(대법 2017. 6. 15. 2014두46843).

행정절차법 제3조(적용 범위) ① 처분, 신고, 행정상 입법예고, 행정예고 및 행정지도의 절차(이하 "행정절차"라 한다)에 관하여 다른 법률에 특별한 규정이 있는 경우를 제외하고는 이 법에서 정하는 바에 따른다.

③ [○], 일정한 행정처분으로 국민이 일정한 이익과 권리를 취득하였을 경우에 종전 행정처분에 하자가 있음을 전제로 직권으로 이를 취소하는 행정처분은 이미 취득한 국민의 기존 이익과 권리를 박탈하는 별개의 행정처분으로, 취소될 행정처분에 하자가 있어야 하고, 나아가 행정처분에 하자가 있다고 하더라도 취소해야 할 공익상 필요와 취소로 당사자가 입게 될 기득권과 신뢰보호 및 법률생활 안정의 침해 등 불이익을 비교·교량한 후 공익상 필요가 당사자가 입을 불이익을 정당화할 만큼 강한 경우에 한하여 취소할 수 있는 것이며, 하자나 취소해야 할 필요성에 관한 증명책임은 기존 이익과 권리를 침해하는 처분을 한 행정청에 있다. 이러한 신뢰보호와 이익형량의 취지는 구 산업집적활성화 및 공장설립에 관한 법률(2013. 3. 23. 법률 제11690호로 개정되기 전의 것)에 따른 입주계약 또는 변경계약을 취소하는 경우에도 마찬가지로 적용될 수 있다(대법 2017. 6. 15. 2014두46843).

④ [×], 변상금 부과처분에 대한 취소소송이 진행중이라도 그 부과권자로서는 위법한 처분을 스스로 취소하고 그 하자를 보완하여 다시 적법한 부과처분을 할 수도 있는 것이어서 그 권리행사에 법률상의 장애사유가 있는 경우에 해당한다고 할 수 없으므로, 그 처분에 대한 취소소송이 진행되는 동안에도 그 부과권의 소멸시효가 진행된다고 할 것이다(대법 1988. 2. 23. 85누688, 대법 1988. 3. 22. 86누269).

⑤ [×], 질서위반행위규제법 제28조(준용규정) 「비송사건절차법」 제2조부터 제4조까지, 제6조, 제7조, 제10조(인증과 감정을 제외한다) 및 제24조부터 제26조까지의 규정은 이 법에 따른 과태료 재판(이하 "과태료 재판"이라 한다)에 준용한다.

정답 ③

<행정소송: 이의신청(항고소송대상성)>

문 12.

(2020 변시9회, 26번)

이의신청에 관한 설명 중 옳지 않은 것은? (다툼이 있는 경우 판례에 의함)

① 「국가유공자 등 예우 및 지원에 관한 법률」은 국가유공자 등록신청을 거부한 경우 신청대상자가 이의신청을 제기할 수 있도록 규정하고 있는데, 행정청이 그 이의신청을 받아들이지 아니하는 내용의 결정을 한 경우 그 결정은 원결정과 별개로 항고소송의 대상이 되지 않는다.

② 「국세기본법」의 관련규정들의 취지에 비추어 볼 때 동일 사항에 관하여 특별한 사유 없이 종전 처분에 대한 취소를 번복하고 다시 종전 처분을 되풀이할 수는 없는 것이므로, 과세처분에 관한 이의신청 절차에서 과세관청이 과세처분을 직권으로 취소한 이상 그 후 특별한 사유 없이 이를 번복하고 종전 처분을 되풀이하는 것은 허용되지 않는다.

③ 도로점용료 부과처분에 대한 「지방자치법」상의 이의신청은 행정심판과는 구별되는 제도이므로, 이의신청을 제기해야 할 사람이 처분청에 표제를 '행정심판청구서'로 한 서류를 제출한 경우 이를 처분에 대한 이의신청으로 볼 수 없다.

④ 「감염병의 예방 및 관리에 관한 법률」상 예방접종 피해보상 거부처분에 대하여 법령의 규정 없이 제기한 이의신청은 행정심판으로 볼 수 없으므로, 그 거부처분에 대한 신청인의 이의신청에 대해 기각결정이 내려진 경우에는 그 기각결정을 새로운 거부처분으로 본다.

⑤ 개별공시지가에 대하여 「부동산 가격공시에 관한 법률」에 따른 이의신청을 하여 그 결과 통지를 받은 후 다시 행정심판을 거친 경우 행정소송의 제소기간은 그 행정심판 재결서 정본을 송달받은 날부터 기산한다.

해설

① [○], 국가유공자 비해당결정 등 원결정에 대한 이의신청이 받아들여지지 아니한 경우에도 이의신청인으로서는 원결정을 대상으로 항고소송을 제기하여야 할 것이고, 국가유공자법 제74조

의18 제4항이 이의신청을 하여 그 결과를 통보받은 날부터 90일 이내에 행정심판법에 따른 행정심판의 청구를 허용하고 있고, 행정소송법 제18조 제1항 본문이 "취소소송은 법령의 규정에 의하여 당해 처분에 대한 행정심판을 제기할 수 있는 경우에도 이를 거치지 아니하고 제기할 수 있다."라고 규정하고 있는 점 등을 종합하여 보면, 이의신청을 받아들이지 아니하는 결과를 통보받은 자는 그 통보받은 날부터 90일 이내에 행정심판법에 따른 행정심판 또는 행정소송법에 따른 취소소송을 제기할 수 있다고 보아야 한다(대법 2016. 7. 27. 2015두45953).

② [○], 과세처분에 관한 불복절차과정에서 과세관청이 그 불복사유가 옳다고 인정하고 이에 따라 필요한 처분을 하였을 경우에는, 불복제도와 이에 따른 시정방법을 인정하고 있는 구 국세기본법(2007. 12. 31. 법률 제8830호로 개정되기 전의 것) 제55조 제1항, 제3항 등 규정들의 취지에 비추어 동일 사항에 관하여 특별한 사유 없이 이를 번복하고 다시 종전의 처분을 되풀이 할 수는 없는 것이므로, 과세처분에 관한 이의신청절차에서 과세관청이 이의신청 사유가 옳다고 인정하여 과세처분을 직권으로 취소한 이상 그 후 특별한 사유 없이 이를 번복하고 종전 처분을 되풀이하는 것은 허용되지 않는다(대법 2010. 9. 30. 2009두1020).

③ [×], 지방자치법 제140조 제3항에서 정한 이의신청은 행정청의 위법·부당한 처분에 대하여 행정기관이 심판하는 행정심판과는 구별되는 별개의 제도이나, 이의신청과 행정심판은 모두 본질에 있어 행정처분으로 인하여 권리나 이익을 침해당한 상대방의 권리구제에 목적이 있고, 행정소송에 앞서 먼저 행정기관의 판단을 받는 데에 목적을 둔 엄격한 형식을 요하지 않는 서면행위이므로, 이의신청을 제기해야 할 사람이 처분청에 표제를 '행정심판청구서'로 한 서류를 제출한 경우라 할지라도 서류의 내용에 이의신청 요건에 맞는 불복취지와 사유가 충분히 기재되어 있다면 표제에도 불구하고 이를 처분에 대한 이의신청으로 볼 수 있다(대법 2012. 3. 29. 2011두26866).

④ [○], 원고가 제1차 거부통보에 대하여 이의신청 형식으로 불복하였고 제2차 거부통보의 결론이 제1차 거부통보와 같다고 하더라도, 제2차 거부통보는 실질적으로 새로운 처분에 해당하여 독립한 행정처분으로서 항고소송의 대상이 된다고 볼 수 있다(대법 2019. 4. 3. 2017두52764).

⑤ [○], 부동산 가격공시 및 감정평가에 관한 법률 제12조, 행정소송법 제20조 제1항, 행정심판법 제3조 제1항의 규정 내용 및 취지와 아울러 부동산 가격공시 및 감정평가에 관한 법률에 행정심판의 제기를 배제하는 명시적인 규정이 없고 부동산 가격공시 및 감정평가에 관한 법률에 따른 이의신청과 행정심판은 그 절차 및 담당 기관에 차이가 있는 점을 종합하면, 부동산 가격공시 및 감정평가에 관한 법률이 이의신청에 관하여 규정하고 있다고 하여 이를 행정심판법 제3조 제1항에서 행정심판의 제기를 배제하는 '다른 법률에 특별한 규정이 있는 경우'에 해당한다고 볼 수 없으므로, 개별공시지가에 대하여 이의가 있는 자는 곧바로 행정소송을 제기하거나 부동산 가격공시 및 감정평가에 관한 법률에 따른 이의신청과 행정심판법에 따른 행정심판청구 중 어느 하나만을 거쳐 행정소송을 제기할 수 있을 뿐 아니라, 이의신청을 하여 그 결과통지를 받은 후 다시 행정심판을 거쳐 행정소송을 제기할 수도 있다고 보아야 하고, 이 경우 행정소송의 제소기간은 그 행정심판 재결서 정본을 송달받은 날부터 기산한다(대법 2010. 1. 28. 2008두19987).

정답 ③

<행정소송: 거부처분>

문 13.

(2019 변시8회, 40번)

「행정소송법」상 거부처분에 관한 설명 중 옳지 <u>않은</u> 것은? (다툼이 있는 경우 판례에 의함)

① 정보공개청구인이 전자적 형태의 정보를 정보통신망을 통하여 송신하는 방법으로 정보공개할 것을 청구하였으나, 공공기관이 대상정보를 공개하되 방문하여 수령하라고 결정하여 통지한 경우, 청구인에게 특정한 공개방법을 지정하여 정보공개를 청구할 수 있는 법령상 신청권이 있다고 볼 수는 없으므로, 이를 항고소송의 대상이 되는 거부처분이라 할 수 없다.

② 개발부담금을 부과할 때는 가능한 한 개발부담금 부과처분 후에 지출한 개발비용도 공제함이 마땅하므로, 이미 부과처분에 따라 납부한 개발부담금 중 부과처분 후 납부한 개발비용인 학교용지부담금에 해당하는 금액에 대하여는 조리상 그 취소나 변경 등 환급에 필요한 처분을 신청할 권리가 인정되므로, 그 환급신청 거절회신은 항고소송의 대상이 된다.

③ 중요무형문화재 보유자의 추가인정 여부는 행정청의 재량에 속하고, 특정 개인에게 자신을 보유자로 인정해 달라는 법규상 또는 조리상 신청권이 있다고 할 수 없어, 중요무형문화인 경기민요 보유자 추가인정 신청에 대한 거부는 항고소송의 대상이 되지 않는다.

④ 기간제로 임용되어 임용기간이 만료된 국·공립대학의 조교수에 대하여 재임용을 거부하는 취지의 임용기간만료 통지는 항고소송의 대상이 된다.

⑤ 업무상 재해를 당한 甲의 요양급여 신청에 대하여 근로복지공단이 요양승인 처분을 하면서 사업주를 乙주식회사로 보아 요양승인 사실을 통지하자, 乙주식회사가 甲이 자신의 근로자가 아니라고 주장하면서 근로복지공단에 사업주 변경을 신청하였으나 이를 거부하는 통지를 받은 경우, 근로복지공단의 결정에 따라 산업재해보상보험의 가입자지위가 발생하는 것이 아니므로 乙주식회사에게 법규상 또는 조리상 사업주 변경 신청권이 인정되지 않아, 위 거부통지는 항고소송의 대상이 되지 않는다.

해설

① [×], 구 공공기관의 정보공개에 관한 법률(2013.8.6.법률 제11991호로 개정되기 전의 것, 이하 '구 정보공개법'이라고 한다)은, 정보의 공개를 청구하는 이(이하 '청구인'이라고 한다)가 정보공개방법도 아울러 지정하여 정보공개를 청구할 수 있도록 하고 있고, 전자적 형태의 정보를 전자적으로 공개하여 줄 것을 요청한 경우에는 공공기관은 원칙적으로 요청에 응할 의무가 있고, 나아가 비전자적 형태의 정보에 관해서도 전자적 형태로 공개하여 줄 것을 요청하면 재량판단에 따라 전자적 형태로 변환하여 공개할 수 있도록 하고 있다.이는 정보의 효율적 활용을 도모하고 청구인의 편의를 제고함으로써 구 정보공개법의 목적인 국민의 알 권리를 충실하게 보장하려는 것이므로, 청구인에게는 특정한 공개방법을 지정하여 정보공개를 청구할 수 있는 법령상 신청권이 있다. 따라서 공공기관이 공개청구의 대상이 된 정보를 공개는 하되, 청구인이 신청한 공개방법 이외의 방법으로 공개하기로 하는 결정을 하였다면, 이는 정보공개청구 중 정보공개방법에 관한 부분에 대하여 일부 거부처분을 한 것이고, 청구인은 그에 대하여 항고소송으로 다툴 수 있다(대법 2016. 11. 10. 2016두44674). ★★

② [○], 개발부담금 제도는 사업시행자가 개발사업을 시행한 결과 개발대상 토지의 지가가 상승하여 정상지가상승분을 초과하는 개발이익이 생긴 경우에 이를 일부 환수함으로써 경제정의를 실현하고 토지에 대한 투기를 방지하여 토지의 효율적인 이용의 촉진을 도모하기 위한 제도이므로, 개발사업시행자에게 부과할 개발부담금 산정의 전제가 되는 개발이익을 산출할 때는 가능한 한 부과대상자가 현실적으로 얻게 되는 개발이익을 실제에 가깝도록 산정하여야 한다. 위 법리에 비추어 보면, 개발부담금을 부과할 때는 가능한 한 모든 개발비용을 공제함이 마땅하다. 개발공사를 위해 직접 투입되는 순공사비, 조사비, 설계비, 일반관리비 등은 통상 개발부담금의 원칙적인 부과 종료시점인 개발사업의 준공인가일 전에 지출되므로 준공인가일로부터 3개월 이내에 개발부담금을 부과하여도 개발비용으로 공제받는 데 특별한 문제가 없다.그 러나 분양계약 체결 후 납부절차를 밟도록 정하고 있는 학교용지부담금은 준공인가를 받은 후 분양계약이 장기간 지연되거나 분양이 이루어지지 않을 수도 있어 준공인가일로부터 3개월 이내에 납부되지 않을 가능성이 높다. 그럼에도 관련 법령이 일괄적으로 개발사업의 준공인가일로부터 3개월 이내에 개발부담금을 부과하도록 하면서 분양계약 후 실제 납부한 학교용지부담금에 한하여 개발비용으로 공제받을 수 있도록 정하고 있는 바람에, 개발사업에 따른 분양계약이 준공인가일로부터 2개월이 지나 체결된 경우에는 그로부터 1개월 이내에 학교용지부담금 납부절차가 마쳐지지 않아 개발부담금 부과처분 시 학교용지부담금이 공제되지 않을 가능성이 높고, 급기야 준공인가일로부터 3개월 후에 체결된 경우에는 학교용지부담금이 공제될 여지가 아예 없다. 이러한 경우 개발부담금 부과처분 후에 학교용지부담금을 납부한 개발사업시행자는 마땅히 공제받아야 할 개발비용을 전혀 공제받지 못하는 법률상 불이익을 입게 될 수 있는데도 구 개발이익 환수에 관한 법률(2014.1.14.법률 제12245호로 개정되기 전의 것), 같은 법 시행령(2014.7.14.대통령령 제25452호로 개정되기 전의 것)은 불복방법에 관하여 아무런 규정을 두지 않고 있다. 위와 같은 사정을 앞서 본 법리에 비추어 보면, 개발사업시행자가 납부한 개발부담금 중 부과처분 후에 납부한 학교용지부담금에 해당하는 금액에 대하여는 조리상 개발부담금 부과처분의 취소나 변경

등 개발부담금의 환급에 필요한 처분을 신청할 권리를 인정함이 타당하다(대법 2016. 1. 28. 2013두2938).

③ [○], 중요무형문화재 보유자의 추가인정에 관한 구 문화재보호법(2014. 1. 28. 법률 제12352호로 개정되기 전의 것, 이하 같다) 제24조 제1항, 제2항, 제3항, 제5항, 구 문화재보호법 시행령(2014. 12. 23. 대통령령 제25873호로 개정되기 전의 것, 이하 같다) 제12조 제1항 제1호, 제2항, 제3항 등의 내용에 의하면, 중요무형문화재 보유자의 추가인정 여부는 문화재청장의 재량에 속하고, 특정 개인이 자신을 보유자로 인정해 달라고 신청할 수 있다는 근거 규정을 별도로 두고 있지 아니하므로 법규상으로 개인에게 신청권이 있다고 할 수 없다(대법 2015. 12. 10. 2013두20585).

④ [○], 기간제로 임용되어 임용기간이 만료된 국·공립대학의 조교수는 교원으로서의 능력과 자질에 관하여 합리적인 기준에 의한 공정한 심사를 받아 위 기준에 부합되면 특별한 사정이 없는 한 재임용되리라는 기대를 가지고 재임용 여부에 관하여 합리적인 기준에 의한 공정한 심사를 요구할 법규상 또는 조리상 신청권을 가진다고 할 것이니, 임용권자가 임용기간이 만료된 조교수에 대하여 재임용을 거부하는 취지로 한 임용기간만료의 통지는 위와 같은 대학교원의 법률관계에 영향을 주는 것으로서 행정소송의 대상이 되는 처분에 해당한다(대법 2004. 4. 22. 2000두7735 전원합의체). ★★★

⑤ [○], 업무상 재해를 당한 甲의 요양급여 신청에 대하여 근로복지공단이 요양승인 처분을 하면서 사업주를 乙 주식회사로 보아 요양승인 사실을 통지하자, 乙 회사가 甲이 자신의 근로자가 아니라고 주장하면서 사업주 변경신청을 하였으나 근로복지공단이 거부 통지를 한 사안에서, 산업재해보상보험법, 고용보험 및 산업재해보상보험의 보험료징수 등에 관한 법률 등 관련 법령은 사업주가 이미 발생한 업무상 재해와 관련하여 당시 재해근로자의 사용자가 자신이 아니라 제3자임을 근거로 사업주 변경신청을 할 수 있도록 하는 규정을 두고 있지 않으므로 법규상으로 신청권이 인정된다고 볼 수 없고, 산업재해보상보험에서 보험가입자인 사업주와 보험급여를 받을 근로자에 해당하는지는 해당 사실의 실질에 의하여 결정되는 것일 뿐이고 근로복지공단의 결정에 따라 보험가입자(당연가입자)지위가 발생하는 것은 아닌 점 등을 종합하면, 사업주 변경신청과 같은 내용의 조리상 신청권이 인정된다고 볼 수도 없으므로, 근로복지공단이 신청을 거부하였더라도 乙 회사의 권리나 법적 이익에 어떤 영향을 미치는 것은 아니어서, 위 통지는 항고소송의 대상이 되는 행정처분이 되지 않는다고 한 사례(대법 2016. 7. 14. 2014두47426).

정답 ①

<행정소송: 항고소송대상>

문 14.

(2018 변시7회, 34번)

「행정소송법」상 항고소송의 대상에 관한 설명 중 옳은 것(○)과 옳지 않은 것(×)을 올바르게 조합한 것은? (다툼이 있는 경우 판례에 의함)

ㄱ. 자동차운전면허대장에 일정한 사항을 등재하는 행위는 운전면허행정사무집행의 편의와 사실증명의 자료로 삼기 위한 것에 불과하고, 그 등재행위로 인하여 당해 운전면허 취득자에게 새로이 어떠한 권리가 부여되거나 변동 또는 상실되는 것은 아니므로, 소관청의 운전면허대장 등재행위는 항고소송의 대상이 되는 행정처분에 해당하지 아니한다.

ㄴ. 지목은 토지행정의 기초로서 공법상의 법률관계에 영향을 미치고, 토지소유자는 지목을 토대로 사용·수익·처분에 일정한 제한을 받게 되는 점 등을 고려하면, 소관청의 지목변경신청 반려행위는 국민의 권리관계에 영향을 미치는 것으로서 항고소송의 대상이 되는 행정처분에 해당한다.

ㄷ. 토지대장은 부동산등기부의 기초자료로서 토지대장에 기재된 일정한 사항을 변경하는 행위는 토지 소유권의 구체적 내용과 범위에 영향을 미치게 되므로, 소관청이 토지대장상의 소유자명의변경신청을 거부한 행위는 항고소송의 대상이 되는 행정처분에 해당한다.

ㄹ. 건축물대장의 용도는 건축물의 소유권을 제대로 행사하기 위한 전제요건으로서 건축물소유자의 실체적 권리관계에 밀접하게 관련되어 있으므로, 소관청이 건축물대장상의 용도변경신청을 거부한 행위는 국민의 권리관계에 영향을 미치는 것으로서 항고소송의 대상이 되는 행정처분에 해당한다.

① ㄱ(×), ㄴ(×), ㄷ(×), ㄹ(×)
② ㄱ(×), ㄴ(○), ㄷ(×), ㄹ(○)
③ ㄱ(○), ㄴ(×), ㄷ(×), ㄹ(×)
④ ㄱ(○), ㄴ(○), ㄷ(×), ㄹ(○)
⑤ ㄱ(○), ㄴ(○), ㄷ(○), ㄹ(○)

해설

ㄱ. [O], 자동차운전면허대장상 일정한 사항의 등재행위는 운전면허행정사무 집행의 편의와 사실증명의 자료로 삼기 위한 것일 뿐 그 등재행위로 인하여 당해 운전면허 취득자에게 새로이 어떠한 권리가 부여되거나 변동 또는 상실되는 효력이 발생하는 것은 아니므로 이는 행정소송의 대상이 되는 독립한 행정처분으로 볼 수 없고, 운전경력증명서상의 기재행위 역시 당해 운전면허취득자에 대한 자동차운전면허대장상의 기재사항을 옮겨 적는 것에 불과할 뿐이므로 운전경력증명서에 한 등재의 말소를 구하는 소는 부적법하다 할 것이다(대법 1991. 9. 24. 91누1400).

ㄴ. [O], 구 지적법(2001. 1. 26. 법률 제6389호로 전문 개정되기 전의 것) 제20조, 제38조 제2항의 규정은 토지소유자에게 지목변경신청권과 지목정정신청권을 부여한 것이고, 한편 지목은 토지에 대한 공법상의 규제, 개발부담금의 부과대상, 지방세의 과세대상, 공시지가의 산정, 손실보상가액의 산정 등 토지행정의 기초로서 공법상의 법률관계에 영향을 미치고, 토지소유자는 지목을 토대로 토지의 사용·수익·처분에 일정한 제한을 받게 되는 점 등을 고려하면, 지목은 토지소유권을 제대로 행사하기 위한 전제요건으로서 토지소유자의 실체적 권리관계에 밀접하게 관련되어 있으므로 지적공부 소관청의 지목변경신청 반려행위는 국민의 권리관계에 영향을 미치는 것으로서 항고소송의 대상이 되는 행정처분에 해당한다(대법 2004. 4. 22. 2003두9015 전원합의체).

ㄷ. [×], 토지대장에 기재된 일정한 사항을 변경하는 행위는, 그것이 지목의 변경이나 정정 등과 같이 토지소유권 행사의 전제요건으로서 토지소유자의 실체적 권리관계에 영향을 미치는 사항에 관한 것이 아닌 한 행정사무집행의 편의와 사실증명의 자료로 삼기 위한 것일 뿐이어서, 그 소유자 명의가 변경된다고 하여도 이로 인하여 당해 토지에 대한 실체상의 권리관계에 변동을 가져올 수 없고 토지 소유권이 지적공부의 기재만에 의하여 증명되는 것도 아니다(대법원 1984.4.24.선고 82누308 판결, 대법원 2002.4.26.선고 2000두7612 판결 등 참조). 따라서 소관청이 토지대장상의 소유자명의변경신청을 거부한 행위는 이를 항고소송의 대상이 되는 행정처분이라고 할 수 없다(대법 2012. 1. 12. 2010두12354).

ㄹ. [O], 구 건축법(2005. 11. 8. 법률 제7696호로 개정되기 전의 것) 제14조 제4항의 규정은 건축물의 소유자에게 건축물대장의 용도변경신청권을 부여한 것이고, 한편 건축물의 용도는 토지의 지목에 대응하는 것으로서 건물의 이용에 대한 공법상의 규제, 건축법상의 시정명령, 지방세 등의 과세대상 등 공법상 법률관계에 영향을 미치고, 건물소유자는 용도를 토대로 건물의 사용·수익·처분에 일정한 영향을 받게 된다. 이러한 점 등을 고려해 보면, 건축물대장의 용도는 건축물의 소유권을 제대로 행사하기 위한 전제요건으로서 건축물 소유자의 실체적 권리관계에 밀접하게 관련되어 있으므로, 건축물대장 소관청의 용도변경신청 거부행위는 국민의 권리관계에 영향을 미치는 것으로서 항고소송의 대상이 되는 행정처분에 해당한다(대법 2009. 1. 30. 2007두7277). ★★

정답 ④

<행정소송: 항고소송대상>

문 15.

(2020 변시9회, 18번)

항고소송의 대상에 관한 설명 중 옳은 것을 모두 고른 것은? (다툼이 있는 경우 판례에 의함)

ㄱ. 「교육공무원법」상 승진후보자 명부에 의한 승진심사 방식으로 행해지는 승진임용에서 승진후보자 명부에 포함되어 있던 후보자를 승진임용인사발령에서 제외하는 행위는 불이익처분으로서 항고소송의 대상인 처분에 해당한다.

ㄴ. 금융감독원장으로부터 문책경고를 받은 금융기관의 임원이 일정기간 금융업종 임원 선임의 자격제한을 받도록 관계법령에 규정되어 있어도, 그 문책경고는 그 상대방의 권리의무에 직접 영향을 미치는 행위라고 보기 어려우므로 행정처분에 해당하지 않는다.

ㄷ. 관할 지방병무청장이 병역의무 기피를 이유로 그 인적사항 등을 공개할 대상자를 1차로 결정하고 그에 이어 병무청장의 최종 공개결정이 있는 경우, 지방병무청장의 1차 공개결정은 병무청장의 최종 공개결정과는 별도로 항고소송의 대상이 된다.

ㄹ. 건축주가 토지소유자로부터 토지사용승낙서를 받아 그 토지 위에 건축물을 건축하는 건축허가를 받았다가 착공하기 전에 건축주의 귀책사유로 그 토지사용권을 상실한 경우 토지소유자는 건축허가의 철회를 신청할 수 있고, 그 신청을 거부한 행위는 항고소송의 대상이 된다.

① ㄹ
② ㄱ, ㄷ
③ ㄱ, ㄹ
④ ㄴ, ㄷ
⑤ ㄱ, ㄷ, ㄹ

해설

ㄱ. [○], 교육공무원의 임용권자는 결원된 직위의 3배수의 범위 안에 들어간 후보자들을 대상으로 순위가 높은 사람부터 차례로 승진임용 여부를 심사하여야 하고, 이에 따라 승진후보자 명부에 포함된 후보자는 임용권자로부터 정당한 심사를 받게 될 것에 관한 절차적 기대를 하게 된다. 그런데 임용권자 등이 자의적인 이유로 승진후보자 명부에 포함된 후보자를 승진임용에서 제외하는 처분을 한 경우에, 이러한 승진임용 제외처분을 항고소송의 대상이 되는 처분으로 보지 않는다면, 달리 이에 대하여는 불복하여 침해된 권리를 구제받을 방법이 없다. 따라서 교육공무원법상 승진후보자 명부에 의한 승진심사 방식으로 행해지는 승진임용에서 승진후보자 명부에 포함되어 있던 후보자를 승진임용 인사발령에서 제외하는 행위는 불이익처분으로서 항고소송의 대상인 처분에 해당한다고 보아야 한다(대법 2018. 3. 29. 2017두34162).

ㄴ. [×], 금융기관의 임원에 대한 금융감독원장의 문책경고는 그 상대방에 대한 직업선택의 자유를 직접 제한하는 효과를 발생하게 하는 등 상대방의 권리의무에 직접 영향을 미치는 행위로서 항고소송의 대상이 되는 행정처분에 해당한다고 한 사례(대법 2005. 2. 17. 2003두14765). ★★★

ㄷ. [×], ④ 관할 지방병무청장의 공개 대상자 결정의 경우 상대방에게 통보하는 등 외부에 표시하는 절차가 관계 법령에 규정되어 있지 않아, 행정실무상으로도 상대방에게 통보되지 않는 경우가 많다. 또한 관할 지방병무청장이 위원회의 심의를 거쳐 공개 대상자를 1차로 결정하기는 하지만, 병무청장에게 최종적으로 공개 여부를 결정할 권한이 있으므로, 관할 지방병무청장의 공개 대상자 결정은 병무청장의 최종적인 결정에 앞서 이루어지는 행정기관 내부의 중간적 결정에 불과하다. 가까운 시일 내에 최종적인 결정과 외부적인 표시가 예정된 상황에서, 외부에 표시되지 않은 행정기관 내부의 결정을 항고소송의 대상인 처분으로 보아야 할 필요성은 크지 않다. 관할 지방병무청장이 1차로 공개 대상자 결정을 하고, 그에 따라 병무청장이 같은 내용으로 최종적 공개결정을 하였다면, 공개 대상자는 병무청장의 최종적 공개결정만을 다투는 것으로 충분하고, 관할 지방병무청장의 공개 대상자 결정을 별도로 다툴 소의 이익은 없어진다(대법 2019. 6. 27. 2018두49130).

ㄹ. [○], 건축허가는 대물적 성질을 갖는 것이어서 행정청으로서는 허가를 할 때에 건축주 또는 토지 소유자가 누구인지 등 인적 요소에 관하여는 형식적 심사만 한다. 건축주가 토지 소유자로부터 토지사용승낙서를 받아 그 토지 위에 건축물을 건축하는 대물적(대물적) 성질의 건축허가를 받았다가 착공에 앞서 건축주의 귀책사유로 해당 토지를 사용할 권리를 상실한 경우, 건축허가의 존재로 말미암아 토지에 대한 소유권 행사에 지장을 받을 수 있는 토지 소유자로서는 건축허가의 철회를 신청할 수 있다고 보아야 한다. 따라서 토지 소유자의 위와 같은 신청을 거부한 행위는 항고소송의 대상이 된다(대법 2017. 3. 15. 2014두41190).

정답 ③

<행정소송: 재결>

문 16.

(2013 변시2회, 31번)

행정소송법상 재결에 대한 취소소송은 재결 자체에 고유한 위법이 있음을 이유로 하는 경우에 한한다(제19조 단서). '재결 자체에 고유한 위법'에 관한 다음 판례의 내용 중 옳지 않은 것은?

① 행정심판청구가 부적법하지 않음에도 각하한 재결은 심판청구인의 실체심리를 받을 권리를 박탈한 것으로서 재결에 고유한 하자가 있는 경우에 해당하여 재결 자체가 취소소송의 대상이 된다.

② 의약품제조품목허가처분에 대하여 원처분의 상대방이 아닌 제3자가 행정심판을 청구하여 재결청이 원처분을 취소하는 형성재결을 한 경우에 그 원처분의 상대방은 그 재결에 대하여 항고소송을 제기할 수밖에 없는데, 이 경우 위 재결은 원처분과 내용을 달리하는 것이어서 재결의 취소를 구하는 것은 원처분에 없는 재결 고유의 위법을 주장하는 것이 된다.

③ 행정청이 골프장 사업계획승인을 얻은 자의 사업시설 착공계획서를 수리한 것에 불복하여 인근 주민들이 그 수리처분의 취소를 구하는 행정심판을 청구한 것에 대하여, 재결청이 처분성의 결여를 이유로 위 취소심판청구를 부적법 각하하여야 함에도 불구하고 이를 각하하지 않고 심판청구를 인용하여 취소재결을 하였다면 재결 자체에 고유한 하자가 있는 것이다.

④ 재결 자체에 고유한 위법에는 재결 자체의 주체, 절차, 형식상의 위법뿐만 아니라 재결 자체의 내용상의 위법도 포함된다.

⑤ 공무원인 원고에 대한 감봉 1월의 징계처분을 관할 소청심사위원회가 견책으로 변경하는 소청결정을 내린 경우, 원고가 위 소청결정 중 견책에 처한 조치는 재량권의 일탈·남용이 있어 위법하다는 사유를 들어 다툰다면 이는 위 소청결정 자체에 고유한 위법이 있는 경우에 해당한다.

해설

① [○], ④ [○], 행정소송법 제19조에 의하면 행정심판에 대한 재결에 대하여도 그 재결 자체에 고유한 위법이 있음을 이유로 하는 경우에는 항고소송을 제기하여 그 취소를 구할 수 있고, 여기에서 말하는 '재결 자체에 고유한 위법'이란 그 재결자체에 주체, 절차, 형식 또는 내용상의 위법이 있는 경우를 의미하는데, 행정심판청구가 부적법하지 않음에도 각하한 재결은 심판청구인의 실체심리를 받을 권리를 박탈한 것으로서 원처분에 없는 고유한 하자가 있는 경우에 해당하고, 따라서 위 재결은 취소소송의 대상이 된다(대법 2001. 7. 27. 99두2970).

② [○], 당해 사안에서와 같이 원처분의 상대방이 아닌 제3자가 행정심판을 청구하여 재결청이 원처분을 취소하는 형성재결을 한 경우에 그 원처분의 상대방은 그 재결에 대하여 항고소송을 제기할 수밖에 없고, 이 경우 재결은 원처분과 내용을 달리 하는 것이어서 재결의 취소를 구하는 것은 원처분에 없는 재결 고유의 위법을 주장하는 것이 된다(대법 1998. 4. 24. 97누17131). ★★★

③ [○], 행정청이 골프장 사업계획승인을 얻은 자의 사업시설 착공계획서를 수리한 것에 대하여 인근 주민들이 그 수리처분의 취소를 구하는 행정심판을 청구하자 재결청이 그 청구를 인용하여 수리처분을 취소하는 형성적 재결을 한 경우, 그 수리처분 취소 심판청구는 행정심판의 대상이 되지 아니하여 부적법 각하하여야 함에도 위 재결은 그 청구를 인용하여 수리처분을 취소하였으므로 재결 자체에 고유한 하자가 있다고 본 사례(대법 2001. 5. 29. 99두10292). ★★

⑤ [×], 항고소송은 원칙적으로 당해 처분을 대상으로 하나, 당해 처분에 대한 재결자체에 고유한 주체, 절차, 형식 또는 내용상의 위법이 있는 경우에 한하여 그 재결을 대상으로 할 수 있다고 해석되므로, 징계혐의자에 대한 감봉 1월의 징계처분을 견책으로 변경한 소청결정 중 그를 견책에 처한 조치는 재량권의 남용 또는 일탈로서 위법하다는 사유는 소청결정 자체에 고유한 위법을 주장하는 것으로 볼 수 없어 소청결정의 취소사유가 될 수 없다(대법 1993. 8. 24. 93누5673).

정답 ⑤

<행정소송: 재결>

문 17.

(2016 변시5회, 39번)

A국립대학교 교원인 甲은 소속 대학교의 총장으로부터 해임처분을 받았다. 甲은 이에 불복하여 「교원지위향상을 위한 특별법」에 따라 교원소청심사위원회에 소청심사를 청구하였으나 동 청구는 기각되었다. 이에 甲은 교원소청심사위원회의 결정에 불복하여 취소소송을 제기하려고 한다. 이에 관한 설명 중 옳은 것(○)과 옳지 않은 것(×)을 올바르게 조합한 것은? (다툼이 있는 경우 판례에 의함)

ㄱ. 교원소청심사위원회의 결정은 행정심판의 재결의 성격을 가진다.
ㄴ. 甲이 소청심사결정의 취소를 구하는 소송을 제기하는 경우에는 교원소청심사위원회를 피고로 하여야 한다.
ㄷ. 소청심사결정의 취소를 구하는 소송에서는 원처분인 A국립대학교 총장의 해임처분의 하자를 주장할 수 없다.
ㄹ. 甲이 소청심사결정의 취소를 구하는 소송을 통해 교원소청심사위원회의 기각결정에 사실오인이나 재량권 일탈·남용의 위법이 있다고 주장하는 경우, 이는 소청심사결정 자체의 고유한 위법을 주장하는 것으로 볼 수 있다.

① ㄱ(○), ㄴ(○), ㄷ(×), ㄹ(×)
② ㄱ(○), ㄴ(×), ㄷ(○), ㄹ(×)
③ ㄱ(×), ㄴ(×), ㄷ(×), ㄹ(○)
④ ㄱ(○), ㄴ(○), ㄷ(○), ㄹ(×)
⑤ ㄱ(○), ㄴ(○), ㄷ(○), ㄹ(○)

해설

ㄱ. ㄴ. [○], 교원의 지위 향상 및 교육활동 보호를 위한 특별법 제10조(소청심사 결정) ③ 제1항에 따른 심사위원회의 결정에 대하여 교원, 「사립학교법」 제2조에 따른 학교법인 또는 사립학교 경영자 등 당사자는 그 결정서를 송달받은 날부터 90일 이내에 「행정소송법」으로 정하는 바에 따라 소송을 제기할 수 있다. 제10조의3(결정의 효력) 심사위원회의 결정은 처분권자를 기속한다.

ㄷ. [○], ㄹ. [×], ○○대학교 총장의 ○○대학교 교원에 대한 징계 등 불리한 처분은 행정처분이므로 ○○대학교 교원이 ○○대학교 총장의 징계 등 불리한 처분에 대하여 불복이 있으면 교원소청심사위원회에 소청심사를 청구하고 위 심사위원회의 소청심사결정에 불복이 있으면 항고소송으로 이를 다퉈야 할 것인데, 이 경우 그 소송의 대상이 되는 처분은 원칙적으로 원처분인 ○○대학교 총장의 처분이고, ○○대학교 총장의 처분이 정당한 것으로 인정되어 소청심사청구를 기각한 소청심사결정 자체에 대한 항고소송은 원처분의 하자를 이유로 주장할 수 없고, 그 소청심사결정 자체에 고유한 주체, 절차, 형식 또는 내용상의 위법이 있는 경우, 즉 원처분에는 없고 소청심사결정에만 있는 교원소청심사위원회의 권한 또는 구성의 위법, 소청심사결정의 절차나 형식의 위법, 내용의 위법 등이 존재하는 때에 한하고(대법원 1993. 8. 24. 선고 93누5673 판결, 대법원 1994. 2. 8. 선고 93누17874 판결 등 참조), 신청을 기각하는 소청심사결정에 사실오인이나 재량권 남용·일탈 등의 위법이 있다는 사유는 소청심사결정 자체에 고유한 위법을 주장하는 것으로 볼 수 없다. 피고가 ○○대학교인 ○○대학교 총장의 원고에 대한 징계처분의 취소를 구하는 원고의 소청심사청구를 기각한 데 대하여 그 소청심사결정의 취소를 구하는 이 사건에서, 원고가 상고이유로 주장하는 사유는 모두 원처분, 즉 위 징계처분에 위법이 있다거나 소청심사결정에 사실오인 또는 징계재량권을 남용·일탈한 위법이 있다는 취지로써 이러한 사유는 이 사건 소청심사결정 자체에 고유한 위법을 주장하는 것으로 볼 수 없어 이 사건 소청심사결정의 취소사유가 될 수 없다(대법 2009. 10. 15. 2009두11829).

정답 ④

<행정소송: 원고적격>

문 18.

(2014 변시3회, 32번)

취소소송의 원고적격에 관한 판례의 태도와 부합하는 것을 모두 고른 것은?

ㄱ. 법인의 주주는 당해 법인에 대한 행정처분에 관하여 사실상이나 간접적인 이해관계를 가질 뿐이어서 스스로 그 처분의 취소를 구할 원고적격이 없는 것이 원칙이라고 할 것이지만, 그 처분으로 인하여 궁극적으로 주식이 소각되거나 주주의 법인에 대한 권리가 소멸하는 등 주주의 지위에 중대한 영향을 초래하게 되는 데도 그 처분의 성질상 당해 법인이 이를 다툴 것을 기대할 수 없고 달리 주주의 지위를 보전할 구제방법이 없는 경우에는 주주도 그 처분의 취소를 구할 원고적격이 있다.

ㄴ. 면허나 인·허가 등의 수익적 행정처분의 근거가 되는 법률이 해당 업자들 사이의 과당경쟁으로 인한 경영의 불합리를 방지하는 것을 그 목적으로 하고 있는 경우라도 다른 업자에 대한 면허나 인·허가 등의 수익적 행정처분에 대하여 미리 같은 종류의 면허나 인·허가 등의 수익적 행정처분을 받아 영업을 하고 있는 기존의 업자는 경업자에 대하여 이루어진 면허나 인·허가 등 행정처분의 상대방이 아니므로 당해 행정처분의 취소를 구할 원고적격이 없다.

ㄷ. 인·허가 등의 수익적 행정처분을 신청한 수인이 서로 경쟁관계에 있어서 일방에 대한 허가 등의 처분이 타방에 대한 불허가 등으로 귀결될 수밖에 없는 때 허가 등의 처분을 받지 못한 자는 자신에 대한 불허가처분 등의 취소를 구하면 되는 것이지, 경원자에 대하여 이루어진 허가 등 처분의 상대방이 아니므로 당해 처분의 취소를 구할 원고적격이 없다.

ㄹ. 행정처분의 근거 법규 또는 관련 법규에 그 처분으로써 이루어지는 행위 등 사업으로 인하여 환경상 침해를 받으리라고 예상되는 영향권의 범위가 구체적으로 규정되어 있는 경우에는, 그 영향권 내의 주민들에 대하여는 당해 처분으로 인하여 직접적이고 중대한 환경피해를 입으리라고 예상할 수 있고, 이와 같은 환경상의 이익은 주민 개개인에 대하여 개별적으로 보호되는 직접적·구체적 이익으로서 그들에 대하여는 특단의 사정이 없는 한 환경상 이익에 대한 침해 또는 침해 우려가 있는 것으로 사실상 추정되어 법률상 보호되는 이익으로 인정됨으로써 원고적격이 인정된다.

ㅁ. 광업권설정허가처분과 그에 따른 광산 개발로 인하여 재산상·환경상 이익의 침

해를 받거나 받을 우려가 있는 토지나 건축물의 소유자와 점유자 또는 이해관계인 및 주민들은 그 처분 전과 비교하여 수인한도를 넘는 재산상·환경상 이익의 침해를 받거나 받을 우려가 있다는 것을 증명함으로써 그 처분의 취소를 구할 원고적격을 인정받을 수 있다.

① ㄱ, ㄴ, ㄹ
② ㄱ, ㄷ, ㅁ
③ ㄱ, ㄹ, ㅁ
④ ㄴ, ㄷ, ㄹ
⑤ ㄴ, ㄷ, ㅁ

해설

ㄱ. [○], 일반적으로 법인의 주주는 당해 법인에 대한 행정처분에 관하여 사실상이나 간접적인 이해관계를 가질 뿐이어서 스스로 그 처분의 취소를 구할 원고적격이 없는 것이 원칙이라고 할 것이지만, 그 처분으로 인하여 궁극적으로 주식이 소각되거나 주주의 법인에 대한 권리가 소멸하는 등 주주의 지위에 중대한 영향을 초래하게 되는데도 그 처분의 성질상 당해 법인이 이를 다툴 것을 기대할 수 없고 달리 주주의 지위를 보전할 구제방법이 없는 경우에는 주주도 그 처분에 관하여 직접적이고 구체적인 법률상 이해관계를 가진다고 보이므로 그 취소를 구할 원고적격이 있다(대법 2004. 12. 23. 2000두2648).

ㄴ. [×], 일반적으로 면허나 인·허가 등의 수익적 행정처분의 근거가 되는 법률이 해당 업자들 사이의 과당경쟁으로 인한 경영의 불합리를 방지하는 것도 그 목적으로 하고 있는 경우, 다른 업자에 대한 면허나 인·허가 등의 수익적 행정처분에 대하여 미리 같은 종류의 면허나 인·허가 등의 수익적 행정처분을 받아 영업을 하고 있는 기존의 업자는 경업자에 대하여 이루어진

면허나 인·허가 등 행정처분의 상대방이 아니라 하더라도 당해 행정처분의 취소를 구할 당사자적격이 있다(대법 2002. 10. 25. 2001두4450).

ㄷ. [×], 인·허가 등의 수익적 행정처분을 신청한 수인이 서로 경쟁관계에 있어서 일방에 대한 허가 등의 처분이 타방에 대한 불허가 등으로 귀결될 수밖에 없는 때 허가 등의 처분을 받지 못한 자는 비록 경원자에 대하여 이루어진 허가 등 처분의 상대방이 아니라 하더라도 당해 처분의 취소를 구할 원고 적격이 있다. 다만, 명백한 법적 장애로 인하여 원고 자신의 신청이 인용될 가능성이 처음부터 배제되어 있는 경우에는 당해 처분의 취소를 구할 정당한 이익이 없다(대법 2009. 12. 10. 2009두8359).

ㄹ. [○], 행정처분의 근거 법규 또는 관련 법규에 그 처분으로써 이루어지는 행위 등 사업으로 인하여 환경상 침해를 받으리라고 예상되는 영향권의 범위가 구체적으로 규정되어 있는 경우에는, 그 영향권 내의 주민들에 대하여는 당해 처분으로 인하여 직접적이고 중대한 환경피해를 입으리라고 예상할 수 있고, 이와 같은 환경상의 이익은 주민개개인에 대하여 개별적으로 보호되는 직접적·구체적 이익으로서 그들에 대하여는 특단의 사정이 없는 한 환경상 이익에 대한 침해 또는 침해 우려가 있는 것으로 사실상 추정되어 법률상 보호되는 이익으로 인정됨으로써 원고적격이 인정되며, 그 영향권 밖의 주민들은 당해 처분으로 인하여 그 처분 전과 비교하여 수인한도를 넘는 환경피해를 받거나 받을 우려가 있다는 자신의 환경상 이익에 대한 침해 또는 침해 우려가 있음을 증명하여야만 법률상 보호되는 이익으로 인정되어 원고적격이 인정된다(대법 2010. 4. 15. 2007두16127).

ㅁ. [○], 광업권설정허가처분의 근거 법규 또는 관련 법규의 취지는 광업권설정허가처분과 그에 따른 광산 개발과 관련된 후속 절차로 인하여 직접적이고 중대한 재산상·환경상 피해가 예상되는 토지나 건축물의 소유자나 점유자 또는 이해관계인 및 주민들이 전과 비교하여 수인한도를 넘는 재산상·환경상 침해를 받지 아니한 채 토지나 건축물 등을 보유하며 쾌적하게 생활할 수 있는 개별적 이익까지도 보호하려는 데 있으므로, 광업권설정허가처분과 그에 따른 광산 개발로 인하여 재산상·환경상 이익의 침해를 받거나 받을 우려가 있는 토지나 건축물의 소유자와 점유자 또는 이해관계인 및 주민들은 그 처분 전과 비교하여 수인한도를 넘는 재산상·환경상 이익의 침해를 받거나 받을 우려가 있다는 것을 증명함으로써 그 처분의 취소를 구할 원고적격을 인정받을 수 있다(대법 2008. 9. 11. 2006두7577).

정답 ③

<행정소송: 허가복합>

문 19.

(2013 변시2회, 35번)

甲이 식품위생법에 근거하여 유흥주점의 영업허가를 신청한 경우 이에 관한 다음 설명 중 옳은 것을 모두 고른 것은? (다툼이 있는 경우 판례에 의함)

> ㄱ. 신청이 거부된 경우 甲은 권리의무에 아무런 침해를 입은 것이 아니기 때문에 취소소송으로 이를 다툴 수 없다.
> ㄴ. 유흥주점의 영업허가는 이른바 일반적 금지의 해제이기 때문에 행정청에 폭넓은 재량이 인정된다.
> ㄷ. 기존에 허가받은 유흥주점업자는 통상적으로 甲이 받은 영업허가에 대하여 취소소송을 제기할 법률상 이익이 없다.
> ㄹ. 영업허가 후 甲의 유흥주점의 위생상태가 악화되어 영업정지처분을 했음에도 甲이 영업을 계속하고 있는 경우에는 관할 행정청이 대집행을 할 수 있다.

① ㄱ, ㄹ
② ㄴ, ㄷ
③ ㄷ, ㄹ
④ ㄷ
⑤ ㄹ

해설

ㄱ. [×], 식품위생법의 관계규정의 취지를 종합하여 볼 때, 식품위생법상의 대중음식점영업허가는 그 성질상 일반적 금지에 대한 해제에 불과하므로 허가권자는 허가신청이 법에서 정한 요건을 구비한 때에는 이를 반드시 허가하여야 할 것이고, 관계법규에서 정하는 제한사유 이외의 사유를 들어 그 허가신청을 거부할 수는 없다 할 것이다..., 식품위생법 제24조 제1항 제4호는 공익상 허가를 제한할 필요가 있다고 인정되어 보건사회부장관이 지정하는 영업 또는 품목에 해당하는 때에는 그 허가를 할 수 없도록 규정하고 있으나 보건사회부장관이 위 허가제한대상으로서 대중음식점영업을 지정하고 있지는 아니하며 달리 관계법령의 규정에 의하여 위 허가를 제한할 근거가 없는 이상, 도시계획법상 개발제한구역지정목적을 감안한다 하더라도 이 사건 거부처분은 위 관계법령의 규정취지에 반하여 위법하다고 하지 않을 수 없다.(대법 1993. 5. 27. 93누2216).

ㄴ. [×], 식품위생법의 관계규정의 취지를 종합하여 볼 때, 식품위생법상의 유흥접객업허가는 성질상 일반적 금지에 대한 해제에 불과하므로 허가권자는 허가신청이 법에서 정한 요건을 구비한 때에는 반드시 허가하여야 할 것이고, 허가제한 사유에 관한 같은 법 제24조 제1항 제4호 소정의 공익상 허가를 제한할 필요의 유무를 판단함에 있어서도 허가를 제한하여 달성하려는 공익과 이로 인하여 받게 되는 상대방의 불이익을 교량하여 신중하게 재량권을 행사하여야 한다(대법 1993. 2. 12. 92누4390).

ㄷ. [○], 일반적 견해는 원칙적으로 기존업자가 허가업을 경영하는 경우에는 자신의 경영상 이익(반사적 이익)의 침해를 이유로 경쟁자소송(경업자소송)을 제기할 수 없지만, 특허업을 경영하는 경우에는 자신의 경영상 이익(법률상 이익)의 침해를 이유로 경쟁자소송(경업자소송)을 제기할 수 있다고 한다(홍정선, 신행정법특강, 제20판, 638-639면).

한의사 면허는 경찰금지를 해제하는 명령적 행위(강학상 허가)에 해당하고, 한약조제시험을 통하여 약사에게 한약조제권을 인정함으로써 한의사들의 영업상 이익이 감소되었다고 하더라도 이러한 이익은 사실상의 이익에 불과하고 약사법이나 의료법 등의 법률에 의하여 보호되는 이익이라고는 볼 수 없으므로, 한의사들이 한약조제시험을 통하여 한약조제권을 인정받은 약사들에 대한 합격처분의 무효확인을 구하는 당해 소는 원고적격이 없는 자들이 제기한 소로서 부적법하다(대법 1998. 3. 10. 97누4289). ★★

ㄹ. [×], 도시공원시설인 매점의 관리청이 그 공동점유자 중의 1인에 대하여 소정의 기간 내에 위 매점으로부터 퇴거하고 이에 부수하여 그 판매 시설물 및 상품을 반출하지 아니할 때에는 이를 대집행하겠다는 내용의 계고처분은 그 주된 목적이 매점의 원형을 보존하기 위하여 점유자가 설치한 불법시설물을 철거하고자 하는 것이 아니라, 매점에 대한 점유자의 점유를 배제하고 그 점유이전을 받는 데 있다고 할 것인데, 이러한 의무는 그것을 강제적으로 실현함에 있어 직접적인 실력행사가 필요한 것이지 대체적 작위의무에 해당하는 것은 아니어서 직접강제의 방법에 의하는 것은 별론으로 하고 행정대집행법에 의한 대집행의 대상이 되는 것은 아니다(대법 1998. 10. 23. 97누157).

정답 ④

<행정소송: 건축허가복합>

문 20.

(2017 변시6회, 31번)

甲은 건축물을 건축하기 위하여 관할 시장인 乙에게 건축허가 신청을 하였다. 乙은 상당한 기간 내에 건축불허가처분을 하면서 그 처분사유로 「건축법」상의 건축불허가 사유뿐만 아니라 「화재예방, 소방시설 설치·유지 및 안전관리에 관한 법률」 제7조 제1항에 따른 소방서장의 건축부동의 사유를 들고 있다. 이에 관한 설명 중 옳은 것을 모두 고른 것은? (다툼이 있는 경우 판례에 의함)

> ※「화재예방, 소방시설 설치·유지 및 안전관리에 관한 법률」
> **제7조(건축허가등의 동의)** ① 건축물 등의 신축·증축·개축·재축(再築)·이전·용도변경 또는 대수선(大修繕)의 허가·협의 및 사용승인(이하 "건축허가등"이라 한다)의 권한이 있는 행정기관은 건축허가등을 할 때 미리 그 건축물 등의 시공지(施工地) 또는 소재지를 관할하는 소방본부장이나 소방서장의 동의를 받아야 한다.
> <이하 생략>

> ㄱ. 만약 甲의 건축허가 신청 후 乙의 처분 이전에 「화재예방, 소방시설 설치·유지 및 안전관리에 관한 법률」이 개정되어 제7조 제1항이 신설·적용된 경우라면, 소방서장의 건축부동의는 건축불허가 사유가 될 수 없다.
> ㄴ. 소방서장의 건축부동의는 취소소송의 대상이 되는 처분이 아니다.
> ㄷ. 甲은 건축불허가처분에 관한 쟁송에서 「건축법」상의 건축불허가 사유뿐만 아니라 소방서장의 건축부동의 사유에 관하여도 다툴 수 있다.
> ㄹ. 소방서장의 건축부동의 사유가 일시적인 사정에 기한 것이고 보완이 가능한 것임에도 乙이 보완을 요구하지 않고 바로 건축불허가처분을 하였다면, 이는 위법하다.

① ㄱ, ㄴ
② ㄴ, ㄹ
③ ㄷ, ㄹ
④ ㄱ, ㄴ, ㄷ
⑤ ㄴ, ㄷ, ㄹ

해설

ㄱ. [×], 행정행위는 처분 당시에 시행중인 법령 및 허가기준에 의하여 하는 것이 원칙이고, 인, 허가신청 후 처분 전에 관계 법령이 개정 시행된 경우 신법령 부칙에서 신법령 시행 전에 이미 허가신청이 있는 때에는 종전의 규정에 의한다는 취지의 경과규정을 두지 아니한 이상 당연히 허가신청 당시의 법령에 의하여 허가 여부를 판단하여야 하는 것은 아니며, 소관 행정청이 허가신청을 수리하고도 정당한 이유 없이 처리를 늦추어 그 사이에 법령 및 허가기준이 변경된 것이 아닌 한 새로운 법령 및 허가기준에 따라서 한 불허가처분이 위법하다고 할 수 없다(대법 1992. 12. 8. 92누13813).

ㄴ. [○], ㄷ. [○], 건축허가권자가 건축불허가처분을 하면서 그 처분사유로 건축불허가 사유뿐만 아니라 구 소방법(2003. 5. 29. 법률 제6916호로 개정되기 전의 것) 제8조 제1항에 따른 소방서장의 건축부동의 사유를 들고 있다고 하여 그 건축불허가처분 외에 별개로 건축부동의처분이 존재하는 것이 아니므로, 그 건축불허가처분을 받은 사람은 그 건축불허가처분에 관한 쟁송에서 건축법상의 건축불허가 사유뿐만 아니라 소방서장의 부동의 사유에 관하여도 다툴 수 있다(대법 2004. 10. 15. 2003두6573). ★★

ㄹ. [○], 원고의 이 사건 건축허가신청 당시 피고가 소방법령상의 저촉 여부에 대하여 관할 동래소방서장에게 의견조회를 한 결과, 동래소방서장은 옥내소화전과 3층 피난기구가 누락되어 있고, 전력구 규모가 명시되지 않아 법정 소방시설의 검토가 불가능하다는 이유로 건축부동의 의견을 제시하였고, 피고가 이 사건 처분 당시 이를 처분사유의 하나로 삼은 사실을 알 수 있는 바, 이 사건에서 소방서장이 건축부동의로 삼은 위와 같은 사유들은 그 내용에 비추어 볼 때 보완이 가능한 것으로서 피고로서는 원고에게 위와 같은 사유들에 대하여 보완요청을 한 다음 그 허가 여부를 판단함이 상당하고 그 보완을 요구하지도 않은 채 곧바로 이 사건 신청을 거부한 것은 재량권의 범위를 벗어난 것이어서 위법하다고 할 것이다.(대법 2004. 10. 15. 2003두6573). ★★

정답 ⑤

<행정소송: 특허복합>

문 21.

(2015 변시4회, 23번)

다음 사례에 관한 설명 중 옳은 것은? (단, 담배소매인지정처분의 법적 성격은 강학상 '특허'임을 전제로 하며, 다툼이 있는 경우 판례에 의함)

○ 甲은 건물 1층에서 담배소매인 지정을 받아 담배소매업을 하고 있었는데, 관할 구청장 A는 법령상의 거리제한 규정을 위반하여 그 영업소에서 30미터 떨어진 인접 아파트 상가에서 乙이 담배소매업을 할 수 있도록 담배소매인 신규지정처분을 하였다. ○ 丙과 丁은 같은 상가의 1층과 2층에서 각각 담배소매업을 하고자 관할 구청장 B에게 담배소매인 지정신청을 하였으나, B는 丁에게만 담배소매인지정처분을 하였다.

① 甲은 乙에게 발령된 담배소매인 신규지정처분에 대한 취소소송을 제기하면서 그 신규지정처분의 위법을 이유로 하는 손해배상청구소송을 그 취소소송에 병합하여 제기할 수 있다.

② 甲이 자신에 대한 담배소매인지정처분을 통하여 기존에 누렸던 이익은 乙 등 제3자에 대한 신규지정처분이 발령되지 않음으로 인한 사실상의 이익에 해당한다.

③ 丙이 자신에 대한 담배소매인 지정거부를 취소소송으로 다투면서 집행정지를 신청한다면 법원은 이를 인용하게 될 것이다.

④ 丁에 대한 담배소매인지정처분을 대상으로 丙이 제기한 취소소송에서 丁이 「행정소송법」상 소송참가를 하였으나 본안에서 丙이 승소판결을 받아 확정되었다면, 丁은 「행정소송법」 제31조에 의한 재심을 통해 이를 다툴 수 있다.

⑤ 丙이 丁에 대한 담배소매인지정처분 취소심판을 제기하여 취소재결을 받은 후 B가 丁에게 담배소매인지정처분의 취소를 통지하였다면, 丁은 취소소송을 제기할 경우 취소재결이 아니라 B가 행한 담배소매인 지정취소처분을 소의 대상으로 하여야 한다.

해설

① [○], 행정소송법 제10조(관련청구소송의 이송 및 병합) ① 취소소송과 다음 각호의 1에 해당하는 소송(이하 "關聯請求訴訟"이라 한다)이 각각 다른 법원에 계속되고 있는 경우에 관련청구소송이 계속된 법원이 상당하다고 인정하는 때에는 당사자의 신청 또는 직권에 의하여 이를 취소소송이 계속된 법원으로 이송할 수 있다.

1. 당해 처분등과 관련되는 손해배상·부당이득반환·원상회복등 청구소송

② [×], 구 담배사업법(2007. 7. 19. 법률 제8518호로 개정되기 전의 것)과 그 시행령 및 시행규칙의 관계 규정에 의하면, 담배소매인을 일반소매인과 구내소매인으로 구분하여, 일반소매인 사이에서는 그 영업소 간에 군청, 읍·면사무소가 소재하는 리 또는 동지역에서는 50m, 그 외의 지역에서는 100m 이상의 거리를 유지하도록 규정하는 등 일반소매인의 영업소 간에 일정한 거리제한을 두고 있는데, 이는 담배유통구조의 확립을 통하여 국민의 건강과 관련되고 국가 등의 주요 세원이 되는 담배산업 전반의 건전한 발전 도모 및 국민경제에의 이바지라는 공익목적을 달성하고자 함과 동시에 일반소매인 간의 과당경쟁으로 인한 불합리한 경영을 방지함으로써 일반소매인의 경영상 이익을 보호하는 데에도 그 목적이 있다고 보이므로, 일반소매인으로 지정되어 영업을 하고 있는 기존업자의 신규 일반소매인에 대한 이익은 단순한 사실상의 반사적 이익이 아니라 법률상 보호되는 이익으로서 기존 일반소매인이 신규 일반소매인 지정처분의 취소를 구할 원고적격이 있다고 보아야 할 것이다(대법 2008. 3. 27. 2007두23811).

③ [×], 허가신청에 대한 거부처분은 그 효력이 정지되더라도 그 처분이 없었던 것과 같은 상태를 만드는 것에 지나지 아니하는 것이고 그 이상으로 행정청에 대하여 어떠한 처분을 명하는 등 적극적인 상태를 만들어 내는 경우를 포함하지 아니하는 것이므로, 교도소장이 접견을 불허한 처분에 대하여 효력정지를 한다 하여도 이로 인하여 위 교도소장에게 접견의 허가를 명하는 것이 되는 것도 아니고 또 당연히 접견이 되는 것도 아니어서 접견허가거부처분에 의하여 생길 회복할 수 없는 손해를 피하는 데 아무런 보탬도 되지 아니하니 접견허가거부처분의 효력을 정지할 필요성이 없다(대법 1991. 5. 2. 91두15).

④ [×], 행정소송법 제31조(제3자에 의한 재심청구) ① 처분등을 취소하는 판결에 의하여 권리 또는 이익의 침해를 받은 제3자는 자기에게 책임없는 사유로 소송에 참가하지 못함으로써 판결의 결과에 영향을 미칠 공격 또는 방어방법을 제출하지 못한 때에는 이를 이유로 확정된 종국판결에 대하여 재심의 청구를 할 수 있다.

⑤ [×], 당해 사안에서와 같이 원처분의 상대방이 아닌 제3자가 행정심판을 청구하여 재결청이 원처분을 취소하는 형성재결을 한 경우에 그 원처분의 상대방은 그 재결에 대하여 항고소송을 제기할 수밖에 없고, 이 경우 재결은 원처분과 내용을 달리 하는 것이어서 재결의 취소를 구하는 것은 원처분에 없는 재결 고유의 위법을 주장하는 것이 된다(대법 1998. 4. 24. 97누17131). ★★★

정답 ①

<행정소송: 피고적격>

문 22.

(2014 변시3회, 34번)

행정소송에서의 피고적격에 관한 설명 중 옳지 않은 것은? (다툼이 있는 경우 판례에 의함)

① 개별법령에 합의제 행정청의 장을 피고로 한다는 명문규정이 없는 한 합의제 행정청 명의로 한 행정처분의 취소소송의 피고적격자는 합의제 행정청의 장이 아닌 당해 합의제 행정청이다.

② 행정처분을 행할 적법한 권한 있는 상급행정청으로부터 내부위임을 받은 데 불과한 하급행정청이 권한 없이 자기의 명의로 행정처분을 한 경우 그 취소소송에서는 실제로 그 처분을 행한 하급행정청이 아니라 그 처분을 행할 적법한 권한 있는 상급행정청을 피고로 하여야 한다.

③ 수용재결에 불복하여 취소소송을 제기하는 때에는 이의신청을 거친 경우에도 수용재결을 한 중앙토지수용위원회 또는 지방토지수용위원회를 피고로 하여 수용재결의 취소를 구하여야 하고, 다만 이의신청에 대한 재결 자체에 고유한 위법이 있음을 이유로 하는 경우에만 그 이의재결을 한 중앙토지수용위원회를 피고로 하여 이의재결의 취소를 구할 수 있다.

④ 납세의무부존재확인의 소는 공법상의 법률관계 그 자체를 다투는 소송으로서 당사자소송이라 할 것이므로 과세관청이 아니라 그 법률관계의 한쪽 당사자인 국가·공공단체 그 밖의 권리주체가 피고적격을 가진다.

⑤ 원고가 피고를 잘못 지정한 경우 피고경정은 취소소송과 당사자소송 모두에서 사실심 변론종결에 이르기까지 허용된다.

해설

① [○], 행정소송법 제13조 제1항에 의하면 취소소송은 다른 법률에 특별한 규정이 없는 한 그 처분 등을 행한 행정청을 피고로 한다라고 규정하고 있는바, 이때 행정청은 국가 또는 공공단체의 기관으로서 국가나 공공단체의 의견을 결정하여 외부적으로 나타낸 기관을 말하며, 합의제 의결기관이 행한 처분에 대하여는 특별한 사정이 없는 한 그 합의제 의결기관 자체가 행정청으로서 피고가 되는 것이 원칙이고, 피고를 잘못 지정하여 제기된 행정소송은 피고경정절차가 취하여지지 않는 한 소송요건이 흠결된 것이다(서울행정법원 1998. 12. 3. 98구8116).

② [×], 행정처분의 취소 또는 무효확인을 구하는 행정소송은 다른 법률에 특별한 규정이 없는 한 그 처분을 행한 행정청을 피고로 하여야 하며, 행정처분을 행할 적법한 권한 있는 상급행정청으로부터 내부위임을 받은 데 불과한 하급행정청이 권한 없이 행정처분을 한 경우에도 실제로 그 처분을 행한 하급행정청을 피고로 하여야 할 것이지 그 처분을 행할 적법한 권한 있는 상급행정청을 피고로 할 것은 아니다(대법 1994. 8. 12. 94누2763).

③ [○], 행정청이 골프장 사업계획승인을 얻은 자의 사업시설 착공계획서를 수리한 것에 대하여 인근 주민들이 그 수리처분의 취소를 구하는 행정심판을 청구하자 재결청이 그 청구를 인용하여 수리처분을 취소하는 형성적 재결을 한 경우, 그 수리처분 취소 심판청구는 행정심판의 대상이 되지 아니하여 부적법 각하하여야 함에도 위 재결은 그 청구를 인용하여 수리처분을 취소하였으므로 재결 자체에 고유한 하자가 있다고 본 사례(대법 2001. 5. 29. 99두10292). ★★

④ [○], 납세의무부존재확인의 소는 공법상의 법률관계 그 자체를 다투는 소송으로서 당사자소송이라 할 것이므로 행정소송법 제3조 제2호, 제39조에 의하여 그 법률관계의 한쪽 당사자인 국가·공공단체 그 밖의 권리주체가 피고적격을 가진다(대법 2000. 9. 8. 99두2765).

⑤ [○], 행정소송법 제14조에 의한 피고경정은 사실심 변론종결에 이르기까지 허용되는 것으로 해석하여야 할 것이고, 굳이 제1심 단계에서만 허용되는 것으로 해석할 근거는 없다(대법 2006. 2. 23. 2005부4). ★★

행정소송법 제44조(준용규정) ① 제14조 내지 제17조, 제22조, 제25조, 제26조, 제30조 제1항, 제32조 및 제33조의 규정은 당사자소송의 경우에 준용한다.

정답 ②

<행정소송: 피고적격>

문 23.

(2015 변시4회, 21번)

행정소송의 피고에 관한 설명 중 옳은 것은?

① 합의제행정기관이 한 처분에 대하여는 그 기관 자체가 피고가 되는 것이 원칙이므로 중앙노동위원회의 처분에 대한 소는 중앙노동위원회를 피고로 하여야 한다.

② 당사자소송의 원고가 피고를 잘못 지정하여 피고경정신청을 한 경우 법원은 결정으로써 피고의 경정을 허가할 수 있다.

③ 「행정소송법」은 취소소송에서 원고가 피고를 잘못 지정한 경우 피고가 본안에서 변론을 한 이후에는 피고의 동의를 얻어야 피고경정이 가능하다고 규정하고 있다.

④ 피고경정으로 인한 피고의 변경은 당사자의 동일성을 바꾸는 것이므로 피고를 경정하는 경우 제소기간의 준수 여부는 피고를 경정한 때를 기준으로 한다.

⑤ 지방의회의원에 대한 징계의결 취소소송과 지방의회 의장선임의결의 무효확인을 구하는 소송의 피고는 모두 지방의회 의장이다.

해설

① [×], 노동위원회법 제27조(중앙노동위원회의 처분에 대한 소송) ① 중앙노동위원회의 처분에 대한 소송은 중앙노동위원회 위원장을 피고(被告)로 하여 처분의 송달을 받은 날부터 15일 이내에 제기하여야 한다.

② [○], ③ [×], 행정소송법 제14조(피고경정) ① 원고가 피고를 잘못 지정한 때에는 법원은 원고의 신청에 의하여 결정으로써 피고의 경정을 허가할 수 있다.
제44조(준용규정) ① 제14조 내지 제17조, 제22조, 제25조, 제26조, 제30조 제1항, 제32조 및 제33조의 규정은 당사자소송의 경우에 준용한다.

④ [×], 행정소송법 제14조(피고경정) ④ 제1항의 규정에 의한 결정이 있은 때에는 새로운 피고에 대한 소송은 처음에 소를 제기한 때에 제기된 것으로 본다. ⑤ 제1항의 규정에 의한 결정이 있은 때에는 종전의 피고에 대한 소송은 취하된 것으로 본다.

⑤ [×], 지방의회도 경우(예: 지방의회의원에 대한 징계의결, 의장에 대한 불신임의결)에 따라 행정청이 된다(홍정선, 신행정법특강, 제20판, 645면).

정답 ②

<행정소송: 제소기간>

문 24.

(2013 변시2회, 21번)

행정심판 청구기간 및 행정소송 제기기간에 관한 다음 설명 중 옳지 않은 것은? (다툼이 있는 경우 판례에 의함)

① 고시 또는 공고에 의하여 행정처분을 하는 경우에는 고시 또는 공고가 효력이 발생하여도 그날 이해관계인이 그 처분이 있음을 바로 알 수 없으므로 이해관계인이 실제로 그 고시 또는 공고된 처분이 있음을 알게 된 날을 제소기간의 기산점으로 삼아야 한다.

② 행정심판의 경우 행정처분의 직접상대방이 아닌 제3자는 처분이 있음을 곧 알 수 없는 처지이므로 위 제3자가 행정심판 청구기간 내에 처분이 있음을 알았거나 쉽게 알 수 있었다는 특별한 사정이 없는 한 '처분이 있었던 날부터 180일'의 심판청구기간의 적용을 배제할 정당한 사유가 있는 때에 해당한다.

③ 법원은 당사자소송을 취소소송으로 변경하는 것이 상당하다고 인정할 때에는 청구의 기초에 변경이 없는 한 사실심의 변론종결시까지 원고의 신청에 의하여 결정으로써 소의 변경을 허가할 수 있는데, 이때 제소기간은 애초에 당사자소송을 제기한 시점을 기준으로 계산한다.

④ 보충역편입처분에 따라 공익근무요원으로 소집되어 근무 중 보충역편입처분을 취소당한 후 공익근무요원 복무중단처분 및 현역병입영대상편입처분이 순차로 내려지자, 원고가 보충역편입처분취소처분의 취소를 구하는 소를 제기하였다가 공익근무요원 복무중단처분의 취소 및 현역병입영대상편입처분의 취소를 청구취지로 추가한 경우, 추가된 부분의 제소기간은 청구취지의 추가신청이 있은 때를 기준으로 계산한다.

⑤ 국세부과처분에 대한 이의신청에 있어서 재조사결정이 내려지고 그에 따라 후속 처분이 내려진 경우 재조사결정에 따른 심사청구기간이나 심판청구기간은 이의신청인이 후속 처분의 통지를 받은 날부터 기산된다.

해설

① [×], 통상 고시 또는 공고에 의하여 행정처분을 하는 경우에는 그 처분의 상대방이 불특정 다수인이고 그 처분의 효력이 불특정 다수인에게 일률적으로 적용되는 것이므로, 그 행정처분에 이해관계를 갖는 자가 고시 또는 공고가 있었다는 사실을 현실적으로 알았는지 여부에 관계없이 고시가 효력을 발생하는 날 행정처분이 있음을 알았다고 보아야 한다. 인터넷 웹사이트에 대하여 구 청소년보호법에 따른 청소년유해매체물 결정 및 고시처분을 한 사안에서, 위 결정은 이해관계인이 고시가 있었음을 알았는지 여부에 관계없이 관보에 고시됨으로써 효력이 발생하고, 그가 위 결정을 통지받지 못하였다는 것이 제소기간을 준수하지 못한 것에 대한 정당한 사유가 될 수 없다고 한 사례(대법 2007. 6. 14. 2004두619). ★★★

② [○], 행정처분의 상대방이 아닌 제3자는 일반적으로 처분이 있는 것을 바로 알 수 없는 처지에 있으므로 처분이 있은 날로부터 180일이 경과하더라도 특별한 사유가 없는 한 구 행정심판법(1995. 12. 6. 법률 제5000호로 개정되기 전의 것) 제18조 제3항 단서 소정의 정당한 사유가 있는 것으로 보아 심판청구가 가능하나, 그 제3자가 어떤 경위로든 행정처분이 있음을 알았거나 쉽게 알 수 있는 등 같은 법 제18조 제1항 소정의 심판청구기간 내에 심판청구가 가능하였다는 사정이 있는 경우에는 그 때로부터 60일 이내에 심판청구를 하여야 하고, 이 경우 제3자가 그 청구기간을 지키지 못하였음에 정당한 사유가 있는지 여부는 문제가 되지 아니한다(대법 2002. 5. 24. 2000두3641).

③ [○], 취소소송을 제기하였다가 나중에 당사자 소송으로 변경하는 경우에는 행정소송법 제21조 제4항, 제14조 제4항에 따라 처음부터 당사자 소송을 제기한것으로 보아야 하므로 당초의 취소소송이 적법한 기간내에 제기된 경우에는 당사자 소송의 제소기간을 준수한 것으로 보아야 할 것이다(대법 1992. 12. 24. 92누3335).

④ [○], 보충역편입처분취소처분의 효력을 다투는 소에 공익근무요원복무중단처분, 현역병입영대상편입처분 및 현역병입영통지처분의 취소를 구하는 청구를 추가적으로 병합한 경우, 공익근무요원복무중단처분, 현역병입영대상편입처분 및 현역병입영통지처분의 취소를 구하는 소의 소제기 기간의 준수 여부는 각 그 청구취지의 추가·변경신청이 있은 때를 기준으로 개별적으로 판단한 사례(대법 2004. 12. 10. 2003두12257).

⑤ [○], 이의신청 등에 대한 결정의 한 유형으로 실무상 행해지고 있는 재조사결정은 처분청으로 하여금 하나의 과세단위의 전부 또는 일부에 관하여 당해 결정에서 지적된 사항을 재조사하여 그 결과에 따라 과세표준과 세액을 경정하거나 당초 처분을 유지하는 등의 후속 처분을 하도록 하는 형식을 취하고 있다. 이에 따라 재조사결정을 통지받은 이의신청인 등은 그에 따른 후속 처분의 통지를 받은 후에야 비로소 다음 단계의 쟁송절차에서 불복할 대상과 범위를 구체적으로 특정할 수 있게 된다. 이와 같은 재조사결정의 형식과 취지, 그리고 행정심판제도의 자율적 행정통제기능 및 복잡하고 전문적·기술적 성격을 갖는 조세법률관계의 특수성 등을 감안하면, 재조사 결정은 당해 결정에서 지적된 사항에 관해서는 처분청의 재조사결과를 기다려 그에 따

른 후속 처분의 내용을 이의신청 등에 대한 결정의 일부분으로 삼겠다는 의사가 내포된 변형결정에 해당한다고 볼 수밖에 없다. 그렇다면 재조사결정은 처분청의 후속처분에 의하여 그 내용이 보완됨으로써 이의신청 등에 대한 결정으로서의 효력이 발생한다고 할 것이므로, 재조사결정에 따른 심사청구기간이나 심판청구기간 또는 행정소송의 제소기간은 이의신청인 등이 후속처분의 통지를 받은 날부터 기산된다고 봄이 타당하다.
[대법관 김영란, 대법관 양승태, 대법관 안대희의 별개의견] 재조사결정은 단지 효율적인 사건의 심리를 위하여 처분청에 재조사를 지시하는 사실상의 내부적 명령에 불과하다고 보아야 할 것이므로 그로써 이의신청 등에 대한 결정이 있었다고 할 수 없고, 후속 처분에 의하여 그 효력이 발생한다고 의제할 수도 없다.따라서 이의신청인등에게 재조사결정이나 후속 처분이 통지되었다고 하더라도 그 후 다시 재결청이 국세기본법에 규정된 유형의 결정을 하여 이의신청인 등에게 이를 통지할 때까지는 심사청구기간 등이 진행하지 않는다고 보아야 한다(대법 2010. 6. 25. 2007두12514 전원합의체).

정답 ①

<행정소송: 제소기간>

문 25.

(2015 변시4회, 25번)

「음악산업진흥에 관한 법률」 제30조는 동법 소정의 의무위반을 이유로 노래연습장의 등록을 취소하고자 하는 경우에는 청문을 실시하여야 한다는 취지로 규정하고 있다. 이에 관할 시장은 甲에 대해 동법 소정의 의무위반을 이유로 청문을 실시하고 2014. 8. 4. 등록취소처분을 하였으나, 청문을 실시함에 있어서 「행정절차법」에서 보장하는 10일의 기간을 준수하지 않고 청문 개시일 7일 전에야 비로소 청문에 관한 통지를 하였다. 甲은 청문기일에 출석하여 의견진술을 하였으나 받아들여지지 않았다. 甲은 노래연습장 등록취소처분을 다투는 취소심판을 제기하였으나 2014. 10. 2. 기각재결서 정본을 송달받았다. 이에 甲은 2015. 1. 5. 노래연습장 등록취소처분의 취소를 구하는 행정소송을 제기하였다. 이에 관한 설명 중 옳지 않은 것을 모두 고른 것은? (다툼이 있는 경우 판례에 의함)

> ㄱ. 甲이 이의를 제기하지 아니하고 청문일에 출석하여 그 의견을 진술하고 변명하는 등 방어의 기회를 충분히 가졌다면 절차상 하자는 치유되었다.
> ㄴ. 甲은 노래연습장 등록취소처분취소소송의 제소기간을 준수하였다.
> ㄷ. 만일 甲이 제기한 취소심판에서 인용재결이 내려졌다면 처분청은 인용재결을 대상으로 취소소송을 제기할 수 있다.

① ㄱ
② ㄷ
③ ㄱ, ㄴ
④ ㄱ, ㄷ
⑤ ㄴ, ㄷ

해설

ㄱ. [○], 행정청이 식품위생법상의 청문절차를 이행함에 있어 소정의 청문서 도달기간을 지키지 아니하였다면 이는 청문의 절차적 요건을 준수하지 아니한 것이므로 이를 바탕으로 한 행정처분은 일단 위법하다고 보아야 할 것이지만 이러한 청문제도의 취지는 처분으로 말미암아 받게 될 영업자에게 미리 변명과 유리한 자료를 제출할 기회를 부여함으로써 부당한 권리침해를 예방하려는 데에 있는 것임을 고려하여 볼 때, 가령 행정청이 청문서 도달기간을 다소 어겼다하더라도 영업자가 이에 대하여 이의하지 아니한 채 스스로 청문일에 출석하여 그 의견을 진술하고 변명하는 등 방어의 기회를 충분히 가졌다면 청문서 도달기간을 준수하지 아니한 하자는 치유되었다고 봄이 상당하다(대법 1992. 10. 23. 92누2844). ★★

ㄴ. [×], 행정소송법 제20조(제소기간) ① 취소소송은 처분등이 있음을 안 날부터 90일 이내에 제기하여야 한다. 다만, 제18조 제1항 단서에 규정한 경우와 그 밖에 행정심판청구를 할 수 있는 경우 또는 행정청이 행정심판청구를 할 수 있다고 잘못 알린 경우에 행정심판청구가 있은 때의 기간은 재결서의 정본을 송달받은 날부터 기산한다.

ㄷ. [×], 헌법 제117조 제1항은 "지방자치단체는 주민의 복리에 관한 사무를 처리하고 재산을 관리하며, 법령의 범위 안에서 자치에 관한 규정을 제정할 수 있다", 제2항은 "지방자치단체의 종류는 법률로 정한다"고 규정하는 등 지방자치의 제도적 보장, 지방자치단체의 권능과 종류의 법정주의를 규정하고 있고, 한편 지방자치제도는 국가와는 별개의 법인격을 가지는 지방자치단체를 두어 그 권한과 책임으로 지방에 관한 여러 사무를 처리시키는 것이기 때문에 지방자치단체의 자주성·자율성은 최대한 존중되어야 하므로 이에 대한 국가의 관여는 가능한 한 배제하는 것이 바람직하다 할 것이다. 그러나 지방자치제도도 헌법과 법률에 의하여 국가법질서의 테두리 안에서 인정된 것이고, 지방자치행정도 중앙행정과 마찬가지로 국가행정의 일부이어서 상호 완전히 독립된 것이 아니고 밀접한 관계가 있는 것이므로 지방자치단체는 지방자치의 본질에 반하고, 지방자치의 제도적 보장을 파괴하지 아니하는 범위 내에서 어느 정도 국가의 지도·감독을 받지 않을 수 없는 것이다. 그리고 국가가 행정감독적인 수단으로 통일적이고 능률적인 행정을 위하여 중앙 및 지방행정기관 내부의 의사를 자율적으로 통제하고 국민의 권리구제를 신속하게 할 목적의 일환으로 행정심판제도를 도입하였는데, 심판청구의 대상이 된 행정청에 대하여 재결에 관한 항쟁수단을 별도로 인정하는 것은 행정상의 통제를 스스로 파괴하고, 국민의 신속한 권리구제를 지연시키는 작용을 하게 될 것이다. 그리하여 행정심판법 제37조 제1항은 "재결은 피청구인인 행정청과 그 밖의 관계행정청을 기속한다"고 규정하였고, 이에 따라 처분행정청은 재결에 기속되어 재결의 취지에 따른 처분의무를 부담하게 되므로 이에 불복하여 행정소송을 제기할 수 없다 할 것이며 그렇다고 하더라도 위 법령의 규정이 지방자치의 내재적 제약의 범위를 일탈하여 헌법상의 지방자치의 제도적 보장을 침해하는 것으로 볼 수는 없다고 할 것이다(대법 1998. 5. 8. 97누15432).

정답 ⑤

<행정소송: 제소기간>

문 26.

(2015 변시4회, 26번)

다음 고시에 관한 설명 중 옳은 것(○)과 옳지 않은 것(×)을 올바르게 조합한 것은? (다툼이 있는 경우 판례에 의함)

여성가족부 고시 제2014-21호

「청소년보호법」 제7조 제1항의 규정에 의거 방송통신심의위원회가 결정한 청소년유해매체물을 같은 법 제21조 제2항에 의거 다음과 같이 고시합니다.

2014년 9월 22일

여성가족부장관

1. 청소년유해매체물 목록: 아래 목록표와 같음
2. 의무사항
   ○ 다음 목록의 청소년 유해 정보물을 제공하는 사업자는 「청소년보호법」상 청소년유해표시 의무(법 제13조)를 이행하여야 하며, 누구든지 영리를 목적으로 동 매체물을 청소년을 대상으로 판매·대여·배포하거나 시청·관람·이용에 제공하여서는 아니 됨(법 제16조)
3. 벌칙내용
   ○ 청소년유해표시 의무(법 제13조)위반: 2년 이하의 징역 또는 1천만원 이하의 벌금(법 제59조 제1호)
   ○ 판매 금지 등의 의무(법 제16조)위반: 3년 이하의 징역 또는 2천만원 이하의 벌금(법 제58조 제1호)

청소년유해매체물(전기통신정보) 목록표

[인터넷]

일련 번호	제목	정보 위치	정보 제공자	심의 결정 기관	심의 번호	결정 연월일	결정 사유	고시의 효력 발생일
2014-366	www.gay.com ('게이닷컴')	인터넷	㈜ GD커뮤니케이션	방송통신심의위원회	894127	2014. 9. 15.	청소년 유해 매체물	2014. 9. 29.
⋮	⋮	⋮	⋮	⋮	⋮	⋮	⋮	⋮

* 위 고시는 가상(假想)으로 구성한 것임

위 고시가 있은 후 ㈜ GD커뮤니케이션은 자신이 운영하는 동성애자 커뮤니티 '게이닷컴'에는 청소년유해매체물로 지정될 만한 내용이 전혀 포함되어 있지 않음에도, 여성가족부장관이 자신에게 통지하지 않은 채 고시하였다며 2014. 12. 31. 무효확인을 구하는 항고소송을 제기하였다.

ㄱ. 위 고시일부터 90일이 지난 시점에서 소송을 제기하였으므로 ㈜ GD커뮤니케이션이 제기한 소송은 제소기간을 도과한 부적법한 소로서 각하되어야 한다.
ㄴ. 여성가족부장관은 ㈜ GD커뮤니케이션에게 반드시 통지를 하여야 하고, 그 통지를 결한 처분은 무효사유에 해당한다.
ㄷ. 만일 ㈜ GD커뮤니케이션이 위 고시에 대한 취소소송을 제기한다면, 제소기간의 기산일은 2014년 9월 29일이다.
ㄹ. 청소년유해매체물 결정·고시는 일반 불특정 다수인을 상대방으로 하여 일률적으로 표시의무, 포장의무, 청소년에 대한 판매·대여 등의 금지의무 등 각종 의무를 발생시키는 행정처분의 성격을 갖는다.

① ㄱ(○), ㄴ(○), ㄷ(×), ㄹ(×)
② ㄱ(○), ㄴ(×), ㄷ(×), ㄹ(○)
③ ㄱ(×), ㄴ(×), ㄷ(○), ㄹ(○)
④ ㄱ(×), ㄴ(○), ㄷ(○), ㄹ(×)
⑤ ㄱ(×), ㄴ(×), ㄷ(×), ㄹ(○)

해설

ㄱ. [×], 과세처분의 무효확인청구소송에서는 이른바 제소기간의 제한에 관한 규정은 적용되지 아니한다(대법 1995. 8. 22. 95누3909).

ㄴ. [×], ㄹ. [○], 구 청소년보호법(2001. 5. 24. 법률 제6479호로 개정되기 전의 것)에 따른 청소년유해매체물결정 및 고시처분은 당해 유해매체물의 소유자 등 특정인만을 대상으로 한 행정처분이 아니라 일반 불특정 다수인을 상대방으로 하여 일률적으로 표시의무, 포장의무, 청소년에 대한 판매·대여 등의 금지의무 등 각종 의무를 발생시키는 행정처분으로서, 정보통신윤리위원회가 특정 인터넷 웹사이트를 청소년유해매체물로 결정하고 청소년보호위원회가 효력발생시기를 명시하여 고시함으로써 그 명시된 시점에 효력이 발생하였다고 봄이 상당하고, 정보통신윤리위원회와 청소년보호위원회가 위 처분이 있었음을 위 웹사이트 운영자에게 제대로 통지하지 아니하였다고 하여 그 효력 자체가 발생하지 아니한 것으로 볼 수는 없다(대법 2007. 6. 14. 2004두619). ★★★

ㄷ. [○], 통상 고시 또는 공고에 의하여 행정처분을 하는 경우에는 그 처분의 상대방이 불특정 다수인이고 그 처분의 효력이 불특정 다수인에게 일률적으로 적용되는 것이므로, 그 행정처분에 이해관계를 갖는 자가 고시 또는 공고가 있었다는 사실을 현실적으로 알았는지 여부에 관계없이 고시가 효력을 발생하는 날 행정처분이 있음을 알았다고 보아야 한다. 인터넷 웹사이트에 대하여 구 청소년보호법에 따른 청소년유해매체물 결정 및 고시처분을 한 사안에서, 위 결정은 이해관계인이 고시가 있었음을 알았는지 여부에 관계없이 관보에 고시됨으로써 효력이 발생하고, 그가 위 결정을 통지받지 못하였다는 것이 제소기간을 준수하지 못한 것에 대한 정당한 사유가 될 수 없다고 한 사례(대법 2007. 6. 14. 2004두619). ★★★

정답 ③

<행정소송: 행정심판전치>

문 27.

(2018 변시7회, 22번)

다른 법률에 당해 처분에 대한 행정심판의 재결을 거치지 아니하면 취소소송을 제기할 수 없다는 규정이 있음에도 불구하고 「행정소송법」상 행정심판을 제기함이 없이 취소소송을 제기할 수 있는 사유에 해당하는 것을 모두 고른 것은?

ㄱ. 동종사건에 관하여 이미 행정심판의 기각재결이 있은 때
ㄴ. 처분의 집행 또는 절차의 속행으로 생길 중대한 손해를 예방하여야 할 긴급한 필요가 있는 때
ㄷ. 법령의 규정에 의한 행정심판기관이 의결 또는 재결을 하지 못할 사유가 있는 때
ㄹ. 서로 내용상 관련되는 처분 또는 같은 목적을 위하여 단계적으로 진행되는 처분 중 어느 하나가 이미 행정심판의 재결을 거친 때
ㅁ. 행정청이 사실심의 변론종결 후 소송의 대상인 처분을 변경하여 당해 변경된 처분에 관하여 소를 제기하는 때
ㅂ. 처분을 행한 행정청이 행정심판을 거칠 필요가 없다고 잘못 알린 때

① ㄴ, ㄷ ② ㄱ, ㄴ, ㄹ ③ ㄱ, ㄹ, ㅂ
④ ㄴ, ㅁ, ㅂ ⑤ ㄱ, ㄹ, ㅁ, ㅂ

해설

행정소송법 제18조(행정심판과의 관계) ① 취소소송은 법령의 규정에 의하여 당해 처분에 대한 행정심판을 제기할 수 있는 경우에도 이를 거치지 아니하고 제기할 수 있다. 다만, 다른 법률에 당해 처분에 대한 행정심판의 재결을 거치지 아니하면 취소소송을 제기할 수 없다는 규정이 있는 때에는 그러하지 아니하다. ③ 제1항 단서의 경우에 다음 각호의 1에 해당하는 사유가 있는 때에는 행정심판을 제기함이 없이 취소소송을 제기할 수 있다. 1. 동종사건에 관하여 이미 행정심판의 기각재결이 있은 때 2. 서로 내용상 관련되는 처분 또는 같은 목적을 위하여 단계적으로 진행되는 처분중 어느 하나가 이미 행정심판의 재결을 거친 때 3. 행정청이 사실심의 변론종결후 소송의 대상인 처분을 변경하여 당해 변경된 처분에 관하여 소를 제기하는 때 4. 처분을 행한 행정청이 행정심판을 거칠 필요가 없다고 잘못 알린 때

ㄱ. [○], 행정소송법 제18조 제1항, 제3항 제1호

ㄴ. [×], ㄷ. [×]

ㄹ. [○], 행정소송법 제18조 제1항, 제3항 제2호

ㅁ. [○], 행정소송법 제18조 제1항, 제3항 제3호

ㅂ. [○], 행정소송법 제18조 제1항, 제3항 제4호

정답 ⑤

<행정소송: 교원소청심사관련>

문 28.

(2022 변시11회 40번)

교원에 대한 징계처분에 관한 설명 중 옳지 않은 것은? (다툼이 있는 경우 판례에 의함)

① 각급학교 교원이 징계처분을 받은 때에는 교원소청심사위원회(이하 '위원회'라 함)에 소청심사를 청구할 수 있고, 위원회가 그 심사청구를 기각하거나 원 징계처분을 변경하는 결정을 한 때에는 법원에 행정소송을 제기할 수 있다.

② 국·공립학교 교원에 대한 징계처분의 경우에는 원 징계처분 자체가 행정처분이므로 그에 대하여 위원회에 소청심사를 청구하고 위원회의 기각결정이 있은 후 그에 불복하는 행정소송이 제기되더라도 그 심판대상은 원 징계처분이 되는 것이 원칙이다.

③ 사립학교 교원에 대한 징계처분의 경우에는 학교법인 등의 징계처분은 행정처분이 아니므로 그에 대한 소청심사청구에 따라 위원회가 한 결정이 행정처분이고, 행정소송에서의 심판대상은 학교법인 등의 원 징계처분이 아니라 위원회의 결정이 되며, 따라서 피고도 행정청인 위원회가 된다.

④ 위원회가 사립학교 교원의 심사청구를 인용하거나 원 징계처분을 변경하는 결정을 한 때에는 징계권자는 이에 기속되고 위원회의 결정에 불복할 수 없다.

⑤ 국·공립학교 교원의 심사청구를 인용하거나 원 징계처분을 변경하는 위원회의 결정은 징계권자에 대하여 기속력을 가지고 이는 그 결정의 주문에 포함된 사항뿐 아니라 그 전제가 된 요건사실의 인정과 판단에까지 미친다.

해설

① [○], 각급학교 교원이 징계처분을 받은 때에는 위원회에 소청심사를 청구할 수 있고, 위원회가 그 심사청구를 기각하거나 원 징계처분을 변경하는 처분을 한 때에는 다시 법원에 행정소송을 제기할 수 있다(대법 2013. 7. 25. 2012두12297).

② [○], 국·공립학교 교원에 대한 징계처분의 경우에는 원 징계처분 자체가 행정처분이므로 그에 대하여 위원회에 소청심사를 청구하고 위원회의 결정이 있은 후 그에 불복하는 행정소송이 제기되더라도 그 심판대상은 교육감 등에 의한 원 징계처분이 되는 것이 원칙이다. 다만 위원회의 심사절차에 위법사유가 있다는 등 고유의 위법이 있는 경우에 한하여 위원회의 결정이 소송에서의 심판대상이 된다(대법 2013. 7. 25. 2012두12297).

③ [○], 사립학교 교원에 대한 징계처분의 경우에는 학교법인 등의 징계처분은 행정처분성이 없는 것이고 그에 대한 소청심사청구에 따라 위원회가 한 결정이 행정처분이고 교원이나 학교법인 등은 그 결정에 대하여 행정소송으로 다투는 구조가 되므로, 행정소송에서의 심판대상은 학교법인 등의 원 징계처분이 아니라 위원회의 결정이 되고, 따라서 피고도 행정청인 위원회가 되는 것이며,(대법 2013. 7. 25. 2012두12297)

④ [×], 위원회가 교원의 심사청구를 인용하거나 원 징계처분을 변경하는 처분을 한 때에는 처분권자는 이에 기속되고 원 징계처분이 사립학교 교원에 대한 것이면 그 학교법인 등은 위원회 결정에 불복하여 법원에 행정소송을 제기할 수 있다(대법 2013. 7. 25. 2012두12297).

⑤ [○], 위원회의 결정은 처분청에 대하여 기속력을 가지고 이는 그 결정의 주문에 포함된 사항뿐 아니라 그 전제가 된 요건사실의 인정과 판단, 즉 처분 등의 구체적 위법사유에 관한 판단에까지 미친다(대법 2005. 12. 9. 2003두7705).

정답 ④

<행정소송: 소의 이익>

문 29.

(2017 변시6회, 24번)

甲은 A시에서 숙박업을 하는 자로서, 청소년에 대하여 이성혼숙을 하게 하였다. 관할 A시장은 「공중위생관리법」 제11조 제1항을 근거로 같은 법 시행규칙 제19조 및 [별표 7]에 따라 甲에게 2월의 영업정지처분을 하였다. 甲은 영업정지처분에 승복할 수가 없어 취소소송을 제기하였으나 소송 계속 중 2월의 영업정지기간이 경과하였다. 이에 관한 설명 중 옳은 것을 모두 고른 것은? (다툼이 있는 경우 판례에 의함)

※「공중위생관리법 시행규칙」

[별표 7] 행정처분기준(제19조관련) Ⅱ. 개별기준 1. 숙박업

위반사항	근거 법령	행정처분기준		
		1차위반	2차위반	3차위반
4) 청소년에 대하여 이성혼숙을 하게 하는 등 풍기를 문란하게 하는 영업행위를 하거나 그를 목적으로 장소를 제공한 때	법 제11조 제1항	영업정지 2월	영업정지 3월	영업장 폐쇄명령

ㄱ. 영업정지기간의 경과로 영업정지처분의 효력은 상실되므로 甲이 제기한 소송은 소의 이익(권리보호의 필요)이 인정될 수 없다.

ㄴ.「공중위생관리법 시행규칙」 [별표 7] 행정처분기준은 행정기관 내부의 사무처리 준칙을 규정한 행정규칙이다.

ㄷ. 영업정지처분이 적법한지 여부는「공중위생관리법 시행규칙」 [별표 7]에 합치하는 것인지 여부에 따라 판단되어야 한다.

ㄹ. 甲에게 소의 이익(권리보호의 필요)이 인정될 수 있는지 여부는「공중위생관리법 시행규칙」 [별표 7]의 법적 성격이 법규명령인지 또는 행정규칙인지 여부와 무관하다.

① ㄱ, ㄴ ② ㄱ, ㄷ ③ ㄴ, ㄷ ④ ㄴ, ㄹ
⑤ ㄷ, ㄹ

해설

ㄱ. [×], ㄹ. [○], 제재적 행정처분이 그 처분에서 정한 제재기간의 경과로 인하여 그 효과가 소멸되었으나, 부령인 시행규칙 또는 지방자치단체의 규칙(이하 이들을 '규칙'이라고 한다)의 형식으로 정한 처분기준에서 제재적 행정처분(이하 '선행처분'이라고 한다)을 받은 것을 가중사유나

전제요건으로 삼아 장래의 제재적 행정처분(이하 '후행처분'이라고 한다)을 하도록 정하고 있는 경우, 제재적 행정처분의 가중사유나 전제요건에 관한 규정이 법령이 아니라 규칙의 형식으로 되어 있다고 하더라도, 그러한 규칙이 법령에 근거를 두고 있는 이상 그 법적 성질이 대외적·일반적 구속력을 갖는 법규명령인지 여부와는 상관없이, 관할 행정청이나 담당공무원은 이를 준수할 의무가 있으므로 이들이 그 규칙에 정해진 바에 따라 행정작용을 할 것이 당연히 예견되고, 그 결과 행정작용의 상대방인 국민으로서는 그 규칙의 영향을 받을 수밖에 없다. 따라서 그러한 규칙이 정한 바에 따라 선행처분을 받은 상대방이 그 처분의 존재로 인하여 장래에 받을 불이익, 즉 후행처분의 위험은 구체적이고 현실적인 것이므로, 상대방에게는 선행처분의 취소소송을 통하여 그 불이익을 제거할 필요가 있다. 또한, 나중에 후행처분에 대한 취소소송에서 선행처분의 사실관계나 위법 등을 다툴 수 있는 여지가 남아 있다고 하더라도, 이러한 사정은 후행처분이 이루어지기 전에 이를 방지하기 위하여 직접 선행처분의 위법을 다투는 취소소송을 제기할 필요성을 부정할 이유가 되지 못한다. 그러한 쟁송방법을 막는 것은 여러 가지 불합리한 결과를 초래하여 권리구제의 실효성을 저해할 수 있기 때문이다. 오히려 앞서 본 바와 같이 행정청으로서는 선행처분이 적법함을 전제로 후행처분을 할 것이 당연히 예견되므로, 이러한 선행처분으로 인한 불이익을 선행처분 자체에 대한 소송에서 사전에 제거할 수 있도록 해 주는 것이 상대방의 법률상 지위에 대한 불안을 해소하는데 가장 유효적절한 수단이 된다고 할 것이고, 또한 그 소송을 통하여 선행처분의 사실관계 및 위법 여부가 조속히 확정됨으로써 이와 관련된 장래의 행정작용의 적법성을 보장함과 동시에 국민생활의 안정을 도모할 수 있다. 이상의 여러 사정과 아울러, 국민의 재판청구권을 보장한 헌법 제27조 제1항의 취지와 행정처분으로 인한 권익침해를 효과적으로 구제하려는 행정소송법의 목적 등에 비추어 행정처분의 존재로 인하여 국민의 권익이 실제로 침해되고 있는 경우는 물론이고 권익침해의 구체적·현실적 위험이 있는 경우에도 이를 구제하는 소송이 허용되어야 한다는 요청을 고려하면, 규칙이 정한 바에 따라 선행처분을 가중사유 또는 전제요건으로 하는 후행처분을 받을 우려가 현실적으로 존재하는 경우에는, 선행처분을 받은 상대방은 비록 그 처분에서 정한 제재기간이 경과하였다 하더라도 그 처분의 취소소송을 통하여 그러한 불이익을 제거할 권리보호의 필요성이 충분히 인정된다고 할 것이므로, 선행처분의 취소를 구할 법률상 이익이 있다고 보아야 한다(대법 2006. 6. 22. 2003두1684 전원합의체). ★★★

ㄴ. [○], ㄷ. [×], 공중위생법 제23조 제4항에 의하여 마련된 공중위생법시행규칙 제41조 별표 7에서 행정처분의 기준을 정하고 있더라도 이 시행규칙은 형식은 부령으로 되어 있으나 그 성질은 행정기관 내부의 사무처리준칙을 규정한 것에 불과한 것으로서 보건사회부장관이 관계행정기관 및 직원에 대하여 그 직무권한행사의 지침을 정하여 주기 위하여 발한 행정명령의 성질을 가지는 것이지 위 법 제23조 제1항에 의하여 보장된 재량권을 기속하거나 대외적으로 국민이나 법원을 기속하는 것은 아니라 할 것이다…일반적으로 제재적 행정처분이 사회통념상 재량권의 범위를 일탈하였거나 남용하였는지의 여부는 처분사유로 된 위반행위 의내용과 당해처분에 의하여 달성하려는 공익목적 및 이에 따르는 제반사정 등을 객관적으로 심리하여 공익침해의 정도와 그 처분으로 인하여 개인이 입게될 불이익을 비교교량하여 판단하여야 할 것이다(대법 1990. 6. 12. 90누1588).

정답 ④

<행정소송: 소의 이익>

문 30.

(2017 변시6회, 29번)

항고소송에서의 소의 이익(권리보호의 필요)에 관한 설명 중 옳은 것은? (다툼이 있는 경우 판례에 의함)

① 해임처분 무효확인 또는 취소소송 계속 중 해당 공무원의 임기가 만료되어 해임처분의 무효확인 또는 취소로 지위를 회복할 수 없는 경우 그 무효확인 또는 취소로 해임처분일부터 임기만료일까지 기간에 대한 보수지급을 구할 수 있더라도 해임처분의 무효확인 또는 취소를 구할 법률상 이익이 없다.

② 위법한 건축허가에 대해 취소소송으로 다투는 도중에 건축공사가 완료된 경우 그 취소를 구할 소의 이익이 인정된다.

③ 현역입영대상자가 현역병입영통지처분을 받고 현실적으로 입영을 하였다고 하더라도, 입영 이후의 법률관계에 영향을 미치고 있는 현역병입영통지처분의 취소를 구할 소의 이익이 있다.

④ 고등학교 졸업은 단지 대학입학자격이나 학력인정으로서의 의미만 있으므로, 고등학교 퇴학처분을 받은 후 고등학교 졸업학력 검정고시에 합격하였다면 고등학교 퇴학처분을 받은 자로서는 퇴학처분의 취소를 구할 소의 이익이 없다.

⑤ 항고소송인 행정처분에 관한 무효확인소송에 있어서 무효확인소송의 보충성이 요구된다.

해설

① [×], 해임처분 무효확인 또는 취소소송 계속 중 임기가 만료되어 해임처분의 무효확인 또는 취소로 지위를 회복할 수는 없다고 할지라도, 그 무효확인 또는 취소로 해임처분일부터 임기만료일까지 기간에 대한 보수 지급을 구할 수 있는 경우에는 해임처분의 무효확인 또는 취소를 구할 법률상 이익이 있다. 해임권자와 보수지급의무자가 다른 경우에도 마찬가지이다(대법 2012. 2. 23. 2011두5001).

② [×], 위법한 행정처분의 취소를 구하는 소는 위법한 처분에 의하여 발생한 위법상태를 배제하여 원상으로 회복시키고 그 처분으로 침해되거나 방해받은 권리와 이익을 보호 구제하고자 하는 소송이므로 비록 그 위법한 처분을 취소한다 하더라도 원상회복이 불가능한 경우에는 그 취소를 구할 이익이 없다. 건축허가가 건축법 소정의 이격거리를 두지 아니하고 건축물을 건축하도록 되어 있어 위법하다 하더라도 그 건축허가에 기하여 건축공사가 완료되었다면 그 건축허가를 받은 대지와 접한 대지의 소유자인 원고가 위 건축허가처분의 취소를 받아 이격거리를 확보할 단계는

지났으며 민사소송으로 위 건축물 등의 철거를 구하는 데 있어서도 위 처분의 취소가 필요한 것이 아니므로 원고로서는 위 처분의 취소를 구할 법률상의 이익이 없다고 한 사례(대법 1992. 4. 24. 91누11131).

③ [○], 병역법 제2조 제1항 제3호에 의하면 '입영'이란 병역의무자가 징집·소집 또는 지원에 의하여 군부대에 들어가는 것이고, 같은 법 제18조 제1항에 의하면 현역은 입영한 날부터 군부대에서 복무하도록 되어 있으므로 현역병입영통지처분에 따라 현실적으로 입영을 한 경우에는 그 처분의 집행은 종료되지만, 한편, 입영으로 그 처분의 목적이 달성되어 실효되었다는 이유로 다툴 수 없도록 한다면, 병역법상 현역입영대상자로서는 현역병입영통지처분이 위법하다 하더라도 법원에 의하여 그 처분의 집행이 정지되지 아니하는 이상 현실적으로 입영을 할 수밖에 없으므로 현역병입영통지처분에 대하여는 불복을 사실상 원천적으로 봉쇄하는 것이 되고, 또한 현역입영대상자가 입영하여 현역으로 복무하는 과정에서 현역병입영통지처분 외에는 별도의 다른 처분이 없으므로 입영한 이후에는 불복할 아무런 처분마저 없게 되는 결과가 되며, 나아가 입영하여 현역으로 복무하는 자에 대한 병적을 당해 군 참모총장이 관리한다는 것은 입영 및 복무의 근거가 된 현역병입영통지처분이 적법함을 전제로 하는 것으로서 그 처분이 위법한 경우까지를 포함하는 의미는 아니라고 할 것이므로, 현역입영대상자로서는 현실적으로 입영을 하였다고 하더라도, 입영 이후의 법률관계에 영향을 미치고 있는 현역병입영통지처분 등을 한 관할 지방병무청장을 상대로 위법을 주장하여 그 취소를 구할 소송상의 이익이 있다(대법 2003. 12. 26. 203두1875).

④ [×], 고등학교졸업이 대학입학자격이나 학력인정으로서의 의미밖에 없다고 할 수 없으므로 고등학교 졸업학력검정고시에 합격하였다 하여 고등학교 학생으로서의 신분과 명예가 회복될 수 없는 것이니 퇴학처분을 받은 자로서는 퇴학처분의 위법을 주장하여 그 취소를 구할 소송상의 이익이 있다(대법 1992. 7. 14. 91누4737).

⑤ [×], 행정소송은 행정청의 위법한 처분 등을 취소·변경하거나 그 효력 유무 또는 존재 여부를 확인함으로써 국민의 권리 또는 이익의 침해를 구제하고 공법상의 권리관계 또는 법 적용에 관한 다툼을 적정하게 해결함을 목적으로 하므로, 대등한 주체 사이의 사법상 생활관계에 관한 분쟁을 심판대상으로 하는 민사소송과는 목적, 취지 및 기능 등을 달리한다. 또한 행정소송법 제4조에서는 무효확인소송을 항고소송의 일종으로 규정하고 있고, 행정소송법 제38조 제1항에서는 처분 등을 취소하는 확정판결의 기속력 및 행정청의 재처분 의무에 관한 행정소송법 제30조를 무효확인소송에도 준용하고 있으므로 무효확인판결 자체만으로도 실효성을 확보할 수 있다. 그리고 무효확인소송의 보충성을 규정하고 있는 외국의 일부 입법례와는 달리 우리나라 행정소송법에는 명문의 규정이 없어 이로 인한 명시적 제한이 존재하지 않는다. 이와 같은 사정을 비롯하여 행정에 대한 사법통제, 권익구제의 확대와 같은 행정소송의 기능 등을 종합하여 보면, 행정처분의 근거 법률에 의하여 보호되는 직접적이고 구체적인 이익이 있는 경우에는 행정소송법 제35조에 규정된 '무효확인을 구할 법률상 이익'이 있다고 보아야 하고, 이와 별도로 무효확인소송의 보충성이 요구되는 것은 아니므로 행정처분의 무효를 전제로 한 이행소송 등과 같은 직접적인 구제수단이 있는지 여부를 따질 필요가 없다고 해석함이 상당하다(대법 2008. 3. 20. 2007두6342 전원합의체). ★★★

정답 ③

<행정소송: 소의 이익>

문 31.

(2019 변시8회, 27번)

甲은 식품위생법령상 적합한 시설을 갖추어 유흥주점 영업허가를 받아 업소를 경영하던 중 청소년을 출입시켜 주류를 제공하였음을 이유로 A시장으로부터 영업정지 2개월의 처분을 받았다. 이에 대해 甲은 해당 처분이 사실을 오인한 것임을 들어 다투고자 하였으나, 미처 취소소송을 제기하기 전에 영업정지기간이 도과되어 버렸다(「식품위생법 시행규칙」은 같은 이유로 2차 위반 시 영업정지 3개월의 제재처분을 하도록 규정하고 있다). 이에 관한 설명 중 옳은 것을 모두 고른 것은? (다툼이 있는 경우 판례에 의함)

> ㄱ. A시장은 유흥주점 영업허가를 하는 때에는 필요한 조건을 붙일 수 있다.
> ㄴ. A시장이 甲에 대하여 내린 영업정지처분의 적법 여부는 「식품위생법 시행규칙」의 행정처분기준에 적합한지의 여부만에 따라 판단할 것이 아니라 법의 규정 및 그 취지에 적합한 것인가의 여부에 따라 판단하여야 한다.
> ㄷ. 甲에 대한 2개월의 영업정지처분은 그 기간의 경과로 이미 효력이 상실되었으므로, 甲에게는 그 처분의 취소를 구할 법률상 이익이 인정되지 아니한다.
> ㄹ. 甲이 위 영업정지처분으로 인하여 재산적 손해를 입었다고 주장하며 국가배상소송을 제기하는 경우 수소법원은 위 처분에 대하여 「국가배상법」상 법령의 위반 사유가 있는지 독자적으로 판단할 수 있다.

① ㄱ　② ㄷ　③ ㄴ, ㄹ　④ ㄱ, ㄴ, ㄹ
⑤ ㄴ, ㄷ, ㄹ

해설

ㄱ. [○], 주택재건축사업시행의 인가는 상대방에게 권리나 이익을 부여하는 효과를 가진 이른바 수익적 행정처분으로서 법령에 행정처분의 요건에 관하여 일의적으로 규정되어 있지 아니한 이상 행정청의 재량행위에 속하므로, 처분청으로서는 법령상의 제한에 근거한 것이 아니라 하더라도 공익상 필요 등에 의하여 필요한 범위 내에서 여러 조건(부담)을 부과할 수 있다(대법 2007. 7. 12. 2007두6663).

ㄴ. [○], 구 식품위생법시행규칙(1993.7.3. 보건사회부령 제910호로 개정되기 전의 것) 제53조에서 [별표 15]로 식품위생법 제58조에 따른 행정처분의 기준을 정하였다고 하더라도 이는 형식만 부령으로 되어 있을 뿐, 그 성질은 행정기관 내부의 사무처리준칙을 정한 것으로서 행정명령의 성질을 가지는 것이고, 대외적으로 국민이나 법원을 기속하는 힘이 있는 것은 아니므로 같은 법 제58조 제1항에 의한 처분의 적법 여부는 같은법 시행규칙에 적합한 것인가의 여부에 따라 판단할 것이

아니라 같은 법의 규정 및 그 취지에 적합한 것인가의 여부에 따라 판단하여야 한다(대법 1995. 3. 28. 94누6925).

ㄷ. [×], 제재적 행정처분이 그 처분에서 정한 제재기간의 경과로 인하여 그 효과가 소멸되었으나, 부령인 시행규칙 또는 지방자치단체의 규칙(이하 이들을 '규칙'이라고 한다)의 형식으로 정한 처분기준에서 제재적 행정처분(이하 '선행처분'이라고 한다)을 받은 것을 가중사유나 전제요건으로 삼아 장래의 제재적 행정처분(이하 '후행처분'이라고 한다)을 하도록 정하고 있는 경우, 제재적 행정처분의 가중사유나 전제요건에 관한 규정이 법령이 아니라 규칙의 형식으로 되어 있다고 하더라도, 그러한 규칙이 법령에 근거를 두고 있는 이상 그 법적 성질이 대외적·일반적 구속력을 갖는 법규명령인지 여부와는 상관없이, 관할 행정청이나 담당공무원은 이를 준수할 의무가 있으므로 이들이 그 규칙에 정해진 바에 따라 행정작용을 할 것이 당연히 예견되고, 그 결과 행정작용의 상대방인 국민으로서는 그 규칙의 영향을 받을 수밖에 없다. 따라서 그러한 규칙이 정한 바에 따라 선행처분을 받은 상대방이 그 처분의 존재로 인하여 장래에 받을 불이익, 즉 후행처분의 위험은 구체적이고 현실적인 것이므로, 상대방에게는 선행처분의 취소소송을 통하여 그 불이익을 제거할 필요가 있다. 또한, 나중에 후행처분에 대한 취소소송에서 선행처분의 사실관계나 위법 등을 다툴 수 있는 여지가 남아 있다고 하더라도, 이러한 사정은 후행처분이 이루어지기 전에 이를 방지하기 위하여 직접 선행처분의 위법을 다투는 취소소송을 제기할 필요성을 부정할 이유가 되지 못한다. 그러한 쟁송방법을 막는 것은 여러 가지 불합리한 결과를 초래하여 권리구제의 실효성을 저해할 수 있기 때문이다. 오히려 앞서 본 바와 같이 행정청으로서는 선행처분이 적법함을 전제로 후행처분을 할 것이 당연히 예견되므로, 이러한 선행처분으로 인한 불이익을 선행처분 자체에 대한 소송에서 사전에 제거할 수 있도록 해 주는 것이 상대방의 법률상 지위에 대한 불안을 해소하는데 가장 유효적절한 수단이 된다고 할 것이고, 또한 그 소송을 통하여 선행처분의 사실관계 및 위법 여부가 조속히 확정됨으로써 이와 관련된 장래의 행정작용의 적법성을 보장함과 동시에 국민생활의 안정을 도모할 수 있다. 이상의 여러 사정과 아울러, 국민의 재판청구권을 보장한 헌법 제27조 제1항의 취지와 행정처분으로 인한 권익침해를 효과적으로 구제하려는 행정소송법의 목적 등에 비추어 행정처분의 존재로 인하여 국민의 권익이 실제로 침해되고 있는 경우는 물론이고 권익침해의 구체적·현실적 위험이 있는 경우에도 이를 구제하는 소송이 허용되어야 한다는 요청을 고려하면, 규칙이 정한 바에 따라 선행처분을 가중사유 또는 전제요건으로 하는 후행처분을 받을 우려가 현실적으로 존재하는 경우에는, 선행처분을 받은 상대방은 비록 그 처분에서 정한 제재기간이 경과하였다 하더라도 그 처분의 취소소송을 통하여 그러한 불이익을 제거할 권리보호의 필요성이 충분히 인정된다고 할 것이므로, 선행처분의 취소를 구할 법률상 이익이 있다고 보아야 한다(대법 2006. 6. 22. 2003두1684 전원합의체). ★★★

ㄹ. [○], 위법한 행정대집행이 완료되면 그 처분의 무효확인 또는 취소를 구할 소의 이익은 없다 하더라도, 미리 그 행정처분의 취소판결이 있어야만, 그 행정처분의 위법임을 이유로 한 손해배상 청구를 할 수 있는 것은 아니다(대법 1972. 4. 28. 72다337). ★★★

정답 ④

<행정소송: 가구제>

문 32.

(2012 변시1회, 26번)

다음 사례에 관한 설명 중 옳은 것은? (다툼이 있는 경우 판례에 의함)

> 甲은 관할 행정청 乙로부터 2009. 8. 3.을 납부기한으로 하는 과징금부과처분을 같은 해 6. 1. 고지받았으나, 이에 불복하여 과징금부과처분 취소소송을 제기하고 동시에 과징금부과처분에 대한 집행정지도 신청하였다. 법원은 2009. 7. 2. 위 본안소송에 대한 판결선고시까지 과징금부과처분의 집행을 정지한다는 결정을 내렸으나 甲이 2011. 6. 21. 결국 본안소송에서 패소하였다. 이에 甲이 2011. 6. 27. 당초 고지된 과징금을 납부하자 乙은 2009. 8. 3.의 납부기한을 도과하였으므로 그때부터 2011. 6. 27.까지의 체납에 따른 가산금도 납부하라는 징수처분을 하였다.

① 집행정지결정은 단지 징수권자가 징수집행을 하지 못하게 할 뿐 납부기간의 진행을 막을 수는 없으므로 甲은 마땅히 가산금을 납부하여야 한다.

② 본안소송에서 乙이 한 당초의 과징금부과처분이 적법하다고 판결이 내려진 이상 과징금부과처분에 기초하여 기간도과를 이유로 부과된 가산금징수처분에 중대하고 명백한 하자가 있다고 볼 수는 없다. 따라서 甲은 乙의 가산금 징수처분에 대하여 취소소송으로 다툴 수 있음은 별론으로 하고 가산금을 일단 납부하여야 한다.

③ 집행정지결정이 있으면 납부기간의 진행도 중단되기는 하지만 甲이 본안소송에서 패소하면 집행정지결정이 실효되므로 납부기간 중단의 효력도 소급하여 상실되어 甲이 가산금납부의무를 면할 수는 없다.

④ 甲의 집행정지신청이 받아들여지지 않았다 하더라도 과징금부과처분에 대한 취소소송이 진행되고 있는 동안에는 甲은 과징금을 납부할 의무가 없고, 따라서 과징금체납에 따른 가산금의 납부의무도 없다.

⑤ 집행정지결정으로 납부기간의 진행도 함께 중단되므로 본안소송에서 패소한 때부터 이미 진행된 기간을 제외한 나머지 기간이 다시 진행되어 甲의 납부는 납부기한 내에 납부한 것이 되고 가산금납부의무는 없다.

해설

① [×], ② [×], ③ [×], ⑤ [○], 일정한 납부기한을 정한 과징금부과처분에 대하여 '회복하기 어려운 손해'를 예방하기 위하여 긴급한 필요가 있고 달리 공공복리에 중대한 영향을 미치지 아니한다는 이유로 집행정지결정이 내려졌다면 그 집행정지기간 동안은 과징금부과처분에서 정한 과징금의 납부기간은 더 이상 진행되지 아니하고 집행정지결정이 당해 결정의 주문에 표시된 시기의 도래로 인하여 실효되면 그 때부터 당초의 과징금부과처분에서 정한 기간(집행정지결정 당시 이미 일부 진행되었다면 그 나머지 기간)이 다시 진행하는 것으로 보아야 한다...원고는 1999. 5. 27. 같은 해 8. 3.까지를 납부기한으로 한 이 사건 과징금부과처분을 받고, 같은 해 5. 31. 이를 고지받았으나 서울고등법원으로부터 1999. 7. 2. 이 사건 과징금부과처분에 대하여 본안소송의 판결선고시까지 집행을 정지한다는 내용의 집행정지결정을 받았으므로 과징금의 납부기간은 더 이상 진행하지 아니하고, 본안소송에서 패소한 2001. 6. 21. 이 사건 집행정지결정의 효력이 상실되어 그 때부터 이 사건 과징금부과처분에서 정한 기간 중 이미 진행된 기간을 제외한 그 나머지 기간이 다시 진행하므로 같은 해 6. 26.에 한 이 사건 과징금의 납부는 납부기한 내에 납부한 것이 되어 가산금이 발생하지 아니하였으므로 가산금이 발생하였음을 전제로 한 이 사건 징수처분은 그 하자가 중대하고도 명백한 것이어서 무효라 할 것이다.(대법 2003. 7. 11. 2002다48023). ★★

④ [×], 행정소송법 제23조(집행정지) ① 취소소송의 제기는 처분등의 효력이나 그 집행 또는 절차의 속행에 영향을 주지 아니한다.

정답 ⑤

<행정소송: 가구제>

문 33.

(2015 변시4회, 28번)

행정소송상 집행정지에 관한 설명 중 옳지 않은 것은? (다툼이 있는 경우 판례에 의함)

① 행정처분의 무효란 행정처분이 처음부터 아무런 효력도 발생하지 아니한다는 의미이므로 무효등확인소송에서는 집행정지가 인정되지 아니한다.

② 집행정지결정을 한 후에라도 본안소송이 취하되어 소송이 계속되지 않게 되면 이에 따라 집행정지결정의 효력은 당연히 소멸되는 것이고 별도의 취소조치가 필요한 것은 아니다.

③ 집행정지결정 또는 기각결정에 대하여는 즉시항고를 할 수 있고, 집행정지결정에 대한 즉시항고에는 결정의 집행을 정지하는 효력이 없다.

④ 집행정지의 소극적 요건으로서 '공공복리에 중대한 영향을 미칠 우려'에 대한 주장·소명책임은 행정청에게 있다.

⑤ 법원이 집행정지결정을 하면서 그 주문에서 당해 법원에 계속 중인 본안소송의 판결선고시까지 효력을 정지한 경우, 원고패소판결이 선고되면 그 본안판결의 선고시에 집행정지결정의 효력은 별도의 취소조치 없이 소멸하고 처분의 효력이 부활한다.

해설

① [×], 행정소송법 제23조(집행정지), 제38조(준용규정) ①제9조, 제10조, 제13조 내지 제17조, 제19조, 제22조 내지 제26조, 제29조 내지 제31조 및 제33조의 규정은 무효등 확인소송의 경우에 준용한다.

② [○], 행정처분의 집행정지결정을 하려면 이에 대한 본안소송이 법원에 제기되어 계속중임을 요건으로 할 것이고 집행정지결정을 한 후에라도 본안소송이 취하되어 그 소송에 계속하지 아니한 것으로 되면 이에 따라 집행정지결정은 당연히 그 효력이 소멸되는 것이고 별도의 취소조치를 필요로 하는 것은 아니다(대법 1975. 11. 11. 75누97). ★★

③ [○], 행정소송법 제23조(집행정지) ⑤ 제2항의 규정에 의한 집행정지의 결정 또는 기각의 결정에 대하여는 즉시항고할 수 있다. 이 경우 집행정지의 결정에 대한 즉시항고에는 결정의 집행을 정지하는 효력이 없다.

④ [○], 행정소송법 제23조 제3항에서 집행정지의 요건으로 규정하고 있는 '공공복리에 중대한 영향을 미칠 우려'가 없을 것이라고 할 때의 '공공복리'는 그 처분의 집행과 관련된 구체적이고도 개별적인 공익을 말하는 것으로서 이러한 집행정지의 소극적 요건에 대한 주장·소명책임은 행정청에게 있다(대법 1999. 12. 20. 99무42). ★★

⑤ [○], 행정소송법 제23조에 의한 집행정지결정의 효력은 결정주문에서 정한 시기까지 존속하였다가 그 시기의 도래와 동시에 당연히 실효하는 것이므로, 일정기간 동안 업무를 정지할 것을 명한 행정청의 업무정지처분에 대하여 법원이 집행정지결정을 하면서 주문에서 당해 법원에 계속중인 본안소송의 판결선고시까지 처분의 효력을 정지한다고 선언하였을 경우에는 당초 처분에서 정한 업무정지기간의 진행은 그때까지 저지되다가 본안소송의 판결선고에 의하여 위 정지결정의 효력이 소멸함과 동시에 당초 처분의 효력이 당연히 부활되어 그 처분에서 정하였던 정지기간(정지결정 당시 이미 일부 진행되었다면 나머지 기간)은 이때부터 다시 진행한다 할 것이다(대법원 2004. 11. 25. 선고 2004두9012 판결 참조)(대법 2005. 6. 10. 2005두1190).

정답 ①

<행정소송: 집행정지>

문 34.

(2018 변시7회, 39번)

「행정소송법」상 집행정지에 관한 설명 중 옳지 않은 것은? (다툼이 있는 경우 판례에 의함)

① 집행정지결정을 한 후 본안소송이 취하되어 소송이 계속하지 아니한 것으로 되면 집행정지결정은 당연히 그 효력이 소멸되는 것이고 이에 대한 별도의 취소조치가 필요한 것은 아니다.

② 행정처분의 집행정지를 구하는 신청사건에서는 「행정소송법」 제23조에서 정한 요건의 존부만이 판단의 대상이 되므로 집행정지사건 자체에 의하여도 신청인의 본안청구가 적법한 것이어야 한다는 것을 집행정지의 요건에 포함시켜서는 아니 된다.

③ '처분 등이나 그 집행 또는 절차의 속행으로 인하여 생길 회복하기 어려운 손해를 예방하기 위하여 긴급한 필요'가 있는지는 처분의 성질과 태양 및 내용, 처분 상대방이 입게 될 손해의 성질·내용 및 정도, 원상회복·금전배상의 방법 및 난이 등은 물론 본안청구의 승소가능성 정도 등을 종합적으로 고려하여 구체적·개별적으로 판단하여야 한다.

④ 집행정지의 소극적 요건으로서 '공공복리에 중대한 영향을 미칠 우려가 없을 것'이라고 할 때의 공공복리는 그 처분의 집행과 관련된 구체적·개별적인 공익을 말하고, 피신청인인 행정청이 공공복리에 중대한 영향을 미칠 우려가 있다는 점을 주장·소명하여야 한다.

⑤ 행정처분의 집행정지를 구하는 사건 자체에 의하여도 신청인의 본안청구가 이유 없음이 명백할 때에는 행정처분의 집행정지를 명할 수 없다.

해설

① [○], 행정처분의 집행정지결정을 하려면 이에 대한 본안소송이 법원에 제기되어 계속중임을 요건으로 할 것이고 집행정지결정을 한 후에라도 본안소송이 취하되어 그 소송에 계속하지 아니한 것으로 되면 이에 따라 집행정지결정은 당연히 그 효력이 소멸되는 것이고 별도의 취소조치를 필요로 하는 것은 아니다(대법 1975. 11. 11. 75누97). ★★

② [×], ⑤ [○], 행정처분의 효력정지나 집행정지를 구하는 신청사건에서 행정처분 자체의 적법여부는 궁극적으로 본안재판에서 심리를 거쳐 판단할 성질의 것이므로 원칙적으로는 판단할 것이 아니고 그 행정처분의 효력이나 집행을 정지할 것인가에 대한 행정소송법 제23조 제2항, 제3항에 정해진 요건의 존부만이 판단의 대상이 된다고 할 것이지만, 효력정지나 집행정지는 신청인이 본안소송에서 승소판결을 받을 때까지 그 지위를 보호함과 동시에 후에 받을 승소판결을 무의미하게 하는 것을 방지하려는 것이어서 본안소송에서 처분의 취소가능성이 없음에도 처분의 효력이나 집행의 정지를 인정한다는 것은 제도의 취지에 반하므로 효력정지나 집행정지사건 자체에 의하여도 신청인의 본안청구가 이유 없음이 명백하지 않아야 한다는 것도 효력정지나 집행정지의 요건에 포함시켜야 한다(대법 1997. 4. 28. 96누75). ★★

③ [○], 행정소송법 제23조 제2항에서 정하고 있는 효력정지 요건인 '회복하기 어려운 손해'란, 특별한 사정이 없는 한 금전으로 보상할 수 없는 손해로서 금전보상이 불가능한 경우 내지는 금전보상으로는 사회관념상 행정처분을 받은 당사자가 참고 견딜 수 없거나 참고 견디기가 현저히 곤란한 경우의 유형, 무형의 손해를 일컫는다. 그리고 '처분 등이나 그 집행 또는 절차의 속행으로 인하여 생길 회복하기 어려운 손해를 예방하기 위하여 긴급한 필요'가 있는지는 처분의 성질과 태양 및 내용, 처분상대방이 입는 손해의 성질·내용 및 정도, 원상회복·금전배상의 방법 및 난이 등은 물론 본안청구의 승소가능성 정도 등을 종합적으로 고려하여 구체적·개별적으로 판단하여야 한다(대법 2011. 4. 21. 2010무111 전원합의체). ★★

④ [○], 행정소송법 제23조 제3항에서 집행정지의 요건으로 규정하고 있는 '공공복리에 중대한 영향을 미칠 우려'가 없을 것이라고 할 때의 '공공복리'는 그 처분의 집행과 관련된 구체적이고도 개별적인 공익을 말하는 것으로서 이러한 집행정지의 소극적 요건에 대한 주장·소명책임은 행정청에게 있다(대법 1999. 12. 20. 99무42). ★★

정답 ②

<행정소송: 집행정지>

문 35.

(2022 변시11회, 26번)

「행정소송법」상 집행정지에 관한 설명 중 옳지 않은 것은? (다툼이 있는 경우 판례에 의함)

① 처분의 효력을 정지하는 집행정지결정이 이루어지면 결정 주문에서 정한 정지기간 중에는 처분이 없었던 원래의 상태와 같은 상태가 되며 처분청이 처분을 실현하기 위한 조치를 할 수 없다.

② 집행정지결정의 효력은 결정주문에서 정한 기간까지 존속하다가 그 기간의 만료와 동시에 당연히 소멸한다.

③ 집행정지는 행정쟁송절차에서 실효적 권리구제를 확보하기 위한 잠정적 조치일 뿐이므로, 본안 확정판결로 해당 제재처분이 적법하다는 점이 확인되었다면 처분청은 제재처분의 상대방이 집행정지가 이루어지지 않은 경우와 비교하여 제재를 덜 받게 되는 결과가 초래되도록 해서는 안 된다.

④ 항고소송을 제기한 원고가 본안소송에서 패소확정판결을 받은 경우에는 집행정지결정의 효력이 소급적으로 소멸한다.

⑤ 처분상대방이 집행정지결정을 받지 못했으나 본안소송에서 해당 제재처분이 위법함이 확인되어 취소하는 판결이 확정되면, 처분청은 그 제재처분으로 처분상대방에게 초래된 불이익한 결과를 제거하기 위하여 필요한 조치를 취하여야 한다.

해설

① [○], 행정소송법 제23조에 따른 집행정지결정이 있으면 결정 주문에서 정한 정지기간 중에는 처분을 실현하기 위한 조치를 할 수 없다(대법 2003. 7. 11. 2002다48023 참조). 특히 처분의 효력을 정지하는 집행정지결정이 있으면 결정 주문에서 정한 정지기간 중에는 처분이 없었던 원래의 상태와 같은 상태가 된다(대법 2007. 3. 29. 2006두17543 참조). ★★

② [○], 집행정지결정의 효력은 결정 주문에서 정한 기간까지 존속하다가 그 기간이 만료되면 장래에 향하여 소멸한다(대법 2017. 7. 11. 2013두25498 참조).

③ [○], 집행정지는 행정쟁송절차에서 실효적 권리구제를 확보하기 위한 잠정적 조치일 뿐이므로, 본안 확정판결로 해당 제재처분이 적법하다는 점이 확인되었다면 제재처분의 상대방이 잠정적 집행정지를 통해 집행정지가 이루어지지 않은 경우와 비교하여 제재를 덜 받게 되는 결과가 초래되도록 해서는 안 된다(대법 2017. 7. 11. 2013두25498의 취지 참조).

④ [×], 집행정지결정의 효력은 결정 주문에서 정한 기간까지 존속하다가 그 기간이 만료되면 장래에 향하여 소멸한다. 집행정지결정은 처분의 집행으로 회복하기 어려운 손해를 예방하기 위하여 긴급한 필요가 있고 달리 공공복리에 중대한 영향을 미치지 않을 것을 요건으로 하여 본안판결이 있을 때까지 해당 처분의 집행을 잠정적으로 정지함으로써 위와 같은 손해를 예방하는 데 취지가 있으므로, 항고소송을 제기한 원고가 본안소송에서 패소확정판결을 받았더라도 집행정지결정의 효력이 소급하여 소멸하지 않는다.

⑤ [○], 그러나 제재처분에 대한 행정쟁송절차에서 처분에 대해 집행정지결정이 이루어졌더라도 본안에서 해당 처분이 최종적으로 적법한 것으로 확정되어 집행정지결정이 실효되고 제재처분을 다시 집행할 수 있게 되면, 처분청으로서는 당초 집행정지결정이 없었던 경우와 동등한 수준으로 해당 제재처분이 집행되도록 필요한 조치를 취하여야 한다. 집행정지는 행정쟁송절차에서 실효적 권리구제를 확보하기 위한 잠정적 조치일 뿐이므로, 본안 확정판결로 해당 제재처분이 적법하다는 점이 확인되었다면 제재처분의 상대방이 잠정적 집행정지를 통해 집행정지가 이루어지지 않은 경우와 비교하여 제재를 덜 받게 되는 결과가 초래되도록 해서는 안 된다. 반대로, 처분상대방이 집행정지결정을 받지 못했으나 본안소송에서 해당 제재처분이 위법하다는 것이 확인되어 취소하는 판결이 확정되면, 처분청은 그 제재처분으로 처분상대방에게 초래된 불이익한 결과를 제거하기 위하여 필요한 조치를 취하여야 한다(대법 2020. 9. 3. 2020두34070).

정답 ④

<행정소송: 취소소송 복합>

문 36.

(2019 변시8회, 21번)

甲회사는 한국철도시설공단(이하 '공단'이라 함)이 「국가를 당사자로 하는 계약에 관한 법률」에 따라 발주하는 시설공사의 입찰서류로 제출한 공사실적증명서가 허위라는 이유로 공단으로부터 기획재정부령인 「공기업·준정부기관 계약사무규칙」 제12조에 따라 공단이 제정한 「공사낙찰적격심사세부기준」에 근거하여 향후 2년간 공사낙찰적격심사 시 종합취득점수의 10/100을 감점한다는 내용의 공사낙찰적격심사 감점조치를 통보받았다. 甲회사는 감점조치 통보에 대해 취소소송을 제기하면서 동시에 감점조치에 대한 효력정지를 신청하였다. 이에 관한 설명 중 옳은 것을 모두 고른 것은? (다툼이 있는 경우 판례에 의함)

> 【참고】
> 「공기업·준정부기관 계약사무규칙」 제12조(적격심사기준의 작성) 기관장은 입찰참가자의 계약이행능력의 심사에 관하여 「국가를 당사자로 하는 계약에 관한 법률 시행령」 제42조 제5항 본문에 따라 기획재정부장관이 정하는 심사기준에 따라 세부심사기준을 정할 수 있다.

> ㄱ. 공단이 제정한 「공사낙찰적격심사세부기준」은 대외적 구속력이 없다.
> ㄴ. 공단이 甲회사에 대해 행한 감점조치는 취소소송의 대상이 되는 처분이다.
> ㄷ. 甲회사의 효력정지신청은 집행정지요건을 갖추지 못하여 부적법하다.
> ㄹ. 국가를 당사자로 하는 계약에 관한 법령에 따라 공단과 甲회사가 계약을 체결할 때 계약서를 작성해야 하는 경우, 해당 법령상의 요건과 절차를 충족하지 아니하면 그 계약은 효력이 없다.

① ㄱ, ㄴ ② ㄱ, ㄷ ③ ㄴ, ㄹ ④ ㄱ, ㄷ, ㄹ
⑤ ㄴ, ㄷ, ㄹ

해설

ㄱ. [○], ㄴ. [×], 피고가 2008. 12. 31. 원고에 대하여 한 공사낙찰적격심사 감점처분(이하 '이 사건 감점조치'라 한다)의 근거로 내세운 규정은 피고의 공사낙찰적격심사세부기준(이하 '이 사건

세부기준'이라 한다) 제4조 제2항인 사실, 이사건 세부기준은 공공기관의 운영에 관한 법률 제39조 제1항, 제3항, 구 공기업·준정부기관 계약사무규칙(2009. 3. 5. 기획재정부령 제59호로 개정되기 전의 것, 이하 같다)제12조에 근거하고 있으나, 이러한 규정은 공공기관이 사인과 사이의 계약관계를 공정하고 합리적·효율적으로 처리할 수 있도록 관계 공무원이 지켜야 할 계약사무처리에관한 필요한 사항을 규정한 것으로서 공공기관의 내부규정에 불과하여 대외적 구속력이 없는 것임을 알 수 있다. 이러한 사실을 위 법리에 비추어 보면, 피고가 원고에 대하여 한 이 사건 감점통보조치는 행정청이나 그 소속 기관 또는 그 위임을 받은 공공단체의 공법상의 행위가아니라 장차 그 대상자인 원고가 피고가 시행하는 입찰에 참가하는 경우에 그 낙찰적격자 심사 등 계약 사무를 처리함에 있어 피고 내부규정인 이 사건 세부기준에 의하여 종합취득점수의 10/100을 감점하게 된다는 뜻의 사법상의 효력을 가지는 통지행위에 불과하다 할 것이고, 또한 피고의 이와 같은 통지행위가 있다고 하여 원고에게 공공기관의 운영에 관한 법률 제39조 제2항, 제3항, 구 공기업·준정부기관 계약사무규칙 제15조에 의한 국가, 지방자치단체 또는 다른 공공기관에서 시행하는 모든 입찰에의 참가자격을 제한하는 효력이 발생한다고 볼 수도 없으므로, 피고의 이 사건 감점조치는 행정소송의 대상이 되는 행정처분이라고 할 수 없다(대법 2014. 12. 24. 2010두6700).

ㄷ. [○], 행정처분의 효력정지나 집행정지를 구하는 신청사건에서 행정처분 자체의 적법 여부는 궁극적으로 본안재판에서 심리를 거쳐 판단할 성질의 것이므로 원칙적으로는 판단할 것이 아니고 그 행정처분의 효력이나 집행을 정지할 것인가에 대한 행정소송법 제23조 제2항, 제3항에 정해진 요건의 존부만이 판단의 대상이 된다고 할 것이지만, 효력정지나 집행정지는 신청인이 본안소송에서 승소판결을 받을 때까지 그 지위를 보호함과 동시에 후에 받을 승소판결을 무의미하게 하는 것을 방지하려는 것이어서 본안소송에서 처분의 취소가능성이 없음에도 처분의 효력이나 집행의 정지를 인정한다는 것은 제도의 취지에 반하므로 효력정지나 집행정지사건 자체에 의하여도 신청인의 본안청구가 이유 없음이 명백하지 않아야 한다는 것도 효력정지나 집행정지의 요건에 포함시켜야 한다(대법 1997. 4. 28. 96누75). ★★

ㄹ. [○], 지방재정법 제63조는 지방자치단체를 당사자로 하는 계약에 관하여 이 법 및 다른 법령에서 정한 것을 제외하고는 국가를당사자로하는계약에관한법률의 규정을 준용한다고 규정하고 있고, 이에 따른 준용조문인 국가를당사자로하는계약에관한법률 제11조 제1항, 제2항에 의하면 지방자치단체가 계약을 체결하고자 할 때에는 계약의 목적, 계약금액, 이행기간, 계약보증금, 위험부담, 지체상금 기타 필요한 사항을 명백히 기재한 계약서를 작성하여야 하고, 그 담당 공무원과 계약상대자가 계약서에 기명·날인 또는 서명함으로써 계약이 확정된다고 규정하고 있는바, 위 각 규정의 취지에 의하면 지방자치단체가 사경제의 주체로서 사인과 사법상의 계약을 체결함에 있어서는 위 법령에 따른 계약서를 따로 작성하는 등 그 요건과 절차를 이행하여야 할 것이고, 설사 지방자치단체와 사인 사이에 사법상의 계약이 체결되었다 하더라도 위 법령상의 요건과 절차를 거치지 아니한 계약은 그 효력이 없다고 할 것이다(대법원 1989. 4. 25. 선고 86다카2329 판결, 2004. 1. 27. 선고 2003다14812 판결 등 참조)(대법 2005. 5. 27. 2004다30811).

정답 ④

<행정소송: 취소소송 복합>

문 37.

(2019 변시8회, 33번)

행정처분을 다투는 사안에서 허용되지 않는 것을 모두 고른 것은? (다툼이 있는 경우 판례에 의함)

ㄱ. 사인이 대형마트에 대한 영업제한처분의 취소소송을 제기하면서 국제협정으로 체결되어 있는 「서비스 무역에 관한 일반협정(General Agreement on Trade in Services, GATS)」상 시장접근 제한금지 조항의 위반을 독립된 취소사유로 주장하는 경우
ㄴ. 자동차운수사업면허조건을 위반한 甲에 대하여 A행정청이 부과한 과징금부과처분이 법이 정한 한도액을 초과하여 위법한 때, 법원이 그 한도액을 초과한 부분만을 취소하는 경우
ㄷ. 일정한 법규위반사실이 행정처분의 전제사실이 되는 한편 이와 동시에 형사법규의 위반사실이 되는 때, 형사판결이 확정되지 않았음에도 이에 앞서 그 위반사실을 들어 행정처분을 하는 경우
ㄹ. 「식품위생법」에 따른 식품접객업(일반음식점영업)의 영업신고 요건을 갖춘 甲이 영업신고를 하였으나, 그 영업신고를 한 해당 건축물이 「건축법」 소정의 허가를 받지 아니한 무허가 건물이라는 이유로 관할 행정청이 甲의 신고를 거부하는 경우

① ㄱ

② ㄱ, ㄴ

③ ㄷ, ㄹ

④ ㄱ, ㄴ, ㄹ

⑤ ㄴ, ㄷ, ㄹ

해설

ㄱ. [×], 이 사건 각 협정은 국가와 국가 사이의 권리·의무관계를 설정하는 국제협정으로서, 그 내용 및 성질에 비추어 이와 관련한 법적 분쟁은 협정에서 정한 바에 따라 국가 간 분쟁해결기구에서 해결하는 것이 원칙이고, 특별한 사정이 없는 한 사인에 대하여는 협정의 직접 효력이 미치지 아니한다.따라서 이 사건 각 협정의 개별 조항 위반을 주장하여 사인이 직접 국내 법원에 해당 국가의 정부를 상대로 그 처분의 취소를 구하는 소를 제기하거나 협정 위반을 처분의 독립된 취소사유로 주장하는 것은 허용되지 아니한다(대법원 2009.1.30.선고 2008두17936 판결 참조)(대법 2015. 11. 19. 2015두295 전원합의체).

ㄴ. [×], 자동차운수사업면허조건 등을 위반한 사업자에 대하여 행정청이 행정제재수단으로 사업정지를 명할 것인지, 과징금을 부과할 것인지, 과징금을 부과키로 한다면 그 금액은 얼마로 할 것인지에 관하여 재량권이 부여되었다 할 것이므로 과징금 부과처분이 법이 정한 한도액을 초과하여 위법할 경우 법원으로서는 그 전부를 취소할 수 밖에 없고, 그 한도액을 초과한 부분이나 법원이 적정하다고 인정되는 부분을 초과한 부분만을 취소할 수 없다(금 1,000,000원을 부과한 당해 처분 중 금 100,000원을 초과하는 부분은 재량권 일탈·남용으로 위법하다며 그 일부분만을 취소한 원심판결을 파기한 사례)(대법 1998. 4. 10. 98두2270).

ㄷ. [○], 일정한 법규위반 사실이 행정처분의 전제 사실이 되는 한편 이와 동시에 형사법규의 위반 사실이 되는 경우에 행정처분과 형벌은 각기 그 권력적 기초, 대상, 목적을 달리하고 있으므로 동일한 행위에 관하여 독립적으로 행정처분이나 형벌을 과하거나 이를 병과할 수 있는 것이고 법규가 예외적으로 형사소추선행의 원칙을 규정하고 있지 아니한 이상 형사판결 확정에 앞서 일정한 위반사실을 들어 행정처분을 하였다고 하여 절차적 위반이 있다고 할 수 없다(대법 1986. 7. 8. 85누1002).

ㄹ. [○], 식품위생법과 건축법은 그 입법 목적, 규정사항, 적용범위 등을 서로 달리하고 있어 식품접객업에 관하여 식품위생법이 건축법에 우선하여 배타적으로 적용되는 관계에 있다고는 해석되지 않는다. 그러므로 식품위생법에 따른 식품접객업(일반음식점영업)의 영업신고의 요건을 갖춘 자라고 하더라도, 그 영업신고를 한 당해 건축물이 건축법 소정의 허가를 받지 아니한 무허가 건물이라면 적법한 신고를 할 수 없다(대법 2009. 4. 23. 2008도6829).

정답 ②

<행정소송: 심리>

문 38.

(2014 변시3회, 25번)

행정처분의 근거법령의 적용시점과 위법판단의 기준시점에 관한 설명 중 옳지 않은 것은? (다툼이 있는 경우 판례에 의함)

① 허가신청 후 처분 전에 관계 법령이 개정시행된 경우 신법령 부칙에 경과규정을 두지 아니한 이상 당연히 허가신청 당시의 법령에 의하여 허가 여부를 판단하여야 하는 것은 아니며, 소관 행정청이 허가신청을 수리하고도 정당한 이유 없이 처리를 늦추어 그 사이에 법령 및 허가기준이 변경된 것이 아닌 한 변경된 법령 및 허가기준에 따라서 한 불허가처분은 적법하다.

② 행정소송에서 행정처분의 위법 여부는 원칙적으로 행정처분이 행하여졌을 때의 법령과 사실상태를 기준으로 하여 판단하여야 하고, 처분 후 법령의 개폐나 사실상태의 변동에 의하여 영향을 받지는 않는다.

③ 개정 전 법령의 존속에 대한 국민의 신뢰가 개정 법령의 적용에 관한 공익상의 요구보다 더 보호가치가 있다고 인정되는 경우, 국민의 신뢰를 보호하기 위하여 개정 법령의 적용이 제한될 수 있는 여지가 있다.

④ 건설업자가 시공자격 없는 자에게 전문공사를 하도급한 행위에 대하여 과징금 부과처분을 하는 경우, 구체적인 부과기준에 대하여 처분시의 법령이 행위시의 법령보다 불리하게 개정되었고 어느 법령을 적용할 것인지에 대하여 특별한 규정이 없다면 처분시의 법령을 적용하여야 한다.

⑤ 조세법령이 일단 효력을 발생하였다가 폐지 또는 개정된 경우 조세법령이 정한 과세요건 사실이 폐지 또는 개정된 당시까지 완료된 때에는 다른 경과규정이 없는 한 그 과세요건 사실에 대하여는 종전의 조세법령이 계속 효력을 가지므로, 조세법령의 폐지 또는 개정 전에 종결된 과세요건 사실에 대하여 폐지 또는 개정 전의 조세법령을 적용하는 것이 조세법률주의의 원칙에 위배된다고 할 수 없다.

해설

① [○], 행정행위는 처분 당시에 시행중인 법령과 허가기준에 의하여 하는 것이 원칙이고 인 허가신청 후 처분 전에 관계 법령이 개정 시행된 경우 신법령 부칙에 그 시행 전에 이미 허가신청이 있는 때에는 종전의 규정에 의한다는 취지의 경과규정을 두지 아니한 이상 당연히 허가신청 당시의 법령에 의하여 허가 여부를 판단하여야 하는 것은 아니며, 소관 행정청이 허가신청을 수리하고도 정당한 이유 없이 처리를 늦추어 그 사이에 법령 및 허가기준이 변경된 것이 아닌 한 변경된 법령 및 허가기준에 따라서 한 불허가처분은 적법하다(대법 1998. 3. 27. 96누19772).

② [○], 행정소송에서 행정처분의 위법 여부는 행정처분이 있을 때의 법령과 사실상태를 기준으로 하여 판단하여야 하고, 처분 후 법령의 개폐나 사실상태의 변동에 의하여 영향을 받지는 않는다고 할 것이고, 하자 있는 행정행위의 치유는 행정행위의 성질이나 법치주의의 관점에서 볼 때 원칙적으로 허용될 수 없는 것이고, 예외적으로 행정행위의 무용한 반복을 피하고 당사자의 법적 안정성을 위해 이를 허용하는 때에도 국민의 권리나 이익을 침해하지 않는 범위에서 구체적 사정에 따라 합목적적으로 인정하여야 한다(대법 2002. 7. 9. 2001두10684).

③ [○], 의무사관후보생의 병적에서 제적된 자가 몇 세부터 징병검사·현역병입영 등의 의무를 면제받는가 하는 점에 관한 관계 법령의 규정이 개정되어 온 경우, 새로이 개정된 법령의 경과규정에서 달리 정함이 없는 한 위 병적에서 제적될 당시에 시행되는 개정 법령과 그에서 정한 기준에 의하는 것이 원칙이고, 그러한 개정 법령의 적용과 관련하여서는 개정 전 법령의 존속에 대한 국민의 신뢰가 개정 법령의 적용에 관한 공익상의 요구보다 더 보호가치가 있다고 인정되는 경우에 그러한 국민의 신뢰보호를 보호하기 위하여 그 적용이 제한될 수 있는 여지가 있을 따름이다(대법 2002. 6. 25. 2001두3228).

④ [×], 건설업자가 시공자격 없는 자에게 전문공사를 하도급한 행위에 대하여 과징금 부과처분을 하는 경우, 구체적인 부과기준에 대하여 처분시의 법령이 행위시의 법령보다 불리하게 개정되었고 어느 법령을 적용할 것인지에 대하여 특별한 규정이 없다면 행위시의 법령을 적용하여야 한다고 한 사례(대법 2002. 12. 10. 2001두3228).

⑤ [○], 조세법률주의의 원칙상 조세의무는 각 세법에 정한 과세요건이 완성된 때에 성립된다고 할 것이나, 조세법령이 일단 효력을 발생하였다가 폐지 또는 개정된 경우 조세법령이 정한 과세요건 사실이 폐지 또는 개정된 당시까지 완료된 때에는 다른 경과규정이 없는 한 그 과세요건 사실에 대하여는 종전의 조세법령이 계속 효력을 가지며, 조세법령의 폐지 또는 개정 후에 발생된 행위사실에 대하여만 효력을 잃는 것이라고 보아야 할 것이므로, 조세법령의 폐지 또는 개정 전에 종결된 과세요건 사실에 대하여 폐지 또는 개정 전의 조세법령을 적용하는 것이 조세법률주의의 원칙에 위배된다고 할 수 없다(대법 1993. 5. 11. 92누18399).

정답 ④

<행정소송: 심리>

문 39.

(2014 변시3회, 36번)

甲은 2013. 3. 6. 산림 내에서의 토석채취허가신청을 하였는데 허가권자인 A는 2013. 4. 1. 인근 주민들의 동의서를 제출하지 않았다는 사유로 이를 반려하였다. 이에 甲은 2013. 5. 1. 인근주민들의 동의서를 받지 못한 것은 사실이나 위 사유는 적법한 반려사유가 아니라는 이유로 서울행정법원에 위 반려처분의 취소를 구하는 소를 제기하였고, 서울행정법원은 2013. 9. 6. 변론을 종결하고 2013. 9. 20. 위 반려처분을 취소하는 판결을 선고하였으며, 그 후 위 판결은 확정되었다. 위 사례와 관련된 설명 중 옳은 것을 모두 고른 것은? (다툼이 있는 경우 판례에 의함)

ㄱ. 행정소송에서 쟁송의 대상이 되는 행정처분의 존부는 소송요건으로서 직권조사사항이고, 자백의 대상이 될 수 없는 것이므로, 당사자들이 위 반려처분의 존재를 다투지 아니한다 하더라도 그 존부에 관하여 의심이 있는 경우에는 수소법원은 이를 직권으로 밝혀보아야 한다.

ㄴ. 행정소송은 민사소송과 달리 공법상 권리관계를 다루는 소송이어서 원칙적으로 변론주의가 적용되지 않으므로, 수소법원은 인근 주민들의 동의서를 제출하지 않았다는 사실에 대하여 당사자 사이에 다툼이 없더라도 증거를 조사하여 그 사실을 확정해야 한다.

ㄷ. 수소법원은 위 반려처분 당시 A가 알고 있었던 자료뿐만 아니라 변론종결 당시까지 제출된 모든 자료를 종합하여 처분 당시 존재하였던 객관적 사실을 확정하고 그 사실에 기초하여 위 반려처분의 위법 여부를 판단할 수 있다.

ㄹ. A가 소송 계속 중에 '토석채취를 하게 되면 자연경관이 심히 훼손되고 토석운반차량의 통행시 일어나는 소음, 먼지의 발생, 토석채취장에서 흘러내리는 토사가 부근의 농경지를 매몰할 우려가 있는 등 공익에 미치는 영향이 지대하기 때문에 위 반려처분이 적법하다'는 사유를 새로이 처분사유로 추가하는 것은 당초의 처분사유와 기본적 사실관계의 동일성이 없는 별개의 처분사유를 주장하는 것이므로 허용되지 아니한다.

ㅁ. A는 위 확정 판결의 취지에 따라 이전의 신청에 대하여 재처분할 의무가 있으므로, 위 소송의 변론종결 이후에 발생한 새로운 사유를 내세워 다시 이전의 신청에 대하여 거부처분을 할 수 없고 토석채취허가를 해야 한다.

① ㄱ, ㄴ, ㄹ ② ㄱ, ㄴ, ㅁ
③ ㄱ, ㄷ, ㄹ ④ ㄴ, ㄷ, ㅁ
⑤ ㄷ, ㄹ, ㅁ

해설

ㄱ. [○], 행정소송에서 쟁송의 대상이 되는 행정처분의 존부는 소송요건으로서 직권조사사항이고, 자백의 대상이 될 수 없는 것이므로, 설사 그 존재를 당사자들이 다투지 아니한다 하더라도 그 존부에 관하여 의심이 있는 경우에는 이를 직권으로 밝혀 보아야 한다(대법 2001. 11. 9. 98두892).

ㄴ. [×], 행정소송법 제26조가 법원은 필요하다고 인정할 때에는 직권으로 증거조사를 할 수 있고, 당사자가 주장하지 아니한 사실에 대하여도 판단할 수 있다고 규정하고 있지만, 이는 행정소송의 특수성에 연유하는 당사자주의, 변론주의에 대한 일부 예외 규정일 뿐 법원이 아무런 제한 없이 당사자가 주장하지 아니한 사실을 판단할 수 있는 것은 아니고, 일건 기록에 현출되어 있는 사항에 관하여서만 직권으로 증거조사를 하고 이를 기초로 하여 판단할 수 있을 따름이고, 그것도 법원이 필요하다고 인정할 때에 한하여 청구의 범위내에서 증거조사를 하고 판단할 수 있을 뿐이다(대법 1994. 10. 11. 94누4820).

ㄷ. [○], 항고소송에 있어서 행정처분의 위법 여부를 판단하는 기준 시점에 대하여 판결시가 아니라 처분시라고 하는 의미는 행정처분이 있을 때의 법령과 사실상태를 기준으로 하여 위법 여부를 판단할 것이며 처분 후 법령의 개폐나 사실상태의 변동에 영향을 받지 않는다는 뜻이고 처분 당시 존재하였던 자료나 행정청에 제출되었던 자료만으로 위법 여부를 판단한다는 의미는 아니므로, 처분 당시의 사실상태 등에 대한 입증은 사실심 변론종결 당시까지 할 수 있고, 법원은 행정처분 당시 행정청이 알고 있었던 자료뿐만 아니라 사실심 변론종결 당시까지 제출된 모든 자료를 종합하여 처분 당시 존재하였던 객관적 사실을 확정하고 그 사실에 기초하여 처분의 위법 여부를 판단할 수 있다(대법 1993. 5. 27. 92누19033).

ㄹ. [○], 행정처분의 취소를 구하는 항고소송에 있어서는 실질적 법치주의와 행정처분의 상대방인 국민에 대한 신뢰보호라는 견지에서 처분청은 당초 처분의 근거로 삼은 사유와 기본적 사실관계에 있어서 동일성이 인정되는 한도 내에서만 새로운 처분사유를 추가하거나 변경할 수 있을 뿐 기본적 사실관계와 동일성이 인정되지 않는 별개의 사실을 들어 처분사유로 주장하는 것은 허용되지 아니하며 법원으로서도 당초의 처분사유와 기본적 사실관계의 동일성이 없는 사실은 처분사유로 인정할 수 없는 것이다.토석채취허가신청에 대한 반려처분취소청구소송에서 처분청이 반려사유로 새로이 추가한 처분사유가 당초 반려처분의 근거로 삼은 사유와 기본적 사실관계에 있어서 동일성이 인정되지 아니하는 별개의 사유이므로 그 사유를 반려처분의 근거로 추가할 수 없다고 한 사례(대법 1992. 8. 18. 91누3659).

ㅁ. [×], 행정소송법 제30조 제2항의 규정에 의하면 행정청의 거부처분을 취소하는 판결이 확정된 경우에는 그 처분을 행한 행정청이 판결의 취지에 따라 이전의 신청에 대하여 재처분할 의무가 있다고 할 것이나, 그 취소사유가 행정처분의 절차, 방법의 위법으로 인한 것이라면 그 처분 행정청은 그 확정판결의 취지에 따라 그 위법사유를 보완하여 다시 종전의 신청에 대한 거부처분을 할 수 있고, 그러한 처분도 위 조항에 규정된 재처분에 해당한다. 방송위원회가 중계유선방송사업자에게 한 종합유선방송사업 승인거부처분이 심사의 기준시점을 경원자와 달리하여 평가한 것이 위법이라는 사유로 취소하는 확정판결의 취지에 따라 재처분 무렵을 기준으로 재심사한 결과에 따라 이루어진 재승인거부처분도 행정소송법 제30조 제2항에 규정된 재처분에 해당한다고 한 사례(대법 2005. 1. 14. 2003두13045). ★★

정답 ③

<행정소송: 심리(처분사유추가변경)>

문 40.
(2015 변시4회, 31번)

판례에 의할 때 취소소송에서 기본적 사실관계의 동일성이 인정되어 처분사유의 추가·변경이 허용되는 것을 모두 고른 것은?

ㄱ. A시민단체가 금융위원회위원장에 대하여 외국 금융기관인 B의 국내은행 주식취득 관련 심사정보의 공개를 구한 것에 대하여, 금융위원회위원장이 거부처분을 하면서 위 정보가 대법원에 계속 중인 사건의 관련정보라는 사유를 들었다가, 취소소송에서 다시 위 정보가 서울중앙지방법원에 계속 중인 별개의 사건의 관련정보라는 처분사유를 추가한 경우

ㄴ. 주택신축을 위한 산림형질변경허가신청에 대하여 행정청이 거부처분을 하면서 당초 준농림지역에서의 행위제한이라는 사유를 들었다가, 취소소송에서 자연경관 및 생태계의 교란, 국토 및 자연의 유지와 환경보전 등 중대한 공익상의 필요라는 처분사유를 추가한 경우

ㄷ. 과세관청이 종합소득세부과처분을 하면서 종합소득세 과세대상 소득 중 특정소득을 이자소득으로 보았다가 취소소송에서 이를 이자소득이 아니라 대금업에 의한 사업소득에 해당한다고 처분사유를 변경한 경우

ㄹ. 원고를 비롯한 동종업체들이 「국가를 당사자로 한 계약에 관한 법률」에 기한 입찰 실시 과정에서 입찰에 참가하지 않거나 소외 1개 업체만이 단독 응찰하도록 하는 등 담합행위를 한 사안에서, 원고에게 부정당업자제재처분을 하면서 위 행위가 위 법률 시행령 제76조 제1항 제12호('담합을 주도하거나 담합하여 입찰을 방해하였다')에 해당한다는 것을 처분사유로 하였다가, 취소소송 중 그 법률적 평가를 달리하여 같은 항 제7호('특정인의 낙찰을 위하여 담합한 자')에 해당한다는 것으로 처분사유를 변경한 경우

① ㄱ, ㄷ　　② ㄴ, ㄷ

③ ㄴ, ㄹ　　④ ㄱ, ㄴ, ㄹ

⑤ ㄴ, ㄷ, ㄹ

해설

ㄱ. [×], 경제개혁연대와 소속 연구원 甲이 금융위원회위원장 등에게 금융위원회의 론스타에 대한 외환은행 발행주식의 동일인 주식보유한도 초과보유 승인과 론스타의 외환은행 발행주식 초과

보유에 대한 반기별 적격성 심사와 관련된 정보 등의 공개를 청구하였으나, 금융위원회위원장 등이 현재 대법원에 재판 진행 중인 사안이 포함되어 있다는 이유로 공공기관의 정보공개에 관한 법률 제9조 제1항 제4호에 따라 공개를 거부한 사안에서, 금융위원회위원장 등이 위 정보가 대법원 재판과 별개 사건인 서울중앙지방법원에 진행 중인 재판에 관련된 정보에도 해당한다며 처분사유를 추가로 주장하는 것은 당초의 처분사유와 기본적 사실관계가 동일하다고 할 수 없는 사유를 추가하는 것이어서 허용될 수 없다고 본 원심판단을 정당하다고 한 사례(대법 2011. 11. 24. 2009두19021).

ㄴ. [○], 주택신축을 위한 산림형질변경허가신청에 대하여 행정청이 거부처분을 하면서 당초 거부처분의 근거로 삼은 준농림지역에서의 행위제한이라는 사유와 나중에 거부처분의 근거로 추가한 자연경관 및 생태계의 교란, 국토 및 자연의 유지와 환경보전 등 중대한 공익상의 필요라는 사유는 기본적 사실관계에 있어서 동일성이 인정된다고 한 사례(대법 2004. 11. 26. 2004두4482).

ㄷ. [○], 과세관청이 과세대상 소득에 대하여 이자소득이 아니라 대금업에 의한 사업소득에 해당한다고 처분사유를 변경한 것은 처분의 동일성이 유지되는 범위 내에서의 처분사유 변경에 해당하여 허용되며, 또 그 처분사유의 변경이 국세부과의 제척기간이 경과한 후에 이루어졌는지 여부에 관계없이 국세부과의 제척기간이 경과되었는지 여부는 당초의 처분시를 기준으로 판단하여야 한다고 한 사례(대법 2002. 3. 12. 2000두2181).

ㄹ. [○], 원심은 채택 증거를 종합하여, 원고들의 각 공동 대표이사 및 가칭 "원주시폐기물처리업협회(이하 '폐기물협회'라 한다)"의 종신회장인 소외 1을 비롯한 폐기물협회의 17개 회원사 대표들이 2005. 3. 22. 원주시내 공동주택 음식물류 폐기물 수집·운반 대행계약을 원주시와 수의계약으로 체결할 때 공동수급 대행계약 또는 소외 2 합자회사를 17개사 대표로 하여 대행계약을 체결하기로 하고 수집·운반 대행에 필요한 경비를 17개사가 공동으로 부담하고 수익금을 균등 배분하기로 합의한 사실, 폐기물협회 회원사들은 2005. 4. 7.자 폐기물협회 회원사 대표회의에서 위 공동주택 음식물류 폐기물 수집·운반 단가계약이 수의계약이 되도록 원주시가 발주하는 이 사건 입찰에 참가하지 않거나 참가하여 낙찰되더라도 계약체결을 하지 않기로 합의하고, 위 합의에 따라 피고가 2005. 4. 2. 및 2005. 4. 13. 실시한 이 사건 입찰에 참가하지 않거나 소외 2 합자회사만 단독으로 응찰하여 이 사건 입찰이 모두 유찰된 사실 등 그 판시와 같은 사실을 인정한 다음, 피고가 원심 심리 중에 당초의 처분사유인 국가를 당사자로 하는 계약에 관한 법률(2005. 12. 14. 법률 제7722호로 개정되기 전의 것, 이하 '국가계약법'이라 한다) 시행령 제76조 제1항 제12호 소정의 '담합을 주도하거나 담합하여 입찰을 방해하였다'는 것으로부터 같은 항 제7호 소정의 '특정인의 낙찰을 위하여 담합한 자'로 이 사건 처분의 사유를 변경한 것은, 그 변경 전후에 있어서 같은 행위에 대한 법률적 평가만 달리하는 것일 뿐 기본적 사실관계를 같이 하는 것이므로 허용된다고 판단하였다. 앞서 본 법리와 기록에 비추어 살펴보면, 원심의 위와 같은 사실인정과 판단은 옳고, 거기에 상고이유에서 주장하는 바와 같은 심리미진이나 처분사유의 변경에 관한 법리오해 등의 위법이 있다고 할 수 없다(대법 2008. 2. 28. 2007두13791).

정답 ⑤

<행정소송: 심리(일부취소)>

문 41.

(2015 변시4회, 27번)

행정쟁송에서 일부취소가 허용되는 것을 모두 고른 것은? (다툼이 있는 경우 판례에 의함)

ㄱ. 정당한 세액을 초과하여 부과된 과세처분에 대한 취소소송에서 당사자가 제출한 자료에 의하여 적법하게 부과될 정당한 세액이 산출되는 경우
ㄴ. 「공중위생관리법」을 위반한 공중위생영업자에 대한 과징금부과처분 취소심판에서 부과처분에 재량하자의 위법이 있고 적정한 과징금의 산정이 가능한 경우
ㄷ. 개발부담금부과처분 취소소송에서 당사자가 제출한 자료에 의하여 적법하게 부과될 정당한 부과금액을 산출할 수 있는 경우
ㄹ. 공무원에 대한 3개월의 정직처분의 취소를 구하는 소청에서 정직처분이 재량권 남용에 해당하고 그 3분의 1에 해당하는 1개월의 정직처분이 정당하다고 판단되는 경우

① ㄱ, ㄷ
② ㄴ, ㄹ
③ ㄱ, ㄴ, ㄹ
④ ㄴ, ㄷ, ㄹ
⑤ ㄱ, ㄴ, ㄷ, ㄹ

해설

ㄱ. [○], 양도소득과세표준의 계산과정에 잘못이 있더라도 양도소득이 발생한 사실을 인정하고 있다면 이에 대한 정당한 세액이 얼마인가를 심리하여 과세처분의 인정세액이 이를 초과하는 것으로 인정된다면 그 초과부분만을 취소하여야 하고 그 과세처분 전부를 취소할 것이 아니다(대법 1986. 1. 21. 84누772)

ㄴ. [○], ㄹ. [○], 행정심판법 제43조(재결의 구분) ③ 위원회는 취소심판의 청구가 이유가 있다고 인정하면 처분을 취소 또는 다른 처분으로 변경하거나 처분을 다른 처분으로 변경할 것을 피청구인에게 명한다.

ㄷ. [○], 개발부담금부과처분 취소소송에 있어 당사자가 제출한 자료에 의하여 적법하게 부과될 정당한 부과금액이 산출할 수 없을 경우에는 부과처분 전부를 취소할 수밖에 없으나, 그렇지 않은 경우에는 그 정당한 금액을 초과하는 부분만 취소하여야 한다(대법 2004. 7. 22. 2002두868).

정답 ⑤

<행정소송: 심리>

문 42.

(2018 변시7회, 38번)

「행정소송법」상 취소소송의 심리에 관한 설명 중 옳은 것을 모두 고른 것은? (다툼이 있는 경우 판례에 의함)

ㄱ. 당사자가 제출한 소송자료에 의하여 법원이 처분의 적법 여부에 관한 합리적인 의심을 품을 수 있음에도 단지 구체적 사실에 관한 주장을 하지 아니하였다는 이유만으로 당사자에게 석명 또는 직권에 의한 심리·판단을 하지 아니하는 것은 허용될 수 없다.

ㄴ. 행정소송의 경우 직권심리주의에 따라 변론주의가 완화되므로 행정의 적법성 보장과 국민의 권리보호를 위하여 당사자가 주장하지 않은 법률효과에 관한 요건사실이나 공격방어방법이라도 이를 시사하고 그 제출을 권유하는 것이 민사소송과 달리 허용된다.

ㄷ. 항고소송의 경우 피고가 당해 처분의 적법성에 관하여 합리적으로 수긍할 수 있는 일응의 입증을 하였다면 이와 상반되는 주장과 입증의 책임은 원고에게 돌아간다.

ㄹ. 항고소송에서 원고는 전심절차에서 주장하지 아니한 공격방어방법이라도 이전의 주장과 전혀 별개의 것이 아닌 한 이를 소송절차에서 주장할 수 있고 법원은 이를 심리하여 행정처분의 적법여부를 판단할 수 있다.

① ㄱ, ㄹ

② ㄴ, ㄷ

③ ㄱ, ㄴ, ㄹ

④ ㄱ, ㄷ, ㄹ

⑤ ㄴ, ㄷ, ㄹ

해설

ㄱ. [○], 행정소송에서 기록상 자료가 나타나 있다면 당사자가 주장하지 않았더라도 판단할 수 있고, 당사자가 제출한 소송자료에 의하여 법원이 처분의 적법 여부에 관한 합리적인 의심을 품을 수 있음에도 단지 구체적 사실에 관한 주장을 하지 아니하였다는 이유만으로 당사자에게 석명을 하거나 직권으로 심리·판단하지 아니함으로써 구체적 타당성이 없는 판결을 하는 것은 행정소송법 제26조의 규정과 행정소송의 특수성에 반하므로 허용될 수 없다(대법 2010. 2. 11. 2009두18035).

ㄴ. [×], 행정소송에 있어서 특별한 사정이 있는 경우를 제외하면 당해 행정처분의 적법성에 관하여는 행정청이 이를 주장·입증하여야 할 것이나 행정소송에 있어서 직권주의가 가미되어 있다고 하더라도 여전히 변론주의를 기본구조로 하는 이상 행정처분의 위법을 들어 그 취소를 청구함에 있어서는 직권조사사항을 제외하고는 그 취소를 구하는 자가 위법사유에 해당하는 구체적 사실을 먼저 주장하여야 하고, 법원의 석명권 행사는 당사자의 주장에 모순된 점이 있거나 불완전·불명료한 점이 있을 때에 이를 지적하여 정정·보충할 수 있는 기회를 주고, 계쟁사실에 대한 증거의 제출을 촉구하는 것을 그 내용으로 하는 것이며, 당사자가 주장하지도 아니한 법률효과에 관한 요건사실이나 독립된 공격방어방법을 시사하여 그 제출을 권유함과 같은 행위를 하는 것은 변론주의의 원칙에 위배되는 것으로 석명권 행사의 한계를 일탈하는 것이 된다(대법 2001. 10. 23. 99두3423).

ㄷ. [○], 민사소송법의 규정이 준용되는 행정소송에 있어서 입증책임은 원칙적으로 민사소송의 일반원칙에 따라 당사자간에 분배되고 항고소송의 경우에는 그 특성에 따라 당해 처분의 적법을 주장하는 피고에게 그 적법사유에 대한 입증책임이 있다 할 것인바 피고가 주장하는 당해 처분의 적법성이 합리적으로 수긍할 수 있는 일응의 입증이 있는 경우에는 그 처분은 정당하다 할 것이며 이와 상반되는 주장과 입증은 그 상대방인 원고에게 그 책임이 돌아간다고 할 것이다(대법 1984. 7. 24. 84누124).

ㄹ. [○], 항고소송에 있어서 원고는 전심절차에서 주장하지 아니한 공격방어방법을 소송절차에서 주장할 수 있고 법원은 이를 심리하여 행정처분의 적법 여부를 판단할 수 있는 것이므로, 원고가 전심절차에서 주장하지 아니한 처분의 위법사유를 소송절차에서 새롭게 주장하였다고 하여 다시 그 처분에 대하여 별도의 전심절차를 거쳐야 하는 것은 아니다(대법 1996. 6. 14. 96누754). ★★

정답 ④

<행정소송: 심리(주장책임, 입증책임)>

문 43.

(2019 변시8회, 28번)

행정소송상 주장책임과 증명책임(입증책임)에 관한 설명 중 옳은 것을 모두 고른 것은? (다툼이 있는 경우 판례에 의함)

ㄱ. 취소소송에서 당사자의 명백한 주장이 없는 경우에도 법원은 기록에 나타난 여러 사정을 기초로 직권으로 사정판결을 할 수 있다.
ㄴ. 정보공개거부처분 취소소송에서 비공개사유의 주장·입증책임은 피고인 공공기관에 있다.
ㄷ. 행정처분의 당연무효를 주장하여 그 무효확인을 구하는 행정소송에서 그 행정처분이 무효인 사유를 주장·입증할 책임은 원고에게 있다.
ㄹ. 국가유공자 인정과 관련하여, 공무수행으로 상이(傷痍)를 입었다는 점이나 그로 인한 신체장애의 정도가 법령에 정한 등급 이상에 해당한다는 점에 관한 증명책임은 국가유공자 등록신청인에게 있지만, 그 상이가 '불가피한 사유 없이 본인의 과실이나 본인의 과실이 경합된 사유로 입은 것'이라는 사정에 관한 증명책임은 피고인 처분청에게 있다.

① ㄱ, ㄴ, ㄷ
② ㄱ, ㄴ, ㄹ
③ ㄱ, ㄷ, ㄹ
④ ㄴ, ㄷ, ㄹ
⑤ ㄱ, ㄴ, ㄷ, ㄹ

해설

ㄱ. [O], 행정소송법 제26조, 제28조 제1항 전단의 각 규정에 비추어 보면, 법원은 행정소송에 있어서 행정처분이 위법하여 운전자의 청구가 이유 있다고 인정하는 경우에도 그 처분 등을 취소하는 것이 현저히 공공복리에 적합하지 아니하다고 인정하는 때에는 원고의 청구를 기각하

는 사정판결을 할 수 있고, 이러한 사정판결을 할 필요가 있다고 인정하는 때에는 당사자의 명백한 주장이 없는 경우에도 일건 기록에 나타난 사실을 기초로 하여 직권으로 사정판결을 할 수 있다(대법 1995. 7. 28. 95누4629).

ㄴ. [○], 공공기관의정보공개에관한법률 제1조, 제3조, 제6조는 국민의 알권리를 보장하고 국정에 대한 국민의 참여와 국정운영의 투명성을 확보하기 위하여 공공기관이 보유·관리하는 정보를 모든 국민에게 원칙적으로 공개하도록 하고 있으므로, 국민으로부터 보유·관리하는 정보에 대한 공개를 요구받은 공공기관으로서는 같은 법 제7조 제1항 각 호에서 정하고 있는 비공개사유에 해당하지 않는 한 이를 공개하여야 할 것이고, 만일 이를 거부하는 경우라 할지라도 대상이 된 정보의 내용을 구체적으로 확인·검토하여 어느 부분이 어떠한 법익 또는 기본권과 충돌되어 같은 법 제7조 제1항 몇 호에서 정하고 있는 비공개사유에 해당하는지를 주장·입증하여야만 할 것이며, 그에 이르지 아니한 채 개괄적인 사유만을 들어 공개를 거부하는 것은 허용되지 아니한다(대법 2003. 12. 11. 2001두882).

ㄷ. [○], 행정처분의 당연무효를 주장하여 그 무효확인을 구하는 행정소송에 있어서는 원고에게 그 행정처분이 무효인 사유를 주장·입증할 책임이 있다. 한편 국세기본법에는 민사소송법 제182조(구속된 사람 등에게 할 송달)와 같은 특별규정이나 민사소송법 중 송달에 관한 규정을 준용하는 규정이 없으므로, 구치소 등에 구속된 사람에 대한 납세고지서의 송달은 특별한 사정이 없으면 국세기본법 제8조 제1항에 따라 주소·거소·영업소 또는 사무소로 하면 되고, 이 경우 그 곳에서 송달받을 사람을 만나지 못한 때에는 그 사용인 기타 종업원 또는 동거인으로서 사리를 판별할 수 있는 사람에게 송달할 수 있다(대법 2010. 5. 13. 2009두3460).

ㄹ. [○], 국가유공자 인정 요건, 즉 공무수행으로 상이를 입었다는 점이나 그로 인한 신체장애의 정도가 법령에 정한 등급 이상에 해당한다는 점은 국가유공자 등록신청인이 증명할 책임이 있지만, 그 상이가 '불가피한 사유 없이 본인의 과실이나 본인의 과실이 경합된 사유로 입은 것'이라는 사정, 즉 지원대상자 요건에 해당한다는 사정은 국가유공자 등록신청에 대하여 지원대상자로 등록하는 처분을 하는 처분청이 증명책임을 진다고 보아야 한다. 이러한 점과 더불어 공무수행으로 상이를 입었는지 여부와 그 상이가 불가피한 사유 없이 본인의 과실이나 본인의 과실이 경합된 사유로 입은 것인지 여부는 처분의 상대방의 입장에서 볼 때 방어권 행사의 대상과 방법이 서로 다른 별개의 사실이고, 그에 대한 방어권을 어떻게 행사하는지 등에 따라 국가유공자에 해당하는지 지원대상자에 해당하는지에 관한 판단이 달라져 법령상 서로 다른 처우를 받을 수 있는 점 등을 종합해 보면, 같은 국가유공자 비해당결정이라도 그 사유가 공무수행과 상이 사이에 인과관계가 없다는 것과 본인 과실이 경합되어 있어 지원대상자에 해당할 뿐이라는 것은 기본적 사실관계의 동일성이 없다고 보아야 한다. 따라서 처분청이 공무수행과 사이에 인과관계가 없다는 이유로 국가유공자 비해당결정을 한 데 대하여 법원이 그 인과관계의 존재는 인정하면서 직권으로 본인 과실이 경합된 사유가 있다는 이유로 그 처분이 정당하다고 판단하는 것은 행정소송법이 허용하는 직권심사주의의 한계를 벗어난 것으로서 위법하다(대법 2013. 8. 22. 2011두26589).

정답 ⑤

<행정소송: 심리>

문 44.

(2022 변시11회, 37번)

행정소송의 심리에 관한 설명 중 옳지 않은 것은? (다툼이 있는 경우 판례에 의함)

① 취소판결을 받더라도 해당 처분으로 발생한 위법상태를 원상으로 회복시킬 수 없는 경우에는 그 취소를 구할 소의 이익이 인정되지 않는 것이 원칙이나, 그 취소로써 회복할 수 있는 다른 이익이 남아 있거나 또는 불분명한 법률문제의 해명이 필요한 경우에는 예외적으로 소의 이익을 인정할 수 있다.

② 처분의 위법 여부는 처분 당시의 법령과 사실 상태를 기준으로 판단하여야 하므로, 법원은 처분 당시에 행정청이 알고 있었던 자료만을 기초로 처분 당시 존재하였던 객관적 사실을 확정하여 처분의 위법 여부를 판단하여야 한다.

③ 처분에 대한 무효확인소송에는 확인소송의 보충성이 요구되지 않으므로 처분의 무효를 전제로 한 부당이득반환청구소송과 같은 직접적인 구제수단이 있는지 여부를 따질 필요가 없다.

④ 공법상 당사자소송에서는 이행소송이라는 직접적인 권리구제방법이 있다면 확인소송은 허용되지 않는다.

⑤ 부작위위법확인소송에서는 사실심 변론종결시를 기준으로 부작위의 위법 여부를 판단하여야 하고, 사실심 변론종결 전에 거부처분이 이루어져 부작위상태가 해소된 경우에는 소의 이익이 소멸하므로 원고가 거부처분 취소소송으로 소변경을 하지 않는 이상 법원은 소를 각하하여야 한다.

해설

① [○], 행정처분의 무효확인 또는 취소를 구하는 소에서, 비록 행정처분의 위법을 이유로 무효확인 또는 취소 판결을 받더라도 그 처분에 의하여 발생한 위법상태를 원상으로 회복시키는 것이 불가능한 경우에는 원칙적으로 그 무효확인 또는 취소를 구할 법률상 이익이 없고, 다만 원상회복이 불가능하더라도 그 무효확인 또는 취소로써 회복할 수 있는 다른 권리나 이익이 남아 있는 경우 예외적으로 법률상 이익이 인정될 수 있을 뿐이다(대법 2016. 6. 10. 2013두1638 등 참조).

② [×], 항고소송에서 행정처분의 적법 여부는 특별한 사정이 없는 한 행정처분 당시를 기준으로 판단하여야 한다. 여기서 행정처분의 위법 여부를 판단하는 기준 시점에 관하여 판결 시가 아니라 처분 시라고 하는 의미는 행정처분이 있을 때의 법령과 사실상태를 기준으로 하여 위법 여부를 판단하며 처분 후 법령의 개폐나 사실상태의 변동에 영향을 받지 않는다는 뜻이지 처분 당시 존재하였던 자료나 행정청에 제출되었던 자료만으로 위법 여부를 판단한다는 의미는 아니다. 그러므로 처분 당시의 사실상태 등에 관한 증명은 사실심 변론종결 당시까지 할 수 있고, 법원은 행정처분 당시 행정청이 알고 있었던 자료뿐만 아니라 사실심 변론종결 당시까지 제출된 모든 자료를 종합하여 처분 당시 존재하였던 객관적 사실을 확정하고 그 사실에 기초하여 처분의 위법 여부를 판단할 수 있다(대법 2017. 4. 7. 2014두37122).

③ [○], 행정소송은 행정청의 위법한 처분 등을 취소 · 변경하거나 그 효력 유무 또는 존재 여부를 확인함으로써 국민의 권리 또는 이익의 침해를 구제하고 공법상의 권리관계 또는 법 적용에 관한 다툼을 적정하게 해결함을 목적으로 하므로, 대등한 주체 사이의 사법상 생활관계에 관한 분쟁을 심판대상으로 하는 민사소송과는 목적, 취지 및 기능 등을 달리한다. 또한 행정소송법 제4조에서는 무효확인소송을 항고소송의 일종으로 규정하고 있고, 행정소송법 제38조 제1항에서는 처분 등을 취소하는 확정판결의 기속력 및 행정청의 재처분 의무에 관한 행정소송법 제30조를 무효확인소송에도 준용하고 있으므로 무효확인판결 자체만으로도 실효성을 확보할 수 있다. 그리고 무효확인소송의 보충성을 규정하고 있는 외국의 일부 입법례와는 달리 우리나라 행정소송법에는 명문의 규정이 없어 이로 인한 명시적 제한이 존재하지 않는다. 이와 같은 사정을 비롯하여 행정에 대한 사법통제, 권익구제의 확대와 같은 행정소송의 기능 등을 종합하여 보면, 행정처분의 근거 법률에 의하여 보호되는 직접적이고 구체적인 이익이 있는 경우에는 행정소송법 제35조에 규정된 '무효확인을 구할 법률상 이익'이 있다고 보아야 하고, 이와 별도로 무효확인소송의 보충성이 요구되는 것은 아니므로 행정처분의 무효를 전제로 한 이행소송 등과 같은 직접적인 구제수단이 있는지 여부를 따질 필요가 없다고 해석함이 상당하다(대법 2008. 3. 20. 2007두6342 전원합의체). ★★★

④ [○], 과거의 법률관계라 할지라도 현재의 권리 또는 법률상 지위에 영향을 미치고 있고 현재의 권리 또는 법률상 지위에 대한 위험이나 불안을 제거하기 위하여 그 법률관계에 관한 확인판결을 받는 것이 유효 적절한 수단이라고 인정될 때에는 그 법률관계의 확인소송은 즉시확정의 이익이 있다고 보아야 할 것이나, 계약직공무원에 대한 채용계약이 해지된 경우에는 공무원 등으로 임용되는 데에 있어서 법령상의 아무런 제약사유가 되지 않을 뿐만 아니라, 계약기간 만료

전에 채용계약이 해지된 전력이 있는 사람이 공무원 등으로 임용되는 데에 있어서 그러한 전력이 없는 사람보다 사실상 불이익한 장애사유로 작용한다고 하더라도 그것만으로는 법률상의 이익이 침해되었다고 볼 수는 없으므로 그 무효확인을 구할 이익이 없다(대법 2002. 11. 26. 2002두1496 등 참조). 또한, 이 사건과 같이 이미 채용기간이 만료되어 소송 결과에 의해 법률상 그 직위가 회복되지 않는 이상 채용계약 해지의 의사표시의 무효확인만으로는 당해 소송에서 추구하는 권리구제의 기능이 있다고 할 수 없고, 침해된 급료지급청구권이나 사실상의 명예를 회복하는 수단은 바로 급료의 지급을 구하거나 명예훼손을 전제로 한 손해배상을 구하는 등의 이행청구소송으로 직접적인 권리구제방법이 있는 이상 무효확인소송은 적절한 권리구제수단이라 할 수 없어 확인소송의 또 다른 소송요건을 구비하지 못하고 있다 할 것이며, 위와 같이 직접적인 권리구제의 방법이 있는 이상 무효확인 소송을 허용하지 않는다고 해서 당사자의 권리구제를 봉쇄하는 것도 아니다(대법 2000. 5. 18. 95 재다199 전원합의체 등 참조).

⑤ [○], 부작위위법확인의 소는 행정청이 국민의 법규상 또는 조리상의 권리에 기한 신청에 대하여 상당한 기간내에 그 신청을 인용하는 적극적 처분 또는 각하하거나 기각하는 등의 소극적 처분을 하여야 할 법률상의 응답의무가 있음에도 불구하고 이를 하지 아니하는 경우, 판결(사실심의 구두변론 종결)시를 기준으로 그 부작위의 위법을 확인함으로써 행정청의 응답을 신속하게 하여 부작위 내지 무응답이라고 하는 소극적인 위법상태를 제거하는 것을 목적으로 하는 것이고, 나아가 당해 판결의 구속력에 의하여 행정청에게 처분 등을 하게 하고 다시 당해 처분 등에 대하여 불복이 있는 때에는 그 처분 등을 다투게 함으로써 최종적으로는 국민의 권리이익을 보호하려는 제도이므로, 소제기의 전후를 통하여 판결시까지 행정청이 그 신청에 대하여 적극 또는 소극의 처분을 함으로써 부작위상태가 해소된 때에는 소의 이익을 상실하게 되어 당해 소는 각하를 면할 수가 없는 것이다(대법 1990. 9. 25. 89누4758).

정답 ②

<행정소송: 판결의 기속력 확보>

문 45.

(2016 변시5회, 38번)

甲은 공동주택 및 근린생활시설을 건축하는 내용의 주택건설사업계획승인신청을 하였으나 행정청 乙은 거부처분을 하였다. 이에 甲이 거부처분취소소송을 제기하여 승소판결을 받았고, 그 판결은 확정되었다. 이에 관한 설명 중 옳지 않은 것은? (다툼이 있는 경우 판례에 의함)

① 乙이 판결의 취지에 따른 재처분의무를 이행하지 않는 경우 甲은 제1심 수소법원에 간접강제를 신청할 수 있다.

② 乙이 재처분을 하더라도 그것이 거부처분에 대한 취소의 확정판결의 기속력에 위반되는 경우 甲은 간접강제를 신청할 수 있다.

③ 乙이 재처분의무를 이행하지 않아 간접강제결정이 행하여진 경우 간접강제결정에서 정한 의무이행기한이 경과한 후라도 乙이 판결의 취지에 따른 재처분의무를 이행하면 더 이상 배상금의 추심은 허용되지 않는다.

④ 위 취소소송 계속중에 관련 법령이 개정되었고, 개정 법령에 이미 주택건설사업계획 승인을 신청 중인 사안에 대해서는 종전 규정에 따른다는 경과규정이 있음에도 거부처분취소판결이 확정된 후 乙이 개정 법령을 적용하여 다시 거부처분을 한 경우, 甲은 간접강제를 신청할 수 있다.

⑤ 만약 甲이 乙의 거부처분에 대해 무효확인소송을 제기하여 무효확인판결이 확정된 경우, 취소판결의 재처분의무에 관한 규정과 간접강제에 관한 규정이 준용된다.

해설

① [○], 행정소송법 제34조(거부처분취소판결의 간접강제) ① 행정청이 제30조 제2항의 규정에 의한 처분을 하지 아니하는 때에는 제1심수소법원은 당사자의 신청에 의하여 결정으로써 상당한 기간을 정하고 행정청이 그 기간 내에 이행하지 아니하는 때에는 그 지연기간에 따라 일정한 배상을 할 것을 명하거나 즉시 손해배상을 할 것을 명할 수 있다. ② 제33조와 민사집행법 제262조의 규정은 제1항의 경우에 준용한다.

② [○], 행정소송법 제30조 제2항은 "판결에 의하여 취소되는 처분이 당사자의 신청을 거부하는

것을 내용으로 하는 경우에는 그 처분을 행한 행정청은 판결의 취지에 따라 다시 이전의 신청에 대한 처분을 하여야 한다."고, 제34조 제1항은 "행정청이 제30조 제2항의 규정에 의한 처분을 하지 아니하는 때에는 제1심 수소법원은 당사자의 신청에 의하여 결정으로써 상당한 기간을 정하고 행정청이 그 기간 내에 이행하지 아니하는 때에는 그 지연기간에 따라 일정한 배상을 할 것을 명하거나 즉시 손해배상을 할 것을 명할 수 있다."고 각 규정하고 있는바, 거부처분에 대한 취소의 확정판결이 있음에도 행정청이 아무런 재처분을 하지 아니하거나, 재처분을 하였다 하더라도 그것이 종전 거부처분에 대한 취소의 확정판결의 기속력에 반하는 등으로 당연무효라면 이는 아무런 재처분을 하지 아니한 때와 마찬가지라 할 것이므로 이러한 경우에는 위 규정에 의한 간접강제신청에 필요한 요건을 갖춘 것으로 보아야 할 것이다(대법 2002. 12. 11. 2002무22).

③ [○], 행정소송법 제34조 소정의 간접강제결정에 기한 배상금은 거부처분취소판결이 확정된 경우 그 처분을 행한 행정청으로 하여금 확정판결의 취지에 따른 재처분의무의 이행을 확실히 담보하기 위한 것으로서, 확정판결의 취지에 따른 재처분의무내용의 불확정성과 그에 따른 재처분에의 해당 여부에 관한 쟁송으로 인하여 간접강제결정에서 정한 재처분의무의 기한 경과에 따른 배상금이 증가될 가능성이 자칫 행정청으로 하여금 인용처분을 강제하여 행정청의 재량권을 박탈하는 결과를 초래할 위험성이 있는 점 등을 감안하면, 이는 확정판결의 취지에 따른 재처분의 지연에 대한 제재나 손해배상이 아니고 재처분의 이행에 관한 심리적 강제수단에 불과한 것으로 보아야 하므로, 특별한 사정이 없는 한 간접강제결정에서 정한 의무이행기한이 경과한 후에라도 확정판결의 취지에 따른 재처분의 이행이 있으면 배상금을 추심함으로써 심리적 강제를 꾀할 목적이 상실되어 처분상대방이 더 이상 배상금을 추심하는 것은 허용되지 않는다(대법 2004. 1. 15. 2002두2444). ★★

④ [○], 행정처분의 적법 여부는 그 행정처분이 행하여 진 때의 법령과 사실을 기준으로 하여 판단하는 것이므로 거부처분 후에 법령이 개정·시행된 경우에는 개정된 법령 및 허가기준을 새로운 사유로 들어 다시 이전의 신청에 대한 거부처분을 할 수 있으며 그러한 처분도 행정소송법 제30조 제2항에 규정된 재처분에 해당된다. 건축불허가처분을 취소하는 판결이 확정된 후 국토이용관리법시행령이 준농림지역 안에서의 행위제한에 관하여 지방자치단체의 조례로써 일정 지역에서 숙박업을 영위하기 위한 시설의 설치를 제한할 수 있도록 개정된 경우, 당해 지방자치단체장이 위 처분 후에 개정된 신법령에서 정한 사유를 들어 새로운 거부처분을 한 것이 행정소송법 제30조 제2항 소정의 확정판결의 취지에 따라 이전의 신청에 대한 처분을 한 경우에 해당한다(대법 1998. 1. 7. 97두22). ★★

⑤ [×], 행정소송법 제38조 제1항이 무효확인 판결에 관하여 취소판결에 관한 규정을 준용함에 있어서 같은 법 제30조 제2항을 준용한다고 규정하면서도 같은 법 제34조는 이를 준용한다는 규정을 두지 않고 있으므로, 행정처분에 대하여 무효확인 판결이 내려진 경우에는 그 행정처분이 거부처분인 경우에도 행정청에 판결의 취지에 따른 재처분의무가 인정될 뿐 그에 대하여 간접강제까지 허용되는 것은 아니라고 할 것이다(대법 1998. 12. 24. 98무37). ★★

정답 ⑤

<행정소송: 판결의 기속력>

문 46.

(2019 변시8회, 39번)

취소판결의 기속력에 관한 설명 중 옳은 것(○)과 옳지 않은 것(×)을 올바르게 조합한 것은? (다툼이 있는 경우 판례에 의함)

ㄱ. 취소판결이 확정되면 당사자인 행정청과 그 밖의 관계행정청은 확정판결에 저촉되는 처분을 할 수 없다. 그러나 기본적 사실관계의 동일성이 없는 다른 처분사유를 들어 동일한 내용의 처분을 하는 것은 기속력에 반하지 않는다.

ㄴ. 거부처분에 대하여 취소판결이 확정된 경우, 행정청의 재처분은 신청 내용을 그대로 인정하는 처분이 되어야 한다. 따라서 행정청은 판결의 취지를 존중하여 반드시 신청한 내용대로 처분을 하여야 한다.

ㄷ. 행정처분의 적법여부는 그 행정처분이 행하여진 때의 법령과 사실을 기준으로 하여 판단하는 것이므로 거부처분 후에 법령이 개정·시행된 경우에는 개정된 법령 및 허가기준을 새로운 사유로 들어 다시 이전의 신청에 대한 거부처분을 할 수 있다.

ㄹ. 취소판결의 기속력에 위반하여 행한 행정청의 행위는 위법하나, 이는 무효사유가 아니라 취소사유에 해당한다.

① ㄱ(○), ㄴ(×), ㄷ(×), ㄹ(×)
② ㄱ(○), ㄴ(○), ㄷ(×), ㄹ(○)
③ ㄱ(×), ㄴ(×), ㄷ(○), ㄹ(○)
④ ㄱ(○), ㄴ(×), ㄷ(○), ㄹ(×)
⑤ ㄱ(×), ㄴ(○), ㄷ(○), ㄹ(×)

해설

ㄱ. [○], 취소 확정판결의 기속력은 판결의 주문 및 전제가 되는 처분 등의 구체적 위법사유에 관한 판단에도 미치나, 종전 처분이 판결에 의하여 취소되었더라도 종전 처분과 다른 사유를 들어서 새로이 처분을 하는 것은 기속력에 저촉되지 않는다. 여기에서 동일 사유인지 다른 사유인지는 확정판결에서 위법한 것으로 판단된 종전 처분사유와 기본적 사실관계에서 동일성이 인정되는지 여부에 따라 판단되어야 하고, 기본적 사실관계의 동일성 유무는 처분사유를 법률적으로 평가하기 이전의 구체적인 사실에 착안하여 그 기초인 사회적 사실관계가 기본적인 점에서 동일한지에 따라 결정된다. 또한 행정처분의 위법 여부는 행정처분이 행하여진 때의 법령과 사실을 기준으로 판단하므로, 확정판결의 당사자인 처분 행정청은 종전 처분 후에 발생한 새로운 사유를 내세워 다시 처분을 할 수 있고, 새로운 처분의 처분사유가 종전 처분의 처분사유와 기본적 사실관계에서 동일하지 않은 다른 사유에 해당하는 이상, 처분사유가 종전 처분 당시 이미 존재하고 있었고 당사자가 이를 알고 있었더라도 이를 내세워 새로이 처분을 하는 것은 확정판결의 기속력에 저촉되지 않는다(대법 2016. 3. 24. 2015두48235). ★★

ㄴ. [×], 행정소송법 제30조 제2항의 규정에 의하면 행정청의 거부처분을 취소하는 판결이 확정된 경우에는 그 처분을 행한 행정청이 판결의 취지에 따라 이전의 신청에 대하여 재처분할 의무가 있다고 할 것이나, 그 취소사유가 행정처분의 절차, 방법의 위법으로 인한 것이라면 그 처분 행정청은 그 확정판결의 취지에 따라 그 위법사유를 보완하여 다시 종전의 신청에 대한 거부처분을 할 수 있고, 그러한 처분도 위 조항에 규정된 재처분에 해당한다(대법 2005. 1. 14. 2003두13045). ★★

ㄷ. [○], 행정처분의 적법 여부는 그 행정처분이 행하여 진 때의 법령과 사실을 기준으로 하여 판단하는 것이므로 거부처분 후에 법령이 개정·시행된 경우에는 개정된 법령 및 허가기준을 새로운 사유로 들어 다시 이전의 신청에 대한 거부처분을 할 수 있으며 그러한 처분도 행정소송법 제30조 제2항에 규정된 재처분에 해당된다. 건축불허가처분을 취소하는 판결이 확정된 후 국토이용관리법시행령이 준농림지역 안에서의 행위제한에 관하여 지방자치단체의 조례로써 일정 지역에서 숙박업을 영위하기 위한 시설의 설치를 제한할 수 있도록 개정된 경우, 당해 지방자치 단체장이 위 처분 후에 개정된 신법령에서 정한 사유를 들어 새로운 거부처분을 한 것이 행정소송법 제30조 제2항 소정의 확정판결의 취지에 따라 이전의 신청에 대한 처분을 한 경우에 해당한다(대법 1998. 1. 7. 97누22). ★★

ㄹ. [×], 확정판결의 당사자인 처분행정청이 그 행정소송의 사실심 변론종결 이전의 사유를 내세워 다시 확정판결과 저촉되는 행정처분을 하는 것은 허용되지 않는 것으로서 이러한 행정처분은 그 하자가 중대하고도 명백한 것이어서 당연무효라 할 것이다(대법 1990. 12. 11. 90누3560). ★★

정답 ④

<행정소송: 취소판결의 효력>

문 47.

(2021 변시10회, 39번)

「행정소송법」상 확정된 취소판결의 효력에 관한 설명 중 옳지 않은 것은? (다툼이 있는 경우 판례에 의함)

① 취소판결의 기속력은 취소청구가 인용된 판결에서 인정되는 것으로서 당사자인 행정청과 그 밖의 관계행정청에 확정판결의 취지에 따라 행동하여야 할 의무를 부과한다.

② 취소판결의 기속력은 판결의 주문 및 전제가 되는 처분 등의 구체적 위법사유에 관한 판단에도 미치나, 종전 처분이 판결에 의하여 취소되었더라도 종전 처분과 다른 사유를 들어서 새로이 처분을 하는 것은 기속력에 저촉되지 않는다.

③ 취소판결의 당사자인 행정청이 행정소송의 사실심 변론종결 이전의 사유를 내세워 다시 확정판결과 저촉되는 행정처분을 하는 경우, 이러한 행정처분은 그 하자가 중대하고도 명백한 것이어서 당연무효이다.

④ 취소소송에서 기각판결이 확정된 경우에는 처분이 적법하다는 점에 기판력이 발생하므로, 패소한 당사자는 해당 처분에 관한 무효확인소송에서 그 처분이 위법하다고 주장할 수 없다.

⑤ 새로운 처분의 처분사유가 종전 처분의 처분사유와 기본적 사실관계에서 동일하지 않은 다른 사유에 해당하더라도, 처분사유가 종전 처분 당시 이미 존재하고 있었고 당사자가 이를 알고 있었다면 이를 내세워 새로이 처분을 하는 것은 확정판결의 기속력에 저촉된다.

해설

① [○], 행정소송법 제30조(취소판결등의 기속력) ① 처분등을 취소하는 확정판결은 그 사건에 관하여 당사자인 행정청과 그 밖의 관계행정청을 기속한다. ② 판결에 의하여 취소되는 처분이 당사자의 신청을 거부하는 것을 내용으로 하는 경우에는 그 처분을 행한 행정청은 판결의 취지에 따라 다시 이전의 신청에 대한 처분을 하여야 한다. ③ 제2항의 규정은 신청에 따른 처분이 절차의 위법을 이유로 취소되는 경우에 준용한다.

② [○], ⑤ [×], 취소 확정판결의 기속력은 판결의 주문 및 전제가 되는 처분 등의 구체적 위법사유에 관한 판단에도 미치나, 종전 처분이 판결에 의하여 취소되었더라도 종전 처분과 다른 사유를 들어서 새로이 처분을 하는 것은 기속력에 저촉되지 않는다. 여기에서 동일 사유인지 다른 사유인지는 확정판결에서 위법한 것으로 판단된 종전 처분사유와 기본적 사실관계에서 동일성이 인정되는지 여부에 따라 판단되어야 하고, 기본적 사실관계의 동일성 유무는 처분사유를 법률적으로 평가하기 이전의 구체적인 사실에 착안하여 그 기초인 사회적 사실관계가 기본적인 점에서 동일한지에 따라 결정된다. 또한 행정처분의 위법 여부는 행정처분이 행하여진 때의 법령과 사실을 기준으로 판단하므로, 확정판결의 당사자인 처분 행정청은 종전 처분 후에 발생한 새로운 사유를 내세워 다시 처분을 할 수 있고, 새로운 처분의 처분사유가 종전 처분의 처분사유와 기본적 사실관계에서 동일하지 않은 다른 사유에 해당하는 이상, 처분사유가 종전 처분 당시 이미 존재하고 있었고 당사자가 이를 알고 있었더라도 이를 내세워 새로이 처분을 하는 것은 확정판결의 기속력에 저촉되지 않는다(대법 2016. 3. 24. 2015두48235). ★★

③ [○], 확정판결의 당사자인 처분행정청이 그 행정소송의 사실심 변론종결 이전의 사유를 내세워 다시 확정판결과 저촉되는 행정처분을 하는 것은 허용되지 않는 것으로서 이러한 행정처분은 그 하자가 중대하고도 명백한 것이어서 당연무효라 할 것이다(대법 1990. 12. 11. 90누3560). ★★

④ [○], 과세처분의 취소소송은 그 처분의 실체적·절차적 위법을 취소원인으로 하는 것으로서 그 심리의 대상은 과세처분에 의하여 인정된 조세채무의 객관적 존재여부이며, 과세처분 취소청구를 기각하는 판결이 확정되면 그 처분이 적법하다는 데에 관하여 기판력이 생기고, 그 후 이를 무효라 하여 무효확인을 소구할 수 없다. 따라서 과세처분 취소청구를 기각하는 판결이 확정된 후 그 과세처분이 무효임을 전제로 한 부당이득반환청구는 허용되지 않는다(대법 2001. 6. 12. 99다46805).

정답 ⑤

<행정소송: 간접강제>

문 48.

(2020 변시9회, 37번)

행정소송상 간접강제에 관한 설명 중 옳은 것은? (다툼이 있는 경우 판례에 의함)

① 간접강제결정은 처분청이 '판결의 취지'에 따라 재처분을 하지 않는 경우에 할 수 있는 것으로, 원심판결의 이유가 위법하지만 결론이 정당하다는 이유로 상고기각판결이 선고되어 원심판결이 확정된 경우라면, 이때 '판결의 취지'는 원심판결의 이유와 원심판결의 결론을 의미한다.

② 거부처분에 대하여 무효확인판결이 내려진 경우 행정청에 판결의 취지에 따른 재처분의무가 인정될 뿐만 아니라 그에 대하여 간접강제도 허용된다.

③ 건축허가신청 반려처분의 취소판결이 확정되었음에도 처분청이 확정판결의 취지에 따른 재처분을 하지 아니하여 간접강제절차가 진행 중에 상급행정청이 새로이 그 지역에 「건축법」에 따른 건축허가제한 공고를 하였고, 처분청이 그에 따라 다시 거부처분을 하였다면 이는 유효한 재처분에 해당하므로 간접강제가 허용되지 않는다.

④ 간접강제결정에서 정한 의무이행기한이 경과하였다면 그 이후 확정판결의 취지에 따른 재처분의 이행이 있더라도 처분상대방은 간접강제결정에 기한 배상금을 추심할 수 있다.

⑤ 간접강제결정은 피고 또는 참가인이었던 행정청에 효력을 미치며 그 행정청이 소속하는 국가 또는 공공단체에 효력을 미치는 것은 아니다.

해설

① [×], 원심판결의 이유는 위법하지만 결론이 정당하다는 이유로 상고기각판결이 선고되어 원심판결이 확정된 경우 행정소송법 제30조 제2항에서 규정하고 있는 '판결의 취지'는 상고심판결의 이유와 원심판결의 결론을 의미한다(대법 2004. 1. 15. 2002두2444). ★★

② [×], 행정소송법 제38조 제1항이 무효확인 판결에 관하여 취소판결에 관한 규정을 준용함에 있어서 같은 법 제30조 제2항을 준용한다고 규정하면서도 같은 법 제34조는 이를 준용한다는 규정을 두지 않고 있으므로, 행정처분에 대하여 무효확인 판결이 내려진 경우에는 그 행정처분이 거부처분인 경우에도 행정청에 판결의 취지에 따른 재처분의무가 인정될 뿐 그에 대하여 간접강제까지 허용되는 것은 아니라고 할 것이다(대법 1998. 12. 24. 98무37). ★★

③ [○], 토지형질변경 및 건축허가신청 반려처분의 취소판결이 확정되었음에도 확정판결의 취지에 따른 재처분을 하지 아니하여 간접강제절차가 진행중 새로이 그 지역에 건축법 제12조 제2항에 따라 건축허가제한공고를 하고 그에 따라 다시 한 거부처분이 행정소송법 제30조 제2항 소정의 재처분에 해당한다고 한 사례(대법 2004. 1. 15. 2002무30).

④ [×], 행정소송법 제34조 소정의 간접강제결정에 기한 배상금은 거부처분취소판결이 확정된 경우 그 처분을 행한 행정청으로 하여금 확정판결의 취지에 따른 재처분의무의 이행을 확실히 담보하기 위한 것으로서, 확정판결의 취지에 따른 재처분의무내용의 불확정성과 그에 따른 재처분에의 해당 여부에 관한 쟁송으로 인하여 간접강제결정에서 정한 재처분의무의 기한 경과에 따른 배상금이 증가될 가능성이 자칫 행정청으로 하여금 인용처분을 강제하여 행정청의 재량권을 박탈하는 결과를 초래할 위험성이 있는 점 등을 감안하면, 이는 확정판결의 취지에 따른 재처분의 지연에 대한 제재나 손해배상이 아니고 재처분의 이행에 관한 심리적 강제수단에 불과한 것으로 보아야 하므로, 특별한 사정이 없는 한 간접강제결정에서 정한 의무이행기한이 경과한 후에라도 확정판결의 취지에 따른 재처분의 이행이 있으면 배상금을 추심함으로써 심리적 강제를 꾀할 목적이 상실되어 처분상대방이 더 이상 배상금을 추심하는 것은 허용되지 않는다(대법 2004. 1. 15. 2002두2444). ★★

⑤ [×], 행정소송법 제34조(거부처분취소판결의 간접강제) ① 행정청이 제30조 제2항의 규정에 의한 처분을 하지 아니하는 때에는 제1심수소법원은 당사자의 신청에 의하여 결정으로써 상당한 기간을 정하고 행정청이 그 기간내에 이행하지 아니하는 때에는 그 지연기간에 따라 일정한 배상을 할 것을 명하거나 즉시 손해배상을 할 것을 명할 수 있다. ② 제33조와 민사집행법 제262조의 규정은 제1항의 경우에 준용한다. 제33조(소송비용에 관한 재판의 효력) 소송비용에 관한 재판이 확정된 때에는 피고 또는 참가인이었던 행정청이 소속하는 국가 또는 공공단체에 그 효력을 미친다.

정답 ③

<행정소송: 취소소송 사정판결>

문 49. (2016 변시5회, 35번)

취소소송에 대한 다음과 같은 판결주문이 있다. 이러한 판결에 관한 설명 중 옳은 것을 모두 고른 것은? (다툼이 있는 경우 판례에 의함)

> 1. 원고의 청구를 기각한다.
> 2. 다만, 피고가 2015. 3. 3. 원고에 대하여 한 ㅇㅇ처분은 위법하다.
> 3. 소송비용은 (　　)의 부담으로 한다.

> ㄱ. 위 판결은 취소소송에서만 허용되고 무효등확인소송에는 허용되지 않는다.
> ㄴ. 원고는 피고 행정청이 속하는 국가 또는 공공단체를 상대로 손해배상의 청구를 당해 취소소송이 계속된 법원에 병합하여 제기할 수 있다.
> ㄷ. 소송비용은 패소자 부담이 원칙이므로 판결주문 3.의 (　)에 들어가는 것은 원고이다.
> ㄹ. 위 판결주문에서 ㅇㅇ처분의 위법 여부의 판단은 처분시를 기준으로 하지만, 청구기각판결을 하여야 할 공공복리 적합성의 판단시점은 변론종결시이다.
> ㅁ. 위 판결은 기각판결의 일종이므로 원고는 상소할 수 있지만, 피고는 상소할 수 없다.

① ㄱ, ㄴ
② ㄷ, ㅁ
③ ㄱ, ㄴ, ㄹ
④ ㄱ, ㄹ, ㅁ
⑤ ㄷ, ㄹ, ㅁ

해설

ㄱ. [○], ㄴ. [○], 행정소송법 제28조(사정판결) ① 원고의 청구가 이유있다고 인정하는 경우에도 처분등을 취소하는 것이 현저히 공공복리에 적합하지 아니하다고 인정하는 때에는 법원은 원고의 청구를 기각할 수 있다. 이 경우 법원은 그 판결의 주문에서 그 처분등이 위법함을 명시하여야 한다. ② 법원이 제1항의 규정에 의한 판결을 함에 있어서는 미리 원고가 그로 인하여 입게 될 손해의 정도와 배상방법 그 밖의 사정을 조사하여야 한다. ③ 원고는 피고인 행정청이 속하는 국가 또는 공공단체를 상대로 손해배상, 제해시설의 설치 그 밖에 적당한 구제방법의 청구를 당해 취소소송등이 계속된 법원에 병합하여 제기할 수 있다. 제38조(준용규정) ①제9조, 제10조, 제13조 내지 제17조, 제19조, 제22조 내지 제26조, 제29조 내지 제31조 및 제33조의 규정은 무효등 확인소송의 경우에 준용한다. ② 제9조, 제10조, 제13조 내지 제19조, 제20조, 제25조 내지 제27조, 제29조 내지 제31조, 제33조 및 제34조의 규정은 부작위위법확인소송의 경우에 준용한다.

ㄷ. [×], 행정소송법 제32조(소송비용의 부담) 취소청구가 제28조의 규정에 의하여 기각되거나 행정청이 처분등을 취소 또는 변경함으로 인하여 청구가 각하 또는 기각된 경우에는 소송비용은 피고의 부담으로 한다.

ㄹ. [○], 변론종결 당시의 정황으로 보아 처분을 취소함이 현저히 공공의 복리에 적합하지 아니하다고 판단한 실례(대법 1970. 3. 24. 69누29).

ㅁ. [×], 사정판결에 대해서는 원고와 피고 모두 상소할 수 있다(법원실무제요 행정, 법원행정처(2016)).

정답 ③

<행정소송: 과세처분, 취소소송복합>

문 50.

(2020 변시9회, 24번)

과세처분 및 체납처분에 관한 설명 중 옳은 것(○)과 옳지 않은 것(×)을 올바르게 조합한 것은? (다툼이 있는 경우 판례에 의함)

> ㄱ. 과세처분 이후에 조세 부과의 근거가 되었던 법률규정에 대하여 위헌결정이 있었으나 과세처분에 대한 제소기간이 이미 경과하여 조세채권이 확정된 경우, 그 조세채권의 집행을 위한 새로운 체납처분은 당연무효가 아니다.
> ㄴ. 중대한 하자가 있는 세무조사에 의하여 수집된 과세자료를 기초로 과세처분이 이루어진 경우라고 하더라도, 세무조사 절차가 종결되었다면 그 과세처분은 위법하지 않다.
> ㄷ. 체납자에 대한 공매통지가 공매에서 체납자의 권리 내지 재산상의 이익을 보호하기 위하여 법률로 규정한 절차적 요건이라고 하더라도, 체납자는 자신에 대한 공매통지의 하자뿐만 아니라 다른 권리자에 대한 공매통지의 하자를 공매처분의 위법사유로 주장할 수 있다.
> ㄹ. 과세처분의 취소소송에서 청구가 기각된 확정판결의 기판력은 그 과세처분의 무효확인을 구하는 소송에도 미친다.

① ㄱ(○), ㄴ(×), ㄷ(○), ㄹ(×)
② ㄱ(×), ㄴ(×), ㄷ(×), ㄹ(○)
③ ㄱ(×), ㄴ(○), ㄷ(×), ㄹ(○)
④ ㄱ(○), ㄴ(○), ㄷ(×), ㄹ(×)
⑤ ㄱ(×), ㄴ(×), ㄷ(○), ㄹ(○)

해설

ㄱ. [×], [다수의견] 구 헌법재판소법(2011. 4. 5. 법률 제10546호로 개정되기 전의 것) 제47조 제1항은 "법률의 위헌결정은 법원 기타 국가기관 및 지방자치단체를 기속한다."고 규정하고 있는데, 이러한 위헌결정의 기속력과 헌법을 최고규범으로 하는 법질서의 체계적 요청에 비추어 국가기관 및 지방자치단체는 위헌으로 선언된 법률규정에 근거하여 새로운 행정처분을 할 수 없음은 물론이고, 위헌결정 전에 이미 형성된 법률관계에 기한 후속처분이라도 그것이 새로운 위헌적 법률관계를 생성·확대하는 경우라면 이를 허용할 수 없다. 따라서 조세 부과의 근거가 되었던 법률규정이 위헌으로 선언된 경우, 비록 그에 기한 과세처분이 위헌결정 전에 이루어졌고, 과세처분에 대한 제소기간이 이미 경과하여 조세채권이 확정되었으며, 조세채권의 집행을 위한 체납처분의 근거규정 자체에 대하여는 따로 위헌결정이 내려진 바 없다고 하더라도, 위와 같은 위헌결정 이후에 조세채권의 집행을 위한 새로운 체납처분에 착수하거나 이를 속행하는 것은 더 이상 허용되지 않고, 나아가 이러한 위헌결정의 효력에 위배하여 이루어진 체납처분은 그 사유만으로 하자가 중대하고 객관적으로 명백하여 당연무효라고 보아야 한다(대법 2012. 2. 16. 2010두10907 전원합의체). ★★★

ㄴ. [×], 국세기본법은 제81조의4 제1항에서 "세무공무원은 적정하고 공평한 과세를 실현하기 위하여 필요한 최소한의 범위에서 세무조사를 하여야 하며, 다른 목적 등을 위하여 조사권을 남용해서는 아니 된다."라고 규정하고 있다(이하 '조항'이라고 한다). 조항은 세무조사의 적법 요건으로 객관적 필요성, 최소성, 권한 남용의 금지 등을 규정하고 있는데, 이는 법치국가원리를 조세절차법의 영역에서도 관철하기 위한 것으로서 그 자체로서 구체적인 법규적 효력을 가진다. 따라서 세무조사가 과세자료의 수집 또는 신고내용의 정확성 검증이라는 본연의 목적이 아니라 부정한 목적을 위하여 행하여진 것이라면 이는 세무조사에 중대한 위법사유가 있는 경우에 해당하고 이러한 세무조사에 의하여 수집된 과세자료를 기초로 한 과세처분 역시 위법하다. 세무조사가 국가의 과세권을 실현하기 위한 행정조사의 일종으로서 과세자료의 수집 또는 신고내용의 정확성 검증 등을 위하여 필요불가결하며, 종국적으로는 조세의 탈루를 막고 납세자의 성실한 신고를 담보하는 중요한 기능을 수행하더라도 만약 남용이나 오용을 막지 못한다면 납세자의 영업활동 및 사생활의 평온이나 재산권을 침해하고 나아가 과세권의 중립성과 공공성 및 윤리성을 의심받는 결과가 발생할 것이기 때문이다(대법 2016. 12. 15. 2016두47659).

ㄷ. [×], 체납자는 국세징수법 제66조에 의하여 직접이든 간접이든 압류재산을 매수하지 못함에도, 국세징수법이 압류재산을 공매할 때 공고와 별도로 체납자 등에게 공매통지를 하도록 한 이유는, 체납자 등에게 공매절차가 유효한 조세부과처분 및 압류처분에 근거하여 적법하게 이루어지는지 여부를 확인하고 이를 다툴 수 있는 기회를 주는 한편, 국세징수법이 정한 바에 따라 체납세액을 납부하고 공매절차를 중지 또는 취소시켜 소유권 또는 기타의 권리를 보존할 수 있는 기회를 갖도록 함으로써, 체납자 등이 감수하여야 하는 강제적인 재산권 상실에 대응한 절차적인 적법성을 확보하기 위한 것이다. 따라서 체납자 등에 대한 공매통지는 국가의 강제력에 의하여 진행되는 공매에서 체납자 등의 권리 내지 재산상의 이익을 보호하기 위하여 법률로 규정한 절차적 요건이라고 보아야 하며, 공매처분을 하면서 체납자 등에게 공매통지를 하지 않

았거나 공매통지를 하였더라도 그것이 적법하지 아니한 경우에는 절차상의 흠이 있어 그 공매처분은 위법하다. 다만, 공매통지의 목적이나 취지 등에 비추어 보면, 체납자 등은 자신에 대한 공매통지의 하자만을 공매처분의 위법사유로 주장할 수 있을 뿐 다른 권리자에 대한 공매통지의 하자를 들어 공매처분의 위법사유로 주장하는 것은 허용되지 않는다(대법 2008. 11. 20. 2007두18154).

ㄹ. [○], 과세처분의 취소소송은 과세처분의 실체적, 절차적 위법을 그 취소원인으로 하는 것으로서 그 심리의 대상은 과세관청의 과세처분에 의하여 인정된 조세채무인 과세표준 및 세액의 객관적 존부, 즉 당해 과세처분의 적부가 심리의 대상이 되는 것이며, 과세처분 취소청구를 기각하는 판결이 확정되면 그 처분이 적법하다는 점에 관하여 기판력이 생기고 그 후 원고가 이를 무효라 하여 무효확인을 소구할 수 없는 것이어서 과세처분의 취소소송에서 청구가 기각된 확정판결의 기판력은 그 과세처분의 무효확인을 구하는 소송에도 미친다(대법 1998. 7. 24. 98다10854).

정답 ②

〈행정소송: 취소소송복합〉

문 51.

(2022 변시11회 36번)

甲은 주유소를 운영하던 중 가짜 석유제품을 저장 · 판매하여 「석유사업법」을 위반한 사실이 2차 적발되었고, 「석유사업법 시행규칙」 [별표 1]로 정한 처분기준에 따라 행정청으로부터 6개월의 사업정지처분(이하 '이 사건 처분'이라 함)을 받았다. 이에 관한 설명 중 옳은 것은? (다툼이 있는 경우 판례에 의함)

【참고】 「석유사업법 시행규칙」 [별표 1] 행정처분기준

위반행위	근거 법조문	행정처분기준		
		1회 위반	2회 위반	3회 위반
가짜 석유제품을 제조 · 수입 · 저장 · 운송 · 보관 또는 판매한 경우	법 OO조	사업 정지 3개월	사업 정지 6개월	등록취소 또는 영업장 폐쇄

① 이 사건 처분에서 정한 사업정지기간이 경과하여 그 효력이 소멸한 이후에는 甲은 이 사건 처분에 대한 취소소송을 제기할 법률상 이익이 없다.

② 甲이 청구한 행정심판에서 이 사건 처분을 3개월의 사업정지처분에 갈음하는 과징금으로 변경하는 재결이 있었으나, 여전히 甲이 처분사유가 부존재함을 주장하여 다투고자 한다면 甲은 재결을 대상으로 하여 취소소송을 제기하여야 한다.

③ 甲의 위반사실이 명백하다면 이 사건 처분을 하면서 甲에게 법령상 사업정지기간의 감경에 관한 참작 사유가 있음에도 이를 전혀 고려하지 않았다고 하여 그 자체로 재량권을 일탈 · 남용한 위법한 처분이 되는 것은 아니다.

④ 행정법규 위반에 대하여 甲에게 고의나 과실이 없는 경우에는 이 사건 처분을 할 수 없다.

⑤ 행정법규 위반에 대한 제재조치는 행정목적의 달성을 위하여 행정법규 위반이라는 객관적 사실에 착안하여 가하는 제재이므로, 甲이 고용한 직원이 위반행위를 한 경우라도 법령상 책임자인 甲에게 이 사건 처분을 할 수 있다.

해설

① [×], 제재적 행정처분이 그 처분에서 정한 제재기간의 경과로 인하여 그 효과가 소멸되었으나, 부령인 시행규칙 또는 지방자치단체의 규칙의 형식으로 정한 처분기준에서 제재적 행정처분을 받은 것을 가중사유나 전제요건으로 삼아 장래의 제재적 행정처분을 하도록 정하고 있는 경우, 선행처분인 제재적 행정처분을 받은 상대방이 그 처분에서 정한 제재기간이 경과하였다 하더라도 그 처분의 취소를 구할 법률상 이익이 있는지 여부(한정 적극)(대법 2006. 6. 22. 2003두1684 전원합의체). ★★★

② [×], 행정소송법 제19조(취소소송의 대상) 취소소송은 처분등을 대상으로 한다. 다만, 재결취소소송의 경우에는 재결 자체에 고유한 위법이 있음을 이유로 하는 경우에 한한다.

③ [×], 처분의 근거 법령이 행정청에 처분의 요건과 효과 판단에 일정한 재량을 부여하였는데도, 행정청이 자신에게 재량권이 없다고 오인한 나머지 처분으로 달성하려는 공익과 그로써 처분상대방이 입게 되는 불이익의 내용과 정도를 전혀 비교형량 하지 않은 채 처분을 하였다면, 이는 재량권 불행사로서 그 자체로 재량권 일탈·남용으로 해당 처분을 취소하여야 할 위법사유가 된다(대법 2019. 7. 11. 2017두38874). ★★★

④ [×], 행정법규 위반에 대한 제재조치는 행정목적의 달성을 위하여 행정법규 위반이라는 객관적 사실에 착안하여 가하는 제재이므로, 반드시 현실적인 행위자가 아니라도 법령상 책임자로 규정된 자에게 부과되고, 특별한 사정이 없는 한 위반자에게 고의나 과실이 없더라도 부과할 수 있다(대법 2017. 5. 11. 2014두8773).

⑤ [○], 행정법규 위반에 대한 제재처분은 행정목적의 달성을 위하여 행정법규 위반이라는 객관적 사실에 착안하여 가하는 제재이므로, 반드시 현실적인 행위자가 아니라도 법령상 책임자로 규정된 자에게 부과되고, 특별한 사정이 없는 한 위반자에게 고의나 과실이 없더라도 부과할 수 있다(대법 2017. 5. 11. 2014두8773 등 참조).

정답 ⑤

<행정소송: 무효확인소송>

문 52.

(2012 변시1회, 24번)

행정소송에 관한 설명 중 옳은 것을 모두 고른 것은? (다툼이 있는 경우 판례에 의함)

ㄱ. 행정처분의 근거 법률에 의하여 보호되는 직접적이고 구체적인 이익이 있는 경우에는 행정소송법 제35조에 규정된 '무효확인을 구할 법률상 이익'이 있다고 보아야 하고, 이와 별도로 무효확인소송의 보충성이 요구되는 것은 아니므로 행정처분의 무효를 전제로 한 이행소송 등과 같은 직접적인 구제수단이 있는지 여부를 따질 필요가 없다.
ㄴ. 거부처분 후 법령이 개정·시행된 경우에 거부처분 취소의 확정판결을 받은 행정청이 개정법령상의 새로운 사유를 내세워 다시 거부처분을 하는 것은 행정소송법상의 재처분의무에 반한다.
ㄷ. 헌법 제35조 제1항에서 정하고 있는 환경권에 관한 규정만으로는 그 권리의 주체·대상·내용·행사방법 등이 구체적으로 정립되어 있다고 볼 수 없으므로, 환경영향평가 대상지역 밖에 거주하는 주민에게 헌법상의 환경권에 근거하여 공유수면매립면허처분과 농지개량사업시행인가처분의 무효확인을 구할 원고적격은 인정될 수 없다.
ㄹ. 조세부과처분이 당연무효임을 전제로 하여 이미 납부한 세금의 반환을 청구하는 과오납금반환청구소송은 공법상 당사자소송으로 취급되고 있다.
ㅁ. 행정소송의 입증책임은 피고 행정청에 있으므로 피고는 당해 행정처분에 중대·명백한 하자가 없어 무효가 아니라는 입증을 하여야 한다.

① ㄱ, ㄷ
② ㄴ, ㅁ
③ ㄱ, ㄷ, ㄹ
④ ㄴ, ㄹ, ㅁ
⑤ ㄱ, ㄷ, ㄹ, ㅁ

해설

ㄱ. [O]. 행정소송은 행정청의 위법한 처분 등을 취소·변경하거나 그 효력 유무 또는 존재 여

부를 확인함으로써 국민의 권리 또는 이익의 침해를 구제하고 공법상의 권리관계 또는 법 적용에 관한 다툼을 적정하게 해결함을 목적으로 하므로, 대등한 주체 사이의 사법상 생활 관계에 관한 분쟁을 심판대상으로 하는 민사소송과는 목적, 취지 및 기능 등을 달리한다. 또한 행정소송법 제4조에서는 무효확인소송을 항고소송의 일종으로 규정하고 있고, 행정소송법 제38조 제1항에서는 처분 등을 취소하는 확정판결의 기속력 및 행정청의 재처분 의무에 관한 행정소송법 제30조를 무효확인소송에도 준용하고 있으므로 무효확인판결 자체만으로도 실효성을 확보할 수 있다. 그리고 무효확인소송의 보충성을 규정하고 있는 외국의 일부 입법례와는 달리 우리나라 행정소송법에는 명문의 규정이 없어 이로 인한 명시적 제한이 존재하지 않는다. 이와 같은 사정을 비롯하여 행정에 대한 사법통제, 권익구제의 확대와 같은 행정소송의 기능 등을 종합하여 보면, 행정처분의 근거 법률에 의하여 보호되는 직접적이고 구체적인 이익이 있는 경우에는 행정소송법 제35조에 규정된 '무효확인을 구할 법률상 이익'이 있다고 보아야 하고, 이와 별도로 무효확인소송의 보충성이 요구되는 것은 아니므로 행정처분의 무효를 전제로 한 이행소송 등과 같은 직접적인 구제수단이 있는지 여부를 따질 필요가 없다고 해석함이 상당하다(대법 2008. 3. 20. 2007두6342 전원합의체). ★★★

ㄴ. [×], 행정처분의 적법 여부는 그 행정처분이 행하여 진 때의 법령과 사실을 기준으로 하여 판단하는 것이므로 거부처분 후에 법령이 개정·시행된 경우에는 개정된 법령 및 허가기준을 새로운 사유로 들어 다시 이전의 신청에 대한 거부처분을 할 수 있으며 그러한 처분도 행정소송법 제30조 제2항에 규정된 재처분에 해당된다. 건축불허가처분을 취소하는 판결이 확정된 후 국토이용관리법시행령이 준농림지역 안에서의 행위제한에 관하여 지방자치단체의 조례로써 일정 지역에서 숙박업을 영위하기 위한 시설의 설치를 제한할 수 있도록 개정된 경우, 당해 지방자치 단체장이 위 처분 후에 개정된 신법령에서 정한 사유를 들어 새로운 거부처분을 한 것이 행정소송법 제30조 제2항 소정의 확정판결의 취지에 따라 이전의 신청에 대한 처분을 한 경우에 해당한다(대법 1998. 1. 7. 97두22). ★★

ㄷ. [○], 헌법 제35조 제1항에서 정하고 있는 환경권에 관한 규정만으로는 그 권리의 주체·대상·내용·행사방법 등이 구체적으로 정립되어 있다고 볼 수 없고, 환경정책기본법 제6조도 그 규정 내용 등에 비추어 국민에게 구체적인 권리를 부여한 것으로 볼 수 없다는 이유로, 환경영향평가 대상지역 밖에 거주하는 주민에게 헌법상의 환경권 또는 환경정책기본법에 근거하여 공유수면매립면허처분과 농지개량사업 시행인가처분의 무효확인을 구할 원고적격이 없다고 한 사례(대법 2006. 3. 16. 2006두330 전원합의체). ★★

ㄹ. [×], 조세부과처분이 당연무효임을 전제로 하여 이미 납부한 세금의 반환을 청구하는 것은 민사상의 부당이득반환청구로서 민사소송절차에 따라야 한다(대법 1995. 4. 28. 94다55019).

ㅁ. [×], 행정처분의 당연 무효를 주장하여 그 무효확인을 구하는 행정소송에 있어서는 원고에게 그 행정처분이 무효인 사유를 주장, 입증할 책임이 있다(대법 1992. 3. 10. 91누6030).

정답 ①

<행정소송: 부작위위법확인>

문 53.

(2014 변시3회, 33번)

항고소송의 소송요건에 관한 설명 중 옳은 것을 모두 고른 것은? (다툼이 있는 경우 판례에 의함)

ㄱ. 제재적 행정처분이 그 처분에서 정한 제재기간의 경과로 인하여 그 효과가 소멸되었으나, 부령인 시행규칙의 형식으로 정한 처분기준에서 제재적 행정처분(이하 '선행처분'이라고 함)을 받은 것을 가중사유나 전제요건으로 삼아 장래의 제재적 행정처분(이하 '후행처분'이라고 함)을 하도록 정하고 있는 경우, 위 시행규칙이 정한 바에 따라 선행처분을 가중사유 또는 전제요건으로 하는 후행처분을 받을 우려가 현실적으로 존재하는 경우에도 선행처분을 받은 상대방은 그 처분에서 정한 제재기간이 경과한 선행처분의 취소를 구할 법률상 이익이 없다.

ㄴ. 사업양도·양수에 따른 허가관청의 지위승계신고의 수리대상인 사업양도·양수가 존재하지 아니하거나 무효인 때에는 사업의 양도행위가 무효라고 주장하는 양도자는 민사쟁송으로 양도·양수행위의 무효를 구함이 없이 막바로 허가관청을 상대로 하여 행정소송으로 사업양도·양수에 따른 허가관청의 지위승계신고 수리처분의 무효확인을 구할 법률상 이익이 있다.

ㄷ. 통상 고시에 의하여 행정처분을 하는 경우에는 그 처분의 상대방이 불특정 다수인이고, 그 처분의 효력이 불특정 다수인에게 일률적으로 적용되는 것이므로, 그 행정처분에 이해관계를 갖는 자는 고시가 있었다는 사실을 현실적으로 알았는지 여부에 관계없이 고시가 효력을 발생하는 날에 행정처분이 있음을 알았다고 보아야 하고, 따라서 그에 대한 취소소송은 그 날로부터 90일 이내에 제기하여야 한다.

ㄹ. 부작위위법확인의 소는 부작위 상태가 계속되는 한 그 위법의 확인을 구할 이익이 있다고 보아야 하므로 원칙적으로 제소기간의 제한을 받지 않지만, 행정심판을 거친 경우에는 재결서의 정본을 송달받은 날부터 90일 이내에 부작위위법확인의 소를 제기하여야 한다.

ㅁ. 국가공무원 甲에 대한 파면처분취소소송이 사실심에 계속되고 있는 동안에 징계권자가 파면처분을 3월의 정직처분으로 감경하여서 甲이 변경된 처분에 맞추어 소를 변경하는 경우, 변경된 처분에 대하여 새로이 소청심사위원회의 심사·결정을 거쳐야 한다.

① ㄱ, ㄴ, ㄷ ② ㄱ, ㄹ, ㅁ

③ ㄴ, ㄷ, ㄹ ④ ㄴ, ㄹ, ㅁ
⑤ ㄷ, ㄹ, ㅁ

해설

ㄱ. [×], 제재적 행정처분이 그 처분에서 정한 제재기간의 경과로 인하여 그 효과가 소멸되었으나, 부령인 시행규칙 또는 지방자치단체의 규칙(이하 이들을 '규칙'이라고 한다)의 형식으로 정한 처분기준에서 제재적 행정처분(이하 '선행처분'이라고 한다)을 받은 것을 가중사유나 전제요건으로 삼아 장래의 제재적 행정처분(이하 '후행처분'이라고 한다)을 하도록 정하고 있는 경우, 제재적 행정처분의 가중사유나 전제요건에 관한 규정이 법령이 아니라 규칙의 형식으로 되어 있다고 하더라도, 그러한 규칙이 법령에 근거를 두고 있는 이상 그 법적 성질이 대외적·일반적 구속력을 갖는 법규명령인지 여부와는 상관없이, 관할 행정청이나 담당공무원은 이를 준수할 의무가 있으므로 이들이 그 규칙에 정해진 바에 따라 행정작용을 할 것이 당연히 예견되고, 그 결과 행정작용의 상대방인 국민으로서는 그 규칙의 영향을 받을 수밖에 없다. 따라서 그러한 규칙이 정한 바에 따라 선행처분을 받은 상대방이 그 처분의 존재로 인하여 장래에 받을 불이익, 즉 후행처분의 위험은 구체적이고 현실적인 것이므로, 상대방에게는 선행처분의 취소소송을 통하여 그 불이익을 제거할 필요가 있다. 또한, 나중에 후행처분에 대한 취소소송에서 선행처분의 사실관계나 위법 등을 다툴 수 있는 여지가 남아 있다고 하더라도, 이러한 사정은 후행처분이 이루어지기 전에 이를 방지하기 위하여 직접 선행처분의 위법을 다투는 취소소송을 제기할 필요성을 부정할 이유가 되지 못한다. 그러한 쟁송방법을 막는 것은 여러 가지 불합리한 결과를 초래하여 권리구제의 실효성을 저해할 수 있기 때문이다. 오히려 앞서 본 바와 같이 행정청으로서는 선행처분이 적법함을 전제로 후행처분을 할 것이 당연히 예견되므로, 이러한 선행처분으로 인한 불이익을 선행처분 자체에 대한 소송에서 사전에 제거할 수 있도록 해 주는 것이 상대방의 법률상 지위에 대한 불안을 해소하는데 가장 유효적절한 수단이 된다고 할 것이고, 또한 그 소송을 통하여 선행처분의 사실관계 및 위법 여부가 조속히 확정됨으로써 이와 관련된 장래의 행정작용의 적법성을 보장함과 동시에 국민생활의 안정을 도모할 수 있다. 이상의 여러 사정과 아울러, 국민의 재판청구권을 보장한 헌법 제27조 제1항의 취지와 행정처분으로 인한 권익침해를 효과적으로 구제하려는 행정소송법의 목적 등에 비추어 행정처분의 존재로 인하여 국민의 권익이 실제로 침해되고 있는 경우는 물론이고 권익침해의 구체적·현실적 위험이 있는 경우에도 이를 구제하는 소송이 허용되어야 한다는 요청을 고려하면, 규칙이 정한 바에 따라 선행처분을 가중사유 또는 전제요건으로 하는 후행처분을 받을 우려가 현실적으로 존재하는 경우에는, 선행처분을 받은 상대방은 비록 그 처분에서 정한 제재기간이 경과하였다 하더라도 그 처분의 취소소송을 통하여 그러한 불이익을 제거할 권리보호의 필요성이 충분히 인정된다고 할 것이므로, 선행처분의 취소를 구할 법률상 이익이 있다고 보아야 한다(대법 2006. 6. 22. 2003두1684 전원합의체). ★★★

ㄴ. [○], 사업양도·양수에 따른 허가관청의 지위승계신고의 수리는 적법한 사업의 양도·양수가 있었음을 전제로 하는 것이므로 그 수리대상인 사업양도·양수가 존재하지 아니하거나 무효인 때에는 수리를 하였다 하더라도 그 수리는 유효한 대상이 없는 것으로서 당연히 무효라 할 것이고, 사업의 양도행위가 무효라고 주장하는 양도자는 민사쟁송으로 양도·양수행위의 무효를 구함이 없이 막바로 허가관청을 상대로 하여 행정소송으로 위 신고수리처분의 무효확인을 구할 법률상 이익이 있다(대법 2005. 12. 23. 2005두3554). ★★★

ㄷ. [○], 통상 고시 또는 공고에 의하여 행정처분을 하는 경우에는 그 처분의 상대방이 불특정 다수인이고 그 처분의 효력이 불특정 다수인에게 일률적으로 적용되는 것이므로, 그 행정처분에 이해관계를 갖는 자가 고시 또는 공고가 있었다는 사실을 현실적으로 알았는지 여부에 관계없이 고시가 효력을 발생하는 날 행정처분이 있음을 알았다고 보아야 한다. 인터넷 웹사이트에 대하여 구 청소년보호법에 따른 청소년유해매체물 결정 및 고시처분을 한 사안에서, 위 결정은 이해관계인이 고시가 있었음을 알았는지 여부에 관계없이 관보에 고시됨으로써 효력이 발생하고, 그가 위 결정을 통지받지 못하였다는 것이 제소기간을 준수하지 못한 것에 대한 정당한 사유가 될 수 없다고 한 사례(대법 2007. 6. 14. 2004두619). ★★★

ㄹ. [○], 부작위위법확인의 소는 부작위상태가 계속되는 한 그 위법의 확인을 구할 이익이 있다고 보아야 하므로 원칙적으로 제소기간의 제한을 받지 않는다. 그러나 행정소송법 제38조 제2항이 제소기간을 규정한 같은 법 제20조를 부작위위법확인소송에 준용하고 있는 점에 비추어 보면, 행정심판 등 전심절차를 거친 경우에는 행정소송법 제20조가 정한 제소기간 내에 부작위위법확인의 소를 제기하여야 한다(대법 2009. 7. 23. 2008두10560). ★★

ㅁ. [×], 행정소송법 제18조(행정심판과의 관계) ① 취소소송은 법령의 규정에 의하여 당해 처분에 대한 행정심판을 제기할 수 있는 경우에도 이를 거치지 아니하고 제기할 수 있다. 다만, 다른 법률에 당해 처분에 대한 행정심판의 재결을 거치지 아니하면 취소소송을 제기할 수 없다는 규정이 있는 때에는 그러하지 아니하다. ③ 제1항 단서의 경우에 다음 각호의 1에 해당하는 사유가 있는 때에는 행정심판을 제기함이 없이 취소소송을 제기할 수 있다. 3. 행정청이 사실심의 변론종결후 소송의 대상인 처분을 변경하여 당해 변경된 처분에 관하여 소를 제기하는 때

정답 ③

<행정소송: 당사자소송>

문 54.

(2013 변시2회, 33번)

행정소송법상의 당사자소송에 관한 다음 설명 중 옳지 않은 것은? (다툼이 있는 경우 판례에 의함)

① 「도시 및 주거환경정비법」상 주택재건축정비사업조합을 상대로 관리처분계획안에 대한 조합 총회결의의 효력 등을 다투는 소송은 행정소송법상의 당사자소송에 해당한다.

② 지방자치단체가 보조금 지급결정을 하면서 일정 기한 내에 보조금을 반환하도록 하는 교부조건을 부가한 경우, 보조사업자의 지방자치단체에 대한 보조금 반환의무는 보조사업자가 지방자치단체에 부담하는 공법상 의무이므로, 보조사업자에 대한 지방자치단체의 보조금반환청구소송은 당사자소송에 해당한다.

③ 관계법령상 구 하천법 시행으로 하천구역으로 편입되어 국유로 되었으나 그에 대한 보상규정이 없었거나 보상청구권이 시효로 소멸되어 보상을 받지 못한 토지들에 대하여 시·도지사가 그 손실을 보상하도록 규정하고 있고 위 관계법령에 의한 손실보상청구권이 그 법령상 요건이 충족되면 당연히 발생되는 경우, 위 관계법령에 의한 손실보상금의 지급을 구하는 소송은 당사자소송에 해당한다.

④ 당사자소송에서 원고가 피고를 잘못 지정한 것으로 보이는 경우, 피고경정은 원고의 신청에 의하여야 하므로 법원으로서는 원고의 피고경정신청이 없는 경우 소를 각하하면 족하고 석명권을 행사하여 원고로 하여금 정당한 피고로 경정하게 할 필요는 없다.

⑤ 당사자소송의 경우에도 취소소송에서의 직권심리 원칙을 규정한 행정소송법 제26조가 준용된다.

해설

① [○], 도시 및 주거환경정비법상 행정주체인 주택재건축정비사업조합을 상대로 관리처분계획안에 대한 조합 총회결의의 효력 등을 다투는 소송은 행정처분에 이르는 절차적 요건의 존부나 효력 유무에 관한 소송으로서 그 소송결과에 따라 행정처분의 위법 여부에 직접 영향을 미치는 공법상 법률관계에 관한 것이므로, 이는 행정소송법상의 당사자소송에 해당한다(대법 2009. 9. 17. 2007다2428 전원합의체). ★★★

② [○], 지방자치단체가 보조금 지급결정을 하면서 일정 기한 내에 보조금을 반환하도록 하는 교부조건을 부가한 사안에서, 보조사업자의 지방자치단체에 대한 보조금 반환의무는 행정처분인 위 보조금 지급결정에 부가된 부관상 의무이고, 이러한 부관상 의무는 보조사업자가 지방자치단체에 부담하는 공법상 의무이므로, 보조사업자에 대한 지방자치단체의 보조금반환청구는 공법상 권리관계의 일방 당사자를 상대로 하여 공법상 의무이행을 구하는 청구로서 행정소송법 제3조 제2호에 규정한 당사자소송의 대상이라고 한 사례(대법 2011. 6. 9. 2011다12951).

③ [○], 법률 제3782호 하천법 중 개정법률(이하 '개정 하천법'이라 한다)은 그 부칙 제2조 제1항에서 개정 하천법의 시행일인 1984. 12. 31. 전에 유수지에 해당되어 하천구역으로 된 토지 및 구 하천법(1971. 1. 19. 법률 제2292호로 전문 개정된 것)의 시행으로 국유로 된 제외지안의 토지에 대하여는 관리청이 그 손실을 보상하도록 규정하였고, '법률 제3782호 하천법 중 개정법률 부칙 제2조의 규정에 의한 보상청구권의 소멸시효가 만료된 하천구역 편입토지 보상에 관한 특별조치법' 제2조는 구 하천법(1989. 12. 30. 법률 제4161호로 개정되기 전의 것) 부칙 제2조 제1항에 해당하는 토지로서 개정 하천법 부칙 제2조 제2항에서 규정하고 있는 소멸시효의 만료로 보상청구권이 소멸되어 보상을 받지 못한 토지에 대하여는 시·도지사가 그 손실을 보상하도록 규정하고 있는바, 위 각 규정들에 의한 손실보상청구권은 모두 종전의 하천법 규정 자체에 의하여 하천구역으로 편입되어 국유로 되었으나 그에 대한 보상규정이 없었거나 보상청구권이 시효로 소멸되어 보상을 받지 못한 토지들에 대하여, 국가가 반성적 고려와 국민의 권리구제 차원에서 그 손실을 보상하기 위하여 규정한 것으로서, 그 법적 성질은 하천법 본칙(本則)이 원래부터 규정하고 있던 하천구역에의 편입에 의한 손실보상청구권과 하등 다를 바가 없는 것이어서 공법상의 권리임이 분명하므로 그에 관한 쟁송도 행정소송절차에 의하여야 한다. 하천법 부칙(1989. 12. 30.) 제2조와 '법률 제3782호 하천법 중 개정법률 부칙 제2조의 규정에 의한 보상청구권의 소멸시효가 만료된 하천구역 편입토지 보상에 관한 특별조치법' 제2조, 제6조의 각 규정들을 종합하면, 위 규정들에 의한 손실보상청구권은 1984. 12. 31. 전에 토지가 하천구역으로 된 경우에는 당연히 발생되는 것이지, 관리청의 보상금지급결정에 의하여 비로소 발생하는 것은 아니므로, 위 규정들에 의한 손실보상금의 지급을 구하거나 손실보상청구권의 확인을 구하는 소송은 행정소송법 제3조 제2호 소정의 당사자소송에 의하여야 한다(대법 2006. 5. 18. 2004다6207 전원합의체). ★★

④ [×], 행정소송법 소정의 당사자소송에 있어서 원고가 피고를 잘못 지정한 때에는 법원은 원고의 신청에 의하여 결정으로서 피고의 경정을 허가할 수 있는 것이므로(행정소송법 제44조 제1

항, 제14조), 원고가 피고를 잘못 지정한 것으로 보이는 경우 법원으로서는 마땅히 석명권을 행사하여 원고로 하여금 정당한 피고로 경정하게 하여 소송을 진행케 하여야 할 것이지, 그러한 조치를 취하지 아니한 채 피고의 지정이 잘못되었다는 이유로 막바로 소를 각하할 것은 아니다(대법원 1985. 11. 12. 선고 85누621 판결, 2004. 7. 8. 선고 2002두7852 판결 등 참조)(대법 2006. 11. 9. 2006다23503).

⑤ [○], 행정소송법 제44조(준용규정) ① 제14조 내지 제17조, 제22조, 제25조, 제26조, 제30조 제1항, 제32조 및 제33조의 규정은 당사자소송의 경우에 준용한다.

정답 ④

〈행정소송: 당사자소송〉

문 55.

(2016 변시5회, 21번)

「행정소송법」상 당사자소송에 관한 판례의 입장과 부합하는 것을 모두 고른 것은?

ㄱ. 「공익사업을 위한 토지 등의 취득 및 보상에 관한 법률」상 환매권의 존부에 관한 확인을 구하는 소송은 당사자소송이다.
ㄴ. 공무원연금법령상 퇴직수당 등의 급여를 받으려고 하는 자는 우선 공무원연금관리공단에 급여지급을 신청하여 공단의 급여지급결정을 받아야 하고, 공단의 급여지급결정 없이 바로 당사자소송으로 급여의 지급을 구하는 것은 허용되지 아니한다.
ㄷ. 지방전문직공무원 채용계약 해지의 의사표시는 지방자치단체장의 처분에 해당하므로 지방자치단체를 상대로 당사자소송으로 해지 의사표시의 무효확인을 청구할 수 없다.
ㄹ. 국가의 부가가치세 환급세액 지급의무는 정의와 공평의 관념에서 수익자와 손실자 사이의 재산상태 조정을 위해 인정되는 부당이득 반환의무가 아니라 조세 정책적 관점에서 인정되는 공법상 의무이므로 국가에 대한 납세의무자의 부가가치세 환급세액 지급청구는 당사자소송에 의한다.

① ㄱ, ㄴ　　② ㄱ, ㄷ
③ ㄴ, ㄷ　　④ ㄴ, ㄹ
⑤ ㄷ, ㄹ

해설

ㄱ. [×], 구 공익사업을 위한 토지 등의 취득 및 보상에 관한 법률(2010. 4. 5. 법률 제10239호로 일부 개정되기 전의 것, 이하 '구 공익사업법'이라 한다) 제91조에 규정된 환매권은 상대방에 대한 의사표시를 요하는 형성권의 일종으로서 재판상이든 재판 외이든 위 규정에 따른 기간 내에 행사하면 매매의 효력이 생기는 바(대법원 2008. 6. 26. 선고 2007다24893 판결 참조), 이러한 환매권의 존부에 관한 확인을 구하는 소송 및 구 공익사업법 제91조 제4항에 따라 환매금액의 증감을 구하는 소송 역시 민사소송에 해당한다(대법 2013. 2. 28. 2010두22368). ★★

ㄴ. [○], 구 공무원연금법(2008.2.29.법률 제8852호로 개정되기 전의 것) 제26조 제1항, 1276 판례공보 2010.7.1. 제3항, 제83조 제1항, 구 공무원연금법 시행령(2008.2.29.대통령령 제20741호로 개정되기 전의 것)제19조의3등의 각 규정을 종합하면, 구 공무원연금법에 의한 퇴직수당 등의 급여를 받을 권리는 법령의 규정에 의하여 직접 발생하는 것이 아니라 위와같은 급여를 받으려고 하는 자가 소속하였던 기관장의 확인을 얻어 신청함에 따라 공무원연금관리공

단이 그 지급결정을 함으로써 구체적인 권리가 발생한다.여기서 공무원연금관리공단이 하는 급여지급결정의 의미는 단순히 급여수급 대상자를 확인·결정하는 것에 그치는 것이 아니라 구체적인 급여수급액을 확인·결정하는 것까지 포함한다.따라서 구 공무원연금법령상 급여를 받으려고 하는 자는 우선 관계 법령에 따라 공단에 급여지급을 신청하여 공무원연금관리공단이 이를 거부하거나 일부 금액만 인정하는 급여지급결정을 하는 경우 그 결정을 대상으로 항고소송을 제기하는 등으로 구체적 권리를 인정받은 다음 비로소 당사자소송으로 그 급여의 지급을 구하여야 하고, 구체적인 권리가 발생하지 않은 상태에서 곧바로 공무원연금관리공단 등을 상대로 한 당사자소송으로 급여의 지급을 소구하는 것은 허용되지 않는다(대법 2010. 5. 27. 2008두5636).

ㄷ. [×], 현행 실정법이 지방전문직공무원 채용계약 해지의 의사표시를 일반공무원에 대한 징계처분과는 달리 항고소송의 대상이 되는 처분 등의 성격을 가진 것으로 인정하지 아니하고, 지방전문직공무원규정 제7조 각호의 1에 해당하는 사유가 있을 때 지방자치단체가 채용계약관계의 한쪽 당사자로서 대등한 지위에서 행하는 의사표시로 취급하고 있는 것으로 이해되므로, 지방전문직공무원 채용계약 해지의 의사표시에 대하여는 대등한 당사자간의 소송형식인 공법상 당사자소송으로 그 의사표시의 무효확인을 청구할 수 있다(대법 1993. 9. 14. 92누4611).

ㄹ. [○], [다수의견]부가가치세법령이 환급세액의 정의 규정, 그 지급시기와 산출방법에 관한 구체적인 규정과 함께 부가가치세 납세의무를 부담하는 사업자(이하 '납세의무자'라 한다)에 대한 국가의 환급세액 지급의무를 규정한 이유는, 입법자가 과세 및 징수의 편의를 도모하고 중복과세를 방지하는 등의 조세 정책적 목적을 달성하기 위한 입법적결단을 통하여, 최종 소비자에 이르기 전의 각 거래단계에서 재화 또는 용역을 공급하는 사업자가 그 공급을 받는 사업자로부터 매출세액을 징수하여 국가에 납부하고, 그 세액을 징수당한 사업자는 이를 국가로부터 매입세액으로 공제·환급받는 과정을 통하여 그 세액의 부담을 다음 단계의 사업자에게 차례로 전가하여 궁극적으로 최종 소비자에게 이를 부담시키는 것을 근간으로 하는 전단계세액공제 제도를 채택한 결과, 어느 과세기간에 거래징수된 세액이 거래징수를 한 세액보다 많은 경우에는 그 납세의무자가 창출한 부가가치에 상응하는 세액보다 많은 세액이 거래징수되게 되므로 이를 조정하기 위한 과세기술상, 조세 정책적인 요청에 따라 특별히 인정한 것이라고 할수 있다.따라서 이와 같은 부가가치세법령의 내용, 형식 및 입법 취지 등에 비추어 보면, 납세의무자에 대한 국가의 부가가치세 환급세액 지급의무는 그 납세의무자로부터 어느 과세기간에 과다하게 거래징수된 세액 상당을 국가가 실제로 납부받았는지와관계없이 부가가치세법령의 규정에 의하여 직접 발생하는 것으로서, 그 법적 성질은 정의와 공평의 관념에서 수익자와 손실자 사이의 재산상태 조정을 위해 인정되는 부당이득 반환의무가 아니라 부가가치세법령에 의하여 그 존부나 범위가 구체적으로 확정되고 조세 정책적 관점에서 특별히 인정되는 공법상 의무라고 봄이 타당하다.그렇다면 납세의무자에 대한 국가의 부가가치세 환급세액 지급의무에 대응하는 국가에 대한 납세의무자의 부가가치세 환급세액 지급청구는 민사소송이 아니라 행정소송법 제3조 제2호에 규정된 당사자소송의 절차에 따라야 한다(대법 2013. 3. 21. 2011다95564 전원합의체). ★★★

정답 ④

<행정소송: 당사자소송>

문 56.

(2017 변시6회, 23번)

「행정소송법」상 당사자소송에 관한 설명 중 옳지 않은 것은? (다툼이 있는 경우 판례에 의함)

① 당사자소송에 관련청구소송인 민사소송을 병합할 수 있지만, 민사소송에는 당사자소송을 병합할 수 없다.

② 원고가 고의 또는 중대한 과실 없이 당사자소송으로 제기하여야 할 것을 항고소송으로 잘못 제기한 경우에, 당사자소송으로서의 소송요건을 결하고 있음이 명백하여 당사자소송으로 제기되었더라도 어차피 부적법하게 되는 경우가 아닌 이상, 법원으로서는 원고로 하여금 당사자소송으로 소 변경을 하도록 하여 심리·판단하여야 한다.

③ 국가에 대한 납세의무자의 부가가치세 환급세액 지급청구는 민사소송이 아니라 당사자소송의 절차에 따라야 한다.

④ 「민주화운동관련자 명예회복 및 보상 등에 관한 법률」에 따라 보상금 등의 지급신청을 한 자가 '민주화운동관련자 명예회복 및 보상 심의위원회'의 보상금 등 지급에 관한 결정을 다투고자 하는 경우에는 곧바로 보상금 등의 지급을 구하는 소송을 당사자소송의 형식으로 제기할 수 있다.

⑤ 「행정소송법」상 취소소송에 관한 행정심판기록의 제출명령 규정은 당사자소송에 준용된다.

해설

① [○], 행정소송법 제10조(관련청구소송의 이송 및 병합) ① 취소소송과 다음 각호의 1에 해당하는 소송(이하 "關聯請求訴訟"이라 한다)이 각각 다른 법원에 계속되고 있는 경우에 관련청구소송이 계속된 법원이 상당하다고 인정하는 때에는 당사자의 신청 또는 직권에 의하여 이를 취소소송이 계속된 법원으로 이송할 수 있다. 1. 당해 처분등과 관련되는 손해배상·부당이득반환·원상회복등 청구소송, 제44조(준용규정) ② 제10조의 규정은 당사자소송과 관련청구소송이 각각 다른 법원에 계속되고 있는 경우의 이송과 이들 소송의 병합의 경우에 준용한다.

② [○], 공법상의 법률관계에 관한 당사자소송에서는 그 법률관계의 한쪽 당사자를 피고로 하여 소송을 제기하여야 한다(행정소송법 제3조 제2호, 제39조). 다만 원고가 고의 또는 중대한 과실 없이 당사자소송으로 제기하여야 할 것을 항고소송으로 잘못 제기한 경우에, 당사자소송으로서의 소송요건을 결하고 있음이 명백하여 당사자소송으로 제기되었더라도 어차피 부적법하게 되는 경우가 아닌 이상, 법원으로서는 원고가 당사자소송으로 소 변경을 하도록 하여 심리·판단하여야 한다(대법 2016. 5. 24. 2013두14863). ★★

③ [○], [다수의견] 부가가치세법령이 환급세액의 정의 규정, 그 지급시기와 산출방법에 관한 구

체적인 규정과 함께 부가가치세 납세의무를 부담하는 사업자(이하 '납세의무자'라 한다)에 대한 국가의 환급세액 지급의무를 규정한 이유는, 입법자가 과세 및 징수의 편의를 도모하고 중복과세를 방지하는 등의 조세 정책적 목적을 달성하기 위한 입법적결단을 통하여, 최종 소비자에 이르기 전의 각 거래단계에서 재화 또는 용역을 공급하는 사업자가 그 공급을 받는 사업자로부터 매출세액을 징수하여 국가에 납부하고, 그 세액을 징수당한 사업자는 이를 국가로부터 매입세액으로 공제·환급받는 과정을 통하여 그 세액의 부담을 다음 단계의 사업자에게 차례로 전가하여 궁극적으로 최종 소비자에게 이를 부담시키는 것을 근간으로 하는 전단계세액공제 제도를 채택한 결과, 어느 과세기간에 거래징수된 세액이 거래징수를 한 세액보다 많은 경우에는 그 납세의무자가 창출한 부가가치에 상응하는 세액보다 많은 세액이 거래징수되게 되므로 이를 조정하기 위한 과세기술상, 조세 정책적인 요청에 따라 특별히 인정한 것이라고 할수 있다. 따라서 이와 같은 부가가치세법령의 내용, 형식 및 입법 취지 등에 비추어 보면, 납세의무자에 대한 국가의 부가가치세 환급세액 지급의무는 그 납세의무자로부터 어느 과세기간에 과다하게 거래징수된 세액 상당을 국가가 실제로 납부받았는지와 관계없이 부가가치세법령의 규정에 의하여 직접 발생하는 것으로서, 그 법적 성질은 정의와 공평의 관념에서 수익자와 손실자 사이의 재산상태 조정을 위해 인정되는 부당이득 반환의무가 아니라 부가가치세법령에 의하여 그 존부나 범위가 구체적으로 확정되고 조세 정책적 관점에서 특별히 인정되는 공법상 의무라고 봄이 타당하다. 그렇다면 납세의무자에 대한 국가의 부가가치세 환급세액 지급의무에 대응하는 국가에 대한 납세의무자의 부가가치세 환급세액 지급청구는 민사소송이 아니라 행정소송법 제3조 제2호에 규정된 당사자소송의 절차에 따라야 한다(대법 2013. 3. 21. 2011다95564 전원합의체). ★★★

④ [×], '민주화운동관련자 명예회복 및 보상 등에 관한 법률' 제17조는 보상금 등의 지급에 관한 소송의 형태를 규정하고 있지 않지만, 위 규정 전단에서 말하는 보상금 등의 지급에 관한 소송은 '민주화운동관련자 명예회복 및 보상 심의위원회'의 보상금 등의 지급신청에 관하여 전부 또는 일부를 기각하는 결정에 대한 불복을 구하는 소송이므로 취소소송을 의미한다고 보아야 하며, 후단에서 보상금 등의 지급신청을 한 날부터 90일을 경과한 때에는 그 결정을 거치지 않고 위 소송을 제기할 수 있도록 한 것은 관련자 등에 대한 신속한 권리구제를 위하여 위 기간 내에 보상금 등의 지급여부 등에 대한 결정을 받지 못한 때에는 지급 거부 결정이 있는 것으로 보아 곧바로 법원에 심의위원회를 상대로 그에 대한 취소소송을 제기할 수 있다고 규정한 취지라고 해석될 뿐, 위 규정이 보상금 등의 지급에 관한 처분의 취소소송을 제한하거나 또는 심의위원회에 의하여 관련자 등으로 결정되지 아니한 신청인에게 국가를 상대로 보상금 등의 지급을 구하는 이행소송을 직접 제기할 수 있도록 허용하는 취지라고 풀이할 수는 없다(대법 2008. 4. 17. 2005두16185 전원합의체). ★★

⑤ [○], 행정소송법 제25조(행정심판기록의 제출명령) ① 법원은 당사자의 신청이 있는 때에는 결정으로써 재결을 행한 행정청에 대하여 행정심판에 관한 기록의 제출을 명할 수 있다. ② 제1항의 규정에 의한 제출명령을 받은 행정청은 지체없이 당해 행정심판에 관한 기록을 법원에 제출하여야 한다. 제44조(준용규정) ① 제14조 내지 제17조, 제22조, 제25조, 제26조, 제30조 제1항, 제32조 및 제33조의 규정은 당사자소송의 경우에 준용한다.

정답 ④

<행정소송: 당사자소송>

문 57.

(2020 변시9회, 25번)

甲지방자치단체의 장인 乙은 甲지방자치단체가 설립·운영하는 A고등학교에 영상음악 과목을 가르치는 산학겸임교사로 丙을 채용하는 계약을 체결하였다. 그런데 계약 기간 중에 乙은 일방적으로 丙에게 위 계약을 해지하는 통보를 하였다. 이에 관한 설명 중 옳은 것을 모두 고른 것은? (다툼이 있는 경우 판례에 의함)

ㄱ. 丙을 채용하는 계약은 공법상 계약에 해당하므로, 계약해지의사표시가 무효임을 다투는 당사자소송의 피고적격은 乙에게 있다.
ㄴ. 丙이 계약해지 의사표시의 무효확인을 당사자소송으로 청구한 경우, 당사자소송은 항고소송과 달리 확인소송의 보충성이 요구되므로 그 확인소송이 권리구제에 유효적절한 수단이 될 때에 한하여 소의 이익이 있다.
ㄷ. 乙의 계약해지 통보는 그 실질이 징계해고와 유사하므로 「행정절차법」에 의하여 사전통지를 하고, 그 근거와 이유를 제시하여야 한다.

① ㄱ
② ㄴ
③ ㄱ, ㄴ
④ ㄱ, ㄷ
⑤ ㄴ, ㄷ

해설

ㄱ. [×], ㄷ. [×], 지방자치법 제9조 제2항 제5호 (가)목의 규정에 의하면, 피고 경기도에 의하여 설립된 이 사건 학교의 활동은 지방자치단체인 피고 경기도의 사무로서 그 공공적 업무수행의 일환으로 이루어진다고 해석되고, 형식적으로는 피고 한국애니메이션학교장과 원고가 근로계약을 체결하였다 하더라도 위 근로계약은 공법상의 근무관계의 설정을 목적으로 하여 피고 경기도와 원고 사이에 대등한 지위에서 의사가 합치되어 성립하는 공법상 근로계약에 해당하므로, 그 갱신 거절의 무효확인을 구하는 소의 피고적격은 피고 경기도에 있다(대법원 2001. 12. 11. 선고 2001두7794 판결 등 참조)(대법 2015. 4. 9. 2013두11499).

ㄴ. [○], 지방자치단체와 채용계약에 의하여 채용된 계약직공무원이 그 계약기간 만료 이전에 채용계약 해지 등의 불이익을 받은 후 그 계약기간이 만료된 때에는 그 채용계약 해지의 의사표시가 무효라고 하더라도, 지방공무원법이나 지방계약직공무원규정 등에서 계약기간이 만료되는 계약직공무원에 대한 재계약의무를 부여하는 근거 규정이 없으므로 계약기간의 만료로 당연히 계약직공무원의 신분을 상실하고 계약직공무원의 신분을 회복할 수 없는 것이므로, 그 해지 의사표시의 무효확인청구는 과거의 법률관계의 확인청구에 지나지 않는다 할 것이고, 한편 과거의 법률관계라 할지라도 현재의 권리 또는 법률상 지위에 영향을 미치고 있고 현재의 권리 또는 법률상 지위에 대한 위험이나 불안을 제거하기 위하여 그 법률관계에 관한 확인판결을 받는 것이 유효 적절한 수단이라고 인정될 때에는 그 법률관계의 확인소송은 즉시확정의 이익이 있다고 보아야 할 것이나, 계약직공무원에 대한 채용계약이 해지된 경우에는 공무원 등으로 임용되는 데에 있어서 법령상의 아무런 제약사유가 되지 않을 뿐만 아니라, 계약기간 만료 전에 채용계약이 해지된 전력이 있는 사람이 공무원 등으로 임용되는 데에 있어서 그러한 전력이 없는 사람보다 사실상 불이익한 장애사유로 작용한다고 하더라도 그것만으로는 법률상의 이익이 침해되었다고 볼 수는 없으므로 그 무효확인을 구할 이익이 없다(대법원 2002. 11. 26. 선고 2002두1496 판결 등 참조). 또한, 이 사건과 같이 이미 채용기간이 만료되어 소송 결과에 의해 법률상 그 직위가 회복되지 않는 이상 채용계약 해지의 의사표시의 무효확인만으로는 당해 소송에서 추구하는 권리구제의 기능이 있다고 할 수 없고, 침해된 급료지급청구권이나 사실상의 명예를 회복하는 수단은 바로 급료의 지급을 구하거나 명예훼손을 전제로 한 손해배상을 구하는 등의 이행청구소송으로 직접적인 권리구제방법이 있는 이상 무효확인소송은 적절한 권리구제수단이라 할 수 없어 확인소송의 또 다른 소송요건을 구비하지 못하고 있다 할 것이며, 위와 같이 직접적인 권리구제의 방법이 있는 이상 무효확인 소송을 허용하지 않는다고 해서 당사자의 권리구제를 봉쇄하는 것도 아니다(대법원 2000. 5. 18. 선고 95재다199 전원합의체 판결 등 참조)(대법 2008. 6. 12. 2006두16328). ★★

정답 ②

<행정소송: 당사자소송>

문 58.

(2021 변시10회, 40번)

「행정소송법」상 당사자소송에 관한 설명 중 옳은 것(○)과 옳지 않은 것(×)을 올바르게 조합한 것은? (다툼이 있는 경우 판례에 의함)

ㄱ. 「공무원연금법」상 급여를 받으려고 하는 자는 관계 법령에 따라 공무원연금공단에 급여지급을 신청하지 않고도 곧바로 공무원연금공단을 상대로 한 당사자소송으로 권리의 확인이나 급여의 지급을 소구할 수 있다.

ㄴ. 원고가 고의 또는 중대한 과실 없이 당사자소송으로 제기하여야 할 것을 항고소송으로 잘못 제기한 경우에, 당사자소송으로서의 소송요건을 결하고 있음이 명백하여 당사자소송으로 제기되었더라도 어차피 부적법하게 되는 경우가 아닌 이상, 법원으로서는 원고가 당사자소송으로 소변경을 하도록 하여 심리·판단하여야 한다.

ㄷ. 「도시 및 주거환경정비법」상 구 주택재건축정비사업조합(현 재건축정비사업조합)을 상대로 관리처분계획안에 대한 조합 총회결의의 효력을 다투는 소송은 당사자소송에 해당한다.

ㄹ. 명예퇴직한 법관이 미지급 명예퇴직수당액에 대하여 가지는 권리는 명예퇴직수당 지급대상자 결정 절차를 거쳐 명예퇴직수당규칙에 의하여 확정된 공법상 법률관계에 관한 권리이므로, 그 지급을 구하는 소송은 당사자소송에 해당하며 그 법률관계의 당사자인 국가를 상대로 제기하여야 한다.

① ㄱ(×), ㄴ(○), ㄷ(○), ㄹ(○)
② ㄱ(×), ㄴ(×), ㄷ(○), ㄹ(○)
③ ㄱ(×), ㄴ(○), ㄷ(○), ㄹ(×)
④ ㄱ(○), ㄴ(×), ㄷ(×), ㄹ(×)
⑤ ㄱ(○), ㄴ(○), ㄷ(×), ㄹ(○)

해설

ㄱ. [×], 구 공무원연금법(2008.2.29.법률 제8852호로 개정되기 전의 것)제26조 제1항, 1276 판례공보 2010.7.1. 제3항, 제83조 제1항, 구 공무원연금법 시행령(2008.2.29.대통령령 제20741호로 개정되기 전의 것) 제19조의3등의 각 규정을 종합하면, 구 공무원연금법에 의한 퇴직수당 등의 급여를 받을 권리는 법령의 규정에 의하여 직접 발생하는 것이 아니라 위와 같은 급여를 받으려고 하는 자가 소속하였던 기관장의 확인을 얻어 신청함에 따라 공무원연금관리공단이 그 지급결정을 함으로써 구체적인 권리가 발생한다. 여기서 공

무원연금관리공단이 하는 급여지급결정의 의미는 단순히 급여수급 대상자를 확인·결정하는 것에 그치는 것이 아니라 구체적인 급여수급액을 확인·결정하는 것까지 포함한다. 따라서 구 공무원연금법령상 급여를 받으려고 하는 자는 우선 관계 법령에 따라 공단에 급여지급을 신청하여 공무원연금관리공단이 이를 거부하거나 일부 금액만 인정하는 급여지급결정을 하는 경우 그 결정을 대상으로 항고소송을 제기하는 등으로 구체적 권리를 인정받은 다음 비로소 당사자소송으로 그 급여의 지급을 구하여야 하고, 구체적인 권리가 발생하지 않은 상태에서 곧바로 공무원연금관리공단 등을 상대로 한 당사자소송으로 급여의 지급을 소구하는 것은 허용되지 않는다(대법 2010. 5. 27. 2008두5636).

ㄴ. [○], 공법상의 법률관계에 관한 당사자소송에서는 그 법률관계의 한쪽 당사자를 피고로 하여 소송을 제기하여야 한다(행정소송법 제3조 제2호, 제39조). 다만 원고가 고의 또는 중대한 과실 없이 당사자소송으로 제기하여야 할 것을 항고소송으로 잘못 제기한 경우에, 당사자소송으로서의 소송요건을 결하고 있음이 명백하여 당사자소송으로 제기되었더라도 어차피 부적법하게 되는 경우가 아닌 이상, 법원으로서는 원고가 당사자소송으로 소 변경을 하도록 하여 심리·판단하여야 한다(대법 2016. 5. 24. 2013두14863). ★★

ㄷ. [○], 도시 및 주거환경정비법상 행정주체인 주택재건축정비사업조합을 상대로 관리처분계획안에 대한 조합 총회결의의 효력 등을 다투는 소송은 행정처분에 이르는 절차적 요건의 존부나 효력 유무에 관한 소송으로서 그 소송결과에 따라 행정처분의 위법 여부에 직접 영향을 미치는 공법상 법률관계에 관한 것이므로, 이는 행정소송법상의 당사자소송에 해당한다(대법 2009. 9. 17. 2007다2428 전원합의체). ★★★

ㄹ. [○], 명예퇴직수당 지급대상자의 결정과 수당액 산정 등에 관한 구 국가공무원법(2012. 10. 22. 법률 제11489호로 개정되기 전의 것) 제74조의2 제1항, 제4항, 구 법관 및 법원공무원 명예퇴직수당 등 지급규칙(2011. 1. 31. 대법원규칙 제2320호로 개정되기 전의 것, 이하 '명예퇴직수당규칙'이라 한다) 제3조 제1항, 제2항, 제7조, 제4조 [별표 1]의 내용과 취지 등에 비추어 보면, 명예퇴직수당은 명예퇴직수당 지급신청자 중에서 일정한 심사를 거쳐 피고가 명예퇴직수당 지급대상자로 결정한 경우에 비로소 지급될 수 있지만, 명예퇴직수당 지급대상자로 결정된 법관에 대하여 지급할 수당액은 명예퇴직수당규칙 제4조 [별표 1]에 산정 기준이 정해져 있으므로, 위 법관은 위 규정에서 정한 정당한 산정 기준에 따라 산정된 명예퇴직수당액을 수령할 구체적인 권리를 가진다. 따라서 위 법관이 이미 수령한 수당액이 위 규정에서 정한 정당한 명예퇴직수당액에 미치지 못한다고 주장하며 차액의 지급을 신청함에 대하여 법원행정처장이 거부하는 의사를 표시했더라도, 그 의사표시는 명예퇴직수당액을 형성·확정하는 행정처분이 아니라 공법상의 법률관계의 한쪽 당사자로서 지급의무의 존부 및 범위에 관하여 자신의 이견을 밝힌 것에 불과하므로 행정처분으로 볼 수 없다. 결국 명예퇴직한 법관이 미지급 명예퇴직수당액에 대하여 가지는 권리는 명예퇴직수당 지급대상자 결정 절차를 거쳐 명예퇴직수당규칙에 의하여 확정된 공법상 법률관계에 관한 권리로서, 그 지급을 구하는 소송은 행정소송법의 당사자소송에 해당하며, 그 법률관계의 당사자인 국가를 상대로 제기하여야 한다(대법 2016. 5. 24. 2013두14863). ★★

정답 ①

<행정소송: 기관소송(권한쟁의)>

문 59.

(2016 변시5회, 10번)

甲군(郡)과 乙군(郡) 사이에 있는 공유수면인 A만(灣)의 일부 해역을 대상으로 甲군의 군수가 어업면허처분을 하였고, 乙군은 "위 어업면허처분의 대상해역이 乙군의 관할구역에 속한다."라고 주장하면서 甲군과 甲군의 군수를 상대로 권한쟁의심판을 청구하였다. 이 사례 및 권한쟁의심판의 요건에 관한 설명 중 옳은 것(○)과 옳지 않은 것(×)을 올바르게 조합한 것은? (다툼이 있는 경우 판례에 의함)

ㄱ. 「행정소송법」 제45조는 법률이 정한 경우에 법률에 정한 자가 기관소송을 제기할 수 있도록 규정하고 있는바, 만약 乙군의 권한쟁의심판청구가 기관소송을 거치지 않고 제기되었다면 권한쟁의심판의 보충성에 위배되어 부적법하다.

ㄴ. 「헌법재판소법」은 지방자치단체 상호간의 권한쟁의심판을 규정하고 있지만 이는 예시적인 것이므로, 지방자치단체의 장인 甲군의 군수도 권한쟁의심판의 당사자가 될 수 있다.

ㄷ. 실정법이 바다에 대한 지방자치단체의 구역을 규정하고 있지 않으므로 바다에 대한 권한은 국가가 보유하는바, 공유수면에 대한 지방자치단체의 관할권한은 존재하지 않는다.

ㄹ. 권한쟁의심판은 이미 행하여진 처분을 대상으로 하므로, 피청구인의 처분이 확실하게 예정되어 있고 그로 인해서 청구인의 권한 침해의 위험성을 사전에 예방할 필요성이 큰 예외적인 경우라 해도 이러한 장래처분은 권한쟁의심판에서 말하는 피청구인의 '처분'으로 인정되지 않는다.

ㅁ. 헌법재판소는 위 어업면허처분의 대상해역에 대한 관할권한이 乙군에게 속함을 확인하는 결정을 할 수 있지만, 위 어업면허처분의 무효확인은 법원의 관할이므로 헌법재판소가 할 수 없다.

① ㄱ(○), ㄴ(○), ㄷ(×), ㄹ(×), ㅁ(×)
② ㄱ(○), ㄴ(×), ㄷ(○), ㄹ(○), ㅁ(○)
③ ㄱ(○), ㄴ(×), ㄷ(×), ㄹ(○), ㅁ(○)
④ ㄱ(×), ㄴ(○), ㄷ(×), ㄹ(×), ㅁ(○)
⑤ ㄱ(×), ㄴ(×), ㄷ(×), ㄹ(×), ㅁ(×)

해설

ㄱ. [×], 행정소송법 제3조(행정소송의 종류) 행정소송은 다음의 네가지로 구분한다. 4. 기관소송: 국가 또는 공공단체의 기관상호간에 있어서의 권한의 존부 또는 그 행사에 관한 다툼이 있을 때에 이에 대하여 제기하는 소송. 다만, 헌법재판소법 제2조의 규정에 의하여 헌법재판소의 관장사항으로 되는 소송은 제외한다.

ㄴ. [×], 권한쟁의 심판청구는 헌법과 법률에 의하여 권한을 부여받은 자가 그 권한의 침해를 다투는 헌법소송으로서 이러한 권한쟁의심판을 청구할 수 있는 자에 대하여는 헌법 제111조 제1항 제4호와 헌법재판소법 제62조 제1항 제3호가 정하고 있는바, 이에 의하면 지방자치단체의 장은 원칙적으로 권한쟁의 심판청구의 당사자가 될 수 없다. 다만 지방자치단체의 장이 국가위임사무에 대해 국가기관의 지위에서 처분을 행한 경우에는 권한쟁의 심판청구의 당사자가 될 수 있다.(헌재 2006. 8. 31. 2003헌라1 전원재판부). ★★

ㄷ. [×], 우리 헌법 제117조 제1항에서 보장하고 있는 지방자치단체의 지방자치권에는 자신의 구역 내에서 자신의 자치권을 행사할 수 있는 권한이 포함된다. 지방자치단체의 구역은 주민·자치권과 함께 지방자치단체의 구성요소이고, 자치권을 행사할 수 있는 장소적 범위를 말하며, 다른 지방자치단체와의 관할범위를 명확하게 구분해 준다. 지방자치단체는 지방자치법 제9조 제1항에 따라 자기 관할구역의 자치사무와 법령에 의하여 지방자치단체에 속하는 사무를 처리할 권한을 가지며, 그 제2항 제1호에서 열거하는 지방자치단체의 구역, 조직 및 행정관리 등에 관한 사무를 처리할 권한을 가진다. 따라서 지방자치단체는 자신의 관할구역 내에서 헌법 제117조 제1항과 지방자치법 제9조 및 기타 개별 법률들이 부여한 자치권한 내지 관할권한을 가진다. 그런데 지방자치단체의 관할구역에 대해서는 지방자치법 제4조 제1항이 "지방자치단체의 명칭과 구역은 종전과 같이 하고, 명칭과 구역을 바꾸거나 지방자치단체를 폐지하거나 설치하거나 나누거나 합칠 때에는 법률로 정한다. 다만, 지방자치단체의 관할구역 경계변경과 한자 명칭 변경은 대통령령으로 정한다."고 규정하고 있다. 여기서는 지방자치단체가 관할하는 구역의 범위와 관련하여, 공유수면인 바다가 지방자치단체의 자치권한이 미치는 관할구역에 포함되는지 여부가 문제된다. 그러나 지방자치법 제4조 제1항에 규정된 지방자치단체의 구역은 주민·자치권과 함께 자치단체의 구성요소이고, 자치권이 미치는 관할구역의 범위에는 육지는 물론 바다도 포함되므로, 공유수면에 대하여도 지방자치단체의 자치권한이 존재한다고 보아야 한다는 것이 우리 재판소의 확립된 입장이다(헌재 2004. 9. 23. 2000헌라2; 헌재 2006. 8. 31. 2003헌라1 등 참조)(헌재 2015. 7. 30. 2010헌라2 전원재판부). ★★

ㄹ. [×], 피청구인의 장래처분에 의해서 청구인의 권한침해가 예상되는 경우에 청구인은 원칙적으로 이러한 장래처분이 행사되기를 기다린 이후에 이에 대한 권한쟁의심판청구를 통해서 침해된 권한의 구제를 받을 수 있으므로, 피청구인의 장래처분을 대상으로 하는 심판청구는 원칙적으로 허용되지 아니한다. 그러나 피청구인의 장래처분이 확실하게 예정되어 있고, 피청구인의 장래처분에 의해서 청구인의 권한이 침해될 위험성이 있어서 청구인의 권한을 사전에 보호해 주어야 할 필요성이 매우 큰 예외적인 경우에는 피청구인의 장래처분에 대해서도 헌법재판소법

제61조 제2항에 의거하여 권한쟁의심판을 청구할 수 있다(헌재 2009. 7. 30. 2005헌라2 전원재판부).

ㅁ. [×], 바. 어업면허처분의 무효 여부 태△군수가 2010. 1. 22. 안숐도수산업협동조합에 대하여 행한 태△마을 제136호, 제137호의 어업면허처분 중 위에서 본 청구인의 관할권한에 속하는 구역에 대해서 이루어진 부분은 청구인의 지방자치권을 침해하여 권한이 없는 자에 의하여 이루어진 것이므로 그 효력이 없다(헌재 2015. 7. 30. 2010헌라2 전원재판부).

정답 ⑤

<행정소송: 종합>

문 60.

(2014 변시3회, 29번)

행정소송에 관한 설명 중 옳은 것(○)과 옳지 않은 것(×)을 올바르게 조합한 것은? (다툼이 있는 경우 판례에 의함)

ㄱ. 행정처분의 효력정지를 구하는 신청사건에 있어서는 행정처분 자체의 적법 여부는 궁극적으로 본안판결에서 심리를 거쳐 판단할 성질의 것이므로 원칙적으로는 판단할 것이 아니고, 그 행정처분의 효력을 정지할 것인가에 대한 행정소송법상 집행정지에 관한 규정에서 정한 요건의 존부만이 판단의 대상이 되나, 본안소송에서의 처분의 취소가능성이 없음에도 불구하고 처분의 효력정지를 인정한다는 것은 제도의 취지에 반하므로, 효력정지사건 자체에 의하여도 신청인의 본안청구가 이유 없음이 명백할 때에는 행정처분의 효력정지를 명할 수 없다.

ㄴ. 항고소송인 행정처분에 관한 무효확인소송을 제기하려면 행정소송법에 규정된 '무효확인을 구할 법률상 이익'이 있어야 하는바, 행정처분의 근거 법률에 의하여 보호되는 직접적이고 구체적인 이익이 있는 경우에는 행정소송법상 '무효확인을 구할 법률상 이익'이 있다고 보아야 하고, 이와 별도로 무효확인소송의 보충성이 요구되는 것은 아니므로 행정처분의 무효를 전제로 한 이행소송 등과 같은 직접적인 구제수단이 있는지 여부를 따질 필요가 없다.

ㄷ. 행정처분 무효확인소송에서 원고의 청구가 이유있다고 인정하는 경우에도 처분의 무효를 확인하는 것이 현저히 공공복리에 적합하지 아니하다고 인정하는 때에는 법원은 원고의 청구를 기각할 수 있다.

ㄹ. 납세의무자에 대한 국가의 부가가치세 환급세액 지급의무는 그 납세의무자로부터 어느 과세기간에 과다하게 거래징수된 세액 상당을 국가가 실제로 납부받았는지와 관계없이 부가가치세법령의 규정에 의하여 직접 발생하는 것으로서, 그 법적 성질은 부당이득반환의무가 아니라 부가가치세법령에 의하여 그 존부나 범위가 구체적으로 확정되고 조세 정책적 관점에서 특별히 인정되는 공법상 의무이다. 그렇다면 납세의무자에 대한 국가의 부가가치세 환급세액 지급의무에 대응하는 국가에 대한 납세의무자의 부가가치세 환급세액 지급청구는 민사소송이 아니라 행정소송법상 당사자소송의 절차에 따라야 한다.

① ㄱ(○), ㄴ(○), ㄷ(×), ㄹ(○)
② ㄱ(○), ㄴ(○), ㄷ(○), ㄹ(×)
③ ㄱ(×), ㄴ(○), ㄷ(×), ㄹ(×)

④ ㄱ(×), ㄴ(×), ㄷ(○), ㄹ(×)
⑤ ㄱ(○), ㄴ(×), ㄷ(×), ㄹ(○)

해설

ㄱ. [○], 행정처분의 효력정지나 집행정지를 구하는 신청사건에 있어서는 행정처분 자체의 적법여부는 원칙적으로는 판단할 것이 아니고 그 행정처분의 효력이나 집행을 정지할 것인가에 대한 행정소송법 제23조 제2항 소정의 요건의 존부만이 판단의 대상이 되나 본안소송에서의 처분의 취소가능성이 없음에도 불구하고 처분의 효력정지나 집행정지를 인정한다는 것은 제도의 취지에 반하므로 집행정지사건 자체에 의하여도 신청인의 본안청구가 이유 없음이 명백할 때에는 행정처분의 효력정지나 집행정지를 명할 수 없다(대법 1992. 8. 7. 92두30).

ㄴ. [○], 행정소송은 행정청의 위법한 처분 등을 취소·변경하거나 그 효력 유무 또는 존재 여부를 확인함으로써 국민의 권리 또는 이익의 침해를 구제하고 공법상의 권리관계 또는 법 적용에 관한 다툼을 적정하게 해결함을 목적으로 하므로, 대등한 주체 사이의 사법상 생활관계에 관한 분쟁을 심판대상으로 하는 민사소송과는 목적, 취지 및 기능 등을 달리한다. 또한 행정소송법 제4조에서는 무효확인소송을 항고소송의 일종으로 규정하고 있고, 행정소송법 제38조 제1항에서는 처분 등을 취소하는 확정판결의 기속력 및 행정청의 재처분 의무에 관한 행정소송법 제30조를 무효확인소송에도 준용하고 있으므로 무효확인판결 자체만으로도 실효성을 확보할 수 있다. 그리고 무효확인소송의 보충성을 규정하고 있는 외국의 일부 입법례와는 달리 우리나라 행정소송법에는 명문의 규정이 없어 이로 인한 명시적 제한이 존재하지 않는다. 이와 같은 사정을 비롯하여 행정에 대한 사법통제, 권익구제의 확대와 같은 행정소송의 기능 등을 종합하여 보면, 행정처분의 근거 법률에 의하여 보호되는 직접적이고 구체적인 이익이 있는 경우에는 행정소송법 제35조에 규정된 '무효확인을 구할 법률상 이익'이 있다고 보아야 하고, 이와 별도로 무효확인소송의 보충성이 요구되는 것은 아니므로 행정처분의 무효를 전제로 한 이행소송 등과 같은 직접적인 구제수단이 있는지 여부를 따질 필요가 없다고 해석함이 상당하다(대법 2008. 3. 20. 2007두6342 전원합의체). ★★★

ㄷ. [×], 행정소송법 제28조(사정판결) ① 원고의 청구가 이유있다고 인정하는 경우에도 처분등을 취소하는 것이 현저히 공공복리에 적합하지 아니하다고 인정하는 때에는 법원은 원고의 청구를 기각할 수 있다. 이 경우 법원은 그 판결의 주문에서 그 처분등이 위법함을 명시하여야 한다. ② 법원이 제1항의 규정에 의한 판결을 함에 있어서는 미리 원고가 그로 인하여 입게 될 손해의 정도와 배상방법 그 밖의 사정을 조사하여야 한다. ③ 원고는 피고인 행정청이 속하는 국가 또는 공공단체를 상대로 손해배상, 제해시설의 설치 그 밖에 적당한 구제방법의 청구를 당해 취소소송등이 계속된 법원에 병합하여 제기할 수 있다. 제38조(준용규정) ①제9조, 제10조, 제13조 내지 제17조, 제19조, 제22조 내지 제26조, 제29조 내지 제31조 및 제33조의 규정은 무효등 확인소송의 경우에 준용한다.

ㄹ. [○], [다수의견] 부가가치세법령이 환급세액의 정의 규정, 그 지급시기와 산출방법에 관한 구

체적인 규정과 함께 부가가치세 납세의무를 부담하는 사업자(이하 '납세의무자'라 한다)에 대한 국가의 환급세액 지급의무를 규정한 이유는, 입법자가 과세 및 징수의 편의를 도모하고 중복과세를 방지하는 등의 조세 정책적 목적을 달성하기 위한 입법적결단을 통하여, 최종 소비자에 이르기 전의 각 거래단계에서 재화 또는 용역을 공급하는 사업자가 그 공급을 받는 사업자로부터 매출세액을 징수하여 국가에 납부하고, 그 세액을 징수당한 사업자는 이를 국가로부터 매입세액으로 공제·환급받는 과정을 통하여 그 세액의 부담을 다음 단계의 사업자에게 차례로 전가하여 궁극적으로 최종 소비자에게 이를 부담시키는 것을 근간으로 하는 전단계세액공제 제도를 채택한 결과, 어느 과세기간에 거래징수된 세액이 거래징수를 한 세액보다 많은 경우에는 그 납세의무자가 창출한 부가가치에 상응하는 세액보다 많은 세액이 거래징수되게 되므로 이를 조정하기 위한 과세기술상, 조세 정책적인 요청에 따라 특별히 인정한 것이라고 할수 있다. 따라서 이와 같은 부가가치세법령의 내용, 형식 및 입법 취지 등에 비추어 보면, 납세의무자에 대한 국가의 부가가치세 환급세액 지급의무는 그 납세의무자로부터 어느 과세기간에 과다하게 거래징수된 세액 상당을 국가가 실제로 납부받았는지와 관계없이 부가가치세법령의 규정에 의하여 직접 발생하는 것으로서, 그 법적 성질은 정의와 공평의 관념에서 수익자와 손실자 사이의 재산상태 조정을 위해 인정되는 부당이득 반환의무가 아니라 부가가치세법령에 의하여 그 존부나 범위가 구체적으로 확정되고 조세 정책적 관점에서 특별히 인정되는 공법상 의무라고 봄이 타당하다.그렇다면 납세의무자에 대한 국가의 부가가치세 환급세액 지급의무에 대응하는 국가에 대한 납세의무자의 부가가치세 환급세액 지급청구는 민사소송이 아니라 행정소송법 제3조 제2호에 규정된 당사자소송의 절차에 따라야 한다(대법 2013. 3. 21. 2011다95564 전원합의체). ★★★

정답 ①

<행정소송: 헌법소송과의 관계>

문 61.

(2018 변시7회, 25번)

행정소송과 헌법소송에 관한 설명 중 옳은 것(○)과 옳지 않은 것(×)을 올바르게 조합한 것은? (다툼이 있는 경우 판례에 의함)

ㄱ. 중앙선거관리위원회가 甲정당이 법정시·도당수 요건을 구비하지 못하게 되었다는 이유로 「정당법」 제44조 제1항 제1호에 따라 정당등록을 취소한 경우 법정 요건의 불비로 위 규정에 의하여 곧바로 등록취소의 효력이 생기는 것이고 중앙선거관리위원회의 등록취소는 사실행위에 불과하여 처분성이 인정되지 아니하므로, 그 취소를 구하는 甲정당의 행정소송 제기는 부적법하다.

ㄴ. 기혼자인 변호사 乙이 다른 여성과 사실혼 관계를 지속하여 변호사로서 품위를 손상하였다는 이유로 대한변호사협회 징계위원회로부터 징계결정을 받자 법무부 변호사징계위원회에 이의신청을 하였으나 기각되었고, 대법원도 乙의 재항고를 기각하는 결정을 하였더라도, 이는 법원의 판결이 있는 경우가 아니므로, 위 징계결정의 취소를 구하는 乙의 헌법소원심판청구는 적법하다.

ㄷ. 丙이 과세처분의 취소를 구하는 행정소송을 제기하였다가 그 청구를 기각한 판결이 확정되어 법원의 소송절차에 의하여서는 더 이상 이를 다툴 수 없게 된 경우 당해 과세처분만의 취소를 구하는 丙의 헌법소원심판청구는 법원의 확정판결의 기판력으로 인하여 부적법하다.

ㄹ. 수형자 丁이 교도관의 면회제한조치에 대하여 국가인권위원회에 시정을 구하는 진정을 제기하였다가 기각결정을 받은 경우 그 기각결정의 행정처분성을 인정하기 어려우므로, 丁이 이를 행정심판과 행정소송으로 다투지 아니하고 곧바로 그 취소를 구하는 헌법소원심판청구를 하였더라도 丁의 헌법소원심판청구는 적법하다.

① ㄱ(○), ㄴ(×), ㄷ(×), ㄹ(○)
② ㄱ(○), ㄴ(○), ㄷ(×), ㄹ(○)
③ ㄱ(○), ㄴ(×), ㄷ(×), ㄹ(×)
④ ㄱ(×), ㄴ(○), ㄷ(○), ㄹ(×)
⑤ ㄱ(×), ㄴ(×), ㄷ(○), ㄹ(×)

해설

ㄱ. [×], 이 사건 등록취소규정에 의하여 청구외 사회당이 소멸하여 그 결과 청구인 주장의 기본권이 침해되는 것이 아니라 위 규정 소정의 등록취소사유에 해당되는지 여부에 대한 중앙선거관리위원회의 심사 및 그에 이은 등록취소라는 집행행위에 의하여 비로소 정당이 소멸하게 된다. 그리고 중앙선거관리위원회의 이 사건 사회당에 대한 등록취소처분이 행정소송의 대상이 됨은

명백하다고 할 것이고 그 정당 등록취소처분의 취소소송절차에서의 위 규정에 의한 등록취소사유(예컨대 소정의 득표율에 미달되었는지 여부)에 대한 사실관계 확정과 더불어 얼마든지 위 규정에 대한 위헌 여부의 제청을 구할 수 있는 것이며 그 외 달리 그러한 절차경유가 곤란하거나 부당하다고 볼 사정 또는 그러한 절차의 경유가 실효성이 없다고 볼 사정은 찾아보기 어렵다. 따라서 이 사건 등록취소규정은 기본권 침해의 직접성이 없다(헌재 2006. 4. 27. 2004헌마562 전원재판부).

ㄴ. [×], 법원의 재판자체는 헌법소원의 대상이 되지 아니함이 원칙이고, 다만 예외적으로 헌법재판소가 위헌으로 결정한 법령을 적용함으로써 국민의 기본권을 침해한 재판에 한하여 헌법재판소법 제68조 제1항에 의한 헌법소원심판을 청구할 수 있다(헌재 1997. 12. 24. 96헌마172 등, 판례집 9-2, 842, 865). 그런데 대법원의 이 사건 재항고 기각 결정은 법원의 재판임이 분명하고, 헌법소원심판의 대상이 되는 예외적인 재판에 해당되는 것도 아니므로 이 부분 심판청구는 부적법하다고 할 것이다. 법원의 재판을 거쳐 확정된 행정처분(원행정처분)에 대한 헌법소원심판은 당해 행정처분을 심판의 대상으로 삼았던 법원의 재판이 예외적으로 헌법소원의 심판대상이 되어 그 재판 자체가 취소되는 경우에 한하여 청구할 수 있는 것이고 법원의 재판이 취소될 수 없는 경우에는 당해 행정처분에 대한 헌법소원심판은 허용되지 아니 한다(헌재 1998. 5. 28. 91헌마98, 판례집 10- 1, 660, 671). 그런데 이 사건 징계처분(대한변호사협회 또는 변호사징계위원회의 징계결정 및 법무부변호사징계위원회의 기각 결정)과 서울지방변호사회장의 징계개시신청의취소심판청구는 대법원의 재판이 예외적으로 취소되는 경우에 해당되지 아니하므로 이 부분 심판청구도 부적법하다(헌재 1999. 5. 27. 98헌마357 전원재판부).

ㄷ. [○], 원행정처분에 대하여 법원에 행정소송을 제기하여 패소판결을 받고 그 판결이 확정된 경우에는 당사자는 그 판결의 기판력에 의한 기속을 받게 되므로, 별도의 절차에 의하여 위 판결의 기판력이 제거되지 아니하는 한, 행정처분의 위법성을 주장하는 것은 확정판결의 기판력에 어긋나므로 원행정처분은 헌법소원심판의 대상이 되지 아니한다고 할 것이며, 뿐만 아니라 원행정처분에 대한 헌법소원심판청구를 허용하는 것은, "명령·규칙 또는 처분이 헌법이나 법률에 위반되는 여부가 재판의 전제가 된 경우에는 대법원은 이를 최종적으로 심사할 권한을 가진다."고 규정한 헌법 제107조 제2항이나, 원칙적으로 헌법소원심판의 대상에서 법원의 재판을 제외하고 있는 헌법재판소법 제68조 제1항의 취지에도 어긋난다(헌재 1998. 5. 28. 91헌마98, 93헌마253(병합) 전원재판부).

ㄹ. [×], 1. 국가인권위원회는 법률상의 독립된 국가기관이고, 피해자인 진정인에게는 국가인권위원회법이 정하고 있는 구제조치를 신청할 법률상 신청권이 있는데 국가인권위원회가 진정을 각하 및 기각결정을 할 경우 피해자인 진정인으로서는 자신의 인격권 등을 침해하는 인권침해 또는 차별행위 등이 시정되고 그에 따른 구제조치를 받을 권리를 박탈당하게 되므로, 진정에 대한 국가인권위원회의 각하 및 기각결정은 피해자인 진정인의 권리행사에 중대한 지장을 초래하는 것으로서 항고소송의 대상이 되는 행정처분에 해당하므로, 그에 대한 다툼은 우선 행정심판이나 행정소송에 의하여야 할 것이다. 따라서 이 사건 심판청구는 행정심판이나 행정소송 등의 사전 구제절차를 모두 거친 후 청구된 것이 아니므로 보충성 요건을 충족하지 못하였다. 2. 헌법재판소는 종전 결정에서 국가인권위원회의 진정 각하 또는 기각결정에 대해 보충성 요건을 충족하였다고 보고 본안판단을 한 바 있으나, 이 결정의 견해와 저촉되는 부분은 변경한다(헌재 2015. 3. 26. 2013헌마214등 전원재판부). ★★

정답 ⑤

<행정쟁송: 행정심판소송복합(부작위)>

문 62.

(2019 변시8회, 35번)

甲은 자신의 영업소 인근 도로에 광고물을 설치하기 위해 관할 도로관리청인 A 시장에게 도로점용허가를 신청하였으나 A시장은 신청 후 상당한 기간이 경과하였음에도 아무런 조치를 취하고 있지 않다. 이에 관한 설명 중 옳은 것은? (다툼이 있는 경우 판례에 의함)

① 甲은 의무이행심판뿐만 아니라 부작위위법확인심판을 청구할 수 있으며, 이 때 의무이행심판 인용재결의 기속력에 관한 「행정심판법」 규정은 부작위위법확인심판에 준용된다.

② 甲이 청구한 의무이행심판에 대하여 처분의 이행을 명하는 재결이 있음에도 불구하고 A시장이 재결의 취지에 따른 처분을 하지 않는 경우, 甲은 관할 행정심판위원회에 간접강제를 신청할 수 있다.

③ 행정심판을 거치지 않고 부작위위법확인소송을 제기하는 경우 甲은 도로점용허가 신청 후 상당한 기간이 경과한 때부터 1년 내에 제소해야 한다.

④ 甲은 A시장의 부작위에 대해 행정심판을 거친 후 부작위위법확인의 소를 제기하려면 행정심판 재결서의 정본을 송달받은 날부터 60일 이내에 제기하여야 한다.

⑤ 甲이 제기한 부작위위법확인소송에서 A시장의 부작위가 위법한지 여부는 甲의 허가신청시를 기준으로 판단되어야 한다.

해설

① [×], 행정심판법 제5조(행정심판의 종류) 행정심판의 종류는 다음 각 호와 같다. 1. 취소심판: 행정청의 위법 또는 부당한 처분을 취소하거나 변경하는 행정심판 2. 무효등확인심판: 행정청의 처분의 효력 유무 또는 존재 여부를 확인하는 행정심판 3. 의무이행심판: 당사자의 신청에 대한 행정청의 위법 또는 부당한 거부처분이나 부작위에 대하여 일정한 처분을 하도록 하는 행정심판

② [○], 행정심판법 제50조의2(위원회의 간접강제) ① 위원회는 피청구인이 제49조 제2항(제49조 제4항에서 준용하는 경우를 포함한다) 또는 제3항에 따른 처분을 하지 아니하면 청구인의 신청에 의하여 결정으로 상당한 기간을 정하고 피청구인이 그 기간 내에 이행하지 아니하는 경우에는 그 지연기간에 따라 일정한 배상을 하도록 명하거나 즉시 배상을 할 것을 명할 수 있다.

③ [×], ④ [×], 부작위위법확인의 소는 부작위상태가 계속되는 한 그 위법의 확인을 구할 이익이 있다고 보아야 하므로 원칙적으로 제소기간의 제한을 받지 않는다. 그러나 행정소송법 제38조 제2항이 제소기간을 규정한 같은 법 제20조를 부작위위법확인소송에 준용하고 있는 점에 비추어 보면, 행정심판 등 전심절차를 거친 경우에는 행정소송법 제20조가 정한 제소기간 내에 부작위위법확인의 소를 제기하여야 한다(대법 2009. 7. 23. 2008두10560). ★★

행정소송법 제20조(제소기간) ①취소소송은 처분등이 있음을 안 날부터 90일 이내에 제기하여야 한다. 다만, 제18조 제1항 단서에 규정한 경우와 그 밖에 행정심판청구를 할 수 있는 경우 또는 행정청이 행정심판청구를 할 수 있다고 잘못 알린 경우에 행정심판청구가 있은 때의 기간은 재결서의 정본을 송달받은 날부터 기산한다.

⑤ [×], 부작위위법확인의 소는 행정청이 국민의 법규상 또는 조리상의 권리에 기한신청에 대하여 상당한 기간 내에 그 신청을 인용하는 적극적 처분을 하거나 또는 각하 내지 기각하는 등의 소극적 처분을 하여야 할 법률상의 응답의무가 있음에도 불구하고 이를 하지 아니하는 경우 판결시를 기준으로 그 부작위의 위법함을 확인함으로써 행정청의 응답을 신속하게 하여 부작위 내지 무응답이라고 하는 소극적인 위법상태를 제거하는 것을 목적으로 하는 것이고, 나아가 당해 판결의 구속력에 의하여 행정청에게 처분등을 하게 하고, 다시 당해 처분등에 대하여 불복이 있는 때에는 그 처분등을 다투게 함으로써 최종적으로는 국민의 권리이익을 보호하려는 제도이다(대법 1992. 7. 28. 91누7361).

정답 ②

<행정쟁송: 항고소송과 헌법소원>

문 63.

(2019 변시8회, 38번)

항고소송과 헌법소원의 대상에 관한 설명 중 옳은 것(○)과 옳지 않은 것(×)을 올바르게 조합한 것은? (다툼이 있는 경우 판례에 의함)

ㄱ. 대법원은, 국회의원에 대한 징계처분에 대하여 법원에 제소할 수 없다고 규정하고 있는 헌법 제64조 제4항과 같은 특별규정이 없다 하더라도, 지방자치제도를 둔 헌법의 취지에 비추어 볼 때 지방의회의원에 대한 징계의결도 항고소송의 대상이 되지 않는다고 한다.

ㄴ. 대법원은, 항정신병 치료제의 요양급여에 관한 보건복지부 고시가 구체적 집행행위의 개입 없이 그 자체로서 직접 국민에 대하여 구체적 효과를 발생하여 특정한 권리의무를 형성하게 하는 경우라 하더라도 항고소송의 대상이 될 수 없다고 한다.

ㄷ. 헌법재판소는, 국가인권위원회가 법률상의 독립된 국가기관이고, 피해자인 진정인에게는 「국가인권위원회법」이 정하고 있는 구제조치를 신청할 법률상 신청권이 있어 그 진정이 각하 및 기각결정된 경우 피해자인 진정인으로서는 자신의 인격권 등을 침해하는 인권침해 또는 차별행위 등이 시정되고 그에 따른 구제조치를 받을 권리를 박탈당하게 되므로, 국가인권위원회에의 진정에 대한 각하 및 기각결정은 항고소송의 대상이 되는 행정처분에 해당하므로 그에 대한 다툼은 우선 행정심판이나 행정소송에 의하여야 한다고 하였다.

ㄹ. 헌법재판소는, 불공정거래혐의에 대한 공정거래위원회의 무혐의 조치는 혐의가 인정될 경우에 행하여지는 중지명령 등 시정조치에 대응되는 조치로서 공정거래위원회의 공권력행사의 한 태양에 속하여 헌법소원의 대상이 되는 '공권력의 행사'에 해당한다고 하였다.

① ㄱ(○), ㄴ(×), ㄷ(×), ㄹ(○)
② ㄱ(○), ㄴ(○), ㄷ(×), ㄹ(×)
③ ㄱ(×), ㄴ(×), ㄷ(○), ㄹ(○)
④ ㄱ(○), ㄴ(×), ㄷ(○), ㄹ(×)
⑤ ㄱ(×), ㄴ(○), ㄷ(○), ㄹ(×)

해설

ㄱ. [×], 지방자치법 제78조 내지 제81조의 규정에 의거한 지방의회의 의원징계의결은 그로 인해 의원의 권리에 직접 법률효과를 미치는 행정처분의 일종으로서 행정소송의 대상이 되고, 그와 같은 의원징계의결의 당부를 다투는 소송의 관할법원에 관하여는 동법에 특별한 규정이 없으므로 일반법인 행정소송법의 규정에 따라 지방의회의 소재지를 관할하는 고등법원이 그 소송의 제1심 관할법원이 된다(대법 1993. 11. 26. 93누7341).

ㄴ. [×], 항정신병 치료제의 요양급여 인정기준에 관한 보건복지부 고시가 다른 집행행위의 매개 없이 그 자체로서 제약회사, 요양기관, 환자 및 국민건강보험공단 사이의 법률관계를 직접 규율한다는 이유로 항고소송의 대상이 되는 행정처분에 해당한다고 한 사례(대법 2003. 10. 9. 2003무23).

ㄷ. [○], 국가인권위원회는 법률상의 독립된 국가기관이고, 피해자인 진정인에게는 국가인권위원회법이 정하고 있는 구제조치를 신청할 법률상 신청권이 있는데 국가인권위원회가 진정을 각하 및 기각결정을 할 경우 피해자인 진정인으로서는 자신의 인격권 등을 침해하는 인권침해 또는 차별행위 등이 시정되고 그에 따른 구제조치를 받을 권리를 박탈당하게 되므로, 진정에 대한 국가인권위원회의 각하 및 기각결정은 피해자인 진정인의 권리행사에 중대한 지장을 초래하는 것으로서 항고소송의 대상이 되는 행정처분에 해당하므로, 그에 대한 다툼은 우선 행정심판이나 행정소송에 의하여야 할 것이다. 따라서 이 사건 심판청구는 행정심판이나 행정소송 등의 사전 구제절차를 모두 거친 후 청구된 것이 아니므로 보충성 요건을 충족하지 못하였다(헌재 2002. 6. 27. 2001헌마381 전원재판부).

ㄹ. [○], 불공정거래혐의에 대한 공정거래위원회의 무혐의 조치는 혐의가 인정될 경우에 행하여지는 중지명령 등 시정조치에 대응되는 조치로서 공정거래위원회의 공권력 행사의 한 태양에 속하여 헌법재판소법 제68조 제1항 소정의 '공권력의 행사'에 해당하고, 따라서 공정거래위원회의 자의적인 조사 또는 판단에 의하여 결과된 무혐의 조치는 헌법 제11조의 법 앞에서의 평등권을 침해하게 되므로 헌법소원의 대상이 된다(헌재 2002. 6. 27. 2001헌마381 전원재판부).

정답 ③

PART 03

행정법각론 (특별행정법)

제 1 편

행정조직법

<행정조직법: 대리와 위임>

문 1.

(2015 변시4회, 22번)

권한의 대리와 위임에 관한 설명 중 옳은 것을 모두 고른 것은? (다툼이 있는 경우 판례에 의함)

ㄱ. 도지사로부터 대리권을 수여받은 시장이 대리관계를 밝히지 않고 자신의 명의로 행정처분을 한 경우에도 항고소송의 피고는 도지사가 되어야 하는 것이 원칙이다.
ㄴ. 광역시장의 권한을 사실상 행사하도록 내부위임 받은 구청장은 광역시장의 이름으로 권한을 행사하여야 한다.
ㄷ. 내부위임에 따라 수임관청이 위임관청의 이름으로 처분을 한 경우 그 처분의 취소나 무효확인을 구하는 소송의 피고는 위임관청으로 삼아야 한다.
ㄹ. 행정관청 내부의 사무처리규정인 전결규정을 위반하여 원래의 전결권자가 아닌 보조기관 등이 처분권자인 행정관청의 이름으로 행정처분을 하였다면, 그 처분은 권한 없는 자에 의하여 행하여진 것으로서 무효이다.

① ㄱ, ㄴ
② ㄴ, ㄷ
③ ㄷ, ㄹ
④ ㄱ, ㄴ, ㄹ
⑤ ㄴ, ㄷ, ㄹ

해설

ㄱ. [×], 대리권을 수여받은 데 불과하여 그 자신의 명의로는 행정처분을 할 권한이 없는 행정청의 경우 대리관계를 밝힘이 없이 그 자신의 명의로 행정처분을 하였다면 그에 대하여는 처분명의자인 당해 행정청이 항고소송의 피고가 되어야 하는 것이 원칙이지만, 비록 대리관계를 명시적으로 밝히지는 아니하였다 하더라도 처분명의자가 피대리 행정청 산하의 행정기관으로서 실제로 피대리 행정청으로부터 대리권한을 수여받아 피대리 행정청을 대리한다는 의사로 행정처분을 하였고 처분명의자는 물론 그 상대방도 그 행정처분이 피대리 행정청을 대리하여 한 것임을 알고서 이를 받아들인 예외적인 경우에는 피대리 행정청이 피고가 되어야 한다고 할 것이다(대법 2006. 2. 23. 2005부4). ★★

ㄴ. [○], 행정권한의 위임은 행정관청이 법률에 따라 특정한 권한을 다른 행정관청에 이전하여 수임관청의 권한으로 행사하도록 하는 것이어서 권한의 법적인 귀속을 변경하는 것이므로 법률이 위임을 허용하고 있는 경우에 한하여 인정된다 할 것이고, 이에 반하여 행정권한의 내부위임은 법률이 위임을 허용하고 있지 아니한 경우에도 행정관청의 내부적인 사무처리의 편의를 도모하기 위하여 그의 보조기관 또는 하급행정관청으로 하여금 그의 권한을 사실상 행사하게 하는 것이므로, 권한위임의 경우에는 수임관청이 자기의 이름으로 그 권한행사를 할 수 있지만 내부위임의 경우에는 수임관청은 위임관청의 이름으로만 그 권한을 행사할 수 있을 뿐 자기의 이름으로는 그 권한을 행사할 수 없는 것이므로(대법 1995. 11. 28. 94누6475).

ㄷ. [○], 행정관청이 특정한 권한을 법률에 따라 다른 행정관청에 이관한 경우와 달리 내부적인 사무처리의 편의를 도모하기 위하여 그의 보조기관 또는 하급행정관청으로 하여금 그의 권한을 사실상 행하도록 하는 내부위임의 경우에는 수임관청이 그 위임된 바에 따라 위임관청의 이름으로 권한을 행사하였다면 그 처분청은 위임관청이므로 그 처분의 취소나 무효확인을 구하는 소송의 피고는 위임관청으로 삼아야 할 것인 바(대법 1991. 10. 8. 91누520).

ㄹ. [×], 전결과 같은 행정권한의 내부위임은 법령상 처분권자인 행정관청이 내부적인 사무처리의 편의를 도모하기 위하여 그의 보조기관 또는 하급 행정관청으로 하여금 그의 권한을 사실상 행사하게 하는 것으로서 법률이 위임을 허용하지 않는 경우에도 인정되는 것이므로, 설사 행정관청 내부의 사무처리규정에 불과한 전결규정에 위반하여 원래의 전결권자 아닌 보조기관 등이 처분권자인 행정관청의 이름으로 행정처분을 하였다고 하더라도 그 처분이 권한 없는 자에 의하여 행하여진 무효의 처분이라고는 할 수 없다(대법 1998. 2. 27. 97누1105). ★★★

정답 ②

<행정조직법: 위임과 위탁>

문 2.

(2018 변시7회, 27번)

행정권한의 행사에 관한 설명 중 옳은 것은? (다툼이 있는 경우 판례에 의함)

① 민간위탁을 한 행정기관의 장은 사무처리결과에 대하여 감사를 하여야 하며, 위법·부당한 사항이 있는 경우에는 적절한 조치를 취할 수 있고, 관계 임직원의 문책을 요구할 수 있다.

② 행정권한의 재위임과 관련하여 「정부조직법」과 이에 기한 「행정권한의 위임 및 위탁에 관한 규정」의 관련조항이 재위임에 관한 일반적인 근거규정이 될 수 없다.

③ 국가사무가 시·도지사에게 기관위임된 경우에 시·도지사가 이를 구청장 등에게 재위임하기 위해서는 시·도 조례에 의하여야 한다.

④ 주민대표의 참여 없이 의결이 이루어지는 등 폐기물처리시설의 입지를 선정하는 입지선정위원회의 구성방법이나 절차가 위법한 경우라 하더라도, 의결기관인 입지선정위원회의 의결에 터잡아 이루어진 폐기물처리시설 입지결정처분까지 위법하게 되는 것은 아니다.

⑤ 행정관청 내부의 사무처리규정인 전결규정에 위반하여 원래의 전결권자가 아닌 보조기관 등이 처분권자인 행정관청의 이름으로 행정처분을 하였다면 그러한 처분은 권한 없는 자에 의하여 행하여진 무효의 처분이다.

해설

① [○], 「행정권한의 위임 및 위탁에 관한 규정」 제16조(처리 상황의 감사) ① 위탁기관의 장은 민간위탁사무의 처리 결과에 대하여 매년 1회 이상 감사를 하여야 한다.

② 위탁기관의 장은 제1항에 따른 감사 결과 민간위탁사무의 처리가 위법하거나 부당하다고 인정될 때에는 민간수탁기관에 대하여 적절한 시정조치를 할 수 있고, 관계 임원과 직원에 대해서는 문책을 요구할 수 있다.

② [×], 정부조직법 제5조 제1항과 이에 기한 행정권한의위임및위탁에관한규정(1982.12.11. 대통령령 제10955호로 전문 개정) 제4조에 재위임에 관한 일반적인 근거규정이 있으므로 시·도지사는 그 재위임에 관한 일반적인 규정에 따라 위임받은 위 처분권한을 구청장 등에게 재위임할 수 있는 것인 바, 위 영업정지 등 처분에 관한 사무는 국가사무로서 지방자치단체의 장에게 위임된 이른바 기관위임사무에 해당하므로 시·도지사가 지방자치단체의 조례에 의하여 이를 구청장 등에게 재위임할 수는 없고 위 행정권한의위임및위탁에관한규정 제4조에 의하여 위임기관의 장의 승인을 얻은 후 지방자치단체의 장이 제정한 규칙이 정하는 바에 따라 재위임하는 것만이 가능하다고 할 것이다(대법 1995. 7. 11. 94누4615 전원합의체).

③ [×], 영업정지 등 처분에 관한 사무는 국가사무로서 지방자치단체의 장에게 위임된 이른바 기관위임사무에 해당하므로 시·도지사가 지방자치단체의 조례에 의하여 이를 구청장 등에게 재위임할 수는 없고 행정권한의위임및위탁에관한규정 제4조에 의하여 위임기관의 장의 승인을 얻은 후 지방자치단체의 장이 제정한 규칙이 정하는 바에 따라 재위임하는 것만이 가능하다(대법 1995. 7. 11. 94누4615 전원합의체).

④ [×], 선정위원회는 폐기물처리시설의 입지를 선정하는 의결기관이고, 입지선정위원회의 구성방법에 관하여 일정 수 이상의 주민대표 등을 참여시키도록 한 것은 폐기물처리시설 입지선정절차에 있어 주민의 참여를 보장함으로써 주민들의 이익과 의사를 대변하도록 하여 주민의 권리에 대한 부당한 침해를 방지하고 행정의 민주화와 신뢰를 확보하는 데 그 취지가 있는 것이므로, 주민대표나 주민대표 추천에 의한 전문가의 참여 없이 의결이 이루어지는 등 입지선정위원회의 구성방법이나 절차가 위법한 경우에는 그 하자 있는 입지선정위원회의 의결에 터잡아 이루어진 폐기물처리시설 입지결정처분도 위법하게 된다(대법 2007. 4. 12. 2006두20150).

⑤ [×], 행정권한의 내부위임은 법령상 처분권자인 행정관청이 내부적인 사무처리의 편의를 도모하기 위하여 그의 보조기관 또는 하급 행정관청으로 하여금 그의 권한을 사실상 행사하게 하는 것으로서 법률이 위임을 허용하지 않는 경우에도 인정되는 것이므로, 설사 행정관청 내부의 사무처리규정에 불과한 전결규정에 위반하여 원래의 전결권자 아닌 보조기관 등이 처분권자인 행정관청의 이름으로 행정처분을 하였다고 하더라도 그 처분이 권한 없는 자에 의하여 행하여진 무효의 처분이라고는 할 수 없다(대법 1998. 2. 27. 97누1105). ★★★

정답 ①

지방자치법

<지방자치법: 구역>

문 1.

(2022 변시11회, 11번)

지방자치단체 구역에 관한 설명 중 옳은 것(○)과 옳지 않은 것(×)을 올바르게 조합한 것은? (다툼이 있는 경우 판례에 의함)

ㄱ. 공유수면에 대한 명시적인 법령상의 규정이나 불문법상 해상경계선이 존재하지 않는다면, 주민·구역·자치권을 구성요소로 하는 지방자치단체의 본질에 비추어 지방자치단체의 관할구역에 경계가 없는 부분이 있다는 것은 상정할 수 없으므로, 헌법재판소가 권한쟁의심판을 통하여 형평의 원칙에 따라 합리적이고 공평하게 해상경계선을 획정하여야 한다. ㄴ. 공유수면의 관할 귀속과 매립지의 관할 귀속은 그 성질상 달리 보아야 하므로 매립공사를 거쳐 종전에 존재하지 않았던 토지가 새로이 생겨난 경우, 공유수면의 관할권을 가지고 있던 지방자치단체이든 그 외의 경쟁 지방자치단체이든 새로 생긴 매립지에 대하여는 중립적이고 동등한 지위에 있다. ㄷ. 관할 행정청이 국가기본도에 표시된 해상경계선을 기준으로 하여 과거부터 현재에 이르기까지 반복적으로 처분을 내리고, 지방자치단체가 허가, 면허 및 단속 등의 업무를 지속적으로 수행하여 왔다고 하더라도 국가기본도상의 해상경계선은 지방자치단체 관할 경계에 관하여 불문법으로서 그 기준이 될 수 없다. ㄹ. 지방자치단체의 자치권이 미치는 관할구역의 범위에는 육지는 물론 바다도 포함되므로, 공유수면에 대해서도 지방자치단체의 자치권한이 존재한다고 보아야 한다.

① ㄱ(○), ㄴ(○), ㄷ(×), ㄹ(○)
② ㄱ(○), ㄴ(×), ㄷ(○), ㄹ(○)
③ ㄱ(○), ㄴ(×), ㄷ(○), ㄹ(×)
④ ㄱ(×), ㄴ(○), ㄷ(○), ㄹ(×)
⑤ ㄱ(×), ㄴ(○), ㄷ(×), ㄹ(×)

해설

ㄱ. [○], 공유수면 매립지에 대한 지방자치단체의 관할구역 경계 역시 위와 같은 기준에 따라 1948. 8. 15. 당시 존재하던 경계가 먼저 확인되어야 할 것인데, 이에 관한 명시적인 법령상의 규정이 있으면 이에 따르고, 법령상의 규정이 존재하지 않는다면 불문법에 따라야 한다. 그런데 공유수면 매립지의 경계에 관한 불문법마저 존재하지 않는 경우에는, 주민, 구역과 자치권을 구성요소로 하는 지방자치단체의 본질에 비추어 지방자치단체의 관할구역에 경계가 없는 부분이 있다는 것은 상정할 수 없으므로, 권한쟁의심판권을 가지고 있는 헌법재판소로서는 공유수면의 매립 목적, 그 사업목적의 효과적 달성, 매립지와 인근 지방자치단체의 교통관계나 외부로부터의 접근성 등 지리상의 조건, 행정권한의 행사 내용, 사무 처리의 실상, 매립 전 공유수면에 대한 행정권한의 행사 연혁이나, 주민들의 사회적 · 경제적 편익 등을 모두 종합하여 형평의 원칙에 따라 합리적이고 공평하게 그 경계를 획정할 수밖에 없다(헌재 2015. 7. 30. 2010헌라2).

ㄴ. [○], 공유수면의 관할 귀속과 매립지의 관할 귀속은 그 성질상 달리 보아야 한다. 매립공사를 거쳐 종전에 존재하지 않았던 토지가 새로이 생겨난 경우 동일성을 유지하면서 단순히 바다에서 토지로 그 형상이 변경된 것에 불과하다고 보기는 어렵다. 일반적으로 공유수면 상의 해상경계선은, 연안 해역을 중심으로 오랜 기간에 걸쳐 형성되고 인근 어민들의 생활터전이 되어온 연안 어장 등을 중심으로 바다에 인접한 지방자치단체 간의 공평하고 합리적인 어업활동을 규율하기 위한 목적으로 이용되었던 것인데, 공유수면 상의 어장 부분뿐 아니라 그에 접한 다른 공유수면까지 함께 매립된 경우 위 해상경계선은 목적상 및 기능상의 한계로 인하여 매립지에 대한 행정관할구역을 획정하는 기준으로는 적합하지 않게 된다. 바다를 매립하여 육지를 조성하는 경우 매립의 주체와 목적이 명확하게 정해져 있고 매립을 위하여 막대한 비용과 노력이 투입되는 것이 불가피한데, 종전 공유수면에 대한 해상경계선만을 기준으로 매립지에 대한 관할 지방자치단체를 정하여 매립지를 조성한 주체와 목적, 비용부담관계, 매립지의 이용 상황, 인접지와의 연결관계, 행정관할의 효율성 등의 사정이 고려될 여지를 막아버리는 것은, 매립 목적을 달성하기 어렵게 하거나 동일한 토지이용계획 구역을 2개 이상의 지방자치단체 관할구역으로 분리하여 토지이용의 비효율을 초래할 수 있다(헌재 2019. 4. 11. 2015헌라2 참조). 또한, 공유수면이 매립됨으로써 상실되는 어업권 등은 보상 등을 통해 보전되었으므로, 공유수면의 관할권을 가지고 있던 지방자치단체이든 그 외의 경쟁 지방자치단체이든 새로 생긴 매립지에 대하여는 중립적이고 동등한 지위에 있다 할 것이다(헌재 2020. 7. 16. 2015헌라3).

ㄷ. [×], 지방자치단체 사이의 불문법상 해상경계가 성립하기 위해서는 관계 지방자치단체 · 주민들 사이에 해상경계에 관한 일정한 관행이 존재하고, 그 해상경계에 관한 관행이 장기간 반복되어야 하며, 그 해상경계에 관한 관행을 법규범이라고 인식하는 관계 지방자치단체 · 주민들의 법적 확신이 있어야 한다. 국가기본도에 표시된 해상경계선은 그 자체로 불문법상 해상경계선으로 인정되는 것은 아니나, 관할 행정청이 국가기본도에 표시된 해상경계선을 기준으로 하여 과거부터 현재에 이르기까지 반복적으로 처분을 내리고, 지방자치단체가 허가, 면허 및 단속

등의 업무를 지속적으로 수행하여 왔다면 국가기본도상의 해상경계선은 여전히 지방자치단체 관할 경계에 관하여 불문법으로서 그 기준이 될 수 있다(헌재 2021. 2. 25. 2015헌라7).

ㄹ. [O], 지방자치법 제4조 제1항에 규정된 지방자치단체의 구역은 주민 · 자치권과 함께 지방자치단체의 구성요소로서 자치권을 행사할 수 있는 장소적 범위를 말하며, 자치권이 미치는 관할 구역의 범위에는 육지는 물론 바다도 포함되므로, 공유수면에 대한 지방자치단체의 자치권한이 존재한다(헌재 2006. 8. 31. 2003헌라1). ★★

정답 ①

<지방자치법: 소환, 감사청구>

문 2.

(2013 변시2회, 36번)

A시(市)의 시장은 빈약한 시의 재정을 확충하고 시의 경기를 활성화하고자 공업단지를 신규로 조성하기로 하고 이를 위한 재원을 마련한다는 취지로 시 관내에 광역화장장(火葬場)을 유치하기로 결정하였다. 또한 시의회 의원 10명(비례대표의원 2명 포함)이 의회운영공동경비를 전용하여 친목등산회에서 신을 등산화를 구입한 사실이 언론을 통해 보도되었다. 그러자 시민들은 시장의 광역화장장 유치결정과 시의회의 예산낭비를 비판하며 연일 맹렬한 시위를 하는 한편, 주민대책위원회는 위 사태에 대응하기 위한 법적 조치를 준비하고 있다. 이 상황에서 A시의 시민들이 지금 곧바로 취할 수 있는 법적 대응에 해당하지 않는 것은? (A시의 시장과 위 시의회 의원들은 각 취임한 지 1년이 경과하였고 잔여 임기가 1년 이상임)

① 시장에 대하여 직접 주민소환을 하는 것
② 시의회의 의회운영공동경비 사용 등에 관하여 주민감사청구를 하는 것
③ 시의회 의원 10명에 대하여 직접 부당이득의 반환을 청구하는 주민소송을 제기하는 것
④ 등산화를 구입한 8명의 시의원(비례대표의원 2명 제외)에 대하여 직접 주민소환을 하는 것
⑤ 광역화장장의 유치 여부에 관하여 주민투표를 청구하는 것

해설

① [○], 「지방자치법」 제20조(주민소환) ① 주민은 그 지방자치단체의 장 및 지방의회의원(비례대표 지방의회의원은 제외한다)을 소환할 권리를 가진다.

② [○], 「지방자치법」 제16조(주민의 감사청구) ① 지방자치단체의 19세 이상의 주민은 시·도는 500명, 제175조에 따른 인구 50만 이상 대도시는 300명, 그 밖의 시·군 및 자치구는 200명을 넘지 아니하는 범위에서 그 지방자치단체의 조례로 정하는 19세 이상의 주민 수 이상의 연서(連署)로, 시·도에서는 주무부장관에게, 시·군 및 자치구에서는 시·도지사에게 그 지방자치단체와 그 장의 권한에 속하는 사무의 처리가 법령에 위반되거나 공익을 현저히 해친다고 인정되면 감사를 청구할 수 있다. 다만, 다음 각 호의 어느 하나에 해당하는 사항은 감사청구의 대상에서 제외한다.

③ [×], 「지방자치법」 제17조(주민소송) ① 제16조 제1항에 따라 공금의 지출에 관한 사항, 재산의 취득·관리·처분에 관한 사항, 해당 지방자치단체를 당사자로 하는 매매·임차·도급 계약이나 그 밖의 계약의 체결·이행에 관한 사항 또는 지방세·사용료·수수료·과태료 등 공금의 부과·징수를 게을리한 사항을 감사청구한 주민은 다음 각 호의 어느 하나에 해당하는 경우에 그 감사청구한 사항과 관련이 있는 위법한 행위나 업무를 게을리 한 사실에 대하여 해당 지방자치단체의 장(해당 사항의 사무처리에 관한 권한을 소속 기관의 장에게 위임한 경우에는 그 소속 기관의 장을 말한다. 이하 이 조에서 같다)을 상대방으로 하여 소송을 제기할 수 있다

④ [○], 「지방자치법」 제20조(주민소환) ① 주민은 그 지방자치단체의 장 및 지방의회의원(비례대표 지방의회의원은 제외한다)을 소환할 권리를 가진다.

⑤ [○], 「지방자치법」 제14조(주민투표) ① 지방자치단체의 장은 주민에게 과도한 부담을 주거나 중대한 영향을 미치는 지방자치단체의 주요 결정사항 등에 대하여 주민투표에 부칠 수 있다.

정답 ③

<지방자치법: 소환, 감사청구>

문 3.

(2015 변시4회, 32번)

A시의 시장 甲이 교통난 해소를 위하여 도로확장공사계획을 수립한 후 건설회사와 공사도급계약을 체결하여 공사를 마쳤으나, 해당 도로가 「군사기지 및 군사시설 보호법」상 공작물의 설치가 금지되는 비행안전구역에 개설되어 개통을 못하게 되었다. 그러자 A시 주민 乙 등은 시장 甲이 도로개설사업을 강행함으로써 예산을 낭비하였다는 이유로 시장 甲을 피고로 하여 「지방자치법」 제17조 제2항 제4호에 따라 손해배상청구를 할 것을 요구하는 소송을 제기하려 한다. 이에 관한 설명 중 옳지 않은 것은? (다툼이 있는 경우 판례에 의함)

① 乙 등은 위 소송을 제기하기 전에 A시 조례로 정하는 주민 수 이상의 연서(連署)로 감사청구를 하여야 한다.

② 감사청구는 甲의 권한에 속하는 사무의 처리가 법령에 위반된다고 인정되면 가능하지만, 손해배상청구를 할 것을 요구하는 소송은 법률이 정하는 사항에 한한다.

③ 감사청구한 乙 등은 감사기관이 법률이 정한 기간 내에 감사를 끝내지 아니한 경우 바로 소송을 제기할 수 있다.

④ 손해배상청구를 할 것을 요구하는 소송이 진행 중이더라도 乙 등을 제외한 다른 주민은 같은 사항에 대하여 별도의 소송을 제기할 수 있다.

⑤ 손해배상청구를 명하는 판결이 확정되면 지방의회의장은 이 사업의 강행으로 예산을 낭비한 시장 甲에게 그 판결에 따라 결정된 손해배상금의 지불을 청구하여야 한다.

해설

① [○], 「지방자치법」 제16조(주민의 감사청구) ① 지방자치단체의 19세 이상의 주민은 시·도는 500명, 제175조에 따른 인구 50만 이상 대도시는 300명, 그 밖의 시·군 및 자치구는 200명을 넘지 아니하는 범위에서 그 지방자치단체의 조례로 정하는 19세 이상의 주민 수 이상의 연서(連署)로, 시·도에서는 주무부장관에게, 시·군 및 자치구에서는 시·도지사에게 그 지방자치단체와 그 장의 권한에 속하는 사무의 처리가 법령에 위반되거나 공익을 현저히 해친다고 인정되면 감사를 청구할 수 있다

제17조(주민소송) ① 제16조 제1항에 따라 공금의 지출에 관한 사항, 재산의 취득·관리·처분에 관한 사항, 해당 지방자치단체를 당사자로 하는 매매·임차·도급 계약이나 그 밖의 계약의 체결·이행에 관한 사항 또는 지방세·사용료·수수료·과태료 등 공금의 부과·징수를 게을리한 사항을 감사청구한 주민은 다음 각 호의 어느 하나에 해당하는 경우에 그 감사청구한 사항과 관련이 있는 위법한 행위나 업무를 게을리 한 사실에 대하여 해당 지방자치단체의 장을 상대방으로 하여 소송을 제기할 수 있다

② [○], 「지방자치법」 제17조(주민소송) ② 제1항에 따라 주민이 제기할 수 있는 소송은 다음 각 호와 같다.

4. 해당 지방자치단체의 장 및 직원, 지방의회의원, 해당 행위와 관련이 있는 상대방에게 손해배상청구 또는 부당이득반환청구를 할 것을 요구하는 소송. 다만, 그 지방자치단체의 직원이 「회계관계직원 등의 책임에 관한 법률」 제4조에 따른 변상책임을 져야 하는 경우에는 변상명령을 할 것을 요구하는 소송을 말한다.

③ [○], 「지방자치법」 제17조(주민소송) ① 제16조 제1항에 따라 공금의 지출에 관한 사항, 재산의 취득·관리·처분에 관한 사항, 해당 지방자치단체를 당사자로 하는 매매·임차·도급 계약이나 그 밖의 계약의 체결·이행에 관한 사항 또는 지방세·사용료·수수료·과태료 등 공금의 부과·징수를 게을리한 사항을 감사청구한 주민은 다음 각 호의 어느 하나에 해당하는 경우에 그 감사청구한 사항과 관련이 있는 위법한 행위나 업무를 게을리 한 사실에 대하여 해당 지방자치단체의 장(해당 사항의 사무처리에 관한 권한을 소속 기관의 장에게 위임한 경우에는 그 소속 기관의 장을 말한다. 이하 이 조에서 같다)을 상대방으로 하여 소송을 제기할 수 있다.

1. 주무부장관이나 시·도지사가 감사청구를 수리한 날부터 60일(제16조 제3항 단서에 따라 감사기간이 연장된 경우에는 연장기간이 끝난 날을 말한다)이 지나도 감사를 끝내지 아니한 경우

④ [×], 「지방자치법」 제17조(주민소송) ⑤ 제2항 각 호의 소송이 진행 중이면 다른 주민은 같은 사항에 대하여 별도의 소송을 제기할 수 없다.

⑤ [○], 「지방자치법」 제18조(손해배상금 등의 지불청구 등) ① 지방자치단체의 장(해당 사항의 사무처리에 관한 권한을 소속 기관의 장에게 위임한 경우에는 그 소속 기관의 장을 말한다. 이하 이 조에서 같다)은 제17조 제2항 제4호 본문에 따른 소송에 대하여 손해배상청구나 부당이득반환청구를 명하는 판결이 확정되면 그 판결이 확정된 날부터 60일 이내를 기한으로 하여

당사자에게 그 판결에 따라 결정된 손해배상금이나 부당이득반환금의 지불을 청구하여야 한다. 다만, 손해배상금이나 부당이득반환금을 지불하여야 할 당사자가 지방자치단체의 장이면 지방의회 의장이 지불을 청구하여야 한다.

정답 ④

<지방자치법: 주민소송>

문 4.

(2022 변시11회 38번)

X시의 시장 A는 관할 구역 내 구역정비계획을 수립 · 확정하고 이에 따라 B에게 시 소유 도로 일부에 대하여 도로점용허가(이하 '이 사건 허가'라 함)를 하였다. 이에 X시의 주민 甲, 乙, 丙 등은 B에 대한 이 사건 허가가 과도한 특혜라고 주장하며 「지방자치법」에 따라 주민감사청구를 하였고, 주민소송을 제기하려 한다. 이에 관한 설명 중 옳은 것은? (다툼이 있는 경우 판례에 의함)

① 감사결과에 불복하더라도 甲은 단독으로 이 사건 허가에 대하여 주민소송을 제기할 수는 없다.

② 이 사건 허가가 도로 등의 본래 기능 및 목적과 무관하게 그 사용가치를 실현·활용하기 위한 것으로 평가되는 경우에는 주민소송의 대상이 되는 재산의 관리 · 처분에 해당한다.

③ 주민소송의 대상은 주민감사를 청구한 사항과 관련이 있는 것만으로는 불충분하고, 주민감사를 청구한 사항과 동일하여야 한다.

④ 이 사건 허가에 대하여 「행정소송법」에서 정한 취소소송의 제소기간이 도과하여 불가쟁력이 발생한 이후에는 이 사건 허가의 취소를 요구하는 주민소송은 허용되지 않는다.

⑤ 이 사건 허가에 대한 주민소송의 계속 중에 소송을 제기한 주민이 사망하더라도 소송절차는 중단되지 아니한다.

해설

① [×], 지방자치법 제22조(주민소송) ① 제21조 제1항에 따라 공금의 지출에 관한 사항, 재산의 취득 · 관리 · 처분에 관한 사항, 해당 지방자치단체를 당사자로 하는 매매 · 임차 · 도급 계약이나 그 밖의 계약의 체결 · 이행에 관한 사항 또는 지방세 · 사용료 · 수수료 · 과태료 등 공금의 부과 · 징수를 게을리한 사항을 감사 청구한 주민은 다음 각 호의 어느 하나에 해당하는 경우에 그 감사 청구한 사항과 관련이 있는 위법한 행위나 업무를 게을리한 사실에 대하여 해당 지방자치단체의 장(해당 사항의 사무처리에 관한 권한을 소속 기관의 장에게 위임한 경우에는 그 소속 기관의 장을 말한다. 이하 이 조에서 같다)을 상대방으로 하여 소송을 제기할 수 있다.

② [○], 대법원은 '재산의 관리 · 처분에 관한 사항'이란 '지방자치단체의 소유에 속하는 재산의 가치를 유지 · 보전 또는 실현함을 직접 목적으로 하는 행위'를 말한다고 판시하여(대법 2015. 9. 10. 2013두16746 참조), 위와 같은 주민소송의 목적을 고려한 합리적인 해석기준을 제시한 바 있다. 나아가, 대법원은 위와 같은 일반적인 해석기준을 바탕으로 '도로 등 공물이나 공공용물을 특정 사인이 배타적으로 사용하도록 하는 점용허가가 도로 등의 본래 기능 및 목적과 무관하게 그 사용가치를 실현 · 활용하기 위한 것으로 평가되는 경우에는 주민소송의 대상이 되는 재산의 관리 · 처분에 해당한다고 보아야 한다'고 판시하여(대법 2016. 5. 27. 2014두8490) 더욱 구체화된 해석기준을 제시하기도 하였다. ★★

③ [×], 지방자치법 제22조(주민소송) ① 제21조 제1항에 따라 공금의 지출에 관한 사항, 재산의 취득 · 관리 · 처분에 관한 사항, 해당 지방자치단체를 당사자로 하는 매매 · 임차 · 도급 계약이나 그 밖의 계약의 체결 · 이행에 관한 사항 또는 지방세 · 사용료 · 수수료 · 과태료 등 공금의 부과 · 징수를 게을리한 사항을 감사 청구한 주민은 다음 각 호의 어느 하나에 해당하는 경우에 그 감사 청구한 사항과 관련이 있는 위법한 행위나 업무를 게을리한 사실에 대하여 해당 지방자치단체의 장(해당 사항의 사무처리에 관한 권한을 소속 기관의 장에게 위임한 경우에는 그 소속 기관의 장을 말한다. 이하 이 조에서 같다)을 상대방으로 하여 소송을 제기할 수 있다.

④ [×], 어떤 행정처분을 위법하다고 판단하여 취소하는 판결이 확정되면 행정청은 취소판결의 기속력에 따라 그 판결에서 확인된 위법사유를 배제한 상태에서 다시 처분을 하거나 그 밖에 위법한 결과를 제거하는 조치를 할 의무가 있다(행정소송법 제30조). 그리고 행정처분이 불복기간의 경과로 인하여 확정될 경우 그 확정력은, 처분으로 인하여 법률상 이익을 침해받은 자가 해당 처분이나 재결의 효력을 더 이상 다툴 수 없다는 의미일 뿐, 더 나아가 판결에 있어서와 같은 기판력이 인정되는 것은 아니어서 처분의 기초가 된 사실관계나 법률적 판단이 확정되고 당사자들이나 법원이 이에 기속되어 모순되는 주장이나 판단을 할 수 없게 되는 것은 아니다(대법 2019. 10. 17. 2018두104). ★★

⑤ [×], 지방자치법 제22조(주민소송) ⑥ 소송의 계속(繫屬) 중에 소송을 제기한 주민이 사망하거나 제16조에 따른 주민의 자격을 잃으면 소송절차는 중단된다. 소송대리인이 있는 경우에도 또한 같다.

정답 ②

<지방자치법: 조례>

문 5.

(2012 변시1회, 21번)

A 지방자치단체에서는 조례제정권의 범위에 대해 법무법인 B에 자문을 구하였다. B는 이에 관한 법률의견서를 작성해주었는데, 아래 ㄱ.~ ㅁ.은 그 내용 중 일부이다. 옳은 것을 모두 고른 것은? (다툼이 있는 경우 판례에 의함)

ㄱ. 지방자치법상 지방자치단체는 법령의 범위 안에서 그 사무에 관하여 조례를 제정할 수 있으며, 다만 주민의 권리 제한 또는 의무 부과에 관한 사항이나 벌칙을 정할 때에는 법률의 위임이 있어야 한다.

ㄴ. 그리고 조례가 지방의회의 의결로 제정되는 지방자치단체의 자주법이라고 하더라도 그것이 법률의 위임에 따라 제정되는 것인 이상, 조례도 위임명령과 마찬가지로 포괄적 위임은 허용될 여지가 없다.

ㄷ. 그런데 지방자치단체가 자치조례를 제정할 수 있는 사항은 지방자치단체의 고유사무인 자치사무와 개별법령에 의하여 지방자치단체에 위임된 단체위임사무에 한하는 것이고, 국가사무가 지방자치단체의 장에게 위임된 기관위임사무는 원칙적으로 자치조례의 제정범위에 속하지 않는다 할 것이지만, 기관위임사무에 있어서도 그에 관한 개별법령에서 일정한 사항을 조례로 정하도록 위임하고 있는 경우에는 위임받은 사항에 관하여 개별법령의 취지에 부합하는 범위 내에서 이른바 위임조례를 정할 수 있다.

ㄹ. 한편, 조례가 규율하는 특정사항에 관하여 그것을 규율하는 국가의 법령이 이미 존재하는 경우에도, 조례가 법령과 별도의 목적에 기하여 규율함을 의도하는 것으로서 그 적용에 의하여 법령의 규정이 의도하는 목적과 효과를 전혀 저해하는 바가 없는 때, 또는 양자가 동일한 목적에서 출발한 것이라고 할지라도 국가의 법령이 반드시 그 규정에 의하여 전국에 걸쳐 일률적으로 동일한 내용을 규율하려는 취지가 아니고 각 지방자치단체가 그 지방의 실정에 맞게 별도로 규율하는 것을 용인하는 취지라고 해석되는 때에는 그 조례가 국가의 법령에 위배되는 것은 아니라고 보아야 한다.

ㅁ. 지방자치단체는 조례의 실효성을 확보하기 위한 수단으로 조례위반행위에 대한 벌칙을 정할 수 있는데, 여기서 말하는 벌칙의 개념에는 별도의 제한이 없으므로, 지방자치단체는 법률의 위임이 없이도 조례위반행위에 대한 벌칙으로서 벌금, 구류, 과료와 같은 형벌을 정하여 부과할 수 있다.

① ㄱ, ㄴ, ㅁ　② ㄱ, ㄷ, ㄹ

③ ㄱ, ㄷ, ㅁ ④ ㄴ, ㄷ, ㄹ
⑤ ㄱ, ㄴ, ㄷ, ㄹ

해설

ㄱ. [○], 「지방자치법」 제22조(조례) 지방자치단체는 법령의 범위 안에서 그 사무에 관하여 조례를 제정할 수 있다. 다만, 주민의 권리 제한 또는 의무 부과에 관한 사항이나 벌칙을 정할 때에는 법률의 위임이 있어야 한다.

ㄴ. [×], 법률이 주민의 권리의무에 관한 사항에 관하여 구체적으로 아무런 범위도 정하지 아니한 채 조례로 정하도록 포괄적으로 위임하였다고 하더라도, 행정관청의 명령과는 달라, 조례도 주민의 대표기관인 지방의회의 의결로 제정되는 지방자치단체의 자주법인 만큼, 지방자치단체가 법령에 위반되지 않는 범위 내에서 주민의 권리의무에 관한 사항을 조례로 제정할 수 있는 것이다(대법 1991. 8. 27. 90누6613).

ㄷ. [○], 헌법 제117조 제1항과 지방자치법 제15조에 의하면 지방자치단체는 법령의 범위 안에서 그 사무에 관하여 자치조례를 제정할 수 있으나 이 때 사무란 지방자치법 제9조 제1항에서 말하는 지방자치단체의 자치사무와 법령에 의하여 지방자치단체에 속하게 된 단체위임사무를 가리키므로 지방자치단체가 자치조례를 제정할 수 있는 것은 원칙적으로 이러한 자치사무와 단체위임사무에 한한다. 그러므로 국가사무가 지방자치단체의 장에게 위임된 기관위임사무와 같이 지방자치단체의 장이 국가기관의 지위에서 수행하는 사무일 뿐 지방자치단체 자체의 사무라고 할 수 없는 것은 원칙적으로 자치조례의 제정범위에 속하지 않는다. 다만, 기관위임사무에 있어서도 그에 관한 개별법령에서 일정한 사항을 조례로 정하도록 위임하고 있는 경우에는 위와 같은 지방자치단체의 자치조례 제정권과 무관하게 이른바 위임조례를 정할 수 있다고 하겠으나 이 때에도 그 내용은 개별 법령이 위임하고 있는 사항에 관한 것으로서 개별 법령의 취지에 부합하는 것이라야만 하고, 그 범위를 벗어난 경우에는 위임조례로서의 효력도 인정할 수 없다(대법 1999. 9. 17. 99추30). ★★★

ㄹ. [○], 지방자치단체는 법령에 위반되지 아니하는 범위 내에서 그 사무에 관하여 조례를 제정할 수 있는 것이고, 조례가 규율하는 특정사항에 관하여 그것을 규율하는 국가의 법령이 이미 존재하는 경우에도 조례가 법령과 별도의 목적에 기하여 규율함을 의도하는 것으로서 그 적용에 의하여 법령의 규정이 의도하는 목적과 효과를 전혀 저해하는 바가 없는 때, 또는 양자가 동일한 목적에서 출발한 것이라고 할지라도 국가의 법령이 반드시 그 규정에 의하여 전국에 걸쳐 일률적으로 동일한 내용을 규율하려는 취지가 아니고 각 지방자치단체가 그 지방의 실정에 맞게 별도로 규율하는 것을 용인하는 취지라고 해석되는 때에는 그 조례가 국가의 법령에 위반되는 것은 아니다(대법 1997. 4. 25. 96추244). ★★

ㅁ. [×], 「지방자치법」 제22조(조례) 지방자치단체는 법령의 범위 안에서 그 사무에 관하여 조례를 제정할 수 있다. 다만, 주민의 권리 제한 또는 의무 부과에 관한 사항이나 벌칙을 정할 때에는 법률의 위임이 있어야 한다.

정답 ②

<지방자치법: 조례>

문 6.

(2015 변시4회, 38번)

조례에 관한 설명 중 옳은 것(○)과 옳지 않은 것(×)을 올바르게 조합한 것은? (다툼이 있는 경우 판례에 의함)

ㄱ. 조례에 대한 항고소송에서는 조례의 의결기관인 지방의회가 피고적격을 가진다.
ㄴ. 「생활보호법」 소정의 자활보호대상자 중에서 사실상 생계유지가 어려운 자에게 「생활보호법」과는 별도로 생계비를 지원하는 것을 내용으로 하는 조례안은 「생활보호법」에 저촉된다.
ㄷ. 도지사 소속 행정불만처리조정위원회 위원의 위촉·해촉에 도의회의 동의를 받도록 한 조례안은 사후에 소극적으로 개입하는 것으로서 적법하나, 위원의 일부를 도의회 의장이 위촉하도록 한 조례안은 위법하다.

① ㄱ(○), ㄴ(×), ㄷ(×)
② ㄱ(○), ㄴ(×), ㄷ(○)
③ ㄱ(×), ㄴ(○), ㄷ(×)
④ ㄱ(×), ㄴ(×), ㄷ(○)
⑤ ㄱ(○), ㄴ(○), ㄷ(○)

해설

ㄱ. [×], 조례가 집행행위의 개입 없이도 그 자체로서 직접 국민의 구체적인 권리의무나 법적 이익에 영향을 미치는 등의 법률상 효과를 발생하는 경우 그 조례는 항고소송의 대상이 되는 행정처분에 해당하고, 이러한 조례에 대한 무효확인소송을 제기함에 있어서 행정소송법 제38조 제1항, 제13조에 의하여 피고적격이 있는 처분 등을 행한 행정청은, 행정주체인 지방자치단체 또는 지방자치단체의 내부적 의결기관으로서 지방자치단체의 의사를 외부에 표시한 권한이 없는 지방의회가 아니라, 구 지방자치법(1994. 3. 16. 법률 제4741호로 개정되기 전의 것) 제19조 제2항, 제92조에 의하여 지방자치단체의 집행기관으로서 조례로서의 효력을 발생시키는 공포권이 있는 지방자치단체의 장이다(대법 1996. 9. 20. 95누8003). ★★

ㄴ. [×], 생활보호법 소정의 자활보호대상자 중 일부에 대하여 생계비를 지원한다고 하여 생활보호법이 의도하는 목적과 효과를 저해할 우려는 없다고 보여지며, 비록 생활보호법이 자활보호대상자에게는 생계비를 지원하지 아니하도록 규정하고 있다고 할지라도 그 규정에 의한 자활보호대상자에게는 전국에 걸쳐 일률적으로 동일한 내용의 보호만을 실시하여야 한다는 취지로는 보이지 아니하고, 각 지방자치단체가 그 지방의 실정에 맞게 별도의 생활보호를 실시하는 것을 용인하는 취지라고 보아야 할 것이므로, 이 사건 조례안의 내용이 생활보호법의 규정과 모순·저촉되는 것이라고 할 수 없다(대법 1997. 4. 25. 96추244). ★★

ㄷ. [○], 지방의회가 집행기관의 인사권에 관하여 소극적 사후적으로 개입하는것은 그것이 견제의 범위 안에 드는 경우에는 허용되나, 집행기관의 인사권을 독자적으로 행사하거나 동등한 지위에서 합의하여 행사할 수는 없으며, 사전에 적극적으로 개입하는 것도 원칙적으로 허용되지 아니하므로 조례안에 규정된 행정불만처리조정위원회 위원의 위촉, 해촉에 지방의회의 동의를 받도록 한 것은 사후에 소극적으로 개입하는 것으로서 지방의회의 집행기관에 대한 견제권의 범위에 드는 적법한 규정이라고 보아야 될 것이나, 그 일부를 지방의회 의장이 위촉하도록 한 것은 지방의회가 집행기관의 인사권에 사전에 적극적으로 개입하는 것으로서 지방자치법이 정한 의결기관과 집행기관 사이의 권한분리 및 배분의 취지에 배치되는 위법한 규정이며, 또 집행기관의 인사권에 의장 개인의 자격으로는 관여할 수 있는 권한이 없고 조례로써 이를 허용할 수도 없으며, 따라서 의장 개인이 위원의 일부를 위촉하도록 한 조례안의 규정은 그 점에서도 위법하다(대법 1994. 4. 26. 93추175).

정답 ④

<지방자치법: 조례>

문 7.

(2016 변시5회, 32번)

지방자치단체의 조례제정권에 관한 설명 중 옳은 것을 모두 고른 것은? (다툼이 있는 경우 판례에 의함)

ㄱ. 헌법 제117조 제1항과 「지방자치법」 제22조에 의하면 지방자치단체는 법령의 범위 안에서 그 사무에 관하여 자치조례를 제정할 수 있다. 여기서 그 사무란 「지방자치법」에서 규정하는 지방자치단체의 자치사무와 법령에 의하여 지방자치단체에 속하게 된 단체위임사무, 그리고 국가사무가 지방자치단체의 장에게 위임된 기관위임사무를 말한다.

ㄴ. 「지방자치법」 제22조 단서에 따라 주민의 권리제한 또는 의무부과에 관한 사항을 법률에서 조례에 위임하는 경우, 위임입법의 한계에 관한 헌법 제75조의 포괄위임금지원칙에 따라 법률에 의한 개별적이고 구체적인 수권이 필요하다.

ㄷ. 지방자치단체의 자치사무에 해당하더라도 특별한 규정이 없는 한 「지방자치법」이 규정하고 있는 지방자치단체의 집행기관과 지방의회의 고유권한에 관하여는 조례로 이를 제한할 수 없고, 나아가 지방자치단체장의 고유권한이 아닌 사항에 대하여도 그 사무집행에 관한 권한을 본질적으로 제한하는 조례제정은 허용되지 아니한다.

ㄹ. 지방자치단체장이 지방의회가 재의결한 조례안이 법령에 위반된다는 이유로 대법원에 제소하는 경우, 재의결된 조례안의 일부 조항만이 위법하더라도 그 재의결 전부의 효력이 부인된다.

① ㄱ, ㄴ
② ㄱ, ㄷ
③ ㄴ, ㄷ
④ ㄴ, ㄹ
⑤ ㄷ, ㄹ

해설

ㄱ. [×], 헌법 제117조 제1항과 지방자치법 제15조에 의하면 지방자치단체는 법령의 범위 안에서 그 사무에 관하여 자치조례를 제정할 수 있으나 이 때 사무란 지방자치법 제9조 제1항에서 말하는 지방자치단체의 자치사무와 법령에 의하여 지방자치단체에 속하게 된 단체위임사무를 가리키므로 지방자치단체가 자치조례를 제정할 수 있는 것은 원칙적으로 이러한 자치사무와 단체위임사무에 한하므로, 국가사무가 지방자치단체의 장에게 위임된 기관위임사무와 같이 지방자치단체의 장이 국가기관의 지위에서 수행하는 사무일 뿐 지방자치단체 자체의 사무라고 할 수 없는 것은 원칙적으로 자치조례의 제정 범위에 속하지 않는다(대법 2001. 11. 27. 2001추57).

ㄴ. [×], 법률이 주민의 권리의무에 관한 사항에 관하여 구체적으로 아무런 범위도 정하지 아니한 채 조례로 정하도록 포괄적으로 위임하였다고 하더라도, 행정관청의 명령과는 달라, 조례도 주민의 대표기관인 지방의회의 의결로 제정되는 지방자치단체의 자주법인 만큼 지방자치단체가 법령에 위반되지 않는 범위 내에서 주민의 권리의무에 관한 사항을 조례로 제정할 수 있는 것이다(대법 2006. 9. 8. 2004두947).

ㄷ. [○], 지방자치단체가 그 자치사무에 관하여 조례로 제정할 수 있다고 하더라도 상위 법령에 위배할 수는 없고(지방자치법 제15조), 특별한 규정이 없는 한 지방자치법이 규정하고 있는 지방자치단체의 집행기관과 지방의회의 고유권한에 관하여는 조례로 이를 침해할 수 없고, 나아가 지방의회가 지방자치단체장의 고유권한이 아닌 사항에 대하여도 그 사무집행에 관한 집행권을 본질적으로 침해하는 것은 지방자치법의 관련 규정에 위반되어 허용될 수 없다(대법 2001. 11. 27. 2001추57).

ㄹ. [○], 의결의 일부에 대한 효력배제는 결과적으로 전체적인 의결의 내용을 변경하는 것에 다름 아니어서 의결기관인 지방의회의 고유권한을 침해하는 것이 될 뿐 아니라, 그 일부만의 효력배제는 자칫 전체적인 의결내용을 지방의회의 당초의 의도와는 다른 내용으로 변질시킬 우려가 있으며, 또 재의요구가 있는 때에는 재의요구에서 지적한 이의사항이 의결의 일부에 관한 것이라고 하여도 의결 전체가 실효되고 재의결만이 의결로서 효력을 발생하는 것이어서 의결의 일부에 대한 재의요구나 수정재의 요구가 허용되지 않는 점에 비추어 보아도 재의결의 내용 전부가 아니라 그 일부만이 위법한 경우에도 대법원은 의결 전부의 효력을 부인할 수밖에 없다(대법 1992. 7. 28. 92추31).

정답 ⑤

<지방자치법: 조례>

문 8.

(2019 변시8회, 30번)

지방자치단체의 조례에 관한 설명 중 옳지 않은 것은? (다툼이 있는 경우 판례에 의함)

① 지방자치단체의 장에게 위임된 국가사무인 기관위임사무에 대하여 개별법령에서 그에 관한 일정한 사항을 조례로 정하도록 하는 것은 기관위임사무의 성질상 허용될 수 없다.

② 「지방자치법」은 지방의회와 지방자치단체의 장에게 독자적 권한을 부여하고 상호 견제와 균형을 이루도록 하고 있으므로 법률에 특별한 규정이 없는 한 지방의회는 견제의 범위를 넘어서 조례로써 지방자치단체의 장의 고유권한을 침해하는 규정을 둘 수 없다.

③ 지방자치단체의 주민은 공공시설의 설치를 반대하는 내용의 조례의 제정이나 개폐를 청구할 수 없다.

④ 지방자치단체의 조례가 규율하는 특정사항에 관하여 그것을 규율하는 국가의 법령이 이미 존재하는 경우에도 조례가 법령과 별도의 목적에 기하여 규율함을 의도하는 것으로서 그 적용에 의하여 법령의 규정이 의도하는 목적과 효과를 전혀 저해하는 바가 없는 때에는 그 조례가 국가의 법령에 위반되는 것은 아니다.

⑤ 법령의 위임 없이, 교원인사에 관한 사항을 심의하기 위하여 공립학교에 교원인사자문위원회를 두도록 하고 그 심의사항에 관하여 규정한 조례는 조례제정권의 한계를 벗어나 위법하다.

해설

① [×], 기관위임사무에 있어서도 그에 관한 개별 법령에서 일정한 사항을 조례로 정하도록 위임하고 있는 경우에는 지방자치단체의 자치조례 제정권과 무관하게 이른바 위임조례를 정할 수 있다고 하겠으나 이 때에도 그 내용은 개별 법령이 위임하고 있는 사항에 관한 것으로서 개별 법령의 취지에 부합하는 것이라야만 하고, 그 범위를 벗어난 경우에는 위임조례로서의 효력도 인정할 수 없다(대법 1999. 9. 17. 99추30). ★★★

② [○], 지방자치법은 지방의회와 지방자치단체의 장에게 독자적 권한을 부여하고 상호 견제와 균형을 이루도록 하고 있으므로, 법률에 특별한 규정이 없는 한 조례로써 견제의 범위를 넘어서 고유권한을 침해하는 규정을 둘 수 없다 할 것인바(대법 2002. 4. 26. 2002추23).

③ [○], 「지방자치법」 제15조(조례의 제정과 개폐 청구) ① 19세 이상의 주민으로서 다음 각 호의 어느 하나에 해당하는 사람(「공직선거법」 제18조에 따른 선거권이 없는 자는 제외한다. 이하 이 조 및 제16조에서 "19세 이상의 주민"이라 한다)은 시·도와 제175조에 따른 인구 50만 이상 대도시에서는 19세 이상 주민 총수의 100분의 1 이상 70분의 1 이하, 시·군 및 자치구에서는 19세 이상 주민 총수의 50분의 1 이상 20분의 1 이하의 범위에서 지방자치단체의 조례로 정하는 19세 이상의 주민 수 이상의 연서(連署)로 해당 지방자치단체의 장에게 조례를 제정하거나 개정하거나 폐지할 것을 청구할 수 있다.
② 다음 각 호의 사항은 제1항에 따른 청구대상에서 제외한다.
2. 지방세·사용료·수수료·부담금의 부과·징수 또는 감면에 관한 사항

④ [○], 지방자치단체는 법령에 위반되지 아니하는 범위 내에서 그 사무에 관하여 조례를 제정할 수 있는 것이고, 조례가 규율하는 특정사항에 관하여 그것을 규율하는 국가의 법령이 이미 존재하는 경우에도 조례가 법령과 별도의 목적에 기하여 규율함을 의도하는 것으로서 그 적용에 의하여 법령의 규정이 의도하는 목적과 효과를 전혀 저해하는 바가 없는 때, 또는 양자가 동일한 목적에서 출발한 것이라고 할지라도 국가의 법령이 반드시 그 규정에 의하여 전국에 걸쳐 일률적으로 동일한 내용을 규율하려는 취지가 아니고 각 지방자치단체가 그 지방의 실정에 맞게 별도로 규율하는 것을 용인하는 취지라고 해석되는 때에는 그 조례가 국가의 법령에 위반되는 것은 아니다(대법 2006. 10. 12. 2006추38).

⑤ [○], 교원인사에 관한 사항을 심의하기 위하여 공립학교에 교원인사자문위원회를 두도록 하고 그 심의사항에 관하여 규정한 '광주광역시 학교자치에 관한 조례안'에 대하여 교육부장관의 재의요구지시에 따라 교육감이 재의를 요구하였으나 시의회가 원안대로 재의결한 사안에서, 위 조례안은 국가사무에 관하여 법령의 위임 없이 조례로 정한 것으로 조례제정권의 한계를 벗어나 위법하다고 한 사례(대법 2016. 12. 29. 2013추36).

정답 ①

<지방자치법: 조례>

문 9.

(2020 변시9회, 31번)

A도 B군의회는 X사무에 관하여 조례안을 의결하여 B군수에게 이송하였다. A도 지사는 위 조례안이 법령의 위임이 없는 위법한 것임을 이유로 B군수에게 재의요구를 지시하였고, B군수의 재의요구에 대해 B군의회는 원안대로 재의결을 하였다. 이에 관한 설명 중 옳은 것은? (다툼이 있는 경우 판례에 의함)

① X사무가 국가사무인 경우에는 법령의 위임이 있어야 B군의회가 조례를 제정할 수 있으며, 이때의 위임은 포괄적 위임으로도 족하다.

② A도지사가 조례안재의결 무효확인소송을 제기한 경우, 심리대상은 재의요구 요청에서 이의사항으로 지적한 것에 한하지 않으며, 법원은 재의결이 법령에 위반될 수 있는 모든 사정에 관하여 심리할 수 있다.

③ B군의회의 재의결이 법령에 위반된다고 판단됨에도 A도지사가 이에 대해 제소하지 않는 경우에는 행정안전부장관이 직접 대법원에 제소할 수 있다.

④ X사무가 자치사무인 경우 X사무에 관한 B군수의 처분이 법령에 위반됨을 이유로 A도지사는 그 처분을 직권취소할 수 있으며, 이때 직권취소의 대상은 「행정소송법」상 처분으로 한정된다.

⑤ A도지사가 X사무에 관한 B군수의 처분에 대해 시정명령을 발한 경우, B군수는 시정명령에 대하여 대법원에 제소할 수 없다.

해설

① [×], 기관위임사무에 있어서도 그에 관한 개별 법령에서 일정한 사항을 조례로 정하도록 위임하고 있는 경우에는 지방자치단체의 자치조례 제정권과 무관하게 이른바 위임조례를 정할 수 있다고 하겠으나 이 때에도 그 내용은 개별 법령이 위임하고 있는 사항에 관한 것으로서 개별 법령의 취지에 부합하는 것이라야만 하고, 그 범위를 벗어난 경우에는 위임조례로서의 효력도 인정할 수 없다(대법 1999. 9. 17. 99추30). ★★★

② [×], 조례안재의결 무효확인소송에서의 심리대상은 지방자치단체의 장이 지방의회에 재의를 요구할 당시 이의사항으로 지적하여 재의결에서 심의의 대상이 된 것에 국한된다. 이러한 법리는 주무부장관이 지방자치법 제172조 제7항에 따라 지방의회의 의결에 대하여 직접 제소함에 따른 조례안의결 무효확인소송에도 마찬가지로 적용되므로, 조례안의결 무효확인소송의 심리대상은 주무부장관이 재의요구 요청에서 이의사항으로 지적한 것에 한정된다(대법 2015. 5. 14. 2013추98).

③ [×], 지방의회 의결의 재의와 제소에 관한 지방자치법 제172조 제4항, 제6항의 문언과 입법취지, 제·개정 연혁 및 지방자치법령의 체계 등을 종합적으로 고려하여 보면, 아래에서 보는 바와 같이 지방자치법 제172조 제4항, 제6항에서 지방의회 재의결에 대하여 제소를 지시하거나 직접 제소할 수 있는 주체로 규정된 '주무부장관이나 시·도지사'는 시·도에 대하여는 주무부장관을, 시·군 및 자치구에 대하여는 시·도지사를 각 의미한다고 해석하는 것이 타당하다(대법 2016. 9. 22. 2014추521).

④ [×], 행정소송법상 항고소송은 행정청이 행하는 구체적 사실에 관한 법집행으로서의 공권력의 행사 또는 그 거부와 그 밖에 이에 준하는 행정작용을 대상으로 하여 그 위법상태를 배제함으로써 국민의 권익을 구제함을 목적으로 하는 것과 달리, 지방자치법 제169조 제1항은 지방자치단체의 자치행정 사무처리가 법령 및 공익의 범위 내에서 행해지도록 감독하기 위한 규정이므로 그 적용대상을 항고소송의 대상이 되는 행정처분으로 제한할 이유가 없다(대법 2017. 3. 30. 2016추5087). ★★

⑤ [○], 지방자치법 제169조 제2항은 '시·군 및 자치구의 자치사무에 관한 지방자치단체의 장의 명령이나 처분에 대하여 시·도지사가 행한 취소 또는 정지'에 대하여 해당 지방자치단체의 장이 대법원에 소를 제기할 수 있다고 규정하고 있을 뿐 '시·도지사가 지방자치법 제169조 제1항에 따라 시·군 및 자치구에 대하여 행한 시정명령'에 대하여도 대법원에 소를 제기할 수 있다고 규정하고 있지 않으므로, 이러한 시정명령의 취소를 구하는 소송은 허용되지 않는다(대법 2016. 10. 12. 2016추5148). ★★

정답 ⑤

<지방자치법>

문 10.

(2014 변시3회, 27번)

지방자치에 관한 설명 중 옳은 것을 모두 고른 것은? (다툼이 있는 경우 판례에 의함)

ㄱ. 지방자치법에 의하면 지방자치단체의 주민은 그 지방자치단체의 장 및 비례대표 지방의회의원을 포함한 지방의회의원에 대해 소환할 권리를 가진다.

ㄴ. 지방자치법에 의하면 지방자치단체의 사무에 관한 그 장의 명령이나 처분이 법령에 위반되거나 현저히 부당하여 공익을 해친다고 인정되면 시·도(특별시, 광역시, 특별자치시, 도, 특별자치도를 말함)에 대하여는 주무부장관이 기간을 정하여 서면으로 시정할 것을 명하고, 그 기간에 이행하지 아니하면 이를 취소하거나 정지할 수 있다. 이 경우 자치사무에 관한 명령이나 처분에 대하여는 법령을 위반하는 것에 한한다.

ㄷ. 법령상 지방자치단체의 장이 처리하도록 하고 있는 사무가 자치사무인지 아니면 기관위임사무인지를 판단하기 위해서는 그에 관한 법령의 규정 형식과 취지를 우선 고려하여야 하지만, 그 밖에 그 사무의 성질이 전국적으로 통일적인 처리가 요구되는 사무인지, 그에 관한 경비부담과 최종적인 책임귀속의 주체가 누구인지 등도 함께 고려하여야 한다.

ㄹ. 지방자치단체의 집행기관의 사무집행에 관한 감시·통제기능은 지방의회의 고유권한이므로 이러한 지방의회의 권한을 제한·박탈하거나 제3의 기관 또는 집행기관 소속의 어느 특정 행정기관에 일임하는 내용의 조례를 제정한다면 이는 지방의회의 권한을 본질적으로 침해하거나 그 권한을 스스로 저버리는 내용의 것으로서 지방자치법령에 위반되어 무효이다.

ㅁ. 지방자치법상 지방의회의원에게 지급하는 월정수당은 지방의회의원의 직무활동에 대하여 매월 지급되는 것이기는 하나, 이는 지방의회의원이 명예직으로서 주민을 대표하여 의정활동을 하는 데 사용되는 비용을 보전하는 성격을 가지고 있으므로 지방의회의원의 직무활동에 대한 대가로 지급되는 보수의 일종으로 볼 수 없다.

① ㄱ, ㄴ, ㄷ
② ㄱ, ㄹ, ㅁ
③ ㄴ, ㄷ, ㄹ
④ ㄴ, ㄹ, ㅁ
⑤ ㄷ, ㄹ, ㅁ

해설

ㄱ. [×], 「지방자치법」 제20조(주민소환) ① 주민은 그 지방자치단체의 장 및 지방의회의원(비례대표 지방의회의원은 제외한다)을 소환할 권리를 가진다.

ㄴ. [○], 「지방자치법」 제169조(위법·부당한 명령·처분의 시정) ① 지방자치단체의 사무에 관한 그 장의 명령이나 처분이 법령에 위반되거나 현저히 부당하여 공익을 해친다고 인정되면 시·도에 대하여는 주무부장관이, 시·군 및 자치구에 대하여는 시·도지사가 기간을 정하여 서면으로 시정할 것을 명하고, 그 기간에 이행하지 아니하면 이를 취소하거나 정지할 수 있다. 이 경우 자치사무에 관한 명령이나 처분에 대하여는 법령을 위반하는 것에 한한다.

ㄷ. [○], 법령상 지방자치단체의 장이 처리하도록 하고 있는 사무가 자치사무인지 아니면 기관위임사무인지 여부를 판단함에 있어서는 그에 관한 법령의 규정 형식과 취지를 우선 고려하여야 할 것이지만, 그 밖에 그 사무의 성질이 전국적으로 통일적인 처리가 요구되는 사무인지, 그에 관한 경비부담과 최종적인 책임귀속의 주체가 누구인지 등도 함께 고려하여 판단하여야 한다(대법 2010. 12. 9. 2008다71575).

ㄹ. [○], 지방자치단체의 집행기관의 사무집행에 관한 감시·통제기능은 지방의회의 고유권한이므로 이러한 지방의회의 권한을 제한·박탈하거나 제3의 기관 또는 집행기관 소속의 어느 특정 행정기관에 일임하는 내용의 조례를 제정한다면 이는 지방의회의 권한을 본질적으로 침해하거나 그 권한을 스스로 저버리는 내용의 것으로서 지방자치법령에 위반되어 무효이다(대법 1997. 4. 11. 96추138).

ㅁ. [×], 월정수당(제3호)은 지방의회 의원의 직무활동에 대하여 매월 지급되는 것으로서, 지방의회 의원이 전문성을 가지고 의정활동에 전념할 수 있도록 하는 기틀을 마련하고자 하는 데에 그 입법 취지가 있다는 점을 고려해 보면, 지방의회 의원에게 지급되는 비용 중 적어도 월정수당(제3호)은 지방의회 의원의 직무활동에 대한 대가로 지급되는 보수의 일종으로 봄이 상당하다(대법 2009. 1. 30. 2007두13487).

정답 ③

<지방자치법>

문 11.

(2012 변시1회, 37번)

지방자치에 관한 설명 중 옳지 않은 것을 모두 고른 것은?

ㄱ. 헌법재판소 결정에 의할 때, 중앙행정기관이 자치사무에 대한 감사에 착수하기 위해서는 자치사무에 관하여 특정한 법령위반행위가 확인되었거나 위법행위가 있었으리라는 합리적 의심이 가능한 경우이어야 하고, 또한 그 감사대상을 특정해야 하므로 포괄적·사전적 일반감사나 위법사항을 특정하지 않고 개시하는 감사 또는 법령위반사항을 적발하기 위한 감사는 모두 허용될 수 없다.

ㄴ. 헌법재판소 결정에 의할 때, 구 폐기물관리법 제43조 제1항에 의한 행정기관의 감사가 과다감사 및 중복감사에 해당하여 감사대상의 영업의 자유를 침해할 소지가 있지만, 환경보전과 쾌적한 생활환경 유지라는 동 조항의 입법목적에 비추어 행정기관은 민원이 있는 경우 다시 감사할 수 있다.

ㄷ. 대법원 판결에 의할 때, 구 지방자치법 제157조 제1항은 "지방자치단체의 사무에 관한 그 장의 명령이나 처분이 법령에 위반되거나 현저히 부당하여 공익을 해한다고 인정될 때에는 시·도에 대하여는 주무부장관이, … 기간을 정하여 서면으로 시정을 명하고 그 기간 내에 이행하지 아니할 때에는 이를 취소하거나 정지할 수 있다. 이 경우 자치사무에 관한 명령이나 처분에 있어서는 법령에 위반하는 것에 한한다."고 규정하고 있는바, 지방자치단체의 사무에 관한 그 장의 명령이나 처분이 법령에 위반되는 경우라 함은 그 장의 사무의 집행이 명시적인 법령의 규정을 구체적으로 위반한 경우만을 말하고, 그러한 사무의 집행이 재량권을 일탈·남용하여 위법하게 되는 경우는 포함되지 아니한다.

ㄹ. 헌법재판소 결정에 의할 때, 감사원이 지방자치단체를 상대로 감사를 하면서 위임사무에 대하여 뿐만 아니라 자치사무에 대하여도 합법성 감사와 더불어 합목적성 감사까지 하는 것은 그것이 법률에 근거하여 이루어진 감사행위라고 하여도 헌법상 보장된 지방자치권의 본질적 내용을 침해한 것이다.

① ㄱ, ㄴ
② ㄱ, ㄷ
③ ㄴ, ㄷ
④ ㄴ, ㄹ
⑤ ㄷ, ㄹ

해설

ㄱ. [○], 중앙행정기관이 구 지방자치법 제158조 단서 규정상의 감사에 착수하기 위해서는 자치사무에 관하여 특정한 법령위반행위가 확인되었거나 위법행위가 있었으리라는 합리적 의심이 가능한 경우이어야 하고, 또한 그 감사대상을 특정해야 한다. 따라서 전반기 또는 후반기 감사와 같은 포괄적·사전적 일반감사나 위법사항을 특정하지 않고 개시하는 감사 또는 법령위반사항을 적발하기 위한 감사는 모두 허용될 수 없다(헌재 2009. 5. 28. 2006헌라6 전원재판부).

ㄴ. [○], 폐기물관련사업장에 대한 행정기관의 감사의 근거인 폐기물관리법 제43조 제1항은 감사의 주체를 환경부장관, 시·도지사, 시장·군수·구청장으로 규정하고 있을 뿐, 감사의 횟수나 시기·방법 등 감사의 구체적인 내용에 대하여는 별다른 제한을 두고 있지 아니하다. 그 결과 과다감사 및 중복감사로 인하여 국민들의 영업의 자유를 침해할 소지가 있다. 그러나 위 법률조항은 폐기물의 적정한 처리를 유도·감독함으로써 환경보전과 쾌적한 생활환경 조성이라는 공익을 위한 것으로 그 입법목적이 정당하고 목적과 수단사이에 적정한 비례관계가 유지되어 있으며 영업의 자유의 본질적 내용을 침해하는 것도 아니어서 헌법에 위반되는 규정이라고는 볼 수 없다(헌재 2003. 12. 18. 2001헌마754 전원재판부). ★★

ㄷ. [×], 지방자치법 제157조 제1항 전문 및 후문에서 규정하고 있는 지방자치단체의 사무에 관한 그 장의 명령이나 처분이 법령에 위반되는 경우라 함은 명령이나 처분이 현저히 부당하여 공익을 해하는 경우, 즉 합목적성을 현저히 결하는 경우와 대비되는 개념으로, 시·군·구의 장의 사무의 집행이 명시적인 법령의 규정을 구체적으로 위반한 경우뿐만 아니라 그러한 사무의 집행이 재량권을 일탈·남용하여 위법하게 되는 경우를 포함한다고 할 것이므로(대법 2007. 3. 22. 2005추62 전원합의체). ★★★

ㄹ. [×], 감사원법은 지방자치단체의 위임사무나 자치사무의 구별 없이 합법성 감사뿐만 아니라 합목적성 감사도 허용하고 있는 것으로 보이므로, 감사원의 지방자치단체에 대한 이 사건 감사는 법률상 권한 없이 이루어진 것은 아니다(헌재 2008. 5. 29. 2005헌마3 전원재판부).

정답 ⑤

<지방자치법>

문 12.
(2017 변시6회, 33번)

지방자치에 관한 설명 중 옳은 것을 모두 고른 것은? (다툼이 있는 경우 판례에 의함)

ㄱ. 헌법 제117조 제1항이 조례제정권의 한계로 정하고 있는 '법령'에는 상위법령과 결합하여 대외적인 구속력을 갖는 법규명령으로서 기능하는 행정규칙이 포함된다.
ㄴ. 국가는 지방자치단체의 장의 기관위임사무의 처리에 관하여 해당 지방자치단체의 장을 상대로 취소소송을 제기하여 다툴 수 있다.
ㄷ. 지방자치단체의 장이 기관위임된 국가행정사무를 처리하는 경우 그에 소요되는 경비의 실질적·궁극적 부담자는 국가라고 하더라도 당해 지방자치단체는 국가로부터 내부적으로 교부된 금원으로 그 사무에 필요한 경비를 대외적으로 지출하는 자이므로, 이러한 경우 지방자치단체는 「국가배상법」 제6조 제1항 소정의 비용부담자로서 공무원의 불법행위로 인한 같은 법에 의한 손해를 배상할 책임이 있다.
ㄹ. 주무부장관이 「지방자치법」에 따라 시·도에 대하여 행한 시정명령에 대하여 해당 시·도지사는 대법원에 시정명령의 취소를 구하는 소송을 제기할 수 있다.

① ㄱ, ㄷ
② ㄴ, ㄷ
③ ㄴ, ㄹ
④ ㄱ, ㄴ, ㄹ
⑤ ㄱ, ㄷ, ㄹ

해설

ㄱ. [○], 헌법 제117조 제1항에서 규정하고 있는 '법령'에 법률 이외에 헌법 제75조 및 제95조 등에 의거한 '대통령령', '총리령' 및 '부령'과 같은 법규명령이 포함되는 것은 물론이지만, 헌법재판소의 "법령의 직접적인 위임에 따라 수임행정기관이 그 법령을 시행하는데 필요한 구체적 사항을 정한 것이면, 그 제정형식은 비록 법규명령이 아닌 고시, 훈령, 예규 등과 같은 행정규칙이더라도, 그것이 상위법령의 위임한계를 벗어나지 아니하는 한, 상위법령과 결합하여 대외적인 구속력을 갖는 법규명령으로서 기능하게 된다고 보아야 한다"고 판시 한 바에 따라, 헌법 제117조 제1항에서 규정하는 '법령'에는 법규명령으로서 기능하는 행정규칙이 포함된다(헌재 2002. 10. 31. 2001헌라1 전원재판부). ★★

ㄴ. [×], 건설교통부장관은 지방자치단체의 장이 기관위임사무인 국토이용계획 사무를 처리함에 있어 자신과 의견이 다를 경우 행정협의조정위원회에 협의·조정 신청을 하여 그 협의·조정 결정에 따라 의견불일치를 해소할 수 있고, 법원에 의한 판결을 받지 않고서도 행정권한의 위임 및 위탁에 관한 규정이나 구 지방자치법에서 정하고 있는 지도·감독을 통하여 직접 지방자치단체의 장의 사무처리에 대하여 시정명령을 발하고 그 사무처리를 취소 또는 정지할 수 있으며, 지방자치단체의 장에게 기간을 정하여 직무이행명령을 하고 지방자치단체의 장이 이를 이행하지 아니할 때에는 직접 필요한 조치를 할 수도 있으므로, 국가가 국토이용계획과 관련한 지방자치단체의 장의 기관위임사무의 처리에 관하여 지방자치단체의 장을 상대로 취소소송을 제기하는 것은 허용되지 않는다(헌재 2003. 12. 18. 2001헌마754 전원재판부). ★★

ㄷ. [○], 구 지방자치법(1988.4.6. 법률 제4004호로 전문 개정되기 전의 것) 제131조(현행 제132조), 구 지방재정법(1988.4.6. 법률 제4006호로 전문 개정되기 전의 것) 제16조 제2항(현행 제18조 제2항)의 규정상, 지방자치단체의 장이 기관위임된 국가행정사무를 처리하는 경우 그에 소요되는 경비의 실질적·궁극적 부담자는 국가라고 하더라도 당해 지방자치단체는 국가로부터 내부적으로 교부된 금원으로 그 사무에 필요한 경비를 대외적으로 지출하는 자이므로, 이러한 경우 지방자치단체는 국가배상법 제6조 제1항 소정의 비용부담자로서 공무원의 불법행위로 인한 같은 법에 의한 손해를 배상할 책임이 있다(대법 1994. 12. 9. 94다38137).

ㄹ. [×], 지방자치법 제169조 제2항은 '시·군 및 자치구의 자치사무에 관한 지방자치단체의 장의 명령이나 처분에 대하여 시·도지사가 행한 취소 또는 정지'에 대하여 해당 지방자치단체의 장이 대법원에 소를 제기할 수 있다고 규정하고 있을 뿐 '시·도지사가 지방자치법 제169조 제1항에 따라 시·군 및 자치구에 대하여 행한 시정명령'에 대하여도 대법원에 소를 제기할 수 있다고 규정하고 있지 않으므로, 이러한 시정명령의 취소를 구하는 소송은 허용되지 않는다(대법 2017. 10. 12. 2016추5148). ★★

정답 ①

<지방자치법>

문 13.

(2018 변시7회, 40번)

지방자치에 관한 설명 중 옳지 <u>않은</u> 것은? (다툼이 있는 경우 판례에 의함)

① 시장·군수·구청장이 당해 지방자치단체 소속 공무원에 대하여 한 승진처분이 재량권을 일탈·남용하여 위법한 경우 시·도지사는 그에 대하여 시정할 것을 명하고, 시정명령이 이행되지 않으면 승진처분을 취소할 수 있다.

② 지방의회의원에 대하여 유급 보좌 인력을 두는 것은 지방의회의원의 신분·지위 및 처우에 관한 현행 법령상의 제도에 중대한 변경을 초래하는 것으로서 국회의 법률로 규정하여야 할 입법사항이다.

③ 시·군 및 자치구 의회의 조례안 재의결이 법령에 위반된다고 판단됨에도 시장·군수·구청장이 소를 제기하지 아니한 경우 시·도지사뿐만 아니라 주무부장관도 대법원에 제소할 수 있다.

④ 지방자치단체의 자치사무라도 당해 지방자치단체에 내부적인 효과만을 발생시키는 것이 아니라 그 사무로 인하여 다른 지방자치단체나 그 주민의 보호할 만한 가치가 있는 이익을 침해하는 경우에는 「지방자치법」에서 정한 분쟁조정위원회의 분쟁조정 대상 사무가 될 수 있다.

⑤ 행정안전부장관이 지방자치단체 상호간의 사무비용 분담에 관한 다툼에 대하여 분쟁조정결정을 한 경우 그 후속의 이행명령과 별도로 분쟁조정결정 자체의 취소를 구하는 소송을 대법원에 제기하는 것은 「지방자치법」상 허용되지 아니한다.

해설

① [○], 시·군·구의 장의 사무의 집행이 명시적인 법령의 규정을 구체적으로 위반한 경우뿐만 아니라 그러한 사무의 집행이 재량권을 일탈·남용하여 위법하게 되는 경우를 포함한다고 할 것이므로, 시·군·구의 장의 자치사무의 일종인 당해 지방자치단체 소속 공무원에 대한 승진처분이 재량권을 일탈·남용하여 위법하게 된 경우 시·도지사는 지방자치법 제157조 제1항 후문에 따라 그에 대한 시정명령이나 취소 또는 정지를 할 수 있다(대법 2007. 3. 22. 2005추62 전원합의체). ★★★

② [○], 갑 광역시의회가 '상임(특별)위원회 행정업무보조 기간제근로자 42명에 대한 보수 예산안'을 포함한 2012년도 광역시 예산안을 재의결하여 확정한 사안에서, 위 근로자의 담당 업무, 채용규모 등을 종합해 보면, 지방의회에서 위 근로자를 두어 의정활동을 지원하는 것은 실질적으로 유급보좌인력을 두는 것과 마찬가지여서 개별 지방의회에서 정할 사항이 아니라 국회의 법률로 규정하여야 할 입법사항에 해당하는데(대법 2013. 1. 16. 2012추84).

③ [×], 지방의회 의결의 재의와 제소에 관한 지방자치법 제172조 제4항, 제6항의 문언과 입법취지, 제·개정 연혁 및 지방자치법령의 체계 등을 종합적으로 고려하여 보면, 아래에서 보는 바와 같이 지방자치법 제172조 제4항, 제6항에서 지방의회 재의결에 대하여 제소를 지시하거나 직접 제소할 수 있는 주체로 규정된 '주무부장관이나 시·도지사'는 시·도에 대하여는 주무부장관을, 시·군 및 자치구에 대하여는 시·도지사를 각 의미한다(대법 2016. 9. 22. 2014추521 전원합의체).

④ [○], 지방자치법 제148조 제1항, 제3항, 제4항의 내용 및 체계에다가 지방자치법이 분쟁조정절차를 둔 입법 취지가 지방자치단체 상호 간이나 지방자치단체의 장 상호 간 사무처리 과정에서 분쟁이 발생하는 경우 당사자의 신청 또는 직권으로 구속력 있는 조정절차를 진행하여 이를 해결하고자 하는 데 있는 점, 분쟁조정 대상에서 자치사무를 배제하고 있지 않은 점 등을 종합하면, 지방자치단체의 자치사무라도 당해 지방자치단체에 내부적인 효과만을 발생시키는 것이 아니라 그 사무로 인하여 다른 지방자치단체나 그 주민의 보호할 만한 가치가 있는 이익을 침해하는 경우에는 지방자치법 제148조에서 정한 분쟁조정 대상 사무가 될 수 있다(대법 2016. 7. 22. 2012추121).

⑤ [○], 행정자치부장관이나 시·도지사의 분쟁조정결정에 대하여는 후속의 이행명령을 기다려 대법원에 이행명령을 다투는 소를 제기한 후 그 사건에서 이행의무의 존부와 관련하여 분쟁조정결정의 위법까지 함께 다투는 것이 가능할 뿐, 별도로 분쟁조정결정 자체의 취소를 구하는 소송을 대법원에 제기하는 것은 지방자치법상 허용되지 아니한다. 나아가 분쟁조정결정은 상대방이나 내용 등에 비추어 행정소송법상 항고소송의 대상이 되는 처분에 해당한다고 보기 어려우므로, 통상의 항고소송을 통한 불복의 여지도 없다(대법 2015. 9. 24. 2014추613).

정답 ③

<지방자치법: 직무이행명령>

문 14.

(2021 변시10회, 30번)

「지방자치법」상 지방자치단체의 장에 대한 직무이행명령에 관한 설명 중 옳지 않은 것은? (다툼이 있는 경우 판례에 의함)

① 직무이행명령의 대상은 기관위임사무이다.

② 법령의 규정에 따라 지방자치단체의 장에게 특정 국가위임사무를 관리·집행할 의무가 있는지 여부의 판단대상에는 그 법령상 의무의 존부뿐만 아니라, 지방자치단체의 장이 그 사무의 관리·집행을 하지 아니한 데 합리적 이유가 있는지 여부도 포함된다.

③ 지방자치단체의 장은 그 의무에 속한 국가위임사무를 이행하는 것이 원칙이므로, 지방자치단체의 장이 특별한 사정 없이 그 의무를 이행하지 아니한 때에는 '국가위임사무의 관리와 집행을 명백히 게을리하고 있다'는 요건을 충족한다고 해석하여야 한다.

④ 지방자치단체의 장이 특정 국가위임사무를 관리·집행할 의무가 있는지 여부에 관하여 주무부장관과 다른 견해를 취하여 이를 이행하고 있지 아니한 사정은 의무불이행의 정당한 이유가 되지 못한다.

⑤ 주무부장관이나 시·도지사는 해당 지방자치단체의 장이 이행명령의 기간에 이행명령을 이행하지 아니하면 그 지방자치단체의 비용부담으로 대집행할 수 있다.

해설

① [O], 지방교육자치에 관한 법률 제3조, 지방자치법 제170조 제1항에 따르면, 교육부장관이 교육감에 대하여 할 수 있는 직무이행명령의 대상사무는 '국가위임사무의 관리와 집행'이다. 그 규정의 문언과 함께 직무이행명령 제도의 취지, 즉 교육감이나 지방자치단체의 장 등, 기관에 위임된 국가사무의 통일적 실현을 강제하고자 하는 점 등을 고려하면, 여기서 국가위임사무란

교육감 등에 위임된 국가사무, 즉 기관위임 국가사무를 뜻한다고 보는 것이 타당하다(대법 2013. 12. 26. 2011추63).

② [×], 해당 지방자치단체의 장에게는 직무이행명령에 대한 이의의 소를 제기할 수 있도록 함으로써, 위임사무의 관리·집행에 관한 양 기관 사이의 분쟁을 대법원의 재판을 통하여 합리적으로 해결하고 사무집행의 적법성과 실효성을 보장하려는 데 있다. 따라서 직무이행명령의 요건 중 '법령의 규정에 따라 지방자치단체의 장에게 특정 국가위임사무나 시·도위임사무를 관리·집행할 의무가 있는지' 여부의 판단대상은 문언대로 법령상 의무의 존부이지, 지방자치단체의 장이 사무의 관리·집행을 하지 아니한 데 합리적 이유가 있는지 여부가 아니다. 법령상 의무의 존부는 원칙적으로 직무이행명령 당시의 사실관계에 관련 법령을 해석·적용하여 판단하되, 직무이행명령 이후의 정황도 고려할 수 있다(대법 2020. 3. 27. 2017추5060).

③ [○], 지방교육자치에 관한 법률 제3조, 지방자치법 제170조 제1항에 따르면, 교육부장관은 교육감이 의무에 속하는 국가위임사무의 관리와 집행을 명백히 게을리하고 있다고 인정되면 교육감에게 이행할 사항을 명할 수 있다.여기서 '국가위임사무의 관리와 집행을 명백히 게을리하고 있다'는 요건은 국가위임사무를 관리·집행할 의무가 성립함을 전제로 하는데, 교육감은 의무에 속한 국가위임사무를 이행하는 것이 원칙이므로, 교육감이 특별한 사정이 없이 의무를 이행하지 아니한 때에는 이를 충족한다(대법 2015. 9. 10. 2013추517).

④ [○], '국가위임사무의 관리와 집행을 명백히 게을리하고 있다'는 요건은 국가위임사무를 관리·집행할 의무가 성립함을 전제로 하는데, 지방자치단체의 장은 그 의무에 속한 국가위임사무를 이행하는 것이 원칙이므로, 지방자치단체의 장이 특별한 사정이 없이 그 의무를 이행하지 아니한 때에는 이를 충족한다고 해석하여야 한다. 여기서 특별한 사정이란, 국가위임사무를 관리·집행할 수 없는 법령상 장애사유 또는 지방자치단체의 재정상 능력이나 여건의 미비, 인력의 부족 등 사실상의 장애사유를 뜻한다고 보아야 하고, 지방자치단체의 장이 특정 국가위임사무를 관리·집행할 의무가 있는지 여부에 관하여 주무부장관과 다른 견해를 취하여 이를 이행하고 있지 아니한 사정은 이에 해당한다고 볼 것이 아니다. 왜냐하면, 직무이행명령에 대한 이의소송은 그와 같은 견해의 대립을 전제로 지방자치단체의 장에게 제소권을 부여하여 성립하는 것이므로, 그 소송의 본안판단에서 그 사정은 더는 고려할 필요가 없기 때문이다(대법 2013. 12. 26. 2011추63).

⑤ [○], 지방자치법 제170조 제1항에 따르면, 주무부장관은 지방자치단체의 장이 그 의무에 속하는 국가위임사무의 관리와 집행을 명백히 게을리하고 있다고 인정되면 해당 지방자치단체의 장에게 이행할 사항을 명할 수 있다. 여기서 '국가위임사무의 관리와 집행을 명백히 게을리하고 있다'는 요건은 국가위임사무를 관리·집행할 의무가 성립함을 전제로 하는데, 지방자치단체의 장은 그 의무에 속한 국가위임사무를 이행하는 것이 원칙이므로, 지방자치단체의 장이 특별한 사정이 없이 그 의무를 이행하지 아니한 때에는 이를 충족한다고 해석하여야 한다(대법 2013. 6. 27. 2009추206).

정답 ②

<지방자치법: 시정명령>

문 15.

(2021 변시10회, 31번)

A도 B시의 단체장인 甲은 불법파업에 참가한 소속 지방공무원 乙을 사무관으로 승진 발령하였다(이하, '승진처분'이라 함). 한편, A도의 도지사 丙은 甲이 乙에 대하여 B시 인사위원회에 불법파업 참가를 이유로 징계의결을 요구하여야 함에도 불구하고 이를 하지 아니한 채 승진시킨 것은 문제가 있다고 판단한다. 이에 관한 설명 중 옳지 <u>않은</u> 것은? (다툼이 있는 경우 판례에 의함)

① 승진처분이 현저히 부당하여 공익을 해한다고 인정되면 丙은 甲에 대하여 서면으로 시정명령을 할 수 있다.

② 丙이 甲에 대하여 승진처분을 시정할 것을 명한 경우, 甲은 丙의 시정명령에 대하여 대법원에 제소할 수 없다.

③ 甲이 丙으로부터 시정명령을 받고 기간 내에 시정하지 아니한 경우, 丙은 승진처분에 재량권의 일탈·남용이 있다면 이를 취소할 수 있다.

④ 丙이 승진처분을 취소한 경우, 甲은 丙의 취소처분에 대하여 행정법원에 제소할 수 없다.

⑤ 丙의 甲에 대한 시정명령의 적용대상은 항고소송의 대상이 되는 행정처분으로 제한되지 않는다.

해설

① [×], 지방자치법 제157조 제1항 전문은 "지방자치단체의 사무에 관한 그 장의 명령이나 처분이 법령에 위반되거나 현저히 부당하여 공익을 해한다고 인정될 때에는 시·도에 대하여는 주무부장관이, 시·군 및 자치구에 대하여는 시·도지사가 기간을 정하여 서면으로 시정을 명하고 그 기간 내에 이행하지 아니할 때에는 이를 취소하거나 정지할 수 있다"고 규정하고 있고, 같은 항 후문은 "이 경우 자치사무에 관한 명령이나 처분에 있어서는 법령에 위반하는 것에 한한다"고 규정하고 있는바, 지방자치법 제157조 제1항 전문 및 후문에서 규정하고 있는 지방자치단체의 사무에 관한 그 장의 명령이나 처분이 법령에 위반되는 경우라 함은 명령이나 처분이 현저히 부당하여 공익을 해하는 경우, 즉 합목적성을 현저히 결하는 경우와 대비되는 개념으로,

시·군·구의 장의 사무의 집행이 명시적인 법령의 규정을 구체적으로 위반한 경우뿐만 아니라 그러한 사무의 집행이 재량권을 일탈·남용하여 위법하게 되는 경우를 포함한다고 할 것이므로, 시·군·구의 장의 자치사무의 일종인 당해 지방자치단체 소속 공무원에 대한 승진처분이 재량권을 일탈·남용하여 위법하게 된 경우 시·도지사는 지방자치법 제157조 제1항 후문에 따라 그에 대한 시정명령이나 취소 또는 정지를 할 수 있다(대법 2007. 3. 22. 2005추62 전원합의체). ★★★

② [○], 지방자치법 제169조 제2항은 '시·군 및 자치구의 자치사무에 관한 지방자치단체의 장의 명령이나 처분에 대하여 시·도지사가 행한 취소 또는 정지'에 대하여 해당 지방자치단체의 장이 대법원에 소를 제기할 수 있다고 규정하고 있을 뿐 '시·도지사가 지방자치법 제169조 제1항에 따라 시·군 및 자치구에 대하여 행한 시정명령'에 대하여도 대법원에 소를 제기할 수 있다고 규정하고 있지 않으므로, 이러한 시정명령의 취소를 구하는 소송은 허용되지 않는다(대법 2017. 10. 12. 2016추5148). ★★

③ [○], 지방자치법 제157조 제1항 전문 및 후문에서 규정하고 있는 지방자치단체의 사무에 관한 그 장의 명령이나 처분이 법령에 위반되는 경우라 함은 명령이나 처분이 현저히 부당하여 공익을 해하는 경우, 즉 합목적성을 현저히 결하는 경우와 대비되는 개념으로, 시·군·구의 장의 사무의 집행이 명시적인 법령의 규정을 구체적으로 위반한 경우뿐만 아니라 그러한 사무의 집행이 재량권을 일탈·남용하여 위법하게 되는 경우를 포함한다고 할 것이므로, 시·군·구의 장의 자치사무의 일종인 당해 지방자치단체 소속 공무원에 대한 승진처분이 재량권을 일탈·남용하여 위법하게 된 경우 시·도지사는 방자치법 제157조 제1항 후문에 따라 그에 대한 시정명령이나 취소 또는 정지를 할 수 있다(대법 2007. 3. 22. 2005추62 전원합의체). ★★★

④ [○], 「지방자치법」 제169조(위법·부당한 명령·처분의 시정) ② 지방자치단체의 장은 제1항에 따른 자치사무에 관한 명령이나 처분의 취소 또는 정지에 대하여 이의가 있으면 그 취소처분 또는 정지처분을 통보받은 날부터 15일 이내에 대법원에 소(訴)를 제기할 수 있다

⑤ [○], 행정소송법상 항고소송은 행정청이 행하는 구체적 사실에 관한 법집행으로서의 공권력의 행사 또는 그 거부와 그 밖에 이에 준하는 행정작용을 대상으로 하여 그 위법상태를 배제함으로써 국민의 권익을 구제함을 목적으로 하는 것과 달리, 지방자치법 제169조 제1항은 지방자치단체의 자치행정 사무처리가 법령 및 공익의 범위 내에서 행해지도록 감독하기 위한 규정이므로 그 적용대상을 항고소송의 대상이 되는 행정처분으로 제한할 이유가 없다(대법 2017. 3. 30. 2016추5087). ★★

정답 ①

제 3 편

공무원법

<공무원법: 임용승진>

문 1.

(2012 변시1회, 30번)

공무원의 임용과 승진에 관한 설명 중 옳은 것은? (다툼이 있는 경우 판례에 의함)

① 공무원법에 규정되어 있는 공무원임용 결격사유는 공무원으로 임용되기 위한 절대적인 소극적 요건이지만, 임용 당시 이러한 결격사유가 있었음에도 임용권자가 과실로 임용결격자임을 밝혀내지 못하였고 임용 후 70일 만에 사면으로 결격사유가 소멸되었다면 그 임용의 하자는 치유된 것이다.

② 공무원관계는 관련 규정에 의한 채용후보자 명부에 등록한 때 설정되는 것이므로 공무원임용 결격사유가 있는지의 여부는 채용후보자 명부에 등록한 당시에 시행되던 법률을 기준으로 하여 판단하여야 한다.

③ 기간제로 임용되어 임용기간이 만료된 국·공립대학의 조교수에 대하여 재임용하지 않기로 결정하고 임용기간이 만료되었다는 취지의 통지를 했더라도, 위 결정 및 통지가 행정소송의 대상이 되는 행정처분이라 할 수 없다.

④ 임용결격사유의 발생 사실을 알지 못하고 직위해제되어 있던 중 임용결격사유가 발생하여 당연퇴직된 자에게 임용권자가 복직처분을 하였다고 하더라도 이로 인해 그 자가 공무원의 신분을 회복하는 것은 아니다.

⑤ 공무원법령에 의하여 시험승진후보자명부에 등재되어 있던 자가 그 명부에서 삭제됨으로써 승진임용의 대상에서 제외된 경우에 이러한 삭제행위는 그 자체가 공무원 승진임용에 관한 권리나 의무를 설정하거나 법률상 이익에 직접적인 변동을 초래하는 별도의 행정처분이 된다.

해설

① [○], 국가공무원법에 규정되어 있는 공무원임용결격사유는 공무원으로 임용되기 위한 절대적인 소극적 요건으로서 공무원관계는 국가공무원법 제38조, 공무원임용령 제11조의 규정에 의한 채용후보자 명부에 등록한 때가 아니라 국가의 임용이 있는 때에 설정되는 것이므로 공무원임용결격사유가 있는지의 여부는 채용후보자 명부에 등록한 때가 아닌 임용당시에 시행되던 법률을 기준으로 하여 판단할 것이며, 임용당시 공무원임용결격사유가 있었다면 비록 국가의 과실에 의하여 임용결격자임을 밝혀내지 못하였다 하더라도 그 임용행위는 당연무효로 보아야 하고(대법 1987. 4. 14. 86누459). ★★★

② [×], 국가공무원법에 규정되어 있는 공무원임용결격사유는 공무원으로 임용되기 위한 절대적인 소극적 요건으로서 공무원관계는 국가공무원법 제38조, 공무원임용령 제11조의 규정에 의한 채용후보자 명부에 등록한 때가 아니라 국가의 임용이 있는 때에 설정되는 것이므로 공무원임용결격사유가 있는지의 여부는 채용후보자 명부에 등록한 때가 아닌 임용당시에 시행되던 법률을 기준으로 하여 판단하여야 한다(대법 1987. 4. 14. 86누459). ★★★

③ [×], 임용기간이 만료되었다는 취지의 통지를 하였다고 하더라도, 위 결정 및 통지가 행정소송의 대상이 되는 행정처분이라고 할 수 없다는 이유로 그 결정 및 통지의 취소를 구하는 이 사건 소를 부적법하다고 하여 각하하였으니, 원심판결에는 기간제 임용교원에 대한 재임용거부행위의 처분성에 관한 법리를 오해하여 판결에 영향을 미친 위법이 있다고 할 것이다(대법 2004. 4. 22. 2000두7735 전원합의체). ★★★

④ [×], 복직처분은 직위해제사유가 소멸되었을 때 직위해제된 공무원에게 국 가공무원법 제73조의2 제2항의 규정에 의하여 다시 직위를 부여하는 처분일 뿐, 이들 처분들이 공무원의 신분을 박탈하거나 설정하는 처분은 아닌 것이므로, 임용권자가 임용결격사유의 발생 사실을 알지 못하고 직위해제되어 있던 중 임용결격사유가 발생하여 당연퇴직된 자에게 복직처분을 하였다고 하더라도 이 때문에 그 자가 공무원의 신분을 회복하는 것은 아니다(대법 1997. 7. 8. 96누4275).

⑤ [×], 시험승진후보자명부에 등재되어 있던 자가 그 명부에서 삭제됨으로써 승진임용의 대상에서 제외되었다 하더라도, 그와 같은 시험승진후보자명부에서의 삭제행위는 결국 그 명부에 등재된 자에 대한 승진 여부를 결정하기 위한 행정청 내부의 준비과정에 불과하고, 그 자체가 어떠한 권리나 의무를 설정하거나 법률상 이익에 직접적인 변동을 초래하는 별도의 행정처분이 된다고 할 수 없다(대법 1997. 11. 14. 99누7325).

정답 ①

<공무원법: 신분>

문 2.

(2016 변시5회, 33번)

공무원의 신분에 관한 설명 중 옳지 않은 것은? (다툼이 있는 경우 판례에 의함)

① 임용 당시 공무원임용 결격사유가 있었다면 비록 임용권자의 과실에 의하여 임용 결격자임을 밝혀내지 못하였다 하더라도 그 임용행위는 당연무효이다.

② 지방공무원의 동의 없는 전출명령은 위법하여 취소되어야 하므로, 전출명령이 적법함을 전제로 내린 당해 지방공무원에 대한 징계처분은 징계양정에 있어 재량권을 일탈하여 위법하다.

③ 직위해제처분은 공무원에 대한 불이익한 처분이기 때문에 동일한 사유에 대하여 직위해제처분이 있은 후 다시 해임처분이 있었다면 일사부재리의 법리에 위반된다.

④ 국가공무원이 그 법정 연가일수의 범위 내에서 연가를 신청하였다고 할지라도 그에 대한 소속 행정기관장의 허가가 있기 이전에 근무지를 이탈한 행위는 특단의 사정이 없는 한 「국가공무원법」에 위반되는 행위로서 징계사유가 된다.

⑤ 행정규칙에 의한 '불문경고조치'는 법률상의 징계처분은 아니지만, 이로 인하여 차후 다른 징계처분이나 경고를 받게 될 경우 징계감경사유로 사용될 수 있었던 표창공적의 사용가능성이 소멸되는 등의 효과가 있으면 항고소송의 대상이 되는 행정처분에 해당한다.

해설

① [○], 경찰공무원법에 규정되어 있는 경찰관임용 결격사유는 경찰관으로 임용되기 위한 절대적인 소극적 요건으로서 임용 당시 경찰관임용 결격사유가 있었다면 비록 임용권자의 과실에 의하여 임용결격자임을 밝혀내지 못하였다 하더라도 그 임용행위는 당연무효로 보아야 할 것이다(대법 2005. 7. 28. 2003두469).

② [○], 당해 공무원의 동의 없는 지방공무원법 제29조의3의 규정에 의한 전출명령은 위법하여 취소되어야 하므로, 그 전출명령이 적법함을 전제로 내린 징계처분은 그 전출명령이 공정력에 의하여 취소되기 전까지는 유효하다고 하더라도 징계양정에 있어 재량권을 일탈하여 위법하다고 한 사례(대법 2001. 12. 11. 99두1823). ★★

③ [×], 직위해제처분은 공무원에 대하여 불이익한 처분이긴 하나 징계처분과 같은 성질의 처분이라고는 볼 수 없으므로 동일한 사유에 대한 직위해제처분이 있은 후 다시 해임처분이 있었다 하여 일사부재리의 법리에 어긋난다고 할 수 없다(대법 1984. 2. 28. 83누489).

④ [○], 공무원이 법정연가일수의 범위내에서 연가신청을 하였고 그와 같은 연가신청에 대하여 행정기관의 장은 공무수행상 특별한 지장이 없는 한 이를 허가하여야 한다고 되어 있더라도 그 연가신청에 대한 허가도 있기 전에 근무지를 이탈한 행위는 지방공무원법 제50조 제1항에 위반되는 행위로서 징계사유가 된다(대법 1987. 12. 8. 87누657, 87누658).

⑤ [○], 행정규칙에 의한 '불문경고조치'가 비록 법률상의 징계처분은 아니지만 위 처분을 받지 아니하였다면 차후 다른 징계처분이나 경고를 받게 될 경우 징계감경사유로 사용될 수 있었던 표창공적의 사용가능성을 소멸시키는 효과와 1년 동안 인사기록카드에 등재됨으로써 그 동안은 장관표창이나 도지사표창 대상자에서 제외시키는 효과 등이 있다는 이유로 항고소송의 대상이 되는 행정처분에 해당한다고 한 사례(대법 2002. 7. 26. 2001두3532).

정답 ③

<공무원법: 임용결격, 당연퇴직>

문 3.

(2017 변시6회, 26번)

甲은 「지방공무원법」 제31조에 정한 공무원 임용결격사유가 있는 자임에도 불구하고 지방공무원으로 임용되어 25년간 큰 잘못없이 근무하다가 위 사실이 발각되어 임용권자로부터 당연퇴직통보를 받았다. 「지방공무원법」 제61조는 같은 법 제31조의 임용결격사유를 당연퇴직사유로 규정하고 있다. 이에 관한 설명 중 옳은 것은? (다툼이 있는 경우 판례에 의함)

① 甲의 부정행위가 없는 한 甲에 대한 임용행위는 취소할 수 있는 행위일 뿐 당연무효인 행위는 아니다.
② 임용 당시 임용권자의 과실로 임용결격자임을 밝혀내지 못한 경우에는 甲에 대한 임용행위는 유효하다.
③ 甲이 공무원으로 사실상 근무 중 甲의 임용결격사유가 해소된 경우에는 甲의 공무원으로서의 신분이 그 때부터 당연히 인정된다.
④ 甲이 새로이 공무원으로 특별임용된 경우, 甲이 특별임용되기 이전에 사실상 공무원으로 계속 근무하여 온 과거의 재직기간은 「공무원연금법」상의 재직기간에 합산될 수 없다.
⑤ 甲에 대한 당연퇴직의 통보는 취소소송의 대상이 되는 행정처분이다.

해설

① [×], 국가가 공무원임용결격사유가 있는 자에 대하여 결격사유가 있는 것을 알지 못하고 공무원으로 임용하였다가 사후에 결격사유가 있는 자임을 발견하고 공무원 임용행위를 취소하는 것은 당사자에게 원래의 임용행위가 당초부터 당연무효이었음을 통지하여 확인시켜 주는 행위에 지나지 아니하는 것이므로, 그러한 의미에서 당초의 임용처분을 취소함에 있어서는 신의칙 내지 신뢰의 원칙을 적용할 수 없고 또 그러한 의미의 취소권은 시효로 소멸하는 것도 아니다(대법 1987. 4. 14. 86누459). ★★★

② [×], 임용당시 공무원임용결격사유가 있었다면 비록 국가의 과실에 의하여 임용결격자임을 밝혀내지 못하였다 하더라도 그 임용행위는 당연무효로 보아야 한다(대법 1987. 4. 14. 86누459). ★★★

③ [×], 공무원연금법에 의한 퇴직급여 등은 적법한 공무원으로서의 신분을 취득하여 근무하다가 퇴직하는 경우에 지급되는 것이고, 당연무효인 임용결격자에 대한 임용행위에 의하여 공무원의 신분을 취득할 수는 없으므로, 임용결격자가 공무원으로 임용되어 사실상 근무하여 왔다고 하더라도 적법한 공무원으로서의 신분을 취득하지 못한 자로서는 공무원연금법 소정의 퇴직급여 등을 청구할 수 없으며, 나아가 임용결격사유가 소멸된 후에 계속 근무하여 왔다고 하더라도 그때부터 무효인 임용행위가 유효로 되어 적법한 공무원의 신분을 회복하고 퇴직급여 등을 청구할 수 있다고 볼 수는 없다(대법 1996. 2. 27. 95누9617).

④ [○], 공무원연금법에 의한 퇴직급여 등은 적법한 공무원으로서의 신분을 취득하여 근무하다가 퇴직하는 경우에 지급되는 것이고, 임용 당시 공무원임용결격사유가 있었다면 그 임용행위는 당연무효이며, 당연무효인 임용행위에 의하여 공무원의 신분을 취득할 수는 없으므로 임용결격자가 공무원으로 임용되어 사실상 근무하여 왔다고 하더라도 적법한 공무원으로서의 신분을 취득하지 못한 자로서는 공무원연금법 소정의 퇴직급여 등을 청구할 수 없고, 또 당연퇴직사유에 해당되어 공무원으로서의 신분을 상실한 자가 그 이후 사실상 공무원으로 계속 근무하여 왔다고 하더라도 당연퇴직 후의 사실상의 근무기간은 공무원연금법상의 재직기간에 합산될 수 없다(대법 2003. 5. 16. 2001다61012).

⑤ [×], 행정청의 복직 또는 재임용거부행위는 항고소송의 대상이 되는 행정처분에 해당한다고 할 수 없으므로 그 취소를 구하는 소는 부적법하다고 할 것이다(대법 2006. 3. 10. 2005두562).

정답 ④

<공무원법: 신분과 권리>

문 4.

(2019 변시8회, 37번)

공무원의 신분과 권리에 관한 설명 중 옳지 않은 것은? (다툼이 있는 경우 판례에 의함)

① 국가공무원이 당연퇴직 사유에 해당하는 금고 이상의 형의 집행유예를 선고받은 후 그 선고가 실효되거나 취소됨이 없이 유예기간을 경과하여 형의 선고의 효력을 잃게 되었다 하더라도 이미 발생한 당연퇴직의 효력에는 영향이 없다.

② 당연무효인 임용결격자에 대한 임용행위에 의하여는 공무원의 신분을 취득하거나 근로고용관계가 성립될 수 없는 것이므로 임용결격자가 공무원으로 임명되어 사실상 근무하여 왔다 하더라도 퇴직금 청구를 할 수 없다.

③ 학력요건을 갖추지 못한 甲이 허위의 고등학교 졸업증명서를 제출하여 하사관에 지원했다는 이유로 하사관 임용일로부터 30년이 지나서 한 임용취소처분은 적법하며, 甲이 위 처분에 불복하여 신뢰이익을 원용할 수 없음은 물론 행정청이 이를 고려하지 아니하였다고 하여도 재량권의 남용이 되지 않는다.

④ 진급예정자 명단에 포함된 자에 대하여 진급선발을 취소하는 처분은 진급예정자로서 가지는 이익을 침해하는 처분이어서 「행정절차법」상의 의견제출 기회 등을 주어야 하며, 수사과정 및 징계과정에서 자신의 비위행위에 대한 해명기회를 가졌다는 사정만으로 사전통지를 하지 않거나 의견제출의 기회를 주지 아니하여도 되는 예외적인 경우에 해당한다고 할 수 없다.

⑤ 퇴직연금수급권의 기초가 되는 급여의 사유가 이미 발생한 후에 장래 이행기가 도래하는 퇴직연금수급권의 내용을 변경하는 것은 이미 완성 또는 종료된 과거 사실 또는 법률관계에 새로운 법률을 소급적으로 적용하여 과거를 법적으로 새로이 평가하는 것이어서 소급입법에 의한 재산권 침해가 된다.

해설

① [○], 구 국가공무원법 제69조에서 규정하고 있는 당연퇴직제도는 같은 법 제33조 제1항 각 호에 규정되어 있는 결격사유가 발생하는 것 자체에 의하여 임용권자의 의사표시 없이 결격사유에 해당하게 된 시점에 당연히 그 공무원으로서의 신분을 상실하게 하는 것이고, 당연퇴직의 효력이 생긴 후에 당연퇴직사유가 소멸한다는 것은 있을 수 없으므로, 국가공무원이 금고 이상의 형의 집행유예를 받은 경우에는 그 이후 「형법」 제65조에 따라 형의 선고의 효력을 잃게 되었다 하더라도 이미 발생한 당연퇴직의 효력에는 영향이 없다(대법 2011. 3. 24. 2009다27605).

② [○], 공무원연금법이나 근로기준법에 의한 퇴직금은 적법한 공무원으로서의 신분취득 또는 근로고용관계가 성립되어 근무하다가 퇴직하는 경우에 지급되는 것이고, 당연무효인 임용결격자에 대한 임용행위에 의하여서는 공무원의 신분을 취득하거나 근로고용관계가 성립될 수 없는 것이므로 임용결격자가 공무원으로 임용되어 사실상 근무하여 왔다고 하더라도 그러한 피임용자는 위 법률소정의 퇴직금청구를 할 수 없다(대법 1987. 4. 14. 86누459). ★★★

③ [○], 행정처분에 하자가 있음을 이유로 처분청이 이를 취소하는 경우에도 그 처분이 국민에게 권리나 이익을 부여하는 처분인 때에는 그 처분을 취소하여야 할 공익상의 필요와 그 취소로 인하여 당사자가 입게 될 불이익을 비교교량한 후 공익상의 필요가 당사자가 입을 불이익을 정당화할 만큼 강한 경우에 한하여 취소할 수 있는 것이지만, 그 처분의 하자가 당사자의 사실은폐나 기타 사위의 방법에 의한 신청행위에 기인한 것이라면 당사자는 그 처분에 의한 이익이 위법하게 취득되었음을 알아 그 취소가능성도 예상하고 있었다고 할 것이므로 그 자신이 위 처분에 관한 신뢰이익을 원용할 수 없음은 물론 행정청이 이를 고려하지 아니하였다고 하여도 재량권의 남용이 되지 않는다(대법 2002. 2. 5. 2001두5286). ★★

④ [○], 행정청이 침해적 행정처분을 하면서 당사자에게 위와 같은 사전통지를 하거나 의견제출의 기회를 주지 아니하였다면 사전통지를 하지 않거나 의견제출의 기회를 주지 아니하여도 되는 예외적인 경우에 해당하지 아니하는 한 그 처분은 위법하여 취소를 면할 수 없다(대법 2007. 9. 21. 2006두20631). ★★

⑤ [×], 급여제한처분은 퇴직연금수급권의 기초가 되는 급여의 사유가 이미 발생한 후에 그 퇴직연금수급권을 대상으로 하는 것이기는 하지만, 이 사건 급여환수처분과는 달리 신법이 발효되기 이전의 법률관계 즉, 이미 발생하여 이행기에 도달한 퇴직연금수급권의 내용을 변경함이 없이 단지 신법이 발효된 이후의 법률관계 즉, 장래 이행기가 도래하는 퇴직연금수급권의 내용만을 변경하는 것에 불과하여, 이미 완성 또는 종료된 과거의 사실 또는 법률관계에 새로운 법률을 소급적으로 적용하여 과거를 법적으로 새로이 평가하는 것이 아니므로 소급입법에 의한 재산권 침해는 문제 되지 아니한다(대법 2014. 4. 24. 2013두26552).

정답 ⑤

제 4 편

경찰행정법

제 5 편

공물법 · 영조물법 · 공기업법

<공물법>

문 1.

(2014 변시3회, 35번)

공물과 관련된 설명 중 옳지 않은 것은? (다툼이 있는 경우 판례에 의함)

① 공물의 인접주민은 다른 일반인보다 인접공물의 일반사용에 있어 특별한 이해관계를 가지는 경우가 있고, 그러한 의미에서 다른 사람에게 인정되지 아니하는 이른바 고양된 일반사용권이 보장될 수 있다.

② 행정목적을 위하여 공용되는 행정재산은 공용폐지가 되지 않는 한 사법상 거래의 대상이 될 수 없으므로 취득시효의 대상도 되지 않는 것이고, 공물의 용도폐지 의사표시는 명시적이든 묵시적이든 불문하나 적법한 의사표시여야 한다.

③ 국유재산법상 행정재산에 대해서도 사권설정이 인정될 수 있으므로 이에 대한 강제집행이 가능하다.

④ 하천의 점용허가권은 특허에 의한 공물사용권의 일종으로서 하천의 관리주체에 대하여 일정한 특별사용을 청구할 수 있는 채권에 지나지 아니하고 대세적 효력이 있는 물권이라 할 수 없다.

⑤ 지방자치단체가 개인 소유의 부동산을 매수한 후 유지를 조성하여 공용개시를 하였다고 하더라도 법률의 규정에 의하여 등기를 거칠 필요 없이 부동산의 소유권을 취득하는 특별한 경우가 아닌 한 부동산에 대한 소유권이전등기를 거치기 전에는 소유권을 취득할 수 없는 것이므로 이를 지방자치단체 소유의 공공용물이라고 볼 수 없다.

해설

① [○], 공물의 인접주민은 다른 일반인보다 그 인접공물의 일반사용에 있어서 특별한 이해관계를 가지는 경우가 있고, 그러한 의미에서 다른 사람에게 인정되지 아니하는 이른바 고양된 일반사용권이 보장될 수 있으며, 이러한 고양된 일반사용권이 침해된 경우 다른 개인과의 관계에서 민법상으로도 보호될 수 있으나, 그러한 권리도 공물의 일반사용의 범위 안에서 인정되는 것이므로, 특정인에게 어느 범위에서 이른바 고양된 일반사용권으로서의 권리가 인정될 수 있는지의 여부는 당해 공물의 목적과 효용, 일반사용관계, 고양된 일반사용권을 주장하는 자의 법률상의 지위와 당해 공물의 사용관계의 인접성, 특수성 등을 종합적으로 고려하여 판단하여야 할 것이지만, 구체적으로 그 공물을 사용하지 않고 있는 이상 그 공물의 인접주민이라는 사정만으로는 그러한 권리관계가 인정될 수 없다(대법 2006. 12. 22. 2004다68311, 68328).

② [○], 행정 목적을 위하여 공용되는 행정재산은 공용폐지가 되지 않는 한 사법상 거래의 대상이 될 수 없으므로 취득시효의 대상도 되지 않는 것이고, 공물의 용도폐지 의사표시는 명시적이든, 묵시적이든 불문하나 적법한 의사표시여야 하고 단지 사실상 공물로서의 용도에 사용되지 아니하고 있다는 사실만으로 용도폐지의 의사표시가 있다고 볼 수는 없는 것이다(대법 1995. 12. 22. 95다19478).

③ [×], 현행 국유재산법은 위와 같은 제한없이 모든 국유재산에 대하여 행정대집행법을 준용할 수 있도록 규정하였으므로, 행정청은 당해재산이 행정재산 등 공용재산인 여부나 그 철거의무가 공법상의 의무인 여부에 관계없이 대집행을 할 수 있으며, 이는 국유재산법 제25조 및 제38조가 사법상 권리관계인 국유재산의 사용료 또는 대부료 체납에 관하여도 국세징수법 중 체납처분에 관한 규정을 준용하여 징수할 수 있도록 규정한 것과도 그 궤를 같이하는 것이다(대법 1992. 9. 8. 91누13090).

④ [○], 하천의 점용허가권은 특허에 의한 공물사용권의 일종으로서 하천의 관리주체에 대하여 일정한 특별사용을 청구할 수 있는 채권에 지나지 아니하고 대세적 효력이 있는 물권이라 할 수 없다(대법 2015. 1. 29. 2012두27404). ★★

⑤ [○], 지방자치단체가 개인 소유의 부동산을 매수한 후 유지를 조성하여 공용개시를 하였다고 하더라도 법률의 규정에 의하여 등기를 거칠 필요 없이 그 부동산의 소유권을 취득하는 특별한 경우가 아닌 한 그 부동산에 대한 소유권이전등기를 거치기 전에는 그 소유권을 취득할 수는 없는 것이므로 이를 지방자치단체소유의 공공용물 이라고 볼 수는 없는 것이다(대법 1992. 11. 24. 92다26574).

정답 ③

〈공물법〉

문 2.

(2013 변시2회, 29번)

공물에 관한 다음 설명 중 판례의 입장에 부합하는 것을 모두 고른 것은?

ㄱ. 도로를 일반적으로 이용하는 사람은 원칙적으로 도로의 용도폐지를 다툴 법률상의 이익이 없다.
ㄴ. 공용폐지의 의사표시는 묵시적인 방법으로도 가능한바, 행정재산이 본래의 용도에 제공되지 않는 상태에 있다면 그 자체로 묵시적인 공용폐지의 의사표시가 있다고 보아야 한다.
ㄷ. 행정재산이 공용폐지되어 시효취득의 대상이 된다는 점에 대한 증명책임은 시효취득을 주장하는 자에게 있다.
ㄹ. 도로의 지표뿐만 아니라 지하도 도로법상의 도로점용의 대상이 된다.
ㅁ. 공유재산의 관리청이 행정재산의 사용·수익에 대한 허가를 하는 것은 사경제주체로서 행하는 사법(私法)상의 행위이다.

① ㄱ, ㄷ
② ㄱ, ㄹ
③ ㄷ, ㄹ
④ ㄱ, ㄴ, ㅁ
⑤ ㄱ, ㄷ, ㄹ

해설

ㄱ. [○], 일반적으로 도로는 국가나 지방자치단체가 직접 공중의 통행에 제공하는 것으로서 일반 국민은 이를 자유로이 이용할 수 있는 것이기는 하나, 그렇다고 하여 그 이용관계로부터 당연히 그 도로에 관하여 특정한 권리나 법령에 의하여 보호되는 이익이 개인에게 부여되는 것이라고 까지는 말할 수 없으므로, 일반적인 시민생활에 있어 도로를 이용만 하는 사람은 그 용도폐지를 다툴 법률상의 이익이 있다고 말할 수는 없다(대법 1992. 9. 22. 91누13212).

ㄴ. [×], 행정재산이 기능을 상실하여 본래의 용도에 제공되지 않는 상태에 있다 하더라도 관계 법령에 의하여 용도폐지가 되지 아니한 이상 당연히 취득시효의 대상이 되는 일반재산이 되는 것은 아니고, 공용폐지의 의사표시는 묵시적인 방법으로도 가능하나 행정재산이 본래의 용도에 제공되지 않는 상태에 있다는 사정만으로는 묵시적인 공용폐지의 의사표시가 있다고 볼 수도 없다(대법 2010. 11. 25. 2010다58957).

ㄷ. [○], 공용폐지의 의사표시는 명시적이든 묵시적이든 상관없으나 적법한 의사표시가 있어야 하며, 행정재산이 사실상 본래의 용도에 사용되고 있지 않다는 사실만으로 공용폐지의 의사표시가 있었다고 볼 수 없고, 원래의 행정재산이 공용폐지되어 취득시효의 대상이 된다는 입증책임은 시효취득을 주장하는 자에게 있다(대법 1997. 8. 22. 96다10737). ★★

ㄹ. [○], 도로법 제40조에 규정된 도로의 점용이라 함은 일반공중의 교통에 공용되는 도로에 대하여 이러한 일반사용과는 별도로 도로의 지표뿐만 아니라 그 지하나 지상 공간의 특정 부분을 유형적, 고정적으로 특정한 목적을 위하여 사용하는 이른바 특별사용을 뜻하는 것이므로, 허가 없이 도로를 점용하는 행위의 내용이 위와 같은 특별사용에 해당할 경우에 한하여 도로법 제80조의2의 규정에 따라 도로점용료 상당의 부당이득금을 징수할 수 있다(대법 1998. 9. 22. 96누7342). ★★

ㅁ. [×], 공유재산의 관리청이 하는 행정재산의 사용·수익에 대한 허가는 순전히 사경제주체로서 행하는 사법상의 행위가 아니라 관리청이 공권력을 가진 우월적 지위에서 행하는 행정처분이라고 보아야 할 것인바(대법 2001. 6. 15. 99두509). ★★★

정답 ⑤

<공물법: 공물의 성립과 소멸>

문 3.

(2016 변시5회, 40번)

공물의 성립과 소멸에 관한 설명 중 옳지 <u>않은</u> 것은? (다툼이 있는 경우 판례에 의함)

① 도로구역의 결정·고시는 있었지만 아직 도로의 형태를 갖추지는 못한 국유토지도 그 토지를 포함한 일단의 토지에 대하여 도로확장공사 실시계획이 수립되어 일부 공사가 진행 중인 경우에는 시효취득의 대상이 될 수 없다.

② 토지의 지목이 도로이고 국유재산대장에 등재되어 있다는 사정만으로 바로 그 토지가 도로로서 행정재산에 해당한다고 할 수는 없다.

③ 공유수면의 일부가 매립되어 사실상 대지화되었다고 하면, 관리청이 공용폐지를 하지 아니하더라도 법적으로 더 이상 공유수면으로서의 성질을 보유하지 못한다.

④ 관리청이 착오로 행정재산을 다른 재산과 교환하였더라도 그러한 사정만으로 적법한 공용폐지의 의사표시가 있다고 볼 수 없다.

⑤ 행정재산이 공용폐지되어 시효취득의 대상이 된다는 입증책임은 시효취득을 주장하는 자에게 있다.

해설

① [○], 원심으로서는 이 사건 토지 중 피고가 위 도로확장사업의 사업시행지에 포함시켜 그 도시계획사업실시계획의 인가를 신청하고 원고에게 매매계약체결을 요구하며 손실보상금을 수령할 것을 통보한 241㎡ 부분을 특정하여 그 부분 토지에 대한 피고의 시효취득 주장을 배척하였어야 함에도 불구하고, 원심은 이 사건 토지 전체에 대한 피고의 자주점유의 추정이 유지된다는 전제 하에 피고가 이 사건 토지 전체를 시효취득하였다고 판단하였으니, 원심에는 자주점유 추정에 관한 법리를 오해하여 판결에 영향을 미친 위법이 있다 할 것이다(대법 1997. 3. 14. 96다55211).

② [○], 도로는 도로로서의 형태를 갖추고 도로법에 따른 노선의 지정 또는 인정의 공고 및 도로구역 결정·고시를 한 때 또는 도시계획법 또는 도시재개발법에서 정한 절차를 거쳐 도로를 설치하였을 때에 공공용물로서 공용개시행위가 있으므로, 토지의 지목이 도로이고 국유재산대장에 등재되어 있다는 사정만으로 바로 토지가 도로로서 행정재산에 해당한다고 할 수는 없다(대법 2016. 5. 12. 2015다255524).

③ [×], 오랫동안 도로로서 사용되지 않는 토지가 일부에 건물이 세워져 있으며 그 주위에 담이 둘러져 있어 사실상 대지화되어 있다고 하더라도 관리청의 적법한 의사표시에 의한 것이 아니라 그 인접토지의 소유자들이 임의로 토지를 봉쇄하고 독점적으로 사용해 왔기 때문이라면, 관리청이 묵시적으로 토지의도로로서의 용도를 폐지하였다고 볼 수는 없다고 한 사례(대법 1994. 9. 13. 94다12579).

④ [○], 공용폐지의 의사표시는 묵시적인 방법으로도 가능하나 행정재산이 본래의 용도에 제공되지 않는 상태에 있다는 사정만으로는 묵시적인 공용폐지의 의사표시가 있다고 볼 수 없으며, 또한 공용폐지의 의사표시는 적법한 것이어야 하는바, 행정재산은 공용폐지가 되지 아니한 상태에서는 사법상 거래의 대상이 될 수 없으므로 관재당국이 착오로 행정재산을 다른 재산과 교환하였다 하여 그러한 사정만으로 적법한 공용폐지의 의사표시가 있다고 볼 수도 없다(대법 1998. 11. 10. 98다42974).

⑤ [○], 공용폐지의 의사표시는 명시적이든 묵시적이든 상관없으나 적법한 의사표시가 있어야 하며, 행정재산이 사실상 본래의 용도에 사용되고 있지 않다는 사실만으로 공용폐지의 의사표시가 있었다고 볼 수 없고, 원래의 행정재산이 공용폐지되어 취득시효의 대상이 된다는 입증책임은 시효취득을 주장하는 자에게 있다(대법 1997. 8. 22. 96다10737). ★★

정답 ③

<공물법: 공물사용(공유수면)>

문 4.

(2018 변시7회, 31번)

甲은 공유수면에 주차장 부지 조성을 목적으로, 관할 시장으로부터 허가 기간을 3년으로 하는 공유수면 점용·사용허가를 받아 이를 매립하여 주차장 부지를 조성하였다. 이후 甲이 기간만료 전에 연장신청을 하였으나, 관할 시장은 아무런 응답을 하지 않다가 기간만료 후에 甲에 대해 공유수면 점용·사용허가 기간이 만료되었음을 이유로 원상회복명령을 하였다. 이에 관한 설명 중 옳지 않은 것은? (다툼이 있는 경우 판례에 의함)

① 甲에 대한 공유수면 점용·사용허가는 특정인에게 공유수면 이용권이라는 독점적 권리를 설정하여 주는 처분이다.

② 甲이 받은 공유수면 점용·사용허가 기간이 그 사업의 성질상 부당하게 짧다고 인정되면 허가는 기간만료로 당연히 실효되는 것이 아니다.

③ 공유수면 점용·사용허가로 인하여 인접한 토지를 적정하게 이용할 수 없게 되는 등의 피해를 받을 우려가 있는 인접 토지 소유자 등은 공유수면 점용·사용허가 처분의 취소소송 또는 무효등확인소송의 원고적격이 인정된다.

④ 甲이 원상회복명령에 대해 이의제기를 하지 않아서 불가쟁력이 발생한 이후에도 관할 시장은 이 명령에 하자가 있음을 이유로 직권으로 효력을 소멸시킬 수 있다.

⑤ 관할 시장의 원상회복명령이 쟁송제기기간의 경과로 확정된 이후에는 당사자들이나 법원은 그 처분의 기초가 된 사실관계나 법률적 판단에 기속되어 모순되는 주장이나 판단을 할 수 없다.

해설

① [○], 원공유수면 관리 및 매립에 관한 법률에 따른 공유수면의 점용·사용허가는 특정인에게 공유수면 이용권이라는 독점적 권리를 설정하여 주는 처분으로서 처분 여부 및 내용의 결정은 원칙적으로 행정청의 재량에 속하고, 이와 같은 재량처분에 있어서는 재량권 행사의 기초가 되는 사실인정에 오류가 있거나 그에 대한 법령적용에 잘못이 없는 한 처분이 위법하다고 할 수 없다(대법 2017. 4. 28. 2017두30139).

② [○], 일반적으로 행정처분에 효력기간이 정하여져 있는 경우에는 그 기간의 경과로 그 행정처분의 효력은 상실되고, 다만 허가에 붙은 기한이 그 허가된 사업의 성질상 부당하게 짧은 경우에는 이를 그 허가 자체의 존속기간이 아니라 그 허가조건의 존속기간으로 보아 그 기한이 도래함으로써 그 조건의 개정을 고려한다는 뜻으로 해석할 수는 있지만, 그와 같은 경우라 하더라도 그 허가기간이 연장되기 위하여는 특별한 사정이 없는 한, 그 종기(종기)가 도래하기 전에 그 허가기간의 연장에 관한 신청이 있어야 하며, 만일 그러한 연장신청이 없는 상태에서 허가기간이 만료하였다면 그 허가의 효력은 상실된다고 보아야 한다(대법 2005. 10. 11. 2005두12404).

③ [○], 공유수면법의 관련 규정 및 입법 취지 등을 앞에서 본 원고적격에 관한 법리에 비추어 보면, 공유수면법 제12조 및 공유수면법 시행령 제12조 제1항, 제4항의 취지는 공유수면 점용·사용허가로 인하여 인접한 토지를 적정하게 이용할 수 없게 되는 등의 피해를 받을 우려가 있는 인접 토지 소유자 등의 개별적·직접적·구체적 이익까지도 보호하려는 것이라고 할 수 있고, 따라서 공유수면 점용·사용허가로 인하여 인접한 토지를 적정하게 이용할 수 없게 되는 등의 피해를 받을 우려가 있는 인접 토지 소유자 등은 공유수면 점용·사용허가처분의 취소 또는 무효확인을 구할 원고적격이 인정된다(대법 2014. 9. 4. 2014두2164). ★★

④ [○], 제소기간이 이미 도과하여 불가쟁력이 생긴 행정처분에 대하여는 개별 법규에서 그 변경을 요구할 신청권을 규정하고 있거나 관계 법령의 해석상 그러한 신청권이 인정될 수 있는 등 특별한 사정이 없는 한 국민에게 그 행정처분의 변경을 구할 신청권이 있다 할 수 없다(대법 2007. 4. 26. 2005두11104). ★★

⑤ [×], 일반적으로 행정처분이나 행정심판 재결이 불복기간의 경과로 인하여 확정될 경우 그 확정력은, 그 처분으로 인하여 법률상 이익을 침해받은 자가 당해 처분이나 재결의 효력을 더 이상 다툴 수 없다는 의미일 뿐, 더 나아가 판결에 있어서와 같은 기판력이 인정되는 것은 아니어서 그 처분의 기초가 된 사실관계나 법률적 판단이 확정되고 당사자들이나 법원이 이에 기속되어 모순되는 주장이나 판단을 할 수 없게 되는 것은 아니라고 할 것이다(대법 2004. 7. 8. 2002두11288). ★★

정답 ⑤

<공물법: 공용사용>

문 5.

(2022 변시11회, 27번)

공물의 사용관계에 관한 설명 중 옳지 않은 것은? (다툼이 있는 경우 판례에 의함)

① 「도로법」상 도로의 점용은 도로의 지표뿐만 아니라 그 지하나 지상공간의 특정 부분을 유형적, 고정적으로 특정한 목적을 위하여 사용하는 특별사용이다.

② 지목이 도로이고 국유재산대장에 등재되어 있다는 사정만으로 곧바로 해당 토지가 도로로서 행정재산에 해당한다고 할 수는 없다.

③ 「하천법」에 의한 하천수 사용권은 특허에 의한 공물사용권의 일종이다.

④ 하천의 점용허가권은 특허에 의한 공물사용권의 일종이고 하천의 관리주체에 대하여 일정한 특별사용을 청구할 수 있는 권리로서 대세적 효력이 있는 물권이라고 할 수 있다.

⑤ 도로를 고의로 무단점용한 자에 대하여 도로의 관리청은 그 도로부지의 소유권 취득 여부와는 관계없이 변상금을 부과할 수 있다.

해설

① [○], 도로법 제40조에 규정된 도로의 점용이라 함은 일반공중의 교통에 공용되는 도로에 대하여 이러한 일반사용과는 별도로 도로의 지표뿐만 아니라 그 지하나 지상 공간의 특정 부분을 유형적, 고정적으로 특정한 목적을 위하여 사용하는 이른바 특별사용을 뜻하는 것이므로, 허가 없이 도로를 점용하는 행위의 내용이 위와 같은 특별사용에 해당할 경우에 한하여 도로법 제80조의2의 규정에 따라 도로점용료 상당의 부당이득금을 징수할 수 있다(대법 1998. 9. 22. 96누7342). ★★

② [○], 도로와 같은 인공적 공공용 재산은 법령에 의하여 지정되거나 행정처분으로써 공공용으로 사용하기로 결정한 경우, 또는 행정재산으로 실제로 사용하는 경우의 어느 하나에 해당하여야 행정재산으로 되는 것이므로, 토지의 지목이 도로이고 국유재산대장에 등재되어 있다는 사정만으로는 바로 그 토지가 도로로서 행정재산에 해당한다고 판단할 수는 없다(대법 1996. 1. 26. 95다24654).

③ [○], 하천법 제5조, 제33조 제1항, 제50조, 부칙(2007. 4. 6.) 제9조의 규정 내용과 구 하천법(1999. 2. 8. 법률 제5893호로 전부 개정되기 전의 것) 제25조 제1항 제1호, 구 하천법(2007. 4. 6. 법률 제8338호로 전부 개정되기 전의 것) 제33조 제1항 제1호의 개정 경위 등에 비추어 볼 때, 하천법 제50조에 의한 하천수 사용권(2007. 4. 6. 하천법 개정 이전에 종전의 규정에 따라 유수의 점용·사용을 위한 관리청의 허가를 받음으로써 2007. 4. 6. 개정 하천법 부칙 제9조에 따라 현행 하천법 제50조에 의한 하천수 사용허가를 받은 것으로 보는 경우를 포함한다. 이하 같다)은 하천법 제33조에 의한 하천의 점용허가에 따라 해당 하천을 점용할 수 있는 권리와 마찬가지로 특허에 의한 공물사용권의 일종으로서, 양도가 가능하고 이에 대한 민사집행법상의 집행 역시 가능한 독립된 재산적 가치가 있는 구체적인 권리라고 보아야 한다. 따라서 하천법 제50조에 의한 하천수 사용권은 공익사업을 위한 토지 등의 취득 및 보상에 관한 법률 제76조 제1항이 손실보상의 대상으로 규정하고 있는 '물의 사용에 관한 권리'에 해당한다(대법 2018. 12. 27. 2014두11601). ★★

④ [×], 하천의 점용허가권은 특허에 의한 공물사용권의 일종으로서 하천의 관리주체에 대하여 일정한 특별사용을 청구할 수 있는 채권에 지나지 아니하고 대세적 효력이 있는 물권이라 할 수 없다(대법 2015. 1. 29. 2012두27404). ★★

⑤ [○], 도로법의 제반 규정에 비추어 보면, 같은 법 제80조의2의 규정에 의한 변상금 부과권한은 적정한 도로관리를 위하여 도로의 관리청에게 부여된 권한이라 할 것이지 도로부지의 소유권에 기한 권한이라고 할 수 없으므로, 도로의 관리청은 도로부지에 대한 소유권을 취득하였는지 여부와는 관계없이 도로를 무단점용하는 자에 대하여 변상금을 부과할 수 있다.

정답 ④

제 6 편

공용부담법

<공용수용>

문 1.

(2017 변시6회, 27번)

공용수용 및 손실보상에 관한 설명 중 옳지 않은 것은? (다툼이 있는 경우 판례에 의함)

① 국가 등의 공적 기관이 직접 수용의 주체가 되는 것이든 그러한 공적 기관의 최종적인 허부판단과 승인결정 하에 민간기업이 수용의 주체가 되는 것이든, 양자 사이에 공공필요에 대한 판단과 수용의 범위에 있어서 본질적인 차이가 있는 것은 아니다.

② 「공익사업을 위한 토지 등의 취득 및 보상에 관한 법률」상 토지소유자가 사업시행자로부터 잔여지 가격감소로 인한 손실보상을 받고자 하는 경우 토지수용위원회의 재결절차를 거치지 않은 채 곧바로 사업시행자를 상대로 손실보상을 청구하는 것은 허용되지 아니 한다.

③ 개발제한구역 지정으로 인하여 토지를 종래의 목적으로도 사용할 수 없거나 또는 더 이상 법적으로 허용된 토지이용의 방법이 없기 때문에 실질적으로 토지의 사용·수익의 길이 없는 경우에는 토지소유자가 수인해야 하는 사회적 제약의 한계를 넘는 것으로 보아야 한다.

④ 「공익사업을 위한 토지 등의 취득 및 보상에 관한 법률」상 사업시행자가 3년 이상 사용한 토지에 대해 해당 토지소유자가 지방토지수용위원회에 수용청구를 하였으나 받아들여지지 않은 경우, 이에 불복하여 소송을 제기하고자 하는 토지소유자는 사업시행자를 상대로 '보상금의 증감에 관한 소송'을 제기하여야 한다.

⑤ 「공익사업을 위한 토지 등의 취득 및 보상에 관한 법률」상 주거용 건축물 세입자의 주거이전비 보상청구권은 사법상의 권리이고, 주거이전비 보상청구소송은 민사소송에 의하여야 한다.

해설

① [○], 국가 등의 공적 기관이 직접 수용의 주체가 되는 것이든 그러한 공적 기관의 최종적인 허부판단과 승인결정 하에 민간기업이 수용의 주체가 되는 것이든, 양자 사이에 공공필요에 대한 판단과 수용의 범위에 있어서 본질적인 차이를 가져올 것으로 보이지 않는다(헌재 2009. 9. 24. 2007헌바114 전원재판부). ★★

② [○], 공익사업법 제73조 및 같은 법 제34조, 제50조, 제61조, 제83조 내지 제85조의 규정 내용 및 입법 취지 등을 종합하여 보면, 토지소유자가 사업시행자로부터 공익사업법 제73조에 따른 잔여지 가격감소 등으로 인한 손실보상을 받기 위해서는 공익사업법 제34조, 제50조 등에 규정된 재결절차를 거친 다음 그 재결에 대하여 불복이 있는 때에 비로소 공익사업법 제83조 내지 제85조에 따라 권리구제를 받을 수 있을 뿐, 이러한 재결절차를 거치지 않은 채 곧바로 사업시행자를 상대로 손실보상을 청구하는 것은 허용되지 않는다고 봄이 상당하고, 이는 수용대상토지에 대하여 재결절차를 거친 경우에도 마찬가지라 할 것이다(대법 2012. 11. 29. 2011두22587).

③ [○], 개발제한구역 지정으로 인하여 토지를 종래의 목적으로도 사용할 수 없거나 또는 더 이상 법적으로 허용된 토지이용의 방법이 없기 때문에 실질적으로 토지의 사용·수익의 길이 없는 경우에는 토지소유자가 수인해야 하는 사회적 제약의 한계를 넘는 것으로 보아야 한다(헌재 1998. 12. 24. 89헌마204, 90헌바16, 97헌바78(병합) 전원재판부).

④ [○], 수용청구권은 토지보상법 제74조 제1항이 정한 잔여지 수용청구권과 같이 손실보상의 일환으로 토지소유자에게 부여되는 권리로서 그 청구에 의하여 수용효과가 생기는 형성권의 성질을 지니므로, 토지소유자의 토지수용청구를 받아들이지 아니한 토지수용위원회의 재결에 대하여 토지소유자가 불복하여 제기하는 소송은 토지보상법 제85조 제2항에 규정되어 있는 '보상금의 증감에 관한 소송'에 해당하고, 그 피고는 토지수용위원회가 아니라 사업시행자로 하여야 한다(대법 2015. 4. 9. 2014두46669).

⑤ [×], 토지보상법 제2조, 제78조에 의하면, 세입자는 사업시행자가 취득 또는 사용할 토지에 관하여 임대차 등에 의한 권리를 가진 관계인으로서, 공익사업을 위한 토지 등의 취득 및 보상에 관한 법률 시행규칙(이하 '토지보상법 시행규칙'이라 한다) 제54조 제2항 본문에 해당하는 경우에는 주거이전에 필요한 비용을 보상받을 권리가 있다. 그런데 이러한 주거이전비는 당해 공익사업 시행지구 안에 거주하는 세입자들의 조기이주를 장려하여 사업추진을 원활하게 하려는 정책적인 목적과 주거이전으로 인하여 특별한 어려움을 겪게 될 세입자들을 대상으로 하는 사회보장적인 차원에서 지급되는 금원의 성격을 가지므로, 적법하게 시행된 공익사업으로 인하여 이주하게 된 주거용 건축물 세입자의 주거이전비 보상청구권은 공법상의 권리이고, 따라서 그 보상을 둘러싼 쟁송은 민사소송이 아니라 공법상의 법률관계를 대상으로 하는 행정소송에 의하여야 한다(대법 2019. 4. 23. 2018두55326).

정답 ⑤

<공용부담법>

문 2.

(2014 변시3회, 37번)

「공익사업을 위한 토지 등의 취득 및 보상에 관한 법률」에 관련된 설명 중 옳지 않은 것은? (다툼이 있는 경우 판례에 의함)

① 사업인정이란 공익사업을 토지 등을 수용 또는 사용할 사업으로 결정하는 것으로서 공익사업의 시행자에게 그 후 일정한 절차를 거칠 것을 조건으로 일정한 내용의 수용권을 설정하여 주는 형성행위이므로, 해당 사업이 외형상 토지 등을 수용 또는 사용할 수 있는 사업에 해당한다고 하더라도 사업인정기관으로서는 그 사업이 공용수용을 할 만한 공익성이 있는지의 여부와 공익성이 있는 경우에도 그 사업의 내용과 방법에 관하여 사업인정에 관련된 자들의 이익을 공익과 사익 사이에서는 물론, 공익 상호간 및 사익 상호간에도 정당하게 비교·교량하여야 하고, 그 비교·교량은 비례의 원칙에 적합하도록 하여야 한다.

② 공공사업의 시행자가 그 사업에 필요한 토지를 취득하는 경우 그것이 협의에 의한 취득이고 「공익사업을 위한 토지 등의 취득 및 보상에 관한 법률」상의 협의 성립의 확인이 없는 이상, 그 취득행위는 어디까지나 사경제 주체로서 행하는 사법상의 취득으로서 승계취득한 것으로 보아야 할 것이고, 재결에 의한 취득과 같이 원시취득한 것으로 볼 수는 없다.

③ 공익사업을 위해 협의취득하거나 수용한 토지가 제3자에게 처분된 경우에는 특별한 사정이 없는 한 그 토지는 당해 공익사업에는 필요 없게 된 것이라고 보아야 한다.

④ 국토교통부장관이 사업인정의 고시를 누락한 경우 이는 절차상의 위법으로 그 사업인정 자체를 무효로 할 중대하고 명백한 하자라고 볼 수 있으므로, 이와 같은 위법을 들어 수용재결처분의 취소를 구하거나 무효확인을 구할 수 있다.

⑤ 공익사업에 필요한 토지등의 취득 또는 사용으로 인하여 토지 소유자나 관계인이 입은 손실은 사업시행자가 보상하여야 한다.

해설

① [○], 사업인정이란 공익사업을 토지 등을 수용 또는 사용할 사업으로 결정하는 것으로서 공익사업의 시행자에게 그 후 일정한 절차를 거칠 것을 조건으로 일정한 내용의 수용권을 설정하여 주는 형성행위이므로, 해당 사업이 외형상 토지 등을 수용 또는 사용할 수 있는 사업에 해당한다고 하더라도 사업인정기관으로서는 그 사업이 공용수용을 할 만한 공익성이 있는지의 여부와 공익성이 있는 경우에도 그 사업의 내용과 방법에 관하여 사업인정에 관련된 자들의 이익을 공익과 사익 사이에서는 물론, 공익 상호간 및 사익 상호간에도 정당하게 비교·교량하여야 하고, 그 비교·교량은 비례의 원칙에 적합하도록 하여야한다(대법 2001. 1. 27. 2009두1051).

② [○], 공공사업의 시행자가 토지수용법에 의하여 그 사업에 필요한 토지를 취득하는 경우 그것이 협의에 의한 취득이고, 토지수용법 제25조의2의 규정에 의한 협의 성립의 확인이 없는 이상, 그 취득행위는 어디까지나 사경제 주체로서 행하는 사법상의 취득으로서 승계취득한 것으로 보아야 할 것이고, 재결에 의한 취득과 같이 원시취득한 것으로 볼 수는 없다(대법 1996. 2. 13. 95다3510).

③ [○], 공익사업을 위해 협의취득하거나 수용한 토지가 제3자에게 처분된 경우에는 특별한 사정이 없는 한 그 토지는 당해 공익사업에는 필요 없게 된 것이라고 보아야 하고, 변경된 공익사업에 관해서도 마찬가지이므로, 그 토지가 변경된 사업의 사업시행자 아닌 제3자에게 처분된 경우에는 공익사업의 변환을 인정할 여지도 없다(대법 2010. 9. 30. 2010다30782).

④ [×], 구 토지수용법 제16조 제1항에서는 건설부장관이 사업인정을 하는 때에는 지체 없이 그 뜻을 기업자·토지소유자·관계인 및 관계도지사에게 통보하고 기업자의 성명 또는 명칭, 사업의 종류, 기업지 및 수용 또는 사용할 토지의 세목을 관보에 공시하여야 한다고 규정하고 있는바, 가령 건설부장관이 위와 같은 절차를 누락한 경우 이는 절차상의 위법으로서 수용재결 단계 전의 사업인정 단계에서 다툴 수 있는 취소사유에 해당하기는 하나, 더 나아가 그 사업인정 자체를 무효로 할 중대하고 명백한 하자라고 보기는 어렵고, 따라서 이러한 위법을 들어 수용재결처분의 취소를 구하거나 무효확인을 구할 수는 없다고 할 것이다(대법 2000. 10. 13. 2000두5142). ★★

⑤ [○], 「공익사업을 위한 토지 등의 취득 및 보상에 관한 법률」 제61조(사업시행자 보상) 공익사업에 필요한 토지등의 취득 또는 사용으로 인하여 토지소유자나 관계인이 입은 손실은 사업시행자가 보상하여야 한다.

정답 ④

제 7 편

건축행정법

<건축행정법: 재개발조합>

문 1.

(2022 변시11회, 31번)

X주택재개발사업조합(이하 'X조합'이라 함)은 「도시 및 주거환경정비법」에 따라 관할 A행정청으로부터 조합설립인가를 받았고 甲을 조합장으로 선임하였다. 그 후 X조합은 분양신청을 기초로 관리처분계획을 수립하여 조합총회에 부의하였고, 조합총회에서 조합원들은 관리처분계획을 원안대로 의결하였다. A행정청은 관리처분계획을 인가 · 고시하였다. 이에 관한 설명 중 옳지 않은 것은? (다툼이 있는 경우 판례에 의함)

① X조합에 대한 조합설립인가처분이 무효인 경우에는 甲의 행위는 「도시 및 주거환경정비법」에서 정한 조합장의 행위라고 할 수 없다.

② 조합설립인가처분이 있은 후 조합설립결의의 하자를 이유로 조합설립의 효력을 부정하려면 항고소송으로 조합설립인가처분의 효력을 다투어야 한다.

③ X조합과 甲 사이의 선임 · 해임을 둘러싼 법률관계는 사법상의 법률관계이므로 조합장의 지위를 다투는 소송은 민사소송에 의하여야 한다.

④ 관리처분계획에 대한 인가 · 고시가 있은 이후 총회의결의 하자를 이유로 관리처분계획의 효력을 다투려면 당사자소송으로 총회의결의 효력 유무의 확인을 구하여야 한다.

⑤ 사업시행이 완료되고 소유권 이전에 관한 고시의 효력이 발생한 이후에는 조합원 등은 해당 재개발사업을 위하여 이루어진 수용재결이나 이의재결의 취소를 구할 법률상 이익이 없다.

해설

① [○], 정비사업을 시행하려는 어떤 조합이 조합설립인가처분을 받았다 하더라도 그 조합설립인가처분이 무효여서 처음부터 구 도시정비법 제13조에서 정한 조합이 성립되었다고 할 수 없는 경우에, 그 성립되지 아니한 조합의 조합장, 이사 또는 감사로 선임된 자는 구 도시정비법 제85조 제5호 위반죄 또는 제86조 제6호 위반죄의 주체인 '조합의 임원' 또는 '조합임원'에 해당하지 아니한다고 해석함이 타당하며, 따라서 그러한 자의 행위에 대하여는 구 도시정비법 제85조 제5호 위반죄 또는 제86조 제6호 위반죄로 처벌할 수 없다(대법 2014. 5. 22. 2012도7190 전원합의체).

② [○], 구 도시 및 주거환경정비법(2007. 12. 21. 법률 제8785호로 개정되기 전의 것)상 재개발조합설립 인가신청에 대하여 행정청의 조합설립인가처분이 있은 이후에 조합설립결의에 하자가 있음을 이유로 재개발조합 설립의 효력을 부정하기 위해서는 항고소송으로 조합설립인가처분의 효력을 다투어야 하고, 특별한 사정이 없는 한 이와는 별도로 민사소송으로 행정청으로부터 조합설립인가처분을 하는 데 필요한 요건 중의 하나에 불과한 조합설립결의에 대하여 무효확인을 구할 확인의 이익은 없다고 보아야 한다(대법 2009. 9. 24. 2009마168,169).

③ [○], 구 도시 및 주거환경정비법(2007. 12. 21. 법률 제8785호로 개정되기 전의 것)상 재개발조합이 공법인이라는 사정만으로 재개발조합과 조합장 또는 조합임원 사이의 선임·해임 등을 둘러싼 법률관계가 공법상의 법률관계에 해당한다거나 그 조합장 또는 조합임원의 지위를 다투는 소송이 당연히 공법상 당사자소송에 해당한다고 볼 수는 없고, 구 도시 및 주거환경정비법의 규정들이 재개발조합과 조합장 및 조합임원과의 관계를 특별히 공법상의 근무관계로 설정하고 있다고 볼 수도 없으므로, 재개발조합과 조합장 또는 조합임원 사이의 선임·해임 등을 둘러싼 법률관계는 사법상의 법률관계로서 그 조합장 또는 조합임원의 지위를 다투는 소송은 민사소송에 의하여야 할 것이다(대법 2009. 9. 24. 2009마168,169).

④ [○], 그러나 나아가 관리처분계획에 대한 관할 행정청의 인가·고시까지 있게 되면 관리처분계획은 행정처분으로서 효력이 발생하게 되므로, 총회결의의 하자를 이유로 하여 행정처분의 효력을 다투는 항고소송의 방법으로 관리처분계획의 취소 또는 무효확인을 구하여야 하고, 그와 별도로 행정처분에 이르는 절차적 요건 중 하나에 불과한 총회결의 부분만을 따로 떼어내어 효력 유무를 다투는 확인의 소를 제기하는 것은 특별한 사정이 없는 한 허용되지 않는다고 보아야 한다(대법 2009. 9. 17. 2007다2428 전원합의체 참조). ★★★

⑤ [×], 도시 및 주거환경정비법(2017. 2. 8. 법률 제14567호로 전부 개정되기 전의 것) 제54조 제1항, 제2항, 제55조 제1항에 따르면, 주택재개발정비사업을 시행하는 사업시행자는 준공인가와 공사의 완료에 관한 고시가 있은 때에는 지체 없이 대지확정측량과 토지의 분할절차를 거쳐 관리처분계획에 정한 사항을 분양받을 자에게 통지하고 대지 또는 건축물의 소유권을 이전하여야 하고, 그 내용을 당해 지방자치단체의 공보에 고시한 후 이를 시장·군수에게 보고하여야 하며, 대지 또는 건축물을 분양받을 자는 고시가 있은 날의 다음 날에 그 대지 또는 건축물에 대한 소유권을 취득하고, 이 경우 종전의 토지 또는 건축물에 설정된 지상권 등 등기된

권리 및 주택임대차보호법 제3조 제1항의 요건을 갖춘 임차권은 소유권을 이전받은 대지 또는 건축물에 설정된 것으로 본다. 이와 같이 대지 또는 건축물의 소유권 이전에 관한 고시의 효력이 발생하면 조합원 등이 관리처분계획에 따라 분양받을 대지 또는 건축물에 관한 권리의 귀속이 확정되고 조합원 등은 이를 토대로 다시 새로운 법률관계를 형성하게 되는데, 이전고시의 효력 발생으로 대다수 조합원 등에 대하여 권리귀속 관계가 획일적 · 일률적으로 처리되는 이상 그 후 일부 내용만을 분리하여 변경할 수 없고, 그렇다고 하여 전체 이전고시를 모두 무효화시켜 처음부터 다시 관리처분계획을 수립하여 이전고시 절차를 거치도록 하는 것도 정비사업의 공익적 · 단체법적 성격에 배치되어 허용될 수 없다.
위와 같은 정비사업의 공익적 · 단체법적 성격과 이전고시에 따라 이미 형성된 법률관계를 유지하여 법적 안정성을 보호할 필요성이 현저한 점 등을 고려할 때, 이전고시의 효력이 발생한 이후에는 조합원 등이 해당 정비사업을 위하여 이루어진 수용재결이나 이의재결의 취소 또는 무효확인을 구할 법률상 이익이 없다고 해석함이 타당하다(대법 2017. 3. 16. 2013두11536).

정답 ④

쟁점별 판례색인

PART 01 **행정법총론(일반행정법)**

제1편 행정법 서론

제1장 행정법의 관념

제5장 공법상 사실행위

행정지도

제6장 확약

제7장 행정절차법·행정정보

행정절차

PART 02 행정구제법

제1편 행정상 손해전보

제1장 행정상 국가배상

PART 03 **행정법각론(특별행정법)**

제1편 행정조직법

제2편 지방자치법

제3편 공무원법

저자소개

방 동 희 (房 東 熙)

약 력

연세대학교 법과대학 법학과 졸업

연세대학교 대학원 법학과 졸업(법학석사, 법학박사)

부산광역시 조례입법평가위원회 부위원장, 부산광역시 행정심판위원회 행정심판위원, 부산광역시 교육청 규제개선위원회 위원, 부산광역시 기장군 정보공개심의위원회 위원, 울산광역시 행정심판위원회 행정심판위원, 서울시립대학교 서울법학편집위원회 편집위원

감사원 감사논집편집위원회 편집위원, 대통령소속 자치분권위원회 중앙권한이양분과위원회 제1전문위 위원, 행정자치부 개인정보보호관리수준진단위원회 위원, 법제처 행정법제혁신자문위원회 제1분과위원회 위원, 대통령소속 지방자치발전위원회 지방이양추진TF 위원, 영상물등급위원회 비디오물등급분류소위원회 위원, 한국산업인력공단 정보공개심의위원회 위원, 한국자산관리공사 국유민원자문위원회 위원, 한국정보화진흥원 청렴시민감사관 등

한국공법학회 · 한국지방자치법학회 · 한국행정판례연구회 · 한국비교공법학회 · 한국국가법학회 · 한국부패학회 정회원 집행이사, 한국행정법학회 · 한국환경법학회 정회원 집행간사, 한국법정책학회 · 한양법학회 · 한국토지공법학회 · 연세법학회 · 한국헌법학회 정회원

한국공법학회 공법연구 · 한국비교공법학회 공법학연구 · 한국지방자치법학회 지방자치법연구 · 한국행정법학회 행정법학 · 연세법학회 연세법학연구 · 한국행정판례연구회 행정판례연구 편집위원회 편집위원 등

변호사시험 사법시험 출제 · 채점위원, 국가직 지방직 공무원시험 출제 · 채점 · 면접위원, 국가자격시험 출제 · 검토 · 채점위원, LEET · PSAT 출제 · 검토위원 등

대법원 법원행정처 송무제도개선위원회 조사위원, 한국정보화진흥원 선임연구원, 감사원 감사연구원 연구관, 경성대학교 법정대학 법학과 전임강사 조교수, 부산대학교 법과대학/법학전문대학원 부학장/기획부원장, UC Berkeley Law School Visiting Scholar

현재 부산대학교 법학전문대학원 교수, 법학연구소 지방자치 · 감사법연구센터 센터장

저 서

행정법 사례형 연습(제2판, 박영사, 2021)

공공감사법의 이론과 실제(박영사, 2021)

행정법 쟁점 사례형 답안연습(부산대학교 출판부, 2019)

기본 CASE 행정법(홍정선 외 공저, 박영사, 2016)

처분론(한국학술정보, 2010)

행정법 선택형

초판발행 2022년 2월 28일

지은이 방동희
펴낸이 안종만 · 안상준

편 집 이승현
기획/마케팅 정성혁
표지디자인 이영경
제 작 고철민 · 조영환

펴낸곳 (주) 박영사
서울특별시 금천구 가산디지털2로 53, 210호(가산동, 한라시그마밸리)
등록 1959. 3. 11. 제300-1959-1호(倫)
전 화 02)733-6771
f a x 02)736-4818
e-mail pys@pybook.co.kr
homepage www.pybook.co.kr
ISBN 979-11-303-4025-8 93360

정 가 29,000원